權力與王座

貿易、征伐與基督信仰，中世紀如何奠定歐洲強盛的基礎？

POWERS

AND

THRONES

A NEW HISTORY

OF

THE MIDDLE AGES

丹‧瓊斯
DAN JONES
—— 著

羅亞琪
—— 譯

已有的事，後必再有；
已行的事，後必再行。
日光之下並無新事。
有一件事人指著說：
「看，這是新的！」
它在我們以前的世代
早已有了。

〈傳道書〉1：9－10

CONTENTS

Part 2

主權國家

約 750 ～ 1215 年

CONTENTS

Part **4**

革命

約1348～1527年

導讀

催生璀璨文明的
「黑暗時代」？

臺北大學歷史學系教授／李若庸

　　二〇〇九年，瘟疫蔓延前的夏天，我在倫敦。一個大英圖書館休館的週日，我信步到人潮洶湧的泰晤士河畔閒逛。走到聖保羅大教堂附近時，自然地隨著熙攘的觀光客進入參觀。週日的禮拜正在進行，紅龍柱隔開了前方的禮拜區與後方的遊客區。我靜靜地站在「封鎖線」的後方觀看著週日禮拜的進行。身著聖袍的年輕牧師正在講話。他向臺下空曠的座位區中明顯有些年紀的教眾說明，教堂剛剛完成了哪項工作，又，某某弟兄已經被派往某地服務云云。話落，牧師對著臺下十指可數的信眾以及空蕩的座位，以清朗聲音說道：「讓我們一起為遙遠的阿富汗哭泣的孩子們禱告……。」屆時，前方輕柔的祈禱聲與圍欄後方如織遊客頻繁進出所發出的窸窣聲，形成鮮明的對比。這是二十一世紀初歐洲大教堂的禮拜日。

隧道終見光明？關於黑暗中世紀的迷思

　　關於歐洲的中世紀，什麼時候陷入黑暗的？當盎格魯撒克遜的肯特國王埃塞爾伯特（King Æthelberht of Kent，五六〇至六一六年在位）在六〇四年興建最初的聖保羅大教堂時，他不知道自己正身處於「黑暗的

時代」。是十九世紀的瑞士史家布克哈特（Jacob Burckhardt，一八一八至一八九七年）告訴了我們這個「事實」：他在《義大利文藝復興時代的文化》（*Die Cultur der Renaissance in Italien*）這本書中「發現」了文藝復興時代，這個具備寫實主義（realism）、世俗主義（secularism），以及個人主義（individualism）特質的時代。歐洲在這個新的時代重新「發現世界」、「發現人」。「回歸自然」是理解世界的指路標。因此，達文西如是說，「畫家是一切看得見的自然景物的模仿者」，「愈接近『模仿的東西』就是最好。」「回歸自然」展現在寫實主義上，而「發掘人性」便落實在「人文主義」的追求上。文藝復興是人類邁向理性、科學、進步等現代性的開始。

和文藝復興概念同時誕生的「攣生兄弟」是中世紀，它尷尬地處在上古黃金歲月與理性啟蒙新時代的「中間」。希臘人「發明」了歐洲的哲學、歷史與戲劇，而文藝復興是這個輝煌時代的再生（rebirth）。相形之下，夾帶在兩個耀眼年代中間的「小兄弟」中世紀，就只能識趣地隱身進歷史的陰暗幕後。

什麼是中世紀？

然而，什麼是中世紀？將一個時代定義為過渡是抹去它的主體性；就像每一個孩子都有他的人格，每個時代亦然。且讓我們將布克哈特暫放一邊，借用另一位大師，荷蘭史家約翰・赫伊津哈（Johan Huizinga，一八七二至一九四五年）的濾鏡，再一次審視這個「神祕」的世紀。

於是我們看到，那是一個滿是「滋味」的年代，不僅出生、死亡、婚禮充滿著意義，就連旅行、訪友都具有儀式性的地位。快樂或痛苦如此地敏感且強烈，生命充滿著熱情與渴望。生活在物質橫流的今日的我們難以想像，一件毛皮外衣、爐上的一盆火、柔軟的床鋪（而不是冰冷的石板地）、一杯及時的葡萄酒，都可以為人帶來極大的歡愉與感動。

那是一個集體主義的年代，一個注重封建價值，相信忠誠（fidelity）與夥伴關係（fellowship）的時代。家族與黨派的認同超越國家。人們透過家徽、制服（livery）來辨識所屬的團體。它創造出了尋不著個人恩怨的「族際仇殺」，編寫出令後世永遠哀嘆的羅蜜歐與茱麗葉悲劇。那時代的人們看不清「自我」，但那融化進入團體中的「小我」充滿著認同與歸屬感。

　　那是一個對「正義」深信不移的時代。它不信仰多元包容，不承認相對主義。「對」（right）就是正確，就是永恆。善惡到頭終有報，上帝是最終的公正審判者。這是一個有明確價值體系與生存意義的時代。只要服膺上帝所設計的封建社會中分派給你的位置，勤勤懇懇、踏踏實實，那麼在生命終結的時刻便能充滿信心、肯定地說，我將「永歇主懷」。

　　那是一個無助的時代，面對災厄，人類「無力勝天」；但那也是一個虔誠的時代，「求人」無效那就「求天」吧。於是，祈福的遊行隊伍總是綿延不絕。一四一二年，為了祈願國王在雅文邑（Armagnacs）的戰事順利，巴黎城每日都有祈福請願，自五月一直延續到七月，各種行會、各級團體連番接力。巴黎市民這樣感歎：「這是自人們有記憶以來，最感人的遊行。」人們或圍觀，或加入，「虔誠地哭泣、流下眼淚，滿是誠心。」所有人都赤著足、齋戒，從高等法院的法官到一般的市井小民。有能力的人手持火把或小蠟燭，小小孩也加入祈願的隊伍。住在城外的窮人不畏路程趕赴「盛會」，即使遊行的日子幾乎每天都下著傾盆大雨。

　　那是一個充滿激情的年代。少了文字的媒介，卻充滿著口語的魅力。一四二九年，方濟會的理察修士在巴黎的聖潔無辜者公墓（Holy Innocents' Cemetery）展開為期十天的布道會。講演從凌晨五點開始一直持續到十點或十一點，中間沒有停頓休息。當第十場演說即將結束時，理察告訴下面的聽眾：這是最後一場了，因為布道許可只到今日。頓時，大大小小的啜泣聲音此起彼落，既是動人又是悲痛，「彷彿人們正見證他們的摯友被埋入土中。」理察修士補充道，星期日在聖但尼（Saint-Denis）還有一場布道會。於是，人們在星期六的晚上湧進該地，徹夜等候，只為占得一個好的

位置。至於另一名布道士奧利佛‧梅拉德（Oliver Maillard），他在奧爾良做了一場四旬齋的布道會。演說結束後，周邊房子的屋頂因為聽眾攀爬聽講而受到嚴重的損害，最後花費了六十四天的時間才修復完成。

　　那也是一個追求完美典範（ideal）的時代，一個充滿儀式「美感」的時代。「哀悼」（mourning）是一個好例子。勃艮地公爵無畏的約翰（Jean sans Peur，一三七一至一四一九年）去世，繼任的公爵菲利普出訪英國與法國時，車隊由兩千台全黑的蓬車組成，上面插滿各式黑色的旗幟與橫幅。公爵的馬車以及座位毫無例外地漆成黑色。菲利普與法王在特魯瓦（Troyes）會面，他的黑絲絨斗蓬長長地拖曳在地上。而在此之後的好長一段日子，菲利普與廷臣的服飾只有一個顏色──黑色。這種近乎「表演性質」的悼亡方式，主角不是逝去的約翰公爵，它要展現的是（套句柏拉圖的話）「哀悼的理型」，哀悼本身才是主角。

　　同樣的典範也表現在騎士精神上。中世紀的人們像是活在一個叫作「理想」的夢中。身邊的一切明明如此鄙陋，人們卻能穿透「表象」直視背後的「高貴精神」。於是，以亞瑟王的騎士為先鋒的騎士文學，展露出虔信的謙卑，對仕女與弱者的保護，以及對忠誠和榮譽的極致追求。

　　騎士精神的理想典型並不只出現在想像的文學作品中，它也是中世紀貴族文化的精髓。一五六二年，法國的宗教衝突正殷，德勒戰役（Battle of Dreux）中天主教陣營的吉斯公爵（Duke of Guise）俘虜了胡格諾派的領袖孔代親王（Prince of Condé）。他沒有將孔代關進牢裡，他遵循古老的貴族騎士傳統，將對方視為賓客，待之以禮、同桌共食、同床共寢。然而，隨著時代的推進，戰事的激化，以及騎士精神的失落，運氣不佳的孔代在一五六九年再次落入天主教敵人手中。此次，迎接他的不再是熱食與暖鋪，而是一發直射腦門的子彈，而他的屍身最後被扔上驢背，在敵方的軍營中遊行示眾。孔代的「下場」宣告著中世紀的結束。

　　赫伊津哈將他的書命名為《中世紀的沒落》（The Waning of the Middle Ages），此書討論的並不是我們花了許多篇幅介紹的歐洲中世紀，他想突顯

的是那個被布克哈特盛讚的文藝復興時代。相較於激情、謙卑、虔信、忠誠、集體主義，具認同感且重視名譽勝過生命的歐洲中世紀，強調理性、節制、世俗主義與個人價值的文藝復興時代，究竟是人類文明的進步，還是價值與信念的失落？中古的歐洲，與虛無主義、無神論盛行的原子化現代社會，誰是黑暗時代？這或許只能留給聰明的讀者自行判斷。但可以肯定的是，中世紀是一個充滿獨特魅力的時代。進入中世紀的歐洲，或許，就讓我們從《權力與王座》開始吧！

作者的話

這本書涵蓋了超過一千年的歷史，描述的地理範圍包含除了澳大拉西亞（Antarctica）和南極洲以外的每一座大陸。你們將遇到很多不同的語言、貨幣和文化，有的很眼熟，有的很陌生。為了表達清楚，同時讓讀者享受這本書，我並沒有試著使用任何生硬的貨幣轉換系統或拼字習慣，把熟悉感看得比嚴格的正確性重要，以常見用法為準。希望你們能理解。

導論

十六世紀時，英格蘭歷史學家約翰‧法克斯（John Foxe）曾回望廣闊的過去。法克斯認為，歷史（或者應該說是教會史，因為那才是他真正重視的東西）可以切成三大塊。

首先是「原始時期」（the primitive time）。在這段遠古的日子裡，基督徒為了躲避邪惡又不信神的羅馬人而躲在地下墓穴，好逃過被釘死在十字架上或更慘的遭遇。最終，歷史來到法克斯口中所說的「我們後期的日子」，也就是宗教改革時代。這時，羅馬教會對歐洲日常生活的控制受到了挑戰，西方航海家也在此時開始探索新世界。

在這兩個時代之間，有一塊長約一千年的尷尬夾心，法克斯稱作「中世紀」。就定義來說，這段時期既非驢、亦非馬，難以界定。

今天，我們仍然沿用了法克斯的標籤，將五世紀西羅馬帝國滅亡到宗教改革之間的這段期間稱為中世紀，斷代方式大致上也跟法克斯相同。[1] 中世紀（通常被認定）是古典世界消失、現代世界卻又還沒啟動；人們興建城堡、穿著盔甲騎馬打仗；人們認為世界是平的、一切都非常非常遙遠的一個時代。在二十一世紀，有些全球史學家雖曾嘗試更新這個詞，不說中世紀，而是改用「中千紀」，但是目前還不流行。[2]

文字總是滿載著各種意涵。中世紀常常被當作歷史上的笑話，「中世紀的」（medieval）這個形容詞，在英文裡便經常被當作骯髒不堪的詞語使用，報社編輯特別喜歡用這個單字，來表達愚笨、野蠻或恣意妄為的暴力行徑（這個時期還有另外一個很受歡迎的名稱「黑暗時代」，達成的效果差

不多，都是把中世紀當成知識永夜期的諷刺詞彙）。不用說，這當然很容易觸怒今天的歷史學家。要是碰巧遇見一位歷史學家，最好不要把這個形容詞當成羞辱性的言語使用，除非你想被訓一頓或被揍一拳。

你即將開始閱讀的這本書，講述的是中世紀的故事。這本書很厚，因為講述這個故事是個大工程。我們會跨越許多大陸、穿越好幾百年，而且速度常常是迅雷不及掩耳。我們會遇見幾百位男男女女，包括匈王阿提拉（Attila）和聖女貞德（Joan of Arc）。最後，我們還會一頭栽進少說有十來個不同的史學領域，如戰爭、法律、藝術和文學。我會提出一些很大的問題，也希望能夠加以回答，像是：中世紀發生了什麼事？誰是這時候的統治者？這時候的權力是什麼樣子？塑造人們生活的龐大力量是什麼？如果有的話，中世紀是如何形塑我們今天所知的世界？

有時候，你可能會覺得有點招架不住。

但是我向你保證，這趟旅程會很有趣。

我把這本書按照時間順序大致分成四個部分。第一部分講的是一個很優秀的現代歷史學家所說的「羅馬傳承」（inheritance of Rome）。[3] 這個部分會以退敗崩垮的西羅馬帝國開頭，探討氣候變遷和延續好幾個世代的大規模遷徙等原因，如何造就帝國的衰亡，接著談談繼羅馬之後崛起的次要超級強權：為歐洲王國奠立基礎的所謂「蠻族」；改頭換面的拜占庭帝國；以及最早出現的伊斯蘭帝國。這個部分會從五世紀初講到八世紀中葉。

第二部分一開始講的是法蘭克人的時期，探討這個民族如何在西方復興一個基督教的偽羅馬帝國。這部分的歷史有一部分在講政治，但不完全如此，除了描述把歐洲分成數個基督教王室的朝代是如何興起，我們也會看看即將邁入二千紀時所出現的一些新型態文化「軟」實力。這部分想問的是，修士和騎士如何在中世紀西方社會漸漸變得如此重要，而這兩種心態的結合又是如何催生十字軍運動①的概念。

第三部分會從一個突然冒出來的全球超級強權開始說起。蒙古人在十二世紀崛起，是歷史上突如其來又醜惡殘暴的篇章。這個首都位於今天

北京的東方帝國，竟曾經短暫地統治世界上一半以上的土地，奪走數百萬條人命。在這個全球地緣政治出現劇烈變化的脈絡下，第三部分也會探討有時被稱作中世紀「高峰」時期出現的其他力量。我們會認識一些商人、學者以及建築師與工程師，看著他們如何發明卓越的金融技術，讓自己和整個世界變得更富有；復甦古人智慧，創建今天一些最偉大的大學；興建五百年後依然屹立不搖、帶領我們回到中世紀世界的城市、教堂和城堡。

在這本書的第四部分，中世紀將進入尾聲。這個部分先從一個由東到西橫掃世界的全球流行病開始講起，描寫這場病如何摧毀人口、重塑經濟、改變人們思考周遭世界的方式。接著，這個部分會談到世界的重建過程，介紹文藝復興時期的天才，跟出發尋找（最後成功找到）新世界的偉大航海家一同遊歷。最後，我們會看看宗教信條的改變和新興的通訊科技如何聯手帶動宗教改革，進而（像法克斯所認為的那樣）拉下「中世紀」的帷幕。

這就是本書的基本輪廓。但是，我也要說說本書關注的一些焦點。如同書名所說的，這本書跟力量（power）有關。我指的不單單是政治力量，甚至也不只是人類的力量。我們會遇到很多力量強大的男男女女（不過因為這是中世紀，前者必然多於後者），但我也想要描繪人類掌控範圍之外的龐大力量，諸如氣候變遷、大規模遷移、流行病、科技變化和全球網絡。這些議題聽起來非常現代，甚至後現代，但是它們也影響了中世紀。既然我們從某方面來說全都是中世紀的後裔，除了承認我們跟中世紀的人之間存在的深刻差異，也應該要知道彼此有多相似。

這本書的焦點大部分是放在西方，並以西方人的角度觀看世界上其他地方的歷史。對此，我不覺得抱歉。我對亞洲和非洲的歷史相當著迷，也

---

① 編按：Crusade在中文翻譯較常使用「十字軍東征」此譯名，然而學界長年指出此翻譯的錯誤意涵，根據臺灣大學歷史系教授花亦芬老師的解釋，十字軍並非以征服伊斯蘭為目標，也不只向東活動，因此於此書中修正翻譯，使用較為中立的「十字軍運動」。

嘗試透過此書證明中世紀的西方世界跟東方和南方世界是多麼緊密交織。但，中世紀就是西方歷史特有的概念。此外，我也是在西方寫下這本書，我大部分的生涯都是在這裡居住、研究。有一天，我（或者很有可能是別人）將會顛倒這個視角，寫下一部中世紀的補史，從「外面」觀看這段時期。[4] 可是，今天不是那一天。

　　這就是接下來的一切大致的樣貌了。如同我前面說的，這是一本很厚的書。然而，這也是一本短到不能再短的書。我用了不到一千頁的篇幅涵蓋了超過一千年的歷史，書中的每一章都有一個獨立專精的學術領域（書末註解和參考書目可幫助讀者深入了解他們有興趣的領域）。所以，這裡雖然有很多東西可看，但是也留下了許多沒收錄到的內容。我只能說，我撰寫每一本著作的目標，除了提供知識，還有娛樂讀者。這本書要是兩者都能做到一點，我就很欣慰了。

丹・瓊斯

泰晤士河畔的史坦斯

二〇二一年春

Part 1

帝國

· 約410～750年 ·

① 羅馬人

「羅馬人的稱呼，處處受人崇敬與敬畏。」

——阿米亞努斯·馬切利努斯（Ammianus Marcellinus），

羅馬史學家和軍人

他們離開安全的道路，踏入荒野之中，一起搬運那只沉甸甸的木箱。他們在凹凸不平的地面上搬著箱子走過二十英里，四肢肯定痠痛極了，畢竟這只木箱雖然只有一公尺長，卻做得很堅固、裡面塞滿物品，並用一個銀色的大彈簧鎖封起來。不管距離多遠，要搬動它至少都需要兩個人或一輛小推車，因為箱子本身及其內容物加起來跟半個成年男子一樣重。[1]但，裡面的東西價值卻遠遠超過一條人命。那時候，從高盧跨越不列顛海（Oceanus Britannicus，今天的英吉利海峽〔English Channel〕）進口的奴隸，若在倫敦（即倫蒂尼恩〔Londinium〕）的市場上變賣成現金，可能會換回六百第納里（denarii），前提是這個奴隸必須健康、年輕且工作認真或長得好看。這可不是個小數目，相當於一般軍人年薪的兩倍。[2]不過，要說這筆金額很大，對五世紀羅馬帝國的菁英市民來說，還是不算什麼。在他們一邊走過鄉野緩坡的同時，橡木箱子一邊發出嘎吱聲，在木箱裡，可是裝了足以買下一整屋奴隸的金銀財寶。

這只橡木箱裝載的寶物，包括近六百枚稱作「索里迪」（solidi）的金幣，而跟這些金幣放在一起的，則有一萬五千枚「西利克」（siliquae）銀幣，和幾把規格不一的銅幣。這些硬幣印有來自三個朝代皇帝的臉孔，年代最近的是命運多舛的篡位者君士坦丁三世（Constantine III）。擠在這些

硬幣之中的寶藏更值錢：各式各樣華麗的金項鍊、金戒指，和可以順著年輕女子纖細的身體凸顯身材的時髦金鍊子；刻有幾何圖案和栩栩如生狩獵場景的鐲子；銀湯匙及做成野獸、古代英雄和女皇造型的調味罐等餐具；銀製耳垢棒，及做得像長頸朱鷺的牙籤等高雅的清潔用品；各種碗、杯子和水壺；還有一個小小的象牙盒，這些確實是像歐瑞利烏斯·厄西西努斯（Aurelius Ursicinus）這樣的有錢人，會買給像是尤莉安女士（lady Juliane）這樣優雅女子的小東西。一個訂製的手環使用一條一條的黃金拼出一個愛的訊息：「開心地使用它吧，尤莉安女士。」另外，有十個銀湯匙宣告這個家族信奉的是當時已遍及各地的年輕宗教：每個湯匙上都刻有所謂的凱樂符號（Chi-Rho），也就是使用「基督」的希臘文頭兩個字母組成的標記。對於那些從不列顛和愛爾蘭（希伯尼亞〔Hibernia〕）到北非和中東都有出沒的基督徒來說，這個符號一看就知道是什麼意思。[3]

這些硬幣、珠寶和居家飾品，可不是這家人擁有的所有貴重財物，因為厄西西努斯和尤莉安屬於不列顛少數極為富有的基督徒菁英，就跟歐洲各地和地中海沿岸的其他菁英階級一樣，過著舒適高檔的生活。但，這仍然是一批很不得了的寶藏，這家人也花了很多心力挑選要放在裡面的物品。這樣做沒有錯，畢竟這等同是他們的保險。這家人特別吩咐，要把木箱埋在不會引人注目的地方保管，同時他們則等著看不列顛愈來愈動盪不安的政治，會不會演變成政府垮台、內亂或是更嚴重的事情。只有時間會揭露這個行省的最終命運是什麼。此時，富裕家庭的寶藏最好是放在地底。

這條將諾里奇邊的凱斯特（Caister-by-Norwich）連接到倫敦－科爾切斯特幹道（London-to-Colchester）的繁忙大路，其喧鬧聲早已消失在遠方，搬運木箱的兩人隻身來到一個沒人看見的地方。他們已經走得相當遠，就連最近的城鎮斯科勒（Scole）也在兩英里之外。他們很滿意自己找到一個好地點，於是便把箱子放了下來。他們可能有休息一陣子，甚至休息到夜晚來臨。總之，不久之後，他們便開始鏟土，混合了黏土和砂礫的

土壤愈堆愈高，一個淺淺的洞逐漸出現。[4]他們不需要挖得很深，沒有必要浪費力氣，那樣只會讓自己日後挖得很累而已。因此，挖了幾尺深後，他們小心地把箱子放進洞裡，將土回填。這麼做的同時，裝著厄西西努斯的湯匙和銀器、尤莉安的精緻珠寶，以及多把硬幣的牢固橡木箱就這樣消失了，如同在許多世代以前、依稀被人記得的日子裡，那些跟著主人一起安葬、備受亡者珍視的陪葬品。這兩個人記下埋藏地點，然後輕鬆地出發回到大路上。他們可能曾對自己說，有一天會再回來。什麼時候？很難說。但是，等到重創不列顛的政治風暴平息下來、常態攻擊東海岸的蠻族入侵者終於遭到驅逐、忠心的士兵從高盧戰場上回來後，厄西西努斯主人就會派他們回到這裡，挖出他珍貴的寶物。四〇九年，他們不知道、也想不到，厄西西努斯的寶庫竟會待在地底一待就是近一千六百年。[①]

在五世紀初，不列顛隸屬於羅馬帝國這個擁有千年以上輝煌歷史的超級強權，且位於帝國最遙遠的邊境。羅馬從鐵器時代的一個君主政權開始發展（傳統上將起源追溯到西元前七五三年），但是在西元前五〇九年七王時代過後，逐漸演變成共和國（根據羅馬傳說，七王之後變得愈來愈殘暴）。接著，西元前一世紀時，共和國也被推翻，羅馬開始受到皇帝統治，起初只有一位皇帝，但是後來曾有多達四個皇帝同時在羅馬、米蘭、拉溫那（Ravenna）和君士坦丁堡這四個首都進行統治。第四任羅馬皇帝克勞狄（Claudius）在四十三年征討不列顛，率領兩萬名兇悍的羅馬軍團士兵、戰爭機器以及穿著盔甲的戰象，攻打不列顛群島的原住民。到了一世紀末，不列顛南部很大一部分都已被征服，範圍一直延伸到北部一個最終以哈德良長城（Hadrian's Wall）標示出來的軍事區。自此，不列顛不再是位於已知世界邊界的神祕地帶，而是多數土地遭到平定後融入地中海強權的

---

① 作者註：今天，這箱寶藏被稱為霍克森寶藏（Hoxne Hoard）。一九九二年，有人為了尋找一把遺失的鐵鎚使用金屬探測器發現了它，現在展示在大英博物館。

疆域，名為不列顛尼亞。在接下來的三百五十年，不列顛都隸屬於羅馬帝國，而這個政治實體極為龐大，在大小、發展程度、軍武力量和壽命上，只有安息帝國（Parthian dynasty）和薩珊帝國（Sassanid dynasty）這兩個波斯大國，以及中國的漢朝可以比擬。生活在四世紀的希臘籍歷史學家馬切利努斯說，羅馬是「一座注定存活得跟人類一樣久的城市」。同時，羅馬帝國「踏在蠻族傲慢的頸項上，給予他們法律，成為自由的永恆根基與保證」。[5]

這裡當然是誇大了，但也就只有一點誇大。在正經的羅馬作家之中，絕對不只有馬切利努斯在望著羅馬和它的帝國時，看見從晦暗的史前時期到無限遠的未來都有綿延不絕的勝利。[6] 維吉爾（Virgil）、賀拉斯（Horace）、奧維德（Ovid）和李維（Livy）等詩人和歷史學家，都寫到了優越的羅馬公民和史詩般的羅馬帝國史蹟。維吉爾的《艾尼亞斯記》（Aeneid）為羅馬人創造一個神奇的創始神話，裡面說到一個「沒有盡頭的帝國」受到「羅馬的子民、世界的君主、穿著托加（toga）的種族」統治。[7] 李維寫道：「勇敢地做事與受苦，是我們羅馬人的作風。」[8] 四百年後，即使經歷了格外紛擾的年代，帝國受到內戰、篡位、暗殺、入侵、政治分裂、流行病和幾乎破產的問題所重創，馬切利努斯仍然認為「羅馬在世界上的每個地方都被認定是主子和王……元老院成員的權威，憑著他們的年長而受人尊敬，羅馬人的稱呼處處受人崇敬與敬畏。」[9]

然而，馬切利努斯寫下這些頌詞之後，過了一個世代，帝國西半部卻呈現終極崩垮的狀態：各地的羅馬駐軍和政治領袖，都拋下了他們與前人自從該千紀之初就開始侵占統治的土地。帝國對不列顛的統治在四〇九至四一〇年瓦解，再也不曾恢復。不列顛突如其來地脫離這個泛歐聯盟所投下的震撼彈，正是像厄西西努斯和尤莉安這樣的菁英家庭決定打包自己的財寶、將之存放在地底下，當作經濟預備措施的原因。結果，在不經意的情況下，這些財寶變成閃閃發亮的時空膠囊，保留了一個時代的尾聲。到了五世紀末，羅馬帝國的西部疆域已不復存在。十八世紀偉大的歷史學家

愛德華·吉朋（Edward Gibbon）表示，這是「一個會永遠被記得、全世界各國現在仍感受得到的革命」。[10]

西羅馬帝國的衰亡，是現代歷史學家過了好幾百年還在鑽研的歷史現象，因為羅馬留下的遺產至今依然與我們同在，刻在我們的語言、地貌、法律和文化裡。如果說羅馬對二十一世紀的我們仍有影響，它對本書希望記錄、探索的中世紀的影響就更大了。我們會在下一章仔細探討西羅馬帝國的滅亡，但是現在，我們必須先來想想它在快要進入第一千紀時，是如何興起（或者應該說，怎麼從共和國突變出來）的，並描繪即將進入中世紀以前的世界。這是因為，要正確看待中世紀的西方，我們務必先問問永恆的羅馬（Roma aeterna）如何、為何能成功掌控這個結合了三個大陸、擁有各種宗教習俗的無數人民，以及同樣多種語言的帝國；這個同時存在遊牧民族、農夫和都會菁英分子的帝國；這個疆域從古典文化的發展中心延伸到已知世界邊界的帝國。

氣候與征服

羅馬人很喜歡跟彼此說，他們受到眾神的眷顧。事實是，綜觀歷史，他們很多時候都受到好天氣的保佑。大約在西元前二〇〇年至西元一五〇年之間，羅馬以共和國和帝國的姿態蓬勃發展的時候，西方出現了一連串舒適有利的氣候條件。將近四百年裡，都沒有發生那種時不時會讓全球氣溫下降的大型火山爆發事件。在同一個時期，太陽活動也很旺盛穩定。[11]因此，西歐和整個地中海沿岸享受了幾十年非常溫暖宜人的歲月，降水量恰巧也很充足；[12] 動、植物活躍茂盛：阿特拉斯山脈（Atlas Mountains）的森林是大象的家，葡萄藤和橄欖樹可種植在比當時人們所記得的還要更北邊的地點。在其他時期屬於貧瘠難以犁耕的田地，此時可以耕作了；以前收成「不錯」的土地，現在大豐收。在這段充滿恩澤的日子，大自然彷彿是要將自己最棒的禮物，送給任何能夠把握住良機的文明。今天，這個

時期有時會被稱作「羅馬最佳氣候期」或「羅馬溫暖期」。

羅馬正式變成一個帝國，是在西元前二十七年一月十六日，就在這一天，元老院賜予凱撒的養子屋大維（Octavian）「奧古斯都」（Augustus）的封號。在這之前，共和國歷經了二十年血腥內戰，而在內戰期間，凱撒於西元前四十九年奪權，以軍事獨裁者的姿態統治羅馬。但，凱撒當獨裁者當得太早了，最後在西元前四十四年三月十五日那天遭到謀殺。身為學者兼官僚的蘇埃托尼烏斯（Suetonius）表示，很多羅馬人都認為凱薩想復甦王政時期，而死亡是他狂傲野心的直接報應。蘇埃托尼烏斯寫道：「不斷運用權力，讓凱撒愛上了權力。」他也提到一個謠言，那就是凱撒年輕時曾夢到他強暴自己的母親。算命的把這個幻象詮釋成「他注定征服地球」的明確徵兆。[13]

凱撒的命運是擁有名譽，但真正的偉大卻注定屬於屋大維。帝權幾乎可說是寫在屋大維臉上：他炯炯有神的雙眼和充滿吸引力的俊美五官，搭上些許凌亂的外表，原本會讓人感覺他一點也不自負，可他又穿著加高跟鞋，把自己從原來的一百七十公分變得更高。[14] 凱撒沒有成功的事，屋大維做到了。他為父親的死報了仇、在戰鬥中擊敗敵人，最後當上無人與之相爭的羅馬統治者。身為奧古斯都的他，將共和國小心分割出去的政治力量全部攬在自己身上，同時扮演元老（senatore）、執政官、護民官（tribune）、大祭司（pontifex maximus）和最高軍事統帥的角色。奧古斯都的性格引起羅馬人的分歧：歷史學家塔西佗（Tacitus）拿不定主意，無法判斷他是眼界崇高的夢想家和蓋世無雙的軍人政治家，還是腐敗、嗜血、不可信賴的暴君。[15] 然而，他身為皇帝（或者他更喜歡自稱第一公民〔Princeps civitatis〕②）的成就無可否認。掌權後，他首先撲滅了削弱前

---

② 作者註：羅馬帝國誕生後，有三百年左右常被稱作元首制（Principate），就是沿用奧古斯都偏好的稱呼。

共和國力量的內戰餘燼。接著，他透過宏偉的建築工程（有些在凱撒掌權時便開始建造，有些是他自己設計的）改造了羅馬。占地五百英畝，散落著廟宇和紀念碑的戰神廣場（Campus Martius）經過大幅重建，新的劇院、高架水道和道路也委任下去。他只用最上等的建材，所以在臨死前，奧古斯都誇耀羅馬在自己即位時是一座磚城，離去時卻是大理石建成的城市。[16] 他進行全面的政府改革，把權力凝聚在自己手中，削弱了元老院的勢力，並鼓勵人們崇拜帝王，導致演變到後來有些皇帝被當成半神一樣崇敬。

※

　　等到奧古斯都在十四年八月十九日逝世、享年七十五歲時，羅馬帝國已大幅擴張、大致平定，並完成大規模的改革。不列顛這時雖然仍是一片無人開發的荒野（凱撒在西元前五十五至五十四年造訪該地時，非常害怕全面入侵此地的想法，因此他的兒子也沒有打擾不列顛），早期的羅馬帝國卻已包含整個義大利和伊比利半島、高盧（今天的法國）、跨越了阿爾卑斯山並遠至多瑙河的歐洲地區、大部分的巴爾幹半島和小亞細亞（即黎凡特〔Levantine〕沿岸從北邊安條克〔Antioch〕延伸到南方加薩〔Gaza〕一條厚厚的帶狀地區）、龐大富裕的埃及行省（奧古斯都在一場著名戰爭中擊敗了托勒密王朝〔Ptolemaic dynasty〕的最後一位法老，克麗奧佩脫拉〔Cleopatra〕和她的愛人馬克·安東尼〔Mark Antony〕，並贏得了埃及疆域），甚至是最西遠至努米底亞（Numidia，今天的阿爾及利亞）的一塊綿延不斷的北非地帶。這為帝國接下來一百年規模更大的擴張行動鋪好了路。

　　羅馬是歷史上唯一一個統治過地中海盆地每一處海岸的強權，而且領土還往內陸延伸許多英里，創造出厚厚的一條帶狀邊際線。圖拉真皇帝（Trajan）統治期間征服了達西亞（Dacia，今天的羅馬尼亞），使帝國版圖達到巔峰，總面積約有五百萬平方公里，一路從哈德良長城延伸到底格里

斯河，世界上四分之一的人口活在羅馬的統治下。這塊龐大的帝國疆域不光是被占領，還經過重新規畫，印上羅馬文明的典型特徵。這個擁有龐大疆域、由中央指揮的政府，加上對外兇猛防禦、對內嚴謹的統治（雖然不算完全自由或寬容），以及科技發達、有效與世界連結的羅馬帝國，迎來了全盛期。

「他們使一地變得荒涼，卻說這叫和平」

那麼，羅馬帝國的典型特徵是什麼？首先，令外人最驚訝的就是羅馬卓越持久的軍事力量。戰士文化融入政治之中，在共和時期要被選上官職，或多或少是以完成一期兵役為前提，而想在軍中當上指揮官，則需仰賴官職身分。因此，不意外地，羅馬在沙場上贏得了很多最偉大的歷史成就，而國家機器便依靠（而且從很大的程度來說，存在的目的就是為了服務）一支專業的常備軍。在奧古斯都統治尾聲，這支常備軍約有二十五萬人，而在三世紀初的高峰期，帝國各地總共有四十五萬名士兵。一個羅馬軍團是由五千名從公民之中招募的重裝步兵所組成，另有從帝國龐大的非公民人口以及帝國之外的蠻族募集的傭兵所形成的輔助軍團（我們之後會看到，羅馬軍隊當中的蠻族傭兵將在帝國後期坐大）。海軍艦隊另有五萬人，這支艦隊分散在北海到裏海之間數百萬平方公里，供養這些兵力所需支出的金錢，每年會吞掉帝國整個國民生產毛額的百分之二到四，這意味著，國防花費遠遠超過政府預算的一半。[3] 有時（如西元前一世紀共和國

---

[3] 作者註：我們來比較一下：在本書撰寫期間，美國擁有全世界最多的國防安全預算，跟其他國家比起來相差不少，而美國的軍事支出占國民生產毛額的比例跟羅馬帝國差不多，約百分之三點一。但，這筆花在無人機、坦克車和部隊上的錢雖然很多，美國國民生產毛額的百分之三點一實則只占了聯邦年度預算的百分之十五。換句話說，羅馬皇帝在可用收入中花在軍事方面的費用是近期美國總統花費的三到四倍。從相對調度能力和上升潛能（也就是將火箭發射器運用在戰事上的能力）來看，現今的美國在世界上的地位跟一世紀的羅馬帝國差不多。基本上最好不要惹到他們。

的最後一段日子，還有所謂「三世紀危機」期間許多可恥的皇帝在位的時候），羅馬的軍事力量會破壞帝國內部的和諧，可是沒有軍隊，就不會有帝國。

✳

維吉爾曾寫道：「羅馬人，你們的任務是統治帝國境內各地的民族。這些是你們要做到的：確立和平的模式、寬恕戰敗的一方、打擊傲慢的狂徒。」[17] 羅馬皇軍的規模、移動速度、科技水準、戰略才能和強大紀律，在當時沒有任何強權可以媲美，因此維吉爾崇高的目標有可能實現。

一般來說，羅馬士兵一簽就至少十年。三世紀以前，在輔助軍團服役二十五年便可獲得完全的公民資格。薪水普遍很合理，並有各式各樣的兵種。除了使用短劍、長而有弧度的盾牌和標槍作戰的步兵外，羅馬軍隊裡還有騎兵、砲兵、軍醫、樂手、文書和工兵。軍隊文化非常強調透過卓越功績獲得獎賞與殊榮，但是同樣地，軍隊紀律也極為嚴格，違者可能挨餓、被鞭打，偶爾甚至遭到當場處死。根據西元前二世紀撰有一部詳盡羅馬史的希臘作家波利比烏斯（Polybius）所說，在戰場上未能堅守崗位的士兵，可能遭到同僚聯手用棍棒打死或石頭砸死（fustuarium supplicum）。[18] 若發生集體不服從的事件，軍團則會處以十一抽殺（decimatio），也就是每十名士兵當中抽籤挑選一人被其他同僚打死。

在共和時期，羅馬軍團打過許多場名留青史的戰爭，建立起帝國在地中海的霸主地位，像是擊敗馬其頓人（Macedonians）、塞琉古人（Seleucids）以及迦太基人（Carthaginians）。與迦太基人的戰爭恐怕最有名，期間偉大的漢尼拔（Hannibal）將軍，在西元前二一八年率領大象翻越阿爾卑斯山，雖然最後沒能完全滅了羅馬共和國，卻在西元前二一六年坎尼會戰（the battle of Cannae）中，擊潰羅馬有史以來派出的最大支軍隊。後代對漢尼拔戰敗感到痛心疾首，因為迦太基人違抗羅馬的下場不僅是古都迦太基被毀，還引發西元前一四六年第三次布匿戰爭（Third Punic

War，同年，在另一個戰區裡，希臘古城科林斯〔Corinth〕也被夷為平地）。這些戰爭共同證明了羅馬長期以來優越的軍事地位，而這也一直延續到帝國時期。在戰場上面對羅馬大軍十分需要勇氣，一世紀時，帝軍征服不列顛時便是一個很好的例子。

✳

凱撒在西元前五十五至五十四年間，發起了第一次試探性的軍事遠征到不列顛。不列顛在羅馬眼中很有吸引力，東南部有肥沃的農地，各島則有錫、銅、鉛、銀、金可開採。此地也是高盧的反叛分子為了逃離羅馬權威會去的地方。此外，征服一個被認為是人類所能航行到最遠的地方，這件事本身就會帶來很大的名譽。凱撒的入侵行動最後遭到好戰的不列顛原住民和惡劣的天氣擊退，但是一百年後，在四十三年克勞狄在位時，有四支軍團對不列顛展開水陸攻擊，發起一場斷斷續續打了將近五十年的侵略戰爭。即便有像愛西尼部落（Iceni）那樣，在六〇至六一年於女王戰士布狄卡（Boudicca）的率領下發動叛變的族群，都被極為殘暴地消滅。有些部落會跟羅馬談判。不列顛和不列顛人從此變得不一樣。帝君征服、平定不列顛時展現的鐵石心腸，對羅馬人來說相當值得驕傲。塔西佗描述，當厄運將至的部落酋長卡加庫斯（Galgacus）準備對抗由格奈烏斯·阿古利可拉（Gnaeus Julius Agricola，他正好是塔西佗的岳父）率領的羅馬軍隊時，塔西佗藉著卡加庫斯的口寫下了一段著名的演說：

世界的強盜利用處處可見的劫掠手法榨乾大地後，又繼續洗劫大海。如果敵人很富裕，他們就起貪念；如果敵人很貧窮，他們就想征服。東西南北都無法滿足他們。世人之中唯獨他們對窮與富同樣深深覬覦。他們把強盜、屠殺和掠奪取了帝國的假名字。他們使一地變得荒涼，卻說這叫和平。[19]

聽完這段演說沒多久，卡加庫斯的手下便倉促逃離阿古利可拉的正規

軍團、輔助軍團和騎兵。塔西佗寫道，那是「一幅可怕可怖的景象」，部落勇士「整營整營地潰逃……到處都是散落的手臂、屍體和血肉模糊的四肢，大地散發出血腥味」。那天晚上，羅馬軍隊大肆狂歡，但是「在男男女女的哭嚎聲中晃盪的不列顛人，卻忙著拖走傷患、呼喚沒有受傷的同胞、離棄自己的家……沉默的孤寂感四處瀰漫，山丘遭到遺棄，房屋在遠方冒著煙……」[20] 卡加庫斯準確地預測了同胞的命運，完整描述了數百年來，生活在羅馬帝國邊緣的無數部落酋長他們所經歷的遭遇。羅馬軍團就算遭到突襲或擊敗（有時的確會，像是在不列顛、高盧、日耳曼〔日耳曼尼亞〕、達西亞、巴勒斯坦等地），損失的兵力也不足以把帝國抹滅。在羅馬軍事霸權的背後，是帝國承受失敗的小型會戰、讓衝突演變成戰爭和無情報復的能力。羅馬輸了很多會戰，卻很少輸掉戰爭。

然而，儘管如此，羅馬軍隊也曾經在不拔劍、不灑血的情況下贏得許多精彩勝仗。無可比擬的軍事規模（歷史上時有所聞）所帶來的優勢，就是不用打仗就能贏。羅馬軍隊不僅是一股活躍力量，還是遏止潛在敵人發難的抽象概念。由於西方世界沒有其他強權比得上帝軍的資源，皇帝便能把軍事能力本身當成政治工具，恫嚇對手，使其臣服。[21] 世界史上大部分的超級強權，都有領受過這樣的經歷。

羅馬軍武力量的黃金時期，是奧古斯都在西元前二十七年登基後的那兩百年。這個時期被稱作「羅馬和平」（pax Romana），因為羅馬能為生活在它羽翼底下的人，提供以當時的標準來說非常棒的安定、和平與繁榮機會。羅馬能夠做到這點，是因為它付錢請了全世界最危險的軍隊來保護它。哲學家皇帝馬可·奧理略（Marcus Aurelius）在一八〇年逝世後，羅馬和平開始漸漸瓦解。三世紀時，危機在帝國肆虐了好幾十年，有時候帝國分裂成三塊，有時候帝國同時存在數十位皇帝，有時候帝國幾乎整個毀滅。這樣的命運不斷考驗羅馬軍隊的毅力和能力，幾乎就要將之摧毀。然而，在四世紀和五世紀初，羅馬人依舊對自己的武裝力量感到自豪。此時，這支軍隊已經愈來愈趨向專業化，軍隊駐守在帝國邊疆的「界牆」

（limes），保護文明邊緣不受蠻族侵略，確保了帝國縱使有分裂與分歧、權力鬥爭和內部仇恨，大體上來說仍撐得住。

因此，全盛時期的羅馬是個無敵的戰爭大國，能夠消滅該地區的任何敵手。即使在三世紀危機當中，帝國受到東邊的波斯薩珊王朝（Sasanian dynasty）和西邊的蠻族所挑戰，羅馬仍是一股可怕的力量。不過，光是龐大的軍事力量和影響範圍，並無法將羅馬跟古典世界大致上同時存在的其他超級強權區分開來。西元前四世紀，亞歷山大大帝（Alexander the Great）建立的馬其頓帝國（Macedonian empire），從地中海中部的愛奧尼亞群島（Ionian islands）延伸到喜馬拉雅山；古代各個由波斯人創建的帝國也涵蓋差不多的疆域；一〇〇年左右，中國的東漢統治了超過兩百五十萬平方英里的疆域和六千萬的人口。羅馬能在地中海世界和以外的地方如此具有優勢，原因在於跟龐大的武裝力量平行發展的複雜市政體制。這個系統由先進的社會、文化和法律制度交織而成，被羅馬人認為制度本身就充滿美德。姑且不論羅馬人是對是錯，因為在今天，我們可能會對一個嚴重限制數百萬名女性和窮人的權利、殘暴迫害反對社會規範的人、熱愛血腥體育活動和其他暴力形式、依賴大規模奴隸制來存活的社會抱持懷疑，但當時羅馬人的生活方式確實非常容易輸出，到了哪裡就會在那個地方留下深刻、常常是永久性的足跡。

公民與外人

前面說過，克勞狄皇帝曾帶著大象到世界盡頭的不列顛征服那裡的部落。這件事情過了幾年後，他來到喧鬧的元老院，跟一群羅馬顯要人士說明公民權與政治力量這兩個關聯密切的議題。這年是四十八年，他們討論的問題十分特殊，那就是該不該允許高盧行省最富有、最值得敬重的公民被選為元老院成員。克勞狄認為他們應該這麼做。博學但卻身體虛弱、目光短淺的他，是奧古斯都的孫子，出生地正好是高盧的里昂（Lyon）。為

了強化自己的觀點，他要聽眾想想羅馬古老的歷史，並溯及創建這座城市的首任國王羅穆盧斯（Romulus）。當年，羅穆盧斯的繼任者薩賓人努瑪（Numa the Sabine）就不是羅馬城的人。因此，克勞狄主張，羅馬向來可以接納配得上它的外人。他說：「我認為，外地人只要能為元老院做出貢獻，就不應該被排斥。」

不是所有元老都同意他所說的。有些元老激動地說，羅馬自願讓「一群外邦暴民……踏在我們的頭上」，實在是太丟臉了，況且他們正在談論的外邦人——高盧人——還曾經血腥抵抗羅馬人的入侵。[22] 這個論點的背後存在從古至今不斷困擾強國統治者的兩個問題：一個國家要怎麼讓過去的敵人恢復正常生活？開放國家或社會的成員資格給不是本地的人，會加強還是削弱國家的血脈和性格？這個議題在整個羅馬帝國好幾百年的歷史中持續受到爭論，對中世紀及更後來的時代都留下影響。

四十八年，克勞狄在元老院面前是有備而來。針對那些質疑高盧忠誠度的人，他說：「要是有人把重點放在高盧人在戰爭中，抵抗神聖的尤利烏斯【即凱撒】抵抗了十年這件事，那他也應該想想，高盧人當一個忠心、值得信賴的夥伴也當了一百年，他們的忠誠更在我們遇到危險時承受了極大的考驗。」針對反對把任何不是義大利人的人歸類為羅馬人的元老，他則舉了古希臘人的例子：「斯巴達和雅典會滅亡的原因不就是，他們雖然很會打仗，卻將自己征服的民族視為異類，加以唾棄？」不管是被這位慷慨激昂的皇帝給說服或脅迫，總之元老們最後終於同意了。從那時起，高盧人不但可得到羅馬公民權，還能追求帝國最高的官職。

羅馬（羅馬城本身、義大利半島、乃至於羅馬軍隊征服的龐大領土）最重要的社會區別，便是公民與非公民之間的差異。羅馬社會非常重視階級與秩序，因此上層階級的元老和騎士（equites）、中層階級的庶民以及沒有土地的無產階級（proletarii）之間的小差異，都被相當嚴肅地看待。但，最重要的還是公民身分。從最深的意義來說，身為羅馬公民意味著自由。對男性而言，公民權賦予他們令人生羨的一套權利和責任：公民可

以投票、任官、靠法院維護自己和財產、在儀式典禮上穿著托加、在軍團（而非輔助軍團）服兵役、不用繳某些稅、避開大部分的體罰和死刑形式（包括鞭刑、拷打和釘十字架）。公民權不限於男性，雖然有很多權利女性不能享受到，但她們卻可以把公民地位傳給子女，她們的生活也過得比不是公民的女性還舒適富裕。因此，公民是一個很寶貴的身分，這也就是為什麼羅馬政府會把這當作獎勵，送給在羅馬軍隊服役滿二十五年的輔助軍人，奴隸也因此任勞任怨地服侍主人，因為奴隸知道若是主人放他們自由，他們也能獲取有限的公民權，得到自由。喪失公民權相當於在法律上遭到肢解或在社會上死亡，是犯了殺人或偽造等重罪的人所受的懲罰。

　　培養法律和社會特權這樣概念的絕對不只有羅馬。古代的希臘、迦太基等無數個地中海國家都有公民概念。但，羅馬卻是唯一一個在自己漫長的歷史中，透過發展和延伸公民權的概念來協助帝國進行統治的國家。帝國最根本的存在目的，就是注入財富供羅馬花用。從這個角度來看，羅馬帝國其實就是一個以猖獗的剝削為基礎設計而成的騙局。然而，透過承諾給予公民權（即分贓的概念），被征服的貴族通常都會轉而支持帝國。因此，在帝國建立後的那兩百年，伴隨著行省不斷增加，公民權也漸漸賜給了離義大利相當遙遠但地位崇高的族群。貴族和政務官、在軍中服滿役期的輔助軍人、退休官員和他們獲得自由的奴隸都可以得到公民身分，有的是完全公民，有的是無數種符合資格的公民形式之一，權利雖然有限，但仍然能擁有不少令人嚮往的特權。[23] 最後，在二一二年時，卡拉卡拉（Caracalla）皇帝完善了克勞狄開的先河，頒布命令讓所有行省的自由人都可以要求某種形式的公民資格。卡拉卡拉宣布，所有人民「都應該共享勝利的果實。這項命令將提升羅馬人的偉大。」[24]

　　許多歷史學家都把卡拉卡拉敕令（有時被稱作安東尼敕令〔Antonine Constitution〕）視為羅馬帝國史的轉捩點，因為他的決定削弱了帝國體制，讓不是來自羅馬的人不再那麼想加入軍隊，也使公民身分不再是特權。或許這樣說沒有錯。但是，對帝國內部的族群同化抱持開放的態度，也是

羅馬關鍵的歷史優勢之一，④ 因為它將羅馬體制的價值觀看得比什麼都重要，毫無顧忌地大方承認人們有可能同時擁有多個文化認同。羅馬人不用一定要出生在看得見永恆之城那七座山丘的地方，他可以是北非人、希臘人、高盧人、日耳曼人、不列顛人、西班牙人或斯拉夫人。就連皇帝也不一定得屬於「羅馬人」這個種族。圖拉真和哈德良（Hadrian）便是西班牙人。從一九三年掌權到二一一年的塞提米烏斯‧塞維魯斯（Septimius Severus）出生在利比亞的大萊普提斯（Leptis Magna），父親是北非人，母親是敘利亞的阿拉伯人，他的繼任者（統稱為塞維魯斯王朝〔Severan dynasty〕）因此跟他一樣擁有非洲和阿拉伯的雙重血統。這個王朝的第二位皇帝正是卡拉卡拉，所以他在二一二年頒布那道敕令，固然有很好的政治理由（在公費危險時期擴大徵稅人口），但是懷疑他身為非洲裔皇帝的經歷對他造成了影響，應該也是合理的推斷。

販賣靈魂

讓自己的非洲生命經驗影響到帝國統治的皇帝，不只有卡拉卡拉。在卡拉卡拉出生前一百多年，弗拉維王朝（Flavian dynasty）的創始者維斯帕先（Vespasian）曾統治羅馬十年。維斯帕先在一場短暫兇惡的內戰（期間曾有一年換了四個皇帝）⑤ 贏得勝利，並於六十九年取得帝位，但是，在當上皇帝以前，他曾有一小段時間在北非當「騾子車夫」。這其實是稱呼奴隸商人的委婉說法。在做這一行的時候，維斯帕先會割掉小男孩的睪丸，這樣就能以高價把他們賣掉。25 這個習慣讓維斯帕先名聲不是很好，但也

---

④ 作者註：羅馬帝國張開雙臂歡迎同化的做法，甚至超越了在邁入二十世紀時移民達到巔峰時期的美國。歷史上或許只有十二到十三世紀的蒙古帝國（見第九章）對融合許多不同民族這件事展現了如此不拘的態度。

⑤ 作者註：即四帝之年。四位皇帝分別是加爾巴、奧托、維特里烏斯和維斯帕先。

沒有壞到在別的時代可能遭遇的臭名。畢竟，在羅馬，奴隸制和隨意虐待奴隸的行為不僅常見，更是普及。

　　整個古代世界都存在奴隸制。在那個時代，可以說每一個重要的地區都找得到奴隸，也就是被定義為財產、被強迫工作、權利被剝奪、在社會意義上已「死亡」的一群人。中國的秦朝、漢朝和新莽曾實施各種形式的奴隸制，古代埃及、亞述、巴比倫尼亞（Babylonia）和印度的統治者也是。[26] 上帝告訴以色列人：「你所要的奴僕和使女，可以來自你們四圍的列國，你們可以從他們中買奴僕和使女。」祂只要求以色列人不要奴役同胞。[27] 但，羅馬不一樣。在有紀錄的歷史中，奴隸制滲透到社會每個層面、整個經濟文化都建立在奴隸制上的真正「奴隸國家」並不多，羅馬就是其中之一。⑥

　　歷史學家對於羅馬究竟存在多少奴隸並無法達成共識，因為沒有可靠紀錄可循。一個大概的猜測是，在奧古斯都時期，義大利半島有兩百萬名奴隸，可能等於當地人口的四分之一，而外省則有更多奴隸。[28] 除了統治國家，奴隸可能做社會上所有想得到的職責。他們會在大規模生產的大農場（latifundia）上工作，也會在擁有一或多個奴隸的小農家庭的小塊土地上工作。富有羅馬人的家中可能會有數十或甚至數百名奴隸，負責打掃、煮飯、烤麵包、服侍用餐、服侍穿衣、看門、餵奶、演奏音樂、朗誦詩詞、跳舞表演，或是當家庭教師、園丁、保鑣、警衛、老師、書記、姜或純粹的性愛玩物。

　　對一些奴隸來說，如果是替有錢人工作，中年或老年時可能買下自由，生活或許稱得上舒適，甚至是奢侈。龐貝城於七十九年遭火山灰掩埋時，便保存了一個奴隸的美麗金臂環，金臂環以傳統上的守護動物蛇為造

---

⑥ 作者註：歷史學家通常會將古希臘、殖民時期的巴西和加勒比海以及南北戰爭前的美國南方列為這樣的奴隸國家。

型，刻有「主人贈予奴隸女孩」的字樣。但是，能夠得到禮物淡化自己做為他人財產的身分，是可遇不可求的。今天，羅馬的戴克里先浴場（Baths of Diocletian）展示了另一件四或五世紀用在奴隸身上的配件，象徵意義截然不同，被稱作「佐尼努斯項圈」（Zoninus collar）。這個項圈大致是用鐵鍛造而成，掛著一個很大──應該也很令人不悅又痛苦──的鐵片，類似今天人們用來辨識走失寵物的牌子。上面的文字告知任何陌生人，要是發現戴著此項圈的奴隸自己單獨一人，就表示他逃跑了，並承諾會給歸還奴隸的人一枚金幣做為賞金。[29]

　　不管是被賣作奴隸或生而為奴，奴隸在定義上跟馱獸的等級一樣。我們不知道、也不可能知道當羅馬人的奴隸究竟是什麼樣子，因為大部分的奴隸完全沒有記錄自己的內心世界。但，根據我們從人類史上其他時候的奴隸制所得知的一切，我們可以知道奴隸基本上過著長年不快樂的日子，必須遭受輕則讓人不開心、重則猶如地獄般的凌虐。在非洲的穀物磨坊或西班牙的礦場，奴隸得在極為悲慘且時常致命的處境下辛苦工作。二世紀的作家阿普列尤斯（Apuleius）在他的小說《金驢記》（Asinus aureus，有時候被稱為阿普列尤斯的《變形記》〔Metamorphoses〕）裡，描繪了一些奴隸遭受虐待的恐怖情景。雖然他所描寫的奴隸生活是虛構的，故事也有不少幻想、下流、諷刺的成分，他仍然點出了奴隸制骯髒的實況。在故事的前段，主角跟朋友的漂亮奴隸享受了雙方都感到十分歡愉的性愛，但是後來，他遇到一群在磨坊辛勞工作的窮人：「他們全身都是青紫色的鞭痕⋯⋯破爛的衣物掩著被鞭子留下傷疤的背部，卻沒有好好遮蔽，有些人更僅穿著稀薄的腰布。我看見遭到烙印的額頭、只剃一半的頭顱和上了腳鐐的足踝；他們的臉呈灰黃色，眼睛被熔爐的煙霧熱氣燻得半盲⋯⋯」[30]

※

　　阿普列尤斯寫下這些文字時，羅馬已經實行奴隸制五百年。西元前二世紀，共和國開始在地中海沿岸快速擴張時，奴隸制變成羅馬生活的重要

支柱之一。羅馬人在巴爾幹半島、希臘諸島、北非等地獲得輝煌的軍事勝利，也因此有很多機會帶走大量劫掠物，包括人類。光是在西元前一四六年，迦太基和科林斯都被夷為平地的這一年，軍隊就帶回好幾萬個俘虜。奴隸藉由海路被運到目的地，不可能逃回家，因此奴隸變得非常容易取得，成為驅動羅馬經濟快速發展的一股力量：他們是共和國（和之後的皇帝）的免費勞工，可以用來興建廟宇、高架水道、道路和城市建築，或送去礦場工作；他們也是富裕的羅馬人為了娛樂和便利所買下來的商品，可以在他們廣大的都市豪宅或鄉村大型農場中工作。這種免費勞工自然很吸引人。主人要奴隸做得多辛苦，奴隸就得多辛苦；主人想多用力毆打奴隸都可以；奴隸可以像豬一樣飼養、像牛一樣繁殖；最後，當奴隸太老或太虛弱而無法工作時，主人可以放走或乾脆拋棄他們。離家數千英里、受到創傷且一開始可能不會說當地語言的奴隸，他們改造了羅馬城和整個共和國，還有後來的帝國。

羅馬持續不斷的擴張行動延續到帝國時期，包括高盧、不列顛和日耳曼的原住民在內的各地居民，全都被吸入這個體制。盜奴成了歐洲和更廣闊的地中海地區令人頭痛的禍害。西元前一世紀的希臘歷史學家兼哲學家史特拉波（Strabo），描述了奴隸土匪在亞美尼亞和敘利亞四周引起恐慌的情況：他們會包圍平民，然後把平民抓上船賣掉。他寫道：「【這】利潤很高，因為他們不但很好抓，規模龐大又資產雄厚的市場也不會非常遠。」他所說的市場位於基克拉澤斯群島（Cyclades islands）的提洛島（Delos），這裡是販奴的大本營，史特拉波聲稱每天都有一萬名奴隸在這裡賣出，接著被送到異地生活、勞動、死去。[31] 羅馬的奴隸制本身並不會特別歧視哪一個種族（這跟加勒比海或美國南方的奴隸制相反），但人們確實認為境外的「蠻族」比羅馬人更適合奴役。因此，隨著帝國逐漸成長，數以百萬計的人類也跟著承受奴隸制所帶來的屈辱。四世紀的作家里巴尼烏斯（Libanius）簡潔有力地為這種暴行做出總結：「奴隸是在某個時候將隸屬於他人、身體可以被販賣的一種人。試問有什麼比這更汙辱人……他

的軀殼豈不是遭到殘缺、他的靈魂豈不是被全然摧毀了嗎？」[32]

然而，即使偶爾會發生奴隸叛變（最著名的就是西元前七十三年斯巴達克斯起義〔Spartacus War〕），似乎沒有任何人發起廢除羅馬奴隸制的運動。偶爾才有人試圖保護奴隸免受最為惡劣的待遇：哈德良曾嘗試阻止奴隸商人閹割非洲男孩，而君士坦丁大帝（Constantine I）則禁止在奴隸臉上刺青——這道敕令非常有可能是針對狂熱過頭的奴隸主頒布的。但，要想再更進一步就太荒謬了，遑論去設想一個沒有奴隸的世界。用哲學的觀點來看，奴隸制被認為是一個自由社會必須存在的制度，是一個很自然的現象，少了它，真正的、高貴的羅馬人就沒有自由；用經濟的觀點來看，整座羅馬城和它的帝國需要仰賴大規模的奴役，而助長奴隸制的，正是供應帝國必需品和奢侈品的漫長複雜貿易網絡。到頭來，羅馬終究是一個由男性主導的社會，而奴隸在這個社會中地位低下，純粹就是他們命不好。三世紀晚期的基督教傳道者聖金口約翰（John Chrysostom），為聽他講道的人描述了這個階級制度。他說，即使是在一個窮人的家中，「這個窮人可以管他的妻子，他的妻子管奴隸，奴隸管他們自己的妻子，然後男人和女人共同管自己的孩子。」[33] 在接下來的中世紀，奴隸制的規模雖然衰退了，在整個西方卻還是幾乎處處可見。即使有些地方的奴隸制似乎消失了，經濟文化的支柱也常常是由把人跟土地綁在一起的農奴制取代。這雖然跟私有財奴隸制不太一樣，但是對成為奴隸的當事者來說，卻沒什麼差異。西方人對奴隸制懷有特殊情感，很大一部分的原因是奴隸制跟羅馬的榮耀密不可分。

羅馬化

羅馬雖然將公民權和奴隸制都擴展到各個行省，但是它為這個世界留下的、一路延續到中世紀的記號絕不只這些。除了軍團和制度，羅馬還是一個強大的文化品牌。羅馬人走到哪裡，那裡的法律、語言和地景似乎就

會穿上一件羅馬的外衣。從四世紀開始，宗教也變得如此，因為羅馬帝國成了散播基督教（一千紀興起的兩大一神教當中的第一個）的強大媒介。

　　這個過程並不平順。羅馬習俗跟伊比利半島、北非、高盧、不列顛、巴爾幹半島、希臘和黎凡特等地的習俗結合後，產生了各式各樣特色鮮明的次文化，而這些次文化全都在帝國的旗幟下共存。更重要的是，羅馬化對各省統治階級的影響比對普通老百姓的影響大上許多，且集中在城鎮而非鄉村。雖然如此，羅馬制度、價值觀、科技與世界觀的輸出，仍然是帝國瓦解後好幾百年歷史發展的根基。因為，羅馬是一個高度連結的超級大國，各色人種透過建造得非常好的陸路、治安維持良好的海路，以及延伸到世界盡頭的貿易路線連結在一起。此外，把帝國結合起來的不只實體的道路，還有文化方面的因子，讓「羅馬風」這個概念成為可能，即便經過數十個世代、跨越好幾百萬平方英里的帝國疆域，都可以輕易辨識這種文化概念。這些東西讓帝國在滅亡許久之後，過去疆域境內的各地仍存在一種連結感。

　　一個富有的旅人如果在四世紀來到帝國內一座陌生的城市，縱使身處異地，仍十分有把握這座城市會有什麼：街道會呈現網格狀；在比較時尚的區域，可能會看到最有錢的居民所居住的龐大宅邸，庭院裡有火把在燃燒，這些高級住宅是用磚塊或石頭建成，配有地下暖氣系統和乾淨的水源，地板和牆面以鮮明的地中海風格裝飾，帶了一點古典希臘羅馬的調調；近市中心會有一個開放的廣場，是市集和一些官方建築的所在地，如政府辦公室、商店及供奉各個神祇的廟宇。商家和市集攤位老闆會販售從帝國各處和以外的地方獲取並運送而來的商品，包括酒、油、胡椒等辛香料，或是鹽、穀物、毛皮、陶瓷、玻璃和貴金屬。這些東西可以使用帝國的金幣、銀幣或銅幣支付，貨幣上頭通常會刻有羅馬皇帝的肖像。這裡還能看到──以及聞到──先進的供水系統。高架水道將淡水送到城市，公

共廁所則跟下水道相連。基於乾淨、衛生和放鬆等理由，城市裡常常會有一間公共浴場。巴斯（Bath）、特里爾（Trier）和貝魯特（Beirut）等城市的浴場，都是相當宏偉的複合式建築，有多間加熱到各個溫度的泡澡室，還提供各種令人稱羨的奢侈服務給喜歡享受（且負擔得了）香氛、精油和儀式的人，做為沐浴淨身的一部分。

大型城市可能會有劇場及舉行馬車競技和鬥劍等血腥運動的場館，雖然這些建築的規模，不會像雄偉的羅馬競技場（八〇年由皇帝提圖斯〔Titus〕所開放）一般，驚人地可容納五萬到八萬五千名觀眾，就如同外省城鎮的浴場不可能比得上巨大的戴克里先浴場（在三〇六年左右開放給大眾使用）。每一座帝國城鎮裡的建築，就算擁有優雅的圓柱和繽紛的馬賽克等羅馬元素，都還是會反映當地的品味和風格。有一點也要記住，那就是一旦出了城，羅馬對人們日常生活的影響將大幅減弱。羅馬主要是一個都會帝國，鄉村地區所能看見的那些創新與干預自然會少得多。儘管如此，帝國各地的公共建築確實是刻意仿效羅馬，在這些建築裡工作、敬拜和社交的男男女女每次走進大門，都會再次確認自己身處於羅馬帝國中。

我們之後會看到，羅馬對西方都會地景的顯著影響，在帝國淪陷後將暫時中斷。但，更重要的是它對後來的歷史造成的影響，因為在十四和十五世紀文藝復興時期，羅馬文化將被重新發掘，吹捧成文明的巔峰，可以的話應該要加以復甦。不過，羅馬倒是在另一個領域為整個中世紀留下不可抹滅的痕跡，那就是語言。沒錯，在羅馬遺留下來的遺產當中，最持久的一項就是它的官方語言，不僅影響了中世紀，甚至到今日仍影響著我們的學童。

羅馬帝國全境所使用的官方語言是拉丁語。這並不表示，從安條克到聖奧爾本斯（St Albans）的每一個人都會用馬提亞爾（Martial）的短詩進行對話。畢竟，偉大的羅馬詩人、哲學家和歷史學家，他們所使用的古典拉丁語對從事日常對話的普通人來說，就跟莎士比亞的十四行詩所使用的句法和詞彙，對英格蘭伊莉莎白時期的客棧老闆和牧羊人來說一樣，沒任

何用處。在帝國東部，拉丁語得跟希臘語爭奪最普及、最受喜愛、最有用的語言地位，特別是在四世紀初帝國正式分裂以後；在西部，拉丁語往往必須採納、適應帝國各地的地方語言，與之結合，後來在二千紀形成偉大的羅曼語（Romance languages）。然而，拉丁語雖然不能算是一個通用語言，卻肯定是帝國官方事務選擇的第一語言，讓各地受過教育的羅馬人能彼此溝通，同時昭告全天下自己是不簡單的人物，因為學習拉丁語及文法與修辭的技巧是菁英教育的基礎。無法精通使用這個語言，就不可能踏入政治或官僚生涯。對中世紀的教士、修道院院長、大臣、學者、律師、警長、學校老師、貴族和國王而言，拉丁語也是不可或缺的工具。[7] 不過，就算是沒有受過完整的識字教育，東學一點、西學一點拉丁語也很有幫助。在赫庫蘭尼姆（Herculaneum，維蘇威火山〔Vesuvius〕在七十九年爆發時摧毀的其中一座義大利南部城市）出土的塗鴉，讓我們一窺羅馬人刻在牆上的一些平凡猥褻想法，當地使用的文字便是拉丁語。在一間公共浴場旁邊的客棧，有一對兄弟寫下：「阿佩萊斯·姆斯（Apelles Mus）和兄弟德克斯特（Dexter）跟兩個女孩各做了兩次很棒的愛。」在龐貝，有一個鬥士在營房附近的柱子上誇口寫道：「色雷斯（Thracian）鬥士瑟拉杜斯（Celadus）是所有女孩心儀的對象。」

除了用來吹噓自己在性愛方面的勇猛和征服芳心的能力，拉丁語作為通用語最實用的功能，就是在羅馬法律的功用，而且一直到中世紀都是如此。羅馬人對自己古老的立法史十分驕傲，傳說最早可溯及西元前五世紀制定的十二銅表法（Twelve Tables）。十二銅表法集結了有關法律程序、債務、繼承、家族、土地持有、宗教儀式，以及殺人、叛國、偷竊和偽證等重罪的羅馬傳統與習俗，為羅馬法奠定了基礎，沿用將近一千年。

---

[7] 作者註：中世紀的拉丁語跟古典時期的拉丁語相差很大，大到中世紀的拉丁語可說是一種獨立的語言。然而，羅馬世界發揮的影響仍明顯且直接。

在這一千年間，羅馬法當然也演變很多。從政務官到皇帝的各個官員所發布的法令和聲明，都為十二銅表法增補許多內容。許多世代的法學家奉獻一生鑽研法律的不同組成，針對案件給出專業的意見。隨著時間過去，得到的結果是一部龐大複雜的法律，主要關注位高權重者的利益，像是財產、財富、所有權、契約和商業。在羅馬，只有公民可以提出起訴。羅馬審判相當令人興奮刺激，由政務官在公共法庭舉行。數十位「評審」（現今的陪審團）會聆聽穿著正式的托加且技巧高明的雄辯家提出的論點，然後做出裁決，投下刻有C（condemno，代表有罪）或A（absolvo，代表無罪）的板子。西塞羅（Cicero）、小普林尼（Pliny the Younger）等我們今天仍很熟悉的人名，都是在法律案件中擔任辯護方和政務官的羅馬人。西塞羅曾在西元前七〇年發表一場非常有名的起訴演說（其後又出版數篇演講），譴責富有卻腐敗的政務官蓋烏斯・維勒斯（Gaius Verres）在擔任西西里（Sicily）總督時，做了殘酷暴虐的壞事。後來，在一世紀和二世紀初，小普林尼在多位皇帝在位時，於帝國各地擔任許多非常資深的司法職務。他的著作至今仍讓我們得以窺視羅馬帝國黃金時期的法律運作方式。

羅馬法「最純粹」的形式當然是存在於羅馬城，但是在帝國時期，這套法律體系也以各種形式輸出到外省。行省總督會在轄區內的城市進行巡迴審判，他們聆聽案件，再根據最適當的法規進行裁定。發生在羅馬公民——例如定居在該省的退役軍人——之間的爭議將依循羅馬法，而非公民之間的案件則可訴諸當地固有的法律，讓社群保有一定程度的自決。[34] 在有關羅馬法觸及範圍的聲明裡，最出名的就是西塞羅於西元前一世紀，共和國即將滅亡的最後一段日子中所做的那一個聲明。他寫道：「不可羅馬一套法律、雅典另一套法律，現在一套法律、未來另一套法律，所有族群永遠只能接受唯一一部永恆不變的法律。」[35] 他的論點夾雜了等量的哲學跟實用成分，而我們可別忘了，西塞羅身為當時最著名的羅馬人之一，說話時是以其他有錢有權的人的利益為考量，而不是生活在帝國各地數百萬

名普通人，因為他們只有在違法或因違法而必須面臨暴力懲罰的時候才跟法律有所互動。但，羅馬法帶來的影響確實相當豐富恆久。羅馬法不只在西塞羅生活的共和時期蓬勃發展，在帝國時期也是，對整個中世紀和大部分的現代歷史都發揮強大影響。在這方面，羅馬法跟羅馬人的語言很像。而在歷史上的穩健性這方面，羅馬法也跟羅馬人的宗教很像——或者應該說，四世紀以降在帝國各地受到奉行的宗教，而那個宗教就是基督教。

從多神到一神

在基督出生、傳道、死亡後的那兩百五十年，羅馬帝國並不是個適合當基督徒的地方。羅馬人傳統上很熱衷收集各種神，包括奧林帕斯眾神和來自東方的各種祕教崇拜。因此，一開始人們對於這個猶太教派沒什麼興趣，甚至覺得一個木匠的兒子在本丟‧彼拉多（Pontius Pilate）當總督時，曾經在耶路撒冷引起一陣短暫的風波後，就有一群人想讓他的生平被世人永遠記住，是很怪的事情。前幾個世代的基督徒分散在地中海沿岸的城市，彼此雖有零星交流，卻沒有能力壯大起來。像聖保羅那樣熱忱的信徒會遊歷四方，一邊傳教、一邊寫信給所有願意聽（還有一些不願意聽）的人，描述基督受難犧牲的奇蹟。然而，在一個把包括太陽、行星和皇帝在內的一切都奉為神，並大量借用被征服者的宗教習俗的帝國，保羅這樣的人並不新奇。他生活在一世紀時，並沒有跡象顯示在世界史接下來的兩千年間，他那些熱血的遊歷和書信竟然會讓基督的名深植數十億人心中。一一二年，小普林尼寫信給皇帝圖拉真，描述他在比提尼亞（Bithynia，現今的土耳其）著手調查的一起控訴當地基督徒的司法案件。小普林尼寫到，自己對包括年輕女孩在內的數名基督徒施以酷刑後，才逐漸明白他們在追隨一個「很不好……而且過頭的迷信」，「像傳染病一樣傳播」。[36]

在剛開始這些年，基督徒時不時就會遭到這樣的對待，但是這並沒有讓他們變得比較特別。信奉其他怪異新信仰的人，偶爾也會被暴力相

向，像是遵循三世紀波斯先知摩尼（Mani）所傳授之教誨的「摩尼教徒」（Manichean）。但是，在二〇〇至三五〇年之間，基督教出現了轉變。首先，基督徒被認真當作一個團體看待。接著，三世紀中葉時，他們遭到集體迫害。皇帝德西烏斯（Decius）是真正有計畫性地殘害基督徒的第一人。三世紀危機期間，基督徒拒絕參與他為了帝國好而下令舉行的一系列異教獻祭儀式，因此冒犯了他。在德西烏斯、瓦勒良（Valerian）和戴克里先（Diocletian）統治期間，基督徒被鞭打、剝皮、拿去餵食野獸，以各種有創意的方式殉道。戴克里先的虐待十分特別，其殘酷的行徑為後世基督教作家提供許多血淋淋的素材，例如長年蒐集和記錄早期基督教殉道者痛苦經歷、來自凱撒利亞（Caesarea）的優西比烏（Eusebius）。以下是優西比烏所寫的一段典型文字：

　　女人一隻腳被綁著，高高吊在空中，頭部向下，身體完全赤裸，沒有一塊布遮蔽，是每一個觀者所看過最羞恥、殘酷、不人道的景象。其他人也被綁在樹木和樹幹的殘株上，死得非常悽慘，因為他們靠機械裝置的協助，把最強而有力的樹枝拉近，跟殉道者的兩條腿綁在一起，然後再讓樹枝彈回原本的位置，這樣一來馬上就扯斷了受害者的腿。[37]

　　肢刑、刮肉、烙印、烤炙等恐怖的酷刑，在三世紀後期，基督不幸的支持者都經歷過。但，在四世紀初，基督徒的困擾忽然緩解了。他們先是被容忍，然後被接納。最後，他們的信仰和存在受到擁護。西羅馬帝國在五世紀初經歷致命的衰敗時，基督教已經是帝國的官方宗教，確立了其做為日後世界上最大宗教之一的地位。這樣的發展大部分是君士坦丁大帝促成的。

　　生於尼什（Niš）的君士坦丁，在三〇六年當上皇帝。他是一個頗有資質的征戰將領，在約克（York）打仗時，父皇君士坦提烏斯（Constantius）剛好駕崩，因此君士坦丁的部隊就在那座不列顛北部的城

市宣布繼任皇帝。不幸的是（或許也沒那麼不幸），羅馬帝國內部此時極不和諧，皇位被分成四份，即所謂的四帝共治制（tetrarchy）。建立這個制度的是戴克里先，目標是要讓兩對統治者秉持著妥協與合作的精神，和諧治理帝國的東部和西部。當然，四帝共治實際造成的結果是漫長的內戰。但是，基督教卻趁這個機會有了重大突破。三一二年秋天，君士坦丁在台伯河（Tiber River）的米爾維安大橋（Milvian Bridge）準備對戰對手馬克森提烏斯（Maxentius）時，他望向天空，看見太陽上方有一個發光的十字架，伴隨著幾個希臘字：「你將憑此記號戰勝。」他把這當作基督徒的上帝想傳遞給他的訊息。顯然，上帝在那一刻對戰爭和政治的興趣，似乎超越了聖子耶穌基督所提倡的慈愛、寬恕與和解。總而言之，君士坦丁擊潰了敵人，馬克森提烏斯溺斃台伯河中，死後遭到斬首。君士坦丁即將廢除四帝共治制，把自己立為統治整個國家的唯一皇帝。從那個時候開始，他對基督教的主教和信徒施以大量恩惠。士兵上戰場時，盾牌上塗有凱樂符號；帝國各地的官員被交代要執行三一三年在米蘭發布的新敕令，不可歧視基督徒；羅馬開始興建後來被稱作拉特朗聖若望大殿（Archbasilica of Saint John Lateran）和聖伯多祿大殿（St. Peter's Basilica）的宗教建築；在耶路撒冷，君士坦丁也委託人興建第一座聖墓教堂（Church of the Holy Sepulchre），標示基督在十字架上被釘死和下葬的地點（後來謠傳君士坦丁的母親海倫娜〔Helena〕在三二七年造訪時，找到了釘死基督的十字架所用的木材，在中世紀被視為意義極為重大的事件）；在三三〇年，君士坦丁正式建立了君士坦丁堡（Constantinople），並在這座位於東方拜占庭（現今的伊斯坦堡）的新帝都，蓋滿了宏偉的基督教教堂。

現在，基督徒的神在帝國各地受到推廣，雖然一開始並沒有超越傳統的羅馬神祇成為羅馬人的唯一信仰，但很快就變成最重要的神之一。君士坦丁在死前受洗，在他之後只有一位羅馬皇帝（人稱「背教者」的尤利安〔Julian〕）不是基督徒。到了五世紀，基督教已經是帝國官方宗教，皇帝也已開始認真看待這個宗教的神學細節，特別是跟迫害異端和分裂主義者

有關的神學。反過來看，基督教也經歷了第一波的羅馬化，發展出鮮明的軍事色彩、使用拉丁語解釋教義的偏好、「主教轄區」（diocese，這個概念的起源是，戴克里先在統治期間為了行政方便而將帝國區分成各個世俗管區，但諷刺的是，戴克里先曾經是基督教的最大迫害者）形成的網絡、對宏偉建築和華麗儀式的喜好，以及可能是持續最久的——東、西教會的初期分裂，反映了從君士坦丁的時期便開始定義羅馬帝國的那道裂痕。[38]

身為一個實事求是的將軍，君士坦丁向朝臣傳教時的模樣，說好聽一點叫作生硬，事實上更有可能是笨拙，因此他實在不大可能是推動基督教的人選，而他為何會突然這麼堅信這個宗教，歷史學家依然爭論不已。有好幾個世代，一般的羅馬人仍繼續兼顧基督教信仰和他們對傳統神祇與異教儀式的喜愛。但，君士坦丁在四世紀初所下的決定，確實具有不可否認的力量。在他之前，基督徒被追獵、憎惡，視為競技場上那些野獸的食物；在他之後，基督教從一個不受歡迎的邊緣信仰一躍而起，成為帝國的核心信仰體系。把這稱作奇蹟或許不足為過。

遺產

身為斯多葛派（Stoic）哲學家和羅馬皇帝的奧理略曾說：「有些事物急著問世，有些事物急著消失。」[39] 如果我們想找出他所統治的帝國有哪些歷史上的「轉捩點」，有很多選擇。其中一個是二一二年大幅改變外省公民權的卡拉卡拉敕令；還有一個是羅馬經歷劇烈震盪、分裂、差點瓦解、最後成功改革的三世紀危機；第三個則是發生在君士坦丁在位期間，此時的羅馬開始信奉基督教，並建了一個新都君士坦丁堡，使得帝國的中心和未來轉移到地中海東岸，而非西方；第四個可能（我們將在下一章談到），是在三七〇年來到歐洲的草原遊牧民族，他們為羅馬的制度、疆界和權力結構帶來龐大、最終無法承受的壓力。

這些（以及其他的）因素，在西羅馬帝國滅亡這件事上要負起多少責

任，以我們的故事背景來說並沒有多大的重要性。真正重要的是，快要進入五世紀時，即使羅馬帝國開始分裂了，它在西方做為政治、文化、宗教和軍事力量強權的時間，也已近千年。霍克森寶藏的主人曾享受到羅馬化的各種果實：基督教、公民權、舒適的都市、一個擁有共通的語言和法律的政府，以及因為奴隸而能追求這些好處的自由。從西邊的不列顛到東邊與波斯薩珊帝國接壤的地區，還有許許多多跟他們一樣的人。

五世紀初還不確定的是，這些羅馬特性有多少會存留下來。在這方面，唯有時間能告知我們答案。在某些地區，如地中海東岸的古希臘世界，羅馬注定繼續存在好幾百年，有所更進但沒有劇烈轉變。在其他地方，像是本章開頭提到的不列顛，羅馬軍團一離開，最明顯的羅馬痕跡馬上褪卻了。隨著新一波的拓居者到來，羅馬留下的遺產很多都遭到埋沒（有時候是真的被埋了起來）。對一些人來說，帝國西部的滅亡是一起巨大事件，他們得收拾家當，把它埋進地底或運到他處展開新生活。然而，有些人對這件事可能不會有什麼感覺，甚至一點感覺也沒有。就好比在羅馬帝國的統治下沒有單獨一種生命經驗，失去羅馬帝國的生命經驗也沒有所謂的典不典型——若那樣想就太天真了。

然而，這樣模稜兩可的話，絕對不是在說西羅馬帝國的衰亡不重要，或者是這不應該被認真看待成西方歷史上的關鍵時期。羅馬帝國的長壽、成熟發展、特定的地理範圍、既可展示高貴又可表現極度殘酷的能力，這些全部都程度不一地嵌入西方的文化和政治地景，並在古典時代演進到中世紀之後繼續發揮影響。縱使羅馬不復存在，它也沒有被人遺忘。它是中世紀一切事物的歷史基礎。

② 蠻族

「誰會相信透過征服全世界建立起來的羅馬竟然滅亡了？誰會
相信萬國之母竟也是萬國之墓？」

——聖耶柔米（St Jerome），評論〈以西結書〉

那些對隱藏在世界綿密紋理之中的跡象很有警覺性的人，早已注意到西羅馬帝國會衰亡的一連串惡兆。在安條克，狗像狼一般嗥叫、夜晚的鳥發出可怕的尖叫，人們低聲說皇帝應該被活活燒死；[1] 在色雷斯，一個死人躺在路上，用令人毛骨悚然、像極活人的眼神瞪著路過的人，幾天後卻又突然消失不見；[2] 在羅馬城，公民仍堅持上劇院，一個基督教作家說，這個糟糕瘋狂的消遣會招致全能上帝的怒火。[3] 人類從古至今都很迷信，而且特別擅長在事後馬後炮地指出各種徵兆。所以，歷史學家馬切利努斯在回顧他出生的四世紀末期時，才會說「不斷在興旺和災禍之間交替」的命運之輪，那個時候轉得飛快。[4]

三七〇年代羅馬患上絕症之時，這個國家（包括王政、共和及帝國三個時期）已經存在超過一千年。但是，過了一百年又多一點之後，也就是五世紀末期，巴爾幹半島以西的每一個行省都已不在羅馬的掌控中。在帝國古老的核心地帶，羅馬的制度、稅制和貿易網絡正漸漸瓦解。富麗堂皇的宅邸、廉價的進口消費商品、熱騰騰的自來水等羅馬菁英文化的實體象徵，正慢慢從日常生活中消失。永恆之城被攻掠好幾次；西方的皇冠在一連串的低能兒、篡位者、暴君和兒童之間易手，直到最後遭到完全廢止；原先組成強大巨國核心的地區，被帝國全盛期的自傲公民斥為蠻族和次等

人類的族群所瓜分。這些所謂的「蠻族」涵蓋的範圍很廣，包括西方人還很陌生、不曉得或不在乎羅馬風俗的遊牧民族，還有做鄰居做了很久的鄰族，他們生活雖然受到羅馬文化影響很深，卻遲遲未享用到公民身分的權益。

蠻族的崛起是一個複雜的過程，其中包括長程和短程的遷徙、政治體系與文化的衝突以及帝國制度的崩壞。羅馬帝國雖然會繼續在東方存活，大體上沒有受到損傷，以說希臘語的拜占庭這樣的突變形態繁榮下去，但羅馬帝國原有的西部疆域卻落入新面孔的手裡。蠻族的時代已經降臨。

「全世界最可怕的戰士」

我們可以說，古代世界在三七〇年窩瓦河（Volga River）河畔崩塌，中世紀也繼而展開。那年，河邊出現了一群又一群被集體稱作匈人（Huns）的族群。他們離開了位於中國北方的草原家園，來到數千英里之外的這條河。關於匈人的來源，我們將永遠無法拼湊出完整的樣貌，但是他們對西方歷史的影響卻非常深遠。匈人剛出現時，就像我們今天所說的氣候移民或甚至難民。但，他們四世紀來到西方時，並不是為了取得同情，而是騎在馬背上，帶著又大又有力的複合反射弓。這種弓可以把箭精準地射到一百五十公尺外的超遠距離，刺穿一百公尺遠的盔甲。當代的遊牧民族無法製作出這樣的武器。匈人騎馬射箭的功夫優秀，使他們因殘忍和屠殺而出名，不過他們也很樂意維持這樣的名聲。他們是一個由戰士階級統領的遊牧文明，擁有革命性的軍事科技，因為在嚴峻的歐亞大草原上生活了無數個世代，性格極其堅毅。對他們而言，遷徙是唯一的生活方式，暴力是基本的生存法則。他們將大大撼動羅馬世界。

在某種程度上，匈人跟從西元前三世紀開始，以部落帝國統治者的身分定居、稱霸亞洲大草原的一支遊牧民族具有血緣關係。[5] 這支遊牧民族騷擾中國的秦、漢兩朝，被中國文官取作「匈奴」。[6] 這個名稱從此固定下

來，然後被音譯成英文的「Hun」。匈奴帝國雖然在二世紀瓦解，但有許多部落存活下來，而匈奴帝國散落各處的後裔，在兩百年後也依然保有原本的稱呼。無論是匈奴還是匈人，誰在何時何地稱呼這些民族什麼，我們只能模模糊糊得知，因為當時留下來的文獻並不完全。但，不管這個名稱怎麼寫，它都蘊含一種不言而喻的恐怖感，是不會到處移動的文明在傳統上對遊牧異族所懷有的恐懼和厭惡。

到了三〇〇年代晚期，匈人已不再擁有自己的帝國，但他們仍是一個政治實體。用文字攻擊他們的不只有中國人。在三一三年左右，一個來自中亞的商人納內凡德（Nanaivande）便寫到一群匈人對中國北方包含洛陽在內的城鎮帶來的可怕損害，帝國的「皇宮被燒，城市被毀」。[7]一個世代之後，當一支分裂出來的匈人部落，往沒去過的地方移動、朝歐洲前進時，西方作家也寫了冗長的文字詳述匈人的惡行。馬切利努斯說匈人「不正常地野蠻」。可以肯定的是，他們的長相很有特色，因為他們常常把小孩的頭顱綁起來，讓他們的頭長得像長長的圓錐體。馬切利努斯寫到，匈人身材矮胖、毛髮茂密、粗鄙，習慣了馬背上和帳篷裡的生活，「不臣服於任何國王的權威，而是跟著首領即興下達的指令突破任何阻礙」。[8]

匈人四世紀時為什麼會往西移動，長久以來一直令歷史學家感到不解。很遺憾，匈人跟當時大部分的遊牧民族一樣沒有文字，沒有記錄或編史的文化。他們不能用自己的語言跟我們對話，我們也永遠無法得知他們所述說的故事，而關於他們的資訊大部分都來自討厭他們的人。像馬切利努斯這樣的文學型作家把匈人視為眾神的天譴，根據他的說法，他們會在西方出現純粹是「戰神怒火」的展現。他並沒有花太多篇幅提到促使他們興起的人為因素，要是匈人在這件事情上有任何選擇，馬切利努斯也只說他們是被「掠奪他人財物的慾望所吞噬」。[9]他或當時的其他作家，都沒有想過要探究匈人為何會在三七〇年出現在窩瓦河畔。事實是，他們就是出現了。

但，還有一個參考來源可以給我們一點線索，透露是什麼迫使匈人離

開亞洲大草原的家，朝西方移動。提供線索的不是史家，也不是遊走四方的絲路商人，而是粗糙多刺的中國高山樹種「祁連圓柏」（Qilian juniper，*Juniperus przewalskii*）。這種非常能吃苦的植物長在山區，可以緩慢但穩定地長到二十公尺高左右。每棵樹通常可以活到一千歲以上，一邊生長，一邊在年輪中保存關於世界歷史的寶貴資訊。在關於匈人的議題上，祁連圓柏可以告訴我們四世紀時，東方下了多少雨。[10]

根據青藏高原青海省的祁連圓柏樣本所提供的年輪數據，在三五〇到三七〇年，東亞似乎經歷了一場「大旱災」，至今依然是過去兩千年來紀錄中最嚴重的旱災。天空整個乾掉了。中國北方遭遇的狀況，至少跟一九三〇年代發生在美國的「黑色風暴事件」，或一八七〇年代餓死九百萬到一千三百萬人的中國旱災一樣嚴重。在十九世紀的旱災期間，一個名叫提摩西·理查茲（Timothy Richards）的傳教士，寫下了一段悽慘的文字描述尋常百姓的境況：「人們拆掉自己的房子，賣掉自己的妻女，啃食樹根、腐屍、泥土和樹葉……假如這還不足以引起同情，看見男男女女無助地躺在路邊，或是死人被餓狗和鵲鳥撕咬，就應該會讓人感到同情。至於……孩童被燙來吃的恐怖傳聞，更是讓人想到就不禁發顫。」[11] 三〇〇年代的匈人，情形可能也差不多如此。草原上的青草和灌木叢一定變成了可惡刺人的塵土。對依靠食草動物提供肉類、乳飲、衣物和交通工具的匈人來說，這簡直是一場生存危機，讓他們只有兩條路可以走：移動或死亡。他們選擇移動。

在三七〇年，不同群體的匈人開始紛紛跨越在今日的俄羅斯與哈薩克邊界流入裏海的窩瓦河。這本身對羅馬並不會造成立即的威脅。凱撒在西元前四十九年跨越盧比孔河（Rubicon River）時，距離帝都約三百五十公里；匈人跨越的窩瓦河，和義大利中部的距離，大約比盧比孔河與帝都的距離遠十倍，且距離東方帝都君士坦丁堡也有兩千公里以上。還要再過數十年，他們才會在羅馬世界變成頭號強權。但，在三七〇年代，問題不是

出在匈人身上，而是出在被他們趕走的民族身上。

　　跨過窩瓦河後（大約來到今天的烏克蘭、摩爾多瓦〔Moldova〕和羅馬尼亞），匈人碰到其他的部落文明，首先是說伊朗語的奄蔡人（Alans），再來是被集體稱作哥德人（Goths）的日耳曼部族。雙方第一次相遇時究竟發生了什麼事，並沒有可靠的文獻紀錄能夠參考。不過，希臘作家佐西姆斯（Zosimus）大概做了一些描繪。他說，擊敗奄蔡人後，匈人「帶著他們的妻兒、馬匹和馬車」入侵哥德人的土地。雖然就佐西姆斯所理解的，匈人原始、未開化到連走路都不像人類，但是「透過抓準時機滾動馬車、衝刺與撤退，還有在馬背上射箭，他們大肆屠殺了」哥德人，逼迫哥德人離開家園，前往羅馬帝國，「乞求皇帝接見」。[12] 換句話說，在亞洲東部和中部發生的氣候危機，在歐洲東部引發次要的移民危機。乾旱迫使匈人移動，匈人又迫使哥德人移動，於是在三七六年，大批受到脅迫的哥德人便出現在羅馬帝國另一條重要的界河上：多瑙河。難民總共可能有九萬或十萬人，但是不可能得到準確的預估數字。在這些難民之中，有些人有武裝，很多人走投無路，所有人都希望在羅馬帝國找到紓困的可能，因為就算那裡不是天堂，至少也是個沒有匈人存在的地區，安穩在帝國是常態，士兵又能在危機時刻保護公民和臣服的族群。

　　人道危機向來很醜陋，三七六年的危機自然也不是例外。處理這群蜂擁而至的哥德人的任務（決定誰能在什麼樣的條件下進入帝國，他們又應該住在哪裡等），落到了東部皇帝瓦倫斯（Valens）的手上。個性緊張兮兮的瓦倫斯能成為君士坦丁堡的統治者，要感謝他已逝的哥哥（及昔日跟他一起共治的皇帝）瓦倫提尼安一世（Valentinian I）。瓦倫斯在位期間，很多時候都在努力使用有限的資源完成看起來無止盡的軍事義務：不是忙著應付國內的叛變，就是在亞美尼亞的邊境或其他地方跟薩珊王朝的波斯人作戰。目前為止，波斯人一直是決定羅馬東部安全與否最嚴重的威脅，兩國之間的敵對關係主導了中東政治。但，即使如此，瓦倫斯也不能忽視一大群來自蠻族領域的貧苦難民。這為他帶來道德和現實上的兩難。是接

納蓬頭垢面的哥德人比較好，還是拒絕他們，讓他們被匈人屠殺奴役比較好？允許他們渡過多瑙河將帶來很大的挑戰，因為要在維持治安和穩定的糧食供應的同時控制疾病的散播，並不容易。另一方面，歷史上那些走投無路的移民向來是廉價勞工的可靠來源，羅馬軍隊也總是需要新血。如果瓦倫斯讓哥德人入境，他或許可以迫使他們的男性從軍，一起對抗波斯人，然後對其他人徵稅。這個局勢很棘手，卻不是沒辦法處理。

三七六年，哥德人的使者在安條克找到瓦倫斯，正式提出接納他們同胞的請求。皇帝思忖了一陣子，然後說他會允許部分哥德人跨越多瑙河，之後他們可以把家庭安頓在色雷斯（今天的保加利亞和希臘東部），條件是他們必須讓男性加入軍隊。皇帝傳令到邊界，准許被稱作瑟文吉人（Thervingi）的一支哥德部族渡河，但是屬於河流部落的格魯森吉人（Greuthungi）則不得入境。[①] 瓦倫斯顯然覺得這樣的胡說八道很合理，而根據馬切利努斯在內的多個參考來源，皇帝自己對結果也很滿意：「這似乎是應該高興、而非害怕的事情。」[13] 他似乎在悲劇裡找到了利益。羅馬船艦在多瑙河上展開了大規模的救濟活動，「使用空心樹幹建造的小船、木筏和獨木舟」，把可能有一萬五千到兩萬名的哥德人送到對岸。[14] 但，沒過多久，哥德人的移民危機就變質了。事後才指出瓦倫斯鑄下災難性的歷史大錯很簡單，但當時的情況就算換成奧古斯都或君士坦丁大帝，也可能出紕漏。有一件事可以確定：允許大量難民進入帝國的政策，一旦制訂了，就不可能逆轉。

---

① 作者註：這些部落名稱對哥德人有沒有意義，或者純粹只是羅馬帝國的外人給他們貼的標籤，在學術界有些爭議。這就像十九世紀到美洲內陸拓居的白人要描述美洲原住民的部落結構時所遇到的困難一樣。

第一滴血

羅馬人和哥德人不久前曾有過一段恩怨。在三六七到三六九年，瓦倫斯曾發動一連串攻打哥德人的戰爭。戰爭最後雖然以協議收場，但是羅馬士兵在哥德人的土地上所造成的傷害和帝國實施的經濟制裁，讓兩邊不歡而散（匈人出現前，跟羅馬之間的戰爭有可能削弱了哥德人）。[15] 因此，政府發起的難民安居計畫很容易就演變成可惡的剝削戲碼，「為了糟糕透頂的動機而犯下的罪行……施加在無辜的新住民身上」。[16]

馬切利努斯表示，負責協助難民渡河的羅馬官員，名叫路皮西努斯（Lupicinus）和馬克西姆斯（Maximus），他們占了飢餓的瑟文吉移民家庭的便宜，強迫他們把自己的孩子變成奴隸，以換取一包包的狗肉。他們除了殘忍也很無能，不僅對瑟文吉哥德人很差勁，還沒辦法讓其他不受歡迎的難民留在境外。使用游擊策略渡河成功的蠻族躲過河川上的羅馬巡邏員，使得色雷斯在三七六到三七七年間漸漸成為數以千計心有不滿、遭受差勁待遇的哥德移民的家，其中有的是合法移民，但有更多是非法移民。大部分的人雖然跟自己的家鄉疏離了，對接待他們的國家也沒有愛。當地並不存在得以容納、安頓、餵養數萬名新住民的基礎設施。帝國的焦點主要還是放在與波斯人的邊界，因此瓦倫斯把哥德人的問題交到顯然不夠稱職的人手中。巴爾幹半島即將爆炸。

在三七七年，羅馬帝國境內的哥德人展開一連串叛變。他們先是劫掠色雷斯富裕的村莊和大莊園，而這很快就升級成全面性的戰爭。哥德人帶著「絕望和狂怒」的心情跟羅馬軍隊作戰。[17] 有一次，在離黑海不遠的艾德沙黎西斯（Ad Salices）所發生的衝突當中，哥德人使用「被火燒硬的大棍棒」攻擊羅馬部隊，「把匕首刺進頑強抵抗的人的胸口……屍體散落在整個戰場……有些是被彈弓擊倒，或是被有金屬尖端的箭桿刺穿。有的頭部被劍從頭頂和前額砍成兩半，垂在兩邊肩膀，畫面極為恐怖。」[18]

哥德人的第一次大清算發生在三七八年的炎炎夏日。這時候，帝國境

內的哥德部族已經團結起來，加入他們的還有奄蔡人，甚至是一些獨立生活的匈人，他們全都跨越了巡邏寬鬆的河界，想大鬧一番。他們一起聯手把位於多瑙河和海姆斯山脈（Haemus Mountains）之間的大廊道，變成一片焦灼冒煙的平原。有一次，一群戰士甚至來到看得見君士坦丁堡城牆的地方。這已經不是發生在帝國邊緣的移民問題了，而是一場發展成熟的危機，威脅到帝國的完整與榮譽。

瓦倫斯別無選擇，只能行動。波斯那邊的問題稍得暫緩時，他親自領頭前往巴爾幹半島，同時也傳話給西部的皇帝——十九歲的侄子格拉提安（Gratian）——請求支援。這個做法很謹慎，因為格拉提安雖然年輕，卻已經跟多瑙河上游的日耳曼部落打了好幾場仗，獲得一連串令人佩服的戰績。但，瓦倫斯對於向比自己年輕許多、成就更高的共治皇帝求救，其實感到很掙扎。他的自尊和他的顧問都力促他在不尋求協助的情況下把事情解決。所以，到最後，瓦倫斯沒有等格拉提安來。那年夏天，他已經讓軍隊留在營地度過不少時間。八月初，他聽說有大量哥德人正在阿德里安堡（Adrianople，今天土耳其的埃迪爾〔Edirne〕內）附近集合，率領他們的是個名叫弗里蒂根（Fritigern）的統帥。刺探敵軍的偵察兵估計，哥德人約莫有一萬人馬。瓦倫斯決定自己迎戰他們。

八月九日黎明時分，「軍隊快速行動」。[19] 瓦倫斯率軍離開阿德里安堡的軍營，在中午的烈日下走過八英里艱困難行的地區。追到哥德人時，他們發現哥德人在放火燃燒乾枯的鄉村。馬切利努斯寫道：「我們的人已經被熾熱的夏日弄得精疲力盡，【現在】更是口渴難耐。貝羅納（Bellona，羅馬戰爭女神）的怒氣勝過平時，不斷敲響羅馬人的喪鐘。」[20]

瓦倫斯現身時，哥德人派遣使者前來，聲稱他們希望進行停戰談判。其實，他們是在爭取時間，等哥德人的領袖設好陷阱。在沒有結論的協商過後，瓦倫斯再也管不住疲累口渴的士兵。士兵沒有得到指令就衝向哥德人，雙方開始交戰。馬切利努斯寫道：「對立的陣線像戰船那樣撞在一起，推來推去，在互相推擠的動作中起伏，好似海浪一般。塵土飛揚，遮蔽了

迴盪著可怕叫聲的天空……不可能看見、閃躲敵人投擲的物體，它們全擊中了目標，為雙方帶來死亡。」[21] 然而，羅馬人受到的損失較大。

認為哥德人只有一萬人馬的情報錯了，實際數字遠遠超過了預估數字，多到應該可以輕鬆對付三萬名羅馬士兵。[22] 馬切利努斯繼續說：「蠻人不斷大量湧現，踐踏馬匹士兵，擊潰我們的陣形，使我們不可能有秩序地撤退。我們的人太過密集，沒有逃走的可能。」[23] 同一時間，哥德人已經小心藏好一大隊騎兵，沒有讓羅馬偵察兵發覺。在戰鬥途中一個關鍵時刻，這些騎兵突然現身，帶來毀滅性的效果。瓦倫斯在策略上被擊敗了，他的人馬受到壓倒性地制伏。馬切利努斯寫道：「整個戰場變成一池黑血，【倖存者】舉目所見盡是成堆的屍首。總算，無月的夜晚終結了難以修復的損失，羅馬卻已付出重大的代價。」[24]

代價最大的損失，是瓦倫斯本人。這位皇帝確切的下場仍是一個謎，有的文獻說他被箭射中，當場死亡；有的文獻說他的馬把他甩到沼澤裡，使他溺斃；還有一些文獻則說，瓦倫斯跟幾個護衛和一些太監被追到戰場外，躲在一間農舍裡，追殺他的人沒辦法把門打破，於是便「堆起一捆捆稻草和柴火，點火後，將房子連同裡面的人一起燒了。」[25] 無論發生了什麼事，瓦倫斯的屍體都不曾被找到。蠻族在阿德里安堡總共殺了一到兩萬個羅馬人，包括了東部皇帝。羅馬受到重傷，而且隨著時間過去，傷口開始化膿。

風暴再起

三七六至三七八年的危機，雖然對羅馬的名譽和東部帝軍的人力造成了嚴重的傷害，卻沒有馬上讓帝國陷入災難。這其中有不少功勞必須歸給那位在四世紀最後幾十年穩定帝國東西兩半的領袖。瓦倫斯死後，皇帝狄奧多西一世（Theodosius I）在君士坦丁堡登基，他後來在西部發生的不光彩權力鬥爭之後，於三九二年在米蘭（帝國西部三世紀晚期以來的首都）

即位。狄奧多西跟哥德人做了實際的約定，讓他們正式安頓在色雷斯，並雇用他們的戰士來填補他們在與羅馬的戰爭中打下的坑疤。他打壓帝國各地的傳統羅馬信仰，同時在基督教會內部變革的同時，果斷地助長教會迂迴曲折的分裂。最重要的是，他確保帝國傳統上在歐洲的邊界——即萊茵河（river Rhine）和多瑙河——不會再出現嚴重的破口。狄奧多西一世的統治並非完全平靜無事，但是現在看來，那確實是一個短暫的黃金時期，尤其是因為他注定成為最後一位一統羅馬帝國東西兩半的皇帝。

然而，在三九五年一個陰雨綿綿的一月天，狄奧多西一世駕崩了，將羅馬帝國交由他的兒子共同治理。[26] 在君士坦丁堡，十七歲的阿卡狄奧斯（Arcadius）繼任皇帝；在米蘭，九歲的霍諾留（Honorius）被命為奧古斯都。這兩個人都被認為不夠成熟，無法自己掌管國家大事，所以統治權又另外分給了兩個強人。東部帝位背後的實際掌權者，是個精力充沛的高盧粗人魯菲努斯（Rufinus）；而在西部，這個位子則是被一個充滿領袖魅力的將軍斯提里科（Stilicho）坐著。斯提里科那個時代的人雖然常常提及他有半蠻族血統的這個事實（他的父親屬於汪達爾人〔Vandals〕這支日耳曼部族），但他日後將證明自己是羅馬的忠誠捍衛者，即使在帝國分崩離析時依然忠心耿耿。從這方面來說，斯提里科可說是一個活生生的證據，證實羅馬人和蠻族這兩個族群之間的界線充滿模糊地帶，兩個世界在對立的同時，卻也互相重疊。

猶如斯提里科個人的代言者的克勞狄安（Claudian）詩人寫道：「自從人類開始居住在這個世界之後，【再也】沒有任何凡人得到地球所有的福佑卻未遭受不幸。」[27] 然而，斯提里科雖然在西方取得權力（其中包括把女兒瑪麗亞嫁給年幼的皇帝霍諾留），卻也因此跟帝國內外的各個敵人有了衝突，還得面對即將再次興起、為帝國西部帶來考驗的大規模移民潮。

斯提里科在三九五年崛起時，三七〇年代的哥德人危機已經過了一個世代，記憶早已逝去。但，導致哥德人在那年大舉入侵的潛在因素卻沒有什麼變。是的，這些因素就要再次以幾乎一模一樣的形式重現，因為在

三九〇年代，匈人又開始移動了。

　　雖然證據並不明確，且有很多種詮釋方式，但是有一件事很清楚，那就是基於某種原因，匈人在三八〇年代中葉到四二〇年代中葉之間，又重新開始往西移動。[28] 他們的旅程最初從中國北方旱災肆虐的大草原開始，現在則橫跨一千七百公里，從高加索山脈（Caucasus Mountains）一路來到匈牙利大平原（Great Hungarian Plain）。他們移動的人數極多，就像先前一樣，讓其他部落民族四散奔逃。②

　　匈人在三七〇年代來到黑海北部時，讓哥德人流離失所。這次，他們在橫掃匈牙利平原時擾亂了別的蠻族：奄蔡人、汪達爾人、一支稱作蘇維匯人（Suevi）的部落，以及另一支稱作勃艮第人（Burgundians，羅馬作家特別瞧不起他們胖嘟嘟的模樣和用酸奶油抹頭髮的噁心習性）的日耳曼民族。四世紀晚期，一些具有開創精神的匈人戰士前往西方尋找傭兵工作時，就曾跟這些族群接觸過，有些匈人也開始在羅馬帝國境內宣傳自己的軍事才能。君士坦丁堡的魯菲努斯和米蘭的斯提里科都有在自己的私人護衛隊（稱為「布塞拉里亞」〔bucellarii〕）中雇用匈人。但，這些在特定區域跟傭兵進行的小規模接觸，根本不可能讓西方做好準備，迎接第二次匈人遷移潮所造成的影響。匈人往羅馬帝國的邊境推進時，又再次觸發次要的恐慌和不受控的移民潮。在四〇五到四一〇年之間，這個現象達到顛峰，使羅馬邊界承受了一連串災難性的攻擊。

　　騷亂首先在四〇五年下半年爆發。一個名叫拉達蓋蘇斯（Radagaisus）的哥德國王，帶著可能有十萬人這麼多的一群人（其中約兩萬人可以戰鬥）出現在東阿爾卑斯山的山腳下，硬是闖入義大利。根據佐

---

② 作者註：早在三九〇年代之前，光是提到匈人的名稱就足以讓各地的羅馬人心生恐懼。在三九〇年代，一群逃亡的奴隸和軍隊的逃兵在巴爾幹半島組成一幫強盜，自稱是「匈人」，雖然我們幾乎可以肯定他們根本不是匈人。模仿是一種非常危險但真誠的讚美，這些土匪打著匈人的名號，在今天可以被稱作四世紀的新興恐怖品牌。

西姆斯的記載（他是從一個名叫底比斯的奧林匹奧多魯斯〔Olympiodorus of Thebes〕的作家那裡得到這項資訊的），拉達蓋蘇斯馬上就要來了的消息，「讓每個人都很困惑。面對這個極度危險的情勢，各城市都很絕望，就連羅馬也驚慌失措。」[29]會這麼擔憂是有原因的。負責驅逐入侵者的斯提里科絕對有足夠的人力完成此事，卻不是馬上就能做到。他得從萊茵蘭（Rhineland）把部隊叫回來，徵召靠武力維生的奄蔡人和匈人傭兵，動員義大利所有的武裝力量來進行龐大的軍事行動。等他準備好對付拉達蓋蘇斯時，時間已經來到四〇六年年中了。在這期間，哥德人享受整整六個月左右不受阻撓的燒殺擄掠，拉達蓋蘇斯也一路往南殺到佛羅倫斯，圍城將這座城市逼到幾近活活餓死。

哥德人因這些傲慢自大的行逕，被好好懲罰了一番。佐西姆斯說，斯提里科「完全摧毀了他們所有的兵力，除了少數一些被他置入羅馬輔助軍團的人以外，沒有人得以倖免。」拉達蓋蘇斯也被抓到，並於八月二十三日在佛羅倫斯的城牆外遭到斬首。斯提里科當然「對這次勝利感到非常驕傲。他跟軍隊一同凱旋歸來，因為讓義大利奇蹟似地幸免於難而受到普世尊崇。」[30]這場仗在相對短的時間內贏得十分徹底。可是，從歐洲各地叫回這麼多兵力的同時，斯提里科也讓帝國西部很多地區的防禦能力變差、容易受到攻擊。此外，他也完全沒有解決羅馬問題的根源。這場戰爭才剛開始，因為它要對抗的不是某一個國王或某一個民族，而是人口增長和人類遷移。

斯提里科減弱萊茵河的羅馬防禦力量，後果在同一年便顯現出來。四〇六年十二月三十一日，一支混合汪達爾人、奄蔡人和蘇維匯人的大隊人馬跨越萊茵河，進入高盧。[31]他們得以成功進入高盧，是因為這條河冬季結冰了，還是單純沒有足夠的防衛，現今已不可考，但是我們知道，這起事件讓高盧和包含不列顛在內的多個行省陷入動亂。根據《聖經》學者、同時也是教父之一的聖耶柔米所寫的一封信，這些暴力的外族劫掠了美

因茲（Mainz），並在過程中殺害數以千計上教會做禮拜的信徒。他們包圍、攻陷了沃母斯（Worms），並到漢斯（Reims）、亞眠（Amiens）、阿哈（Arras）、泰魯阿訥（Thérouanne）、土奈（Tournai）、斯派爾（Speyer）、斯特拉斯堡（Strasbourg）、里昂和那邦尼（Narbonne）等地鬧事。聖耶柔米寫道：「被饒過一命的，卻要遭受飢荒……從此以後誰會相信……羅馬在自己的國界內打仗，竟然不是為了榮耀，而是僅僅為了生存？」[32] 基督教詩人奧倫蒂烏斯（Orientius）也採取相似的口吻：「整個高盧宛如一座火葬柴堆那樣燃燒。」[33] 現在，有多達三萬名戰士和十萬名不屬於戰士的移民，在羅馬行省四處活動。萊茵河的邊界已經破裂，再也無法真正修復。

從這一刻開始，一切快速惡化。義大利和高盧的危機，把深沉的不確定性傳播到帝國的最西緣，而在不列顛，多個月未領到薪俸的羅馬軍隊進入一種半永久的造反狀態。在四〇六年，有兩個統領的軍官先後稱帝，分別是馬庫斯（Marcus）和格拉提安（Gratian）。這兩人都只「統治」幾個月，就被手下殺了。四〇七年年初，出現第三位篡位者來試試手氣，他就是君士坦丁三世。他掌控了不列顛軍團，宣布自己現在是帝國的西部皇帝，接著開始將所有的軍事單位撤出不列顛。在接下來的幾個月，君士坦丁三世將數以千計的士兵從不列顛運到高盧，試圖挽救萊茵河邊界。不列顛人現在只能夠靠自己，雖然名義上還是羅馬帝國的一分子，實際上卻已遭到拋棄，極容易受到勇於跨越北海的日耳曼部族的侵略。不列顛不再隸屬於羅馬的日子就快到了。

但，侵略行動並未停止。四〇八年，匈人第一次直接攻擊帝國。一個名叫烏單（Uld／Uldin）、曾經擔任斯提里科傭兵的戰士，在卡斯特拉馬爾蒂斯（Castra Martis，位於今日塞爾維亞和保加利亞的邊界）附近跨越了多瑙河，宣布他已經準備好要征服地球上所有被太陽照射到的地方。結果，烏單被自己人出賣，遭到擊敗後消失了（可能被賣作奴隸，但更有可能的是直接被殺掉）。儘管如此，羅馬帝國現在已經被圍困了。

　　蠻族首領之中最危險的是個名叫亞拉里克（Alaric）的軍事將領，這個肚量狹小的國王之後會讓斯提里科十分頭痛。在他的生涯早期，亞拉里克可說是哥德人融入羅馬生活方式的典型代表，因為他不但是基督徒，還率領一支哥德人軍團和其他非羅馬人組成的部隊在羅馬軍隊中服務。在他的生涯中似乎什麼也不貪求，只想在羅馬的政治與軍事世界有一個正當的地位。然而，在三九五年左右，他切斷跟羅馬統帥的友好關係，自行宣布成為現在稱為西哥德人（Visigoths）的哥德聯盟（Gothic coalition）之國王。跟隨他的人數以萬計。在四〇一至四〇二和四〇三年，亞拉里克兩度運用自己的追隨者入侵義大利，但這兩次卻分別在波倫扎（Pollenza）和維羅納（Verona）的戰役中被斯提里科打敗。克勞狄安寫到亞拉里克的第一次失敗時，得意地說：「放肆的民族啊，你們要學到教訓，不可輕視羅馬。」[34]然而，最後的勝利會落在亞拉里克手上。

　　在戰場上吃了虧之後，亞拉里克理論上跟帝國和解了，但是在四〇六年，他的同胞拉達蓋蘇斯率領哥德人到義大利展開大規模的入侵行動時，亞拉里克卻拒絕幫助羅馬。接著，在四〇八年，高盧陷入混亂、不列顛落入篡位者手中時，亞拉里克很開心地參了一腳。手上仍握有數萬名士兵的他，傳話到西部皇帝霍諾留的宮廷（已從米蘭遷到離東部更近的拉溫那），說他打算再次入侵義大利，除非他馬上拿到三千磅的銀。元老院勃然大怒，但是斯提里科知道帝國的軍事力量現在已經緊繃到極限，無法開更多戰線，於是便說服他們順從亞拉里克的要求。這個決定讓很多人感到不自在，一個名叫蘭帕迪烏斯（Lampadius）的元老喃喃地說：「這是奴隸制，不是和平。」[35]

　　不自在的氛圍很快就演變成政治叛亂。四〇八年夏天，帝國各地戰火頻仍、西哥德人伺機而動的時候，斯提里科在元老院樹立的敵人也做出對他不利之舉。他們散播謠言，利用斯提里科的汪達爾血統，說這位將軍其

實私底下跟亞拉里克結成盟友，還表示他的終極目標是要把自己的兒子放到帝國的東部帝位上，因為皇帝阿卡狄奧斯不久前剛去世。斯提里科的個人威信迅速衰退，小命也難保。四〇八年五月，他有好幾個忠心的官員在一起政變中遭到謀害。霍諾留馬上撤銷原本要支付給亞拉里克的款項。三個月後，斯提里科在拉溫那被逮捕囚禁。八月二十二日，他因叛國罪名遭到處決，在毫無怨言的情況下受死。根據佐西姆斯的記載，斯提里科平靜地「將自己的脖子遞到刀鋒下。他幾乎是當時所有握有權力的人當中最謙和的一個。」[36] 亞拉里克不動一根汗毛就剷除了最危險的敵人。他當然好好把握了這個機會。

斯提里科被處死後不到數週，亞拉里克和西哥德人就開始走遍義大利，打算毫不客氣地劫掠帝國核心地區最豐盛的戰利品。他們一邊走，人數一邊增加，因為在斯提里科死去後出現的報復行動，包含了一波波針對移民的仇外攻擊，導致羅馬軍隊裡有數千名蠻族士兵遭到可怕的待遇，他們的家人也被殘忍對待或是殺害。對許多加入亞拉里克的人來說，這不光是一場劫掠，還攸關私人恩怨。因此，他們朝著保證會對帝國造成最大傷害的大獎直直前進，也就是羅馬帝國的心臟：羅馬城。

十一月，亞拉里克圍困永恆之城，中斷所有的糧食運輸，要求公民交出他們持有的所有黃金做為贖金。羅馬有大約七十五萬張嘴要餵，不能太久沒有食物。兩個月後，拉溫那的皇宮捎來消息，承諾只要亞拉里克撤退，就給他五千磅黃金和三萬磅銀子，再加上讓他的軍隊吃飽穿暖的物資。這是非常大的代價，但現在二十四歲的皇帝霍諾留知道自己別無選擇，只能再次搬出斯提里科過去的策略，把贖金付了。在高盧，支持君士坦丁篡位皇帝的人與日俱增。羅馬的鄉村地區變得殘破不堪，經濟將一蹶不振多年。到處都有危機發生。

然而，從羅馬撤軍的亞拉里克提出一個新的交換條件，承諾自己會完全離開義大利。這些條件跟哥德人當初之所以要跨越多瑙河的原因有關：匈人現在橫行東歐，他們失去了家園。亞拉里克要求皇帝讓他的西哥德人

定居在約略位於今日奧地利、斯洛維尼亞和克羅埃西亞的地區。此外，他也要求在羅馬軍隊擔任高官，成為斯提里科的繼任者。他提議「他和羅馬人彼此建立友誼和盟友關係，共同對抗所有拿起武器要跟皇帝打仗的人。」[37] 這個要求並非不合理，可是霍諾留卻臉色發白，拒絕協商，叫亞拉里克有膽就把談判得不到的東西強行奪走。

四〇九年，亞拉里克帶兵重回羅馬，二度圍困這座城市。這次，他企圖用廢位來要脅霍諾留，恐嚇元老院指定另一個皇帝阿塔羅斯（Attalus）做為哥德人的傀儡。接著，亞拉里克短暫離開羅馬，帶著軍隊巡迴幾座義大利城市，建議當地人承認阿塔羅斯的身分，否則就嘗嘗哥德人利劍的厲害。然而，霍諾留還是繼續待在拉溫那，不願妥協，一邊等待救兵從君士坦丁堡抵達，一邊希望能迫使亞拉里克投降。這是一個災難性的誤判。在四一〇年八月，亞拉里克撤銷了阿塔羅斯的偽政權，回到羅馬，重拾他原本的計畫。斯提里科斬首滿二週年那天，蠻族人又來到城門外。兩天後，也就是四一〇年八月二十四日，城門開了。不管是透過奸計或單純恫嚇的方式，總之亞拉里克成功說服公民讓他的人進城。

羅馬之劫開始了。

羅馬上次被洗劫是在八百年前。當時，一支高盧的凱爾特民族塞農人（Senones）在城外幾英里的地方擊敗羅馬軍隊後，劫掠了這座城市。西元前三八七年七月的那一天所發生的可怕事件，深深刻在羅馬的民間故事和浪漫史書中。李維曾用誇大的文字描寫過這件史事：「他們毫不留情，在徹底搶劫房屋後，便放火燒了僅存的空殼。」[38] 事實上，考古研究沒有找到證據顯示那一年有發生什麼大火。反之，實際上的狀況似乎是，塞農人在西元前三八七年來了，拿了帶得走的東西，一段時間後就被援軍趕跑了。[39] 雖然如此，對羅馬人來說，他們的城市曾經被洗劫（但就這麼一次）這件事非常大條。現在，過了這麼久，歷史終於要重演了。

四一〇年西哥德人洗劫羅馬，但並沒有殲滅羅馬，因為亞拉里克和他

許多的追隨者都信奉基督教。然而，這起事件絕對稱得上是毫無節制的搶劫狂歡會。他們從撒拉里門（Salarian Gate）進入羅馬，造訪了羅馬的祭壇、紀念碑、公共建築和私人住宅，把裡面寶貴的物品偷走，但讓大部分的建築維持完好，而大部分的平民也都沒有被騷擾。普通百姓被允許躲進龐大的聖伯多祿和聖保祿大殿避難，這兩個地方是基督教指定的庇護所。西哥德人在廣場上肆虐，燒了元老院，毀了幾棟大別墅，但是除此之外，羅馬絕大多數的知名景點都完好如初。雖然，一些價值不斐的物品（如重達兩千磅的銀製聖櫃）被偷了，富有的羅馬公民也遭到兇惡地搶劫。

那幾天人心惶惶，有關蠻人胡作非為的故事是愈傳愈誇大，最後凝聚成各種記述。其中，在安條克寫作的聖耶柔米便拿《舊約聖經》〈詩篇〉七十九章描述耶路撒冷遭到巴比倫人毀滅的段落，來比喻羅馬的命運：「上帝啊，外邦人侵犯祢的產業，玷污祢的聖殿……將祢僕人的屍首交給天空的飛鳥為食，把祢聖民的肉交給地上的走獸……一座古老的主權城市陷落了，街上和屋內躺著無數公民的遺體。」[40] 北非的聖奧古斯丁（St Augustine）則以亞拉里克的洗劫做為多篇布道的靈感，構成他的巨作《上帝之城》（*City of God*）的基礎。在《上帝之城》這本著作中，他斥責羅馬從古至今自詡為永恆的帝國，並主張真正唯一永久不衰的王國存在於天上。

這是神學論點，不是真實報導。事實上，從戰略的大方向來看，羅馬的劫難沒改變什麼。洗劫三天後，亞拉里克便把西哥德人叫走，一起離開城市，朝南邊西西里島的方向前進。到了秋天，亞拉里克已死（可能是罹患瘧疾），西哥德人的指揮權落到他的妹婿阿陶爾夫（Athaulf）身上。在這之後，一個名叫弗拉維烏斯·君士坦提烏斯（Flavius Constantius）的將軍，緩慢但穩定地讓西方大致上恢復平靜，他說服了阿陶爾夫將西哥德人永遠融入羅馬世界，讓他們在高盧西南部的亞奎丹（Aquitaine）有個家園安居。君士坦提烏斯也抓到了自行稱帝的君士坦丁三世，將他處死。雖然到了四一八年，羅馬城約有一半的人口離開，從此不曾回來，整個帝國西

部的情況已改善許多。

　　儘管如此，從聖耶柔米和聖奧古斯丁等作家對此事做出的劇烈反應，仍能看出亞拉里克洗劫羅馬造成了多大的震驚。就像柏林圍牆的倒塌、美國的九一一恐怖攻擊事件，世界超級強權遭到攻擊這件事本身所象徵的可怕意義，遠遠超過實際傷害。亞拉里克的哥德人擊中羅馬帝國的心臟，留下的傷疤隨著時間過去只有愈變愈硬、愈變愈深。

暴君來臨

　　亞拉里克擊中的雖是帝國核心，帝國西部卻是從邊緣開始瓦解。因此，要研究取代帝國崛起的蠻族世界，我們一定要從邊緣開始。崩塌得最快最急的莫過於不列顛，它是羅馬主要的行省當中，最後一個征服卻第一個失去的行省。

　　在四〇六至四一一年間的危機時期，羅馬在不列顛設置的防禦完全消失了。那裡的軍隊總共產出三位篡位者，分別是馬庫斯、格拉提安和君士坦丁三世，但是於此同時，這個行省的軍事防禦也正被有系統地剝除。五世紀到來時，不列顛的士兵已經被積欠大量薪水，心情想必非常不爽快。但，沒多久，已經沒有任何士兵還留在那裡怨嘆自己的命運了。到了四〇七年，所有部隊都已撤出不列顛，前往高盧和萊茵河邊界抵禦蠻族的侵略，以鞏固君士坦丁三世自封的帝王身分。不久，羅馬的文官也撤離了。

　　有些證據——雖然仍有爭議——顯示，四一〇年，在拉溫那受到亞拉里克圍困的皇帝霍諾留，他曾致信給不列顛主要的羅馬城市，跟他們說他們得完全為自我防衛負責。假如他真的寫過這樣一封信，他也不過是在陳述事實，因為在沒有軍隊、跟帝國核心也沒有經濟或行政聯繫的情況下，不列顛跟羅馬帝國之間的連結幾乎是馬上就中斷了。到了四四〇年代，不列顛最具羅馬風情的社會象徵——豪華別墅、成熟複雜的都會生活、跟國際文化接軌的菁英優越感——大部分都在劇烈衰退。莊園遭到棄置；貿易

網絡萎縮瓦解；城鎮規模縮小；稅區、政府階層等政治單位，隨著行省分崩離析而以驚人的速度縮減。埋藏在霍克森寶藏③裡的銀湯匙、精緻的黃金首飾和成山的羅馬錢幣，便是羅馬統治階級慌忙撤離不列顛的證明。不列顛各地的富有人家都在撤離這個日漸崩垮的行省，能帶的就帶著，不能帶的就拋棄或埋藏起來。

　　不列顛會脫離羅馬帝國，不僅是因為對岸的高盧和義大利發生了動盪，也因為不列顛出現大量來自帝國境外、位於歐洲另一個地區的戰士和他們的家眷。不列顛的東岸，長久以來一直是皮克特人（Picts）、蘇格蘭人和（不太準確地）被集體稱作盎格魯－撒克遜人（Anglo-Saxons）的日耳曼部族前來不列顛劫掠時，所喜歡使用的登陸點。三六七至三六八年，不列顛曾發生一次嚴重的入侵危機，又被稱為「大陰謀」（the Great Conspiracy）：首先，駐守哈德良長城的部隊發動一起兵變。緊接著，沒有跟羅馬人結盟的不列顛北方部族，在沿岸發動一連串大規模的掠奪行動，而且似乎就是跟來自行省之外的撒克遜人等民族聯手。現在，同樣的路徑又再次敞開。

　　打從五世紀初，北海沿岸的戰團和移民就開始到不列顛定居。不過，這些侵略行動都是零碎的，斷斷續續延續了許多年，不像羅馬人在克勞狄統治時期，或一〇六六年諾曼人（Normans）所籌畫的那種有組織的單一軍事入侵活動。撒克遜人、盎格魯人、朱特人（Jutes）等，都是在那段時期來到不列顛的部族，只是後來才用這些名稱來稱呼他們。對五世紀的不列顛人而言，種族稱呼並不重要，他們親眼所見的事實才是重點：羅馬的官員和士兵過海消失了，帶著新的語言、文化和信仰的日耳曼定居者出現了。

　　大約在四五〇年皇帝瓦倫提尼安三世（Valentinian III）在位期間，努

---

③ 作者註：見第一章。

力抵抗撒克遜人劫掠、四面遭到圍困的不列顛酋長寫了一封求救信名為「不列顛人的呻吟」，給羅馬大元帥埃提烏斯（Aëtius）。埃提烏斯是個舊時的戰爭英雄，擅長利用後衛戰打蠻人，為帝國爭取榮耀。顯然，他被視為最後一線希望。不列顛人哀訴：「蠻人把我們逼向大海，大海又把我們逼向蠻人。在這兩種死亡之間，我們不是被殺，就是被淹死。」[41] 但，埃提烏斯拒絕援救他們。不列顛已經淪陷太深了。

將「不列顛人的呻吟」這封信保留下來的作家，是六世紀一個名叫吉爾達斯（Gildas）的修士。他在著作《論不列顛的毀滅與征服》（*On the Ruin and Conquest of Britain*）中記下這段混亂的時期，描述入侵的撒克遜人與當地的不列顛人爭奪掌控權時，宛如史詩般的爭鬥過程。約莫在五世紀晚期，這場爭鬥才在幾近傳奇的巴當山之戰（the battle of Badon）畫下句點。「亞瑟王」常被認為在巴當山之戰中扮演了關鍵的角色，有些人認為，亞瑟王是個名叫安布羅休斯·奧略理努斯（Ambrosius Aurelianus）的士兵的侄子，根據吉爾達斯所說，這位士兵「大概是全羅馬人之中，唯一在這場著名風暴中倖存下來的紳士」。[42]

奧略理努斯是不是「真正」的亞瑟，這種沒有意義的爭論我們在這裡不需要探究。重要的是，在巴當山之戰之後（或至少到了吉爾達斯寫作的時候），不列顛便大略沿著一條東北－西南向的對角線分成兩大部分。界線以東的撒克遜眾王國聯合起來，跟靠近斯堪地那維亞（Scandinavia）的北海貿易與文化網關係密切；而另一側，則面向海峽、愛爾蘭海和他們自己。吉爾達斯寫道：「時至今，我們的城市仍不像往昔那樣有人居住，而是遭到遺棄推翻後，依舊杳無人煙。我們的外戰止息了，內患卻還在。」[43]

最後，吉爾達斯將羅馬人離開後，不列顛人經歷的痛苦視為上帝公正的懲罰。他說，不列顛的統治者得到這一切都是活該，因為「他們搶劫、恐嚇無辜的人；保護、捍衛有罪的人和小偷；擁有很多妻妾、妓女和姦婦；發偽誓；說謊；獎賞小偷；跟殺人者同坐；鄙視謙卑的人。」[44] 他認為撒克遜人很邪惡。不過當然，吉爾達斯是神職人員，很容易處處就看

到上帝的怒火和人類的邪淫，他最有名的名言是：「不列顛有國王，但他們是暴君；不列顛有判官，但他們是不義之人。」[45] 他歇斯底里的文字可能讓我們忘了，這些撒克遜蠻族其實也擁有令人眩目的高等文化。舉例來說，在薩福克郡（Suffolk）的薩頓胡（Sutton Hoo）船葬遺址，出土了一頂知名頭盔便呈現了羅馬風格，還有一片由鐵和銅鑄成、裝飾了龍頭圖樣的詭譎面罩，可能曾經是屬於東盎格利亞（East Anglia）的國王雷德沃爾德（Raedwald）的物品。任何一個羅馬士兵若擁有這件無價的藝術作品，肯定也會很驕傲。不過，在探討這樣一個令人迷惘的人口變化與政治重整時期時，可以理解吉爾達斯會感到恐懼。④ 大規模的移民事件無論對錯都會引發恐懼和憎惡，因為就如羅馬帝國的歷史清楚顯示出來的，這些事件具有將世界天翻地覆的能力。

　　不列顛在脫離羅馬的同時，帝國的其他地方卻出現更嚴重的裂痕。這次，造成混亂的是汪達爾人。許多汪達爾人受到匈人煩擾，也在四〇六至四〇八年間參與了橫跨萊茵河的行列。但，那只是他們旅程的起點。汪達爾人從萊茵蘭往南穿越動盪不安的高盧地區，再越過庇里牛斯山（Pyrenees Mountain），進入伊比利半島。在旅途中，他們自然有跟其他蠻族打仗，包括西哥德人和蘇維匯人，像是四二八年，汪達爾人曾跟蘇維匯人在梅里達（Mérida）這座富裕強大的城市打過一仗，使這支民族的拓展戛然而止。接著，他們繼續移動到半島的南端。

　　此時，汪達爾人的總數大約有五萬人，其中可能有一萬人是戰場上的老手。他們的領袖是極為懂得運用資源又野心勃勃的將軍蓋薩里克（Geiseric），聰明又身材精瘦的他，因年輕時曾從馬背上摔下來，走路一

---

④ 作者註：現代那些喜歡唇槍舌戰的人和政治人物也很難避免同樣的言論。在我們這個時代，很多人也會把打破認知上的社會和文化秩序的移民說成蟑螂、害蟲、強暴犯或者有病的變態。

拐一拐的。他十分鍾情航海和海戰，具備不少相關知識，對汪達爾來說是一大關鍵。

四二九年五月，蓋薩里克把追隨者和他們的財物運上一支艦隊的船艦，帶領他們穿越直布羅陀海峽。他這麼做的原因向來受到爭辯，但很有可能是因為北非總督波尼法修斯（Bonifacius）允許他進入當地，而波尼法修斯是皇帝瓦倫提尼安三世的母親加拉·普拉西提阿（Galla Placidia）十分親近的盟友，普拉西提阿則是在皇帝背後握有實權的人。假如事實真是如此，那麼波尼法修斯犯下大錯了，因為汪達爾人抵達地中海南岸之後，竟然向左急轉，在羅馬領土上輕輕鬆鬆展開劫掠之旅，打劫途中經過的每一座大城市。

希臘學者普羅科匹厄斯（Procopius）對汪達爾人的歷史十分感興趣，根據他的說法，波尼法修斯發現自己錯了，試圖進行補救：「他不斷懇求【汪達爾人】離開利比亞，承諾什麼都可以給他們……【然而，】他們不但沒有很開心，還覺得被羞辱了。」[46] 四三〇年六月，他們來到希波城（Hippo Regius）這座港都（現今阿爾及利亞的安納巴〔Annaba〕），開始攻城。

汪達爾人到來時，身為希波城市民的聖奧古斯丁正躺在病榻上。他們的出現令他加倍難過，因為他們不僅是蠻族，還是亞流派（Arian Christian）的基督徒，而不是他所屬的尼西亞派（Nicene）基督徒。⑤ 他寫信給一位教會同僚，主張遇到汪達爾人最好的做法就是逃，直到危險過去。[47] 可是，聖奧古斯丁沒有採取自己的建議，因為在四三〇年夏天，蠻人還在希波城外紮營時，他去世了。四三一年八月，這座城市淪陷了，蓋

---

⑤ 作者註：大部分的日耳曼部族都是亞流派基督徒。亞流派不接受使用三位一體的觀點來解釋耶穌基督的本質，主張子神是在某一個時間點創造出來的獨立個體。尼西亞派想法顛倒。尼西亞信經聲明：「我信唯一的上帝、全能的父、天和地及一切有形和無形之物的創造者；以及一位主耶穌基督、上帝唯一受生之子，在萬世以前由父所生。」這條教義是在三二五年的尼西亞公會議制定的，因而得名。

薩里克把這座城市變成他所建立的新蠻族王國的首都，而此地曾是位於今天阿爾及利亞、突尼西亞和利比亞沿岸的羅馬殖民地。[48]

希波城被做為汪達爾人的首都只有幾年，因為在四三九年，汪達爾人又拿下了北非沿岸最偉大的城市迦太基。征服的過程非常容易。理論上，汪達爾人和羅馬人那年是不打仗的，但是在十月十九日那天，當大部分的迦太基人都跑到競技場看娛樂節目時，蓋薩里克竟然帶兵入城。這次攻擊沒有任何預告，沒有人預料，也沒有受到反抗，簡直是厚顏無恥到難以置信的地步。但，這招奏效了。一夕之間，在西元前二六四至一四六年間羅馬共和國發起布匿戰爭所爭奪的偉大城市，就這樣跟帝國分開了。

現在，這不只是自尊受傷的問題而已，整個羅馬經濟都仰賴迦太基的穀糧輸出，這些全被切斷了。汪達爾人把迦太基和北非許多其他地區從羅馬的掌控中奪去，也割斷了帝國西部的命脈。在接下來幾年間，他們成功鞏固了對地中海南方王國的掌控。蓋薩里克建立、強化了一支艦隊，透過對地中海南岸的控制建立起稱得上是海盜政體的政權，瞄準當地的海運活動，大鬧對帝國西部的經濟健康極為必要的繁忙貿易網絡。他侵犯西西里，並控制了馬爾他（Malta）、科西嘉（Corsica）、薩丁尼亞（Sardinia）和巴利阿里群島（Balearic Islands）。四五五年，他甚至率軍一路攻到羅馬，仿效亞拉里克，讓永恆之城在該世紀第二次遭到洗劫。冒險歸來後，他的口袋裝得滿滿。根據普羅科匹厄斯的記載，蓋薩里克「把極為大量的黃金和其他敵國寶藏放到船上，航行到迦太基，銅器或皇宮裡的其他任何東西都沒有放過……他也搶了朱庇特神廟，拆了它半邊屋頂。」[49] 最丟人的或許是，他的戰利品當中，還包含帝國的西部女皇莉西妮亞・歐多克西亞（Licinia Eudoxia）和她的兩個女兒。她們將在迦太基當七年受到尊敬的囚犯，其中一位公主最後還嫁給蓋薩里克的兒子兼繼承人胡內里克（Huneric）。

對羅馬而言，這無疑是一場災難；對汪達爾人而言，最瘋狂的美夢成真了，無疑是一場勝利。蓋薩里克建立了一個王國：他在四七七年死後，

王位傳給了兒子胡內里克，自此開啟由汪達爾人稱王的朝代。東部皇帝曾嘗試幫忙，在四六○和四六八年，派遣幾支海軍艦隊試圖將迦太基奪回來，一鼓作氣斬斷蛇頭，可是卻失敗了。西羅馬帝國遭受猛擊，勢力嚴重大減。

不意外地，在汪達爾人侵略期間屬於受害者的那方，為這個時期留下了傷痛的紀錄。有一個名叫闊弗杜斯（Quodvultdeus）的神職人員留下了非常激動的評語，他是迦太基的主教，並與聖奧古斯丁有書信往來。公開表示厭惡亞流派的他被抓了，然後放上一艘無帆無槳、搖搖晃晃的船並推向大海，最後在那不勒斯被沖上岸，在那裡度過餘生。信中，闊弗杜斯形容汪達爾人是異端、惡魔和狼。[50]

闊弗杜斯這樣說公平嗎？當然，汪達爾人是很凶狠殘暴的侵略者，征服北非時濺了很多血。但是，暴力和濺血本來就是侵略者會做的事。西元前一四六年，小西庇阿（Scipio Aemilianus）所率領的羅馬軍隊，他們對待迦太基的方式也沒有文明到哪裡去，他們把這座城市燒成灰燼，讓當地居民在家中活活被燒死，奪走周遭所有土地，還帶走多達五萬名奴隸。同樣地，羅馬皇帝在信仰基督教以前，也曾贊助激烈的反基督徒迫害活動，受害者包括了一群稱作西拉殉教士（Scillitan martyrs）的基督徒——他們因為自己的信仰而拒絕發誓效忠當時的皇帝奧理略，因此在一八○年遭到處死。汪達爾人迫害尼西亞基督徒時，是眉頭都不皺一下地嚴峻，但是即使如此，汪達爾人對北非做出的暴力行為也並非根基於任何野蠻的本質，而是當時的世界本來就是這樣。

我們甚至可以更進一步延伸這個觀點，因為有部分證據顯示，北非的汪達爾王國非但不是海盜和魔鬼的地盤，還是個十分穩定的政體，其統治者也絕對沒有被所有人視為暴君。汪達爾人雖然切斷迦太基和羅馬之間的重要穀糧供應鏈，卻沒有實施全面的經濟封鎖，廣受歡迎的「紅土」陶製品仍繼續輸往地中海各處。汪達爾人仿造帝國形式鑄造了自己的錢幣，而且顯然跟數量遠遠超過他們的當地人口相處得還算融洽，因此沒有發生反

叛事件。[51] 他們似乎沒有破壞羅馬政府的內在機制,而流傳下來的馬賽克也暗示汪達爾時期存在著精緻奢華的物質文化。其中一件今天在大英博物館展出、出土自北非的馬賽克作品,描繪了一名騎士騎著馬離開一座有城牆的大城市。就連詳細記載汪達爾人及他們與羅馬之間的關係的普羅科匹厄斯也坦承,這些蠻人很懂得生活。他的描述值得多節錄一些在這裡:

在我們知道的所有國家當中,汪達爾人的最奢華……汪達爾人自從取得利比亞後,就開始沉迷泡澡,每個人每天都要泡,此外也很享受一桌的珍饈,大地和海洋所能產出最甜最棒的各種食物都有。他們穿金戴銀毫不節制,衣裳也使用【絲綢】,並喜歡以這樣的穿著在劇院、競技場和其他娛樂場所消磨時間,其中最喜歡的消遣便是狩獵。他們有很多舞者、演員等可聽可看的東西,這些東西本質是音樂,要不就是男性會注意的東西。他們大部分人都住在園林,裡面有充足的水和樹。他們有很多宴會,非常流行各種性愛娛樂。[52]

我們之後便知道,汪達爾人這種高度重視感官和性愛自由的生活並不長久。[⑥] 但,在這樣過日子時,他們似乎致力過得比羅馬人還像羅馬人。

從阿提拉到奧多亞塞

布匿戰爭結束以來,在任何時候失去迦太基,同時又要面對北非出現一個使局勢不穩的新王國,對羅馬帝國來說都是個很嚴重的問題。但,在五世紀中葉,這個問題又顯得更加嚴重,因為恰好在同一個時間,拉溫那的皇帝還得被迫處理在一個脆弱的邊疆地區崛起的另一個敵對政權,那

---

⑥ 作者註:見第三章。

就是匈人阿提拉所建立、短暫卻破壞力十足的王國。阿提拉是一個被描繪得比現實還誇大的角色，直到今天，他依然惡名昭彰。他在四三〇年代中葉迦太基落入汪達爾人手裡不久前，當上了匈人的王，並在二十年統治期間，讓西羅馬帝國離毀滅又更近了一步。

根據希臘外交官和歷史學家普利斯庫斯（Priscus）的記載，阿提拉很矮，扁平的鼻子和細小的眼睛鑲在黝黑的大臉上，鬍子稀疏泛白。在朝臣面前，他總是很有自信的模樣，「眼睛骨碌碌地轉來轉去，使他豪氣精神的力量展現在身體的動作上。」他是個受人尊敬、沉著持重的領袖，但是若被激怒，也可能很兇殘。普利斯庫斯認為：「他是生來必會撼動萬國、成為世界大患的男人。」並說阿提拉光憑名聲就足以嚇壞大部分的人。[53] 西部皇帝瓦倫提尼安三世描述得更誇張，說阿提拉是一個「希望奴役整個地球的普世暴君……【他】打仗不需要理由，覺得自己不管做什麼都是合理的……他值得被所有人痛恨。」[54]

阿提拉生於五世紀初，是匈人領袖盧阿（Rua）之子，而據說盧阿在四三五年被雷劈死。當時，匈人已經在高加索山脈和匈牙利大平原之間活躍了兩個世代，但是阿提拉成年時，他們不完全是會四處移動的遊牧民族了。匈人的部族已經在萊茵蘭到黑海之間的地區生活，開始遵循單一朝代的統治，宮廷屬於半固定的狀態，坐落在一套建築物當中，不再像以前那樣，是由圍繞著國王的馬鞍所組成，呈現國王在哪裡宮廷就在哪裡的狀態。匈人領土的核心位於匈牙利大平原，因為這是歐洲唯一一處大到足以餵飽匈人戰爭組織所仰賴的大量馬匹的草原。[55] 然而，就像瓦倫提尼安認為的那樣，光是這個平原對匈人而言還是不夠。他們的政治體系，是以強迫其他民族臣服於他們的威權為根基，而不是獲取固定的一塊領土就好。因此，在他們忙著擴張、支配和從鄰居那裡勒索貢品的同時，有許多日耳曼民族被迫接受匈人的權威，包括哥德人、奄蔡人、薩爾馬提亞人（Sarmatians）、蘇維匯人、格皮德人（Gepids）、席利人（Sciri）、赫魯利人（Heruli）和魯吉人（Rugi）。到了五世紀中葉，匈人開始對羅馬人造成

很大的困擾。

匈人當初在東方崛起，是憑藉著他們優秀的騎術和卓越的軍事科技（也就是複合弓）。在驅逐一路上遇到的遊牧民族時，這些能力，讓他們具備很大的戰術優勢。然而，面對擁有築牆城市和木造或石造堡壘的帝國力量時，這些優勢卻沒什麼用處。但，在阿提拉即位前後，匈人的武器庫多了一項關鍵的新式技術——圍城工程。他們的資源雖比不上鄰近的強國，特別是波斯人的薩珊王朝和羅馬帝國，可是他們仍帶來非常大的威脅。他們可以籌畫比單純騎馬發動襲擊還具有殺傷力的軍事行動，因為攻下一座城市時，他們可以一次帶走數百或數千個俘虜，然後回到自己的領土進行奴役或索取高額贖金。

五世紀初，匈人曾經長時間與羅馬軍隊合作，以傭兵身分把自己的軍事長才賣給帝國。但，在四四〇年代，阿提拉開始派兵攻擊帝國東部的城市。他所派出的騎士和圍城工程師，讓貝爾格萊德（Belgrade）、尼什和索非亞（Sofia）等城鎮燃起熊熊大火，街上堆滿了死屍，生人則被列隊當作俘虜帶走。大面積的區域出現人口銳減的情況（尤其是巴爾幹半島），阿提拉總共可能帶走了十萬到二十萬名俘虜。[56] 他要求拿黃金換和平，而且是很多很多的黃金。在收益特別豐厚的年分，阿提拉和他的部隊可以靠贖金和官方和平協議，賺取多達九千磅的羅馬金幣，比承平時期許多羅馬行省的稅收還多。[57] 他還成功從東部皇帝那裡要到一個羅馬軍隊內部的榮譽將軍頭銜，每年都有一筆薪水可領。[58]

阿提拉成為匈人唯一的統治者不久後，便將攻擊目標從羅馬帝國東部轉向西部。四五〇年，他切斷跟瓦倫提尼安三世的友好關係，跨過萊茵河，在高盧展開暴力行動。這段駭人聽聞的時期，將活在公眾記憶中超過一千五百年。[7] 根據後來的說法，此次入侵行動的藉口是因為瓦倫提尼安的姐姐奧諾莉亞（Honoria）直接向阿提拉求助之故。原來，奧諾莉亞因為跟一個下屬幽會而判處囚禁，她便請求阿提拉把她救出來。然而，這件事可能屬實，也可能不是。無論如何，在四五一年年初，阿提拉帶著哥德

人、奄蔡人、勃艮第人等由多元族群組成的大型軍隊闖入法國北部。他們跨越萊茵河，接著一路燒殺擄掠到羅亞爾河（Loire River）。之後有一部史書寫到，匈人「使用劍鋒殺戮人民，還在聖壇前面殺害主的祭司。」來到奧爾良（Orléans）時，「他們奮力使用強大的破城槌，將它攻下」。[59]

羅馬帝國遭受到難以估量的羞辱，最後付出了極大的努力才成功阻止阿提拉。羅馬人和西哥德人結盟，在偉大的將軍埃提烏斯的率領下，於四五一年六月二十日勉強打了一場既難得又血腥的勝仗。這場交戰衝突稱作沙隆戰役（the battle of the Catalaunian Plains）。普拉斯珀（Prosper）寫道：「在那裡戰死的人不計其數，因為兩邊都不退讓。」[60] 然而，羅馬人和哥德人組成的軍隊最後險勝，打破阿提拉的侵略氣勢，使他退回萊茵河以東。這位匈人領袖不習慣被如此羞辱，下令結束征戰季節，據說是想透過自盡的方式緩和自己的羞辱感。但，他在西邊還沒玩完。在四五二年，他發起新攻擊，這次深入了義大利半島。

當時，義大利正經歷嚴重的飢荒，根本無力抵抗阿提拉。弗里烏利（Friuli）、巴都亞（Padua）、帕維亞（Pavia）和米蘭等城市，全在他的攻城塔和刀劍下淪陷。位於亞得里亞海頂端的阿奎萊亞（Aquileia）是義大利最富裕、最有聲譽的城市之一，也被迅速攻占，夷為平地。這對該地區造成深遠的影響，長久來看也促成了威尼斯這座新城市的興起。整個義大利似乎就掌握在匈人手裡——幸好，根據後來的傳說，身為羅馬主教的教宗良一世（Leo I the Great），及時展現自己所有的神聖威嚴，說服阿提拉離開。關於這奇蹟般的會晤，有一份文獻表示，良一世跟阿提拉見面時，阿提拉默默盯著他身上華麗的穿著，不發一語，「好像在沉思。然後，看啊！突然間，使徒彼得和保羅穿得像主教一樣站在良的身旁，一個在右手邊，一個在左手邊。他們把劍高舉過他的頭頂，威脅阿提拉，若是不聽從

---

⑦ 作者註：德國人會被冠上「匈人」的綽號，不是沒有原因，他們曾在一次世界大戰期間洗劫法國，其皇帝威廉二世還曾經公開讚揚阿提拉。

教宗的命令，就得死。」[61] 這當然是胡謅的。說服阿提拉該打道回府的原因更有可能是：遭到踩躪的義大利資源驟減；阿提拉的追隨者之間出現傳染病；還有，匈人領土可能落入帝國的東部軍隊手中。

在四五三年，阿提拉死了。據傳言，他是在迎娶一個名叫伊爾迪科（Ildico）的美人那天，因飲酒過量再加上流鼻血過頭，被自己的血給嗆死。不管真相為何，阿提拉一手掌握的匈人帝國以驚人的速度自爆了。但，這對羅馬來說不全然是個好消息。沒錯，折磨帝國西部的暴君死了，但是匈人的統一帝國瓦解後，也帶來了嚴重的後果，更多無處可去的日耳曼部族擺脫了匈人的掌控，大批大批地四散歐洲各地。歷史重演了。阿提拉死後二十年，躁動不安、到處遊蕩的移民又再次上路。匈人變得分散，不再是一個獨立的政治和軍事單位，但，他們的影響依然存在。

要應付阿提拉死後所帶來的後果，是一件令人望而生畏的事，而拉溫那偏偏又在這個時候發生一起政治危機，使這項任務變得更加艱難。四五四年九月，沙隆戰役的勝利者埃提烏斯被殺害了，殺他的人不是別人，正是皇帝瓦倫提尼安三世，因為在宮中派系的慫恿下，他懷疑最優秀的將軍、為自己服務了三十年的老兵意圖奪取皇位。在一場財政會議中，瓦倫提尼安三世用自己的劍，將埃提烏斯砍成了碎片。之後，為了要博取朝臣的稱讚，瓦倫提尼安三世問他們這件事做得好不好。有一個人答道：「做得好不好我不曉得，我只知道您用自己的左手砍斷了右手。」[62]

很快就有人替他報了仇。四五五年三月，埃提烏斯哀慟的侍衛當中，有兩個人在一場箭術大賽中突襲皇帝，把他殺死（普利斯庫斯聽說，有一群蜂趁此時跑去吸吮從皇帝的致命傷流出的血液[63]）。於是，一連串的政變和反政變開始了，二十年內西部皇帝就換了九人。這些人之中幾乎沒有一人善終，拉溫那的朝政被企圖掌權的強人主導（日耳曼出生的弗拉維烏斯‧李希梅爾〔Flavius Ricimer〕便是一個著名的例子），而此時還得應付在瓦解中的帝國疆域裡，不斷出現的蠻族侵略行動。李希梅爾和其他將

軍很忙，因為除了非洲的汪達爾人，還有西哥德人和蘇維匯人在瓜分亞奎丹、伊比利半島和高盧南部，而法蘭克人 [8] 和勃艮第人等新勢力也在活動中。這也表示，帝國必敗不可。西羅馬帝國現在擁有的疆土，創下一千多年來的新低，只剩下阿爾卑斯山和西西里之間那塊比義大利半島再大一點的地區，還有高盧和達爾馬提亞（Dalmatia）的零星地帶。稅務和供應網絡亂七八糟。軍隊人數萎縮、資金不足、內部叛變四伏。差異極大的民族和皇帝或抽象的帝國體制之間，不再存在強大的忠誠關係，人民效忠的對象變成部落、將軍和暫時具有優勢的軍閥。各行省的地主過去會向羅馬帝國納貢（並擁有帝國官職），因為帝國會提供保衛他們生命的軍事力量、保護他們財產的法律以及讓他們跟鄰居產生連結的貴族文化。現在，這些全都破滅了。羅馬的「共識」——集體認同——已經粉碎。終點就在眼前。

傳統上，羅穆盧斯・奧古斯都（Romulus Augustus）被認為是最後一任西羅馬帝國的皇帝。他的綽號是奧古斯都路斯（Augustulus），意思是「小皇帝」。他是一個魁儡皇帝，在四五七年十月年僅十五歲時被擁立為皇帝，做為父親歐瑞斯特（Orestes，曾經當過阿提拉的秘書）將軍的替身。在那個劇變的時代，羅穆盧斯這樣的年輕皇帝就如同一隻待宰的羔羊。此外，他還有一個想跟他爭皇位的對手——達爾馬提亞的前任總督朱利烏斯・尼波斯（Julius Nepos），而且東部皇帝芝諾（Zeno）也同意尼波斯這麼做。這位倒楣的少年當皇帝只當了十一個月，就被一次蠻族危機拽下台。

這次，鬧事者是由赫魯利人、魯吉人和席利人等哥德部族組成的同盟，他們從瓦解的匈人帝國中獲得解放，被納入羅馬軍隊。他們認為自己的付出值得更棒的獎勵，因此四七六年在一個名叫奧多亞塞（Odoacer）

---

[8] 作者註：見第五章。

領袖的率領下發動叛變。奧多亞塞是個狡猾又懂得利用資源的軍官,身材高大、鬍子濃密,他在跟基督聖人諾里庫姆的賽佛瑞努斯(Severinus of Noricum)會面後,相信自己注定成大事。[64]

四七六年,奧多亞塞帶一支規模可觀的軍隊大戰拉溫那。九月二日,他們在帕維亞的戰役中擊敗了奧古斯都路斯的父親歐瑞斯特,並將他處決。兩天後,十六歲的皇帝被迫退位,然後被送去跟親戚住在一起,度過餘生。奧多亞塞取而代之統治義大利,但是身分不是皇帝,而是國王。他明確承認羅馬帝國的至尊權威來自君士坦丁堡,不過東部皇帝芝諾沒有買單,甚至拒絕承認。奧多亞塞後來被證實是個頑強的統治者,只將視野放在捍衛義大利及周邊地區等西羅馬帝國僅存的領土,同時成功害死了唯一一個真的可能對統治權造成威脅的人——尼波斯。在尼波斯死後,奧多亞塞把皇冠和皇袍這兩樣皇帝的標誌送到君士坦丁堡,在實體上這表示了,永遠不可能再有人能當上羅馬帝國的西部皇帝。就這樣,這個頭銜消失了。這是歷史上重要的里程碑,但也是過去七十年來羅馬帝國的網絡、權力結構和政治單位穩定衰敗後必然會發生的結果。

尾聲

到了四九三年,奧多亞塞國王已經統治義大利十五年以上了,比他即位前的那幾位不重要的西部皇帝在位的時間還長。然而,想要把權力顧好並不容易,他跟君士坦丁堡的關係總是在尷尬和緊張之間搖擺。在一個不斷變化,同時得面對大規模移民和政治不確定性這雙重壓力的時期,他算是維持得非常好。可是,最終他仍被最初成就他的那些因素所壓垮。

或許,將他擊倒的也是一個哥德人的領袖這件事是無可避免的。到了五世紀末,各式各樣的哥德人散布在歐洲各地。當初在亞拉里克的領導下於四一〇年攻陷羅馬的西哥德人已經充滿活力地建立起一個王國,首都位於圖盧茲(Toulouse)。全盛時期,他們的疆土可從法國中部的羅亞爾河一

路延伸到伊比利半島的南端。另外，位於東邊、距離他們很遙遠的巴爾幹半島，則是另一支重要的哥德人活動的地方。他們是由許多日耳曼部落組成的鬆散聯盟，被稱作東哥德人（Ostrogoths）。五世紀末期，他們的領袖是狄奧多里克大帝（Theodoric Amal）。

狄奧多里克大帝所受的教育，是非常傳統的古典教育。四五四年，阿提拉死後不久，他出生在匈人帝國裡一個地位崇高的哥德家庭。不過，大約在匈人帝國內爆那時候，也就是狄奧多里克七歲左右，他便被送到君士坦丁堡。他其實是個人質，東部皇帝和東哥德人訂立和平協議時，拿他當作擔保品。然而，狄奧多里克在帝都期間接受了菁英教育，成為一個識字、有教養的年輕貴族，雖然生為蠻族，卻十足地羅馬化。

十六歲左右，狄奧多里克在君士坦丁堡的時光畫下句點。他回到東哥德人的同胞身邊，到了四七○年代初期便已成為他們的王。起初，這讓他跟來自另一個哥德部落的對手、「斜眼」的狄奧多里克·斯特拉博（Theodoric Strabo）發生衝突，但他成功打敗並殺死對方。後來，在四八○年代，他帶領同胞跟東部皇帝芝諾作對，最後在四八七年領軍圍攻君士坦丁堡這座對他而言意義重大的城市。這時，芝諾已經對狄奧多里克厭煩至極，但他也發現了一個大好機會。義大利的奧多亞塞國王本就一直在侵犯帝國東部的領土，於是芝諾決定來個一石二鳥之計。他用一個簡單的交換條件跟狄奧多里克進行和平協議，並派他到西邊。這個條件就是，要是狄奧多里克能罷黜奧多亞塞，義大利就送給他。這下，蠻族槓上了蠻族。

四八九年夏天，狄奧多里克和奧多亞塞之間爆發了惡戰。在一場初期戰役中，奧多亞塞的軍隊在該年八月底時，於伊松佐河（Isonzo river，在近一千五百年後的一次世界大戰期間，這裡也發生過十幾次可怕的衝突）埋伏狄奧多里克，結果卻被打得落荒而逃，回到義大利。四九○年，奧多亞塞在帕維亞圍困狄奧多里克。在這之後，兩軍反覆交戰。漸漸地，但是穩穩地，戰爭倒向狄奧多里克那一邊。四九三年，他將奧多亞塞趕回拉溫那，進行了最後一次攻城戰。封鎖了幾個月後，冬天來了，事情也陷入僵

局。奧多亞塞無法再戰下去，於是求和，兩位領袖同意平分王國。

　　四九三年三月十五日，雙方設了一場盛筵，慶祝這場令人筋疲力竭的戰爭有個開懷的結局。然而，這卻是奧多亞塞所吃的最後一頓飯。奧多亞塞坐在筵席上時，突然被狄奧多里克的人給抓住。遭到突襲又寡不敵眾的他無法自衛，只能恐懼地看著狄奧多里克拿著劍朝自己走來。日後，一個名叫安條克的約翰（John of Antioch）的希臘歷史學家寫道：「狄奧多里克往前一躍，用劍擊中【奧多亞塞】的鎖骨，奧多亞塞大喊：『上帝在哪裡？』……這是致命的一擊，因為劍刺穿了奧多亞塞的身體，砍到下背。」狄奧多里克還嘲弄身亡的對手：「這個混蛋身上連一根骨頭都沒有。」[65] 接著，他和親信出發前往拉溫那，追殺奧多亞塞的家人和同黨。短短幾個小時內，政變就完成了。狄奧多里克花了三年半，現在終於成為義大利的國王。

　　四九三年後，東哥德人在拉溫那和其他幾座義大利北部的城市周圍定居，而在接下來的三十年間，狄奧多里克也大刀闊斧地展開國家建設的新計畫，他所依循的是偉大的羅馬傳統。他先前在義大利進行的軍事活動十分殘酷，最後奪取王位時也奪得相當血腥無情，但他並不希望讓已經很悽慘的義大利菁英階級流更多血。他沒有在新王國內肅清貴族和官僚，還派了大使到君士坦丁堡，搬出自己的羅馬教育背景，宣稱自己的統治是「唯一帝國的抄本」，希望那裡的皇帝認可他的合法性。[66] 他辛勤地拍馬屁最後總算拍出了成果，芝諾的繼承者阿納斯塔修斯一世（Anastasius I），在四九七年左右謹慎地承認了他的國王身分。

　　狄奧多里克跟君士坦丁堡的統治者，在日後雖然會發生許多口角，但現在，至少他暫時確保了羅馬當局可以接受他。因此，他開始全力模仿羅馬。他雖然是亞流派的基督徒，卻費了很大的勁接納、尊重尼西亞派的主教和羅馬教會。他強調會遵守羅馬的法律，而不像西方許多新興的蠻族國家（特別是法蘭克人和勃艮第人的王國）那樣，頒布自己的法律。透過軍事行動和聯姻等方式，他跟北非的汪達爾人和平共處，並與不斷拓展的

西哥德王國建立起密切的政治連結，更在五一一年安插了孫子阿馬里克（Amalric）成為西哥德王國國王，把從大西洋到亞得里亞海之間的廣大區域，變成一個龐大的泛哥德王國。

狄奧多里克之後將被尊稱為「大帝」，而他的生活也完全配得上這個稱號。在首都拉溫那等城市所展示的財富中，可以看到他耗費巨資建造防禦的城牆、宏偉的宮殿、聖殿、陵墓和公共建築，並交由大師級的工匠裝潢。今日造訪拉溫那，也可看出這位東哥德國王驚人的藝術眼界，在大部分由狄奧多里克委任建成的新聖亞坡理納聖殿（Basilica of Sant' Apollinare Nuovo）內，豐富的馬賽克裝飾令人嘆為觀止。這些藝術作品和這座城市裡的其他雄偉建築（包括狄奧多里克的陵寢），都見證了新蠻族時代令人驚奇的光輝榮耀。狄奧多里克刻意仿效昔日羅馬皇帝的統治風格，但他的王國終究不是羅馬帝國。在西方，一切已經永遠改變了。

無論狄奧多里克把自己展現得多麼雄偉守舊、縱使他統治超過三十年之久，這位東哥德國王在五二六年逝世時，整個世界已經發生急遽的變遷。產生變化的不僅是統治者和地主的族裔，他們的政治視野和政府體制也是。帝國依然繼續存在於君士坦丁堡，而那裡出現的許多全新挑戰——新宗教、新科技、新網絡和新疾病，這些挑戰，將在接下來的數百年間重新塑造帝國面貌。但是在西方，國王和他們的王國正快速取代皇帝和他們的帝國，迎接一個新的時代。當我們回頭看，會發現這個充滿遊蕩蠻族和未成年皇帝的世界，看起來更有「中世紀」的味道。

自從匈人在三七〇年跨越窩瓦河以來，這一百年又多一點，可真是一段怪異又起伏的時期。因為氣候變動和人類遷移這兩大無法抵擋的力量，再加上常見的那些機緣、野心和個別作用等隨機的歷史因素，將一切弄得天翻地覆。對生活在那個時代的人而言，人生可能很令人困惑迷惘，也難怪四、五、六世紀的作家們，常常運用一個後來在整個中世紀的西方

變得極為流行的譬喻：命運之輪（fortune's wheel）。馬切利努斯便曾經這樣看待四世紀發生的事件，而在這個時期接近尾聲時，也有另一個生活在拉溫那、在狄奧多里克底下做事的知名作家也使用了這個譬喻，他便是波愛修斯（Anicius Manlius Severinus Boëthius）。在最後一任西部皇帝奧古斯都路斯被奧多亞塞趕下皇位的前一年，波愛修斯出生在義大利一個家世良好的羅馬家庭。波愛修斯擁有絕頂聰明的頭腦和無可匹敵的貴族身分，二十五歲就已經當上狄奧多里克偽羅馬政權的元老。五二二年，中年的波愛修斯已經爬到政府官僚體系當中最高的官職，也就是職官長（magister officiorum）。然而，若從這麼高的地方掉下來，可是會跌得很慘。

五二三年，狄奧多里克生命將盡，他的王國也出現了麻煩。他跟東部皇帝查士丁一世（Justin I）之間關係緊張，有關叛國賊與君士坦丁堡互有聯繫的謠言也讓元老院十分困擾。在關於此事的一場激烈辯論中，波愛修斯被控包庇國家的敵人，因此遭到逮捕、囚禁、審判，最後判處死刑。

波愛修斯一生中寫過各式各樣的主題，興趣包含數學、音樂、哲學和神學。但是，他最有名的著作《哲學的慰藉》（*The Consolation of Philosophy*）是在獄中等待處決的期間完成的。這部作品嘗試將世俗的煩惱放在神學的脈絡下，以波愛修斯和一位「哲學女士」之間的對話寫成，希望讀者能明白，在人類短暫生命的沉浮無常背後，有更高的力量在運作。在沉思過程中，他提到命運之輪的概念。他寫道：「現在，你把自己交給命運掌管，就得默許它的做法……你若試圖阻止命運之輪轉動，你就是全世界最愚笨的人。」[67]

完成這本書不久後，這位偉大的哲學家便慘遭折磨，被用棍棒打死。不到兩年，偉大的東哥德國王狄奧多里克也嚥下最後一口氣。

前方，一個奇異的新世界正要打開。

③ 拜占庭人

以弗所的約翰（John of Ephesus）被皇帝派往小亞細亞為異教徒受洗，但卻發現自己經過一個死亡地帶。每一座城鎮都看得到生病受苦的人搖搖晃晃走在街上，他們的腹部腫脹，眼睛布滿血絲，嘴角滲出膿汁。富麗堂皇的宅邸靜靜矗立著，裡面的每一個房間都有屍體，一家人和僕人全部都死了。扭曲的屍首無人掩埋，上半身在烈日下發臭爆裂，腐肉被飢餓的野狗吃了一半。平時的貿易和交通遭到中斷，使得道路空蕩蕩的。荒涼的村莊裡沒有剩下半個人採收作物和果樹，動物無人看管，隨心所欲地在鄉野晃蕩。

活人恐懼地過日子，世界末日彷彿來了。約翰在旅途中碰見一些把自製狗牌綁在手臂上的旅人，牌子上寫道：「我是某某某，某某某的兒子，住在某某地方，如果我死了，請求上帝展現憐憫和仁慈之心，讓我家的人知道，將我好好安葬。」[1] 他聽過很多傳聞，說最大型的都市每天都有數以千計、甚至數以萬計的人死亡，遺體被堆得高高的，等時機到了才可以集體扔進墳墓裡。約翰把自己親眼目擊的一切記錄下來，仿造《舊約聖經》的〈耶利米哀歌〉（Book of Lamentations）：「死亡從窗戶進來，進入我們的大門，使我們的宮殿淒涼。」[2] 他又寫道：「現在，他們全都死去，因為他們不記得主的名。」[3]

約翰在第一線所描繪的災變場景，是有史以來第一次被文字記錄下來

的全球流行病。這是一種淋巴腺鼠疫，由鼠疫桿菌引起，傳播媒介為在小型哺乳動物、黑鼠和人類之間跳來跳去的跳蚤。六世紀中葉，這場鼠疫在當時已知的三座大陸各地肆虐，橫掃撒哈拉以南的非洲、波斯和中東、中國和中亞、地中海沿岸以及西北歐地區。根據來自凱撒利亞的作家普羅科匹厄斯，這場疾病「沒有放過任何有人居住的島嶼、山洞或山脊，且如果經過任何地區卻沒有對那裡的人造成影響或是對他們沒有反應，之後還是會再回來騷擾他們。」[4] 現代的考古研究證實，鼠疫桿菌最遠曾傳播到不列顛、高盧、西班牙和日耳曼南部。[5] 這場鼠疫所到之處，都會出現以下症狀：腋下和胯下出現又大又黑的淋巴腺腫大、譫妄、昏迷、吐血、孕婦則會流產。

雖然我們永遠不會知道確切的數字為何，但是這場因為發生在東部皇帝查士丁尼（Justinian）在位期間而被稱作查士丁尼大瘟疫（the Plague of Justinian）① 的可怕疾病，可能奪走了數百萬、甚至數千萬條人命，其中多數死於五四一到五四三年間。近日，有一些歷史學家認為以弗所的約翰等作家，把這場疾病的傳播範圍、死亡率和重要性寫得太誇大，主張應對整體死亡人數抱持更高度的懷疑。[6] 他們或許有道理，但六世紀還是有許多人感覺自己正經歷一個在歷史上具有重要性的時期。

他們這樣想並沒有錯，查士丁尼大瘟疫本身沒有改造世界，但在一個關於轉變、改革、重組和追求卓越的更大故事當中，瘟疫成為很重要的一部分，而這個更大故事，就發生在上一章的尾聲五二〇年代以及下一章的開頭六二〇年代之間。這一百年將形塑羅馬帝國的殘餘勢力、地中海東西兩岸的關係、「希臘」和「拉丁」兩個場域的文化平衡、羅馬和波斯帝國的

---

① 作者註：有些現代歷史學家講求絕對的公平，並認為這場流行病應該不要提及單一統治者才能被理解得最正確，於是把查士丁尼大瘟疫說成中世紀前期瘟疫，例如：Horden, Peregrine, "Mediterranean Plague in the Age of Justinian" in Maas, Michael (ed.), *The Cambridge Companion to the Age of Justinian* (Cambridge: 2005), p. 134。

區域關係、法律的制定、偉大宗教的形成、都市計畫師的出現，還有了不起的藝術家誕生。在這個不僅被第一次全球傳染病衝擊，還受到全球氣候劇變打擊的時代，反而確立了影響地中海世界近千年的政治事實和思想模式。

要弄清楚這一切，我們必須把焦點放在誕生——或應該說重生——於六世紀的羅馬帝國東部。這時候，歷史學家通常都不會再說到羅馬或羅馬帝國，而是要講拜占庭帝國。這個以希臘語為官方語言的繼承國，是東西之間的緩衝，存在了數百年，最後被十字軍蹂躪，又被鄂圖曼帝國（Ottoman Empire）消滅，宣告中世紀來到盡頭。最適合帶我們踏上這段旅程的，不是別人，正是查士丁尼。

查士丁尼常被稱為最後一個真正的羅馬人，很多人詆毀他，因為他在蠻族的征服活動過後試圖重建帝國時，不在乎自己必須剷除哪些人。作家普羅科匹厄斯說他是變裝的惡魔，手上沾有萬億人[2]的鮮血，「開懷地消滅羅馬土地上的財富，成為一切貧窮的建造者。」[7]很多人都會同意這番話，但是對那些不用跟他正面交手的人來說，查士丁尼也是一個很具代表性的皇帝，可跟奧古斯都和君士坦丁相提並論。在他們眼裡，他就好比一個泰坦（titan），散發出令人敬畏的尊貴氣質，光芒所及之處遠遠超過他的生存年代，是如此地閃耀，乃至於好幾百年後，但丁（Dante）決定把他放在著作《神曲》（*Divine Comedy*）裡的天國篇，做為羅馬人的代表。查士丁尼是舉世無雙的立法者和光芒萬丈、天賦異稟的君主，在來世被明亮耀眼如太陽的光圈所圍繞。[8]

---

[2] 作者註：原文是「一萬的一萬倍的一萬倍」。不用說，這當然不是真正的死亡人數統計。就連在編年史家把文學誇飾當成一種藝術形式的中世紀，普羅科匹厄斯這種將數字寫得難以置信、甚至是完全不可能的能力依然無人可及。

查士丁尼與狄奧多拉

　　五二七年八月一日，年邁的羅馬皇帝查士丁一世死於足部潰瘍感染，在位九年後將君士坦丁的皇位傳給了外甥、同時也是他的養子的查士丁尼。權力移轉很平順，因為查士丁一世早已將查士丁尼指定為共治皇帝，而查士丁尼也已開始在各東部行省留下自己的足跡，頒布判決命令以平息動盪地區的叛亂、創建耶路撒冷的教堂、花錢修繕在五二六年春天被一場大地震襲擊的安條克並進行人道救援。在此之前，查士丁尼曾任執政官這個地位崇高的職位，贊助浮誇的公民競賽，他的任期在人們心中留下深刻的印象。在他當上皇帝以前，很多人就已經認為查士丁尼是帝國真正的權力所在。在五二七年之後，他的地位正式確立。

　　成為帝國唯一的皇帝時，查士丁尼已逾不惑之年。在拉溫那的聖維塔教堂（Basilica di San Vitale），祭壇上方有一幅鑲著點點黃金的知名馬賽克畫作，將查士丁尼描繪成圓臉、氣色有些紅潤的男子，眼皮下垂、眼珠呈褐色、嘴唇自然翹起，頭髮剪到耳朵上方，跟珍珠編在一起。這跟安條克的希臘裔編年史家約翰・馬拉拉斯（John Malalas）所描繪的形象相符，他說查士丁尼誕生於貝德里亞納（Bederiana，今天的北馬其頓），相貌英俊，但是有一點矮，髮線往後退。他的母語是拉丁語，跟舅舅查士丁一樣來自巴爾幹的農民家庭，並且偏好基督教當中的迦克墩派（Chalcedonian），而在當時，迦克墩派和合性論（Miaphysites）[3] 這兩個觀點所造成的宗教分歧撕裂了帝國，皇帝被鼓勵要積極地在這些敵對團體中選邊站。馬拉拉斯認為，查士丁尼「十分寬宏大量，具有基督徒的美德。」[9] 但是，在他將

---

③ 作者註：兩派分裂的原因跟教會史上其他許多教派一樣，源自基督的本質。這個迂迴複雜的故事簡單來說，就是迦克墩派同意四五一年在迦克墩（Chalcedon，今天伊斯坦堡的一個區）舉行的公會議所做出的結論：基督有兩個本質，一個人類的本質，一個神聖的本質。反之，合性論主張基督只有一個本質，那就是神聖的本質。

近四十年的統治期當中，有不少人持有相反的看法。

　　凱撒利亞的編年史家普羅科匹厄斯，他既是查士丁尼的諂媚者之中嘴巴最甜的一個，也是毀謗者之中最凶狠的。普羅科匹厄斯曾有多年是帝國行政機關內部備受信任的成員，針對查士丁尼在軍事和內政方面的成就寫過不少恭維的記述，結合了敘事性的歷史跟絲毫不感到害臊的政績宣傳。然而，這些年來，他開始漸漸厭惡起自己的主子，並在五五〇年代撰寫的一本批判性極強的小冊子《祕史》（*Secret History*）中表示，沒有任何敵人比曾經的朋友還要狠。他嘲弄地說，查士丁尼圓嘟嘟的臉頰雖然帶有某種自然的親和力，但他其實神似惡名昭彰的暴君圖密善（Domitian，他在一世紀遭暗殺）的知名雕像。這樣的比喻不只是單純使壞，更是刻意要破壞他的政治前途。普羅科匹厄斯接著還說，查士丁尼「虛假、狡猾、說一套做一套、生性就不光明磊落、雙面人……是個不忠的朋友和無情的敵人……熱愛燒殺擄掠；愛吵架，最重要的是很會創新……能快速想出惡毒的計謀並執行之，天生厭惡提及任何善的事物。」普羅科匹厄斯最後說道：「大自然就好像移除了其他人類所有的邪惡傾向，全部堆積在此人的靈魂裡。」[10]

　　這是一個令人震驚的描述，但是跟普羅科匹厄斯堆在查士丁尼的妻子和皇后狄奧多拉（Theodora）身上的毀謗相比，根本不算什麼。

　　狄奧多拉跟查士丁尼一樣，是從社會底層爬到皇宮裡。她的父親是馬戲團的馴熊師，母親則是演員。狄奧多拉年幼和年少時曾在劇院表演過，而假如詆毀她的人所說的話可以相信，她還有過更卑劣的經歷。聖維塔教堂也有她的馬賽克，就跟她的丈夫相對而立。馬賽克裡的她看起來優雅纖細、膚色白皙、嘴唇小巧，深色眼眸在華麗的珠寶頭飾下散發祥和的光輝。馬拉拉斯說她慈悲虔誠。[11] 但，普羅科匹厄斯卻開心地複述別人流傳的謠言，說狄奧多拉小時候是個特別擅長肛交的妓女，少女時期會透過說黃色笑話當街拉客、把自己的肉體賣給成群的男人，是個會訓練鵝從她的內褲啄食麥粒的低俗舞者，她甚至是墮落的帝國官員喜愛的交際花，而查

士丁尼就是這樣才認識她的。[12]

　　這些批評有很多是源自仇女心態，另一部分是因為厭惡狄奧多拉信奉合性論，其餘則是個人的不滿。基於狄奧多拉卑微的出身，查士丁尼當然得被迫改變帝國法律才能娶她。然而，普羅科匹厄斯這樣對她的性格做出惡意攻擊，完全忽略了狄奧多拉在帝國統治上所扮演的關鍵角色。她做出的其中一個重大貢獻，就是幫查士丁尼平衡神學派系的糾紛，因為這些派系除了進行精神層次的爭鬥，有時還會在帝國各地發起實體的戰爭。然而，正如同今天那些很有天分的小報記者，普羅科匹厄斯知道性愛、毀謗和嘲諷等話題，總能找到樂意傾聽的觀眾，也知道對他們而言，真相永遠次於腥羶色。查士丁尼和狄奧多拉這對夫妻的成就和名氣實在太令人垂涎，讓人無法忽視。

法典與異端

　　查士丁尼和狄奧多拉在五二七年夏天得到帝權時，帝國正面臨不少問題。君士坦丁堡雖然在侵吞西方的蠻族危機中倖存，成功抵禦匈人和哥德人的攻擊，而帝國的財政狀況也仍相當健全，但是在查士丁尼統治的頭十年，他卻被迫在兩條不同的前線作戰、撲滅一場差點把他推翻的內亂，並重建首都的重要地帶。可是，剛登上皇位的查士丁尼認為，他所面臨最急迫的事情是司法改革。他是一個熱血的立法者，其治國心態可以用他撰寫的法律文本當中的一句格言來總結：「帝國的權威，應該同時使用武器和法律進行美化和武裝，這樣無論戰亂或承平時期，都能良好地治理。」[13] 他認為，井然有序的法律就是對神的敬意，也代表他的統治權是神所授予。於是，即位不到六個月，查士丁尼便下令將整個羅馬法進行改革，重新編纂法典。[14]

　　查士丁尼指定負責執行這項龐大任務的團隊，是由一個名叫崔伯尼恩（Tribonian）的希臘籍律師所領導，他既幹勁十足又十分年輕。他跟君士

坦丁堡最聰明的法律天才共事，一起檢閱由奧古斯都以來各個皇帝做出的法律聲明所集結而成的數百萬行帝國法規。查士丁尼即位僅二十個月，這些律師就把這些聲明消化、編輯、統整成極具權威的單一羅馬法著作《查士丁尼法典》（*Justinianic Code*）。這部法典在五二九年四月七日頒布，並送達帝國每一個行省，自動取代了其他所有的法典。但是，它並不完美，因此在五三四年十二月又出了第二版，將不一致之處消除。《查士丁尼法典》不是刻在石碑上的單一羅馬法，制定得百分之百完美，永永遠遠不會改變，畢竟法律的本質就是會不斷演進，而查士丁尼的本質就是喜愛頒布新法令，學者則將這些新法令集結成「新律」。即使如此，這部法典仍然是一項非常了不起的成就，總共分成十二冊，涵蓋了民法、教會法、刑法和公法。這項計畫運用到了釐清梳理的能力和官僚制度的流線作業，為中世紀的憲法改革設立了最高參考標準。普羅科匹厄斯寫道：「他發覺法規因為累積太多而變得含糊，又因為互相分歧而變得明顯混亂，於是將這些大量的微妙文字好好地清理了一番。」[15] 一個靠微妙的文字做為生財工具的編年史家能說出這樣的評語，的確是很高的讚美。

然而，這部法典只是查士丁尼統治初期進行的法律改革之一。頒布法典一年後，崔伯尼恩又得到一個龐大的任務。處理完特定羅馬法的枝微末節後，他現在要召集專家，梳理收錄在偉大古典法學家作品裡的法學。帝制時期那些了不起的法學家大部分都是生活在基督化以前的時代，如蓋烏斯（Gaius）、帕皮尼恩（Papinian）、烏爾比安（Ulpian）和保路斯（Paulus），因此他們的聲明不僅常常會互相矛盾，還帶有反宗教的意味。身為異教徒，他們的意見自然不是從基督徒的觀點出發。但，查士丁尼不喜歡不虔誠的事物。所以，崔伯尼恩的任務就是要創造出單一的羅馬法學聲明，透過提及全能的上帝，讓古人的偉大作品變得合理並獲得改善。這個計畫分兩個階段，首先是所謂的「五十個問題」（Fifty Questions），再來是五三三年十二月完成的《法學摘要》（*the Digest*），或稱《法律全書》。崔伯尼恩再次做出亮眼的成績，優雅地解決了官僚制度造成的混亂。羅馬

人抱怨複雜、無效率又貪腐的過時法律，已經抱怨好幾代了。現在，一切都變得整齊劃一。

查士丁尼的最後一項法律改革，緊接著在《法學摘要》出版後完成，那就是《法學彙編》（the Institutes）的產出。《法學彙編》其實就是《法學摘要》的索引，是用來讓在貝魯特和君士坦丁堡的官方帝國法學院就讀的見習律師使用的。這部作品是學習新法的實用入門基礎教材，可確保年輕的律師新秀被教導成完全按照查士丁尼希望的方式思考。查士丁尼的憲法有一條這麼說：「我們的子民無論是生是死，我們都要持續不斷地照顧。」這句話是寫在規範喪葬事宜的法律前頭，但是也可以解讀成這位皇帝的整體野心，那就是透過文武並施的方式，在過去、現在和未來羅馬人生活中的每一個層面，留下自己的記號。

當然，六世紀的羅馬法改革並不只有發生在拜占庭。在西方的蠻族王國——法蘭克人、勃艮第人和西哥德人的領域，各個統治者也都在忙著制定自己的法典。但是，這些跟查士丁尼為整個羅馬體系進行的成果斐然又影響深遠的全面檢修相比，只能算小菜一碟。在君士坦丁堡和拜占庭帝國，查士丁尼的法律改革開啟了立法的新時代，也是法律史上一個特別「希臘」的時代；而在西方，查士丁尼時期奠定的羅馬法，日後將占據一個根本性的地位。十二世紀，它在波隆那、巴黎、牛津等地興起的中世紀大學裡，被尊崇到幾乎是盲目的地步；④ 在一八〇四年，法國民法大改革的成果《拿破崙法典》（Napoleonic Code），很明顯是在仿效查士丁尼。[16]沒錯，我們甚至可以說，今天世界上任何一個擁有成文法典（相較於主導英國法律體系的普通法系）的國家，都應該感謝查士丁尼和崔伯尼恩。就算這不是他們的本意，仍然是很厲害的成就。在短短五年的密集行政活動中，查士丁尼重新編織了帝國的法律系統，重新形塑了法律思想，即使過

---

④ 作者註：見第十一章。

了一千五百年依舊可以感受到這些影響。不過，他才剛開始而已呢。

　　崔伯尼恩在監督查士丁尼的法律改革計畫時，這位新皇帝也把心思轉到了異端、非正統、無信仰和不法性行為等互有關聯的議題上。

　　這部分也有很多尚待完成。他最困難的任務之一，就是試著在帝國教會內部的教派分裂和異端問題中，開出一條路。五世紀蠻族入侵期間，亞流派和尼西亞派之間的爭執，曾不斷侵擾西羅馬帝國，等到查士丁尼登基時，情況又因為迦克墩派和合性論的爭端而變得更加複雜。迦克墩派和合性論者之所以不合，是因為雙方在基督確切的本質以及祂的人類和神聖特性這方面無法取得共識。[17] 今天，除非是專門研究這方面的教會歷史學家，否則這兩個團體之間的癥結點似乎讓人感到相當不可思議。但在六世紀，這些問題卻是嚴重到足以引發全民暴動和國際外交危機。有些主教因為說出跟會眾不同的觀點，遭到暴民殺害；四八四到五一八年間，羅馬和君士坦丁堡的教會，也因為此事而正式分裂。⑤ 帝都雖然堅定地信奉著迦克墩派，帝都以外卻也有很多地區同樣堅貞地信奉合性論，像是做為帝國糧食來源的埃及。雖然這不是個令人開心的念頭，但是因信仰的問題失去這個行省的可能性確實存在。

　　有鑑於此，查士丁尼在整個統治期間，都被迫謹慎遊走在迦克墩派和合性論者之間。他的妻子狄奧多拉本身是個堅決的合性論者，會不辭辛勞地維護同派別的成員，這件事多少幫助了查士丁尼創造出一種帝國很公平的形象。但，查士丁尼面對這個問題時，並不像改革羅馬法的時候那樣果斷，頂多只能說他沒有讓衝突在基督教世界升級成另一次正式的教會分裂。

　　但，在其他地方就能深刻感受到查士丁尼鎮壓非正統事物的本能和

---

⑤ 作者註：即阿迦修分裂（the Acacian Schism），以君士坦丁堡牧首阿迦修（Acacius）的名字命名。

努力了。其中，他非常積極迫害偏差的性關係。道德敗壞對凡事都講求秩序的查士丁尼來說是個困擾，而那個時代似乎有不少道德敗壞的情事要擔心。讓這位皇帝尤其煩惱的事，分別是雞姦和戀童癖，當他要懲罰做出這些行為的人時，他從不猶豫。馬拉拉斯便詳細記錄了為提升羅馬神職人員水準，而進行的一次殘暴活動。他寫到，在五二八年，「有一些來自各個不同行省的主教被控⋯⋯做出同性戀的行為。這些人包括羅德島（Rhode Island）的主教以賽亞（Isaiah）⋯⋯還有一個名叫亞歷山大（Alexander）的【色雷斯主教】。」這兩個神職人員以及另外一些人，被城市行政官帶到君士坦丁堡訊問。很遺憾，他們沒有提供一個好理由，所以行政官「在嚴厲折磨以賽亞後，將他流放，並割掉亞歷山大的生殖器，把他扛在轎子上遊街示眾。」有些嫌疑犯的陰莖被插入尖銳的稻草之中，在廣場上遭到公開羞辱。這不只是羅馬人的殘忍遊戲之一，還是帝國政策。查士丁尼隨後下達飭令，規定無論任何地方，同性戀者和「那些被發現有戀男童癖的人」都要被去勢。很多人因此被痛死。馬拉拉斯寫道：「自從那時，受到同性戀慾望折磨的人，便十分恐懼。」[18] 這殘酷地展示了存在於整個中世紀的性向偏見。

　　最後，除了性行為偏差，還有性靈墮落這個令人煩惱的問題。即使在一個特別彰顯其基督教信仰（雖然內部存在著教義紛爭）的帝國，還是有一些頑強的地區信奉過時的異教信仰。君士坦丁在三一三年頒布《米蘭飭令》（Constantine's Edict of Milan）提倡宗教寬容，但這已經是很久以前的事了，對舊神祇的愛跟做為羅馬人的身分兩者愈來愈難相容。除了三六三年逝世的尤利安之外，沒有任何一個皇帝信奉昔日的多神教。奧林匹克運動會早在三九〇年代、狄奧多西二世（Theodosius II）在位期間就被禁止。帝國甚至規定不是基督徒的人不可以在軍隊或帝國行政單位服務。前面提過，崔伯尼恩修法的目標，有一部分是要讓收錄在《法學摘要》裡的異教法學家作品，增添一層明確的基督教色彩。這不只是表面功夫而已。很快地，異教信仰將不只是一種邊緣信仰，也會變成非法信仰。[19]

在查士丁尼統治的頭十年間通過的一連串法律當中，有一項飭令是異教徒不可以從事教學。在查士丁尼的法典裡收錄的其他反異教徒法條中，這並不特別，但是它對某個重要的制度所造成的影響，很快就顯現出來。史家馬拉拉斯說明了這項飭令代表的意義。他在五二九年的一筆條目中寫道：「皇帝頒布一項飭令並送到雅典，規定沒有人可以教哲學或詮釋法律。」[20]

根據另外一位編年史家亞加修斯（Agathius）的記載，雅典學院的最後一位院長不僅被迫離開學校和雅典，還得離開帝國（五三一年，他跟其他幾位老師一起逃到波斯）。但事情沒有遷居這麼單純。在查士丁尼的專制命令下，一間位於古希臘首都（柏拉圖與亞里斯多德生活的城市）、曾有無數世代學生在此吸收古典哲學和自然科學的知名學校，被迫關閉。

雅典學院的關閉是很重大的事件。這沒有馬上消滅所有在拜占庭帝國學習的非基督徒，[21] 也沒有立刻在古典時代和即將在歐洲與西方出現的基督教霸權時代之間豎起一道知識的高牆，但這件事依然具有重要的象徵意義，因為當學習風氣在波斯和東方其他地方蓬勃發展，當巴格達和其他中東城市的圖書館都在保存、傳播亞里斯多德等非基督徒的偉大學者所撰寫的著作時，基督教世界在查士丁尼統治時期和整個六世紀，卻呈現了自我蒙蔽狀態。教義的枝微末節變得愈來愈重要，而任何跟基督教無關的東西都被認為可疑。羅馬帝國曾經在廣大的領土各處傳遞古典知識，但是當帝國西部四分五裂、帝國東部愈來愈注重教義，羅馬帝國開始積極阻擋橫跨各個年代的知識鏈，境內古代學識的傳播也隨之中斷。

中世紀之所以這麼難擺脫「黑暗時代」這個標籤，其中一個原因便是因為，在六世紀至剛要進入文藝復興的十三世紀晚期之間的這數百年，古代世界的科學和理性思想在西方被遺忘或壓抑了。這不只是文化失智症的一個不幸症狀，還是源自查士丁尼等東部皇帝刻意推行的政策。透過這些政策，他們決意要將那些寶貴知識的守護者趕出自己的世界，因為很可惜的是，他們不是基督徒。

叛亂與重建

考量到查士丁尼統治頭幾年帝國境內的改革規模以及這位皇帝追求改變的速度，他登基不到五年就爆發一起嚴重的民亂，或許並不讓人感到意外。這發生在五三二年一月初的冬日，地點是君士坦丁堡的街道，起因雖然跟該城市的政治局勢有關，但民亂所帶來的物質產物卻長期存在，在今天的伊斯坦堡仍可見到。因此，在我們脫離查士丁尼在拜占庭進行劃時代統治的第一階段並繼續往下說以前，我們必須先談談人稱尼卡之亂（the Nika riots），這起讓這座城市幾乎瀕臨無政府狀態的暴力事件。

六世紀初，在君士坦丁堡和拜占庭帝國的其他大城市，最受到熱烈參與的公共娛樂活動就是馬車競技。在帝都，比賽是在競技場舉行，競技場是一個巨大的U型賽道，後方便是大皇宮。場內有四座龐大的馬匹銅像，⑥ 矗立在其中的一個觀眾席上方，表明底下進行的娛樂，是一種馬術隊伍以閃電般的速度繞著跑道奔馳競速的活動。這些比賽非常刺激危險，速度最快、最有技巧的馬車駕駛選手往往成為大明星，而那些口沫橫飛的支持者則變成死忠粉絲。

隨時間過去，那些最忠實的賽車迷漸漸分成不同的派系。君士坦丁堡有四大派別：綠黨、藍黨、紅黨和白黨。規模最大、最有力量的是綠黨和藍黨，其成員極其狂熱，他們集體坐在競技場中，並在宗教和政治事務方面採取「團體」立場，希望可以對帝國內政發揮集體的影響力。這些競技場的黨派就像歐洲現代的激進足球迷一樣，非常自負、喜歡暴力，相當熱愛團體服裝和髮型。⑦ 他們臉皮非常薄，只要覺得受到輕視或冷落，就很容易施展暴力。

查士丁尼還年輕、在舅舅的宮廷地位日漸攀升時，曾是著名的藍黨支持者，但是他當上皇帝之後，試圖改變立場，對所有的黨派都抱持不屑一顧的態度。22 然而，兩種方式都有問題：過度縱容某一黨派的皇帝，會加強敵對派系的敵意；而完全不對任何一方表達支持的皇帝，則常常會讓不

同的黨派起衝突。查士丁尼在五三一至五三二年冬天就是如此，讓他差點丟了皇位。

事情發生在一月。一群藍、綠支持者在某次比賽後發生暴動，造成多人死亡，於是君士坦丁堡的城市行政官要將他們吊死。其中，一個綠黨人士和一個藍黨人士因犯下殺人罪被宣判死刑，但是處決期間絞繩卻斷了，使他們逃過一劫。這兩個人逃跑後，躲在鄰近教堂的庇護所，但是沒多久就被皇室護衛抓回來，囚禁在城市行政官的家中。若在其他時候，這可能只是處決日當天上演的突發狀況，但沒想到，這次事件竟讓公共秩序完全崩塌。

根據馬拉拉斯的記載，囚犯在當局的看守下關了三天。同一時間，綠黨和藍黨為了讓他們被釋放赦免而躁動不安。一月十三日星期二那天，查士丁尼來到競技場的帝王包廂，觀看一系列的比賽。藍、綠支持者一整天反覆誦唸，要求皇帝展現慈悲。然而，查士丁尼一如往常地頑守法律和秩序，絲毫不理會他們。於是，黨人們在比賽快要結束時開始把矛頭直接轉向查士丁尼，因為他們認為唯一一件比被否決還糟的事就是被忽視。馬拉拉斯寫道：「魔鬼來到他們心中給予邪惡的建議，他們互相吟誦：『慈悲的藍綠黨萬歲萬歲萬萬歲！』」接著，他們湧入競技場周邊的大街小巷，一邊喊著馬車競技現場常會聽到的希臘文「尼卡」（nika，「征服」之意），一邊放火燒建築物。夜幕低垂之時，行政官的官邸遭到火吻，兩名囚犯被放出來，消失在人群中，從此沒再出現過。尼卡暴動者的目標達成了，但

---

⑥ 作者註：君士坦丁堡在第四次十字軍運動期間遭到洗劫後，這些銅像被帶走，現在展示在威尼斯的聖馬爾谷聖殿宗主教座堂（St Mark's Basilica）。見第八章。

⑦ 作者註：六三〇年代流行的競技場黨派造型是：長長的八字鬍和鬍鬚；頭頂剪得很短、後方留得很長的「烏魚頭」；還有對他們的社會地位來說看起來過於昂貴華麗的「設計師」服裝，即手腕部位束得很緊、肩膀寬鬆到很荒謬的外衣。這在當時稱作「匈人風」（Hunnish）造型。他們的思維其實跟一九九〇至二〇一〇年代到處跑的那些英國足球迷小混混很像，他們通常會出現在看台上，身上穿著一件八百英鎊的Stone Island名牌夾克，頭髮剪成很短的平頭（後來流行的是另類右派漸層造型）。

這個時候，有更多廣泛的議題被加進原本的不滿情緒中，大部分都是從古至今的都市人口常見的怨言：稅額太高、貪汙腐敗、宗教的宗派主義等。[23] 根據普羅科匹厄斯的記載，他們特別討厭來自卡帕多西亞的約翰（John of Cappadocia）這位城市行政官，因為他每天就只會騙錢，午休時間總是大吃大喝直到嘔吐為止。[24] 這些暴動者雖然不是原本的那群人，卻非常危險，而且很有餘力可以好好打鬥一場。

對查士丁尼來說，尼卡之亂來的很不是時候。他除了在大刀闊斧地改革法律和對付異端邪說，還正在跟波斯新上任的「王中之王」霍斯勞一世（Khosrow I）進行高度敏感的談判，要終結兩個帝國在中東邊界爆發的血腥戰爭。因此，外交政策正處於緊要關頭，帝都不宜在這時候被不滿他強硬統治手腕的老百姓放火。可是，情況就是如此。一月十四日星期三上午，查士丁尼宣布再舉行一天的馬車競技，希望讓暴動者分心，別繼續搗亂。然而，這些努力卻更助長了叛亂。暴動者非但沒有坐下來好好觀賞比賽，反而放火燒競技場，開始大喊要求讓許多帝國官員下台，包括法律大師崔伯尼恩。查士丁尼無奈地答應了。但，這無濟於事。到了此時，反動已經一發不可收拾，只剩下一條醜陋的出路。

在接下來的五天，查士丁尼完全失去對帝都的掌控。星期三那天，他的心態從容忍隨即轉為復仇。他召來在軍隊中快速崛起、意志堅強的將軍貝利撒留（Belisarius，他在近年的波斯戰爭中表現傑出），要他率領一班哥德傭兵大開殺戒。馬拉拉斯寫道：「雙方打了起來，許多黨派成員都被擊倒。【但，】暴民十分憤怒，在其他地方縱火，開始無差別殺人。」[25] 在君士坦丁堡中心的很大一塊區域，大火整整燒了七十二個小時。先前某一任皇帝的兩個外甥海帕提烏斯（Hypatius）和龐貝烏斯（Pompeius）分別被擁立為帝。雖然有大批士兵從色雷斯前來首都支援貝利撒留，但是到了一月十七日星期六晚上，整座城市依然處於暴動之中。

事情在隔天達到危急時刻。天亮後沒多久，查士丁尼手持福音現身在被燒成焦炭的競技場，但卻遭到揶揄。他退回皇宮，考慮帶著一支艦隊逃

之夭夭。根據普羅科匹厄斯所說，是狄奧多拉挽救了大局。她責罵查士丁尼，說「當過皇帝的人絕無法忍受當一個逃難者」，還說她絕對不要「過那種看見我的人不稱呼我為女主人的日子」。[26] 查士丁尼乖乖地聽著，知道自己只剩下一個選擇。現在只有極端的手段能讓人民服從了。數以千計的暴動者當時正聚集在競技場，歡呼海帕提烏斯的名字。戰場已經布置好，貝利撒留也準備好率先上場。

星期天，帝軍衝進競技場，好幾萬名抗議民眾被困住了。這些士兵被下令屠殺民眾。這件事很簡單，士兵從競技場兩側湧入，「有些帶著弓箭，有些帶著刀劍」。[27] 根據普羅科匹厄斯的記載，他們總共抓了兩千名囚犯，殺了三萬個平民。這些數字若是真的，那就表示君士坦丁堡有百分之七左右的人口在一天內遭到殺害。就算這是誇大，這仍是一起極為血腥的事件，讓人們明白皇帝的力量有多強大、可以有多殘酷。暴動者擁立的皇帝人選海帕提烏斯，在隔天被抓到後隨即被殺，屍體被扔進海裡。之後，有將近一個星期，君士坦丁堡處於封城狀態，除了販售必需糧食的商店，其他店家一律關閉。同一時間，成功免受奇恥大辱的查士丁尼傳話到鄰近的城市，宣布獲得勝利，並承諾要把君士坦丁堡重建得比以往都還要雄偉。他沒有贏得任何朋友，但他活了下來。

為了把焦點從血腥殘暴的尼卡之亂轉移到別的地方，查士丁尼做了歷史上許多專制君主曾經做過的事：他決定用大興土木的方式重返榮耀。

在尼卡之亂期間遭到摧毀的建築物之中，最令人難過的災情就是這座城市的「大教堂」（Great Church）了。該教堂獻給「神聖智慧」（Hagia Sophia，即聖索菲亞大教堂名稱的原意），是君士坦丁堡一個非常重要的地標，位於梅塞大道（the Mese，意思是「中央街道」）的帝國和行政中心周邊。這個區域因為也是競技場的所在地，被暴動者放火燒得最嚴重，所以查士丁尼認為重建此區非常重要。這座大教堂原是一棟有著木造屋頂、大而長的漂亮建築，占地約五千平方公尺。但是現在，木造屋頂完全被燒

毀，且根據普羅科匹厄斯的記載，整座教堂也已「變成一堆燒焦的廢墟」。但，灰燼之中藏有大好機會。普羅科匹厄斯寫道：「皇帝不顧一切關於花費的問題，熱切地展開建造工程，從世界各地集合所有的工匠。」[28] 他計畫興建地球上最宏偉的教堂。

被查士丁尼聘來領導這項計畫的兩個人，擁有全世界最頂尖的頭腦。米利都的伊西多爾（Isidore of Miletus）是其中一人，他是幾何學和機械工程的教授，曾出版阿基米德著作的多個版本，被說成是可跟歐幾里得這樣的古代天才相提並論的權威人士，他還發明了用來繪製拋物線的特殊羅盤；另外一人是透鏡、稜鏡和機械工具方面的專家，特拉勒斯的安提莫斯（Anthemius of Tralles），他的兄弟姊妹也都很了不起，分別是文學教授、知名律師和偉大的物理學家。伊西多爾和安提莫斯被現代歷史學家比做克里斯多福·雷恩（Christopher Wren）和李奧納多·達文西（Leonardo da Vinci）。[29] 姑且不論這樣的比喻公不公正，他們在新的聖索菲亞大教堂做到的事情，確實是神來之筆。普羅科匹厄斯寫道：「皇帝的識才能力讓人驚嘆這件事是有根據的，他竟然能在這個世界上選到最適合完成他最重要功績的人才。」[30] 伊西多爾和安提莫斯在五三二至五三七年這五年間完成的聖索菲亞大教堂，可以媲美有史以來興建過最宏偉的建築。

這座新教堂昂然挺立在君士坦丁堡的天際線上，占地跟原本的教堂差不多，但是以前的那一個又長又窄，現在的這一個則建在一個中央平面圖上，形狀接近正方形，上面頂著一個大到幾乎叫人難以置信的驚人圓頂，甚至比羅馬萬神殿（Pantheon）還要大。普羅科匹厄斯認為聖索菲亞大教堂的巨大穹頂如此優雅，彷彿是「從天堂懸吊下來的」，而其他那些與之交錯、在室內形成一連串美妙造型的小圓頂，更放大了它的美，全都沐浴在從巧妙配置的開口照射進來的自然光線中。他寫道：「所有的細部零件憑著極了不起的技術在半空中合而為一，同時卻又互相分開，只倚靠在與自己接壤的那個部位，因此讓作品產生極其優異的和諧感，又不讓觀者逗留在任何一個細節上仔細觀看，因為每一個細節都不斷吸引目光，讓雙眼不由

自主看向他處。」

　　普羅科匹厄斯在書寫這段有關建築的文字時，雖然大大諂媚了查士丁尼一番（跟大肆撻伐這位皇帝的爆料著作《祕史》不同，這是用來宣揚皇帝功績的），但這次他的誇大十分有理。在這座教堂裡，從馬爾馬拉島（Marmara Island）的採石場所開採的白色大理石所具有的天然紋路，跟大片的馬賽克裝飾競相爭奪訪客的目光；圓頂內側密集覆蓋金色的馬賽克（使用金箔交織其中的玻璃鑲嵌物），讓人感覺整個表面都是以這種貴金屬漆成。[31] 普羅科匹厄斯寫道：「誰能轉述裝飾教堂的那些圓柱和石頭有多美？訪客大概會以為自己來到了一處綻放著盛開花朵的草原……任何人無論何時進入這座教堂禱告……他的心靈都會升向上帝，受到提升，感覺祂就在近處。」

　　當然，這種超然的境界要付出很高的成本。光是聖索菲亞大教堂的至聖所就用上了多達四萬磅的銀製裝飾品和藝術品。但，這些用錢堆出來的效果確實相當令人驚艷。聖索菲亞大教堂是一項卓越的都市重建計畫的核心成果，而查士丁尼在執行這項計畫時，運用了跟他在修訂羅馬法時一樣的精力和效率。反過來看，君士坦丁堡的整修，不過是全帝國雄偉建築興建計畫的一部分。其他地區還有更多令人嘆為觀止的建築工程，包括以弗所那四大根上面放有傳福音者雕像的巨柱，以及在今日塞爾維亞境內所建造的那座城市：該城被命名為「第一查士丁尼」（Justiniana Prima），是為了紀念皇帝的出生地而建，城內也興建了給新的大主教居住的豪華宅邸。

　　這些建築奇觀在各個時代受到歌頌。聖索菲亞大教堂完工約四百年後（期間圓頂曾因地震而受損，重建到更宏偉的高度），有兩個基輔的外交官員來到君士坦丁堡出差。這時候的聖索菲亞大教堂收藏了全世界最棒的基督教聖物，而他們有幸能參觀這座教堂。[32] 他們簡直不敢相信自己的眼睛。兩位大使寫信回家鄉，以驚訝的口吻讚美希臘人，認為他們在宗教方面比保加爾人（Bulgars）和日耳曼人還要優越許多。他們說，在聖索菲亞大教堂時，「我們不曉得自己是身在天堂或人間……我們無法忘記它的美

麗。」[33]

摧毀汪達爾人

重建聖索菲亞大教堂是查士丁尼從尼卡之亂的羞恥中恢復過來最直接、最明顯的方式，但這不是他唯一的作為。五三〇年代初，在離家很遠的地方，查士丁尼完成了一件他後來認為是自己漫長統治期當中最非凡的成就，那就是從汪達爾人手中奪走（或者應該說「奪回」）北非。在蠻族遷移的混亂時期，這個行省及其享負盛名的首府迦太基，從羅馬人的手中被搶了過去。若能重新搶回來，不僅有利可圖（在汪達爾人的統治下，這個地區持續繁榮），還能提高帝國的自尊。

從戰略和現實層面來看，查士丁尼的迦太基大計之所以有可能實現，是因為在五三二年九月，他跟波斯的「王中之王」霍斯勞一世簽訂了一個條約。這位新上任的君主在五三一年秋天年約十八歲時即位，因為需要時間穩固自己搖搖欲墜的國內地位，所以同意結束羅馬和波斯在亞美尼亞附近打了四年苦戰。查士丁尼的大使跟霍斯勞一世訂立的約定被稱作「永恆和平」（Eternal Peace），但是這個名稱既華而不實又不準確，裡面的條款還規定查士丁尼要支付霍斯勞一世一萬一千磅的黃金，做為停戰的交換條件。雖然如此，這卻讓皇帝可以抽身專注在西邊的軍事活動。他沒有浪費一分一秒。在波斯的戰爭結束九個月後，五三三年夏天，他在君士坦丁堡外海集結一支龐大的侵略艦隊。共有數百艘運輸艦載了一萬五千名的步兵和騎兵，另外還有九十二艘稱為快速大帆船的有槳戰船。帶頭的正是貝利撒留，也就是在波斯展露頭角，後來又在競技場的尼卡之亂大展身手的那位將軍。這是一支令人生畏的艦隊。

五三三年夏天，貝利撒留將這支艦隊駛出君士坦丁堡，前往一千五百公里之外汪達爾人的領土。在海上航行數週後，貝利撒留停靠在西西里島，接收來自迦太基的最新情報。他得到了很有利的消息。汪達爾人當時

的國王名叫蓋利默（Gelimer），他在三年前罷黜了自己的親戚希爾德里克（Hilderic），將王位奪走。蓋利默篡位時，查士丁尼寫了一封信罵他沒大沒小，卻得到蓋利默充滿嘲諷的回信，說他有這麼做的權利，並建議查士丁尼不要多管閒事。蓋利默寫道：「一個人應該管好屬於自己的王位，不要把別人的事攬在自己身上……【要是你】跑來攻打我們，我們將用盡全力對抗你。」[34] 但是在五三三年，蓋利默抗敵的能力已經變得微乎其微。

貝利撒留的到來讓這位汪達爾國王措手不及，因為他當時不在迦太基，最精良的部隊大多都在薩丁尼亞（Sardinia）打仗。貝利撒留在西西里島獲悉這些資訊後，馬上跨越地中海，在突尼西亞登陸，並於九月初行軍到迦太基。他在阿德底斯姆（Ad Decimum）擊潰一支汪達爾軍隊，殺了他們的指揮官、蓋利默的兄弟阿瑪塔（Ammata）。九月十四日，他乘著馬騎進汪達爾人的首都。接著，他進入位於拜爾薩丘（Byrsa Hill）的王宮，坐在蓋利默的王座上，享受蓋利默的廚師前一天準備好的午餐。[35] 普羅科匹厄斯（他當時人就在現場）寫道：「貝利撒留命中注定要在那天，得到他那個時代的人、甚至是任何一個古代人都不曾擁有過的名譽。」[36]

就算把普羅科匹厄斯對誇飾的喜好考量在內，我們還是可以說，貝利撒留這次的行動非常成功。迦太基淪陷的消息傳回君士坦丁堡後，查士丁尼龍心大悅，賞了自己汪達利庫斯（Vandalicus）和非洲加努斯（Africanus）這兩個綽號。更大的勝利還在後頭。有一小段時間，蓋利默發起了反叛活動對抗入侵的帝軍，提供黃金獎賞給帶著羅馬人的頭來見他的北非鄉村地區農民。但是，游擊戰爭很快就結束了。十二月時，汪達爾人在特里卡瑪拉姆（Tricamarum）的戰役中二度被擊敗。蓋利默逃到古城梅丟斯（Medeus）附近的山區藏匿點，卻遭到貝利撒留的部隊包圍，最後在冬季被圍困幾個月後，餓到受不了而投降。這位汪達爾國王被俘虜時，已經進入一個禪定的狀態。在為了解除圍困而進行的最終談判期間，他說他只想要一條麵包、一塊讓他洗眼睛的海綿，還有一把讓他彈奏一曲哀歌的豎琴。後來，當他確定自己不可能逃過被抓的命運時，他寫道：「我無法

繼續抵抗天命或反抗命運，但我將緊緊跟隨它盡力引領我前去的方向。」[37] 貝利撒留就是他天命的代理人，而他認為應該把蓋利默帶到君士坦丁堡，做為戰俘送到查士丁尼眼前。

五三四年夏天，正式的勝利發生在競技場，象徵非洲征服活動圓滿完成——普羅科匹厄斯認為，這場軍事行動是自提圖斯和圖拉真的時代以來最偉大的一次。這至高無上的光榮瞬間，就是蓋利默連同其他兩千名汪達爾戰俘一起被迫展示在帝國公民面前的那一刻。蓋利默被帶到皇帝跟前，王袍被脫掉，然後俯首趴倒在地。但，即使在這麼丟臉的時刻，這位汪達爾人的統治者依舊十分鎮靜。普羅科匹厄斯寫道：「蓋利默抵達競技場，看見皇帝高高坐在座位上，兩旁都站著人，他突然明白自己處在一個十分邪惡的處境，但他既沒有落淚，也沒有哭喊。」[38] 他只是不斷唸著《舊約聖經》〈傳道書〉開頭傳道者所說的那句話：

「虛空的虛空，全是虛空！」[39]

這令人困惑的行為使查士丁尼心軟。蓋利默已經勇敢地實現娛樂大眾的目的，於是便跟家眷一起被送到小亞細亞度過漫長的退休生活。同時，蓋利默的戰士則被納入拜占庭的軍隊，派到東邊的波斯疆界。跟波斯訂立的永恆和平條約，很快就會被證實不像白紙黑字所說的那麼永恆了。蓋利默顏面盡失的形象，變成查士丁尼政治宣傳的基礎，除了被描繪在皇宮主入口天花板的精美馬賽克壁畫上，多年以後還被繡在他的葬禮裝飾布料上。

他會這麼做有很好的理由。重新征服屬於羅馬帝國的北非疆土是非常厲害的成就。沒錯，這讓拜占庭政府在政策方面多了更多複雜因子，因為必須加以撲滅那裡的亞流派，迦克墩派和合性論之間也必須取得持久的平衡。另外，來自南方摩爾人（Moors）部落的侵擾，也使得帝國必須不斷警戒。然而，跟這些缺點打平的優點是，擊敗汪達爾人重啟了北非和地中

海東岸之間的貿易網絡。這件事帶來的效果將會延續很長一段時間,因為拜占庭對迦太基的掌控將一直持續到八世紀末。不過,最立即的影響是,征討汪達爾人的活動讓帝國可以更進一步地征服地中海中部。查士丁尼的下一個目標就是被東哥德人占據的義大利。跟迦太基一樣,羅馬帝國的「另一個」首都也在蠻族人手裡。

然而,要重建從前的羅馬帝國,並不是改變過去某個行省的政權就可以了,困難的原因不單單是要耗費極為龐大的成本。有一個比任何蠻族軍隊都要頑強致命的敵人在此時現身,使查士丁尼重新征服羅馬帝國昔日疆土的願景變得更加複雜艱難。

這個敵人就是鼠疫桿菌:造成淋巴腺鼠疫的細菌。

「上帝的教育」

在統治帝國的第一個十年之間,查士丁尼改革、重建了拜占庭帝國,帶來的影響將比他這個人多活許多個世紀,為帝國史上獨樹一格的新「拜占庭」時代奠定了根基。但是,他還不打算罷手。蓋利默戰敗、汪達爾人的北非領土被占領之後,皇帝派貝利撒留返回西部。這次,他要攻打拉溫那的東哥德人。身為義大利之王的他們,現在正統治著羅穆盧斯、凱撒和奧古斯都的領土。一如往常,貝利撒留表現得很亮眼,在橫掃西西里島後,正式將目標對準義大利內陸。然而,就在他這麼做的同時,凶兆開始出現,似乎在暗示不只羅馬帝國,宇宙本身也要扭曲成全新的怪異樣貌。

第一個徵兆發生在五三六年。毫無來由地,整個大氣似乎都起了變化。在世界各地,太陽黯淡下來,天空變得昏暗陰鬱,氣溫明顯下降,宛如發生日蝕一般。可是,跟日蝕不同的是,這些怪異現象沒有在幾分鐘之後結束,而是延續了十八個月。普羅科匹厄斯說,這是「極為可怕的凶兆」,因為「在這一整年,太陽像月亮一樣,發出的光芒毫不刺眼」。[40] 這死亡般的陰暗氛圍可能是大規模火山噴發造成的結果,地點可能在北美

洲、冰島或太平洋中央，導致大量的灰塵雲團釋放出來。接著，五三九或五四〇年，又發生一起大型火山爆發，地點可能是在今天薩爾瓦多的伊洛潘戈（Ilopango）。[41] 這些自然爆發事件噴出數十立方英里的岩塊，把超過一百萬噸的硫磺和火山灰吐到天空中，造成人類史上最嚴重的全球環境危機。結果，氣候變動長達十年。全球氣溫至少降了攝氏兩度，夏天更是完全消失了；從愛爾蘭到中國，作物凋零，收成慘淡；農業生產崩解。樹木生長緩慢，有的甚至就這樣矗立著死亡。普羅科匹厄斯認為，這肯定是表示帝國命運要出現重大的歷史轉折。他說：「自從這件事發生以來，人們就無法擺脫戰爭、瘟疫，或其他任何致死的事物。」[42]

第一輪的死亡是人為的。在鉛灰色的天空下，貝利撒留率領拜占庭軍隊往北肆虐義大利，先是拿下雷焦（Reggio）和那不勒斯（Naples），接著在不流血的情況下進入羅馬，因為市民選擇不抵抗。到了五四〇年五月，他已經打到首都拉溫那。最後，雙方擬定休戰協議，東哥德人擁有波河（river Po）以北的領土，拜占庭則得到波河以南的地區。東哥德國王維蒂吉斯（Vitiges）雖然遭到罷黜，被帶回君士坦丁堡，他的人民卻獲得意外溫和的待遇。然而，仁慈其實是出自必要，因為在同年六月，霍斯勞一世率領一支波斯軍隊入侵拜占庭的敘利亞行省，洗劫大城安條克，燒殺擄掠，奪走無數人命。羅馬和波斯之間又要發生一場戰爭了。雖然這很顯然是事後才能知道，但是此時的拜占庭帝國即將同時進入兩場令帝國筋疲力竭的戰爭：義大利的戰線會一直拖到五六〇年代，而波斯衝突則將比那還多延續兩個世代。

接著，瘟疫也來湊一腳。這場瘟疫的來源無法準確判定，但最初可能是來自天山山脈（今天把中國跟吉爾吉斯和哈薩克加以區隔的山脈），然後循著相當於貿易超級高速公路的絲路來到西方。在六世紀，這早已不是默默無聞的疾病了，因為在五二〇年代，羅馬世界就爆發過這種病。不過，瘟疫通常只是地區性現象。但，不知怎地，在五二〇到五四〇年代之間，此病竟變異為超級致命的菌株，發生地點可能在東南非的象牙市場，位於

今日的桑給巴爾（Zanzibar）附近。接著，剛好出現讓細菌容易感染的環境條件——五三六年的氣候危機，雖然削弱了人鼠數量，但卻使兩者比往常生活更緊密，進而促進疾病傳播。[43] 於是，瘟疫沿著地中海周邊建立已久、繁榮興盛的貿易網絡快速散播開來。

五四一年七月，埃及三角洲的小鎮貝魯西亞（Pelusium，今天的泰勒－法拉瑪〔Tell el-Farama〕）人口開始集體死亡，人們的腋下和胯下腫脹發黑，痛苦的雙眼因發燒而出現惡夢般的異象。瘟疫從這個溫床分兩路迅速散播開來，一路是跟著在巴勒斯坦沿岸活動的商船和車隊前往東北方的敘利亞和小亞細亞，另一路則往西穿過北非繁忙的港口。將近兩年，它不斷地傳播、傳播、再傳播，嚇壞了當時的人，也讓歷史學家疑惑了許多年。⑧

據普羅科匹厄斯所說，在某次長達四個月的高峰期，這場傳染病在君士坦丁堡每天都害死一萬條人命，就連查士丁尼也有染疫，大腿上被跳蚤咬的地方腫得很大。過了一段時間，他康復了，首都也總算回到類似正常的狀態。五四三年三月二十三日，皇帝宣布「上帝的教育」結束了。但是，這跟傳統上帶著權威式的口吻所說出的任何關於傳染病的政治聲明一樣，只是他一廂情願的想法。實際上，一直到五四九年的這十年間，這場淋巴腺鼠疫仍持續橫掃、徘徊地中海各處，不時在世界各地爆發。在這段瘟疫蔓延的時期，總共究竟死了多少人，在今天仍是史學界熱絡辯論的問題。學者提出的論點大部分都是臆測，從幾乎沒死幾個人到死了一億人的各種觀點都有。但，這場疾病確實破壞了經濟，導致穀物價格瘋狂波動，

⑧ 作者註：關於一個仰賴老鼠－跳蚤－人類傳播途徑（而且在人跟人之間似乎無法有效傳播）的淋巴腺鼠疫，怎麼有辦法以如此具有毀滅性的速度傳播到世界各地，而且還是發生在機動化大規模運輸還沒出現的時代，仍有許多未解的問題。一般讀者可以參考下面這個概述得很不錯的文獻：Horden, Peregrine, "Mediterranean Plague in the Age of Justinian", Maas, Michael (ed.), *The Cambridge Companion to the Age of Justinian* (Cambridge: 2005), pp.134–160。

薪資因勞工缺乏而快速飆升，繼承制度難以維繫，建造工程幾乎完全停擺。原本就因為查士丁尼的軍事活動而緊繃的國庫，這下負擔又更重了。稅率飆高，持續多年居高不下。[44] 然而，這些都比不上在以弗所的約翰等目擊者撰寫的記述中所描繪的恐怖景象。這些倖存者所留下的駭人記錄，幽幽地告訴我們這場傳染病在大眾心裡留下的傷疤有多深。

四分五裂

拉溫那的聖維塔教堂在五四七年正式受到祝聖。這座厚重、壯觀的教堂是根據一張八角形的設計圖，並以赤陶土和大理石所建成，花了二十年以上才完工，地基早在狄奧多里克的女兒、東哥德人的攝政王后阿瑪拉遜莎（Amalasuntha）統治初期便已經打好。然而，拉溫那的大主教馬克西米安（Maximian）前來祝聖聖維塔教堂時，東哥德人已經被趕出拉溫那，短時間看來似乎也要退出整個義大利。

因此，在這座輝煌新教堂的精美馬賽克之中，最顯著的位置便留給了拜占庭的皇帝查士丁尼與皇后狄奧多拉的肖像。在牆上，查士丁尼眼神凶狠，身旁簇擁著蠻族傭兵和幾位表情嚴肅的神職人員，有的剃髮，有的既未剪髮也未剃鬍。狄奧多拉有自己的一群侍從，包括兩名協助她把一個精緻的金壺帶向噴泉的男性神職人員，還有周遭那些穿著上等服飾、頭髮包了起來的端莊女子。即使今天，來到教堂的訪客仍然會陶醉於查士丁尼和狄奧多拉充滿莊嚴的畫像，就算他們沒有自覺，也還是會被政治敘事的力量影響。

光是五四七年在拉溫那展示這些圖像，就是很了不起的成就了。這座羅馬首都已經輸給東哥德人五十年以上，但皇帝不願相信它永遠無法回到帝國手中。於是，偉大的戰士貝利撒留（他也有出現在教堂的馬賽克中，被畫在查士丁尼的身邊）帶頭從西西里一路打到拉溫那，最後在五四〇年成功攻下。當然，義大利的戰爭還要打很久才會結束，就連聖維塔教堂祝

聖之時，貝利撒留都還在義大利另一頭忙著跟頑強又強大的東哥德國王托提拉（Totila）爭奪羅馬城。儘管如此，拜占庭帝國在歐洲恢復了好運仍是值得慶賀，說不定這還是多多少少復興羅馬帝國西部疆域的第一步。

但是，祝聖聖維塔教堂雖然是件很棒的事（裡面的拜占庭馬賽克至今仍是全義大利最令人嘆為觀止的奇觀之一），悲劇卻也在不久後隨之而來。隔年六月，狄奧多拉去世了，可能是死於癌症。她享年約五十歲，離世後讓年逾六十五歲的查士丁尼非常悲慟。這對夫妻真的是政治上的好夥伴，狄奧多拉更在尼卡之亂期間救了他們。她打通了一條相當令人讚嘆的人生道路，從過去原先在競技場邊緣度過低劣的歲月，到最後晉升為皇后，在宮廷上有事稟告的人都得先親吻她的腳趾，才能說出自己的訴求。[45] 查士丁尼在她的葬禮上哭泣，不難想像他的眼淚是出於由衷的悲傷，而不只是在做戲。

這不僅是查士丁尼個人的悲劇，因為事後回顧起來，狄奧多拉的死其實象徵了（或至少碰巧遇到了）查士丁尼命運的轉折。他在前半段的統治期辛苦贏來的功績——全面性的法律改革、在尼卡之亂中存活下來、建造聖索菲亞大教堂、重新征服北非和義大利——都已成為過往雲煙。現在，前方等著的難關多於勝利。

查士丁尼面臨的問題當中，最深遠、最棘手的就是宗教議題。儘管他嘗試過了，卻始終找不到一個令人滿意的途徑，以解決在整個六世紀困擾著帝國和教會的狂暴神學糾紛。狄奧多拉死後，迦克墩派和合性論者之間的分歧變得比以往都還難調解，因為皇后過去對後者的大力支持曾讓宗教問題在皇宮內達成某種平衡，讓查士丁尼的宗教政策擁有一定的保障。少了她，他的力量大大減弱。除此之外，他的政策很多都直接帶來了宗教方面的問題。舉例來說，他想重新奪回羅馬帝國舊時的領土，但是拜占庭部隊幾乎是每到哪裡，哪裡就會出現宗派主義。此外，查士丁尼在征服迦太基等蠻族領土的同時，也愈來愈常接觸亞流派和天主教之間存在的嚴重分

裂。

　　查士丁尼當然知道有這些問題，但奇怪的是，他就是沒有辦法解決。五五三年初夏，他在君士坦丁堡舉辦第五次基督教大公會議（Fifth Ecumenical Council），試圖解決宗教議題，結果不但失敗，還花了大筆金錢。西方幾乎沒有任何主教出席，到了最後，這場會議只是點出了教會可悲的分裂情況，以及似乎怎麼樣也無法針對基督確切本質達成一致立場的局面，同時也暗示了，君士坦丁堡和羅馬的教會，未來將會跟孕育它們的羅馬帝國一樣，走上分道揚鑣的結局。一個世代之後，來自塞維亞的偉大學者伊西多爾（Isidore of Seville）甚至完全不承認第五次基督教大公會議。伊西多爾認為查士丁尼是個暴君和異端。顯然，在六世紀的神學裡，努力沒有被視為一種美德。

　　外交方面也沒有比較輕鬆。拉溫那的聖維塔教堂被祝聖後，義大利半島並未成功綏靖，跟帝國全面重新合併。反之，暴力和東哥德人的反抗達到高峰。東哥德國王托提拉非常難以降伏。根據曾經親眼見過他的普羅科匹厄斯所說，托提拉非常擅長在馬背上作戰，騎馬上戰場時通常會戴著一頂臉頰部分鑲金的頭盔，技巧高超地把標槍從一隻手拋到另一隻手，在坐騎上靈活轉動，「彷彿從小就受過舞蹈藝術的精準教導」。[46] 五五〇年一月，他跟手下橫掃羅馬，徹底獲勝，殺了所有能殺的人。普羅科匹厄斯憶道：「當時發生了一場大屠殺。」接著，他又描述托提拉在每一條離開羅馬的主要幹道上設了路障，方便殺死試圖逃跑的拜占庭士兵。這位東哥德人屢次占了上風，迫使君士坦丁堡必須不斷派出數萬人的部隊湧入義大利，才能防止義大利被占領。

　　直到五五二年，托提拉才終於被擊敗。五五四年，查士丁尼頒布了一份國事詔書，宣布義大利為帝國的一個行省，首府設在拉溫那（薩丁尼亞、西西里和科西嘉等島嶼則建立了個別的政府體制）。即使如此，義大利仍不穩定。有一段時間，東哥德人被消滅了，但義大利鄉村的很多地方也被消滅：數千人在打鬥中死亡；城市被攻城戰摧毀；貴族莊園遭到摧殘；

奴隸逃跑了。義大利變得比戰爭剛開始時還要貧窮，因為拜占庭軍隊過度執著於求勝，連戰利品的價值也被他們砍成一半。因此，儘管義大利理論上屬於拜占庭，他們對這塊領土的掌控頂多也只能稱得上是七零八落，呈現的結果，就是君士坦丁堡企圖在近兩千公里外的義大利發揮影響力這種荒謬的狀態。但是在同一時間，在阿爾卑斯山的另一頭，有一個稱作倫巴底人（Lombards）的蠻族團體（他們當中有些人曾在拜占庭的軍隊當傭兵）也開始計畫侵略義大利。國事詔書公告後不到三十年，查士丁尼在義大利辛苦贏得的領土很多都輸掉了，因為這塊殖民地實在太虛弱，遇到另一個力量的威脅時無法自我防衛。拜占庭帝國直到十世紀以前雖然都對義大利和周邊的島嶼保有興趣，但是查士丁尼的時代過去後，將羅馬帝國昔日的東西兩半重新結合的希望，似乎隨著每個世代的過去變得愈來愈渺小。

要打敗義大利的東哥德人之所以這麼困難，其中一個原因是，在查士丁尼的整個統治期間，他也不時會受到東方的波斯人所侵擾。在那個地區，他最主要的對手是霍斯勞一世。這位波斯國王非常聰明又明智，對什麼事物都抱持好奇心，對哲學的興趣特別濃厚，改革法律的手段十分嚴苛。波斯主要的宗教是祆教，但是他知道若能讓背棄國家的外來者（像是信奉多神教的雅典學院學者）以及在大城市急速成長的基督教人口在自己的帝國內感到安心，有益於統治。霍斯勞一世跟查士丁尼一樣好大喜功，他以在王國各地建造巨大的防禦高牆而出名。他的傑作塔克基思拉宮（Taq Kasra）跟聖索菲亞大教堂一樣壯觀，還有一個華麗的正字標記，那就是令人嘆為觀止的磚造拱頂。現在，這座孤獨的古蹟是曾經宏偉無比的城市泰西封（Ctesiphon）唯一僅存的遺跡，位於今日的伊拉克。霍斯勞一世的建築工程很重要，因為這些是他自我的延伸——他把自己想像成居魯士大帝（Cyrus the Great）的分身。[9]

查士丁尼跟霍斯勞一世之間詳細的戰爭歷史已超出本章的規模，但

是若用一句話總括，就是除了從古至今鄰國本就容易彼此爭奪地位和優勢之外，拜占庭和波斯這兩個帝國也都對經過他們邊境、商機無限的絲路抱有經濟上的興趣。這些經濟和地理方面的現實考量，是五三〇年代簽訂的「永恆和平」為什麼只維繫不到十年的主因。五四〇年，霍斯勞一世入侵敘利亞，抓走、驅逐了數以萬計的囚犯和奴隸，從此出現一個看似永無止盡的戰爭與和平循環：五四五年休戰，五四八年打破休戰協議；五五一年休戰，五五四年打破休戰協議；五六二年簽訂的「五十年」和平，結果根本維持不了這麼久……諸如此類。在邊境的敵對阿拉伯部落之間所爆發的戰爭中，兩國都有贊助自己的人；為了搶奪敏感的邊境區域（例如位於黑海東岸的三角地帶拉吉卡〔Lazica〕），兩國也會直接發生衝突。君士坦丁堡幾乎沒有任何喘息空間，戰爭帶來的經濟和軍事負荷似乎也沒完沒了。

　　五四〇年代，查士丁尼在位於聖索菲亞大教堂和大皇宮之間、帝國首都中心的奧古斯塔廣場[10] 上，為一根替自己建造的龐大紀念柱揭幕。在使用磚和銅製造的高聳柱子頂端，有一個皇帝騎在馬背上的銅像。他的左手拿著一顆球，象徵世界頂在十字架上，右手則舉向東方，也就是波斯的方向（普羅科匹厄斯寫道：「他張開五指，命令那裡的蠻族乖乖待在家鄉。」[47]）。他的頭上戴著羽飾華麗的頭飾，毫不掩飾地模仿阿基里斯。然而，儘管這類視覺宣傳看起來十分囂張，查士丁尼最終還是發現，波斯的問題跟教會的紛爭一樣棘手。除非有另一個強大的勢力在這個地區興起，否則拜占庭和波斯似乎注定要打一場沒有盡頭的戰爭。在下一章我們會看到，之後確實有這麼一個強權出現，不過查士丁尼當時已經不在了，沒有辦法親眼目睹。

---

⑨ 作者註：居魯士二世是帝國的建造者，也是阿契美尼德王朝（Achaemenid dynasty）的創始者，組建了在那之前全世界曾存在過最龐大的帝國，領土從印度北部一直延伸到小亞細亞。他在西元前五三〇年去世時，被尊稱為四方之王。
⑩ 作者註：今天伊斯坦堡的聖索菲亞廣場。

不意外地，這一切都對查士丁尼本人造成了負面影響，他跟許多偉大的統治者一樣，都很不幸地在有生之年看著自己的成就龜裂瓦解。五五七至五五八年間，有一連串的地震震倒了聖索菲亞大教堂的穹頂。隔年，多瑙河對岸一個由斯拉夫蠻族組成的聯盟（稱作庫特里格人〔Kutrigurs〕的部落）攻破了帝國防線，威脅到君士坦丁堡的城牆。雖然他們被驅逐了，首都仍存在明顯的恐懼氛圍，查士丁尼被迫召喚年事已高的貝利撒留，讓他從退休生活中重出江湖，把騎馬的庫特里格人趕跑。這是這位老將軍最後一次上場。救了首都的兩年後，貝利撒留捲入一個反皇帝的陰謀，被迫經歷受到公審的恥辱。雖然他最後獲得赦免，卻在五六五年春天去世，身敗名裂。

貝利撒留過世後不久，查士丁尼皇帝也在五六五年十一月十四日跟著駕鶴西歸。那天，他躺在富麗堂皇的宮殿裡離世，先前已經指定外甥查士丁二世（Justin II）為繼任者。擺放他遺體的架子，是用他最自豪的形象加以裝飾：描繪他在懼怕的蠻人旁觀下，將蓋利默踩在腳下。這是五三〇年代的查士丁尼：不顧一切代價只為恢復羅馬的榮耀，逆轉歷史。但是就像蓋利默所警告的，對人間的國王而言，一切全是虛空。查士丁尼死後，他的功績很多都面臨消失的危機。在五六〇年代的不確定性之中，當時的人肯定認為查士丁尼的全盛時期相當遙遠。

查士丁尼之後

無論在什麼時代，都很難效法查士丁尼的政績，而緊接在他之後的繼任者要處理他所餽贈的遺產，自然相當辛苦。他的外甥查士丁二世在位十三年，撐住了危險的帝國財政，但卻得到暴君和吝嗇鬼的壞名聲，並受到義大利的倫巴底人、多瑙河對岸屢次來犯的部落，以及波斯邊界長期的問題所困擾。可以理解查士丁二世為何最後會發瘋。促使他發狂的導火線事件是，霍斯勞一世攻下拜占庭重要的邊界堡壘達拉（Dara），在波斯前

線造成了災難性的局勢逆轉。從五七四年開始到五七八年他逝世的這段期間，查士丁二世間歇性地出現前後不連貫的行為，帝權在君士坦丁堡由妻子索菲婭（Sophia）和皇宮禁衛軍隊長、同時也是查士丁二世養子的提比略（Tiberius）共同持有，局勢十分不穩。

提比略最後也當上了皇帝，但是並沒有比查士丁二世成功到哪裡去。他在歷史上留下最偉大的影響或許是，將希臘語變成皇宮和帝國的官方語言。希臘語是他的母語，他雖然懂拉丁語，但是這個語言對他來說依然是外語，因此從他之後，君士坦丁堡同時也切斷愈來愈多跟「舊」羅馬和地中海西部之間的文化連結。他詭異的死因，也是他的另一個著名事蹟：據傳，他是在五八二年八月吃下一盤被下毒的野莓後死掉的。

提比略的繼承者是女婿莫里斯（Maurice），跟已逝的貝利撒留一樣是個優秀的將軍。莫里斯著有極具開創性的軍事文本《戰略》（*Strategikon*），這本書後來在西方有將近一千年，都是有志成為軍官的人必讀的教科書。莫里斯知道怎麼打仗也好，因為在二十年在位期間，他有很多仗要打。莫里斯在波斯完成一場重大的政變，干預波斯的王位紛爭，罷黜了荷姆茲四世（Hormizd IV），並以他的兒子霍斯勞二世（Khosrow II）取而代之。他還正式領養了霍斯勞二世，同意跟波斯簽訂一個新的「永久」和平。然而，在現在被指定為拉溫那總督區[11] 的義大利半島，事情就沒這麼順利了。那裡的倫巴底人依舊屹立不搖。莫里斯常常跟教宗額我略一世（Gregory I the Great）鬧不和，因為教宗不滿君士坦丁堡的牧首聲稱自己是全教會的「普世」領袖。在巴爾幹半島，莫里斯整個統治時期都在努力阻止阿瓦爾人（Avars）靠近。六〇二年，他看似永遠把他們趕到多瑙河對岸了，但是這件事並沒有表面上這麼棒，因為莫里斯堅持部隊在多瑙河以北過冬，再加上他長期抑制軍人的薪水，導致軍隊在福卡斯

---

[11] 作者註：拜占庭在迦太基附近地區的領土則稱作非洲總督區。

（Phocas）軍官帶領下發動兵變。十一月，叛亂士兵行軍到君士坦丁堡，人民暴動，莫里斯逃之夭夭。後來，他跟兒子都被抓住殺死，他的屍首遭到公開施暴示眾。帝國政治不曾發生過這種可怕的暴力行為，但之後這卻變成拜占庭最會做的事：參雜謀殺的世襲君主制。福卡斯在經歷八年無能統治後，自己也在六一〇年遭到罷黜殺害。

　　從某方面來說，殺了福卡斯的希拉克略（Heraclius），可說是查士丁尼真正的繼承者。首先，他的結婚對象也不怎麼光彩：他的第二任妻子是他的外甥女瑪蒂娜（Martina），而這樣的亂倫婚姻應該不能算是合法。另外，他在超過三十年的統治期內終結了許多在將近一百年前萌生的棘手難題。在他的統治之下，拜占庭對義大利的野心悄悄地從征服大夢，降級成把現有的領土維護好就好；巴爾幹前線保住了；北非穩當了，但是拜占庭放棄了在西哥德人的西班牙領土中原本存在的小勢力，終結了羅馬對舊西班牙行省的興趣。此外，波斯問題也在對帝國有利的情況下獲得精采的結局（雖然雙方都差點付出致命的代價）。換句話說，在希拉克略之後，帝國從羅馬到拜占庭的地域轉變已確定完成。現在，這是一個以希臘語為官方語言的國家、專注地稱霸地中海的東岸、勢力集中在君士坦丁堡、最重要的地緣政治對手位於南方和東方。在接下來的八百五十年，整體局面大致上就是如此。

　　不過，這個故事還有最後一個轉折。希拉克略統治時期最首要的挑戰，就是跟波斯之間的戰爭。在他篡位後不久，拜占庭就瀕臨滅亡，因為在六一〇年代，霍斯勞二世派兵橫掃羅馬帝國的領土，全然忘了當初就是拜占庭把他推上王位。他們攻下美索不達米亞、敘利亞、巴勒斯坦、埃及和小亞細亞的許多地區，並在六一四年攻入耶路撒冷後，奪走基督教最珍貴的聖物：釘死耶穌的真十字架的碎片。更糟的是，波斯人在東方造成的混亂，讓阿瓦爾人等部族有機可趁，侵犯了巴爾幹半島。隔年，波斯人已經在博斯普魯斯海峽（Bosphorus）進行軍事活動，希拉克略趕緊計畫將

帝都遷到迦太基，打算不管君士坦丁堡的死活。羅馬從來沒有這麼接近亡國。要是希拉克略沒有付出極大代價孤注一擲地求和，六一五年很可能就是故事的最終章。

但，這並不是終點。希拉克略成功挽救了君士坦丁堡，在接下來七年間重建軍事力量，準備反擊霍斯勞二世。他在六二〇年代做到了，成果驚人。他下令在軍隊前方高舉畫有基督象徵符號的旗幟，為自己的征服戰爭添加顯著的神聖感，跟數百年後的十字軍運動有著異曲同工之妙。而就像十字軍運動那時一樣，基督似乎總是會讓自己的子民獲得耀眼的成績。

拜占庭士兵在四個征討季節中，摧毀了亞美尼亞和美索不達米亞的波斯敵軍。六二八年在尼尼微之戰（the battle of Nineveh）得到轟動的勝利之後，希拉克略差點就攻下泰西封，他奪回了真十字架，把它送回耶路撒冷。同一年，霍斯勞二世在一場宮殿政變中被推翻殺害。他的兒子、也就是率領這次陰謀的喀瓦德二世（Kavad II）馬上求和，把父親奪走的領土全數奉還。永恆和平終於比較像樣了。羅馬和波斯帝國之間陸陸續續打了六百年的仗，最後結束在霍斯勞二世手中。希拉克略給自己取了一個新的稱呼，不再使用拉丁文的奧古斯都，而是改用希臘文的「巴西琉斯」（βασιλεύς），尊貴程度相當於波斯人的王中之王。之後的每一位拜占庭皇帝都會依循這個傳統。

然而，在波斯人身上取得的勝利雖然徹底而絕對，卻不表示拜占庭帝國從此就重新坐上區域霸主的地位。因為，希拉克略的成就再大，最後也是跟查士丁尼一樣，只能任由不斷轉動的命運之輪擺布。蓋利默警告過了，虛空，全是虛空。就在波斯被擊敗後，又有一個新勢力崛起。

阿拉伯人要來了。

④ 阿拉伯人

「真主至大！」

——傳統的伊斯蘭感嘆語和打仗時的吶喊聲

　　大約在六三四到六三六年間的某個仲夏①，「阿拉之劍」（Sayf Allah）來到大馬士革（Damascus）的東門外。[1] 這把劍的本名叫作哈立德·瓦利德（Khalid ibn al-Walid），他是一個強悍的將領，打過許多場仗，對沙漠戰爭和戰利品抱有高度熱忱。他是最近從阿拉伯半島崛起的軍隊裡最資深的軍官之一，而這支軍隊擁有的配備，就是銳利的刀鋒和堅定的新信仰。哈立德是一位穆斯林，他是古萊什部族（Quraysh tribe）的成員，也是最早信奉伊斯蘭教的信徒之一。給他取了「阿拉之劍」這個綽號的便是先知穆罕默德，也就是阿拉的話揭示的對象。

　　穆罕默德已在六三二年六月八日逝世，因此哈立德崇高的軍事指揮地位現在是隸屬於穆罕默德的人間繼承者（即哈里發）兼信徒的領袖。當時的哈里發是一個名叫阿布·巴克爾（Abu Bakr）的年長瘦小男子，兩頰

---

① 作者註：要精準定出早期阿拉伯人征服活動的年代，是一件困難到做了也沒什麼意義的事情。任何一份歷史記述（包括這一本書）所必須仰賴的參考文獻在（現代歷史學家視為基本的）整齊排列歷史事件發生順序這件事情上，不是互相矛盾或不適當，就是對此毫不在乎。因此，讀者應該要有一個認知，那就是本章的每一句話都是可以議論的，而且很多時候，對於日期和事件的不同猜測都帶有深沉的神學含意，至今仍會激起學者和信徒的熱烈討論。請別因此感到沮喪。從很多方面來說，這些長久以來針對伊斯蘭教政治和阿拉伯人征服活動的起源所進行的爭執吵鬧，正是讓中世紀的這段歷史如此耐人尋味、對今日世界如此重要的原因。

凹陷，有著染過且稀疏的鬍鬚，過去曾是個商人。[2] 他認可哈立德過去十年的忠心付出，因此提拔了這位將軍。伊斯蘭教剛在阿拉伯半島西部以政治力量和宗教運動的型態興起時，哈立德雖然反對穆罕默德，甚至讓先知得到一次慘痛的戰敗經歷，但是他後來在六二〇年代信了教，自此做出許多卓越的貢獻。在阿拉伯半島，他跟敵對部落和其他想成為哈里發的人打仗；在半島之外，他則攻打伊拉克、擊敗波斯軍隊。為了前往大馬士革，他拖著士兵在乾旱的敘利亞沙漠之中走過六天地獄般的旅程。要運輸足夠的水，他們只得強迫約二十頭又胖又老的母駱駝喝下大量的水，將牠們的嘴綁起來，防止牠們反芻，然後每天殺好幾頭母駱駝，以獲取牠們肚子裡的水。[3] 現在，哈立德站在大馬士革城外，即將對付目前為止遇過最危險的敵人。

大馬士革是拜占庭帝國敘利亞行省境內最頂尖的城市，不僅是帝國位於沙漠邊緣的顯赫據點，其歷史也跟年代最久遠的一些《聖經》故事相符。城裡的街道和運河縱橫交錯，有一條稱作「直街」的寬廣大道穿梭其中，四處都有教堂，此地還是施洗者約翰（John the Baptist）的頭顱這件極具重要性的基督教聖物的所在地。大馬士革堅固的石牆，最初是在二和三世紀由接連在位的幾個羅馬皇帝所建，修築成長方形，長邊綿延一千五百公尺，短邊則是此長度的一半。城牆共開了七道門，全都戒備森嚴，東北角的一個堡壘裡則有一支由希臘人和亞美尼亞人組成的駐軍，其職責是要以皇帝希拉克略之名守住大馬士革。除此之外，這座城市還有阿拉伯人最近在約旦河谷（Jordan Valley）擊潰的一支拜占庭野戰軍的殘餘兵力，他們逃到這裡重新編組。若要拿下大馬士革，哈立德除了強悍，還得夠聰明。

一開始，攻下這座城市感覺不太容易。阿拉伯人派出了他們最優秀的將軍、最老練的部隊到戰場上，包括跟哈立德一樣打仗打到變得很強悍、已在大馬士革西面的聖湯瑪斯門（St Thomas' Gate）就定位的阿姆魯・阿斯（Amr ibn al-As）。此外，他們還在城市北邊一個稱作巴爾札（Barza）的小村莊設置了路障。可是，這些阿拉伯將軍並沒有大型的攻城塔或先進

的武器，他們甚至被迫搶劫鄰近的修道院，以便取得梯子。在這種情況之下，攻破這座城市唯一可行的方法就是讓居民害怕、飢餓或無聊到投降。這通常表示攻城軍隊要強制實施封城，封鎖每一個城門，不讓使者以外的任何人進出。最重要的是，他們必須想辦法進入被圍城的人的腦袋裡，說服他們若讓攻擊方進城，成功逃命的機率會比硬撐還大。

哈立德、阿姆魯和他們的同志究竟在大馬士革外待了多久，只能用猜測的，有的文獻說四個月，有的說超過一年。可以肯定的是，他們圍城的時間久到城裡的居民相信皇帝希拉克略不會派兵過來援助他們。輸給阿拉伯人幾次之後（其中包括讓敘利亞南部的大城布斯拉〔Bostra〕落到阿拉伯人手裡那次），希拉克略不願意耗費太多心力在這些暫時取得優勢的敵人身上，認為他們的資源、辛苦付出的程度和團結狀態很快就會瓦解。畢竟，他認為阿拉伯人跟波斯人不一樣，又不是要征服世界。

偏偏，他們就是要征服世界。

有關七世紀和八世紀阿拉伯征服活動的記載，當時（和接近當時）的文獻有很多都十分混亂且不一致，關於大馬士革圍城的記述也是如此。但是，我們可以比較有自信地說，在漫長的等待後，哈立德·瓦利德率領的阿拉伯軍隊將大馬士革人的反抗削弱到一點也不剩。根據一份文獻所說，哈立德安插了許多間諜，間諜告訴哈立德，大馬士革總督喜獲麟子，準備舉辦一場大型宴會。宴會進行得正熱烈時，哈立德的人馬將繩子和爪鉤拋到城牆上，從東門登上城垛，一邊大喊「真主至大！」，一邊砍倒寥寥無幾的衛兵，攻進這座城市。另一個版本則說，厭倦圍城的市民為避免被入侵而主動採取行動，在阿姆魯封鎖的城門展開談判，同意投降。有可能兩個故事都是真的。[4] 無論到底發生了什麼事，總之，他們在這座城市市中心的一個有屋頂的市集舉行和談，並討論好金錢條件後，在六三五年（或者可能是六三六年），將大馬士革正式交到穆斯林手中。在十世紀初撰寫了一部重要伊斯蘭教史的編年史家塔巴里（al-Tabari）寫道：「大馬士革被征

服，居民繳了吉茲亞（jizyah）。」（所謂的吉茲亞是一種向猶太人、基督徒和其他一神教信徒徵收的「人頭稅」，這樣他們就能夠安穩地過自己的生活、敬自己的神。）[5] 阿拉伯人的士氣受到極大的鼓舞；拜占庭的自尊心受到明顯的屈辱。之後，還有更多類似的事情會發生。

當皇帝希拉克略發現，他不能就這樣不理會阿拉伯人帶來的威脅，然後希望他們自動消失時，他便派了一支軍隊到敘利亞。根據後來的文獻，這支軍隊共有十五萬人之多（但兩萬人左右才是比較可能的數字），[6] 混雜了希臘人、亞美尼亞人和信奉基督教的阿拉伯人，其中有很多人基於語言、宗教派系或政治立場的差異，而不能或不願跟彼此說話。阿拉伯人也派了數量相當的人馬到該地區，兩支大軍在雅爾木克河（river Yarmuk）河谷附近交戰，地點位於今天的敘利亞、約旦和戈蘭高地（Golan Heights）之間的敏感邊界。一場延續好幾個星期的戰役爆發了，時間可能是在六三六年八月。在打鬥期間的一個關鍵時刻，再次成為戰場主要指揮官之一的哈立德（雖然新任的哈里發歐瑪爾〔Umar〕並不喜歡他），發表了一場激昂的演說刺激軍隊的士氣。他告訴他們，這是「屬於真主的戰役之一」，要他們「誠心奮鬥，在作戰時尋找真主」，並接受自己有可能必須以阿拉之名犧牲生命的事實。[7]

這個針對穆斯林的內心熱忱所做出的呼求，再加上哈立德精明的騎兵戰略、拜占庭內部長期存在的不和、瘟疫的爆發以及一場大規模的沙塵暴，全部加起來後，讓新興的阿拉伯人得到勝利。幾十年後，一個熟悉東方事務的法蘭克編年史家，他在距離事發地點約四千公里外的地方哀嘆，在雅爾木克河之戰，「希拉克略的軍隊被上帝的劍痛擊了一頓。」[8] 神選了邊站，而祂站的那邊似乎正是伊斯蘭軍隊。

大馬士革圍城和雅爾木克河之戰這兩起事件，為阿拉伯人的征服活動奠定了基礎，讓他們以驚人的速度征服隸屬於拜占庭的敘利亞、巴勒斯坦和埃及。六三八年，耶路撒冷的牧首索夫羅紐（Sophronius）以求和之姿，交出了這座城市的掌控權，但是他後來在布道時對耶路撒冷的命運表

達哀傷，告訴信徒那些「愛報復又厭惡神的撒拉森人（Saracen）②」之所以會出現，更清楚地證明了上帝對充滿罪惡的基督徒有所不滿。[9] 然而，基督的信徒要平息神的怒氣，顯然是為時已晚。六四一年，在一連串的攻城戰後，穆斯林大軍拿下了戰略位置優越的港城凱撒利亞。在防禦該城的七千人當中，很多人無法乘船撤退到君士坦丁堡，在凱撒利亞淪陷後遭到處死。[10] 希拉克略也在同年去世。大約在決定命運的雅爾木克河之戰爆發時，他曾說過一句話，後來完全驗證了。他說：「安息吧，敘利亞。」[11]

✳

　　阿拉伯人在六三二至六四二年間征服敘利亞，是那個時代最為驚人的成就之一。首先，他們永久切掉了位於拜占庭東部，一塊隸屬於帝國領土將近七百年的地區，使拜占庭的邊境退到小亞細亞東緣的阿曼努斯山脈（Amanus mountains），且在中世紀接下來的時期，拜占庭的疆域幾乎都不曾再跨越過此山。不過，意義更重大的一點是，敘利亞是這個即將橫掃世界的新興勢力最早得到的重大戰績，之後它將向外擴張到中國邊界和歐洲的大西洋沿岸地區，建立起一個占地超過一千兩百萬平方公里的伊斯蘭國。從穆罕默德過世到七五〇年奧米雅王朝（Umayyad Caliphate）瓦解的這段期間，阿拉伯軍隊在中亞、中東、北非、西哥德人統治的伊比利半島，甚至是法國南部都有足跡。他們施行伊斯蘭教的政府制度，引入新的生活、貿易、學習、思考模式、建設和祈禱方式。這個龐大哈里發國的首都，就設在大馬士革，那裡將矗立一座大清真寺，是全世界的中世紀建築中最宏偉的傑作之一。在耶路撒冷，「岩石圓頂」（Dome of the Rock）被蓋在猶太教第二聖殿的原址上方，其金光閃閃的穹頂，成為這座城市

---

② 編按：在中世紀基督教徒口中用來代稱穆斯林阿拉伯人的詞彙，源自於阿拉伯語中的「شرقيين」，意為「東方人」。

著名天際線的一個代表性地標。在其他地方，開羅（位於埃及）、凱魯萬（Kairouan，位於突尼西亞）和巴格達（位於伊拉克）等偉大的新城市，都是從阿拉伯的軍事駐防要塞發展出來的，而梅爾夫（Merv，位於土庫曼〔Turkmenistan〕）、撒馬爾罕（Samarkand，位於烏茲別克）、里斯本和哥多華（Cordoba）等拓居地，則被阿拉伯人改造成商業貿易的主要城市。

阿拉伯人透過征服建立起的哈里發國，不只是一個新的政治聯盟，還很明確、明顯地是一個宗教帝國，比羅馬帝國都更是如此——即使君士坦丁信仰基督教、即便查士丁尼進行了改革、即使希拉克略在統治後期宣布拜占庭境內所有的猶太人都必須強制改宗基督教，哈里發國仍然是個比羅馬帝國更顯著的宗教帝國。在這個哈里發國，古老的語言（阿拉伯語）和全新的宗教（伊斯蘭教）是征服者身分認同的核心，並且隨著時間過去，也變成被征服者生活的核心。

阿拉伯人在七和八世紀於世界各地創建一個「伊斯蘭之家」（dar al-Islam），將深深影響接下來的中世紀還有今天的世界。除了西班牙和葡萄牙（以及後來的西西里島），被中世紀初期的伊斯蘭軍隊所攻占的每一個重要地區，幾乎都保留了伊斯蘭教的身分認同與文化，直到今日都是如此。在一些較大型、較國際化的伊斯蘭都市，當地所盛行的科學發明與知識探求精神，將在中世紀後期的文藝復興時期扮演關鍵的角色。

中世紀伊斯蘭教剛成立的那幾年所出現的分裂情形，不僅糾纏當時的近東和中東地區，還持續影響現代世界的國際事務。其中，遜尼派和什葉派的裂痕起源，可回溯到最早的幾位哈里發統治的時期，而八世紀阿拉伯與波斯之間的不合，則仍持續存在於今日的中東地區，形成沙烏地阿拉伯和伊朗兩國的地緣政治敵對關係。穆斯林、猶太人和基督徒之間，彼此衝突與共存所帶來的複雜影響，有一部分是源自中世紀早期的阿拉伯征服活動。基於信仰而發動的戰爭至今仍在延燒，而且發生的地點常常跟一千五百年前一模一樣，如巴勒斯坦、耶路撒冷、敘利亞、埃及、伊拉克、伊朗和利比亞。舉一個例子就好：大馬士革不只在六三〇年代遭到圍

攻，還在一一二〇年代被第二次十字軍運動的軍隊攻擊、在一四〇〇年被穆斯林蒙古人和賽爾柱人圍城、在一八四〇年代和一八六〇年代經歷宗教大屠殺、在一九二〇年代被法國人轟炸，在今天的敘利亞內戰中受到各個黨派的激烈爭奪。在敘利亞內戰中，有一場惡名昭彰的戰役，便發生在大馬士革內一個稱作雅爾木克難民營（Yarmuk Camp）的區域。

　　這些影響都令人難以置信，但還不是全部。比什麼都重要的是，阿拉伯征服活動，成功打下了伊斯蘭教躍升成為世界主要宗教之一的根基。二〇一五年，世界上共有十八億名穆斯林，約百分之八十到八十五屬於遜尼派，百分之十五到二十是什葉派。伊斯蘭教是中東的主要宗教，卻也是北非和東非人口最多的宗教、英國和歐陸的第二大宗教及美國的第三大宗教。整體而言，全世界有四分之一的人口，他們信奉哈立德・瓦利德、阿姆魯・阿斯和他們的同伴在六三〇年代站在大馬士革的城牆外時，所宣稱信仰的宗教。

一個宗教的誕生

　　麥加（Mecca）坐落在一處炎熱的谷地，約莫在阿拉伯半島西部中段一個稱作漢志（Hijaz）的地區，離海岸約八十公里，因為有西拉特山脈（Sirat mountains）的屏障，所以免受阿拉伯半島內陸的廣大沙漠侵襲。[12]麥加冬季時氣候溫和，但在漫長的夏季卻極其酷熱，白天溫度時常超過攝氏四十五度。然而，這種火爐般的氣候，雖然讓中世紀早期的人們無法實踐多麼正經的農業，地理位置和信仰因素卻讓這座城市長期以來一直都十分重要。七世紀的麥加擁有蓬勃發展的經濟，因為它是一條主要商貿路徑的中繼站。在這條路徑上，搖搖晃晃的駱駝和騎在上頭的人類以沉重緩慢的步伐前進，帶著貨物往返紅海繁忙的港口和更北的熱鬧市集。香水、香料、奴隸和動物毛皮，跟著他們前往雅特里布（Yathrib）等大型的阿拉伯綠洲城市，以及在那之外、位於波斯和拜占庭的富裕市集。在七世紀，最

成功的麥加人不僅僅是很會買賣東西的人而已，他們更屬於忙碌的商人和發明家，是懂得利用地理和現成資金的原始資本主義者。在他們之下有一個心生不滿的下層階級，因為得不到商業和投資所帶來的利潤，漸漸意識到貧富之間那道愈來愈深的鴻溝。[13]

不過，這些短暫途經的貿易活動並不是麥加唯一的優勢。麥加其實也是朝拜卡巴天房（Ka'ba）的地點——那是一座由黑色火山岩建成的方塊廟宇，據說是《舊約聖經》裡的族長亞伯拉罕所建造。[14] 朝聖者會從遙遠的地方前來敬拜卡巴天房四周的神祇造像，並到東角看一看長久受到崇敬的黑石。這顆聖石比卡巴天房還古老，有些傳說認為是從天堂擲到地球上的隕石。在卡巴天房受到崇敬的所有神祇之中，最重要的就是阿拉，但是在七世紀初，也有其他神祇在那裡受到敬拜，像是頗具重要性的胡巴勒（Hubal），還有瑪納特（Manat）、阿拉特（Allat）和烏札（al-Uzza）這三位女神。[15] 卡巴天房裡甚至還有聖母瑪利亞和耶穌的圖片。根據傳統的歷史所記載，天房裡外共有三百六十個神祇造像。

我們不曉得這個數字該不該被認真看待，我們只能說，中世紀早期的阿拉伯半島是各種崇拜與神祇的大熔爐。在某些城市和地區（特別是我們今天稱作葉門的地區），阿拉伯裔的猶太和基督社群十分活躍，但其他許多地方則是以多神教為常態。另外，還有一個可以稱作一神論者的族群，但他們雖信奉單一神祇，該神卻非基督或猶太經典裡提到的那個神。沙漠裡有許多先知、神祕主義者、修士和隱士，有些是基督教早期所謂的「沙漠之父」（desert fathers），透過在被烈日燒灼的沙土中過著苦行的生活，以便更接近上帝。③ 簡言之，阿拉伯人的宗教十分多元、經常變遷、相當區域化，而這也很正常，因為阿拉伯社會本質上是部落社會，雖然周遭有不少

---

③ 作者註：人們常說，猶太教、基督教和伊斯蘭教等三大亞伯拉罕宗教都跟沙漠有著密切的關聯，乃至於可以統稱為「沙漠宗教」。單一神祇的概念可追溯到古埃及阿肯那頓時期（the age of Akhenaten，約西元前一三五一至一三三五年）的沙漠地區。

區域強權，像是拜占庭、信奉祆教的波斯和信奉基督教的衣索匹亞，但是這些強權從來沒有成功統治過阿拉伯人，並長時間贊助或強制施行一個穩定的「國教」。拜占庭和波斯在統治阿拉伯人這件事上最大的成就，就只有招募拉赫姆人（Lakhmids）和伽珊尼德人（Ghassanids）這兩個阿拉伯北部部族，替他們打魁儡戰爭。這是侍從主義（clientelism），不是殖民主義（colonialism）。阿拉伯半島的改變注定從內部開始發生。

自五世紀中葉起，麥加的主要部落便是古萊什，而穆罕默德就在五七○年左右誕生在這個部族。他雖然生在相對富裕的哈希姆家族（Banu Hashim），童年卻失去過不少親人。八歲以前，他就接連失去了父親阿布杜拉（Abd Allah）和母親阿米娜（Aminah）。從童年後期開始，他先後由祖父和伯父阿布・塔里布（Abu Talib，哈希姆家族的領袖）撫養。大約兩歲時，穆罕默德曾被貝都因人（Bedouins）收養，並生活在沙漠中。④ 一天，他的養兄看見穿著一身白的天使出現，他們取出穆罕默德的心臟，用雪清洗，再把淨化過的心放回他的體內。[16] 從此以後，他的少年時期出現了許多神祕主義者和修士預言他命中注定做大事——或至少，這是他們在他變成偉人之後述說的故事。

但，穆罕默德要到生命接近晚期的時候才會成就大事。他在四十歲左右（約六○九／六一○年）當商人時，開始經歷一些夢境、異象和來自天界的造訪。他的人生轉捩點發生在麥加郊區的希拉山洞（Mount Hira），這是他有時喜歡前去冥想沉思的地方。有一天，天使吉卜利勒（angel Gabriel）到那裡造訪他，直接跟他說話，並命令他誦經。穆罕默德明白自己被選為阿拉的先知和信使，是從耶穌、所羅門、大衛、亞伯拉罕、諾亞和摩西一路回溯到第一個人類亞當的漫長先知譜系中的最後一位。這是非

---

④ 作者註：這是當時的古萊什部落傳統的做法：幼童會短暫由遊牧民族收養，以便促進他們身體的健康，讓他們感染沙漠的氣息。請見：Lings, *Muhammad*, pp. 23–4。

常重大的消息，但他成功克服了一開始的恐懼和疑惑。天使下一次造訪是在三年後，但是從那之後，穆罕默德便開始定期收到真主的話，有時候是以口述的方式，有時候則是一種必須加以解密的嗡嗡聲。天使告訴他沐浴儀式該怎麼進行，向阿拉祈禱最好的方式又是什麼。這些便是伊斯蘭教這個新宗教的基本儀式。穆罕默德的啟示是用阿拉伯語朗誦出來的，最後被集結成《可蘭經》（Qur'an）。後來，這位先知發表的演說片段，以及人們對他的言行記憶口傳的內容（即《聖訓》〔hadith〕）被彙編成《聖行》（sunnah），成為伊斯蘭教的法律和道德框架。

✳

當然，新的宗教若沒有追隨者，就什麼也不是。穆罕默德絕對不是中世紀早期的阿拉伯半島上唯一一個先知，而他現在奉獻生命所要推廣、以儀式為基礎的一神信仰，也只是數百個在部落之間活躍的信仰體系和偶像崇拜的其中一個。因此，他必須努力說服他人跟他一起用正確的方式敬拜阿拉。精明聰穎且因可靠、謹慎和自制力強而出名的穆罕默德，輕輕鬆鬆便說服了自己的親朋好友，包括妻子海迪徹（Khadijah）、堂弟阿里（Ali）、好友阿布·巴克爾和養子扎伊德（Zayd）。但，其他阿拉伯人就需要更努力說服才行，包括古萊什部落的成員。畢竟，穆罕默德所要傳達的訊息──排斥其他神祇和偶像，只信阿拉一人──在這座經濟多數必須仰賴多神教朝聖觀光客的城市，並不是很好的商業提議。好幾年前，穆罕默德曾協助將神聖的黑石放在卡巴天房的一個新位置，因為天房經歷了美觀的重建過程；但是現在，他卻在宣揚一個破壞卡巴天房一切象徵意涵的新宗教。

穆罕默德的公開傳道生涯，從六一三年開始變得積極，並得到了評價不一的回應。尋常的麥加人雖然願意聽他提倡慈愛、祈禱和一神論，也很容易信仰，尤其是（但不只是）那些貧窮困苦的人，還有散布在整個漢志地區的阿拉伯人，但是麥加最強大、最有影響力的群體，卻視這位先知為

麻煩人物，甚至認為他可能對公共秩序帶來危害。如同另一位偉大的先知和傳道者拿撒勒（Nazareth）的耶穌在六百年前示範過的，任何一個具有領袖風範又虔誠的人，若想以貧窮和社會不平等為主題建立起宗教信仰，很快就會樹立許多有錢有權的敵人。穆罕默德很快就發現他變成自己部落的邊緣人。第一次危機發生在六一九年（又稱「悲傷之年」），因為海迪徹和阿布・塔里布在這年雙雙去世，嚴重削弱了穆罕默德在哈希姆家族和整個古萊什部落的地位。在接下來的三年間，他的生存受到了威脅。起初，穆罕默德和其他穆斯林遭到挑釁取笑；後來，他們被積極地迫害，好幾人被折磨至死，不少人乾脆逃離漢志，遷移到紅海對岸的衣索匹亞。

六二二年，也就是伊斯蘭教歷史的基礎年、穆斯林曆法開始的那年，穆罕默德也離開了麥加。雅特里布的部落長老跟他接觸，請他帶穆斯林社群集體前來他們的城市，在那裡他們可以獲得尊崇的地位，穆罕默德則要負責解決異教部落和猶太人口之間長期存在的仇恨。因此，他和追隨者在六月離開麥加，途中還勉強逃過一個暗殺陰謀。經過八天約莫三百二十公里的旅途（這趟旅程被稱作「希吉拉」〔hijrah〕），他們抵達了雅特里布，這座城市就是後來的麥地那（Medina）。⑤ 他起草了一份稱作「麥地那憲章」（Constitution of Medina）的文件，把該地吵吵鬧鬧的派系全部團結成一個「烏瑪」（umma），也就是憑藉著信仰而結合的社群，超越血緣、超越對部落的忠心、超越一切的信仰。沒多久，他便成為這座城市的領袖，開始建立一個比單純的部落聯盟層次更高的信仰和法律政體。即使是這個初興的型態，這仍然算是第一個誕生的伊斯蘭國。在這個國家，政治團結、一神論和宗教順從，彼此是相同的概念。伊斯蘭教指導一切，是一個完整的生活方式。這種絕對主義在中世紀早期的伊斯蘭歷史中變得愈來愈

---

⑤ 作者註：麥地那安納比（Medinat an-Nabi，先知之城 ）或麥地那穆那瓦拉（Medinah al-Manuwarra，啟蒙之城）的簡寫。

明顯，之後將成為這個宗教吸引人的地方和優勢，但是也對那些尚未臣服於此宗教的人產生固有的威脅。

　　穆斯林剛來到麥地那時，習慣朝著耶路撒冷的方向禱告，但是不久後，穆罕默德做出調整，於是他的追隨者便開始對著麥加的方向禱告。他們也瞄準了麥加的貿易活動，靠搶劫商隊為生。這是一個風險很高的維生方式，在六二四年三月，一場大型的商隊搶劫甚至演變成全面的戰鬥，俗稱巴德爾之役（the battle of Badr）。穆斯林面對條件極為優越的商隊，成功贏得了漂亮的勝利。之後，更多的戰鬥接續而來。穆斯林並不是每一場戰役都吃香：六二五年，他們在武侯德之役（the battle of Uhud）被麥加人擊敗；六二七年，麥地那差點在壕溝之戰（the battle of the Trench）中被奪走。但，當這個年代接近尾聲時，穆罕默德已經有夠多的追隨者、戰士和氣勢，可以考慮返回麥加，為自己生涯之初在那裡遭受的屈辱復仇。六三〇年，他率領一萬人前往昔日的故鄉，衝入這座城市，打碎卡巴天房裡外的神祇偶像，取得政治掌控權。古萊什部族和其餘的麥加人抵抗穆罕默德抵抗了這麼久之後，現在終於信仰伊斯蘭教。只有少數不信神的人頑強硬撐，但他們都被處死了。短時間內，穆罕默德便讓整個漢志和外圍地區的部落全部信了教。他的氣勢和策略、純粹又清楚的宗教訊息，以及穆斯林現在可以掌握整個阿拉伯半島西部的貿易路線和重要集市地點的這個現實因素，是穆罕默德能夠如此成功的主因。當這位先知在六三二年去世時，他似乎已經把不可能變成可能：在宗教和政治上把所有的阿拉伯人團結成一個共同的烏瑪。

　　這樣的局勢注定延續得比任何人預期地都還要久。

正統哈里發

　　沙漠中的阿拉伯人在講述自己的起源故事時，會說他們的始祖是亞伯拉罕。他們稱自己為「夏甲人」（Hagarites），因為他們是亞伯拉罕跟妻子

撒拉的婢女夏甲所生的兒子以實瑪利（Ishmael）的後代。以實瑪利的誕生是一件禍福參半的事，撒拉雖然對此產生極端且長久的恨意，但是根據傳說，阿拉伯人也因此被創造出來，跟亞伯拉罕的第二個兒子、被尊崇為以色列十二支派族長的以撒（Isaac）的子嗣，形成了截然不同的種族。從一方面來說，這些都是古老的過去了，但從另一方面來說，這些也是非常重要的歷史。《舊約聖經》使用令人印象深刻的敘述預示了以實瑪利的人生：「他為人必像野驢。他的手要攻打人，人的手也要攻打他……」[17] 這段描述用來形容他的後裔——七世紀阿拉伯半島的穆斯林——也很適合，因為他們在伊斯蘭教的旗幟下團結起來後，便一起出發征討鄰族。[⑥]

穆罕默德在六三二年過世、葬在麥地那之後，烏瑪的團結性受到嚴峻的考驗。這位先知的老友阿布·巴克爾聲稱是先知的繼承人，但是很多阿拉伯部族都認為，他們效忠的是身為真主信使的穆罕默德，忠臣不會隨意轉移到他的繼位者身上。其他受到穆罕默德的榜樣鼓舞而自稱先知的人，也說自己跟真主關係匪淺，而這自然表示他們的部族擁有特權。結果，短暫但血腥的里達戰爭（Ridda Wars）爆發了，阿布·巴克爾被迫（不知怎地有些勉強）派出伊斯蘭軍隊對付這些叛教的阿拉伯人，硬是把他們帶回伊斯蘭教的信仰和組織。

里達戰爭持續了九個月左右。期間，哈立德·瓦利德和阿姆魯·阿斯等在半島各地指揮作戰的統帥，展示了自己的毅力。在一年內，這些穆斯林將軍擊敗了叛亂的部族，使造反的阿拉伯城市重新歸從。這場勝利確保烏瑪的團結力得以在穆罕默德死後繼續延續下去。此外，烏瑪也啟動了一個氣勢和自我信念十足的伊斯蘭軍事組織，準備侵犯北方那些頹廢帝國的疆土。[⑦]

---

⑥ 作者註：知名的米爾沃足球俱樂部在看台上習慣呼喊的口號「沒人喜歡我們，但我們不在乎」也有異曲同工之妙（一九七〇年代以降有在關注英國足球動態的人應該很熟悉）。

從地理位置來看，可以清楚看出要征服阿拉伯半島以外的地方，該依循哪一條路線。穆斯林在擴張版圖的過程中，自然而然會把目標放在敘利亞大沙漠外圍的地區，也就是敘利亞南部和伊拉克。六三三年，穆斯林大軍出發前往這兩個地方。起初，他們遇到拜占庭和波斯帝國派出的代表。然而，這兩大帝國彼此的戰爭已經延續數十年，在結構和物資上都已耗竭。君士坦丁堡的士兵，甚至短缺到皇帝被迫從土耳其人（六世紀開始出現在裏海四周的遊牧民族）那裡募兵，成為軍隊絕大多數的人力來源。[18] 相較之下，戰爭讓穆斯林變得強硬，但卻還沒疲乏。他們的軍隊迅速摧毀兩國的防禦力量。敘利亞的大馬士革在六三五／六三六年之前落入穆斯林手中；到了六四八年，整個黎凡特沿岸和沙漠內陸都被征服。不僅如此，征服敘利亞南部後，阿姆魯・阿斯接著又在六三九年率軍橫跨西奈半島（Sinai Peninsula），進入埃及，前往尼羅河三角洲。不到三年，埃及所有的主要城市都落入穆斯林手裡，包括沿海首都亞歷山大港（capital Alexandria）。六四一年，阿姆魯・阿斯建立了一個新的駐防城鎮福斯塔特（al-Fustat，大概的意思是「帳篷城市」），並在那裡建造埃及的第一座清真寺。這成了穆斯林剛征服的省分的首府，位於今日的開羅近郊。現在，地中海的糧倉埃及不再供應拜占庭帝國，它是麥地那哈里發的領土。

同一時間，侵略伊拉克的行動也以大致相同的速度進行著。六三六年（確切年分仍有爭議，也可能比這更晚），穆斯林軍隊在為期三天的卡迪西亞之役（the battle of al-Qadisiyya）中擊敗一支配有戰象的龐大波斯部隊。隔年年初，他們前進到偉大的波斯首都泰西封。在接近這座城市時，

---

⑦ 作者註：里達戰爭對伊斯蘭教的歷史還有另一個重要的影響。在阿拉伯中部的葉麻麥（Yamama）所爆發的戰役中，有數十名哈菲茲（huffaz，熟記《可蘭經》一百一十四個蘇拉、共六千多句經文當中每一個字的學者）喪命。出於需要，阿布・巴克爾下令將穆罕默德的啟示編纂成一個定版，稱作「穆斯哈福」（mushaf）。在接下來的幾年，歐瑪爾和奧斯曼（Uthman）這兩位哈里發在位時，這份文本經過抄寫，其阿拉伯文也被標準化。

他們被一支波斯小隊短暫耽擱。這些波斯人雖然有一隻受過訓練的獅子，但是就連獅子的利牙利爪也敵不過一個名叫哈希姆‧烏塔巴（Hashim ibn Utbah）的穆斯林戰士，並被他用劍殺死（這把劍因此獲得「強壯之劍」的尊稱）。[19]

獅子被打敗，這座城市也被打敗了。六三七年春天，在前後經歷短暫的投石機轟炸、跟城市衛兵的激戰、橫跨底格里斯河的勇猛襲擊行動之後，泰西封的兩個中心都被穆斯林拿下。他們在薩珊王朝宏偉的白宮內發現的寶藏多到令人費解：裝滿金銀財寶的大籃子、王冠和王袍，還有曾經屬於拜占庭皇帝希拉克略、但在該世紀初拜占庭與波斯之間的戰爭中被搶走的盔甲。於是，他們的戰利品變成了別人的戰利品。最棒的戰利品被送到麥地那給哈里發歐瑪爾，「讓穆斯林觀賞、遊牧部落的人聽聞」。[20] 泰西封的塔克基思拉宮（Taq Kasra）也變成清真寺。接著，阿拉伯的戰爭組織又繼續前往其他地方。在泰西封淪陷後不久所發生的賈盧拉之戰（the battle of Jalula）中，屠獅的哈希姆‧烏塔巴又再次把波斯軍隊打到潰逃。

薩珊王朝快完蛋了。六四二年，致命的一擊來了。新任的王中之王伊嗣俟三世（Yazdegerd III）雖然辛辛苦苦重建起六三〇年代折損慘重的軍事力量，可是他的新軍隊跟舊的下場一樣：在納哈萬德之役（the battle of Nahavand），數萬名波斯人死在穆斯林的劍下，伊嗣俟政府隨後倒台。捷報的開頭是這麼寫的：「信徒的統領，請欣喜收下好消息，真主已經用勝利榮耀伊斯蘭和祂的子民、羞辱提倡不信真主的那些人。」[21] 歐瑪爾讀到這封信，知道有許多穆斯林壯烈犧牲，不禁痛哭失聲。

※

歐瑪爾在六三四年阿布‧巴克爾逝世後，成為第二位正統哈里發。[⑧] 五十三歲左右的他以力大、固執、識字而著稱。他雖然沒有親自統帥穆斯林大軍，卻是一位相當優秀的總指揮官，能夠在數百英里外的麥地那吩咐軍事戰略，相信手下的將領會找到最有效的方法，達成使伊斯蘭國擴張的

大目標。身為哈里發的他，在塑造自己的公共形象時很謹慎。例如，要從牧首索夫羅紐那裡拿走耶路撒冷的掌控權時，他身穿破爛衣物，在漫長的旅途後看起來髒兮兮的，讓自己卑微的外表跟這位神職人員華麗的服裝呈現尖銳的對比。

然而，歐瑪爾會成功，不光是因為他具有領袖特質或很有能力。在這個為征服而建、靠征服供養且完美迎合當下的戰爭機器之中，他也是主要執行長和宗教領袖。穆斯林在穆罕默德和阿布・巴克爾的統治下拓展、鞏固自己在阿拉伯半島的地位時，是以改宗伊斯蘭教做為征服的前提。可是，當他們前往阿拉伯語世界以外的地區時，並沒有重複這個模式。無論是在橫掃沙漠遊牧民族居住的地帶，或是把騎兵和攻城投石機帶到拜占庭和波斯帝國的各大城市外時，他們都清楚表明自己不是一支固執己見的軍隊，並沒有堅持要讓每一個男女老少改宗，不然就將所有人殺死。他們唯一的要求是對方迅速投降，然後接受被穆斯林統治。基督徒、猶太人和其他一神論者不用成為穆斯林，有時候還被打消這麼做的念頭，因為統治者跟異教徒收的稅比穆斯林還高。他們不用服兵役，而且只需要做到繳納吉茲亞人頭稅和以文明有秩序的方式管理自己的社群即可。至於組成征服大軍的穆斯林士兵，則大體上跟一般大眾分開生活，駐守在軍事小鎮，領著來自稅金的薪俸。然而，他們沒有得到土地或充公的地產做為獎勵。短期來看，這項政策雖然可減少民眾的緊張關係，但是長時間下來，這卻讓穆斯林軍隊好幾個世代都無法以羅馬人的方式融入當地人口。

對毫不反抗就乖乖投降的被征服者寬容，當然並不新奇，羅馬共和國及帝國早期的將軍也有做過。[22] 出於現實考量接受各地的風俗（至少短時間如此）向來可以有效地追求軍事擴張，又不引發長時間的暴亂。然而，

---

⑧ 作者註：「正統」這個標籤雖然是奧米雅王朝之前的第一批哈里發常被冠上的標準稱呼，卻沒有很多什葉派穆斯林使用，因為他們認為阿布・巴克爾、歐瑪爾和奧斯曼的身分不合法。

在七世紀提出宗教寬容或許有特別的吸引力：在拜占庭的基督教世界裡，處處可見惡毒的宗派暴力，此時若出現一個新的統治勢力，不在乎基督的性靈和人類本質所衍生出來的迂迴複雜神學爭議，只徵收異教徒的稅且不迫害他們，自然有可能被人民視為讓人可以喘息的福佑。

但是，這並不是說阿拉伯人的征服活動都令人放心或完全和平。反抗穆斯林軍隊的城市或部族，會喪失平靜地融入這個大家庭的權利。在阿拉伯半島的戰爭中，穆罕默德曾准許手下斬首數百名古萊扎猶太部落（Qurayza tribe）的男性成員，奴役所有的婦孺。[23] 穆斯林跟各個帝國對手之間的眾多戰役也都十分血腥，文獻中充滿一次就死了數千、數萬，甚至數十萬名（實際上不太可能）戰士的故事。塔巴里寫到，在波斯打完某場戰役後，「【穆斯林】軍隊的年輕人去檢查死者……他們給還有一口氣的穆斯林水喝，並殺了還有一口氣的多神論者……【同一時間，其他人】前去追殺逃跑的波斯人……他們在每一座村莊、每一個草叢、每一個河岸殺死波斯人，接著趕回去進行正午的禱告。」[24] 這就是戰爭，而且從某方面來說，這就是伊斯蘭教。穆罕默德宣導寬容與和平的例子雖然很多，但在歐瑪爾統治期間編纂的《聖訓》，卻也收錄了一些倡導戰爭和暴力的驚人宣言。例如，據說穆罕默德曾經說過：「阿拉保證祂會讓為了祂而戰死的聖戰士入天堂，若沒戰死則會讓他帶著獎賞和戰利品安全返家。」[25] 伊斯蘭教裡有一個「吉哈德」（jihad，意為「奮鬥」）的概念，要求所有穆斯林為了伊斯蘭教的信念努力，而在中世紀，這常常就等同於拿起武器、殺害其他人類，以期盼死後得到獎勵。

內戰

阿拉伯征服活動暴力狂亂的一面，在六四四年徹底顯現。那年，第二任哈里發歐瑪爾被一個名叫皮魯茲・拿哈凡迪（Piruz Nahavandi，也稱作阿布・盧厄盧阿〔Abu Lu'lu'ah〕）的波斯奴隸士兵殺害。此人在晨禱期間

大鬧麥地那的先知寺，拿著雙刃刀揮砍，讓七個人受到致命傷，其中一人便是被他捅了五、六下的哈里發。根據《聖訓》的記載，刀子插入歐瑪爾的身體時，他哀道：「那條狗殺了或吃了我。」[26] 他撐了四天，最後重傷不治。

在那四天，歐瑪爾緊急找來六位最年長的穆斯林，召開一場臨終會議。這六人都是先知的聖伴，在穆罕默德生前曾見過他、追隨他，但是此時聖伴的人數已漸漸減少。他交代他們從自己的成員當中挑選一人做為繼任者，而他們最後選了奧斯曼。他隸屬於古萊什部族裡顯赫的奧米雅家族，是一名商人。[9] 他的身高中等、體格粗壯、毛髮茂密、雙腿外八、臉龐英俊，但卻被天花的疤痕弄得坑坑巴巴。[27] 他是最早信仰伊斯蘭教的其中一人，在信徒之間地位頗高，六十來歲，非常富有，不過並沒有像歐瑪爾那樣在戰場上擁有響亮的名聲。他是個認真可靠的候選人，但，選了奧斯曼，就代表穆罕默德的堂弟阿里就沒機會了，而這個決定之後將對伊斯蘭教和整個世界的歷史帶來巨大的後果。

在奧斯曼為期十二年的統治期裡，穆斯林軍隊繼續往東、往西挺進，發展出自己的戰鬥能力。六四〇年代晚期，他們到亞美尼亞和小亞細亞東部征戰。在東方，他們更深入解體中的波斯帝國，因此到了六五一年，波斯帝國幾乎所有的領土都被穆斯林所控制，疆界位於今日阿富汗的邊界；在西方，一支四萬大軍在同一時間開始貫穿北非，奪走拜占庭非洲總督區的領地，甚至一度來到距離迦太基只有幾天路程的地方。

他們不僅在陸上打仗，也在海上作戰。穆阿維亞・蘇富揚（Muawiya ibn Abi Sufyan）是穆斯林在跟拜占庭和波斯帝國作戰期間崛起的優秀將領之一。這位高大、禿頭的卓越軍官，不但是征服敘利亞期間的重要人

---

⑨ 作者註：奧米雅家族是阿卜杜・沙姆斯（Banu Abd-Shams）家族的一個支族，而阿卜杜・沙姆斯家族是古萊什部族裡一個較大的家族。

物，之後還在當地擔任總督二十年。獲得敘利亞海岸線控制權的他，也得到了地中海東部從貝魯特（今天的黎巴嫩）、巴勒斯坦到埃及亞歷山大港之間的許多絕佳海港。穆阿維亞跟現任哈里發一樣，是奧米雅家族的成員，有了奧斯曼的支持，他很快就讓穆斯林海軍迅速發展成可以媲美拜占庭艦隊的程度。六四〇年代晚期至六五〇年代，穆斯林船艦征服了賽普勒斯（Cyprus），打劫了克里特島（Crete Island）和羅德島。在（或大約）六五四年，他們更航向君士坦丁堡。在小亞細亞的呂基亞（Lycia）外海，他們打了一場非常血腥凶暴的海戰，擊敗拜占庭皇帝君士坦斯二世（Constans II）指揮的艦隊。這一仗在今天稱作船桅之戰（the Battle of the Masts）。穆斯林全力攻打拜占庭帝國心臟的可能性，純粹是因為打了勝仗後出現可怕的暴風雨（以及在慘烈戰役中嚴重折損的兵力）才被阻止。

這一切帶來了一段穩定的成長期——或至少表面上是如此。稍微深入一點，就會知道在奧斯曼的統治下，並非一切都是一帆風順。這位哈里發雖然推動不少重要的宗教和國內改革，像是《可蘭經》公定版的編纂，但這個以閃電的速度決定好的統治政權，也開始衍生出嚴重的緊張局勢和派系敵對關係。在六五六年夏天，事情變得一發不可收拾。

奧斯曼的對手之所以反對他，有私人因素，也有政治因素。伊斯蘭國一邊成長，認為古萊什家族勢力過大、得到的獎賞過多的牢騷，也變得愈來愈大聲，尤其是在埃及和伊拉克。這當然是個需要小心處理的議題，因為古萊什家族既是穆罕默德的部族，也是一開始最大力反對他的團體。舉凡現任哈里發、跟哈立德一樣優秀的將領，還有身為敘利亞總督和海軍上將的穆阿維亞，全都出自古萊什家族。可以說，他們等於是穆斯林的貴族階級。可是，同樣在連續數十年軍事征戰中全心投入的其他阿拉伯部族卻覺得（無論這樣想是對是錯），自己在投資後沒有得到公平的回報，也非常不滿在奧斯曼的統治下那些地位崇高的古萊什成員的傲慢姿態，彷彿想要在剛征服的土地上得到什麼、就拿取什麼。庫拉部族（Qurra）在這個議題上發出的怨言最多，但有怨言的不只他們。

不曉得是出於無知還是無能，奧斯曼在六五〇年代竟然沒有察覺帝國內部正在醞釀一場大叛變的徵兆。他在六五五年左右才開始採取行動，回應人民的怨言、解決紛爭，可是一切都太晚了。六五六年春天，抗議者開始從埃及來到麥地那，在奧斯曼的屋子外示威。到了六月，一大群暴民讓屋子完全跟外界阻斷，就像攻城戰一樣，用石頭擊打外牆，大喊要奧斯曼的頭。[28]

六月十七日，他們要到了。[29] 一些叛亂者成功闖入奧斯曼的住宅，躲過嚴密戒備的侍衛，在室內跟哈里發對峙。打鬥一番後，他們制伏奧斯曼，又打又捅地把他弄死，還傷了他的其中一個妻妾，使她斷了兩根手指，逃命時屁股還被摸了一把。[30] 接著，叛亂者搶劫奧斯曼的家，攻擊他的僕人和其他妻妾。數天後，當奧斯曼的遺體要下葬時，麥地那仍有暴動，暴民甚至威脅要拿石頭丟擲哀悼者。無法縫補的裂痕被撕裂了。

繼任奧斯曼的哈里發，是穆罕默德那位極度虔誠又正派的堂弟阿里，他不但是經過實戰考驗的戰士，還是先知家族中跟穆罕默德關係匪淺的成員，跟他一起長大，又娶了他的女兒法蒂瑪（Fatima）。阿里是一個廣受敬重的人物，也是一個無人可敵的神聖角色，除了在卡巴天房裡誕生這件事蹟，他還有「最穆斯林的穆斯林」的名聲。這位擁有傳統美德的模範穆斯林有一群支持者，被稱作「什葉」，他們非常佩服阿里闡述、信奉先知穆罕默德傳給他們的美德的能力。

奧斯曼被選為哈里發時，阿里沒被選中，現在他的時機終於來了，但他卻似乎完全沒辦法讓伊斯蘭世界回到六三〇和六四〇年代最初的純淨黃金歲月。阿里雖然沒有參與導致奧斯曼喪命的叛變，卻也沒有能力撫慰人心，反而迅速造成人民分化。烏瑪的團結性快速分裂，第一次內戰爆發。在阿里統治的短短四年半期間，他被捲進一場毫無間斷的爭鬥，忙著對付心有不滿的奧斯曼黨人。這派人的領袖包括穆罕默德的遺孀阿伊莎（Aisha，有一次，她曾坐在駱駝上親自率領軍隊上戰場⑩），和老練強硬

的敘利亞總督穆阿維亞等備受尊敬的穆斯林。這場戰爭有很多戰役都在伊拉克，阿里被迫將哈里發的總部從麥地那遷到幼發拉底河河畔的駐軍城鎮庫法（Kufa，位於今日的伊拉克）。六六一年一月下旬，阿里在這座城市的大清真寺被殺。當時，一個隸屬於哈瓦利及派（Kharijites）這個激進基本教義派的成員認為自己已經妥協太多，因此衝進寺裡，用塗了毒藥的劍將他刺死。

後來的傳言說，阿里早已預言自己的死亡，或是被一個親近的同伴告知這個預言。但，我們很難想像他或其他任何人在當時也預料到了，他的死會對接下來超過千年的世界史帶來什麼樣的影響。在阿里被殺後那混亂的幾個月內，穆阿維亞把阿里的軍隊打到停火，還恫嚇阿里的大兒子哈桑（Hasan，先知穆罕默德之孫），直到他接受大量黃金，放棄成為哈里發。哈桑因此被迫放棄權力，接著，穆阿維亞在六六一年夏天要求伊斯蘭世界的地區將領發誓效忠於他，並親自到耶路撒冷的聖址接見他們。他現在是哈里發了，也是後來被稱作奧米雅王朝的第一位統治者，因為他（跟在他之前的奧斯曼）來自奧米雅家族。穆阿維亞從敘利亞總督變成全穆斯林的統領，象徵正統哈里發的時代已經結束、奧米雅王朝開始。

奧米雅王朝雖然持續不到一百年，卻是一個令人興奮的轉變時期。伊斯蘭世界的首都從麥地那改成大馬士革，而伊斯蘭之家的界線也延伸到遠至法國南部的西方蠻族領域。在這個不斷擴張的國家內部，發生了一場文化革命。阿拉伯和伊斯蘭文化深入了被穆斯林宣示主權的每一個社會，哈里發政權也變得愈來愈世俗、愈來愈不像一個神權國家。奧米雅王朝讓阿拉伯征服變成一個永久性的活動，並藉由被征服的地區打造出一個真正的帝國。但是同一時間，這段時期也開啟了讓整個伊斯蘭世界分裂的裂痕。

---

⑩ 作者註：這場戰役以阿伊莎的坐騎命名為「駱駝之戰」，地點在伊拉克的巴斯拉（Basra）附近，時間是六五六年十一月。

會有這樣的結果，是因為奧米雅王朝在崛起和隨後把權力鞏固的過程中，給烏瑪劃了一道深刻的傷痕。阿里的支持者沒有辦法，也不願意忘記阿里遭人殺害的事實。在穆阿維亞統治期間，這些「親阿里派」不斷挑起紛爭，挑戰被他們認為不合法的政權。六八〇年，穆阿維亞的統治到了尾聲時，第二次內戰爆發了。這次，爭奪權力的人是穆阿維亞的兒子和他指定的繼承人雅季德（Yazid），以及阿里仍活著的小兒子胡笙（Husayn）。穆阿維亞宣布他要將阿里發的位子傳給兒子時，胡笙拒絕宣誓效忠。他進行了一趟長距離的示威遊行之旅，從阿拉伯走向伊拉克，但在路上發生的一起沙漠小衝突中喪命。胡笙遭到斬首，頭顱被送回大馬士革。奧米雅王朝再次獲勝。

這場血腥的小插曲雖然確保了奧米雅王朝的生存，卻也確立了伊斯蘭教內部延續一千三百年以上的分裂局勢。在第一次和第二次內戰期間形成的宗派，催生了我們現在所謂的遜尼派和什葉派分歧。[11] 什葉派的穆斯林拒絕承認奧米雅王朝的合法性，也不接受阿布‧巴克爾、歐瑪爾和奧斯曼的政權，更堅稱，阿里才是穆罕默德正當的繼承人，是第一代伊瑪目（Imam）。這表示另一個繼承順序才是正確的，哈里發應該要是傳給哈桑和胡笙，接著再傳給更多屬於穆罕默德後裔的伊瑪目。這不只是一個單純的朝代爭議。什葉派的伊斯蘭教歷史框架，使得他們組織烏瑪的方式非常不一樣，也有一套不同的領袖價值觀。

遜尼派和什葉派分歧在中世紀後期會變得極為重要，尤其是在（我們之後會看到的）十字軍運動時期。但是，這個議題後來又延續了很久。

---

⑪ 作者註：遜尼派的穆斯林將阿里視為第四位、也是最後一位正統哈里發，但是對什葉派的穆斯林來說，他在信仰史上的重要性比遜尼派宣稱的還要大，只僅次於穆罕默德。他們用這種方式解讀伊斯蘭教早期的歷史，阿里應該是先知最直接的繼承者，代表了阿布‧巴克爾、歐瑪爾和奧斯曼的政權都被視為不合法。阿里是來自穆罕默德家族內部的第一位繼承人，人稱第一代伊瑪目（此外，神祕教派蘇菲派〔Sufi〕的成員，幾乎全都認為阿里是他們的創始人）。

二十世紀有一個惡毒的宗派主義重新復甦，一部分便是依循這兩派的分歧點所建立。這個意識形態開始影響全球的地緣政治，在互有關聯的伊朗和伊拉克戰爭、美國主導的波斯灣戰爭、維持了很長一段時間的「伊斯蘭冷戰」（Islamic cold war，讓沙烏地阿拉伯和伊朗從一九七九年開始為了爭奪中東的地區霸權而互相競爭），以及其他發生在巴基斯坦、伊拉克和敘利亞的痛苦致命衝突中，都有這個組織的力量在其中。[12] 這一切都可以溯及七世紀那些強人的陰謀詭計，聽起來好像很令人震驚，但是誠如其他許多例子所顯示的，中世紀至今仍與我們同在。

奧米雅王朝

六九一年，耶路撒冷一個巨大的石造平台上方，出現了一個很不尋常的建築。幾百年前，這裡曾矗立著猶太教第二聖殿，但在七〇年，羅馬將領（未來的羅馬皇帝）提圖斯，來到耶路撒冷平定猶太人的叛亂，並引發了武裝衝突和縱火事件，使整座城市被完全夷為平地，而這座知名又神聖的聖殿也變成一堆瓦礫。對猶太人來說，失去這座聖殿是一場接近末日的災難，它的毀滅，擊中了叛變的要害，讓猶太人散落在中東各處，並在猶太人的文化記憶中留下永久的黑色記號。聖殿再也沒有重建。在中世紀之初，只有那個龐大的平台還留著，周遭聳立著舊城和橄欖山（Mount of Olives）。根據猶太教的預言，有一天，等新的彌賽亞來到世上、世界末日將近時，就會有第三聖殿被建造起來。但在七世紀時，距離世界末日似

---

[12] 作者註：有些知名記者近年來認為美國在二〇〇八年左右的中東政策是明確地反什葉派，因為美國政府對伊朗有根深蒂固的懷疑心理。部分例子請見：Hersh, Seymour, "The Redirection", *The New Yorker* (February 2007); Nasr, Vali, "The War for Islam", *Foreign Policy* (January 2016); Erasmus, "Why Trump's pro-Sunni tilt worries human-rights campaigners", *The Economist* (May 2017)。

乎還有一段時間。當時，耶路撒冷被奧米雅王朝統治，而這個王朝正打算在聖殿山留下自己的特殊記號。他們在那裡興建的建築，就叫作「岩石圓頂」。

岩石圓頂是一座美麗優雅的八面形聖殿（今天仍保存著），跟另外兩座奧米雅時期的建築一起蓋在聖殿山（穆斯林稱作「高貴聖所」〔Noble Sanctuary〕）上：宏偉呈長型的阿克薩清真寺（al-Aqsa Mosque）和一個稱為鏈圓頂（Dome of the Chain）的小禱告所。岩石圓頂是三個建築當中最讓人眩目的，它在現代更獲得了代表性的地位，象徵不分國界的阿拉伯友愛之情，它的圖樣，在整個穆斯林世界以及其他地方的小擺設、小飾品、明信片和廉價壁畫上都可以看得到，就跟自由女神像和艾菲爾鐵塔一樣馬上就能認出來。這棟建築上方的圓頂是一個渾圓鍍金的半圓球體，最高點有二十五公尺高，太陽直射時會閃閃發光，因此旅人在耶路撒冷數英里外的道路上穿過猶太山（Judean hills）時，都能看見它。[31] 聖殿裡的那顆黃色石灰岩，是這座聖殿被建造來要供奉的物品，因為那是穆罕默德在六二一年，於天使吉卜利勒的陪同之下升天參觀天堂的地點。聖殿內部有長達兩百四十公尺的虔誠馬賽克銘刻和《可蘭經》經文，以七世紀所流行的阿拉伯文書寫字體「庫法體」（Kufic）[⑬] 寫成。然而，從這座聖殿的馬賽克畫和裝飾主題中，可以看出拜占庭藝術風格的影響，銘文也有提到「瑪利亞之子耶穌」，語氣充滿敬意，但也有提醒讀者他不應該被當成真主之子。岩石圓頂常被誤以為是一座清真寺，但其實不是。可以確定的是，這個怪異又神祕的建築，充滿了七世紀耶路撒冷所盛行的各種互相競爭的文化潮流的痕跡。

我們今天觀看岩石圓頂時看到的東西，雖然幾乎全是十六世紀的鄂圖曼裝飾和二十世紀後半葉的修復作業兩者的結合，但其本質依然是奧米雅

---

⑬ 作者註：以本章前面提過的位於伊拉克的重要駐軍城鎮庫法為名。

王朝的哈里發阿卜杜勒・麥立克（Abd al-Malik）在六九〇年代派人建造的那個堅固建築。[32] 興建這座聖殿的費用，據說是埃及行省年收入的七倍。但這並不是不經思考地浪費錢而已。在這樣一個宏偉的建造工程中所砸下的金錢、裝潢這棟建築所投注的心思和工藝技術，還有當初決定建造它的衝動，都是奧米雅王朝的有形標誌，述說了歷史上這重要的九十年間，是如何把伊斯蘭之家從一個戰爭機器轉變成一個發展成熟的中世紀帝國，且這個帝國在融合各種文化的要素時，卻又保留自己識別性極高的特色。

✳

第一次內戰以穆阿維亞的勝利畫下句點之後，哈里發的政權中心從麥地那和麥加這兩座聖城，移到了伊斯蘭敘利亞的首府大馬士革。這個實體上的遷移也讓心態上出現重要的轉變。在正統哈里發時期，烏瑪的至尊領袖在定義上除了是政治和軍事的總司令，也是在伊斯蘭教歷史上的心臟地帶所確立的宗教領導人。可是，奧米雅王朝的哈里發離開阿拉伯之後，這兩個角色就沒那麼容易結合在一起了。哈里發並不是馬上就喪失了宗教方面的尊貴地位，但他確實比以往更像個皇帝。

某種程度上，奧米雅王朝會接受帝權的概念，可說是同化的結果，因為在敘利亞，奧米雅跟拜占庭直接比鄰。奧米雅哈里發一旦跟古老的羅馬帝國當鄰居，自然會染上一層鮮明的羅馬宗教帝權色彩。可是，這個過程並不和平。奧米雅王朝在六六〇至七一〇年代之間太想要模仿拜占庭了，所以屢屢嘗試奪下整個拜占庭帝國。結果就是，近東地區和地中海南部發生範圍廣闊的戰爭，且持續超過一百年。阿拉伯率領的軍隊挺進馬格里布（Maghreb，今天的阿爾及利亞和摩洛哥），兩大勢力在北非經常起衝突。雙方在小亞細亞四周的海域打了一連串的戰役，巔峰時還讓君士坦丁堡被狠狠圍攻兩次。說這些戰役是為了征服世界而打也不為過，因為奧米雅想替伊斯蘭教爭取的，可是西半球最偉大的城市、拜占庭跳動的心臟。這些衝突的結局，將形塑接下來數百年東歐和巴爾幹半島各地的地緣政治。

穆阿維亞在六七〇年代初期對君士坦丁堡發動了第一次正面攻擊。此時，距離船桅之戰已有二十年，已經從將軍晉升為哈里發的穆阿維亞就跟當年一樣，決心證明阿拉伯的船艦可以敵得過以敏捷和危險著稱的希臘船隻。於是，他便年復一年派遣船艦（船員時常是在穆斯林指揮官手下作戰的基督徒水手），攻擊愛琴海的島嶼和港口，威嚇拜占庭首都附近的海路，他甚至在跟君士坦丁堡相隔一個馬摩拉海（Sea of Marmara）的基齊庫斯（Cyzicus）設立指揮中心。根據希臘編年史家狄奧法內斯（Theophanes）的記載，他們利用這個基地「每天從早到晚發動軍事攻擊」，一點一點地持續破壞拜占庭的防禦。[33]

接著，在六七七年秋天，他們展開全面攻擊。

這次交戰猶如史詩般壯烈。拜占庭帝國雖然已不如過去那個所向無敵的羅馬帝國，但在六七〇年代，他們有一個祕密武器。替皇帝君士坦丁四世（Constantine IV）工作的軍事技師，在來自敘利亞南部的科學家加利尼科斯（Kallinikos）的領導下，發明了一種以油為基底製作而成的致命液態燃燒劑，稱作羅馬火、海洋火、人造火或（最出名的）希臘火。[34] 在設備特殊的拜占庭火船的船首上會有一個噴射裝置，這個裝置跟火焰噴射器一樣，施壓時會噴出液態燃燒劑。這時，被這種可燃燒的液體沾到的一切，就會變成油膩膩的火球。希臘火可在空中燃燒、可在水上燃燒，只有用沙蓋住或用醋稀釋才能撲滅，且只要一次交戰，就能消滅整支艦隊。希臘火可以扭轉戰爭的局勢，是拜占庭得以嚴守將近五百年的軍事祕密，嚴守到製造和使用這種武器的方式最終還是失傳了。然而，它確實是中世紀戰爭最恐怖的產物之一，相當於一次世界大戰的毒氣、越戰的凝固汽油彈或是近期在敘利亞內戰中用來對付平民的白磷彈。希臘火的測試場地，就是對抗奧米雅王朝的戰爭。六七八年，皇帝將希臘火對準穆斯林的船隻，讓他們在桅杆冒煙、船帆起火的情況下，逃離君士坦丁堡的海上防禦設施。穆斯林在竄逃的過程中，在小亞細亞外海被強大的暴風雨打得潰不成軍，多達三萬人溺斃。狄奧法內斯寫到，艦隊「被粉碎，全數陣亡」。[35] 這是拜占

庭的勝利、戰爭史的重要時刻，也是穆斯林的恥辱。

六八○至六九二年間的第二次內戰，中斷了奧米雅跟拜占庭的角力，但那只是暫時的。一個世代後，蘇萊曼（Sulayman）哈里發在七一七年再度嘗試拿下君士坦丁堡，要做為送給穆斯林的大禮。蘇萊曼趁拜占庭帝國內部政治動盪不安時，派遣陸軍湧向這座城市傳說中面向陸地的高聳城牆。同時，一支重建好的穆斯林艦隊也再次下海試試運氣和技巧。在關於君士坦丁堡二度遭到圍攻的文獻裡，可以看到比第一次圍攻還要戲劇化的場景敘述。飢荒和疾病折磨著陸地上的阿拉伯軍隊。狄奧法內斯說：「他們把所有死掉的動物吃掉，也就是馬、驢和駱駝。聽說他們甚至把死人和自己發酵過的糞便放進烤箱烤來吃。」[36] 這比較有可能是捏造的毀謗，而非真實的報導。但是就算如此，當時的狀況顯然還是很糟。同一時間，當飢餓在陸地上肆虐時，希臘火則再次點亮海面。狄奧法內斯寫道：「火焰降落在【阿拉伯的船隻】，讓海水沸騰。隨著龍骨瓦解，他們的船艦連同船員一起沒入深海。」[37] 拜占庭的首都又再次得救了。

奧米雅再度差一點點就要殲滅拜占庭，卻又再度在君士坦丁堡門前被擊敗。七一七至七一八年間的攻城戰，非但沒有讓哈里發登堂入室，反而成功協助一位詭計多端的拜占庭將軍伊蘇里亞的利奧（Leo the Isaurian），罷黜了在位的皇帝狄奧多西三世（Theodosius III），自己坐上皇位。這次失敗讓奧米雅對小亞細亞的野心永久破滅，現在回頭來看，許多歷史學家都把這第二次失敗的圍攻看做西方歷史的轉捩點：這一刻，第一批挺進巴爾幹半島的伊斯蘭軍隊受到了阻止。之後，君士坦丁堡在中世紀結束以前一直都握在基督徒的手中，穆斯林唯一一次成功入侵古羅馬帝國的東歐疆域，是在十五和十六世紀鄂圖曼帝國進行征服活動時。[⑭] 假設奧米雅王朝當真攻下了拜占庭，歷史會有完全不一樣的結果，點綴中世紀歐洲天

---

⑭ 作者註：見第十五章。

際線的，將會是清真寺的叫拜樓（minaret），而非教堂的尖塔。七一七至七一八年間發生的歷史事件，時常被認為是這個世界最後沒有經歷這種命運的原因。這些事件是否真的影響那麼大，我們不得而知，但是無法否認的是，六七七至六七八年和七一七至七一八年這兩次圍攻君士坦丁堡失敗的經歷，確實決定了奧米雅王朝和近東穆斯林的發展。

✳

所以，在七世紀晚期和八世紀初期奧米雅哈里發統治的期間，伊斯蘭教並未擴張到小亞細亞和巴爾幹半島，而是朝東西兩個方向分支出去。得到波斯後，穆斯林大軍最終進入了今天的巴勒斯坦、阿富汗和「河中地區」（即中亞的烏茲別克、塔吉克、土庫曼和吉爾吉斯）。他們也前進到北非，最後在六九八年侵犯拜占庭的領土迦太基，終結了拜占庭對該地區的掌控。接著，他們繼續挺進阿爾及利亞，前往今天的摩洛哥，也就是歐洲大陸的西岸。七一一年，他們橫渡直布羅陀海峽，開始肆虐伊比利半島。伊斯蘭教來到今天的西班牙和葡萄牙之後，創造了數百年來被稱作安達魯斯（al-Andalus）的一塊領土。

根據塔巴里的記載，那位注定沒有好下場的哈里發奧斯曼曾經聲稱，要拿下君士坦丁堡唯一的方法，就是先掌控西班牙。[38] 但，這偉大的策略思維不太可能是奧米雅在七一一年決定入侵這個地方的原因。比較有可能的原因是，在北非殺出一條路之後，氣候溫和又肥沃的南歐，似乎比遼闊無情的撒哈拉沙漠更適合擴張。這個任務看起來也很簡單。古羅馬帝國的西班牙行省現在在西哥德人的手中，而西哥德人雖然在蠻族遷移時期非常成功，卻沒有躍升為地區強權之一。摩洛哥人已經好幾個世代航過海峽，打劫西哥德人的領土了。現在，奧米雅的戰爭機器有了摩洛哥士兵的加持，自然有理由相信自己會得到同樣的結果。

他們火力全開。在穆薩・努賽爾（Musa ibn Nusayr）這位精力充沛的將軍領導下，奧米雅的部隊不到三年就把西哥德人趕出西班牙了。一位自

稱莫扎拉布（Mozarabs）[15] 的編年史家，記下這起留下許多創傷的事件，說努賽爾「用熊熊火焰燒毀美麗的城市，把年長、有權勢的人綁在十字架上釘死，年輕人和嬰孩則用短劍刺死。」[39] 在七一一年瓜達萊特戰役（the battle of Guadalete）中，西哥德國王羅德里克（Roderic）被殺，王國在入侵者面前門戶大開。莫扎拉布編年史家哀嘆道：「就算把四肢都變成舌頭，人類的本質也使得我們永遠無法述說西班牙的毀滅，和發生在這整個地區的一切極度邪惡事蹟。」[40]

七一四年，西哥德人的最後一位國王阿爾多（Ardo）即位，開始統治這個領土只剩下貝濟耶（Béziers，今天的法國）到巴塞隆納（Barcelona）之間那一小塊地的可悲王國。他在王位上撐了七年左右，而當他在七二〇／七二一年去世時，西哥德人也完了。一個擁有三百年歷史的政體會如此迅速地衰亡，是因為這個政體本身太脆弱，還是因為穆斯林太難抵禦，仍尚有爭論，而且因為八世紀的編年史文獻寫得很簡略，所以這問題並不容易回答。但，可以確定的是，他們絕對不是唯一一個被阿拉伯人的劍擊倒的政體，他們的撤離也深刻改變了伊比利半島的歷史。

到了七二〇年代，奧米雅控制的版圖疆域，已是自從古羅馬帝國在五世紀滅亡以來，全世界最大的疆域版圖。他們也準備好好改造這一大片領土。最大的改變在語言和建築這兩個部分，而發揮最大影響力的兩個人，則是五世紀和六世紀的奧米雅哈里發阿卜杜勒・麥立克和他的兒子瓦利德（al-Walid）。

麥立克在第二次內戰期間當上哈里發，當時穆斯林世界的各個省都處於公開叛亂的狀態。因此，他的當務之急就是要在仍在擴張中的伊斯蘭世界各地，恢復奧米雅勢力的統一與安定。他使用的辦法，就是將這個「帝

---

[15] 作者註：莫扎拉布人是一個來自西班牙南部的基督教族群，他們雖然採納許多阿拉伯人的習俗，包括講阿拉伯語，卻沒有改宗伊斯蘭教，而是選擇繳納吉茲亞人頭稅，繼續透過基督崇敬上帝。他們有自己獨特的西班牙禮儀，中世紀羅馬教宗有時不會認同。

國化」的政府中央集權化，把行省總督的高位，指派給對他在大馬士革的宮廷有密切責任的人，包括能力極為優秀的哈查吉・優素福（al-Hajjaj ibn Yusuf）和弟弟阿卜杜勒・阿齊茲（Abd al-Aziz），因為哈查吉・優素福維繫了奧米雅在伊拉克的權威，阿卜杜勒・阿齊茲則在福斯塔特安穩地治理埃及。然而，除了指定適當的人選替他做事，麥立克也採取一些革命性的手段，要把奧米雅王朝的形象與掌權的事實深植在各地尋常百姓（包括虔誠的穆斯林和非穆斯林）的日常生活。

麥立克其中一個較為重要的改革，就是引入伊斯蘭的硬幣。最早前往阿拉伯以外的地區進行征服的穆斯林，很小心不去破壞當地寶貴的商業和貨幣制度。[41] 但到了六九〇年代，情況已經改變。麥立克下令，要求設在從拜占庭和波斯帝國搶來的省分的造幣廠，鑄造一系列的硬幣，並在設計中宣揚奧米雅帝國的特性。奧米雅政府控制的造幣廠開始生產一種稱作第納爾（dinar）的錢幣，取代從君士坦丁大帝以來，就在地中海流通的索里迪金幣。在第一批設計好的第納爾錢幣上頭，刻有哈里發以帝王之姿昂然挺立的圖像，顯示麥立克試圖要比君士坦丁堡的皇帝更像個皇帝。然而，到了六九七年，這樣的圖像被捨棄了，因為這跟穆罕默德禁止刻畫圖像的聖訓相左。現在，從造幣廠出爐的第納爾上面刻的是用庫法體印成的《可蘭經》經文或是其他神聖字句，讚美阿拉的名、頌揚祂的慈悲與同情。[42]

造幣除了可以達到商業貿易目的，向來也是政治宣傳的工具，而奧米雅的錢幣改革也不例外。穆斯林世界各地的舊金幣現在被大馬士革回收，要被改鑄成第納爾。這是純淨、虔誠的做法，符合《可蘭經》對錢幣抱持的立場：「測量時將分量量足，並使用對等的天平秤量。」[43] 同一時間（雖然沒有金幣這麼急迫），銀幣和銅幣（又稱為迪拉姆〔dirhams〕）也經過重新設計、鑄造與發行。銀幣在穆斯林世界各地都有鑄造，而金幣則被大馬士革嚴加管控。因此，迪拉姆的重量和形狀通常跟流通地區現有的硬幣一致。但，無論在哪裡，錢幣上的裝飾出現了相同的根本改變。過去那些不虔誠的國王肖像不見了，取而代之的，是宣揚穆罕默德啟示、簡練虔信的

阿拉伯文小語。不久，從西班牙太加斯河（river Tagus）河畔一直到亞洲內陸的印度河河邊，這些文字開始天天在商人和逛市場的人手中流傳。

這項改變並非獨立發生。當麥立克哈里發剛開始重鑄伊斯蘭的錢幣時，連受過教育的人，也大多不認識裝飾這些錢幣的文字。前面曾經說過，先前的哈里發在征服一個地方之後，不會去動那裡的貨幣制度。他們也不願強迫一般大眾信仰伊斯蘭教，因為他們比較喜歡跟不信教的人徵稅，並讓殖民者住在新成立的駐防城鎮，跟其他族群分開。結果就是，烏瑪雖然擴張到世界各地，卻沒有拓展得很深入。麥立克決定著手改變這件事。跟古往今來常見的做法一樣，他從中產階級下手。

在七〇〇年左右，麥立克下令奧米雅世界裡所有的公僕都只能使用一種語言：阿拉伯語。在哈里發統治的人口中，占絕大多數的非阿拉伯人，最常使用的語言是希臘語和波斯語。麥立克並沒有規定人民不能隨心所欲地說這兩種語言，但是他規定，在替他工作時，不能再說那些語言了。就這樣，那些得到抄寫員、中層管理者和政府官僚等鐵飯碗的基督徒、猶太人和祆教徒，面臨一個嚴峻的選擇。除非他們懂阿拉伯文，或是可以很快學會這種語言，否則就沒工作了。

這個簡單的行政改革，其實對伊斯蘭世界的歷史來說具有重大的文化重要性，因為這確保了伊斯蘭世界將永恆不滅，而不只是個短命的聯盟，或純粹由信仰一神論的薄弱菁英階級統治原本屬於羅馬和波斯的領土。我們在第一章就看到，全盛時期的羅馬帝國能夠把數百萬平方英里的領土統一起來，其中一個原因就是因為拉丁語是當時進行基本溝通和文化論述常用的語言。現在，麥立克讓阿拉伯語也走上類似的路。他在強迫奧米雅王國各地都要使用同一種官方語言的同時，也將這個語言轉變成一個全球化的語言。阿拉伯語成為跟拉丁語和希臘語一樣強大的通用語，不但對公僕來說很有用，對學者來說也是。在中世紀，阿拉伯學者編纂、翻譯、保存了數十萬份古典時期的文本，使得說阿拉伯語的伊斯蘭世界，繼承了希臘語和拉丁語世界的衣缽，變成西方最先進的知識和科學社會。若非麥立克

在六九〇年代決定強迫官僚使用阿拉伯語，前面的這一切都不可能發生。

還不僅如此。阿拉伯語不只是官僚和學者的工具而已。比方說，阿拉伯語跟拉丁語不同，是真主說話所用的語言，《可蘭經》是用阿拉伯語揭示給穆罕默德、並用阿拉伯語保存了下來；最早期的穆斯林是阿拉伯人，從定義上來說，他們說的是阿拉伯語；打從穆罕默德在六三〇年拿下麥加，從卡巴天房宣禮的時候開始，清真寺的宣禮聲就是用輕快有旋律的阿拉伯語所喊出。沒有最早的信徒所使用的那個語言，伊斯蘭教不可能存在。所以，當這個語言變成所有想跟這個國家互動的人必須使用的語言時，伊斯蘭教也漸漸成為人們必須信仰的宗教。從八世紀初開始，當阿拉伯語在被穆斯林控制的領土上普及之後，當地居民也逐漸改宗伊斯蘭教。直到二十一世紀的今天，這項轉變仍可在幾乎所有中世紀哈里發國曾統治的地區看到、感受到和聽到。[16]

七〇五年，麥立克去世了，由兒子瓦利德繼承哈里發。麥立克留下了一個裝滿第納爾新式金幣的財庫。他的中央化改革成功打造出可以有效匯入稅收、讓新征服活動中得到的戰利品順利送到大馬士革的金融系統。沒錯，政府的收入很多都被拿去供養龐大的常備軍和海軍，讓他們能順利往東、往西拓展伊斯蘭之家的疆界，或是到地中海暴風雨肆虐的海域，跟拜占庭的火船作戰。可是，就算花了這麼多錢，瓦利德的預算仍剩下不少，可以用來推動父親的政策——讓伊斯蘭深植在中世紀早期的世界。麥立克在六九〇年代建造耶路撒冷的岩石圓頂時，就已經指出一條兒子將來可以依循的道路，那就是興建帶有明確伊斯蘭風格的偽帝國紀念建築。瓦利德

---

[16] 作者註：伊朗是一個明顯的例外，因為那裡的波斯影響遠比麥立克和後來的奧米雅繼承者所希望的還要難以消除。中世紀早期，伊朗改宗伊斯蘭教的過程雖然十分漫長，當地居民卻仍死守波斯的語言和文化，因而創造出一個獨樹一幟的非阿拉伯伊斯蘭教形式，對周遭地區的伊斯蘭教發展產生極深的影響，包括今天的阿富汗、巴基斯坦、印度和土耳其。

接納這個想法，即位後馬上開始執行。他創造了一些過去兩千年以來最了不起的建築，而這些建築有很多在今天依然矗立，它們不只是歷史遺跡，而是至今仍被使用的活躍建築，讓穆斯林可以前來跟真主、跟彼此、跟自己中世紀的過去交流。

在這個偉大計畫的核心，有三座清真寺，分別位於奧米雅世界除了麥加以外最重要的三座城市。這三座清真寺就是大馬士革的大清真寺（Great Mosque）、耶路撒冷的阿克薩清真寺（al-Aqsa Mosque），和麥地那的先知清真寺（Prophet's Mosque）。其中，先知清真寺經過大幅整修、擴充和改造，此時容納了穆罕默德、阿布·巴克爾和歐瑪爾的墳墓。這三座龐大的宗教集會所，以不同的方式詮釋了穆斯林擴張史的關鍵階段，並同時展示了奧米雅哈里發的財富和帝王自信。大馬士革的大清真寺建於七〇六年，是今天這三座清真寺當中改變最少的，訪客至今仍可看出這個建築的平面圖、建造目的，和伊斯蘭世界獨特的裝飾風格在八世紀初是如何發展。這座清真寺的所在位址，最初是一座供奉哈達德（Hadad）和朱庇特（Jupiter）的異教神廟，後來變成敬奉施洗者約翰的基督教教堂，之後又被奧米雅王朝買下來拆毀。興建在這個神聖地點上的清真寺有一個凹壁，是目前已知的第一個米哈拉布（mihrab）。米哈拉布是清真寺裡指示麥加方位的牆壁裝置，也是今天世界各地每一座清真寺一定會有的獨特建築特色。不過，這裡所說的米哈拉布，是設在一座以馬賽克裝飾而成的建築裡，比起之後那些壯觀的清真寺，這樣的設計容易讓人聯想到拜占庭的雄偉教堂。大清真寺裡沒有任何人像，但有很多描繪屋宇、宮殿、祭祀場所、樹木、河流和草葉的精美圖像，同時暗示了人間與天堂，也點出此時的伊斯蘭藝術風格借用了大量當時的基督教傳統。[44]

然而，若要說大馬士革的大清真寺看起來很有異國風情又怪異，後世有許多偉大的清真寺其實也都吸收了在地風格，然後跟伊斯蘭獨特的元素融合在一起，例如：中世紀晚期鄂圖曼帝國興建的那些蓋滿華麗圓頂的精美清真寺，就讓人想起東正教教堂的長方形會堂；使用紅色砂岩建造的

清真寺（像是在蒙兀兒時期〔Mughal Empire〕，於今天巴基斯坦的拉哈爾〔Lahore〕興建的巴德夏希清真寺〔Badshahi Mosque〕），結合了印度和波斯風格；還有印尼雅加達那座一九八七年興建的超現代伊斯蒂克拉爾清真寺（Istiqlal Mosque），跟紐約的世貿中心、華盛頓的約翰·甘迺迪表演藝術中心和洛杉磯的論壇體育館一樣，是受到當時達到巔峰的新形式主義（New Formalism）影響。能擁有那樣的自信，創造出既迎合伊斯蘭教獨一無二且刻意排他的特性、又願意大方挪用周遭環境風格元素的清真寺，都要歸功於奧米雅時期，尤其是瓦利德的哈里發政權。

瓦利德在七一五年過世時，奧米雅正值權力頂峰。征服西哥德人占據的西班牙的活動進行得很順利；宏偉的祭祀場所已經建好了；伊斯蘭國各地在進行大規模的公共建設，興建新的道路和運河，在城市設置街燈，在鄉村建設灌溉溝渠；阿拉伯語已經被制定為宗教、商業和行政所使用的語言。伊斯蘭教想深入中世紀世界各地數百萬人民生活中的基礎，已經打好了。第一次圍攻君士坦丁堡叫人惱恨的失敗，已經是快速消失在眼前的過去式，而七一七至七一八年第二次圍攻則還在尚未實現的未來。這些都是非常厲害的成就，會影響好幾百年。但，它們對奧米雅的影響就沒那麼深遠了，因為這個王朝將在三十五年內滅亡，伊斯蘭國也將達到領土擴張的極限。現在，讓阿拉伯征服的故事畫上句點之前，我們必須先看看奧米雅王朝的終點。

黑旗升起

七三二年，穆罕默德去世整整一百年後，奧米雅戰士翻越庇里牛斯山，侵犯法蘭克人的土地。他們在亞奎丹公國境內摧毀宮殿、搶劫教堂；在加龍河（river Garonne）的河畔擊潰一支法蘭克軍隊；大肆劫掠，帶走「男女奴隸、七百個最棒的少女，還有閹人、馬匹、醫藥、金銀財寶和花瓶。」[45]

翻越這座山脈的穆斯林已下定決心要來一場漫長的征途。他們的領袖阿卜杜勒·拉赫曼（Abd al-Rahman）已經瞄準圖爾（Tours）郊外一座宏偉的教堂，就位於法蘭克人墨洛溫王朝（Merovingian dynasty）的領土內，距離邊界約莫七百五十公里。這座教堂供奉了死去已久的基督教英雄聖馬爾定（St Martin）的墳墓，因此教堂以他的名字命名。聖馬爾定生活在四世紀，為了成為「基督的戰士」而離開羅馬軍隊，之後先後施展了替狂牛驅魔和讓皇帝瓦倫提尼安一世的屁股著火等奇蹟。[46] 此時，他的披風被尊崇為聖物，他的神龕變成基督徒敬拜的地點，這座教堂自然存放了許多可移動的寶物。[47]

然而，拉赫曼還沒到這座教堂，就先碰上了麻煩。這個麻煩就叫作查理·馬特（Charles Martel）。

馬特雖然不算是國王，卻是法蘭克王國的顯貴之一。我們很快就會講到，有一天他將會被視為加洛林王朝（Carolingian dynasty）的創建者，而加洛林王朝將會產出矮子丕平（Pippin the Short）和查理曼（Charlemagne）等優秀的統治者。不過，在七三二年奧米雅逼近時，查理·馬特的頭銜是相當於首相官職的奧斯特拉西亞（Austrasia）宮相（Mayor of the Palace）[⑰]。馬特其實是他的綽號，意思是「鐵錘」[⑱]。一個跟他年代相近的人說他是「威武的戰士」，把「大膽當成他的顧問」。[48] 在十月某個星期天，他集結了一支軍隊要捍衛圖爾，保護法蘭克人的南部領土不被外族征服。

馬特從亞奎丹公爵那裡聽說了阿拉伯人做的好事，便動身啟程，最後在連接圖爾和普瓦捷（Poitiers）的道路上找到拉赫曼。過了沒有任何行動

---

⑰ 作者註：墨洛溫王朝統治的法蘭克王國（大致等同於羅馬的高盧行省）可以分成三個主要區域：紐斯特里亞、奧斯特拉西亞和勃艮第。還有其他許多領土也跟這個王國有牽連，像是亞奎丹公國。要了解更多，請見第五章。

⑱ 編按：因此他又以「鐵鎚查理」聞名。

和作為的七天之後，他率先出擊。戰鬥爆發後，馬特整了隊，下令士兵排列成一道盾牌牆，像冰河一樣不動如山、堅不可摧，集合起來「用他們的劍大力砍倒阿拉伯人。奧斯特拉西亞的人民圍繞著首領形成一支兵團，把所有的武器舉在胸前。」[49]那些回顧查理‧馬特勝利事蹟的編年史家說，這位宮相殺死的穆斯林戰士介於三十萬到三十七萬五千人，包括阿卜杜勒‧拉赫曼本人，而法蘭克人只折損一千五百人。不過，這當然跟大部分的中世紀文獻一樣，在估算軍隊規模和死傷人數時，結合了一廂情願、誇大不實和虛張聲勢。

圖爾之戰（又稱普瓦捷之戰）對當代人來說耳熟能詳，並被西方作家稱頌了一千年以上。這場戰役結束不到三年，當中的重點細節和模範道德教訓就被許多作家固定下來，包括著有《英吉利教會史》（*Ecclesiastical History of the English People*）的比德（Bede）。比德在七三五年五月離世前不久，在英格蘭的雅羅（Jarrow）完成了這本著作，他在書中寫道：「一場可怕的撒拉森人瘟疫肆虐法蘭西，帶來悽慘的大屠殺，但是他們來到這個國度沒多久，就得到邪惡之人該有的懲罰了。」[50]無論是在中世紀或今天，都有很多人效法比德的邏輯思維：在六百多年之後的十三世紀，法蘭西神權達到顛峰之時，聖但尼（St-Denis）的編年史家便認為查理‧馬特拯救了「聖馬爾定的教堂、那座城市和整個國家」，免於受到「基督教信仰的敵人」征服；愛德華‧吉朋在一七七六到一七八九年間撰寫《羅馬帝國興亡史》（*Decline and Fall of the Roman Empire*）時，則認為拉赫曼戰敗，讓整個歐洲免於遭到伊斯蘭化的命運，也阻止了以下這個不同的歷史版本實現：阿拉伯人征服的範圍抵達波蘭和蘇格蘭高地，「牛津的學校在教的是怎麼解釋《可蘭經》，講道壇上向一群行過割禮的人闡述的則是穆罕默德神聖且真實的啟示。」[51]兩百年後的一九七〇年代，右翼恐怖組織查理‧馬特團體在法國成立，希望透過一連串的炸彈攻擊事件，不讓阿爾及利亞人遷移到法國；在二十一世紀的美國，一個稱作查理‧馬特協會的組織集結白人國家主義者，發行一個公然提倡種族歧視的期刊，讓一些撰寫有關優生

學和種族隔離的偽學術文章有發聲的平台。[52] 所以，就連今天，馬特的勝利仍被視為歷史的轉折點，是一場改變世界的戰役，是穆罕默德死後一百年間那看似無法阻擋的阿拉伯征服活動，被成功攔下的一刻。

不過，誠如我們先前說的，這種解讀歷史的方式當然是太過簡易了。首先，我們無法完全確定拉赫曼是不是想征服法蘭克王國。到了七三〇年代，庇里牛斯山和隆河（river Rhône）之間最有用的地中海港口，都已落入穆斯林手中，他們利用往常徵收吉茲亞的方式，並適時配合殺雞儆猴的手段（偶爾會有主教在自己的教堂裡遭到活埋的情事，西哥德人的西班牙也流傳著柏柏人〔Berber〕士兵把冥頑不靈的基督徒燙來吃的謠言），讓這些地方安定下來。圖爾及其周遭地區是很不錯的劫掠場域，但是我們無法確定在七三〇年代時，這裡是否被穆斯林放入全面征服的口袋名單。

此外，跟圖爾之戰相比，先前的另外兩次戰敗經歷，更可以說是伊斯蘭國擴張過程中的歷史轉捩點。第一次失敗是前面提過的七一七至七一八年君士坦丁堡圍攻，而第二次則是同樣發生在七一七年撥換城之戰（the battle of Aksu），這是一場由阿拉伯人率領，並由土耳其裔和西藏裔士兵加持的軍隊，在今天的中國新疆地區被唐朝軍隊給殲滅的戰爭。撥換城之戰讓穆斯林往東拓展的速度慢了下來，到了七五〇年代，伊斯蘭國和中國唐朝在中亞的界線已確立，兩股勢力共同控制絲路貿易路線。八世紀中葉，伊斯蘭國的征服活動不僅在歐洲，也在世界上其他地方達到了地理極限。查理·馬特在七三二年打了勝仗這件事，不過是這個廣大過程當中的一小部分。

事實上，西歐的中世紀前途和伊斯蘭教在這個地區的地位得以確定下來，所仰賴的最重大事件，是發生在七四七年六月至七五〇年八月之間，奧米雅王朝在大馬士革遭到推翻。這場革命的起因和進程十分複雜，但簡單來說，就是哈里發國內部各個不同的反對團體（包括什葉派和所謂的「毛拉」〔mawali〕，也就是那些沒有辦法得到烏瑪許多法律特權的

非阿拉伯裔穆斯林改宗者），在一個名叫阿布・呼羅珊尼（Abu Muslim al-Khorasani）的領袖手下聯合起來，共同接受這位來自波斯東部的神祕人物所領導。他們先在梅爾夫這座東部城市發動地區性叛亂，接著將全面革命的精神散播到整個伊斯蘭國，引爆第三次內戰，最後在七五〇年一月的扎卜河戰役（the battle of Zab，位於伊拉克）擊敗哈里發馬爾萬二世（Marwan II），結束內戰。三個月後，大馬士革淪陷，而在那之後，王朝倖存的成員也一一被獵殺。馬爾萬二世逃到埃及後被殺，哈里發的位子由一個名叫阿布・阿拔斯・薩法赫（Abu al-Abbas al-Saffah，「薩法赫」這個稱號的意思是「濺血者」）的約旦籍阿拉伯人坐走。於是，薩法赫創建了一個新的王朝——阿拔斯王朝，他們自稱是穆罕默德的叔叔阿拔斯（al-Abbas）的後代，並以純黑旗幟為標誌。[19]

阿拔斯王朝全面改變了從奧米雅王朝手中奪去的伊斯蘭國，將首都從大馬士革遷到東邊八百公里外的一座伊拉克新城市巴格達（Baghdad），又把政治和法律權力移交給哈里發國各地的當地統治者，即所謂的「埃米爾」（emirs）。阿拔斯王朝也努力地讓非阿拉伯裔的穆斯林融入烏瑪，讓他們獲得大略平等的地位。因此，阿拔斯王朝是伊斯蘭世界出現政治分裂的一個時期，不但使得埃米爾逐漸脫離哈里發並取得愈來愈大的獨立性，還出現遜尼派和什葉派的聯盟，以及敵對王朝：埃及的法蒂瑪王朝（Fatimid dynasty）、位於今天摩洛哥的穆拉比特王朝（Almoravid dynasty）和穆瓦希德王朝（Almohad dynasty）。哈里發再也無法像正統哈里發和奧米雅哈里發的全盛時期那樣，在那麼龐大的疆域發揮相同的政治和宗教力量。話雖如此，阿拔斯時代（一直延續到一二五八年被蒙古人毀滅為止[20]）之後

---

[19] 作者註：這面純黑旗幟在今天帶有不祥的含意，因為伊斯蘭國（人稱ISIS、ISIL或達伊沙）的領導人阿布・巴格達迪（Abu Bakr al-Baghdadi）所創建的「哈里發國」也沿用了這面旗幟。這個伊斯蘭國是一個基本教義派的伊斯蘭教團體，從蓋達組織衍生出來，在二〇一三至二〇一九年間以殘酷的手段控制了敘利亞和伊拉克的大面積地區。

[20] 作者註：見第九章。

將被稱作伊斯蘭教的黃金時期,因為在這段期間,藝術、建築、詩詞、哲學、醫學和科學都蓬勃發展。阿拔斯王朝在八世紀時,從唐朝竊取造紙技術,然後又在十三世紀從宋朝那裡學到製造火藥的配方。他們成立了龐大的圖書館(例如巴格達的智慧宮〔House of Wisdom〕),在裡面翻譯、抄寫、研讀數百萬頁的書冊,以便造福社會。若沒有像智慧宮那樣位於世界另一頭的伊斯蘭機構,把這些古典知識和技術保留下來,中世紀晚期的歐洲文藝復興時期的很多進步成就,就不可能實現。

然而,阿拔斯時代也是穆斯林世界的重鎮跟它的首都一樣移向東方的時期。現在,哈里發無論在地理位置或文化方面,都已脫離形成前兩個哈里發時期的核心地帶:舊羅馬領土和阿拉伯半島。因此,伊斯蘭之家的任何發展對西方世界造成的影響已不再那麼直接。中世紀最偉大、最歷久不衰的故事之一,就是伊斯蘭教的東方世界和基督教的西方世界之間,對彼此愈來愈不了解、敵意愈來愈深。這個特點對我們現在正在描述的那段時期的人來說,恐怕很難理解,因為奧米雅王朝除了近東和中東地區,其實也直接參與了地中海西部的事務。今天,世界各地的各個極右和極端主義派系,最喜歡使用這個假定的文明分裂來做比喻——而這種比喻,這至少有一部分是源自八世紀發生的那些事件。

然而,話雖如此,我們也應該要記得,奧米雅王朝雖然在七五○年被推翻了,奧米雅王朝的人事實上還繼續活著,而他們留下的影響在今天西方世界的某個地區最能被感受到:那就是在七一一至七一四年,被瓦利德迅速征服的西班牙和葡萄牙南半部。在阿拔斯革命的混亂局勢中,前哈里發阿卜杜勒・麥立克的一個孫子逃離大馬士革,隨後被想把他加入奧米雅死亡名單的殺手猛烈追殺。成功逃過他們魔掌後,他四處遊蕩了六年,在

㉑ 作者註:這現在是一座天主教的教堂。二十一世紀時,西班牙的穆斯林曾向政府遊說,希望得到在那裡禱告的權利,可是並沒有成功。

神不知鬼不覺的情況下完成一趟穿越北非的漫長旅程，最後抵達西班牙南部，在那裡宣稱自己當上了哈里發，然後在極其酷熱的哥多華（西班牙最熱的地方，氣溫跟阿拉伯的滾沸高溫有得比）建立一個獨立的首都。在接下來的二十年，他漸漸把穆斯林的領土轉移到伊比利半島這個後來稱作哥多華酋長國（the Emirate of Cordoba）的地區。

就像巴格達和易弗里基葉省（Ifriqiya，昔日的迦太基）的凱魯萬（在十世紀初之前都是阿拔斯政權的領土）一樣，哥多華在中世紀也因學習風氣茂盛和文化極為多元而獲得響亮的名聲。哥多華的人口成長到四十萬左右，在規模上輕輕鬆鬆就能和君士坦丁堡、甚至是羅馬古城媲美。這座城市的宗教生活以哥多華的大清真寺為中心。[21] 這座清真寺的規模，可與奧米雅王朝在大馬士革建造的那塊珍寶媲美，哥多華的大清真寺結合了羅馬人的石製工藝和摩爾人的裝飾風格，建造費用則是來自征服西哥德人和劫掠鄰近法蘭克人領土所得到的戰利品。

大約在九○○至一○○○年這一百年間，哥多華和奧米雅餘黨建立的這個酋長國，絕對可以稱得上是西歐最進步、最先進的地方，而且那個時代留下的豐富遺產，至今仍深植在西班牙和葡萄牙南部的文化之中，光從這個地區的一些地名，就能明顯看出阿拉伯的影響，如里斯本（源自阿拉伯語的al-Usbuna）、直布羅陀（Jabal Tariq）、馬拉加（Malaqa）、伊微沙（Yabisa）和亞利坎提（al-Laqant）等，都跟伊比利半島其他許多知名的城鎮和觀光景點一樣，帶有濃厚的阿拉伯風情。位於格拉納達（Granada）的華麗宮殿阿爾罕布拉宮（palace of Alhambra）最為出名，但位於賽維利亞、西班牙皇室至今仍在使用的阿爾卡薩爾宮（palace of Alcazar）也有阿拉伯的源頭，此宮建造在中世紀晚期穆斯林統治者的一座堡壘地基之上。此外，位於哈恩（Jaén）的阿拉伯浴場則暗示我們，伊斯蘭政權統治下的

㉒ 作者註：見第十五章。

西班牙也有高度發展、芳香無比的庶民文化，跟過去被羅馬帝國統治的西班牙行省有得比。

在整個中世紀期間，西班牙都有穆斯林的蹤跡。雖然從十一世紀以降，西方十字軍發起的「收復失地運動」（Reconquista）讓伊斯蘭在這個地方的勢力開始逐漸剝離，但是最後一位穆斯林埃米爾也是到一四九二年一月才被迫離開內陸，到摩洛哥度過流浪他方的餘生。[22] 這就表示，至少有一部分的伊比利半島有超過七百年跟伊斯蘭之家擁有正式的連結，而這段漫長的關係到了現代，依然是西班牙國家與文化史當中一個活躍、有時甚至致命的環節。不是所有人都為此感到開心，畢竟在今天堅定信仰天主教的西班牙，難免有不少人會對它的伊斯蘭遺產感到不舒服。

中世紀的西班牙穆斯林統治者並非人人都是受到啟蒙的知識分子，且致力建造圖書館和公共浴場。例如，柏柏人建立的穆拉比特王朝和穆瓦希德王朝在十一到十三世紀控制了安達魯斯，而這些人就是一群嚴厲的宗教狂熱者，經常使用暴力壓迫、迫害非穆斯林的百姓。在西班牙的政治論述中，總是看得出大眾對摩爾人（也就是西班牙的穆斯林，人們相信他們真正效忠的對象是北非）具有某種程度的偏見和懷疑。二十世紀時，法蘭西斯科・佛朗哥將軍（Francisco Franco）率領國民軍在摩洛哥發動西班牙內戰時，同一陣線的有數以萬計的北非穆斯林士兵，時常喚起人們對中世紀模模糊糊的記憶。這一切都造成一個複雜棘手的局面。歷史仍持續在我們周遭盤旋，形塑我們的態度、信念、偏見和世界觀。七世紀在漢志地區的山洞裡所揭示的真主的話也是，即使在這個智慧型手機和自駕車的時代，依舊影響著無數男女的日常生活。

Part

2

主權國家

· 約750～1215年 ·

⑤ 法蘭克人

「噢，那些鐵！唉，那些鐵！」
——倫巴底人看見法蘭克軍隊時發出的絕望呼喊

七五一年下半年 ①，希爾德里克三世（Childeric III）剪了一次成本高昂的髮。法蘭克人是蠻族遷移造成西羅馬帝國垮台後，開始在以前的羅馬高盧行省進行統治的一支民族，而希爾德里克三世當國王當了十一年了，雖然在位期間從未行使過實質權力，還被一個編年史家說他唯一的功能就是「坐在王位上……滿足於國王的名號和統治的外表」，但他仍然是握有君王威嚴的男人。為了展現這一點，他遵循墨洛溫王朝歷史悠久的傳統，把頭髮和鬍子盡可能地留得愈長愈好。[1] 墨洛溫王朝的君主因為偏好這種亂糟糟的髮型，而有「長髮國王」的稱呼。這不只是個正字標記或隨便取的綽號而已，頭髮是他們權力的重要象徵。就像《舊約聖經》裡的參孫（Samson），墨洛溫王朝的國王如果被理平頭，就會被視為喪失所有的權力。因此，希爾德里克三世在七五一年並不是單純換了造型而已，而是被罷黜王位。他的王國當時正處於水深火熱的革命，而這起剪頭髮事件是革命達到最高點的象徵。這位老國王遭到剃髮後，被終身軟禁在聖奧梅爾（Saint-Omer）的一間修道院，位於法蘭克王國的極北邊，離海不遠。取

---

① 作者註：或者是七五二年的春天。關於這起事件之所以很難定年的簡要原因，請見：Costambys, Marios, Innes, Matthew and MacLean, Simon, *The Carolingian World* (Cambridge: 2011), pp. 31–4。

代他坐上王位的，就是下令將他剃髮的那個男人：一個名叫矮子丕平的戰士政治家。

　　根據某位編年史家的記載，丕平是「全法蘭克人選擇的國王，得到主教的祝聖，受到許多了不起的人效忠。」[2] 這段評價是記錄在法蘭克王國的王室編年史裡，出資完成編年史的正是丕平和他的後代，因此書中自然把他們描繪得很美好，極盡恭維之能事。就算如此，七五一年仍是奠定歐洲歷史的一個重要時間點，因為法蘭克王國此時進入了加洛林時代。會取名為加洛林王朝，是為了紀念他們的大家長，也就是丕平的父親、在圖爾之戰粉碎奧米雅穆斯林的查理・馬特（拉丁語為Carolus Martellus）。這個王朝產出不只一個名叫查理的著名國王，包括禿頭查理（Charles the Bald）、胖子查理（Charles the Fat）和坦率查理（Charles the Simple）。可是，所有的查理當中最顯赫的是查理曼。在長達四十年的統治期間，查理曼把我們今天所知的法國、德國、義大利北部、比利時、盧森堡和荷蘭全部團結起來，形成了一個歐洲超級大國。八〇〇年，教宗賜予了這個歐洲聯盟帝國的地位，而帝國得以法蘭克化、神聖化並具有軍事強國的屬性，則是由查理曼塑造，也因此在日後，他將被視為跟英格蘭傳奇的亞瑟王一樣充滿英雄氣慨、一樣偉大的人物。[3] 查理曼是整個中世紀最強大、最具影響力的統治者之一，他為歐洲帶來的影響，從在位時就一直能被強烈感受到（以及聽聞）。[4] 他的拉丁文名字Carolus演變成許多現代歐洲語言的單字，意思是「國王」，例如波蘭語的król、保加利亞語的kral、捷克語的král以及匈牙利語的király。[5] 他的政治成就也一樣影響深遠。要將萊茵河兩岸的土地，聯合成一個以現今的法國和德國為中心的超級大國，得耗費很大的努力。查理曼大部分的後繼者都無法讓這些地區保持統一。從那時候開始，這就一直是大部分政治家做不到的事情。②

───────────

② 作者註：在書寫這段文字的當下，歐盟可能是唯一的例外。

但，查理曼雖然這麼偉大，他的帝國版圖雖然這麼遼闊，加洛林王朝的法蘭克人卻不是這個時期唯一一個出類拔萃的強權。八世紀以降，來自北歐的異教徒探險家、商人和殺手所組成的活躍團體也開始走跳，今天我們統稱維京人（Vikings）。無可避免地，法蘭克人和維京人在北歐和西歐的同一個區域爭奪資源和權力時，除了互相合作，也會發生衝突。到最後，在一個跟核融合有得比的過程中，雙方衝突白熱化，催生了另一個之後將在中世紀歷史扮演重要角色的族群。他們就是諾曼人，將在本書的第二部分登場。

墨洛溫和加洛林王朝

我們在第二章初次遇到法蘭克人時，他們是由至少五、六個日耳曼戰團組成的同盟，在大遷移時代衝過萊茵河，到羅馬的高盧行省四處肆虐，然後聯合成單一團體，把羅馬帝國僅剩的一點點領土漸漸搶過來後，定居在當地。因此，三世紀的羅馬作家將法蘭克人視為一般的流浪蠻族。然而，在中間的這幾百年，法蘭克人崛起了，他們的吟遊詩人和抄寫員也想出一個偉大的起源神話。根據法蘭克人的說法，他們在銅器時代就已經定居歐洲，他們的祖先是一群戰士，在特洛伊戰爭結束後，遊蕩到西方。[6] 不管事實為何，從四六〇年起，他們便成了一支不容小覷的力量。定居在萊茵河以西之後，他們開始滋擾周遭地區，尤以侵擾西哥德人和勃艮第人的土地為甚，因此到了七世紀，他們已經占據今天法國所有的領土，只有布列塔尼半島（Breton peninsula），以及亞爾（Arles）到佩皮尼昂（Perpignan）之間的沿海地區例外（位於今天朗格多克－魯西永〔Languedoc-Roussillon〕的一個氣候宜人的海濱地帶）。法蘭克人也有跟遠至巴伐利亞、圖林根（Thuringia）和一部分的薩克森（Saxony）等萊茵河以東的日耳曼部族收取貢品。這些擴張活動很多都發生在墨洛溫王朝那些長髮國王統治的兩百五十年間。③

墨洛溫王朝的第一個國王也叫希爾德里克，只是他是希爾德里克一世（Childeric I）。我們對他了解並不多，只知道他在四○○年代中期運用軍事天賦，在羅亞爾河以北的地區找到了一大群追隨者。他跟西哥德人和薩克森人打仗，最後死於四八一年，跟金銀財寶一起葬在圖爾奈（Tournai）。希爾德里克一世的墳墓在十七世紀被挖掘出來[4]，裡面放了許多金幣銀幣、一把裝飾華麗、有著金柄的寶劍、許多黃金小玩意、數百個美麗的裝飾金蜜蜂、一只刻有「希爾德里克王」字樣的儀式圖章戒指、一支矛、一把斧、一面殘缺的盾牌以及至少兩副人骨。這座墳位於一個大型的法蘭克墓園中央，裡面葬了許多戰士、女性和昂貴的戰馬（可能在菁英階級的喪葬儀式中被當作祭品）。[7] 這些墳墓曾經共同形成一個壯觀的墓地，圍繞著一座方圓王室墳塚而建，其規模大到數英里外都看得到。希爾德里克一世的墳墓告訴了我們，法蘭克人不只是四處遊蕩的軍事霸主而已。早在五世紀晚期，他們的統治者就擁有身為國王會有的一切，並把自己視為一大塊土地的統領，周圍騎馬多日所能到達的地方，都是其管轄的範圍。

　　墨洛溫王朝在五和六世紀達到權力顛峰。希爾德里克一世逝世後，來了一個偉大的國王，名叫克洛維（Clovis），他把法蘭克各部族聯合組成一個連貫的政治與文化單位。他的妻子克洛蒂爾德（Clothilde）[5] 是一位勃艮第公主，讓他從多神教改宗基督教。四八六年，他在蘇瓦松之役（the

---

③ 作者註：墨洛溫王朝有自己的一個充滿想像力的創始故事，聲稱是一個被「奎諾陶」（一隻長得像巨型海象的奇幻怪物）強暴的王后的後代。編年史家弗雷德加（Fredegar）把這隻怪物形容成「海神之怪」。

④ 作者註：一名又聾又啞的石匠在一間中世紀教堂附近的建築工地工作時，意外挖到希爾德里克一世的墳墓。遺憾的是，他那些壯觀的陪葬品現在大部分都遺失了。十九世紀時，這批寶藏在巴黎被偷，那一堆黃金也被熔化了。

⑤ 作者註：現在被封為聖克洛蒂爾德（St Clothild），是新娘和被領養的小孩的主保聖人。十世紀的本篤會（Benedictine）修道院院長蒙蒂耶恩德的阿德索（Adso of Montier-en-Der）曾著有克洛蒂爾德的聖徒傳，不過他那部有關反基督本質的權威性著作更有名。

battle of Soissons）終結了羅馬對過去這個行省殘餘的興趣；五〇七年，他在武伊勒之役（the battle of Vouillé）中擊敗占據伊比利半島的西哥德人，終止他們在高盧西南部亞奎丹地區的勢力。因此，克洛維讓後來所有的法蘭克君主都感覺到，墨洛溫王朝有權利統治低地國到庇里牛斯山之間的整片土地。此外，他還授權制定了「薩利克法」（Salic law，或稱作薩利法蘭克人之法〔Laws of the Salian Franks〕），並在五〇七到五一一年之間頒布了這份法律文本。「薩利克法」是整個中世紀早期法蘭克法律的核心，即便到八百年後的十四世紀發生的王位繼承糾紛中，該法仍被引用。[8] 在克洛維的統治下，法蘭克人開始形成真正的集體身分認同，之後又演變成法國的國族意識。因此，他常被形容成第一個真正的法國人。

但是，在克洛維之後，墨洛溫法蘭克人的顯赫名聲卻開始跟他們的政治權力呈反比。克洛維在五一一年去世前，把法蘭克王國的統治權分給了四個兒子。分權雖然是為了讓法蘭克王國的每一個主要區塊都能有強而有力的領導，卻更常導致王國不團結。因此，墨洛溫王朝雖然統治法蘭克人統治了兩百五十年，克洛維的後代卻幾乎沒有人比得上他的非凡成就。從七世紀後期開始，政治無能甚至變成他們的招牌，這些軟弱的墨洛溫國王被人取笑是「無為王」。在法蘭克王國的每一個主要大區（奧斯特拉西亞、紐斯特里亞〔Neustria〕、亞奎丹、普羅旺斯〔Provence〕和勃艮第）裡，王權漸漸地轉移到宮相這個官職手中。宮相會率領軍隊、掌控軍事政策和戰略，也會調解糾紛、執行外交任務。他們介於權貴和首相之間，握有數個世代以來從國王那裡落入他們手中的全面政治權威，使得國王戴的是虛有其表的王冠。根據編年史家艾因哈德（Einhard）所說，典型的無為王「會聽來自任何地方的大使呈報，然後等他們要離開時，給予他們別人指導他或命令他應該要說的回覆。除了國王的虛名和微薄的薪餉……他就只有一個莊園和一點點收入，其他什麼也沒有……當他需要外出時，他就坐上一輛被套了軛的牛拉著的貨車，像在鄉下一樣被牧牛的人領路。」[9]

八世紀前半葉，查理・馬特當上法蘭克王國的一個宮相，最後把自己

晉升成全面徹底、受到公認的國王。在馬特漫長的一生中，他掌握了紐斯特里亞和奧斯特拉西亞的政治實權，接著又把法蘭克王國其他所有的地區控制住，成為「法蘭克人的公爵和親王」。編年史家艾因哈德寫到馬特的成就時崇拜地說，他「精彩地卸下官職……推翻統治整個法蘭克的暴君，然後……完全擊敗撒拉森人【即奧米雅王朝】。」[10] 相形之下，王權被馬特奪走的墨洛溫國王提烏德里克四世（Theuderic IV）是極為典型的無為王。他在整個十六年在位期間，都被馬特關在修道院裡軟禁。七三七年，這位軟腳蝦君主死了。馬特並沒有取而代之，而是用自己的方法行使半國王的權力。因此，墨洛溫王朝嚴格上有好幾年是沒國王的。這並不是墨洛溫王朝的終點，但是確實大大加速了他們的衰亡。七四三年，查理・馬特過世後，他的兒子和親屬針對他所留下來和他們可以繼承的東西吵鬧不休，於是不幸的希爾德里克三世便被安插為提烏德里克四世的繼任者。但，誠如我們前面看到的，希爾德里克三世最後變成墨洛溫王朝的最後一任國王。七五一年，馬特的兒子矮子丕平下令剪掉他的頭髮。

就這樣，這個王朝瓦解了。

對矮子丕平來說，從宮相晉升為國王的這一步並不順暢。他遇到了兩個問題。首先，他的父親交代他要跟兄弟卡洛曼（Carloman）共享控制法蘭克王國的權力。七四七年，這個問題大體上解決了，因為卡洛曼在這年退出政壇，前去位於羅馬和那不勒斯中間的卡西諾山（Monte Cassino），住在那裡的知名本篤會修道院裡。可是，還有另一個問題。矮子丕平罷黜希爾德里克三世，等於是干涉了宇宙的結構。墨洛溫王朝的國王再怎麼沒用，也當國王當了幾百年，表示他們有獲得神的認同。就這樣把他們推到一邊，實在有點不得體。丕平必須想辦法讓自己的政權在世人——還有上帝——眼中變得合理。

於是，他找上羅馬教宗。在對希爾德里克三世做任何事之前，他寫信給教宗匝加利亞（Zachary），請他支持政變。丕平問匝加利亞「此時法蘭

克的國王沒有王權是不是一件好事」。這是一個誘導式的問題，丕平很確定教宗會怎麼說。匝加利亞當時很擔心倫巴底人的勢力，因為他們對義大利的野心威脅到教宗的地位和教宗平常所選擇的世俗捍衛者，也就是拜占庭的拉溫那總督。匝加利亞需要在倫巴底人對他不利時能找到人幫忙，而丕平是很適當的人選。因此，匝加利亞打算針對這些有關法蘭克王權的無害問題，給予有幫助的解答。他寫信告訴丕平，說有一位活躍的統治者比不活躍的統治者要好得多。「為了不讓秩序變成混亂，他運用教宗的權威，決定應該立丕平為王。」[11]

計畫開始實行。有了教宗理論上的支持，丕平認為自己取代希爾德里克三世並加冕為王的事情，不只是鼓掌通過的政治事件而已，更具有明確的神學色彩。小時候，丕平曾經接受巴黎聖但尼修道院（the abbey of St-Denis）的教導，對《聖經》內的歷史十分了解。因此，他在七五一年被教宗使節、身為梅斯大主教（archbishop of Metz）的波尼法（Boniface）立為法蘭克人的新國王時，丕平效法了《舊約聖經》諸王的故事：波尼法先用聖油塗抹他的頭部、肩膀和手臂，他才坐上王位。

這可不是普通的加冕典禮。這結合了洗禮和任命神職人員的儀式，是一齣很精彩的公開表演，宣傳了教會（而不只是法蘭克貴族）支持丕平晉升為王。這產生了十分久遠的影響。從這一刻開始，法蘭克國王只有親自被主教或大主教完成受膏儀式，才會被認為是國王。就像基督教時代的羅馬皇帝和早期伊斯蘭教的哈里發，法蘭克國王現在也聲稱他們的統治權帶有神聖的色彩。國王開始認為自己跟上帝有直接的聯繫，他們受到萬能的神許可和保護，有權相信自己是上帝在世間的代理人。同一時間，教會也被賦予評斷法國國王表現的權利。這個新約定所代表的涵義一直到中世紀後期——甚至中世紀之後——都可以感受得到。[12]

簡單的受膏儀式對許多統治者來說可能就很夠了，但是丕平特別喜歡表演。蘇瓦松的那場典禮過了三年之後，他又有了更進一步的舉動。這時候，教宗匝加利亞已經去世了，但是接任他的斯德望二世（Stephen II）就

跟前任一樣順從。七五三至七五四年冬天，這位新教宗穿越阿爾卑斯山，在一月六日主顯節當天，以肅穆華貴的姿態現身在蓬蒂翁（Ponthion）的法蘭克王宮，希望獲得軍事協助，「以便擺脫【倫巴底人的】壓迫和雙面做法」。[13] 斯德望二世為了展現教宗的尊嚴，身後跟著數十位吟唱著聖歌的神職人員。丕平莊嚴地接見他們。一位教宗編年史家寫道：「這個慷慨的男人【即教宗】和他所有的同伴用洪亮的聲音，對萬能的上帝唱出榮耀和永不止息的讚美。他們一邊唱歌吟誦，一邊跟國王一起前往王宮。」[14]

在這場戲劇化的會面之後，緊接著又舉行了一連串同樣仔細編排過的儀式。教宗和國王輪流在對方面前撲倒在地，拜臥沙地。背景可看到雙方的大使在交易馬匹。過了一會，羅馬教宗和法蘭克國王之間又定了一個範圍廣泛的協議。教宗會把法蘭克人視為世俗捍衛者，並在新的加洛林王朝背後發揮支撐王朝合法化的能力，但是反過來，丕平要承擔龐大的費用和相當的軍事風險，往南翻越阿爾卑斯山，把教宗的權力從敵人手中搶回來。這對兩邊來說都是風險很高的協議。但，現在回頭來看，這是西方歷史一個極為重要的時刻，因為從這一刻起，羅馬主教再也不會跟東邊的君士坦丁堡求援，轉向了西邊那些祖先是蠻族的民族。[15]

此外，丕平的兒子查理──未來的查理曼──這次也是第一次見到教宗。年幼的查理在七五四年只有六歲左右，但他也是這次教宗與王室盛會的核心焦點。首先，他在一月初的寒冬被派到外交護送隊的最前方，陪同教宗斯德望二世走完抵達王宮的最後一百英里路。接著，在六個月後的七五四年七月二十八日，他跟父王一起到聖但尼參加教宗主持的另一場受膏和加冕儀式。第三次舉辦儀式感覺可能有點過頭，但是這次，受到教宗抹油祝福的不只有丕平，還有查理曼、弟弟卡洛曼（Carloman）⑥ 和母親貝特拉達（Bertrada）。這不僅僅是國王的加冕儀式而已，而是透過神聖的

---

⑥ 作者註：勿與前面提過的丕平的兄弟卡洛曼搞混。

典禮來認可整個加洛林王朝。加洛林王朝的前兩個世代將一起重繪西歐的版圖。

「歐洲之父」

丕平在第一次被教宗加冕後，以新王之姿統治了十七年。在這段期間，他穩定拓展加洛林王朝的疆土，並認真執行與教宗的約定。在教宗斯德望三世（Stephen III）來訪後的幾年之內，這位法蘭克國王便兩度闖入義大利，狠狠地懲戒倫巴底人和他們的國王埃斯托夫（Aistulf）。編年史家弗雷德加寫道：「他在四面八方到處肆虐，焚燒義大利的土地，直到他重創整個地區，毀滅倫巴底人所有的要塞，拿走大批裝備、所有的帳篷，還有大量金銀財寶。」[16]

面對這些猛烈攻擊，倫巴底人退卻了。埃斯托夫被迫放棄先前征服的土地，每年上繳大筆金錢給這位加洛林國王。丕平對自己的勝利感到十分歡暢，並把從倫巴底人手中搶來的土地獻給教宗，讓他們以人間君主的身分統治。這就是後來所說的「丕平獻土」（Donation of Pippin），是「教宗國」（Papal States，義大利一個到十九世紀才不復存在的地區）存在的基礎，直到今天，教宗才只有統治羅馬境內一個小小的主權國家梵諦岡。之後，受到羞辱的埃斯托夫沒有活很久就過世了——七五六年，他出門打獵時，騎馬撞到樹死了。同一時期，丕平把注意力放回法蘭克王國。

除了倫巴底，丕平認為最成熟的兩個目標就是亞奎丹和薩克森。關於前者，丕平面對的是一個名叫懷法爾（Waifer）的好戰公爵，讓他耗費了將近十五年攻打。亞奎丹並不隸屬於法蘭克國王的監管範圍，但丕平覺得它應該要是。為了這個目標，他發動了一連串的行動對付懷法爾，包括縱火、圍城、懲罰性質的搶劫和正式對戰。這是一種消耗戰，而丕平一直到七六六年才獲勝，他對亞奎丹發動的一波波殘酷攻擊，確保了沒有任何農民願意再冒著生命危險替懷法爾工作。除此之外，這位公爵的家族成員大

部分都被殺了。七六八年，懷法爾也遭到殺害，殺手很可能是拿丕平的錢做事。[17] 亞奎丹最後一個獨立於任何王室統治者的公爵，就這樣死了。

薩克森的情況則不同，給入侵軍隊帶來了特殊的軍事挑戰。這個地區多沼又沒有道路，難以籌備系統化的征服行動，而分散型的部落社會則表示，這裡沒有像懷法爾一樣掌控一切的公爵，只要殺了就能加以取代。因此，丕平採取另一種途徑。他不試著征服薩克森，而是把它當作讓手下方便劫掠的資源。在加洛林王朝的初期，過去的作戰模式仍然根深蒂固。在這種作戰模式中，他們每年會出征邊疆地帶，並仰賴一群願意拿起武器的支持者，希望能夠搶得到金銀財寶、物品和奴隸。丕平採用了這個模式，季復一季地派遣法蘭克軍隊去掠奪薩克森。這並沒有將加洛林王國的疆界往薩克森的荒野推進多少，但丕平確實利用當地的居民和劫掠而來的財富，達到了自己的目的。他在七六八年五十幾歲時得了一場病，不久後就病逝，留下一個適合在任何地方進行部署的戰爭組織，還有往四面八方延伸數百、甚至數千英里的政治邊界和盟友圈。他的兒子查理曼繼承這份遺產，並好好發揮了一番。

編年史家艾因哈德說查理曼十分高大壯碩，而十九世紀時，他的遺骸被從墳墓裡挖出來，測量得到的結果是，他有一百九十多公分高，對那個時代來說相當驚人。艾因哈德寫道：「他的頭頂是圓的，雙眼大而有神，鼻子較一般人大一點，頭髮細密灰白，面容開朗俊俏。」他游泳起來強而有力，愛乾淨，很多事情都是一邊泡澡一邊完成。身上有穿衣服時，他會穿「亞麻上衣和亞麻內衣、邊緣織有絲綢的束腰外衣以及長襪⋯⋯冬天時，則用水獺皮或貂皮製成的夾克和一件藍色斗篷裹住自己的肩膀和胸膛。他永遠劍不離身，劍柄不是金製，就是銀製，還有固定劍的皮帶。」他只有在節慶或到羅馬拜訪教宗時，才會穿金色長袍和戴珠寶，「其他時候，他的穿著跟老百姓沒什麼差別。」他是一個表面上非常虔誠的人，愛看書，可進行基本的書寫，淺眠、吃得健康，從來不喝醉。因此，至少在支持他的艾因哈德眼裡，他就是偉大國王該有的形象。[18] 他在七六八年登基時，繼

承了一個非常有前途的政權——但有一個例外。

　　這個例外就是他的弟弟卡洛曼。丕平謹遵墨洛溫王朝的老傳統，不願在兒子之間選出單一國王，而是堅持查理曼和卡洛曼要共同繼承他的王位。可想而知，這樣的安排無法長久，卡洛曼的壽命也因此無法長久。七七一年，他死於一個可疑的流鼻血事件。查理曼可以自由進行隨心所欲的統治了。弟弟的兒子還活著確實有些不方便，但是這個問題幾年後就解決了，因為他們可能也怕自己流鼻血而亡，所以逃到了倫巴底的親戚那裡。倫巴底人現在有一個新的國王德西德里烏斯（Desiderius），德西德里烏斯打算將卡洛曼的兒子安插為另外的法蘭克國王，希望能夠控制或至少當作公然反抗的傀儡，藉此獲得教宗的支持。這是非常天真的想法。查理曼非但不擔心，還完成了父親開啟的戰場。他在七七三和七七四年入侵義大利，消滅了倫巴底人。名字取得十分令人難忘的編年史家口吃的諾特克（Notker the Stammerer）寫了一段文字，描述帶頭領軍的查理曼：

　　鐵人查理出現了，他頭上戴著鐵頭盔、手上戴了鐵護手、鋼鐵般的胸膛和柏拉圖的肩膀被鐵製護胸甲保護；他左手高舉鐵矛，右手始終放在無敵的長劍上……在他前方的人、跟他並肩行進的人、跟隨在他身後的人，還有軍隊的配備，全部都密切地仿效他。原野和空地充斥著鐵，鐵反射太陽的光芒……恐怖的地牢似乎也比不上閃閃發亮的鐵。百姓發出疑惑的叫喊：「噢，那些鐵！唉，那些鐵！」[19]

　　到了七七六年，德西德里烏斯已經被抓起來監禁，卡洛曼的兒子則不知去向。怪不得人們會大嘆鐵的可怕。為了得到絕對的勝利，查理曼宣布自己成為倫巴底的新國王。他用法蘭克伯爵取代那些獲得日常治理權的倫巴底公爵。[20] 這是非常了不起的奪權事件。兩百年來，從來沒有一位西方國王靠武力硬是把另一位國王的王位奪走。[21] 但，查理曼想要盡可能地支配西方愈多地方愈好的這件事，從來就不是祕密，而且他跟父王丕平一

樣，也熱愛被加冕。倫巴底戰爭結束後，他給自己戴上了倫巴底人著名的鐵冠。這頂精美的王冠覆有黃金，鑲有石榴石、藍寶石和紫水晶，在當時就已經有至少兩百五十年歷史。會有鐵冠這個名稱，是因為王冠上還有一條細細的鐵圈，據說是用釘死耶穌的其中一根鐵釘捶成的。[7] 這頂王冠的起源，聽說可以回溯到君士坦丁大帝的時代，是他的母親海倫娜託人製作。因此，整體來說，這是一個很棒的獎賞，可以加強查理曼的財富、身為虔誠信徒的名聲和他的權力。然而，他的野心不僅如此。

在接下來的二十年，查理曼把目標鎖定在薩克森的異教部族上，他不只是想要像父親一樣搶劫這些人，而要征服他們，讓他們改宗。在七七二至八〇四年之間，他跟薩克森人打了一連串漫長戰爭，花了很多錢，灑了很多血。雖然如此，這些戰爭最後換取到薩克森異教部族幾近完全的服從。他們的土地遭到入侵、殖民，過去從不存在基督信仰的地方，也建立起了主教轄區和修道院。

這是一項非常龐大的軍事計畫，而且同一時間，查理曼還要應付巴伐利亞那些思想獨立的領主、西班牙東北部受穆斯林統治的巴斯克人（Basques），以及東歐的阿瓦爾人（Avars）、斯拉夫人（Slavs）和克羅埃西亞人（Croats）。年復一年，他將法蘭克軍隊集結起來，帶他們到不斷擴張的邊界。年復一年，他們帶著豐富的戰利品回到家鄉。他招募追隨者時鮮少遇到困難，因為查理曼本身是一個很有領袖魅力又優秀的戰略家，總是謹慎挑選目標：他會攻擊薩克森人，是因為他們是異教徒；他會攻擊跟匈人類似的草原遊牧民族阿瓦爾人，是因為他們很富裕；他從七九五年開始對付西班牙的穆斯林統治者時，把自己塑造成保衛者的角色，在庇里牛斯山建立一個「西班牙邊疆區」，要阻止伊斯蘭教對安達魯斯

---

⑦ 作者註：今天，鐵冠被存放在蒙扎（Monza）的施洗者聖約翰主教座堂裡。這頂王冠在整個中世紀期間被修復很多次，查理曼的工匠也有修復過。一九九〇年代，鐵冠進行了一次科學檢驗，人們才發現那條被認為是釘死耶穌之遺物的「鐵」圈其實是一片薄薄的銀。

（al-Andalus）以北的地區動歪腦筋。[8]

　　這並不是說，查理曼每次都打勝仗。但是，就算是戰敗，最後竟也莫名其妙變成某種勝利。七七八年，查理曼在橫掃巴塞隆納和赫羅納（Girona）及長時間圍攻札拉哥沙（Zaragoza）之後，準備率軍返回法蘭克。在通過庇里牛斯山的龍塞斯瓦列斯（Roncesvaux）山口時，查理曼一行人被悄悄尾隨他們的敵人突襲。法蘭克人措手不及，遭到包抄，運送物資的車隊也被擄獲。他們的後衛部隊遭到包圍、攔截，最後在漫長的打鬥後被殺光。艾因哈德寫到，攻擊者很快就逃進黑夜之中，所以「他們無法替亡者報復」。[22] 這應該會被當成一種恥辱，結果卻沒有。因為，在查理曼軍隊的死亡名單中，有一個名叫羅蘭（Roland）的軍官。

　　在這場戰役的相關編年史紀錄中，羅蘭雖然幾乎不曾被提及，但是在中世紀期間，他將得到一種近乎於網路爆紅的地位。他的名字將成為勇敢的基督教戰士的代名詞和原型，像個英雄般為了上帝和信仰而死，縱使打了敗仗，卻因此獲得更高的榮耀。十一世紀時，在許多以羅蘭為主題而作的吟遊詩人歌曲中，有一個版本為《羅蘭之歌》（*Song of Roland*）。今天，這部韻文作品被尊崇為現存最古老的法國文學作品，雖然內容描述的世界跟加洛林王朝的法蘭克一點也不像（比較類似十字軍時代的法蘭西王國），這個故事仍然十分受到歡迎。《羅蘭之歌》敘述了龍塞斯瓦列斯之役的高潮時刻，講述羅蘭吹響一支巨大的號角，要把自己絕望的處境傳達給查理曼。這位勇士吹號角時，用力到太陽穴爆裂、嘴巴噴血。[23] 之後，當所有的同伴都死了、羅蘭自己也快死的時候，他仍用盡最後一絲力氣擊敗一個企圖奪走他的劍的撒拉森人，把他的眼睛打到脫離頭顱致死，然後倒在地

---

⑧ 作者註：應該注意的是，查理曼本身不反對伊斯蘭教。事實上，他跟巴格達的阿拔斯哈里發關係友好，對方在九世紀初時還贈送了一頭名叫阿布爾－阿拔斯（Abul-Abbas）的亞洲象給他。這份大禮由一個叫作猶太人艾薩克（Isaac）的外交官，跨越數百英里的海路和陸路運到加洛林宮廷。

上。最後，羅蘭也死了。但，在他為自己的罪懺悔、跟大天使加百列和米迦勒（archangels Michael）攜手上天堂之前，他的心裡還惦記著「法國美麗的土地、跟他同一世系的人【以及】培育他的主人查理曼。」[24]

不用說，這些當然都是假的。查理曼和不幸真實存在的羅蘭都不可能想到，在龍塞斯瓦列斯山口慘敗的經歷最後竟然會成為這樣戲劇化場景的靈感，更別說還是奠基歐洲文學的文本了。但，不知怎地，對查理曼而言，就算是難堪的失敗也時常蘊含勝利的種子。

隨著八世紀即將進入尾聲，查理曼對鄰居年復一年毫不間斷的攻擊，成功讓法蘭克王國的邊界和王室的權力擴張到前所未有的規模。他無疑是西歐最有能力的君王，而且除了跟巴格達的阿拔斯哈里發互相通信和贈禮之外，[9] 還跟君士坦丁堡的宮廷維持著熟稔（雖然不總是友好）的關係。他甚至一度把女兒蘿特魯德（Rotrud）許配給拜占庭皇帝君士坦丁六世（Constantine VI），但是很遺憾，這椿婚事最後沒有完成，當時君士坦丁堡的政治，就這樣一直維持著不帶感情因素的狀態。後來，在七九七年，皇帝的母親艾琳娜（Irene）罷黜了兒子，並把他弄瞎，讓他再也不適合娶任何人。

查理曼跟拜占庭的關係雖然不好，但他在自己的王國卻地位優越。他擊潰了亞奎丹等自治地區那些思想獨立的領主，強迫法蘭克世界裡的每一個人接受他所建立的新規則；他廢除了從前那個去中央化的墨洛溫王朝體制，改成將權力直接放在位於政壇核心的單一國王。拒絕接受這個中央化且範圍擴及全歐洲的聯盟或想要謀害國王的人，就會受到當時流行的肢解或立即處決等殘酷懲罰。此外，查理曼也控制了低地國、今天德國大部分

---

⑨ 作者註：除了那頭大象，口吃的諾特克也說查理曼從阿拔斯哈里發那裡得到了猴子、獅子和熊。查理曼則以西班牙的馬匹和騾子以及嚇跑老虎的獵狗做為回禮。

的地區、進入穆斯林西班牙前的山隘和義大利的不少地區。沒錯，這樣的版圖比不上早期的伊斯蘭哈里發國或全盛時期的羅馬，但是理論上來說，仍有約一百萬平方英里土地的居民，都得遵從查理曼的命令。基於他的權力所能影響的範圍，還有他為表現基督教國王身分所做的努力，查理曼開始把自己看成新的君士坦丁大帝了。權力接近顛峰之時，他開始著手替自己建造雄偉的建築。最持久的作品，就是在亞琛（Aachen）興建的宏偉新王宮。這座宮殿的遺跡今天仍被保存下來，是查理曼王室願景的鮮明見證。

　　亞琛的巴拉丁教堂（Palatine Chapel）從七九〇年代開始興建，平面圖呈八邊形，有一個由建築師梅斯的奧多（Odo of Metz）所設計的圓頂。這座教堂屬於一個王宮建築群的核心部分，而這個建築群是八、九世紀在法蘭克王國各地所興建的數十個富麗堂皇的加洛林王室建築、大教堂和修道院當中，最雄偉的一個，當時興建的建築群中，今天還看得到的包含因格爾海姆（Ingelheim）的宮殿和洛爾施隱修院（Lorsch Abbey）的遺跡，兩者皆位於德國。在設計亞琛的教堂時，奧多刻意仿效了著名的古羅馬建築風格。教堂的八面牆跟拉溫那的聖維塔教堂有著異曲同工之妙：一百二十五公尺長的觀見廳，讓人聯想到君士坦丁大帝在特里爾的觀見廳；長長的有頂通道呼應了君士坦丁堡的拜占庭皇宮。雖然今天在亞琛所看到的室內裝潢是二十世紀修復後的結果，但是編年史家艾因哈德有寫下它在九世紀之初的樣貌：「非常美麗的教堂……使用金、銀、燈裝飾，並有純銅製成的欄杆和大門。」這些東西的原物料很多都是從好幾英里以外的地方運來的。「由於【查理曼】沒辦法從其他地方取得柱子和大理石，他便不辭辛勞地從羅馬和拉溫那把這些東西運來。」[25] 亞琛最吸引人的地方之一，就是它著名的天然溫泉。這裡的水從很久以前就被認為跟異教神祇格蘭納斯（Granus）有關，而格蘭納斯正是亞琛（拉丁語：Aquis Granum）這個地名的由來。當查理曼沒有在泡溫泉放鬆時，通常就是在那座優美的教堂裡，高坐在王室包廂內，往下俯瞰祭壇或抬頭看向大圓頂內側的馬賽

克基督圖像。[26]

　　然而，亞琛不光只是讓他泡澡、禱告和模仿君士坦丁大帝的地方。在查理曼充滿文化修養的贊助下，亞琛變成宮廷實際上的所在地，貴族必須來這裡露臉。在七八六至七八七年間，查理曼親自跋涉了三千五百公里以上，力圖確保帝國照他想要的方式受到治理和防禦。這是一趟破紀錄的行程，中世紀的其他統治者可能都無法匹敵。但，這種行程不是長遠之計。不久後，查理曼就決定，他不需要凡事親力親為。[27] 他有一大堆子嗣，第二任妻子赫德嘉（Hildegard）就生了至少九個，而到了七九○年代時，最年長的幾個兒子都已經成年了。於是，查理曼把領軍打仗的軍事責任分派給他們，他自己則在包含亞琛在內的主要王宮裡接見賓客。在這個相對穩定的職務上，他就能專心在國王需要處理的其他大量事務，像是制定法律、資助興建教堂的大型計畫、告誡子民過著更接近基督徒的生活——他時常在信中敦促虔誠的法蘭克人：「透過全心全意、所有的禱告敬愛萬能的上帝，永遠做讓他高興的事。」[28]

　　這類書信的內容並不完全有新意，但是寫的人是查理曼這件事很重要。當他在亞琛等宮殿透過飭令治理國家時，他便擔起境內世俗政策和教會改革的責任。換句話說，國王的職責擴大了不少。從他的父親在位時加洛林王朝跟羅馬教會所建立的關係來看，這是很自然的演進。藉由教宗，法蘭克國王跟上帝有了連結。在查理曼眼裡，這也讓他有權力，在跟自己子民的靈魂有關的議題上帶著特殊的威信說話。

✳

　　由於查理曼是個非常熱愛頒布特許狀、書信和指令到領土各個角落（這些通常被收錄在歷史學家口中所說的「教令」中）的君主，他那座位於亞琛的王宮也變成研究學問和製造手稿的中心。在國王接觸往來的對象中，最有名的就是人稱約克的阿爾昆（Alcuin of York）的英格蘭神職人員、詩人兼學者，他不管是哲學辯證或寫一首跟茅廁臭味有關的詩⑩，都

有辦法做得很好，因此他也被一個編年史家說成是世界上最聰明的人。[29] 在阿爾昆的督導下，亞琛變成雄辯、宗教和人文學科的菁英中心，而這位大師常鼓勵學生學他叫查理曼為「大衛王」。

在亞琛，製造手稿就跟閱讀手稿一樣重要。九世紀初期，這間學校的抄寫員展開了一項保存知識的大型計畫，把從古典時期傳承下來的知識建置成一個超級資料庫。在整個九世紀期間，大概有十萬份手稿從那裡產出，而這些是西塞羅、凱撒、波愛修斯等作家和思想家所留下的文本現存最早的副本。為了完成保存、整理這些中世紀「大數據」的浩大工程，亞琛的抄寫員發明一種新的書寫風格，叫作加洛林小草書體（Carolingian minuscule）。這個書寫體極為樸素、間距適當，大量使用小寫字、大寫字和標點符號，好讓加洛林廣大疆土任何一處識字的人，能輕易閱讀這些手稿，如同今天有些特殊字型和程式碼的設計，是為了讓所有的主流電腦和智慧型手機都能讀得懂。

但是，亞琛的手稿抄寫員不光只是用樸素的字體產出有用的文本而已，他們也會抄寫加冕福音書等大作。加冕福音書是以羊皮紙寫成，繪有多張滿版畫像，將傳福音者畫成穿著羅馬托加和皮革拖鞋的樣子。這些插圖大大受到拜占庭藝術的影響，非常有可能是一位希臘大師德米特里（Demetrius）所畫，他受查理曼之託來到西方替他工作。這本書做得非常精美，後來變成查理曼最珍視的收藏之一，查里曼過世後以坐姿入葬，腿上便放著此書。[11] 很顯然，查理曼喜歡精緻的消費商品和上帝的話。但是，除了精湛的工藝之外，查理曼把這本書當成他最珍視的寶藏還有另一

---

⑩ 作者註：阿爾昆那首為茅廁而寫的詩很值得引用一段，因為他結合了粗俗的幽默和基督教的教誨：「噢讀者，要知道你那狼吞虎嚥的肚子的臭味，就是你現在從你的屎聞到的惡臭。所以啊，請停止餵食肚子裡的貪吃鬼，節制的生活很快就會回到你身邊。」

⑪ 作者註：今天，加冕福音書被收藏在奧地利維也納霍夫堡（Hofburg palace）的帝國寶藏中。這本書在一千年左右從查理曼的墳墓取出，後來在十六世紀初被偉大的日耳曼金匠漢斯·羅伊特林根（Hans von Reutlingen）包上絕美的金色封面。

個原因。八〇〇年聖誕節那天，他對著這本書立下一個神聖的誓言。這一天將成為加洛林王朝達到頂點的一天，形塑歐洲接下來一千年的歷史。這一天是他一生當中第三次的重大加冕日，將使查理曼從一位偉大的國王晉升為皇帝。

從國王變皇帝

七九九年春天，教宗良三世（Leo III）遭遇了一些不幸。四年前，獨立自主的哈德良一世（Hadrian I）去世後，換他當上教宗。為了恭賀良三世上任，查理曼送了從阿瓦爾人那裡徵收的金銀大禮給他。可是，財富會帶來麻煩，因為這些貴金屬雖然讓良三世可以贊助慈善事業、完成羅馬的奢華建案，卻也引起跟前任教宗親近之人的嫉妒。這派人不喜歡法蘭克人對羅馬施加太大的影響，所以他們決心要想辦法做點什麼。

七九九年四月二十五日，良三世率領一支儀式隊伍穿梭大街小巷時，數名混混突襲他，將他押在地上，把他的衣服脫掉，還試圖挖他眼睛、割他舌頭。接著，他們把可憐的良三世拖到附近的修道院，「二度殘忍地挖他的眼睛和舌頭。他們用棍棒毆打他，讓他受好幾處重傷，然後讓他全身是血、半死不活地倒在那裡。」[30] 他們宣布良三世已遭罷黜，他被痛苦地囚禁二十四個小時以上。後來，人在羅馬的法蘭克大使帶著他的支持者找到了他，將他救出來。

這次經驗讓良三世受了重傷，非常可怕，但是他運氣好（也有些人說是因為上帝行奇蹟介入），沒有死掉或永久眼盲。他的身體一康復，他就往北逃到阿爾卑斯山的另一頭，尋找當時人在帕特伯恩（Paderborn，距離亞琛一個星期左右的路程，位於查理曼從薩克森人那裡征服得來的一個地區）的查理曼。[31] 良三世尋求這個人的保護非常明智，因為查理曼不但是出了名地虔誠、對教會改革很有興趣，也是西方最強大的統治者，被當代一首詩《帕特伯恩史詩》（*Paderborn Epic*，或稱《查理曼與教宗

良》〔*Karolus magnus et Leo papa*〕）的作者，描述成「燈塔」或「歐洲之父」。[32] 就像以前的教宗曾找丕平擊退倫巴底人一樣，良三世現在也懇求丕平的兒子讓他重拾尊嚴和教宗職位。

　　良三世抵達帕特伯恩時，有一場盛大的慶典歡迎他，這肯定讓查理曼想起了，教宗斯德望二世在七五四年前來找父王的幼年經歷。某位編年史家寫到，查理曼給教宗「好好招待了一段時間」。[33]《帕特伯恩史詩》的作者描寫得更鮮明：「查理邀請良三世到他宏偉的宮殿。華麗的廳堂裡，色彩繽紛的掛毯散發光芒，椅子覆以紫色和金色布料……在高聳的廳堂中央，他們舉辦了盛大的筵席。金碗盛滿了費樂納斯酒。[⑫] 國王查理和全世界職稱最高的教士良三世一起用餐，痛飲碗中的氣泡酒……」[34] 聽起來真歡樂。查理曼確實有開心的本錢，因為他有教宗可以使喚。

　　除了美酒和寒暄，查理曼和良三世在七九九年於帕特伯恩進行了什麼樣的政治活動，並沒有可靠的文獻紀錄。無論如何，他們談好一項協議，大幅延伸了加洛林王朝和教宗之間的約定。這項約定承認，自從七五〇年代以來，加洛林王朝不僅成為法蘭克王國的統治者，也接管了中歐和西歐的一大片地區；教宗的世俗捍衛者現在是法蘭克人，不是拜占庭；最後，這項約定要獎勵查理曼，因為他把攻打安達魯斯的穆斯林、阿瓦爾人和薩克森人等非基督徒之後獲得的財寶，用來資助教堂和修道院的興建計畫。簡言之，這項約定讓查理曼得到了長久嚮往的地位，讓他擁有跟他的偶像君士坦丁大帝一樣的頭銜。查理曼同意讓良三世帶著法蘭克軍隊回羅馬打敗他的敵人，但是查理曼要獲得另一次加冕。這一次，他不會以國王的身分登上寶座，而是以「皇帝和奧古斯都」（Emperor and Augustus）的身分。[35]

---

⑫ 作者註：古羅馬最有名的酒。這裡可能只是一種比喻的說法，預示教宗良三世即將賦予查理曼皇帝的身分，但也有可能良三世真的帶了羅馬最棒的酒來獻給這位法蘭克國王。

於是，在八〇〇年十一月下旬，查理曼來到羅馬，受到教宗最高等級的盛迎：查理曼抵達時，良三世騎到城界外整整十二公里的地方迎接他，之後又在聖伯多祿大殿的階梯上正式歡迎他。查理曼花了數週肅清城內反對教宗的人，接著在聖誕節那天，身穿托加和拖鞋等完整的羅馬服裝參加聖伯多祿大殿的彌撒。[36] 良三世公開加冕他為皇帝，接著在他腳邊鞠躬。

編年史家艾因哈德之後聲稱，查理曼完全不曉得良三世的計畫，對自己得到如此尊貴的殊榮感到訝異，但這當然一點說服力也沒有。[37] 這根本是胡扯：艾因哈德的虛假言詞，是故意寫給不認同查理曼篡奪皇帝地位的拜占庭讀者看的。事實是，查理曼登基為帝根本不是一起令人不好意思的意外，而是刻意、經過小心計畫且革命性的規劃。這件事恢復了數百年前就消失在西歐和中歐、連在君士坦丁堡似乎也搖搖欲墜的帝制，因為當時霸占拜占庭帝位的是一個女人——女皇艾琳娜（empress Irene）。那年的聖誕節在聖伯多祿大殿發生的一切，被當成是羅馬帝國的復甦。

至少，查理曼是這樣想的。八〇六年二月，當他正式宣布自己計畫把帝國傳給三個兒子查理、丕平和路易時，他稱自己是「以聖父、聖子、聖靈之名，最尊貴的奧古斯都、上帝加冕過最偉大、最愛好和平的羅馬帝國皇帝，同時也因上帝憐愛而成為法蘭克人和倫巴底人國王的查理。」[38] 四百年後腓特烈一世（Frederick I Barbarossa）在位時，養成了一個傳統，那就是被教宗正式加冕的皇帝可以稱自己為「神聖羅馬皇帝」。這個稱呼一直延續到十九世紀初的拿破崙戰爭。

帝國分裂

查理曼年紀漸漸變大，身體變差了，親信也開始觀察到他即將死亡的徵兆。艾因哈德憶道：「連續三年……日蝕和月蝕頻繁，太陽接連七天出現黑點。」亞琛王宮的木材似乎發出詭異的嘎吱聲，彷彿它們也知道建造自己的人生病了，感受得到他的病痛，而查理曼自己希望下葬的教堂，也遭

到了雷擊。查理曼雖然一派輕鬆地否決這些凶兆,「彷彿這一切絲毫跟他無關」,但看在他人眼裡,皇帝離世的那天就快到了。[39] 一點也沒錯。八一四年一月底,在位四十七年的查理曼因發燒病倒,還伴隨腰側疼痛。他試著透過極端禁食治好自己,情況卻變得更糟。一月二十八日早上九點鐘,皇帝駕崩,在亞琛莊嚴肅穆地下葬了。來自義大利北部博比奧(Bobbio)的無名修士寫道:「法蘭克人、羅馬人、所有的基督徒都擔憂悲痛不已……無論老少,無論是尊榮的貴族或婦女,都在哀悼自己失去了凱撒。」[40]

在他長壽的一生中,查理曼生了許多子嗣。他有四個妻子、至少六個小妾,一共生下至少十八個子女,包括三個合法的兒子查理、丕平和路易。在他死後,加洛林的領土預期會分給這三子,一人得到倫巴底的鐵冠,一人得到奧斯特拉西亞和紐斯特里亞,最後一人則得到亞奎丹和西班牙邊疆區。查理曼在做這些安排時,心中懷抱著以前墨洛溫王朝的幻想,希望兒子們秉持基督徒愛好和平與和諧的精神,統治他的基督教帝國,嚴厲對付各自邊界上出現的各個敵人,但出於血緣和對偉大歐洲計畫的尊重而彼此和睦相待。這個願景的缺點,不久後就顯現了。[13]

結果,到了八一四年,三兄弟當中只有「虔誠者」路易(Louis the Pious)還活著。他在前一年當上共治國王,預期之後正式即位;現在,他接管了整個龐大的加洛林王朝,只有倫巴底在侄子伯納德(Bernard)手中。但,無可避免地,路易難以讓父親拼湊起來的版圖保持完整。他的問題中,有一部分純粹來自治理如此龐大的領土、捍衛一百萬平方英里的

---

⑬ 作者註:雖然這樣的比喻稱不上正確,但是這裡不禁讓人想到一次世界大戰爆發前夕的歐洲版圖。眾多的王國和大部分互有血緣關係的國王(幾乎全部都是查理曼的後代沒錯),還有相信血緣會戰勝彼此競爭和敵對關係的錯覺,可以在一九一四年九月的「威利—尼基電報對話」(Willy–Nicky Telegrams)找到最出名、最具災難性的例子。在這起事件中,俄羅斯沙皇尼古拉二世(Tsar Nicholas II)和德意志皇帝威廉二世(Kaiser Wilhelm II)這兩個具有堂表親關係的君主,試圖搬出彼此的血緣連結,勸對方不要開戰(「我懇求你,憑我們的老交情,盡你所能阻止你的盟友做出太過分的舉動。尼基。」)。

土地，這項任務本身的難度。然而，更多問題則是來自家族內部。即位之初，路易就因為找不到方法滿足男性親屬的野心而焦頭爛額，其中還包括自己的四個兒子。這些人全都想分一杯羹，而且不打算耐心等待自己拿到這杯羹的時候。

路易登基還不到三年，倫巴底國王、查理曼的私生子駝背丕平（Pippin the Hunchback）的兒子伯納德首先發難。引爆點是八一七年發布的一份文件《帝國詔令》（Ordinatio Imperii）。在這份文件中，「虔誠者」路易試圖講清楚加洛林王朝的階級高低順序，為他死後的帝國統治擬定暫時計畫。路易暗示（雖然他並未明講）等時候到了，伯納德應該承認路易的長子洛泰爾（Lothar）的至尊君主地位。這並沒有特別不合理，但卻刺傷了伯納德的自尊。[41] 悲憤的他開始覺得，自己跟這個泛歐帝國不是互惠的夥伴關係，而是只能在獨立和卑屈之間做出選擇。[⑭] 很快地，就有謠言說伯納德計畫讓自己的義大利王國獨立，享受完全主權應該會帶來的美好果實。這些謠言傳到路易耳中，他下令逮捕、審判伯納德，將他處死。路易雖然把死刑減為弄瞎雙眼，說這是要展現仁慈，但這個懲罰還是極為殘酷，最後仍讓伯納德因為失血過多、感染加上驚嚇而死。

伯納德的計謀和死亡，除了證明歐洲帝國單靠自以為擁有共同的價值觀，和《帝國詔令》裡所說的「兄弟之情……共同的福祉和永恆的和平」所結合，是一件多麼脆弱的事，也導致路易被大肆批評。[42] 八二三年夏天，路易在一場有教宗巴斯加一世（Paschal I）出席的加洛林家族大型會議上，公開坦承自己的罪，並表示悔過。站在王室這一邊的法蘭克編年史家說到悔過的部分時，並未提及任何細節，只強調路易不僅針對殺了伯納德一事道歉。這位編年史家寫道：「他還一絲不苟地糾正他和他的父親所做的任何錯事。」[43] 然而，道歉和悔過儀式沒有解決根本問題：路易繼承的

---

⑭ 作者註：同場加映：英國脫歐事件。

帝國太大了，他保不住。

　　在八三○至八四○年間，共爆發了三次重大叛變，路易的兒子們各自結黨，試圖讓自己將來繼承到更好的一份領土。秉持著加洛林王朝的傳統，各種殘忍、謀殺和不光彩的情事紛紛上演，包括把人弄瞎、溺斃、流放、控告巫術、控告路易的妻子兼皇后茱蒂絲（Judith）通姦，以及透過裸體提升地位等。八三三年六月，在阿爾薩斯（Alsace）的羅斯菲爾德（Rothfeld）所舉辦的一場會議上，路易的長子洛泰爾當場跟他槓上。洛泰爾顯然非常了解加洛林王朝的家族史，成功勸服教宗額我略四世（Gregory IV）支持他成為至高君主。洛泰爾的爭權之舉嚇壞了路易的支持者，幾乎所有人都背棄路易，轉而支持兒子。這個集體沒了骨氣的事件，讓這場會議得到「謊言戰場」的綽號。路易現在變成囚犯了，洛泰爾戴上了皇冠。兒子拖著老爸到歐洲各處，嚐嚐統治國家的滋味。

　　或許可說是這一切是無法避免的，這個荒唐的局面，最後因為本質過於邪惡而崩解了。一年後，路易在另一場家族政變中重拾皇冠。但是，查理曼的帝國已經出現不祥之兆。就像過去的亞歷山大大帝一樣，查理曼所建立的帝國，很快就被證明唯有靠單獨一個人延伸政治權威，才有可能延續下去。路易在八四○年過世，當時他還有三個兒子活著。又打了另一場內戰後，他們在八四三年決定放棄歐洲夢。《凡爾登條約》（Treaty of Verdun）正式將加洛林王朝分裂成西法蘭克、中法蘭克和東法蘭克這三個王國，而這非常大略地等同於今天的法國、義大利北部和勃艮第以及德國西部。

　　在九世紀剩下的歲月中，三個王國因為自己身為加洛林統治者（他們都是查理曼的後裔），而總把自己想得超乎自然地強大，時不時就會互相攻打，導致西歐被更進一步地分割。該世紀接近尾聲時，查理曼那位運氣不好、好吃懶做又不幸患有癲癇的曾孫胖子查理，曾經一度宣示自己擁有所有法蘭克王國的主權。但是他在八八八年去世後，帝國瓦解了，分裂成東西法蘭克、日耳曼、勃艮第、普羅旺斯和義大利等各部分。整個中世

紀還會有很多人幻想著把這些破碎的片段全部拼湊起來，但是要一直等到將近一千年後，才會有一個統治者，再次將整個加洛林王朝的版圖掌握在手中。這個人就是拿破崙，也是一個難以抵抗的戰士和愛積攢東西的人。但，他的生涯也不過是再次強調了查理曼曾經做過的事：歐洲每一千年才有可能團結一、兩次，而且就算團結了，也無法團結得太久。

北歐人要來了

八四五年春天，虔誠者路易最小的兒子禿頭查理，他在統治西法蘭克王國時，一個名叫朗納爾（Ragnar）的丹麥戰士，帶了一百二十艘船組成的艦隊上溯塞納河（river Seine）。這位朗納爾，有時候會被說成是丹麥編年史、冰島傳說及二十一世紀爆紅電視劇當中那位傳奇人物朗納爾·洛德布羅克（Ragnar Lodbrok，「毛茸茸的臀部」之意）的原型，是一個體型壯碩、性能力強、技巧高超的航海家，曾經航過汪洋大海和蜿蜒河流，最遠抵達英格蘭和隸屬於基輔羅斯（Kievan Rus）的波羅的海沿岸地區。[44] 我們很難確定事實是否真的如此，但是無論如何，在八四五年攻擊法蘭克人的朗納爾，的確是一位非常危險的人物。

上溯塞納河七十五英里左右後，朗納爾和他的追隨者走下優美的船隻，開始大肆劫掠。一名編年史家絕望地說：「難以計數的船隻上溯塞納河，邪惡在整個地區成長茁壯。羅恩（Rouen）變成荒蕪地帶，遭到燒殺擄掠……」[45] 然而，朗納爾一行人非但一點也不累，還變得更加興奮，繼續往上游航行，最後在復活節前後來到巴黎。巴黎這時大概只有幾千個居民，還不是中世紀後期的超級大城。不過，這座城市很富有。聖但尼修道院的寶藏特別吸引人。若要說朗納爾最會做什麼事，那就是搶劫上帝的殿堂。

身為西法蘭克國王的禿頭查理無法袖手旁觀，讓這個丹麥混混隨心所欲。這些丹麥人和其他北歐人（Northmen）──或稱維京人，意思是海盜

或「住在海灣的人」——已經威脅他們好幾十年了，但是近年來，他們在法蘭克人的領土上進行劫掠的規模又升級了。於是，禿頭查理集結了一支軍隊，再把它分成兩隊（各自負責塞納河的一岸），出發驅趕朗納爾。

事情的發展不如計畫。很久以前，倫巴底人看見法蘭克人時曾忍不住哭喊，可是朗納爾和他手下的北歐人卻是齜牙咧嘴。他們把一群法蘭克戰士孤立開來，擄到塞納河中央的一座島，讓禿頭查理和他的手下看得到卻救不到。上了島後，朗納爾吊死了一百一十一個俘虜。禿頭查理無力把北歐人趕走，同時又害怕若他們繼續待著巴黎就會被夷為平地，只好同意支付朗納爾七千磅的金子和銀子，送他們打道回府。這是個非常驚人的天文數字，金額本身就讓這位法蘭克國王顏面盡失。唯一能給查理一絲慰藉的，就是不只有他必須承受這種攻擊帶來的恥辱。同一年，北歐艦隊也攻擊了漢堡（Hamburg，位於日耳曼人路易統治的東法蘭克）、菲士蘭（Frisia，位於洛泰爾統治的中法蘭克）和亞奎丹的聖特斯（Saintes）。曾幾何時，法蘭克人是西方最令人畏懼的軍事力量，但是現在卻換成北歐人了。

通常，北歐人（或稱維京人）被認為是在八世紀末時，從位於今天瑞典、挪威和丹麥的沿海聚落湧現出來的。在關於他們現身西方基督教世界的文獻中，最有名的一份來自不列顛。七九三年，北歐戰士出現在諾森布里亞（Northumbria）外海，從船上跳下來，搶劫林迪斯法恩島（island of Lindisfarn），褻瀆當地的修道院，殺害院裡的教友。有關這場殘暴劫掠的消息，像震波般從不列顛傳了出去，傳到查理曼位於亞琛的宮廷時，約克的阿爾昆致信諾森布里亞的國王，對於「聖卡斯伯特教堂（church of St Cuthbert）濺滿上帝的祭司之血，所有裝潢都被拆毀，又慘遭異教徒劫掠」一事深表遺憾。[46] 他建議國王，他和王公貴族或許可以改變一下生活方式，就從把髮型和服裝變得更像基督徒開始做起。

但是，那些改變都太遲了，北歐人已經成為西方世界的主要勢力之

一。隔年，也就是七九四年，劫掠者出現在不列顛群島另一邊的赫布里底群島（Hebrides Islands）。七九九年，維京人搶劫了位於努瓦爾穆蒂耶（Noirmoutier）的聖菲利貝爾修道院（Saint-Philibert Abbey），就在羅亞爾河南邊。六十年後，維京強盜不再只是北海和愛爾蘭海的常態，遠至里斯本、塞維爾（Vivar）和北非等地也都看得見他們的蹤影，而北歐人也接觸了盎格魯撒克遜人、愛爾蘭人、奧米雅穆斯林和法蘭克人等族群。八六〇年，一群來自今天俄羅斯西北部的維京人後裔，甚至經由聶伯河（river Dnieper）和黑海航行到君士坦丁堡，將這座城市圍攻。努瓦爾穆蒂耶的編年史家雖然只有接觸到這整件事的一小部分，卻寫下了這整個時代的縮影：「船隻的數量增加，永無止盡的維京人從不停止增長……維京人征服途中遇到的一切，沒有任何東西可以阻擋他們。」[47]

北歐民族並不是在八世紀晚期莫名其妙憑空出現。在一千多年前的西元前三二五年左右，希臘探險家皮西亞斯（Pytheas）到當時已知世界西北方的冰天雪地進行一趟著名旅程時，他來到一個叫「圖勒」（Thule）的地方。這裡稍有人居，有可能是（也有可能不是）今天的挪威或冰島。[48] 大約在同一個時期，住在丹麥周圍的民族已經能夠製造魚鱗式船隻（clinker-built boat）。[15] 一九二〇年代在丹麥阿爾斯島（island of Als）的沼澤中打撈到的約特斯普林船（Hjortspring boat）顯示，這些古代的北歐人會坐在可乘載二十人的船隻出海。

在接下來的好幾百年，北歐人一直是已知世界邊緣一個受到承認的存在。在奧古斯都的時代，羅馬軍隊曾勘查過日德蘭半島（Jütland）；五一五年，一個名叫裘奇雷庫斯（Chochilaicus）的丹麥統治者劫掠了法蘭克人位於低地國的領土，而他可能是海格拉克王（Hygelac）的原型，也就是中世

---

[15] 作者註：將互相重疊的木板排列組合成船身的造船法，比原先把樹幹挖空的造船法進步很多。

紀雄偉史詩《貝武夫》（*Beowulf*）提到的那位基特人（Geats）國王和英雄主角貝武夫的叔叔。但，在八世紀以前，人們跟北歐人打照面的機會就只有那樣：次數少、頻率低、時間短。北方世界雖然有跟貿易路線相連，而這些貿易路線最後也有接上絲路，但這些連結相對薄弱，並在五和六世紀時被蠻族遷移活動嚴重破壞。此外，這裡的地理位置本身就十分孤立。在中世紀初期，北方世界完全沒接觸基督教和伊斯蘭教，而且直到第一個千禧年來臨之前，該地都跟這些沙漠一神教和他們對經書的崇敬保持隔絕。在這樣的情況下，維京人融合了北極圈邊緣的特殊景觀和環境條件，單獨發展出高度獨特的文化。

維京人的世界觀特別受到氣候的影響。或許是因為五三〇和五四〇年代出現大型火山爆發的事件，導致全球氣溫驟降、收成不好，維京人關於創世和末日的故事，是以樹木的生命和即將到來的「芬布爾之冬」（Fimbulwinter）這個事件來臨時，地球整個凍結，所有的生物都會死亡為主題。北歐人歌頌各式各樣的神祇，像是奧丁（Odin）、烏勒爾（Ull）、巴德爾（Baldr）、索爾（Thor）和洛基（Loki）。他們知道自己的生活也受到其他超自然生物的影響，包括瓦爾基麗（Valkyries）和菲爾嘉（fylgjur）等女性生命體，以及精靈、矮人和山怪等。在一個多變極端、與「他者」的連結鮮明而深刻的自然環境之中，他們處處都感覺得到魔幻和神祕的事物。[49] 跟這個看不見的域界互動時，他們所使用的方法，跟歐洲和中東的基督徒、穆斯林和猶太人遵守的禮拜儀式和制度化形式非常不一樣，包括留下食物祭品和活人獻祭。

對於維京人為什麼會在短短兩個世代內突然打破自己相對的孤立局面，大批湧入西方進行劫掠與殖民，歷史學家已經疑惑好幾個世代。政治動盪、文化革命、氣候變遷、人口壓力等各種可能的原因，都曾被提出來。[50] 就像所有的大問題一樣，這個問題也沒有一個直接的答案。但是看樣子，就在北歐世界的經濟狀況和普及科技正在發生變化的同時，法蘭克人的世界和他們建立已久的秩序也剛好瓦解。

從五世紀左右開始，北歐的造船技術持續在進步，可能是因為挪威當地長達一千英里且峽灣遍布的西岸，及北海周遭的其他地區帶來了不少貿易機會之故。[51] 船隻變得愈來愈大、愈來愈快，配有堅固的龍骨、強而有力的船帆，及深而平坦且長度超過二十公尺的船身，還有數量多到可以二十四小時輪班的船員。[52] 同一時間，年輕的維京男子應該出去闖盪、讓自己變富有的文化壓力變大了。在這個允許男人娶一個以上的老婆（可能也允許人們殺死女嬰）的社會，男性想要一段有聲望的婚姻得付一筆「聘金」，也必須宣傳自己的社會名譽。要提升這一點，最好的方法就是從事貿易和當海盜，或者兩者都做。

然後，在這樣的背景下，加洛林王朝又全面地改變了歐洲。因此，查理曼在位期間，北歐人對法蘭克人愈來愈感興趣。首先，查理曼征討薩克森人，將法蘭克王國的疆界往北推到貼近維京人家園的地方，自八一○／八一一年起，帝國北方多了一個「丹麥邊疆區」（Danish March），做為對抗北方異教徒的軍事緩衝地帶。再來，加洛林國王創建了許多修道院等基督教的神聖建築，在裡面裝滿許多寶物。換句話說，修士，也就是社會上體格最弱小的一類人，手中握有大量可移動的財寶。此外，很多修道院都靠海或臨河（比方說，努瓦爾穆蒂耶的聖菲利貝爾修道院就在羅亞爾河河口的一小塊土地上），或是位於距離世俗社會十分遙遠的地點，原本這些修道院是刻意遠離各種社會暴力，結果卻事與願違。

對於北歐這些移動力甚高、擁有地中海以外最精良船隻及兇惡程度的戰士，這些好處簡直是垂手可得，約克的阿爾昆甚至將他們比作古代哥德人和匈人。[53] 八三○和八四○年代，當法蘭克人的統治者陷入互相殘殺的內戰，最後造成一度堅不可摧的帝國一分為三，收成這些甜美果實的時機也到了。

從維京人到諾曼人

　　從九世紀中葉以降，法蘭克人只能努力接受他們的鄰居，是一個表面上十分機動，實際上已把野心延伸到整個西方世界的社會。幾乎沒有什麼地方是維京人到不了的，而在他們不斷往更遠的地方前進的同時，維京人發動的攻擊也開始出現本質上的變化。在八世紀末期，他們是以沿海地區為目標，進行砸窗搶劫式的小型突擊，但到了九世紀，他們卻發動以攻城、征服和殖民為目的的大型軍事活動。

　　幾乎每一個建立已久的地方勢力，都難以抵禦維京人的威脅。八六五年，維京人率領的「強大異端軍隊」入侵英格蘭，帶頭的可能是朗納爾的四個兒子，包括無骨的伊瓦爾（Ivar the Boneless，這個名稱可能源自他雙腳的殘疾）。在前幾個世代，維京人攻擊的目標是修道院，還有像倫敦、坎特伯雷（Canterbury）和溫徹斯特（Winchester）等發展蓬勃的城市。然而，現在這支強大的異端軍隊卻是配備完善的征服大軍，決心要擊敗統治著諾森布里亞、麥西亞（Mercia）、威塞克斯（Wessex）和東盎格利亞（East Anglia）等小國的薩克森國王。跟著軍隊一起來的，還有一個包含許多婦女在內的拓居社群，他們是前來定居的，不是只有劫掠。最後，他們成功了。八六九年，東盎格利亞的國王艾德蒙（Edmund）被維京人殺死。[16] 到了八八〇年代時，英格蘭約有一半被北歐人控制或直接統治。維京人的進攻，只有在威塞克斯國王阿菲烈特（Alfred）的英勇率領下，在漫長鬥爭之後才受到中止。在八七八至八九〇年間所擬定的一個條約中，英格蘭正式遭到瓜分，北部和東部有一大塊「維京人」的地盤，被稱作丹麥區（Danelaw）。丹麥區內有不同的法律體系，流通的是盎格魯－斯堪地

---

[16] 作者註：後來的聖徒傳說聲稱，艾德蒙說除非北歐人改宗基督教，否則就不交出王國，於是他就被綁在樹上，全身被箭插滿，然後才遭斬首。順帶一提，掌控伯裏聖埃德蒙茲王室宗祠（royal shrine at Bury St Edmund's）入口的修士非常吹捧這個傳說。

那維亞（Anglo-Scandinavian）的硬幣（有些上面刻有索爾的鐵鎚），使用的是新語言，地名也更改了。[17] 新舊神祇混在一起，因為殖民者同時引入北歐神話和採納基督教的儀式。北歐人對（部分或整個）英格蘭的興趣，會一直持續到一〇四二年丹麥和英格蘭國王哈德克努特（Harthacnut）去世為止。

但，英格蘭只是其中的一小部分。維京人也有在蘇格蘭和愛爾蘭海上的島嶼王國貿易、打仗、定居，像是奧克尼（Orkney）、蘇格蘭西邊的群島、曼島（Man Island）和安格爾西島（Anglesey Island）。在愛爾蘭本島，維京殖民者在都柏林周圍建立了一個重要的王國，這個都柏林王國是建立在一個活躍的奴隸市場上。被帶到愛爾蘭的奴隸可以被賣到遠至冰島的地方，跟最遠可從北非、波羅的海等西方各地不幸被抓來賣的奴隸，一起在奴隸市場摩肩擦踵。這個王國，將一直延續到十一世紀初。

同一時間，在數千英里外的東歐，愈來愈多的北歐人（被稱作羅斯人〔Rus'〕）開始往君士坦丁堡的方向前進。到了十世紀中葉，拜占庭皇帝已經非常羨慕北歐人的戰鬥能力，甚至招募維京人組成一支稱作「瓦蘭吉衛隊」（Varangian Guard）的貼身護衛，聖索菲亞大教堂至今還找得到北歐人的盧恩文字，可能是名叫哈夫丹（Halfdan）和阿里（Ari）的兩名侍衛刻下的。幾個特別大膽的北歐人，甚至從君士坦丁堡前往阿拔斯王朝所統治的波斯。根據阿拉伯學者、同時也是地理學家的伊本・胡爾達茲比赫（Ibn Khurradadhbih）所說，維京羅斯人在八四〇年代曾於巴格達進行貿易，他們把商品放在駱駝背上帶來當地，並喬裝成基督徒，因為基督徒享有的費率，比多神論者還優惠。[54] 很快地，在維京人的世界和阿拔斯哈里發國之間，絲綢和奴隸開始以破紀錄的速度進行貿易，阿拔斯王朝的銀幣迪拉姆

---

[17] 作者註：今天，在約克和其他曾經是維京人在英格蘭的殖民重鎮的城市，有些路名仍看得出北歐人的影響。例如，Coppergate、Stonegate和Micklegate這幾條路的名稱都源自古代北歐語的「gata」（意為「街道」）一字。

不斷湧入西方的斯堪地那維亞。[18] 維京人似乎永遠都在擴張自己的全球網絡和社群的邊疆界線。到了一○○○年左右，冰島、格陵蘭、甚至是「文蘭」（Vinland，位於今天加拿大的紐芬蘭〔Newfoundland〕，當地的蘭塞奧茲牧草地〔L'Anse aux Meadows〕曾出土一個維京人聚落遺址）都將成為斯堪地那維亞的拓居地之一。[19]

　　不過，現在先讓我們把焦點轉回入侵法蘭克世界的那群北歐人身上。朗納爾雖然在八四五年拿錢走人了，維京人對法蘭克諸王國的野心卻沒有因此而終止。反之，似乎有很多法蘭克人都覺得，北歐人很快就會成為這個地區最強大的勢力：八五七年，亞奎丹的丕平二世（Pippin II of Aquitaine）在跟叔叔禿頭查理爭亞奎丹的王權時，和維京人約好運用他們的軍事力量幫他打仗，控制住羅亞爾河谷。據說，丕平二世甚至背棄了基督教，去信多神教。最後，他在八六四年被殺。不過，整體而言，法蘭克統治者傾向抵抗維京人，而非試圖加入他們。丕平二世去世那年，法蘭克皇帝禿頭查理頒布了《皮特雷敕令》（Edict of Pîtres），在各種有關造幣、勞動法和難民處境等事務的法律公告之外，下令法蘭克臣民要做出貢獻，一起對抗維京人。例如，所謂的皇家造橋計畫，是要讓塞納河等容易被攻破的水道沿路都有固定的軍事化渡口，透過堡壘進行防禦，理論上便能阻擋北歐人的船隻過河。[55] 這個方法有一段時間發揮了效果，但卻沒有讓北歐人乖乖回去家鄉，而是把他們的注意力轉移到法蘭克地區的其他地方和英格蘭。

---

[18] 作者註：關於維京人怪異且時常極為殘酷的文化風俗，相關記述也跟著大量出現。跟伊本・胡爾達茲比赫差不多年代的阿拔斯大使伊本・法德蘭（Ibn Fadlan），他便使用生動得令人害怕的文字記下了維京羅斯人的另一面。他曾親眼目睹他們在替一個大人物舉行喪禮時，竟然給一個奴隸少女下藥，接著殘暴地強姦、殺害了她，讓她跟死去的主人葬在一起。

[19] 作者註：見第十五章。

在法蘭克人的世界裡，有許多地方沒有橋梁路障保護，這些地方的人肯定覺得自己永遠都在遭受攻擊。差不多這個時期，有一個修道院的編年史家便哀號著說：「北歐人不斷俘虜、殺害基督徒，毀壞教堂和房舍，燒掉村莊。大街小巷都躺著神職人員的屍首，還有俗人、貴族、婦女、孩童跟還在吸奶的嬰孩的遺體。每一條路、每個地方，都倒臥著死人。看見基督徒慘遭屠殺的人，沒有一個不滿懷悲傷與絕望。」[56] 很自然地，修士們很想知道上帝為什麼如此憤怒，才會派了維京人來。另一個編年史家認為，答案一定是他們犯下的罪過：「法蘭克王國……充斥著骯髒的卑劣行為……叛徒和做假誓者應該受到譴責，不信教的人得到了公正的懲罰。」[57]

到了八八〇年代，禿頭查理已經死了，他的橋梁防禦措施沒有用了，維京掠奪者又回來了。這次，他們直擊加洛林王朝的心臟。八八二年，一支維京軍隊進入萊茵河，前往查理曼位於亞琛的宮殿城市，而他們在上一個冬天才在菲士蘭燒殺擄掠。這群軍隊拿下了王宮，還把查理曼曾經很喜愛的皇家教堂當作馬廄使用。[58] 這些入侵者在萊茵蘭各處「透過飢餓或刀劍害死【基督】的僕人，或把他們賣到海外。」[59] 對這些編年史家來說，毀滅似乎永無止盡，因為他們幾乎所有人都住在修道院，所以是劫掠者最直接的目標；但是對這些北歐的冒險家而言，他們的生意正興旺。現代的一名歷史學家預估，九世紀在法蘭克地區活躍的維京人，透過偷竊、索取贖金和勒索的方式，總共得到約七百萬枚銀幣，相當於當時鑄幣總數量的百分之十四。以前，加洛林王朝就是透過劫掠邊境那些不信教的人才能變得有錢有勢，進而資助修道院；現在，讓人感到諷刺且令他們非常不舒服的是，情況完全顛倒過來了。獵人變成獵物。

八八五年，一支維京軍隊重返了巴黎，四十年前，朗納爾曾覺得此地非常容易打劫。這一次，巴黎的防禦措施做得比較好，但是維京軍隊仍圍攻這座城市，折磨當地居民將近一年。一個名叫聖杰曼的阿博（Abbo of St Germain）的修士所寫的著名紀錄《巴黎戰爭》（*Wars of the City of Paris*）在描述當時的混亂時，寫道：「恐懼瀰漫整座城市，人們發出尖叫，號角發

出鳴響……基督徒奮力回擊，四處亂竄，想要抵抗攻擊。」[60]

巴黎市民撐了整整十一個月，付出生命、自由和幸福等沉重的代價。終於，在八八六年十月，當時的加洛林國王胖子查理帶了一支援軍出現。但，讓巴黎人極為傻眼唾棄的是，胖子查理沒有用他的軍隊把維京人打成肉餅，而是仿效前人禿頭查理，給錢了事。在接下來的十年，維京人對法蘭克王國的攻擊緩了下來。但，八八〇年代發生的事件，卻大大影響了歷史發展。

對加洛林王國而言，維京人長達半世紀的攻擊十分致命。胖子查理因為對巴黎遭到圍城一事做出的懦夫舉動，承受了嚴重的傷害。相較之下，這座城市的領袖——巴黎伯爵奧多（Odo）——則因為願意起身反抗而被擁為英雄。因此，胖子查理在八八八年過世後，奧多被推選為西法蘭克國王，成為查理·馬特以來，第一個不是加洛林家族出身的法蘭克國王。今天，他被當成羅貝爾王朝（Robertian Dynasty）的第一位國王，這個王朝的名稱，是用來紀念他的父親強者羅貝爾（Robert the Strong）。雖然在他之後還會出現另一個加洛林統治者，而加洛林家族的各個分支也一直在試圖爭奪東、西法蘭克王國的王位，但直到十世紀中葉為止，卻再也沒有任何加洛林的成員，能夠像胖子查理曾經短暫做到的那樣，完整統治丕平和查理曼建立起的帝國。

家族的內部鬥爭、維繫如此龐大且文化多元的疆土和民族所會面臨的挑戰，再加上北歐人（還有東部疆界的其他敵人，像是從今天的匈牙利進入帝國發動大規模劫掠行動的馬扎爾人〔Magyars〕部落民族）的蹂躪，讓加洛林家族漸漸從舉足輕重變成無關緊要。他們在身後留給中世紀好幾個各自獨立的政體：西法蘭克王國變成法蘭西王國；東法蘭克王國變成一個以日耳曼和義大利北部為中心的帝國，日後將被稱作德意志王國或神聖羅馬帝國（Holy Roman Empire）；中法蘭克王國有時候被稱作洛塔林吉亞（Lotharingia），後來逐漸被侵吞。在中世紀很長的一段時間和現代初期

不算短的時間裡，法蘭西王國和神聖羅馬帝國一直是歐陸的強權。到了二十一世紀初，繼承兩個帝國的法國和德國，仍擁有同樣的地位。

不過，還有另一個政治實體，在加洛林和維京人的時代崛起。隨著時間過去，北歐人逐漸從劫掠者演進成比較傳統、主流的基督教西方國家。這些國家最明顯的例子有瑞典、挪威和丹麥等王國。不過，北海和愛爾蘭海周遭，也有一些知名的王國是由維京人統治，像是小島國奧克尼、愛爾蘭的都柏林王國和包含今天英格蘭大片區域的丹麥區，而位於今日俄羅斯、白俄羅斯和烏克蘭等遼闊疆域的基輔羅斯也是（留里克王朝〔Rurik dynasty〕則源自瑞典東部）。然而，這些國家對中世紀接下來的歷史發展，都沒有像維京人從法蘭克王國開闢出來的那塊領土一樣，這麼有影響力——那個地區就是諾曼第。

諾曼第的誕生跟八八五至八八六年間那起戲劇化的巴黎圍城事件有直接的關聯。參與那次征戰的維京人領袖當中，有一個名叫羅洛（Rollo）的將領，他有可能是丹麥人，後來的傳記作家聖康坦的杜多（Dudo of St Quentin）以過於浪漫但無疑極為聳動的文字，描述了羅洛的生涯。杜多說羅洛是個異常強韌頑固的軍人，「在戰爭的藝術方面訓練有素，極為殘酷無情」，通常「戴著一頂用黃金裝飾得非常華麗的頭盔，身穿一件鎖子甲」。[61] 在這格外血腥的時代，羅洛可說是當時最殘暴的人之一：有一次，他命令屬下把部隊中所有的動物殺了，將屍首砍成兩半，再用這些剛宰殺好的鮮肉建成臨時路障，因此贏得戰役。同時，羅洛是一個狡猾的談判者。在九世紀的後半葉，羅洛在法蘭克人之中過著舒適的生活，像所有野心勃勃的年輕北歐男子一樣，他燒殺擄掠，把城鎮村莊化為廢墟。十世紀初，他和他的維京同伴，已經把法蘭克人的統治者煩到忍無可忍，他們的人民也對戰爭絕頂厭倦。根據杜多的記載，九一一年，在被維京人劫掠一陣後，西法蘭克人向當時的國王坦率查理 [20] 請願，說法蘭克人的土地「跟沙漠沒兩樣，因為當地人口不是被餓死或殺死，就是被俘虜」。他們力促國王保護這片土地，「就算打仗打不贏，至少也要用談的」。[62]

坦率查理答應了。羅洛同意跟法蘭克人簽訂「愛和無法擺脫的友誼之約」，最後雙方可能是在跟羅恩和巴黎距離差不多、位於埃普特河畔的聖克萊（Saint-Clair-sur-Epte），簽下這份條約。根據條約的規定，羅洛會放棄劫掠、娶坦率查理的女兒吉塞拉（Gisla），並信仰基督教。他跟吉塞拉最後有沒有結婚無法確定──因為羅洛先前還抓了另一個名叫巴約的波帕（Poppa of Bayeux）的年輕女子，可能已將她納了妾或娶為妻。杜多寫到，他被「灌輸神聖不可侵犯的三位一體天主信仰，【並】讓自己的伯爵、戰士和整個武裝團體也受了洗，接受基督信仰的指導。」他也把自己的名字，改成跟他新認的教父羅貝爾（即未來的法蘭克國王羅貝爾一世）一樣。

對一個以搶劫教堂闖出名堂的人來說，這可說是一百八十度的大轉變。但，這是值得的，因為坦率查理為了回報他，把塞納河河谷延伸出去的所有土地全部都送給了羅洛，這塊地，便是後來人稱諾曼第的地區。現在，這位剛成為基督徒的維京人，除了擁有一片著名的肥沃地帶和一條擁有許多重要戰略港口的海岸線，得以監視前往鄰近英格蘭的船隻和所有的海上交通狀況，他還控制了通往巴黎的河道。

哪一方占了上風十分清楚，或至少對杜多而言是如此。這位編年史家透過一則軼聞趣事證實了這一點。在正式遞交條約給坦率查理並表示協議完成時，羅洛宣布：「我再也不會跪在別人面前，也不會再親吻任何人的腳。」他叫自己的手下代替他做了這件事。杜多寫到，這位戰士「馬上站著抓起國王的腳，舉到自己的嘴邊親了一下，導致國王倒在地上。有人大笑起來，人民發出抗議聲。」[63]

---

⑳ 作者註：坦率查理是西法蘭克王國的最後一位加洛林君主，統治時期正好夾在第一位羅貝爾國王奧多（八八八至八九八年在位）和第二位羅貝爾國王羅貝爾一世（Robert I，九二二至九二三年在位）之間。

就這樣，在可憐的法蘭克國王坦率查理倒頭栽的可笑畫面下，維京人的諾曼第公國誕生了。羅洛——現在改作羅貝爾——從九一一年統治到九二八年去世，他把位子傳給兒子長劍威廉，接著，威廉對鄰居發動軍事活動，擴張了諾曼第領土，最後在九四二年遭到暗殺。這時候，距離羅洛信仰基督教之時，已經過了兩個世代，諾曼人的「維京」本質應該已經消失了。但，事實卻不是如此。在這些領導人的統治下，北歐拓居者湧入諾曼第，他們雖然漸漸跟諾曼第的法蘭克人混居、結婚、交融，但是諾曼人在中世紀很長的一段時間裡，卻始終保有民族意識。

　　諾曼第公爵和法蘭西國王之間的敵對關係，將會在十一、十二世紀成為西方政壇一個突出且重要的特色，特別是羅洛的曾曾曾孫「私生子」威廉（William "the Bastard"），他在一〇六六年入侵了英格蘭，派遣艦隊跨越英吉利海峽、殺死對手哈羅德・戈德溫森（Harold Godwinson）後，他成功奪得了英格蘭王位，知名的巴約掛毯（Bayeux Tapestry），便用了類似漫畫的形式講述了諾曼第征服的故事，把威廉的船艦畫得跟維京人的海盜船很像，有著裝飾華美的雕刻船首和大而方正的船帆。[21] 諾曼第公爵將統治英格蘭統治到一二〇四年，在此期間，他將憑著英格蘭王室的財富和軍事資源，給法蘭西國王帶來了很多麻煩。所以，很多法蘭西國王都很怨恨坦率查理那天，為何要天真地把王國的一大角送給一群來自北方硬漢。

　　然而，說了這麼多，若要說諾曼第公爵跟他們的維京人祖先有哪一點完全不同，那就是他們的基督教信仰了。法蘭克人在好幾個世紀以前就信仰基督教，而就如我們前面所看到的，他們跟教會之間密切的政治與儀式連結，為他們帶來非常大的聲望和「軟」實力。相較之下，基督教還要很久之後，才會出現在北歐人的世界。就連在一一〇〇年代初期，在瑞典比

---

[21] 作者註：諾曼第的威廉是一〇六六年爭奪英格蘭王位的兩個「維京人」之一。另一人是挪威國王無情者哈拉爾（Harald Hardrada），他曾經是拜占庭皇帝御用瓦蘭吉衛隊的一員。

較保守的部落民族之間，多神信仰依然自在地跟步步逼近的基督教儀式混雜在一起。[64] 可是，殖民諾曼第的那些維京人就不一樣了，他們很早就果斷信仰基督教，而且不再走回頭路。

在九九六到一〇二六年間，統治諾曼第的公爵理查二世（Duke Richard II of Normandy），大概是最有趣的一個例子了。理查二世的奶奶是一個名叫史普洛塔（Sprota）的布列塔尼女子，是理查二世的爺爺長劍威廉在某次劫掠布列塔尼時擄到的女人，後來依照所謂的「丹麥方式」強迫她結婚。理查二世小時候跟北歐世界的親戚都有定期聯繫，也從未拒絕在他的軍事活動中雇用維京傭兵。但，他是一個兩邊都會顧及的公爵。一方面，他跟羅洛生活在同一個世紀，體內流著北歐人的血；另一方面，理查二世也無疑是法蘭克世界的人，他既是基督徒，也是第一個使用公爵這個稱謂的諾曼第統治者，還委託聖康坦的杜多撰寫了他的家族史，讓後人可以了解羅洛在法蘭克世界改宗和掌權的來龍去脈。

因此，理查二世非但不會搶劫修士，還積極地贊助、支持他們，而且這個行為，不僅是在諾曼第。這位同時擁有維京血統和法蘭克氣質的公爵因虔誠慷慨聞名，每年都有基督教修士從埃及的西奈沙漠（Sinai desert）千里迢迢跋涉五千公里的路，到諾曼第請求理查二世布施，讓他們能維持生計。[65] 原本的非法盜獵者，現在成了世界知名的獵場看守人。

諾曼人的發展，將一路從教會的心頭大患轉變成它最堅貞的守護者，這在第八章談到十字軍運動時就會看到。但是，在那之前，我們要先看看十到十二世紀之間，還有哪些勢力的興起形塑了西方世界。跟我們目前為止所探討的那些勢力不同，接下來要提到的並不是什麼帝國或王朝，而是以宗教和軍事見長的跨國界運動。我們在後面兩章所要討論的族群，恐怕是中世紀最歷久不衰的典型人物了，每當想起這個時期，他們的形象就會立刻浮上腦海，而他們的服裝打扮也仍是角色扮演的主流。

他們是修士和騎士。

(6) 修士

　　在九〇九或九一〇年的某個時間點，亞奎丹的威廉公爵（Duke William of Aquitaine）被迫為自己的獵犬尋找新家。當時，這位公爵決定蓋一間新的修道院，為了尋求建議，他去找了當時最受敬重的修士伯諾（Berno）。伯諾自己以前也是個貴族，但是後來放棄了浮華世界，全心全意讚美、服侍上帝。[1]他原本已經蓋了一間自己的修道院（位於東部的吉尼〔Gigny〕），接著又被請到附近的博姆萊梅謝於爾（Baume-les-Messieurs）主持另一間修道院。在伯諾的領導下，兩間修道院都因為管理品質、秩序井然的生活方式，還有嚴苛的紀律而出名。伯諾底下的修士常常因為輕微違紀被鞭打、關在房內或挨餓。但，這些不見得被當成壞事，反而提高了伯諾身為一個業績優秀又強硬的修道院執行長的名聲。威廉找上伯諾，等於找了整個法蘭克國度在修道院這件事上最頂尖的權威人士。

　　但，根據後人的描述，伯諾參與這個新計畫後，馬上給公爵出了一個難題。他為這間新的修道院找到的最佳地點，是一個位於克呂尼（Cluny）的打獵小屋，就在威廉的其中一座勃艮第莊園裡。公爵很喜歡這個地區以及小屋四周的獵場，並在那裡養了許多獵犬，好讓他可以享受狩獵的刺激。可是現在，伯諾告訴他克呂尼是唯一一個適合蓋修道院的地方，他的狗必須另外找狗舍了。

　　根據後來一部編年史的記載，威廉說：「不可能，我不能遷走我的

狗。」

　　這位修道院院長回答：「把狗搬出去，讓修士搬進來。你很清楚上帝會為了狗給你什麼獎勵，又會為了修士給你什麼獎勵。」[2]

　　威廉只好勉為其難地答應了。為了這個可以拯救他靈魂的虔信機構，他同意犧牲狩獵小屋。在妻子昂熱爾伯嘉（Engelberga）點頭後，他擬好了特許狀，把修道院交給聖人彼得和保羅保護，而他們不在人間時，則交由羅馬教宗保護。伯諾將負責監督，看著這個地方轉變成一群修士的居所。來到此地居住的教友將仰賴周遭的林地和草原、葡萄園和魚池、村莊和農奴（在法律上有義務要耕作土地的不自由農夫）所供養。他們則必須進行一輪又一輪不間斷的禱告和獻身、為路過的旅人提供吃住、過著令人敬重的禁慾生活，遵守《聖本篤準則》（Rule of St Benedict），也就是六世紀的修士努西亞的本篤（Benedict of Nursia）在義大利南部制定的一套修道院行為規範。教宗是他們的監護人、伯諾是他們的院長，而威廉公爵和他的繼承者，則是他們的金主和實質的保護者。

　　於是，一間修道院就這樣誕生了，整個過程從表面上看來並沒有很不尋常。在加洛林王朝的時代，很多有錢的法蘭克人都會蓋修道院，社會上也有很多想當修士和修女的人可以住在裡面。[3] 但是，跟當時的許多修道院相比，克呂尼修道院不一樣的地方是，威廉公爵為自己和後裔爭取的控制權很少。威廉可以要求他的家族有權利指定克呂尼修道院未來的院長，並實際參與修道院的經營，但他沒有。反之，他承諾伯諾和克呂尼日後所有的修士，都可以自我管理，免受世俗力量甚至當地主教的干預。根據機構特許狀的內容，任何試圖插手克呂尼修道院事務的人，都會受到永恆地獄和被蟲啃噬的苦。此外，他們也會被罰一百磅。[4] 唯一能夠完全不受傷害且完全獲得自治的中世紀修士，就只有克呂尼修道院的居民了。

　　工程在九一〇年左右開始。這是一個成本高昂的浩大工程。伯諾和他邀請前來居住在此的修士們需要教堂、公共空間、宿舍、食堂、圖書館、個人小室和研修空間，還有僕人所需的廚房和牲畜棚。這耗費了許多年才

完成，威廉在九一八年或伯諾在九二七年離世時，修道院都還沒建造完畢。

　　但是，就算克呂尼修道院的建設很緩慢，沒有壟罩在上帝的榮光、而是壟罩在工人揚起的灰塵之中，這依然會變成中世紀西方歷史上一件意義非常重大的事件。在接下來的兩百年，修道院蓬勃發展，孕育了許多不同類型的修道院制度，除了本篤會，還有熙篤會（Cistercians）、加爾都西會（Carthusians）、普雷蒙特雷會（Premonstratensians）、三位一體會（Trinitarians）、吉爾伯特會（Gilbertines）、奧古斯丁會（Augustines）、保祿會（Paulines）、塞萊斯蒂會（Celestines）、道明會（Dominicans）和方濟各會（Franciscans），以及聖殿騎士團（Templar knights）、醫院騎士團（Knights Hospitaller）和條頓騎士團（Teutonic Knights）等武裝修會。然而，成長為全歐洲最顯赫修道院的，卻是位於勃艮第的克呂尼修道院，它的影響力將觸及整個法蘭西、乃至於英格蘭、義大利、伊比利半島和日耳曼西部。從十世紀中葉起，它便成為一個國際組織的總部，巔峰時旗下擁有數百間子修道院。這些修道院全都是克呂尼修道院院長的下級，而這位院長握有驚人的財富和經濟資源。到了十一世紀晚期，克呂尼修道院院長的地位跟國王和教宗相當，會參與當時最高等級的對話和衝突。克呂尼本院下轄的各個修道院，就好比麥當勞的分店，在萊茵河以西的任何地方幾乎都找得到，尤其是在朝聖者拜訪聖地時會途經的國際路線上，如西班牙西北部的聖地亞哥德孔波斯特拉（Santiago de Compostela）。沒錯，克呂尼修道院在日耳曼並沒有什麼據點，在東歐和中歐的基督教地區勢力也不大，更別提發展出一套獨特「東方」修道院制度的拜占庭了，但是儘管如此，有數個世代，克呂尼修道院具備了相當少見的跨國、跨界「軟」實力。[1] 除此之外，克呂尼體制還帶動了另一場更廣泛的修道院風潮，改變

---

① 作者註：用一個非常勉強的例子來比喻，就像是今天那些不隸屬於國家的企業巨頭和社群媒體企業家所擁有的財富和權力，像是亞馬遜的傑夫・貝佐斯和臉書的馬克・祖克柏。

教會和國家之間的關係，重新刺激、塑造基督教世界的文化生活，進而改造識字、建築、高雅藝術和音樂等，宗教儀式以外的領域。

克呂尼修道院本身就是這一切最好的例子。今天，造訪的遊客能看到的東西雖然少得可憐，因為只有一小群建築還保留著，僥倖沒有在十八世紀法國大革命期間被對文化藝術無感的反教權人士炸掉，但是想當年，克呂尼修道院可是擁有稱得上是全世界最宏偉的教堂，甚至堪比羅馬的聖伯多祿大殿和君士坦丁堡的聖索菲亞大教堂。克呂尼修道院教堂長一百五十七公尺左右，使它從原本的狩獵小屋和狗舍，變成歐洲最大的一座建築，它既是世界級圖書館和藝文中心的所在地，也是由一群由虔誠信徒所組成、具有名望菁英社群的家園，它更是修道院主義（monasticism）黃金時期的心臟地帶。從它的故事，我們可以深入探討一段修道院活動頻仍、充滿發明與成長的時期。這段時期，以及隸屬於各個修會、擁有各種生活型態的修士，共同所帶來的影響將可以在整個拉丁世界[②]感受到，直到中世紀的尾聲。

從沙漠到山頂

想知道當修士究竟是怎麼一回事，〈馬太福音〉裡基督講述的富有公子哥故事做了最好的總結。耶穌說：「你若願意作完全人，去變賣你所擁有的，分給窮人，就必有財寶在天上；然後來跟從我。」[5]

基督對年輕人說了這番話，但是他不聽。他哀嘆放棄錢財對他來說實在不太可能，然後就走了（基督接著說了有關駱駝和針眼的著名譬喻[③]）。

---

② 作者註：所謂的拉丁世界，指的是以拉丁語、而非希臘語、阿拉伯語或其他中世紀常見的語言為主要通用語言的地區。

③ 作者註：〈馬太福音〉十九章二十四節：「我再告訴你們，駱駝穿過針眼比財主進上帝的國還容易呢！」

然而，幾百年後，人們的觀念改了。從三世紀開始，在羅馬近東地區的整個基督教世界，虔誠的男性（及一些女性）做出了一個結論，那就是為了拯救自己的靈魂，他們必須讓生活中完全沒有奢侈、浮華和誘惑。他們開始拋棄自己的財物，離開世俗世界，前往荒郊野外，過著物質貧乏但道德純淨的生活，他們每天禱告、思索世間，靠捐獻和拾荒維生。

就像西方一神教在一千紀出現的許多重要發展一樣，這個被歷史學家稱作「禁慾主義」（asceticism）的趨勢，也是從近東地區的沙漠興起的，尤其是在埃及。在埃及的基督教禁慾主義者當中，最有名的一人就是聖安東尼（St Anthony the Great）。聖安東尼就是一個有錢的公子哥，是一個富有家庭的兒子和繼承人。二十歲時，他到教堂聽見基督有關貧窮的勸言，馬上「賣掉自己所有的財產，把收益送給窮人，自此過著隱士的生活」。[6] 他致力於克己，是在他之後許多世代的修士的傳奇典範。跟聖安東尼同時代的亞歷山大港主教亞他那修（Athanasius），在一部饒富趣味（而且長期受到歡迎）的聖徒傳中，記錄了這位隱士的困苦與事蹟。根據這本書的記載，安東尼在山洞裡經常受到化身成小孩、猛獸、成堆寶物或巨怪的惡魔所騷擾。④ 幸好他有強大的毅力和信念，才得以抗拒這些妖魔鬼怪。同一時間，他樹立了很好的榜樣，讓其他隱士和徒弟受他辛苦勞動和嚴苛禱告的生活所啟發。雖然過得這麼艱辛，安東尼還是活到了一百零五歲（至少據說是如此），死後被尊稱為修士之父。[7] 不過，他絕對不是當時唯一一個名聲顯赫的禁慾主義者。基督教發展初期誕生了許多「沙漠之父」和「沙漠之母」，包括：安東尼的第一門徒馬卡里烏斯（Macarius）；開啟「團體修道」（cenobitism，也就是禁慾主義者住在一起的生活方式，演變成後來的修道院）先河的羅馬士兵帕科繆（Pachomius）；改過自新

---

④ 作者註：聖安東尼的古怪奇異遭遇激發了許多後代藝術家的想像力，如耶羅尼米斯·波希（Hieronymus Bosch）和米開朗基羅等中世紀晚期的大師，以及多蘿西婭·坦寧（Dorothea Tannin）和達利（Dalí）等現代畫家。

的土匪「黑人摩西」（Moses the Black）；來自亞歷山大港的女隱士辛克萊蒂卡（Syncletica of Alexandria）；還有同樣來自亞歷山大港的狄奧多拉（Theodora），她女扮男裝加入一個男性禁慾主義者的團體，死後才被發現是女兒身。

這些早期的禁慾主義者是一群不拘一格、具有開創精神的虔誠基督徒，他們擁有實驗精神、個性通常很古怪（在我們看來），但是都強烈渴望在偏遠不宜人居的地方經歷極端的物質匱乏生活。他們一起創造了中世紀修道院主義的精髓，在接下來的一千一百年間，將有無數個世代的修士和其他禁慾主義者會效法他們。

修士運動（monastic movement）在沙漠中興起後，在三到六世紀之間穩定成長，慢慢從埃及拓展到東、西方基督教世界的各個地區。早期比較著名的重鎮有：卡帕多奇亞的凱撒利亞（位於今天土耳其的開塞利〔Kayseri〕）、阿奎萊亞和馬爾穆蒂耶（Marmoutier，位於今天的法國）。其中，馬爾穆蒂耶是一個特別的聖人馬丁（Martin）活動的地方，他原本是羅馬軍隊裡的騎兵軍官，在看見基督的光芒後，便放棄殺人無數的軍旅生涯，變成圖爾的隱士主教。[8]

修士大致上可分兩類。第一類是單獨活動的隱士，有的會跑到前不著村、後不著店的地方（極端一點的可能會選擇變成「柱子隱士」〔stylites〕，住在柱子的頂端），有的則在城鎮和鄉村遊蕩，講道、乞討、為普通的俗人提供性靈指引。第二類是群居隱士，他們會形成單一性別的團體，通常一起住在有公共區域和個人小室的固定住所裡禱告學習，苦行度日。在整個中世紀，隨處都找得到這兩種修士（修士這個字的英文源自希臘文的μονος，暗示與上帝合而為一），甚至到今天都還存在。兩種修士也都令紮根已久的教會頗為驚駭。禁慾主義者會破壞傳統的社會階級制度，因為他們大部分都是虔誠的俗人，不是經過任命的神職人員。因此，他們不歸主教管轄，而且時常會奪走教會「官方」代表的威信和慈善捐

贈。四五一年在拜占庭舉辦的迦克墩公會議，便試圖強迫修士住在修道院裡，不要再四處流浪，但卻沒有什麼持久的效果。[9] 首先，要控管個人的虔誠行為實際上非常困難。再來，中世紀初期的全球文化網絡相當廣闊強大，表示過著修士生活的人們，已遠遠超出君士坦丁堡的紀律之外。到了五世紀，基督教修士已經出現在愛爾蘭和波斯等地。有基督教的地方就有修士，很長一段時間以來，似乎沒什麼辦法可以為這種隨興又充滿活力的地方性次文化，帶入任何秩序與紀律。

義大利人努西亞的本篤無疑是讓修道院（至少是西方的修道院）變得制式化和一致化最重要的人物。本篤的一生有很多細節難以確定，[⑤] 因為他跟聖安東尼一樣，是一部極受歡迎的聖徒傳的主角。這部聖徒傳的作者是教宗額我略一世，而他並不是為了通過歷史真實性的考驗才寫這本書。不過，就我們所能判斷的，本篤似乎是在四八〇年左右出生。他有一個雙胞胎妹妹思嘉（Scholastica），兩兄妹來自一個富裕的家庭。本篤在羅馬住了一段時間，年輕時便離開那座城市，「放棄念書，放棄父親的房子和財產，決心服侍上帝。」根據額我略一世所說，本篤要找「一個可以讓他實現他神聖目的的地方」。他在拉齊奧（Lazio）的蘇比亞科（Subiaco）附近的一個洞穴裡，找到了這樣的地方。[10] 在那裡，一個更有經驗的禁慾主義者蘇比亞科的羅曼努斯（Romanus of Subiaco），教導了本篤怎麼當隱士。但，本篤的名聲很快就超越老師，被人找去經營附近的一間修道院。

本篤一開始雖然不願放棄洞穴的刻苦生活、接受團體生活，但是他不久後便開始發展得很好。根據額我略一世的聖徒傳，他行使了許多奇蹟。不滿他嚴厲管理方式而心生怨恨的修士，曾無數次想下毒害他，但他都逃過了；他把一個被倒塌的牆重壓的小男孩救了回來；他靠機智勝過一個假裝自己是哥德王托提拉（Totila）的哥德人利戈（Riggo），然後因為預測真

---

⑤ 作者註：有些歷史學家甚至認為，本篤可能根本不是一個人，而是額我略一世為了說教目的創造出來的一個「理想型」修道院院長的象徵。

正的托提拉的死期而讓利戈心神不寧（後來證實本篤的預測很準）；他似乎有第六感可以知道他底下的修士有沒有偷藏酒、收禮物（修士禁止擁有私人財產）或甚至懷有驕傲的想法；他會驅魔、讓人死而復生，還幫一個瘋女人恢復理智。他一年會見住在修女院的妹妹思嘉一次，[⑥] 而她也能夠行奇蹟，包括在她需要時說服上帝召喚雷雨。

然而，最重要的事情是，努西亞的本篤在義大利南部創建了十二間修道院，其中一間位於羅馬和那不勒斯中間的卡西諾山（Monte Cassino），坐落在絕佳的山頂位置，該地原本是一間供奉羅馬神祇朱庇特的廢棄神廟。為了確保卡西諾山和其他類似的機構都能依循他的標準，本篤「為修士寫下了思慮相當周到、文字也極具說服力的規範」。[11] 本篤說，修士遵守這套規範訂下的原則，就能永遠放棄「自我意志，憑著強大高貴的服從武器……為真正的王、主基督戰鬥。」[12]

《聖本篤準則》不是世界上第一套問世的修道院規範：四○○年左右，希波的聖奧古斯丁（St Augustine of Hippo）在北非有寫過一套；在五一二年，亞爾的奮瑟利（Caesarius of Arles）也特別為女性寫了一套規範，就叫《貞女的準則》（*regula virginum*）。《聖本篤準則》甚至稱不上有新意，因為它大量借用了五世紀禁慾主義者約翰·卡西安（John Cassian）所寫的內容，還有六世紀一個稱作《大師準則》（*Rule of the Master*）的匿名文本。但，《聖本篤準則》簡潔、優雅、影響力大，之後將成為無數個世代的西方修道院的典範。照他的規矩生活的修士就稱為本篤會修士或黑修士（因為規定只能穿黑色長袍）。

《聖本篤準則》共有七十三個章節，替在修道院院長指導下住在一個社群裡的修士，訂立了生活基準。最核心的原則包括禱告、讀書和勞動，

---

⑥ 作者註：也就是過著團體生活的女修士所居住的地方，這類機構的歷史跟僅限男性居住的修道院一樣悠久。根據文獻記載，思嘉的修女院位於今日的皮尤馬羅拉（Piumarola），但考古證據並未肯定這一點。

輔以節儉生活、個人貧窮、貞潔和飲食限制。準則中有提到修道院的階級制度；哪些食物可以吃（或不可以吃）、應該何時吃；睡覺如何安排、衣服怎麼穿、販售自己農產品的條件、交通方式，甚至是露出微笑的頻率。違反規範的人所會受到的懲罰，輕則被訓斥，重則被逐出教會，不過生病的人可獲得赦免。這套準則夠詳細，可以供想要得到指引和確定感的修道院院長採用；但同時也夠有彈性，能讓不同的修道院具有一定程度的獨特性。總之，這是一個優雅又思想周全的作品，也因此額我略一世才會在撰寫本篤的生平時加以讚賞推廣。額我略一世寫到，遵循這套準則的人或許就能「了解【本篤】所有的生活方式和紀律」。[13] 只要遵守這可以稱之為神聖演算法的指令，任何修士都能追求完美。就像聖安東尼在沙漠裡樹立起榜樣，讓羅馬帝國早期的禁慾主義者得以遵循一樣，現在本篤在卡西諾山的山頂上，也為修道院的生活方式寫好了可以按部就班執行的食譜。在接下來的世代，這一切將輸出到西方基督教世界的各個地方。

朝向黃金時期邁進

七世紀下半葉，努西亞的本篤死後一百年左右，他和雙胞胎妹妹思嘉的骨骸被人從卡西諾山的墳墓挖出來偷走了。那時候，修道院因為在五八〇年遭倫巴底人洗劫，已成了廢墟，要一直到七一八年才會重建、重新有人居住。所以，根據後來的文獻記載，這些盜墓人認為自己其實是在做善事。原來，這些人也是修士，來自北邊數百英里外的法蘭西中部。他們透過禁食得到的異象，加上當地養豬人的協助，找到了墳墓的準確位置。經過一番努力——他們得切穿兩片厚重的大理石板——之後，他們找到了本篤和思嘉的遺骸，將它們取出來，清洗過，然後「放在乾淨的亞麻布上……要帶回他們法蘭西的家。」[14] 更精確地說，他們的家是位於弗勒里（Fleury，後來叫作羅亞爾河畔聖伯努瓦〔Benoît-sur-Loire〕，位於巴黎正南方約一百五十公里）的修道院。這間修道院的院長摩摩盧斯

（Mommolus）非常識貨。他說，包著遺骨的亞麻布現在似乎奇蹟地沾滿了聖血，表示這些骨頭肯定是貨真價實。於是，這些骨骸被崇敬地下葬在聖物箱，讓弗勒里修道院迅速成名。[7]

　　聖本篤死後從義大利被遷至法蘭克人的領土，不單單只是一件令人興奮雀躍的事而已。這起搶案的影響十分長遠，在接下來的一百年間讓阿爾卑斯山以北地區，對聖本篤和他所訂立的準則重拾極大的熱忱。在中世紀早期，墨洛溫王朝所統治的高盧地區，便已存在各式各樣的修士，其中愛爾蘭修道院主義的影響尤其大，強調極端的困苦和為了傳教浪跡天涯，著名的人物有高隆（Columba）和高隆邦（Columbanus）[8]這兩位傳教士聖人。[15]可是，當時對於如何經營修道院有很多不同的看法，哪個方法最好並沒有一致的共識。因此，住在同一個團體的修士和修女要遵守一大堆雜亂無章的規定，而這些規定都是他們的院長需要時才制定或編纂出來的。那時候，修士團體和詠禮司鐸團（Canons Regular，住在一起的神職人員，擁有一套自己的規範，但是可以持有私人財產，並跟周遭世界的人事物互動）的差異往往很難區分。然而，本篤的出現將改變這一切。[16]

　　就跟法蘭克王國在中世紀早期的許多發展一樣，這次帶來改變的也是加洛林王朝。我們在第五章提到，查理曼迅速擴張、集中了法蘭克王國的權威，讓西方基督教帝權的概念重新復甦。同時，他也對學識和宗教建築

---

[7] 作者註：弗勒里的本篤會修士現在依然有在維護聖物箱，但是應該注意的是，卡西諾山的修士今天不會同意這裡寫的任何一個字。他們完全不認同本篤和思嘉的遺骨有被遷移過，並維護著自己的聖物箱。他們的聖物箱以一顆黑色大理石為標記，上面刻的文字說明這對雙胞胎安息在他們教堂的主祭壇下。順帶一提，這座教堂在二次世界大戰遭同盟國炸成平地，二十世紀才又重建。

[8] 作者註：聖高隆將基督的話帶到蘇格蘭，並在那裡做了許多了不起的事蹟。據說，他把一隻在尼斯河作怪的兇猛生物驅逐到尼斯湖深處，這似乎便是尼斯湖水怪傳說的起源。高隆在五九七年葬在愛奧那島（island of Iona）上，但他的遺骨在維京人入侵期間被遷走，帶到愛爾蘭海兩岸許多個不同的地方。跟他同時代的聖高隆邦則去了更遠的國度，到墨洛溫法蘭克王國各地和阿爾卑斯山另一側的倫巴底。

的興建十分有興趣。因此，不意外地，他當然會想把自己領土內的修士變得一致化。查理曼和他的兒子虔誠者路易都認為《聖本篤準則》很好用，可以為基督徒的行為舉止帶來秩序，並對人民的日常生活行使有意義的帝權。修士是個特別急迫的問題，因為他們處在一個很尷尬的位置，不在教會直接的掌控之中，既不用對主教負責，也不用對世俗君王負責。此外，在剛征服的多神論地區創建本篤會修道院，也是在帝國邊境提倡優良基督徒傳統的可靠方法，等於是將殖民和傳教合而為一。最後，加洛林君主知道修道院是唯一真正提供優質教育的管道，天資聰穎的年輕人在學習理解基督教經文之餘，也能學學拉丁文和古代世界流傳下來的異教徒著作。[17]因此，查理曼和虔誠者路易都以《聖本篤準則》做為治理國家的重心。這是西方教會史上決定性的一刻。

負責執行這項宗教政策的人也叫本篤，但他來自阿尼昂（Aniane）。阿尼昂的本篤被賦予各種權力，以便在法蘭克王國各地進行改革。他精力充沛地接下這份任務，即便在他生命將盡時，他仍在八一六到八一九年間於亞琛富麗堂皇的宮殿中，舉辦了一連串的基督教會議。在這些會議上，虔誠者路易和阿尼昂的本篤命令法蘭克王國境內所有的修道院，都應該依循標準化的做法：要有一致的入院程序、對院長服從、生活型態專注在禱告、工作和研修，另外最重要的是要遵守《聖本篤準則》，如果要加以擴增，只能額外制定符合《聖本篤準則》精神的規定。修士如果覺得自己無法適應這麼嚴苛的生活方式，就要爭取神職人員的身分，加入教會的機構，由當地主教管轄。

因此，在法蘭克王國裡有兩條路可以選，不是加入教會本身，就是遵守帝國認可的《聖本篤準則》。這並沒有讓基督徒宗教生活的每個層面馬上變得整齊劃一，畢竟加洛林王朝的國土實在太遼闊了。但，這讓本篤會的做法變成歐洲大部分地區的常態。從這一刻起，每一個主流的修道院運動都將建立在聖本篤的標準上，包括十世紀的克呂尼修道院——我們現在就回頭來看看。

　　亞奎丹的威廉公爵把自己位於克呂尼的狩獵小屋交給伯諾院長，並請他改造成修道院時，公爵很清楚這會是什麼樣的一間修道院：一個經營得很好的本篤會機構，並將由一位嚴厲的院長治理，不受教宗以外的任何凡間勢力所影響。儘管如此，威廉當時不可能會知道克呂尼修道院之後將變得多麼成功、多麼強大。

　　伯諾在九二七年去世前，將掌管克呂尼修道院的重責大任交給了新院長奧多（Odo）。奧多兒時曾在威廉公爵家中接受戰士訓練，但在十多歲經歷信仰危機後，他跑去當一名洞穴隱士。其後，奧多到伯諾嚴格管理的波姆修道院（Baume Abbey）當修士，因無人可敵的謙遜特質而出名。奧多繼承伯諾當上克呂尼修道院的院長之後，完成了修道院第一階段的建造工程。他為了讓威廉公爵的興建特許狀獲取皇室和教宗的認可，成功從其他支持他們的貴族那裡要到土地和資金，並維持伯諾嚴格執行《聖本篤準則》的傳統。因為最後這一點，使得他將不是一個很親切的院長：克呂尼修道院的修士常常因為小小的過錯（例如吃飯時沒有把盤子裡的食物碎屑吃乾淨）就受到嚴苛的懲罰。

　　不過，最重要的是，奧多開始將克呂尼本院的高標準輸出到其他修道院。他猶如某種獨立作業的標準視察員，會到法蘭西中部的修道院參訪，然後針對該如何改善團體生活提出建議。這些建議幾乎都是要修道院回歸從事體力勞動和不間斷地禱告這兩大原則。奧多是個除非絕對必要否則堅決保持沉默的人，並堅持嚴格控管飲食，不吃任何肉類。他對服裝也極為嚴謹。據他的傳記作家薩萊諾的約翰（John of Salerno）所說，他主要的興趣包括「藐視人間，其次是熱衷靈魂、改革修道院和修士的穿著飲食」。[18]

　　然而，奧多的做法聽起來雖然很嚴厲，但是這樣的改革似乎相當必要。除了加洛林君主等人一再要求修道院應該要經營好一點、遵守《聖本篤準則》之外，當時流傳下來的文獻，也充斥著修道院標準退步的可

怕實例，可以看得出來，修士與修女決定給自己放鬆一下，享受與世隔絕的優點。八世紀來自英格蘭北部的修士、同時也是歷史學家的比德，他便記錄了在科爾丁厄姆（Coldingham，位於今天蘇格蘭的伯立克郡〔Berwickshire〕）一間雙重修道院（由一位院長治理、同時擁有修士和修女兩個團體的修道院）所發生的典型難堪事蹟。比德表示，那裡的修士和修女有一半的時間都待在床上，有時候還躺在一起。他們的小室「變成吃喝與八卦的地方」，修女「整天只會編織漂亮的衣裳……把自己打扮成跟新娘一樣或吸引陌生男子的注意力。」[19] 就算把頑固派比德厭惡女性的天性考量在內，就算他很有可能犯了確認偏誤的毛病（因為要找修道院不完美的例子，所以很容易就找到了這類案例），他的記述依然生動描繪了這些所謂禁慾主義者之間道德散漫的狀況。⑨ 然而奧多從來沒有到過不列顛群島，因此那裡的改革發生在一個世代以後，由英格蘭教會內部的坎特伯雷大主教鄧斯坦（Dunstan）、溫徹斯特主教埃塞爾沃爾德（Aethelwold）和約克大主教奧斯華（Oswald）所領導。但，奧多決意剷除的，就是像比德所描寫的那類不檢點行為。

科爾丁厄姆的例子，可能是要給墮落的修士和修女一個嚴正的警告，因為根據比德所說，上帝「因其成員的邪惡」，讓這間修道院失火燒毀了。[20] 但是，奧多到愈多歐洲修道院宣揚克呂尼修道院的模範時，就愈發現該做的事很多。當然，他拜訪的修士並不是每個人都很高興見到他。奧多到

---

⑨ 作者註：當然，我們務必謹慎看待有關修道院惡行的文字敘述，因為「壞修士」是整個中世紀晚期抱怨與幽默書寫中常見的典型譬喻。十四世紀的喬叟（Geoffrey Chaucer）和薄伽丘（Giovanni Boccaccio）也有寫到刻板印象裡那些貪婪、懶惰、無法克制性慾的「禁慾主義者」。薄伽丘的《十日談》（Decameron）便有一則非常具有娛樂效果的故事，講到一個俗人為了留在一間修女院而裝聾作啞，最後變成包括女院長在內的九名修女的性奴隸。這樣的故事情節（和它所要傳達的諷刺感），跟一九七〇年代的經典性喜劇電影《窗戶清潔工的自白》（Confessions of a Window Cleaner）相去不遠。關於薄伽丘，請見：Steckel, Sita, "Satirical Depictions of Monastic Life", Beach, Alison I. and Cochelin, Isabelle (eds.), The Cambridge History of Medieval Monasticism in the Latin West II (Cambridge: 2020), pp. 1154–1170。

弗勒里（本篤和思嘉遺骨的安葬處）進行改革時，那裡的修士就用矛和劍威脅他。他們後來聲稱是因為維京人的劫掠活動讓他們對外人疑神疑鬼，但是不管怎樣，奧多後來讓他們冷靜下來，開始做事，改善了他們的服從度，然後繼續前往下一個地方。在接下來的十年間，他把克呂尼改革引入遠至諾曼第和義大利南部的修道院，甚至包括卡西諾山。奧多的專長之一，就是讓修士回到被異教徒（尤其是維京人、西班牙北部的穆斯林和來自中歐和東歐的斯拉夫人）攻擊後遭到荒廢的修道院。當他到一間修道院進行改革時，他通常會留一個自己信任且有經驗的修士在當地，確保修道院繼續維持他的標準。[21] 這些人大多不是擔任院長的角色，而是副院長，上級則是克呂尼本院的院長奧多。這樣的做法很快就系統化，每進行一次改革，克呂尼修道院院長的權威就擴張一次。他不再只是單一修道院的領袖，還會巡迴各地為其他修道院進行疑難排解，積極地將剛改革好的修道院，納入克呂尼修道院的宗教社群。奧多在九四二年過世時，已經把克呂尼改革的名聲和品牌帶到西歐各處。

到了十世紀中葉，克呂尼修道院已經變得愈來愈有名。更棒的是，它成名的時機剛剛好，因為資金和土地正大量湧入修道院的世界（特別是西方），團體性靈生活成了一門蓬勃發展的生意。本篤會修道院開始用類似克呂尼修道院的方式來自我改革，變成各地的修道院復興重鎮，像是位於法蘭西東北部梅斯（Metz）附近那間壯觀的戈爾茲修道院（Gorze Abbey）。當時，日耳曼統治者在國土內成為建立、贊助本篤會修道院的主要人物。同時，基督教推進到歐洲的其他地區，也把禁慾主義的生活方式帶到當地。波希米亞（位於今天的捷克）、匈牙利、波蘭和丹麥的統治者，紛紛在十和十一世紀信仰基督教，並常常會在國境內興建修道院以紀念此事，像是波蘭最早的修士，便是以半拓居者、半傳教士的身分，從附近的拉溫遷徙來的。他們在波蘭公爵波列斯瓦夫一世（Boles aw the Brave）的保護下設立了一間修道院，但是後來很不幸地全都被強盜殺害。[22] 不久後，在十

字軍運動期間，巴勒斯坦和敘利亞也會建立西方的本篤會修女院（位於耶路撒冷的聖址和河岸城市安條克）。[23] 然而，意圖打入國際的新創品牌克呂尼修道院，是最會利用湧入這個市場內錢財的組織。

即將邁入二千紀時，修道院主義為什麼會出現爆炸性的發展，歷史學家向來辯論不休。很多因素都發揮了作用，其中一個根本的原因可能是氣候變遷。在大約九五〇到一二五〇年間，北半球的氣溫升高了，雖然這個現象沒有均勻分布到全世界，卻為西方帶來羅馬最佳氣候期之後持續最久的良好氣候條件。[24] 雖然我們後來發現，這所謂的中世紀溫暖期並沒有維持整個中世紀，但也讓歐洲的務農條件相對變好。這項天然優勢恰好跟新式馬具和大型鐵犁（即「重」犁）一起出現，讓大規模農業變得有效率許多。[25] 科技結合氣候變化，使得持有土地變得比以往還有利可圖，地主的可支配所得也變得比以往還多。

那麼，這些錢要花在哪裡？一個很好的答案是：救贖。前面提到了，加洛林王朝改變了西歐的政治組成。羅馬帝國瓦解後，出現眾多分裂的「蠻族」政體，但是加洛林王朝將這些政體統一起來，形成一個復興的基督教帝國，產生更堅固的中央政府，並將主要的戰場移向秩序井然的基督教帝國的邊緣，像是多神教的中歐、穆斯林的西班牙以及（後來的）北歐。但是，這也在西歐內部創造了小規模戰鬥的條件，讓這類戰鬥變多。法蘭克貴族跟君王的連結愈來愈緊密，並會因為忠心而得到土地做為獎勵，而為了捍衛地盤，他們彼此會互相打鬥。我們之後將深入探討這件事如何改變貴族的戰士文化，但是簡單來說，結果就是基督教戰士之間的致命暴力事件急遽增加，進而使他們極為渴望確保自己死後不會因為犯下這些罪孽而下地獄。

修道院提供了很適合的解決方式。想要贖罪，教會建議悔過和禱告。可是，對於有打仗和互相殘殺工作在身的人來說，這是耗時、不舒服又不切實際的做法。還好，教會對於悔過的方式非常開明，有錢人付錢請別人幫他們悔過是沒問題的。歐洲這些持有土地的戰士階級會創建修道院（像

是威廉公爵創建克呂尼修道院），付錢請修士在彌撒的時候代他們懇求寬恕，藉此抵銷自己的罪過。[10] 結果便是，從九世紀開始，創建、資助、捐錢給修道院變成深受有錢人歡迎的消遣。就像古今中外的有錢人消遣一樣，這件事很快就變成一種時尚、競賽和優人一等的把戲。遵守最高的規範標準、教堂和圖書館最宏偉、成員最多、最虔誠、國際聲譽最好的修道院，則會受到高度珍視。超級有錢人建立這些修道院，一般的有錢人捐錢給他們，然後小康和勉強過得去的人也跟著效法。[26] 成千上百間的修道院迅速問世。回頭看看這段爆炸性成長的時期，十到十二世紀常被形容成修道院主義的「黃金時期」。

進入天堂的門路

克呂尼修道院的第五任院長奧迪洛（Odilo）小時候曾罹患一種病症，使他雙腿殘廢。他的家庭很富裕，父母在法蘭西南部的奧弗涅（Auvergne）很出名。出門在外，會有傭人負責抬擔子上的奧迪洛，這是十分奢侈的事，狀況跟他一樣的小孩大部分都不可能享受得到。可是，奧迪洛依然很痛苦，而且似乎註定永遠無法走路。

然而，有一天，奇怪的事情發生了。奧迪洛一家人外出時，經過一間教堂，他的侍從便停下來歇息。他們把他的擔子放在門邊，獨自把他留在那裡一下子。回來時，他們很吃驚地發現，這個男孩已經爬出擔子，爬進教堂，在祭壇旁把自己撐起來，然後開始活蹦亂跳了。這真是個奇蹟，而且這個奇蹟將形塑奧迪洛漫長的一生。他的父母驚訝不已，為了表達感恩，他們將小男孩送到奧弗涅當地的一間詠禮司鐸團，要培養他服侍上

---

[10] 作者註：就像今天那些為了彌補自己因為長距離旅行、運輸、中央空調使用過度而對環境造成傷害的公司和個人會進行碳抵銷的行為一樣。

帝。很多貴族會像這樣把孩子送給宗教機構，既能確保小孩受到良好的教育，也能減少大家庭裡候選繼承人的數量。今天我們可能會覺得這樣很殘酷，但對某些孩子來說，這是非常好的安排。奧迪洛在神職人員之間生活得很好，二十多歲時又搬到克呂尼修道院當修士。他的同儕非常欣賞他，因此在九九四年第四任院長馬喬盧斯（Maiolus）離世後，他被選為新的領袖。[27] 他帶領這間修道院度過邁入二千紀前後那段令人不安的時期（那時，很多人都擔心世界末日要到了），接著又繼續治理克呂尼修道院長達五十年，他的成績優異，讓克呂尼運動的聲望、影響範圍和資源出現了顯著的成長。

有一個編年史家將奧迪洛形容成「修士的大天使」。他的密友當中不乏多位教宗和數個法蘭克國王與皇帝，因此常常受邀到宮殿歡慶聖誕佳節或是出席其他重要的典禮儀式。東法蘭克王國（即我們現在所說的德國）的國王亨利二世（Henry II）在一〇〇四年被加冕為皇帝時，將教宗給的加冕禮物（上面有著十字架的金蘋果）送給了奧迪洛院長。這份禮物被送到克呂尼修道院，跟數量愈來愈多的其他珍寶放在一起。但，奧迪洛不只是愛挖寶或愛亂入王公貴族的派對而已，他還說服這些有權有勢的朋友們保護克呂尼本院和子修道院，不要讓肆無忌憚的鄰居搶奪他們的土地或侵害他們的獨立地位。此外，他也會用朋友送的貴重禮物累積而成的財富，來擴充克呂尼本院的建築。他剛成為那裡的修士的前幾年，修道院的教堂曾經改建過，現代考古學家便把這第二座教堂稱為「克呂尼二世」（Cluny II）。現在，他要開始花大錢重建修士的公共空間，吩咐工人使用大理石完成整個工程，並以高級雕像裝潢內部。他把自己比作羅馬帝國全盛時期的奧古斯都，說他剛來時，克呂尼本院是用木頭建成的，但他離去時，這裡卻變成大理石建築。[28]

在奧迪洛時期變得宏偉的，不僅僅是克呂尼本院的建築本身。在這些建築裡面，每天都有愈來愈令人嘆為觀止的讚神儀式在舉行著，包括團體禱告、聖詠、讀經和聖詩等，統稱為日課（或是時課）。日課一天要做八

次，從黎明前的黎明頌和讚美經開始，接著進行破曉前後的一時經、上午的三時經、正午的六時經、下午的九時經，最後是一天結束前的黃昏禱與靜夜頌（時課的長度會根據季節而有所不同，視日光長度決定）。此外，還有每日彌撒要望。這些儀式被稱作「主業」，是修道院存在的核心意義——修士們藉由這些儀式，對非常重視除了肉體之外也要供養靈魂的社會和經濟體做出貢獻。因此，執行這些日課是大部分本篤會修士多數時候在做的事，他們的職責就是要盡全力完成這些義務。

這表示，他們有很多歌要唱。《聖本篤準則》對音樂極有熱忱，因為聖本篤說，音樂能確保「我們的心靈與聲音互相和諧」。[29] 準則要求修士組成唱詩班，只有最會唱歌的人才能在表演中扮演重要的角色。[30] 聖本篤推薦他們去學素歌（plainchant）的旋律風格，那是他那個時代羅馬大教堂流行的歌唱形式。素歌常被稱作額我略聖歌（Gregorian chant），是以聖本篤的朋友教宗額我略一世的名字命名，因為據說這是他所發明的（這個說法可能有誤）。不過，除此之外他並沒有制定太多細節。因此，在十和十一世紀修道院正興盛的那段時期，音樂創作的空間很大。

在克呂尼修道院，音樂自然是生活的核心部分。由於本院和檔案庫已經被毀，我們現在不可能完整重現克呂尼修道院眾教友的歌聲，但是從建築本身來看，仍能看出音樂的重要性無所不在。現存的柱子上刻有音樂家的畫像及音樂對讚美上帝而言有多重要的相關經文。[31] 至少從奧迪洛的時代開始，似乎就有不少針對不同風格的聖詠吟唱所進行的實驗，要在獨唱者和整個唱詩班的表演之中，取得微妙又和諧的平衡。[32] 在這麼嚴格的規定下，練習的機會當然很多。在尋常的一天裡，歐洲各地數百間修道院的本篤會修士可能有十九個小時是醒著的，其中十四個小時都在進行某種儀式。但，克呂尼修道院更誇張，他們幾乎每一秒鐘都算是在做日課，無論是在一項儀式的前中後、為特定節慶或逝者靈魂舉行日課，或是替乞丐洗腳等謙卑的儀式。著名的修士、改革家和樞機主教伯多祿·達彌盎（Petrus Damianus）於十一世紀造訪克呂尼修道院時，很驚訝地發現，那裡要完成

的主業，多到修士們每天只有不到半小時可以離開唱詩班。[33]

後來的修道院改革家會說，聖本篤絕不會認同修士用膳的地方出現大理石柱子，或是修士整天只會唱歌，沒有進行勞動。然而，在克呂尼修道院，人們認為富麗堂皇的環境，可以強化在那裡進行的讚美上帝的儀式。

聖地亞哥德孔波斯特拉和克呂尼三世

到了中世紀全盛期，[⑪] 修道院已經具備許多我們現在稱之為自由福利國家的基本功能。除了靈修中心這個主要角色，他們還是集識字、教育、住宿接待、醫療、遊客資訊、老年社會照護和性靈諮詢為一體的多功能中心。因此，他們已經大大偏離一開始設定的貧困靈修所，跟外界有了密切和商業性質的來往連結。

克呂尼本院和子修道院融入世俗社會最明顯的一點是，他們壟斷了前往西歐最神聖宗教地點的朝聖路線。這些朝聖路線之中最有名的，就匯集在伊比利半島西北角加利西亞地區的聖地亞哥德孔波斯特拉。八一四年，一個名叫伯拉糾（Pelagius）的隱士在這裡看見天空出現舞動的光線，進而奇蹟似地發現了門徒聖雅各（St James）的遺骸。[⑫]聖雅各的下落被發現之後，在西方世界各地被大肆宣傳。人們為了他的墳墓蓋了一座教堂，至今依然是世上最壯觀的教堂之一，將羅馬式、哥德式和巴洛克式的建築風格，全部融為一個壯觀雄偉的整體。對於身體承受得了長途旅行的基督教朝聖者而言，聖地亞哥德孔波斯特拉是個難以抵抗的誘惑（至今仍是）。在聖地以外的地方，只有羅馬的聖伯多祿大殿保存了門徒的遺骨。對基督的信徒而言，一生中曾到如此受崇敬的地方禱告一次，雖然並不像穆斯林有

---

⑪ 作者註：大致上是指十一世紀到十三世紀中葉這段時期。

⑫ 作者註：根據各種基督教傳統，雅各在基督死而復生後，傳福音傳到了西班牙。回到東部後，他被猶地亞（Judea）國王希律・亞基帕（Herod Agrippa）下令殺死，然後又被帶回西班牙安葬。

義務到麥加朝覲那樣具強制力，但仍是很重要的事情。

在地圖上畫出中世紀前往聖地亞哥德孔波斯特拉的主要路線，就像在畫血管一樣，路徑始於義大利、勃艮第、萊茵蘭、法蘭西北部和法蘭德斯（Flanders），然後緩慢但穩定地匯集在庇里牛斯山脈的幾個山隘，最後變成一條跟伊比利半島北海岸平行的東西「高速公路」，直達聖地亞哥德孔波斯特拉。十二世紀時，有人還為計畫走這條路的朝聖者寫了一本指南，告訴勇敢的旅人各種實用建議，包括路上哪裡的葡萄酒好喝、哪裡的當地人光明磊落。不過，這本書也警告讀者旅途上會遇到的難題，像是波爾多附近有巨大的黃蜂和馬蠅、貪心又常常喝醉的加斯科涅人（Gascons）、渡河時被可惡的渡船人敲詐或故意溺死，還有極其野蠻的納瓦拉人（Navarrese），他們說話像狗在吠，夜裡會跟騾和馬交配。[34]

像這樣的長途旅行所會帶來的危險和不適，當然是悔罪的一部分。畢竟，博取上帝的寬恕應該要很不容易。不過，這也帶來了很棒的商機。好幾百年以前，在羅馬帝國的巔峰時期，縱橫帝國各地的道路，沿途設有為帝國官員而建的服務站，配有馬廄、過夜設施和接待服務。現在，朝聖路線上也出現了類似的需求。[35] 克呂尼本院旗下的修道院看出這項需求，並好好加以利用了一番。修道院變成新式的服務站，接待那些出發前往西班牙北部尋找救贖的信徒。

在這個階段幫助克呂尼修道院蓬勃發展的天才，是院長「偉大的于格」（Hugh "the Great"）。奧迪洛在一〇四九年一月一日，以八十七歲之姿高齡去世後，便是由于格繼任。于格跟奧迪洛一樣是個聖人般的人物，十四歲成為修士，二十歲被任命為神職人員，二十四歲就獲選為修道院院長。同時代的蘇瓦松的阿努爾夫（Arnulf of Soissons，比利時啤酒的主保聖人）說，于格的「思想和行為極為純潔……是修道院紀律和生活的提倡者和完美守護者……神聖教會的熱情擁護者與捍衛者。」[36] 跟奧迪洛一樣，于格也是個任期極長的院長，擔任了這個職務六十年之久。在這段期間，他接續了奧迪洛留下的任務：強化克呂尼修道院院長可跟國王和教宗平起

平坐的概念；把自己的政治力量擴展到歐洲各地；確保克呂尼修道院繼續富有下去。他是一個很棒的管理人，具有看見商機的慧眼。在于格的帶領下，克呂尼修道院的網絡，成長到接近高峰期的一千五百間修道院左右。

在于格的領導下，前往聖地亞哥的路途上出現許多直接受克呂尼本院掌控或受其規定影響的修道院。十一世紀的朝聖者，要從英格蘭南部中心地區的和緩丘陵啟程到數百公里外的地方朝觀聖雅各，可能會是從克呂尼修道院在英格蘭建立的第一間機構出發，也就是薩塞克斯郡（Sussex）雷威斯（Lewes）附近的聖潘克拉斯修道院（the Priory of St Pancras）。這間修道院是薩里（Surrey）伯爵威廉·瓦萊納（William de Warenne）和妻子岡德拉達（Gundrada）創立的，後來成長為該地區最大、最多人指定的修道院之一。假使這位朝聖者接著穿過英吉利海峽，接上巴黎南邊的朝聖路線，他一路上會再經過幾十個克呂尼修道院，有的位於圖爾、普瓦捷和波爾多等主要都市停駐點，有的位於這些地方之間較小的點。然後，穿越山隘後，這位朝聖者會發現西班牙的朝聖之路上，出現更多跟克呂尼修道院有關聯的修道院，像是潘普洛納（Pamplona）、布爾戈斯（Burgos）、薩阿貢（Sahag´un，一間莊嚴肅穆、得到很多捐獻的修道院，被稱作「西班牙的克呂尼」）和萊昂（León）。

這些修道院當中最宏偉的幾間，會讓人想起克呂尼本院，除了因為建築外觀的緣故，這些宏偉修道院內的氛圍和規律的修道院生活，也刻意設計得類似像克呂尼本院。此外，很多都存放了聖人的遺物。例如，雄偉的弗澤萊修道院（Vézelay abbey）便聲稱他們持有抹大拉的馬利亞（Mary Magdalen）的遺體，令人驚奇；普瓦捷的修女守護著真十字架的一個碎片，是拜占庭皇帝查士丁尼很久以前送給墨洛溫王后拉德貢德（Radegund）的贈禮；薩阿貢的修道院表示，他們擁有當地殉教士法昆都斯（Facundus）和普米提烏斯（Primitivus）的遺骨，此二人在三〇〇年左右因信仰而遭砍頭，死時頸部動脈同時噴出鮮血和牛奶。[37] 朝聖者可以前去崇敬上述這些有形遺物，以作為到聖地亞哥德孔波斯特拉朝拜聖雅各本

人前的暖身。

　　奇怪的是，位於克呂尼的本院卻沒有同樣了不起的聖物。然而，克呂尼本院位於這些眾多改革修道院的金字塔頂端期間（十和十一世紀），確實變得極為富裕。除了直接從捐獻者那邊獲得龐大捐款以及修道院的大莊園生產的財富之外，投資聖地亞哥德孔波斯特拉朝聖之路，也讓巨大資金流入了這間修道院。這些錢有一部分來自每間子修道院每年「送回家」的那幾磅銀子，但更多是來自伊比利半島北部的基督教國王直接支付給克呂尼修道院的款項。于格院長為了這些慷慨的捐款，非常勤勉地迎合他們的需求。一○六二年，萊昂和卡斯提亞（Castile）的國王斐迪南（Ferdinand）承諾每年給于格一千磅黃金，做為推廣克呂尼運動之用；一○七七年，他的兒子阿方索六世（Alfonso VI）把捐獻提高到兩千磅。

　　這些都是非常龐大的金額，比克呂尼修道院目前為止靠自己的土地所生產的全部收入都還要多。[38] 但，這也證實了西班牙國王多麼看好于格、多麼重視他能提供給他們的東西。克呂尼的眾修道院，不僅推動了西班牙各王國的寶貴觀光業，還能為斐迪南和阿方索六世提供世界上最高級的靈魂清洗服務。十一世紀，伊比利半島北部的基督教勢力和南部（安達魯斯）的穆斯林勢力開戰了，展開所謂的收復失地運動。萊昂和卡斯提亞的國王也被捲入這些戰爭，不得不殺很多人。但他們也透過劫掠和貢金（穆斯林城市被征服後，當地的統治者有時候會同意每年支付貢金以換取和平）賺到大量黃金。

　　這些賺來的錢，讓基督教國王可以彌補自己在軍事活動中所犯下的嚴重罪過，而他們彌補的方式，就是把錢倒入克呂尼本院。為了報答這些慷慨的捐款，于格答應，克呂尼本院會毫不間斷地為西班牙國王、他們的祖先、甚至是他們未出世的後代子孫的靈魂唱聖歌。克呂尼本院有一個特別的祭壇，在那裡唱的彌撒是專門幫助阿方索六世本人獲得救贖。[⑬] 這可以說是一種天使投資，而于格利用這些錢，為本院和整個克呂尼運動建了一

座教堂，成為接下來數百年西方世界的奇觀。

※

　　現代歷史學家給于格的新教堂取了一個很不浪漫的名字——「克呂尼三世」（Cluny III），其建造工程始於一○八○年代初期。根據後來的說法，教堂設計圖據說是彼得、保羅和斯德望（St. Stephen）這三位聖人繪製的。有一天晚上，他們一起出現在一個名叫岡佐（Gunzo，曾任波姆修道院院長）的跛腳修士的夢裡，並設計好了新教堂的平面圖，包括確切的建築尺寸。他們叫岡佐把設計圖交給院長于格，只要傳達了訊息，他的腳就能恢復正常（他們也威脅岡佐，說他若沒聽命行事，他們就會讓他癱瘓）。[39] 岡佐和于格馬上就照辦了。于格把實現聖人設計圖的任務交給來自列日（Liège，離以前的亞琛宮廷不遠）的一個天才數學家。此人名叫賀澤洛（Hezelo），似乎非常通曉偉大的羅馬工程師維特魯威（Vitruvius）提出的數學比例（他的著作讓許多中世紀的天才大感興趣，包括達文西）。[40] 賀澤洛設計的教堂近兩百公尺長，理論上不只可以容納克呂尼本院的三百個修士，還能容納克呂尼眾修道院的每一個修士與修女。克呂尼三世的規模，超過查士丁尼建造的聖索菲亞大教堂的兩倍，跟奧米雅王朝興建的那座壯麗的大馬士革大清真寺相比，更是大上許多。在中世紀的西方世界，沒有任何宗教建築比得上它的大小，連聖地亞哥德孔波斯特拉和羅馬舊有的聖伯多祿大殿都沒辦法。⑭

　　這座教堂的平面是一個長十字架的形狀，有個極長的中殿，分成兩個側廊，共有十一個拱頂那麼長，高度則達三層樓。[41] 從外面看，可以看

---

⑬ 作者註：近年來，資本主義者很擔心的一件事情是，數位經濟會讓人們把錢都花在電腦伺服器以外的地方完全沒有實體存在的服務和產品上，導致一小群公司和他們的執行長變得極為有錢。中世紀曾存在類似的經濟，或許是件令人寬心的事。

⑭ 作者註：十六世紀初被拆毀的舊聖伯多祿大殿長約一百一十公尺。現在這座取而代之的教堂長一百八十六公尺，幾乎跟克呂尼三世一樣長，是今天世界上最大的基督教大教堂。

到許多正方形和八角形的高塔聳立在後殿和耳堂上方，而在接下來的幾百年間，還會有更多建築和高塔被添加到主建物之中。教堂南面的迴廊、庭院、宿舍和醫務室等附屬建築所涵蓋的面積，至少跟教堂本身一樣大。教堂拉長的十字造型、厚重的牆壁、眾多的圓柱和圓拱，使得克呂尼三世和查理曼位於亞琛的皇宮教堂，或者拉溫那建於中世紀初期的方正大殿等早期的宏偉建築相比，非常不一樣。克呂尼三世所採用的建築風格，日後將被稱作羅馬式建築，因為它應用了古羅馬建築的元素及這些元素背後的工程理論。這座教堂狂傲地展現了即將邁入二千紀時，在西方世界流通的資本財富，還有于格院長和他的贊助人是多麼樂意把這些財富投資在長期的興建工程上。克呂尼三世分段完成（一部分的原因是收復失地運動出現轉折，導致資金短缺，使工程受到停擺），在動土後過了將近半個世紀，才在一一三〇年進行祝聖。此時，這項計畫的構思者都已經死了，修道院主義也開始出現變化。但是，于格的願景並未遭到放棄。

今天，克呂尼三世雖然只有一小塊還留著（耳堂的一部分），我們仍可看出這棟龐大的建築曾經給人何等的驚奇感。在克呂尼本院南邊十公里的地方，有一座貝爾澤禮拜堂（the chapel of Berzé-la-Ville），從地板到天花板都畫滿了耀眼奪目、色彩繽紛的壁畫，描繪了福音和聖人生平等場景。這些令人驚嘆不已的畫作，幾乎可以確定是于格請人完成的，因此類似的藝術作品肯定曾經以更宏偉的規模出現在克呂尼三世內。此外，十二世紀初的文獻寫到，英王亨利一世（Henry I of England）的家族曾贈送修道院銀製燭台和美麗的鐘鈴，暗示了修道院內部富麗堂皇的裝潢。克呂尼三世是一項非常了不起的成就，它為建築領域帶來的影響，遍及了今天從英格蘭到波蘭、匈牙利等地的羅馬式建築。

然而，克呂尼本院雖然是這個修道院新世界的奇觀，卻也跟原本簡樸的本篤改革理念大大背道而馳。那些由高淨值客戶重金聘請來為他們的靈魂唱彌撒的修士，穿的都是上等亞麻布料，吃的也都很好；他們舉行的儀式井然有序、美麗繁複；一般的修士可能會唱歌唱到喉嚨痛，但是他們的

雙手卻不會在勞動後長繭，因為勞動已經變成農奴的工作；在修道院的建築群裡面，可以找到藏品豐富的圖書館和酒窖，還有大量收藏在鑲有珠寶的聖物箱內的宗教聖物以及優質的畫作與雕塑。

克呂尼修道院的修士是學者，而他們的院長是聖人。但，人們開始發出怨言，歷史即將重蹈覆轍。

新一批的嚴守清規者

克呂尼修道院院長于格的權力處於巔峰的時候，曾有許多個時刻，歐洲很多地方似乎都要聽他的。克呂尼修道院和于格的影響力無所不在。一〇五〇年，德意志國王兼皇帝亨利三世（Henry III）請于格當他兒子的教父，並請他建議孩子該取什麼名字，于格答應了，但是他沒發揮什麼想像力，孩子依舊取名叫亨利，長大後成了皇帝亨利四世（Henry IV）；諾曼第公爵「私生子」威廉在一〇六六年入侵、征服英格蘭後，也跟于格接洽，請他派克呂尼修道院的修士到他的新領土建立修道院；法蘭西國王腓力一世（Philip I of France）所選擇的生活型態，讓他非常需要性靈方面的幫助，因此當他年紀到了時，他聯繫于格，想探聽進入修道院過退休生活的可能性；[42] 還有一次，于格甚至親自拜訪匈牙利國王安德烈一世（Andrew I of Hungary）；最後，這位院長跟羅馬建立了特別密切的連結，那裡有許多「改革教宗」採納、改編、延伸了讓克呂尼修道院如此成功、在修道院世界廣為傳播的改革精神。

在這些教宗之中，教宗額我略七世（Gregory VII）特別有名。他的本名為希爾德布蘭（Hildebrand），在托斯卡尼（Tuscany）和萊茵蘭長大，後來在教宗底下做事，最後憑著似乎永無止盡的勤奮和堅持不懈的性格，在一〇七三年成為一位備受讚揚的教宗。額我略七世和于格的性情雖然很不一樣，卻建立起深厚的友誼，超越兩人偶爾不對盤的政治立場。改善、整頓基督信仰的機構，並讓教會在整個西方世界的日常生活穩穩占有一席之

地，是他們共同的深層信念。

　　額我略七世強烈渴望清理教會，將教宗的權威強加在每一個基督教國家，在歐洲引起嚴重的政治動盪。其中一起重大事件是，他跟于格的教子亨利四世皇帝發生爭執，導致于格被夾在中間左右為難。這場衝突因牽涉到世俗統治者任命主教的權利（敘任權），因此稱作敘任權之爭（Investiture Controversy）。于格雖然很同情額我略七世，但他在私底下和政治上都跟雙方的關鍵人物保持友好。他盡力保持中立，好幾次主動說要幫忙調解，但大多數的時候，他能做的就只有跟這場醜陋的糾紛保持距離，希望時間會使人改變，緩解彼此的衝突。[43] 幸好，事情最後如他所願。一〇八八年，一個名叫沙蒂隆的奧多（Odo of Châtillon）的克呂尼修道院修士（曾經是于格在克呂尼本院的副手）被選為教宗烏爾巴諾二世（Urban II）。他把敘任權之爭的暴力能量，引導到一個新實驗，並將在接下來的兩百年間深刻影響了修道院主義和整個西方歷史。這個實驗就叫作十字軍運動，但是我們到第八章再好好聊聊這個故事。同一時間，于格和克呂尼修道院，在離家比較近的地方面臨了其他挑戰。

　　一〇九八年，于格擔任院長將滿四十年之際，一小群來自勃艮第莫萊斯姆（Molesme）的修士和隱士心有不滿，決定回歸禁慾主義最重要的原則，找個地方按照《聖本篤準則》的原始簡樸版本過著團體生活。他們選的地方叫作熙篤（Cîteaux），位於克呂尼本院正北方一百三十公里、在迪戎（Dijon）附近，是一塊非常沒前途的沼澤地。他們在這裡創建一間新的修道院，打算讓自己過得愈不舒服愈好，進而盡可能地接近上帝。在第一任院長莫萊斯姆的羅伯特（Robert of Molesme）和英格蘭改革家史蒂芬・哈丁（Stephen Harding）的領導下，熙篤的修士回歸基本：辛勤勞動、營養不均衡的飲食、苦行的環境、社會孤立、大量禱告、毫無樂趣。

　　現在回頭看，這一小群集結在熙篤的宗教勇士（他們的組織因此被稱作熙篤會）會奪走克呂尼修道院的光芒，感覺再自然不過了。激進運

動的故事總是如此歷久不衰。然而，熙篤會跟克呂尼修道院很像，若不是有一位充滿領袖風範的領導人，可能永遠無法把苦行生活變得這麼受歡迎。引領熙篤會的那盞明燈，是一個來自勃艮第的富有年輕人伯納德（Bernard）。伯納德生於一〇九〇年左右，十幾歲時跟幾十個有錢的朋友一起加入這個修會，後來變成宗教生活與思想界的超級巨星。一一一五年，伯納德在格萊福建立了自己的熙篤會修道院，跟克呂尼的于格曾經接洽過的各色人物、甚至更多不同的人士進行熱烈的書信往來。教宗、皇帝、國王、王后與公爵，全都在他的聯絡人名單裡。不過，當中也不乏離經叛道的年輕神職人員和逃跑的修女。

　　我們之後會看到，伯納德在一一四〇年代為第二次十字軍運動做了很多宣傳，是這次遠征的主要發聲者。此外，他也是促成聖殿騎士團這個軍事型修會成立的主力之一。就像克呂尼的于格有一個親近的盟友被選為教宗烏爾巴諾二世一樣，伯納德之後也有一個門徒會成為教宗安日納三世（Eugenius III）。不過，克呂尼的于格身上是穿本篤會修士傳統的黑色服裝，格萊福的伯納德穿的則是熙篤會的白色長袍，象徵純潔；于格管理的是一間宛如宮殿般充滿感官刺激和貴族風格的本篤會修道院，伯納德則堅持修道院完全不能有裝飾，要致力過著最簡樸的生活，藝術、哲學、繁複的儀式和昂貴的建造工程通通不要有。顯然，這兩者無法相容，最終只有一方會勝出。

　　伯納德曾跟繼任于格的克呂尼修道院院長可敬者彼得（Peter the Venerable）交換書信多年。可敬者彼得是一個相當出名、天賦異稟的學者，兩人總是在互相爭辯。這是一場禁慾與美學、憤怒的激進改革家與據理力爭的傳統主義者之間的爭論。在當時的許多重大議題和醜聞上，這兩個人都抱持相反的立場，其中最著名的，就是天才巴黎學者彼得・阿伯拉爾（Peter Abelard）和他的年輕女學生愛洛依絲（Heloïse）之間那段臭名遠播的戀情。[15] 格萊福的伯納德大力撻伐道德敗壞的阿伯拉爾，也認為他追求的是異端學問；反之，可敬者彼得同情阿伯拉爾，還在他年老體弱時帶

他到克呂尼本院，在他生命的最後幾個月，讓他在一些舒適的克呂尼機構中受到照料，直到他於一一四二年去世。[44]

可敬者彼得接納阿伯拉爾，讓他不用因為學術立場受到審判，等於是公然反對格萊福的伯納德。可是，從某種程度上來說，這些都不是刻意針對。伯納德和彼得是互相較勁的對手，但不是敵人。他們在紙上可以很尖酸刻薄、高傲自大、輕視對方、賣弄學問、狠毒無禮，但他們總是彼此尊重，甚至還在一一五〇年共度聖誕佳節——地點當然是在舒適的克呂尼本院，不是嚴苛樸素的格萊福修道院。把他們連結在一起的修道院主義、沉思、規定、秩序、人世罪過、天堂救贖和政治等概念，比把他們分開的力量還要強大。

儘管如此，他們的書信往來，似乎代表著命運之輪的轉動。克呂尼修道院的命運，在偉大的于格帶領下達到高峰，卻在接近十二世紀中葉時開始走下坡。奧迪洛和于格這兩位院長總共治理了克呂尼修道院一百年之久，期間出了二十位教宗（以及好幾位敵對的「反教宗」），但在可敬者彼得於一一五六年去世後的五十年間，卻出了九位院長。[45] 世俗統治者和教宗開始將克呂尼本院旗下的修道院，從服從主院的枷鎖下解放出來，且不再有新的機構大量出現以取代這些修道院。世界已經繼續向前邁進了。

相較之下，熙篤會的勢力在格萊福的伯納德熱血領導之下不斷成長，直到伯納德在一一五三年死後，仍持續很久。在伯納德逝世以前，已有超過三百間熙篤會修道院被創立或改革成熙篤會的型態，包括蘇格蘭的梅爾羅斯修道院（Melrose Abbey）以及英格蘭約克郡那間壯觀的噴泉修道院（Fountains Abbey）。原先沒幾間本篤會修道院的愛爾蘭，現在出現許多新的機構；在法蘭西，這個運動受到王室支持，「胖子」路易六世（Louis VI "the Fat"）把兒子亨利送到格萊福修道院接受伯納德的訓練，希望他將

---

⑮ 作者註：見第十一章。

來能成為神職人員；熙篤會跟克呂尼的修道院一樣，被捲入收復失地運動的戰爭，因而在伊比利半島不斷擴張的基督教王國裡也開始落地生根；此外，這個修會也挺進了中歐，在日耳曼、波希米亞、波蘭、匈牙利、義大利、西西里和巴爾幹半島西部都有修道院。到了一二一五年，熙篤會已經成為文化上的優勢力量，該年舉辦的第四次拉特朗公會議（Fourth Lateran Council），將這個修會視為禁慾生活的典範，並吩咐熙篤會應該負責召開修道院的會議，每三年在臣服於羅馬宗教權威的每一個省份集合開會。[46]

於是，西方修道院主義的新時代就這樣確立下來了。尖峰時期，歐洲各地有超過七百間的熙篤會修道院。然而，熙篤會現在雖然很明顯是西方的領先修會，卻不像克呂尼修道院以前那樣，沒有受到任何挑戰。熙篤會創立後，許多各式各樣的修會也跟著興起，他們依循不同的規則、生活方式和穿著，認為自己比較適應變遷中的經濟和宗教環境。這些修會包括聖殿騎士團、醫院騎士團和條頓騎士團等國際軍事型的修會（我們在第八章會再提及），還有西班牙和葡萄牙一些較小型的本地軍事修會，如卡拉特拉瓦（Calatrava）和聖地亞哥（Santiago）的修會。

此外，較為傳統、和平的男女修會也大量出現。普雷蒙特雷會（Premonstratensians，或稱諾伯特會〔Norbertines〕）創立於十二世紀初，是一個經過改革的嚴格禁慾詠禮司鐸團，遵守聖奧古斯丁、而非聖本篤的規範，但又以熙篤會倡議的禁慾模型來過生活；差不多同一個時期，最初在一〇八〇年代由科隆的聖布魯諾（St Bruno）創立的加爾都西會也開始擴展，成員追求簡單、孤獨的生活，雖然吃住和禱告都在一起，但是大部分的時間都在自己的小室裡沉思；接著，在十三世紀初，托缽修會[⑯]興起了，他們源自於方濟各會和道明會，其成員（通常被稱作化緣修士〔friars〕）走出修道院的迴廊，像早期的禁慾主義者那樣到城鎮鄉村四處

---

⑯ 作者註：托缽修會的英文是mendicant orders，而mendicant源自拉丁文的mendico，意為「乞討」。

遊蕩，一邊執行神職和講道，一邊乞求施捨以維持生計。修道院主義可以說正在返璞歸真，依據當地狀況和某些個人的突發奇想，出現了各種不同的做法。這些虔誠、有時怪裡怪氣的人，想跟上帝建立與眾不同的關係，認為自己沒有必要加入如全盛時期的克呂尼修道院那樣龐大的跨國宗教企業。

※

對我們來說，十一到十三世紀西方修道院主義的爆炸性成長，是個既陌生又熟悉的故事。現在，西方基督教世界幾乎沒有人會想加入某個修會，並永遠過著隱居的生活了。對於二十一世紀不愁吃穿的年輕男女而言，這種極為艱辛、貞潔、貧窮，又必須反覆進行崇敬儀式的生活根本沒什麼吸引力。不過，今天的我們對於那些財力、勢力極其雄厚的國際機構和企業一定能夠感同身受，他們不但擁有龐大的「軟」實力，全世界的政治大人物也會樂意聆聽他們領導人所說的話。此外，我們也頗能接受自願採取某種生活態度以增進個人和群體美德的概念。比如說，純素主義就是在今天西方世界最受歡迎的生活方式之一。最後，我們認為生活中有那些提供教育、牧師職責、醫療和老年退休照護的國營或社區機構是理所當然的。或許，這樣一想，我們跟修士運作的那個世界，也沒有離這麼遠。

我們之後還會再提及修道院主義，尤其是在最後一章討論到十五世紀晚期和十六世紀動盪不安的宗教改革時。此外，談到十字軍運動的時候，我們也會再聊聊修士。但是，現在我們要先離開安全的修道院迴廊，探討跟修道院主義同時橫掃西方世界的另一個文化潮流。現在，我們要把目光轉向社會上那個曾被格萊福的伯納德用他標準的尖刻口吻所斥責的族群。他說，這群人「打仗時非常浮華大陣仗……目標就只有死亡和罪孽」。[47] 這些人就是騎士。修道院的存在，有一部分便是為了將騎士從下地獄的命運中拯救出來，他們有著跟修道院主義完全相反的生活方式，不靠文字和聖歌施展自己的權力，而是靠騎槍或刀劍。

(7) 騎士

「你是上帝嗎？」

——克雷蒂安·特魯瓦（Chrétien de Troyes）
筆下的珀西瓦里（Percival）

　　九五五年八月中，也就是一年之中夜空總是閃爍點點星團的時候，東法蘭克國王鄂圖一世（Otto I）在奧格斯堡（Augsburg）西邊一小段距離以外的地方集結了一支軍隊。[1]鄂圖一世是一位經驗豐富的國王，打過許多場衝突和戰役。他統治日耳曼將近二十年，努力要把加洛林家族曾統一過的東法蘭克王國的各個領土，直接掌控在自己手裡，他一邊強化王室的權威，一邊鎮壓試圖反抗的叛亂貴族。這些經驗讓他變得強悍。誠如編年史家科維的維杜金德（Widukind of Corvey）所言，鄂圖一世學會扮演「最強大的戰士和最高等的統帥這兩個雙重角色」。[2]此刻在奧格斯堡，他必須發揮自己的每一分天賦，因為這座城市正處於重大的危險之中，威脅就來自馬扎爾人這個可怕的敵人。

　　馬扎爾人從很久以前就開始入侵跟日耳曼人有利害關係的地區。他們是一支信奉多神教的部落民族，從東歐遷移到中歐，定居在從喀爾巴阡山脈（Carpathian Mountains）的山麓延伸出去的廣闊平原上。馬扎爾人的戰士很會騎馬，習慣坐在馬鞍上使用弓箭戰鬥。他們非常敏捷、速度迅雷不及掩耳、極其危險。日耳曼地區的基督教作家，針對其不同凡響的兇殘特性寫了很多誇大的故事。他們聲稱馬扎爾人「摧毀堡壘、火燒教堂、殺人無數」，斷言「他們為了散播恐懼而喝下受害者的鮮血」，還發誓馬扎爾人

的女性生下小孩後做的第一件事，就是「用刀子劃花他們【寶寶】的臉，這樣他們才能忍受傷口」。[3] 不用說，這些只是道聽塗說、毀謗中傷。但是，從這一點可以看出日耳曼平民對馬扎爾人根深蒂固的恐懼，就跟西法蘭克人畏懼維京人一樣。所以，當鄂圖一世在九五五年仲夏，聽說有一支馬扎爾軍隊把目標放在奧格斯堡時，他有義務將他們趕走。

　　保衛奧格斯堡就算不容易，也不是不可能。這座城市位於施瓦本（Swabia）和巴伐利亞（Bavaria）這兩個公國之間，是一位年長主教統領的堡壘，城牆雖然不高，也沒有防禦的高塔，地理位置卻還稱得上安全，位在兩條水路的交會點，可從三面阻礙外人接近。在城牆的北面，韋爾塔赫河（river Wertach）流入了萊希河（river Lech），接著在續流數十英里後匯入多瑙河。東邊有多條支流切穿了平原，形成大面積的沼澤，一般軍隊幾乎難以通行。

　　然而，問題就是馬扎爾人不是一般的軍隊。就像在五世紀末期大舉進入西羅馬帝國的「蠻族」部落，馬扎爾人也擅長在開闊的草原地形打仗，因為他們的祖先便是在歐亞大草原學會戰爭這門藝術。他們知道怎麼在平原地帶移動，而他們極具成效的戰略，也在過去得到了驗證。九一〇年，十六歲的加洛林國王童子路易（king Louis the Child），曾在奧格斯堡跟一支馬扎爾人的兵力對決，卻被狠狠差辱了一番，因為馬扎爾人的騎兵假裝撤退，引誘他的軍隊前進，然後又毫不留情地擊潰他們。童子路易就此完蛋，受到軍事失敗的憂愁所折磨，大約一年後就死了。鄂圖一世不能承受類似的慘敗，因此他很謹慎地接近奧格斯堡。

　　鄂圖一世在八月十日抵達時，發現這座城市完全被包圍了。有一個修道院的編年史家推測，城外總共有十萬名馬扎爾人。雖然這個數字極為不可能，但是無論真實的人數為何，可以確定的是，這些由布林斯蘇（Bulcsu）、勒赫爾（Lehel）和陶克紹尼（Taksony）等人所率領的馬扎爾戰士，發起的戰爭非常強悍，先前已經從巴伐利亞一路燒殺擄掠，「摧毀、攻占了從多瑙河到山脈邊緣的黑森林之間的地區」。[4] 此外，他們還有攻城

塔和投石機，且已經靠這些武器攻打這座城市好幾天。奧格斯堡的居民在英勇的主教烏爾里希（Ulrich）的率領下守著城牆，烏爾里希穿著主教的長袍坐在馬背上，「沒有盾牌、鎖子甲或頭盔保護著，各種投擲物和石塊從他身邊呼嘯而過」。[5] 但，他們顯然無法撐太久。烏爾里希主教雖然奮勇護城，卻沒有什麼可以用來護城的東西。除了動員市民，他能做的只有禱告、舉行彌撒，和吩咐一群修女捧著一個十字架在大街小巷走來走去。

鄂圖一世手上有更好的武器。那年夏天稍早，他在薩克森攻打斯拉夫人，所以他是從那裡來到奧格斯堡。雖然他的兵力在數量上比馬扎爾人少，但他的兵很有紀律，由洛林（Lorraine）公爵紅色康拉德（Conrad the Red）等能幹的貴族帶領，訓練方式也跟馬扎爾人很不一樣。日耳曼部隊不是輕裝坐在馬鞍上射箭以彰顯敏捷和速度，而是以重騎兵為核心。這些騎在馬上的戰士穿著厚重的盔甲和頭盔，使用刀劍和騎槍戰鬥，把敵人擊倒後砍成碎片。只要騎兵們排列得當並有近距離戰鬥的機會，重騎兵通常能夠擊敗輕裝騎馬的弓箭手。唯一的問題是，鄂圖一世的人所希望的那種戰鬥，會不會發生在馬扎爾人身上。

結果是，真的發生了。八月十日抵達之後，鄂圖一世命令手下迎戰馬扎爾人。馬扎爾人不願放棄這座城，便堅守陣地，接受挑戰。起初，雙方勢均力敵，馬扎爾人甚至瞄準了鄂圖一世的物資車隊，試圖利用日耳曼人溝通困難這一點占上風。但是最終，鄂圖一世組織兵力的方式產生了效果。馬扎爾人發現自己無法打破對手的隊形，便訴諸他們最喜歡的策略：假裝撤退。他們掉頭逃向東邊，跨越萊希河，希望鄂圖一世的手下會跟來，就像童子路易在九一〇年曾經做過的那樣。但，鄂圖一世是個經驗老到的戰士，比童子路易還要機警。他沒有讓手下直奔陷阱，而是命令他們小心前進，跨過萊希河後就不要再往前，轉而拿下馬扎爾人的河畔營地，釋放戰鬥中被抓走的日耳曼戰俘。同一時間，他派使者跑在撤退中的馬扎爾人之前，叫更東邊的巴伐利亞基督徒封鎖橋梁，阻止敵軍逃跑。

做完這些事後，在接下來的兩、三天，鄂圖一世便派出騎兵小隊圍剿

現在四分五裂的馬扎爾人。編年史家維杜金德留下一段十分血腥的描述：「有些【馬扎爾人】的馬累壞了，只好逃到鄰近的村莊，卻被武裝的人包圍，跟建築物一起燒死。有些人想遊過附近的河川，卻……被湍急的河水沖走喪命……匈牙利人【即馬扎爾人】有三個領袖被抓……然後被吊死，這樣羞恥的死法完全是罪有應得。」[6]

鄂圖一世大獲全勝。他的軍隊擊敗了馬扎爾人、拯救了奧格斯堡，是上帝把勝利送給義人的活生生證明（至少在修道院作家的眼裡是如此）。鄂圖一世被稱頌為一位偉大的國王，並在九六二年在羅馬正式被加冕為皇帝，就像八〇〇年的查理曼一樣。他所開啟的鄂圖王朝，還會繼續統治日耳曼六十年。而這場後來被稱作萊希菲爾德之戰（the battle of Lechfeld）的戰役，也得到半傳奇的地位，死於這場戰鬥的人則被捧為英雄、甚至是殉教者，例如鬆開盔甲想要透透氣、結果被一支箭射到喉嚨而亡的公爵紅色康拉德。這場戰役的結果，也被認為是日耳曼人和馬扎爾人歷史的關鍵時刻。在萊希菲爾德之戰後，令人畏懼、會給嬰兒毀容的匈牙利人，對日耳曼領土發動的攻擊戛然而止。在西歐持續了將近五百年的「蠻族」遷移潮也停止了。不到一個世代，一個名叫沃伊克（Vajk）的馬扎爾領袖就會改宗基督教，改名為史蒂芬（Stephen），以國王的身分在羅馬教會的管轄下統治他的人民。

這一切都可以回溯到萊希菲爾德之戰這個轉折點（至少有一套理論是這樣說）。不過，萊希菲爾德之戰會這麼出名，還有一個比較不這麼明顯的原因。今天，萊希菲爾德之戰在中歐以外的地區雖然鮮為人知，卻可以被看作中世紀歷史偉大進程的一個象徵時刻。這是因為，重騎兵贏過輕裝弓箭手這件事，恰好迎來鄂圖一世手下那些穿戴盔甲、手持騎槍的騎士開始在西方戰事中展露鋒芒的新時代。在接下來的兩百年間，騎著馬的強大戰士將會成為戰場上的主角，同時開始提高自己在社會上的地位。萊希菲爾德之戰並非造成這樣轉變的原因，但是它確實展現了當時的這種風向。[7]歐洲的騎士階級就快要發展成熟。

從十世紀開始，騎士的地位和重要性在整個中世紀的西方世界迅速飆升。短短幾個世代內，法蘭克風格的重騎兵在不列顛群島、埃及和中東的戰場上都變得無與倫比。與此同時，能在馬上作戰的人，其社會聲望也提高了。到了十二世紀，騎士因其在戰時的重要性，承平時代便能得到地產和地位做為獎勵。隨著騎士階級的興起，騎士精神這個獨特的特質也出現了，並進一步對藝術、文學和高雅文化產生深遠的影響，即使中世紀結束之後仍持續存在。沒錯，騎士階級和騎士精神的主題和儀式，直到今天都還存在於許多西方國家。若以大眾觀感來看，騎士恐怕是中世紀留給我們最獨特的遺產了。在本章接下來的內容中，我們將試著解鎖騎士階級的起源，並且探討中世紀全盛期究竟發生了什麼事，才讓這個制度如此強大、持久又國際化。

矛和馬鐙

人和馬至少從銅器時代就開始在戰場上合作無間了。在西元前三世紀中葉被創造出來的「烏爾軍旗」（the Standard of Ur，今天存放在倫敦的大英博物館）是一個裝飾得非常華麗的盒子，上面詳細描繪了一群戰士列隊行進的陣容。[1] 這個盒子使用鮮豔的貝殼和彩色石頭製作出細緻的鑲嵌畫，畫中有些士兵是徒步，有些坐在馬拉的車子上。人獸齊心地，同步進行血腥的戰鬥，駕馬車的人揮舞著矛和戰斧，瞪大眼睛、充滿豪氣、穿戴華麗馬具的馬兒則踩過倒臥的敵人。這是一幅可怕的景象，而且絕對不是唯一一件強調馬匹在過去四千五百年以來的戰爭中扮演多麼重要角色的文

---

[1] 作者註：烏爾軍旗的名稱有點誤導人。烏爾的部分沒有錯，這個盒子確實是考古學家在一九二〇年代挖掘位於伊拉克南部那座蘇美文明古城的一座陵墓時，從地上一片一片撿起來，之後再重新修復的文物。但，它是不是一面「軍旗」就沒那麼肯定了。這件文物可在大英博物館看到（位置是 G56/dc17）或是線上觀看：www.britishmuseum.org/collection/object/W_1928-1010-3。

物。

　　古代人非常懂得在戰場上運用馬匹。在西元前四世紀的雅典，歷史學家色諾芬（Xenophon）便針對軍事馬術寫了很多篇幅，除了告知讀者挑選和訓練戰馬的最佳方式，還推薦了盔甲，讓「【騎士】想投擲標槍或進行擊打時」可以保護好自己的上半身。[8] 幾百年後，羅馬共和國把軍事馬術的概念制度化，將騎士放在元老之下，成為社會上第二高的階級。此外，羅馬帝制時代的騎士雖然大部分都不是士兵，而是皮膚細嫩的財政和官僚人員，以步兵為主的羅馬軍隊仍有騎兵的一席之地。四世紀時，古羅馬帝國最重要的軍事手冊作家維蓋提烏斯（Vegetius）曾詳細介紹最適合在戰場上使用的馬種，也就是匈人、勃艮第人和菲士蘭人（Frisians）飼育、使用的馬。[9] 後來，在拜占庭帝國，查士丁尼的超級將領貝利撒留在攻打波斯人和哥德人時，運用了全覆裝甲騎兵，也就是人和馬都被覆蓋全身的金屬鎧甲保護著的騎兵。這些全覆裝甲騎兵排成衝撞陣形衝向敵人，一面全力衝刺，一面揮舞長矛和鎚矛。不僅如此，波斯人、安息人（Parthians）、阿拉伯人、蠻族，還有中國、日本和印度的古代戰士階級，全都發展出在戰場上使用馬匹的技能。[②]

　　然而，即使這不是什麼新概念，中世紀的騎士階級仍相當具有變革性。西羅馬帝國滅亡後，還會在戰場上大量應用馬匹的歐洲穩固勢力，就只有阿拉伯人和西哥德人。法蘭克人知道如何買賣、飼育和運用戰馬，但是有很長一段時間，他們的軍隊跟外來勢力交戰時，法蘭克人還是仰賴步兵。查理・馬特在七三二年普瓦捷之戰擊敗偉大的阿拉伯軍隊時，他的軍隊就像一堵牆般不動如山地站著，用這種方式趕走阿拉伯騎兵。但，才不過兩個世代之後，法蘭克人在戰場上使用的方法就進化了。

---

② 作者註：只有美洲和大洋洲這兩個地區不常在中世紀的戰場上用到馬匹。西元前六世紀左右，馬就已經在美洲絕種，直到十五世紀才又重新被引進。之後，馬確實成了戰爭文化的一部分，特別是在美洲原住民與歐洲殖民者之間的衝突中。馬在十八世紀引入澳洲。

改變一切的又是加洛林王朝。爭執與衝突是加洛林時期的常態，但是最難打的仗有很多都是發生在邊境，對手有薩克森人、斯拉夫人、丹麥人和西班牙的穆斯林。因此，基於加洛林王朝的外交政策，他們需要非常大型、機動性高、可以快速進行長距離移動的軍隊。為了這個需求，查理曼要所有顯赫的地主隨時可以加入軍隊（或者派代表出來）。此外，他也培養了可以騎馬到戰場和參加戰役的騎士團隊。七九二至七九三年，查理曼頒布一項法令，命令所有騎兵都要帶著矛，用來刺捅敵人，而不是像標槍一樣投擲。這個方法非常有效，因此在接下來的兩百年，使用矛的騎士，在中世紀西方軍隊裡愈來愈重要。這樣的人拉丁語稱作「miles」（複數「milites」），古德語則稱作「kneht」。到了十一世紀，這個詞已進入古英語，拼作「cnihtas」，後來又演變成現代英語的「knight」。

然而，二千紀以前，騎著馬的西方戰士跟中世紀的騎士概念還是不太一樣，因為還有一項關鍵的軍事科技，或者應該說某些軍事科技的組合尚未問世。中世紀全盛期的騎士不只會騎著一匹馬，還會使用某些特定的武器，包括可以用來揮砍和刺捅的長劍和匕首。然而，最重要的武器其實是騎槍：一種又長又強大、有著金屬製尖端的武器，由矛改造而成，長度為三公尺或甚至更長，平鈍的一頭有柄可以讓騎士持握。騎槍的使用方法是把它塞在右手腋下，一邊直直瞄準敵人，一邊策馬飛奔向前。這是一項很不好學的技能，但是一旦上手了，就能創造跟先前很不一樣的局面。在為了記錄和紀念一〇〇六年諾曼第征服，而在英格蘭南部被人創造出來的巴約掛毯上，還可以看得到昔日的騎兵型態：諾曼第公爵威廉手下大部分的騎士，在衝向哈羅德·戈德溫森帶領的盎格魯撒克遜人時，右手會像舉標槍一樣高舉一根矛，隨時準備刺或擲，而不是像打樁機一樣重重捅擊敵人。這個方法跟騎槍發動的攻擊有很大的差異。一個騎士如果有矛，可能可以很危險、敏捷、出其不意、令人害怕，但是他所能做的攻擊，跟身旁那些拿著相同武器的步兵沒什麼不同。可是，有了騎槍，騎士就不再只是騎在馬背上的步兵而已，而是相當於中世紀的導彈，[③] 若跟其他五、六個

以上的導彈一起發射，可以說是勢不可擋。拜占庭公主安娜．科穆寧娜（Anna Komnene）曾在十二世紀時寫到，步行戰鬥的法蘭克人很好打，騎馬戰鬥的法蘭克人卻能在巴比倫的牆上打出洞。[10]

但，騎槍不是當時唯一的軍事發展。它需要跟其他科技一起運用才會有效，而這些科技，指的就是馬鐙和鞍尾加高的馬鞍。這兩樣東西發揮的效果是一樣的，幫助騎士抵抗物理定律，使騎士不被自己的衝力甩下馬，將衝刺的加速度和力量全部轉移到騎槍的槍桿和槍尖。鞍尾加高的馬鞍，有一個高高的背部，讓騎士在碰撞時仍能坐得好好的；馬鐙讓他可以運用雙腿保持平衡、得到更多的阻力；至於騎槍，則讓他成了一個殺人機器。沒有這些科技，可能就不會有中世紀的騎士。[11]

騎槍、馬鐙和加高馬鞍這樣的科技組合，究竟是什麼時候在西方普及，又帶來什麼樣的結果，一直是歷史學家仔細檢視和激烈爭辯的議題，這有時候被稱作「馬鐙大爭議」（Great Stirrup Controversy）。似乎可以肯定的事情是，馬鐙可能是在四世紀（最遲五世紀），由西伯利亞和今天的蒙古遊牧民族所發明。[12] 中國、日本、韓國和印度都非常歡迎這項新科技，但是馬鐙卻花了蠻久的時間才散播到西方。然而，馬鐙最後還是經由波斯和阿拉伯半島，傳到近東和西方的後羅馬基督教帝國，因此到了八世紀，馬鐙已經出現在歐洲。到了七八〇年代，馬鐙已十分常見，所以《貝雅圖斯》（Beatus）這本西班牙《聖經》注釋的作者，才會在書中華麗豐富的插圖裡，給天啟四騎士（Four Horsemen of the Apocalypse）[④] 殘酷的腳套上馬鐙。[13]

馬鐙雖然花了點時間才在各地普及（要到十一世紀晚期才變得無所不

---

③ 作者註：騎在馬背上全力衝刺的騎士使用騎槍直接頂中敵人時，槍尖的力道估計約有五千焦耳，可媲美二十世紀標準軍用步槍射擊一發子彈時槍口產生的能量。

④ 編按：天啟四騎士載於《聖經》〈啟示錄〉第六章，傳統上被視為瘟疫、戰爭、飢荒與死亡的象徵，但仍有不少神學解讀的爭論。

在），但最終還是成功改變了人們騎馬打仗的方式。[14] 沒錯，馬鐙在西方愈來愈普及時，正好處在其他軍事創新發生的時期：攻城塔獲得改良，興築城堡的技術也是（從十二世紀起，歐洲各地愈來愈常用石頭蓋堡壘，不再使用木材和泥土）。[15] 可是，在軍事硬體設備整體獲得改良的情況之中，馬鐙的出現並沒有比較不重要。馬鐙讓騎士在快速駕馭馬匹時仍能安然坐在馬鞍上，打起仗來也更兇猛。結果就是騎士成為戰場上的主力軍，受到皇帝、國王和其他貴族的大大器用。最後，對騎士的需求增加後，他們的社會地位、階級和存在感也出現了變化。

然而，騎士的起源故事中最讓歷史學家爭論不休的，並不是馬鐙科技散播的方式，而是重裝騎士特別受到偏好這一點在多大的程度上直接引起歐洲的社會革命，進而迎來「封建制度的時代」（the age of feudalism）。封建制度是一種從概念上來看呈金字塔形狀的普及社會組織體制：領主贈予土地給封臣，換取封臣提供軍事服務的正式承諾；然後封臣又把土地分給更窮困的人，換取更進一步的服務，像是軍事協助、農業勞動或兩者皆是。[16] 大部分的歷史學家現在不太會把這兩個現象之間畫上直接的連結，有些人甚至主張「封建制度」這個概念太簡化了，無法說明中世紀社會真正的運作方式。不過，說騎馬的戰士在馬鞍上坐得更穩的同時，歐洲各地持有土地的結構也在改變，並沒有什麼爭議。

至少從騎士的觀點來看，改變的源頭來自當騎士的成本。在馬背上打仗相當花錢。在進入二千紀的前後，一位全副武裝的騎士至少需要三匹馬、鎖子甲、頭盔及騎槍、刀劍、斧頭或鎚矛、匕首等武器，還有內衣、數頂帳篷、旗幟和一至多名助手，並要提供助手照料馬匹的工具、烹煮食物的用具和飲食。這筆花費可不小。要維持一名騎士一年的生計所需花費的金錢，大約就跟維持一年十個農民家庭的生計差不多。[17] 這是一個極度花錢的職業，只有出身富有人家或能夠致富的人才能妄想當一名騎士。

騎士想要維持生計有一個辦法，那就是上戰場試試手氣，因為戰爭提供了奪取戰利品、裝備和俘虜（可索取贖金）的機會。但，用這樣的方

式維持一個職業非常危險。比較可靠的方式是找到一位金主，最後當上地主。於是，從九世紀左右以降，西方各地騎馬打仗的戰士可以得到數百英畝的農業用地，交換條件是他們要隨時準備為贈予他們土地的人（地位較高的領主或國王）作戰。在法蘭克王國，這些土地有些純粹是徵收而來，像是在加洛林王朝的統治下，很多教會的土地就直接被沒收，然後分發給軍事下屬。有了這些土地可以管理耕作，戰士就能負擔得起自己的生計，並融入一個體系，對贈予自己土地的國王或領主負起應有義務。有意成為騎士的人因為需要學習相關技能，使得他跟這個體系之間的連結更深了。一個常見的狀況是，父母會把童年過了一半的兒子寄養在有錢領主的家中，由領主負責他們的教育和體能訓練，期望男孩長大成人後會加入他們的軍事扈從行列。

這樣就大略描述了一個複雜但有效的政治社會組織方式的基礎。然而，這不僅限於加洛林王朝的法蘭克王國。法蘭克王國以外的地區也有發展出封建結構（如果要避開封建這個詞，也可以說這是以土地換武力的社會契約）。這樣的結構在諾曼第、英格蘭、蘇格蘭、義大利、伊比利半島北部的基督教王國、十二世紀在巴勒斯坦和敘利亞建立的十字軍國家[5]，以及剛基督化的匈牙利和北歐都找得到，並且根據當地的習俗和傳統而有所差異。[18] 同樣地，即使加洛林王朝的西半部在查理曼和他之後的幾位繼任者死後缺乏強而有力的國王，領主和軍事服務這樣的社會機制仍持續著。當法蘭西王制從加洛林王朝的高峰開始衰退後，這些社會機制反而變得更重要，因為公爵、伯爵和其他領主（包括高級神職人員）開始互相鬥爭，要鞏固自己的領土。

這一切帶來了三個長遠影響。首先，為了定義土地的賜予者和持有者之間的關係，一套比以往更複雜的法律和程序出現了：半神聖化的宣示效

---

⑤ 作者註：見第八章。

忠儀式約束人們服侍、保護彼此（至少理論上是如此），另外還有一堆在法律上可強制執行的權利、義務、款項和稅金，也跟著賜予土地的行為衍生而出（假使「封建制度」果真存在，它就是由一連串錯綜複雜、緊密相連的人際關係所組成。這些人際關係整個來看，代表了一個雜亂無章但鮮明獨特的政府體制）。其次，一個能夠供養大量戰士的體制如此成功，讓人感覺（這種感覺有部分的真實性，但也有部分只是幻想）西方社會好像變得愈來愈暴力危險了。第三，戰士現在擁有的土地可以維持他們的貴族生活，並進而培養出上層階級讚賞、甚至崇拜所謂騎士美德的意識。騎士的行為準則和榮耀後來會被稱為騎士精神，到中世紀末期時，將變得宛如一種世俗宗教。

至少，理論上是這樣。但是，理論很難想像。為了更清楚地知道二千紀之初這些「新」戰士是什麼模樣，以及他們在動盪不安的中世紀世界如何生活、希望透過純粹的武力實現什麼人生目標，而他們又是為什麼會受到後人的崇拜……要理解這些，我們最好從概述轉向細節，探討在騎士概念發展初期一名知名人士的生平。這位騎士就叫作羅德里戈·維瓦爾（Rodrigo Díaz de Vivar），他不是法蘭克人，而是來自伊比利半島。由於那裡戰亂頻仍，當局的權威四分五裂，因此有很多靠武力獲得發展的機會。認識他本人的都叫他「冠軍」。但，更多人記得他另一個阿拉伯－西班牙語的非正式口語綽號，是他死後吟遊詩人歌頌他的故事時給他取的稱呼，叫作「熙德」（阿拉伯語：al-Sayyid；西班牙語：El Cid）。

「熙德」

一〇四〇年代初期，羅德里戈·維瓦爾出生在一個貴族戰士家庭，位於西班牙北部卡斯提亞王國（kingdom of Castile）的城鎮維瓦爾（Vivar）。他的父親是卡斯提亞國王斐迪南一世（Fernando I）的忠實追隨者，因為參加戰役攻打鄰國納瓦拉（kingdom of Navarre）的基督徒，他的父親獲准持

有大片土地，還有一座稱作「月亮」的城堡。[19] 羅德里戈・維瓦爾因此得以認識下一代的卡斯提亞王室，並被送到卡斯提亞宮廷養育、教育、接受戰爭訓練。他在宮廷得到斐迪南的兒子和繼承者桑喬二世（Sancho II）的提拔，且桑喬二世在羅德里戈・維瓦爾長大成人、愈來愈精通戰鬥這門藝術的期間，培育他成為王室軍隊的主帥。當羅德里戈・維瓦爾長成一個年輕人，被認為已經做好準備替卡斯提亞王室打仗時，桑喬二世便「使用騎士的腰帶為他配劍」。[20] 在十一世紀中葉，將一把劍用腰帶固定在年輕戰士的身側這樣的公開儀式，已經成為承認一名鬥士的能力和地位的重要典禮。十一世紀的貴族幾乎可以說是一個軍事階級，所以配劍對其男性成員來說是生命中非常重要的一刻，他們就要結束青少年時期和青澀無知的平民生活，展開以指揮軍隊和戰鬥為常態的日子。[21]

配劍典禮是羅德里戈・維瓦爾顯赫生涯的第一篇章。沒多久後，他就晉升為高級統帥。一本離他的時代不遠的傳記寫道：「桑喬國王非常看重羅德里戈・維瓦爾，相當尊崇且喜歡他，便把他封為整支軍隊的統帥。於是，羅德里戈・維瓦爾飛黃騰達，成為非常了不起的戰士。」[22] 除了擁有國王金主的經濟資助，羅德里戈・維瓦爾也有義務帶著王室軍旗上戰場。描述了他軍事才能的文獻顯示，一個訓練有素、武裝齊全的騎士，在戰場上遇到他時彷彿如臨大敵。據說，在圍攻薩莫拉（Zamora，位於萊昂和馬德里兩地中間的一個風景優美的城鎮，有一座拜占庭時代的圓頂大教堂）時，羅德里戈・維瓦爾大戰了十五名敵軍士兵，其中有七名穿著鎖子甲。這位傳記作家寫道：「他殺了其中一人、傷了其中二人並使他們落馬，其餘的則被他神采奕奕的英勇之姿嚇跑了。」[23] 這些數據很驚人，用一個老掉牙但十分貼切的比喻來說，這位騎士就像中世紀戰場的坦克。不過，同樣有趣的是，文獻中對羅德里戈・維瓦爾的英勇所表達出來的崇敬，與他的勇猛和軍事成績相輔相成。

羅德里戈・維瓦爾三十幾歲時已經是個名人，也進入了人生的下一個階段。桑喬二世遭到殺害，西班牙北部的新勢力換成他的兒子（同時很有

可能就是殺人兇手的）阿方索六世，⑥統治範圍包括卡斯提亞、萊昂和加利西亞。羅德里戈‧維瓦爾在一〇七〇年代初期成為新國王的隨從，因為他的效忠，他被賜婚給國王的親戚，一個年輕女性希梅娜（Jimena）。同一時間，他也被派到另一個政治角力和軍事比武的場域：阿方索六世任命他為伊斯蘭大使，負責跟塞維爾和哥多華那位邪惡卻充滿個人魅力的詩人埃米爾穆耳台米德（al-Mu'tamid）交涉。理論上，這是一個很友好的職務，因為穆耳台米德是一位附庸國王，在先前的戰爭戰敗後，他每年都要向卡斯提亞王室進貢。另外，羅德里戈‧維瓦爾被派駐在塞維爾時，還幫助穆耳台米德抵禦敵對伊斯蘭統治者的攻擊，造成「大量的屠殺與傷亡」，卻也讓他賺到許多戰利品，可以送回去填滿阿方索六世的財庫。然而，羅德里戈‧維瓦爾的成就和他愈來愈喜歡個人作戰的傾向，使他非常不受歡迎（他跟他的朋友有一次在未經許可的情況下，劫掠穆斯林在托萊多〔Toledo〕附近的領土，抓了數千名俘虜和大量戰利品）。很快地，由於宮廷裡一群貴族的忌妒，使得他在一〇八〇年年中失寵，遭到放逐。這整件事描繪了騎士制度的一個重大缺陷：一個很有能力、訓練有素的殺手，當他因義務和獎賞的約束而服侍一位統治者時，很容易就能掌控他；但一旦他自由了，就有可能變得難以預測、破壞力強、極其危險。

　　一〇八〇年代之初，羅德里戈‧維瓦爾自由了，他可以把自己的軍事天賦賣給出價最高的人。他曾毛遂自薦給巴塞隆納的伯爵，但是遭到拒絕，後來便選擇了札拉哥沙這個泰法國（taifa kingdom）⑦的伊斯蘭統治者。札拉哥沙是由哈德家族（Banu Hud）統治，羅德里戈‧維瓦爾便代表他們投身掠奪基督教王國亞拉岡的軍事行動，「大肆劫掠」，「奪走當地的

---

⑥ 作者註：我們在第六章曾說到，阿方索六世把很多貢金都送去北方的克呂尼修道院了，請修士為他的靈魂進行永恆的禱告。

⑦ 作者註：奧米雅哈里發國在一〇三一年瓦解後，西班牙的伊斯蘭地區（安達魯斯）分裂成許多獨立的穆斯林政體，稱作泰法國。

財寶，抓了許多居民做俘虜」。[24] 亞拉岡國王跟哈德家族的叛徒結盟，企圖直接攻擊羅德里戈‧維瓦爾。羅德里戈‧維瓦爾迎戰對手，打了勝仗，抓走許多高價俘虜以及「數不盡的戰利品」。民眾在札拉哥沙的街頭狂歡慶祝這場勝利。[25] 羅德里戈‧維瓦爾的掠奪狀態持續了五年以上，建立起成員據說多達七千人的龐大私人軍隊，還有伊比利半島最有天分（雖然捉摸不定）之戰士的名聲。他大概就是在這個時候得到熙德這個綽號的。

　　然而，不久後，半島上的情勢出現劇烈變化。該世紀稍早，由一群嚴苛保守的柏柏人穆斯林所創建的穆拉比特王朝（Almorávides），征服了西北非的摩洛哥。一〇八五年，他們又把目標轉向安達魯斯。他們入侵並強行占領所有的伊斯蘭泰法國，並指責這些小國的統治者頹廢墮落、意志薄弱，該被淘汰。穆拉比特王朝對北方的基督徒國王也沒有多高的評價。一〇八六年，他們瞄準了卡斯提亞的阿方索六世，並在十月的薩拉卡戰役（the battle of Sagrajas）中擊潰了卡斯提亞軍隊。大為震驚的阿方索六世決定放下尊嚴，把羅德里戈‧維瓦爾找回來。阿方索六世沒有資格討價還價，可以說是用求的把羅德里戈‧維瓦爾求來，並承諾「他從撒拉森人【即穆拉比特王朝】那裡得到的任何土地和城堡，都將完全由他持有，而且不只是他，他的兒女和他所有的後代子孫也都能擁有。」[26] 技術高超、足智多謀的騎士，能夠發揮的影響力就是這麼強大，他完全可以坐地喊價。

　　但，阿方索六世很快就發現，光是坐地喊價仍不能讓羅德里戈‧維瓦爾滿足。雖然他幫忙把穆拉比特的勢力趕出了卡斯提亞王國，但是阿方索六世卻懷疑（他的懷疑很正確）羅德里戈‧維瓦爾意圖篡位。因此，過去的嫌隙沒多久又重新浮上檯面。一〇九〇年，羅德里戈‧維瓦爾再次跟國王鬧翻，並在宮廷中被指控為「一個邪惡的男人和叛徒」，密謀讓穆拉比特的穆斯林殺害阿方索六世。氣憤的羅德里戈‧維瓦爾堅持自己是無辜的，還明確引用騎士規範跟國王求情，說他是「最忠實的封臣」，並提議跟一個宮廷冠軍決鬥，以證明自己的清白。[27] 可是，國王聽不下去，羅

德里戈・維瓦爾又被流放了。他重新回到這個世界，但已經不再是待價而沽的戰士，而是一名征服者。他的目標是要拿下由穆斯林統治的瓦倫西亞（Valencia），這座城市大約在今天西班牙東海岸的中段，位於巴塞隆納和德尼亞（Dénia）之間。他生涯的最後一個篇章即將展開。

羅德里戈・維瓦爾花了整整四年，才完全征服瓦倫西亞及其周邊地區，甚至同時與穆斯林和基督徒對手起衝突。征討期間，他跟巴塞隆納伯爵拉蒙・貝倫格（Ramon Berenguer）打了一場令人難忘的戰役：伯爵被俘，被迫上繳龐大的贖金，軍營也被洗劫了一番。羅德里戈・維瓦爾也攻打了阿方索六世的領土，用「無情、毀壞、無信仰的火」燃燒村莊。[28] 穆拉比特的領袖優素福・塔什芬（Yusuf ibn Tashfin）「寫信給【羅德里戈・維瓦爾】，嚴厲禁止他進入瓦倫西亞」，羅德里戈・維瓦爾卻「以極為輕蔑的語氣跟塔什芬說話」，自己則另外寫了信送到該地區的各地宣傳，說他願意跟任何規模的穆拉比特軍隊打一場，看用什麼方式解決這件事都行。[29] 他執拗且毫不動搖地堅持在戰場上的殘暴好鬥，同時小心翼翼地給自己的原則貼上榮譽的標籤。最後，他的努力獲得了獎賞。一○九四年六月十五日，瓦倫西亞淪陷了。羅德里戈・維瓦爾的人在城裡大搶特搶，從居民那裡搶來大量的金幣銀幣，所以「他和他的追隨者變得難以形容的富有」。[30] 羅德里戈・維瓦爾總算成為自己那片領土無疑的主人了。這稱不上是一個王國，但仍然是一塊富有且具有重要戰略意義的領地，使羅德里戈・維瓦爾拚死捍衛。一○九四年，塔什芬派出龐大的軍隊要驅逐他。根據編年史家的說法，穆拉比特的兵力有十五萬人那麼多，雖然這個數字至少誇大了六倍之多，[31] 但危機的規模仍顯而易見。

接下來發生的事件是收復失地運動中最精彩的一次交戰，因此完全可以理解為何相關故事後來會被極度浪漫化。羅德里戈・維瓦爾沒有坐以待斃等著塔什芬圍攻瓦倫西亞，而是讓這座城市進入緊急狀態，並沒收所有的鐵製品，拿來熔化製成武器。接著，他集結他所能集結得到的最多兵力，領軍出城，意圖從側翼包抄穆拉比特軍隊，把他們趕走。

當時一部較不受到重視的編年史簡鍊地記錄了接下來在誇爾特（Cuarte）的平原發生的戰役。羅德里戈・維瓦爾和他的人馬靠近塔什芬的軍隊，「對著敵人吼叫，用威嚇的言語嚇唬他們，接著衝向他們，展開一場激戰。仁慈的上帝讓羅德里戈・維瓦爾擊敗了所有摩押人（Moabites，穆拉比特的穆斯林）。於是他因上帝的賜予贏得了勝利。」[32] 後來，吟遊詩人為了紀念羅德里戈・維瓦爾的英雄事蹟，用古西班牙語唱出史詩《熙德之歌》（*The Song of the Cid*），並極盡血腥暴力之能事描繪了這場戰役：

> 熙德施展他的騎槍，手持他的長劍，
> 殺死了許多摩爾人，多到難以計數，
> 從手肘以下的地方，流出汩汩鮮血。
> 他三擊優素福國王，招招兇猛迅急，
> 他卻因為一匹快駒，鑽過他的劍下……[33]

但，實際的過程似乎是，羅德里戈・維瓦爾使出一個歷久不衰的軍事招數：派一小群人馬迎戰穆拉比特軍隊，使敵人分心，然後再率領主力軍直接攻擊對方毫無守備的軍營，將之擊潰，並帶走許多俘虜，讓敵軍驚慌失措。無論這場勝仗靠的是他個人的英勇或卑鄙的狡猾伎倆，總之結果是一樣的。羅德里戈・維瓦爾成功痛擊穆拉比特軍隊，顯示伊斯蘭侵略軍並非堅不可摧，不禁讓人想起查理・馬特七三二年在普瓦捷戰勝奧米雅王朝的事蹟。雖然之後還有很多仗要打，但是事後回顧起來，在誇爾特發生的這場衝突，可以說是收復失地運動的一個轉折點。從這一刻開始，西班牙北部的基督教王國終於漸漸占了上風。[34]

羅德里戈・維瓦爾從騎士變成領主、接著奪取瓦倫西亞後，又在那裡居住、統治了五年，於一〇九九年去世。就連貶低他的人在撰寫他的訃聞

時，都不得不承認他是「那個時代的大患」，「從他對榮譽的渴望、那謹慎堅定的性格以及英雄般的勇氣來看，他都是上帝創造的奇蹟。」[35] 寫下這篇充滿溢美之詞的悼詞的人，是一個來自聖塔倫（Santarem，位於今天的葡萄牙）的阿拉伯詩人伊本‧巴薩姆（Ibn Bassam）。身為一個景仰穆拉比特王朝的穆斯林，伊本‧巴薩姆在文化上跟孕育騎士文化（羅德里戈‧維瓦爾全心全意認同的文化）的法蘭克王國有很大的差異，但令人驚訝的是，他竟然能在熙德身上看出十一世紀騎士的所有典型特徵：驕傲、穩定、英勇、危險。而且，不只有伊本‧巴薩姆這樣。別的作家也曾撰寫、重寫熙德的生平與事蹟，把它寫得浪漫無比、加油添醋，或寫成歌曲、神話。這些並非純粹只是精彩刺激的蠻勇故事，也可以用來探討整個騎士觀。跟熙德有關的物品被當成寶物崇敬，像是今天西班牙北部的布爾戈斯市立博物館（municipal museum of Burgos）就收藏了一把美麗的劍，據說是熙德在瓦倫西亞擊敗穆拉比特的領袖塔什芬時，從他那裡搶來的「蒂宗劍」（Tizón，或稱蒂佐納）。自從十四世紀起，這把劍就是一件備受珍視的寶物，它曾有過許多不同的主人，都跟西班牙文化裡一個被選為（這件事令人存疑）基督教士兵、就連好萊塢也要拍攝的民族英雄有關。

所以，熙德死後很快就步上進入不朽名人堂的道路。這就好比教會會藉由封聖人來教育次等的凡人什麼是好的道德言行，世俗世界也開始建立自己的半人半神名單，有的是真實存在的人物，有的是虛構的神話角色。除了熙德，羅蘭、亞瑟王、珀西瓦里和蘭斯洛特等英雄，也都示範了可統稱為騎士精神的生活方式與戰士準則。在中世紀後期，騎士應有的特質，如基督徒的聖潔，成為一種強大的心理制度，並透過文學文化傳播，影響了整個西方世界的男男女女。

羅蘭與亞瑟

打從文明之初，人類的心理就存在著美化暴力和戰士的慾望，甚至

是需求。世界上最古老的洞穴繪畫之一，就是二〇一七年在印尼的蘇拉威西島（Sulawesi）被人發現的古老壁畫。畫中宛如卡通一樣的場景，是使用紅色顏料塗在石灰岩壁上，一幅長得像人類的人物用矛攻擊野豬和水牛的畫像。這幅畫至少有四萬四千年歷史，繪畫當下智人還跟尼安德塔人一起居住在這顆星球上，而最近的一次冰河期則要再等兩萬四千年才會結束。但，只要看這幅畫一眼，就能看出蘇拉威西島的史前人類在洞穴中所畫的主題，就跟《伊利亞德》（*Iliad*）和《搶救雷恩大兵》（*Saving Private Ryan*）等歷代戰爭故事的題材相同。加工潤飾殘暴行為的衝動，是最古老的藝術主題。

因此，當中世紀出現了一種新的戰鬥型態，人們會想出一種新的藝術文類來呈現，也就不叫人意外了。在中世紀，騎馬打仗這件事從客觀的角度來看非常可怕，不但很花錢、很累人、很恐怖，還會流血受傷。一顆一九九〇年代在英格蘭南部出土，最近用放射性碳定年法得知是來自海斯廷斯之戰（the battle of Hastings）的骷髏，便顯示了騎士這一行會讓身體劇烈衰退。死者手腕、肩膀和脊椎的骨頭留下了疼痛且一輩子無法抹滅的疤痕，全是因為在馬鞍上訓練、騎乘和長年艱辛戰鬥後，對關節和脊椎造成的磨損。頭顱的側邊和背面共有六道嚴重的劍傷，是死者四十五歲左右留下的。這些致命傷就是他辛苦一生後獲得的獎勵。[36] 這種狀況在當時十分正常。實際上，中世紀的戰士在過完辛勞的一生後，通常會死於非命，接著非常有可能因為自己生前做過的一切殺戮傷害，而必須下地獄受罰。可是，中世紀的戰士和寫下他們故事的詩人，內心的衝動竟然不是用直白文字如實報導這些罪惡事實，而是創造新的英雄文學，把騎士描繪成浪漫的愛人和追尋目標的旅人，用他們的倫理觀來粉飾那些令人難以苟同的真實行徑。就如美國詩人艾略特（T. S. Eliot）在二十世紀所說的，人類無法承受太多的現實。

現存最早試圖昇華和聖化騎士行為的偉大文學作品，就是我們在第五章提過的《羅蘭之歌》。《羅蘭之歌》已知最早的手稿大約是在一〇九八年

完成，講述一位在西班牙邊疆區替查理曼打仗的戰士，在七七八年庇里牛斯山龍塞斯瓦列斯山口跟「撒拉森人」交戰時，吹號角吹到頭顱爆炸，最後英勇戰死。如果不要過於嚴謹，《羅蘭之歌》某種程度上可算是歷史文學，但它所關注的不是認真回憶很久以前發生的事件，或是一絲不苟地檢視歷史證據，而是要把查理曼對抗奧米雅王朝的戰爭當作一個背景，用來闡述勇氣、愛、友情、智慧、信仰和正義的本質。這種結合了史詩、歷史詩和敘述詩的文類，被稱為「武功歌」。

《羅蘭之歌》在今天的法國文學中地位很高，就像英格蘭文學的《貝武夫》和西班牙文學的《熙德之歌》一樣。這也難怪，畢竟它非常具有娛樂效果、情節相當灑狗血，時不時還有超級暴力的場景。主角個個都很有真實感，令人難忘，包括羅蘭本人、他頭腦冷靜的朋友奧利維耶（Oliver）、他意志薄弱又不可信賴的繼父加尼隆（Ganelon），以及穆斯林的國王馬爾西留（Marsil）；戰鬥場面充滿血腥；此外，在龍塞斯瓦列斯一決雌雄的高潮時刻，深具緊張刺激的戲劇張力——羅蘭一直不願意吹響會召來援助的號角，認為這樣做就背叛了理想中最英勇的騎士模範。因此，羅蘭在生命的最後一刻吹響號角，召喚國王和自己的死期前來時，那一幕自然非常讓人動容。最後，還有那殘酷的懲罰。十一世紀時，圍在某位偉大領主的壁爐前聆聽吟遊詩人深夜吟唱《羅蘭之歌》的聽眾，沒有人會忘記這首詩的血腥結局：羅蘭死後，蒂埃里（Thierry）和皮納貝爾（Pinabel）這兩位騎士為了決定加尼隆是否有罪，進行了一場殊死決鬥。皮納貝爾擊中蒂埃里的頭盔，長劍迸發一串火花，引燃了兩名決鬥者周圍的草地。蒂埃里面對這幾乎致命的一擊做出反擊，用劍狠狠砍進皮納貝爾的頭顱，將他的頭劈成兩半到鼻樑的位置，腦漿四溢。

詩人說：「決鬥透過這一擊定出了勝負。法蘭克人說：『上帝行使了奇蹟！』」[37] 不過，這整件事尚未結束。皮納貝爾是替叛徒加尼隆的清白而戰，而他失敗了，三十名為加尼隆的人格做擔保的人質也被帶走吊死，而加尼隆本人則被判處四馬分屍之刑。詩人難得保守地說：「加尼隆的下場真

是可怕。」[38]

　　我們要怎麼理解這一切？《羅蘭之歌》的本質是一首永垂不朽的戰爭史詩，英雄和壞人在故事中掙扎、交戰、生存、死亡。但是，《羅蘭之歌》的特殊之處在於，它全心全意提倡騎士的價值觀。這個故事刻意要向聽眾呈現軍武世界最美好的一面。在那個世界中，最棒的人生就是，封臣與領主忠誠地履行義務，而騎士幾近病態地信守自己的諾言、勇於接受決鬥的邀請，即使獲勝的機率小得可憐。當然，對士兵而言，最終的獎賞就像聖人最後會得到的那樣——一個善終。

　　《羅蘭之歌》很偉大，但並不獨特。從十二世紀初以降，有多達數百、甚至可能數千首的武功歌被創作出來。今天還以手稿形式流傳下來的那幾十首詩歌，只占沒有亡佚的一小部分，若算上曾經被傳唱卻從未訴諸白紙黑字的詩歌，所占的比例又更小了。《威廉之歌》（*Song of William*）也是一首有名的武功歌，敘說法蘭西南部的奧蘭治伯爵威廉（William of Orange）在八世紀晚期征討穆斯林的事蹟；另外還有一首《葛蒙德與伊森伯德》（*Gormond and Isembart*）有趣地顛覆了羅蘭的故事，描述一個來自法蘭西的騎士伊森伯德遭到國王錯待，因此拋棄了自己的君主和基督信仰，投靠由葛蒙德統治的異教徒王國。《葛蒙德與伊森伯德》跟《羅蘭之歌》和《威廉之歌》不同，講到了一個騎士面對不公正的領主必須起身反抗的兩難。這跟熙德的故事有很明顯的關聯，並用鮮明、栩栩如生的色彩描繪出騎士精神——意即榮譽和勇氣便是美德。這位騎士即使拋棄了他對一個背信棄義的領主的誓言，他依然美好，是這個世界配不上他。騎士精神就跟愛乾淨一樣，都和虔誠相去不遠。若將羅蘭、威廉和伊森伯德的故事放在一起看，不僅證實了十二世紀興盛著這樣的文學文類，還引導我們認識中世紀西方世界（特別是說法文和義大利文的那些地區）的騎士和貴族階級複雜的自我形象。

　　武功歌跟現代的超級英雄電影一樣，也會衍生續集、前傳、改編、外傳等，不同的詩人和抄寫員根據時代的需求不斷將故事重寫。就像超級

英雄故事一樣，這些詩歌有好幾個主要的「世界」和自己的角色陣容。像《羅蘭之歌》和《威廉之歌》那樣以查理曼時代為背景的武功歌，從十四世紀之後就被描寫成跟法蘭西的事務有關；而以特洛伊戰爭、羅馬建城或其他古典主題等很久以前的歷史事件為背景的故事，處理的則是羅馬的事務，並把忒修斯、阿基里斯或亞歷山大大帝等現成的英雄轉化為中世紀的騎士；[8] 第三個主要的「世界」（同時也恐怕是今天最有名、最歷久彌新的）是一個羅曼史的世界，以傳奇亞瑟王的宮廷為背景，跟不列顛的事務有關。

在串流平台當道的時代，亞瑟王的故事仍是許多故事人的創作素材。這當然是有原因的。[39] 就連這個故事已知最早的形式——諸如蒙茅斯的傑佛瑞（Geoffrey of Monmouth）所寫的偽學術著作《不列顛諸王史》（*History of the Kings of Britain*）和法蘭西作家克雷蒂安·特魯瓦那些徹頭徹尾的奇幻羅曼史——都虛構得非常精彩好看，結合了亞瑟王、巫師梅林、模稜兩可的王后桂妮薇爾，及珀西瓦里、高文和蘭斯洛特眾騎士等令人難忘的角色，創造出一個充滿冒險與驚奇的亞瑟王宇宙。愛慾、忠誠、不貞、背叛、追尋、信仰和兄弟情等主題，穿插在神祕的國王、美麗的少女、聖杯與巨人的故事中。亞瑟宮廷的羅曼史在整個中世紀和後代被反覆重新想像、書寫，長久以來都是探索貴族與宮廷價值觀的切入點，而這些價值觀也隨著時間不斷地變遷演進。然而，這些故事一定有一個共通點，那就是人性可以透過騎士的言行加以探討。有些騎士演示了騎士原則，但有更多騎士告訴了我們，真正的騎士精神其實難以達成。可是，從

---

[8] 作者註：在中世紀的這個時期，古典世界及其英雄是許多文學文類常見的題材，如風格較直白的修道院歷史。通常，這些故事會刻意將騎士的制度和價值觀放在半想像、半真實的古老過去裡。拿十三世紀的《薩克森世界編年史》（*Sachsische Weltkronik*）為例，這個現存最古老的高地德語散文著作便講述了羅穆盧斯創建古羅馬的故事，說他選了一百位顧問，稱作元老，還有一千位戰士，稱作騎士。十四世紀時，喬叟則是選擇忒修斯時代的雅典做為著名的《坎特伯雷故事集》第一篇故事〈騎士的故事〉的場景。

定義上來說，成為一名騎士永遠是一個男人最高的理想。克雷蒂安・特魯瓦在他的故事《珀西瓦里》中，寫到珀西瓦里還是個男孩時，在森林裡丟擲長矛，一邊自學戰爭技藝，一邊享受大自然帶來的簡單喜樂。他先是聽見、然後看到「五名武裝的騎士，從頭頂到腳趾都穿著盔甲，從樹林裡出現……閃閃發光的鎖子甲、燦爛耀眼的頭盔、騎槍和盾牌……陽光下發出光芒的翠綠與朱紅……」他深信自己一定是看見天使了，便問他們的領袖：「你是上帝嗎？」

男子回答：「我以我的信仰發誓，我不是上帝。我是一名騎士。」[40]

比虛構故事還不可思議

武功歌、羅曼史和其他類似的故事，讓我們對中世紀騎士宏偉的自我形象留下豐富的印象。但，這些只是探討騎士文化的廣大文學作品當中的一部分。十三世紀的作家也曾經產出相當於騎士行為準則手冊的文本，最早問世的是在一二二〇年左右出現的寓言詩《騎士精神指引》（Ordene de chevalerie），而最著名的則是來自馬略卡島（Majorca）的哲學家拉蒙・柳利（Ramon Llull）所寫的《騎士精神指引之書》（Book of the Order of Chivalry）。之後，在十四世紀時，法國貴族傑弗里・夏尼（Geoffrey de Charny）也寫了一本《騎士精神之書》（Book of Chivalry）。這些書（還有其他許多相似的著作）透過寓言故事和直白的問答形式，說明了作者對騎士生活的願景。隨著時間過去，騎士生活已經不再只有騎馬打仗這麼單純。騎士漸漸在宮廷中獲得地位，在社會上則擁有地主和貴族階級的身分，因此有關騎士的書寫也開始聚焦在性靈和情感層面。騎士被敦促要展現勇氣、正直、慈善、虔誠；關懷窮人和受欺侮的人；在偉大領主的廳堂上表現出從容不迫的儀態；心地純潔；對心愛的女士全心全意奉獻，即使對方可能不是自己的女人，而是社會地位比自己崇高的人的妻子，永遠也得不到。

不少騎士手冊都描述了成為騎士需要舉行的冊封典禮。在熙德的時代，想要成為騎士的戰士會被配以長劍和腰帶，然後就可以外出殺人，但到了十三和十四世紀，欲獲得騎士身分的理想步驟，卻包括了淨化、沐浴、宣誓、以劍拍肩等繁複的儀式，跟被任命為神職人員或受膏成為國王的過程類似。十三、十四世紀的騎士一旦正式開始過騎士的生活，要想的就不只有下一餐和下一個任務在哪裡這麼簡單。究竟有多少騎士真的做到──甚至嘗試做到──騎士專書裡面列出的嚴格標準，實在很難說。答案可能是：沒有很多人。但，還是有人努力過，而在這些人當中，恐怕沒有人像威廉・馬歇爾（William Marshal）一樣擁有如此不平凡的人生。這位騎士漫長的一生橫跨十二和十三世紀，在這段期間，他奮力地將理想中的騎士精神化為現實。他常被說成是有史以來「最偉大的騎士」，這樣的盛讚若是被他聽見，他肯定會非常開心。[41] 他的生涯值得我們稍加了解，看看文學中的理想騎士精神跟中世紀現實世界的生活、戰爭和政治互相碰撞時，會產生什麼樣的火花。

根據威廉・馬歇爾的家人在他死後不久託人完成的那部冗長的古法語韻文傳記，威廉・馬歇爾在五歲時第一次接觸戰爭。當時，英格蘭國王史蒂芬（Stephen）把他放在攻城的投石機上，計畫將這名男孩投向他的父親約翰・馬歇爾（John Marshal）固守的城堡堡壘。[42] 沒想到，威廉・馬歇爾展現了孩童的天真無邪（這預示了他成年後與生俱來的勇氣），開開心心跳進投石機拋投的那一端，在上面來回擺動，彷彿那是遊樂場的鞦韆。⑨ 看見年幼的威廉・馬歇爾如此自得其樂，觸動了這位國王的心弦。雖然這個

---

⑨ 作者註：此處描寫的投石機是懸臂的一端有平衡重量、另一端有放置投擲物的吊袋的長臂拋石機。「發射」後，懸臂會劃過半空約七十度，甩動原本位於後方的吊袋，讓投擲物有更多動力。投擲物通常是一顆很重的石頭，但有時候也可能是別的物體，例如蜂窩、死牛、不幸的信使，或像這裡所說的無助的孩童。

男孩是人質，他的父親因為拒絕交出城堡而違逆了史蒂芬，讓這位國王有權把男孩投到空中後摔死，史帝芬還是心軟，饒了他一命。在接下來的幾個月，他把威廉‧馬歇爾留在身邊作伴，允許他進行各種惡作劇和玩樂還有調皮搗蛋。

威廉‧馬歇爾的人生就這樣確立了。他小時候捲入的那場內戰是所謂的「無政府時代」，是英王史蒂芬和他的表妹（即神聖羅馬帝國皇帝的遺孀瑪蒂妲〔Matilda〕）為了爭取英格蘭王位而引發的戰爭。馬歇爾在一一四六至一一四七年間出生時，這場戰爭已經打了十年。但，內戰後來在一一五四年結束，史帝芬死了，瑪蒂妲的兒子亨利二世（Henry II of England）成為英格蘭金雀花王朝（Plantagenet）的第一任君主。金雀花王朝便是馬歇爾成材的時代。除了英格蘭，新國王亨利二世也掌控了諾曼第和法蘭西中部的安茹（Anjou）、曼恩（Maine）和圖賴訥（Touraine）。他也是愛爾蘭的領主，並對威爾斯懷有軍事野心。此外，他的妻子艾莉諾（Eleanor）是亞奎丹的女公爵，統領今天法國的西南部。這對夫妻創造了一個大家庭，共有四子三女活到成年。最重要的是，他們跟叛變的封臣、鄰近的統治者打了很多仗。這就表示，一個蠢蠢欲動的年輕騎士可以把握很多金雀花金主，上戰場的機會多得是。

打從八歲左右從宮廷返家後，馬歇爾就開始接受騎士訓練。他的父親把他送到諾曼第一個親戚的家中接受八年教育，因為這位親戚的騎士名聲特別響亮，「從不曾給家族丟臉」。[43] 雖然馬歇爾並未馬上得到這個家族裡其他扈從的認可，但是他的親戚對他很有信心。根據他的傳記，每當有人說這個男孩的不是，他的親戚就會靜靜地說：「你們等著看，他以後會成大事的……」[44]

說得簡單做得難。馬歇爾是父母的第四個兒子，因此雖然在二十歲左右當上騎士，父親在一一六六年去世後，他卻沒繼承到任何東西。所以，他只能靠自己的武功在世界闖蕩。他有不少艱難的教訓要學。馬歇爾在一一六〇年代晚期打了人生的第一場仗，地點在諾曼第。他雖然戰得很英

勇（「像鐵匠【重捶】鋼鐵一樣重擊敵人」），可是卻太大膽了，因此最後
失去了馬兒，其中最好的那一匹還是在騎乘時喪命。[45] 這對騎士來說是一
場災難，因為他們命運的起伏全都要看戰鬥時能奪得多少俘虜、馬匹、馬
鞍和武器，之後又能換取多少贖金。在慶功宴上，馬歇爾因為不顧一切地
戰鬥、沒有留意收益而受到嘲弄。沒有滿載而歸的他，只好賣掉衣服買一
匹新的坐騎，並懇求親戚給他一匹衝鋒陷陣時使用的馬。他要學習的比他
以為的還多。[46]

　　幸好，馬歇爾學得很快，而且很多有關作戰的教訓都是在比武大會
上學到的。十四到十六世紀盛行的比武大會，是今天的好萊塢在描繪中世
紀時常用的場景，[⑩] 像足球比賽一樣是在觀眾面前舉行，但已經過精心編
排。然而，十二世紀的比武大會跟那一點也不像。在馬歇爾的時代，比武
大會是一場模擬戰鬥，數十名、甚至數百名的參賽者會在好幾英里的空曠
鄉野到處移動，分成不同的隊伍交戰或進行一對一戰鬥，目標是要抓住、
而非傷害或殺死對方，雖然有時候難免會出意外。

　　比武大會約在一○九○年代開始出現，會事先宣傳，讓想參加的人有
時間移動到比賽場地（有些參賽者可能來自數百英里外的地方）。大批的
觀眾、娛樂表演者、四處叫賣兜售的人、擁有固定攤販的人、鐵匠、馴馬
師、算命師、音樂家、打著壞主意的人、小偷、遊手好閒的人也會前來比
武大會。法蘭德斯、荷蘭、法蘭西王國和加洛林遠親神聖羅馬帝國之間的
地區，都是比武大會的熱門地點。[47] 但，比武大會變得愈來愈受歡迎後，
也散播到其他地區：不同領地的交界地帶向來很熱門，因為騎士們有機會
在半安全的環境中跟當地的對手比個高下。在馬歇爾一生中，比武大會非
常受歡迎。這也難怪，畢竟馬上比武是國王、貴族和他們的隨從等有錢人

---

⑩ 作者註：例如布萊恩・海格蘭那部超級好看、雖然史實不盡準確的電影《騎士風雲錄》（二○○
　一年）。

喜歡參加的一種光鮮亮麗又危險刺激的運動，過程驚險，賭注高昂。[11] 在比武大會的賽場上，騎士可以磨練自己的戰爭技能，靠自己的馬術給潛在的金主（或愛人）留下印象。當他騎進這場混戰，他同時也賭上了自己的運氣、名譽和生命。教會曾無數次嘗試禁止比武大會，偶爾也有個別的統治者會將比武大會視為非法活動，認為那威脅了公共秩序。但，這些舉動大部分都徒勞無功。就像二十一世紀的銳舞派對一樣，比武大會是一種難以壓制的文化，歡慶、縱溺年輕人的熱血衝動。如同十二世紀的德語羅曼史《蘭斯洛特》（*Lanzelet*）所寫的，比武大會是贏得「名氣和榮譽」的好機會，「在那裡，你可以隨心所欲地揮砍，所有的名人都會參加，還可以認識著名的騎士和女士。不參加實在太丟臉了。」[48]

馬歇爾剛成為騎士的頭幾年，比武大會最富有、最閃耀的明星就是亨利二世和亞奎丹的艾莉諾的長子和繼承人幼王亨利（Young Henry）。[12] 幼王亨利有錢、俊俏、出手闊綽，他比馬歇爾小七、八歲，兩個人會認識是因為幼王亨利的母親在一一七〇年請馬歇爾擔任私人家教，教導自己十五歲的兒子騎馬打仗。馬歇爾很快就成為幼王亨利家中的重要角色，帶他認識比武大會、跟他一起騎馬、看顧著他。一一七三至一一七四年間，幼王亨利反抗亨利二世，史稱「無愛之戰」（War Without Love）。在這場金雀花王朝的家族內鬥中，馬歇爾站在自己的主人這邊一起對抗舊秩序，而且根據他的傳記，他還在叛變之初封十八歲的幼王為騎士，表示幼王有資格成為戰爭的領袖。

---

[11] 作者註：可以想像這是一個結合了馬球的上流階級特徵、高賭注博弈的刺激、職業英式橄欖球的粗暴及綜合格鬥技術性要求的運動。

[12] 作者註：幼王亨利在一一七〇年被加冕為英格蘭國王，成為跟父親這位「老國王」亨利二世一起統治的「年幼」國王。結果，所有人都不滿意這樣的安排，幼王亨利在父親在世時一直想要得到全面的統治權，而這也是一一七三至一一七四年間發生金雀花內戰的原因之一。由於幼王亨利比父親早逝，英格蘭國王在計算執政君主時沒有把他算進去，雖然他的確有受膏加冕，應該要被稱作亨利三世（都鐸王朝那位娶了六個老婆的知名國王則應該變成亨利九世）。

從馬歇爾的傳記作家敘述的口吻來看，這兩個人經歷了一段無與倫比的騎士兄弟情。幼王亨利「如此可敬高尚，比任何一位基督徒都還要慷慨……其俊俏的相貌、可敬的行為和忠心超越了地球上所有的王子」；馬歇爾則是「在他的時代或自此之後從未有過的最棒的武器導師……全心全意奉獻他的國王，從不曾離棄過。」[49] 這段把國王和騎士描述成無法分離的夥伴的敘述，很像某首武功歌或某部亞瑟王羅曼史的情節。沒錯，這些故事反映、強化了馬歇爾和幼王身處的文化環境，兩人一起騎著馬、共同在歐洲各地闖蕩、並肩作戰，他們是領主與封臣、學生和老師，也是同袍戰友。

然而，現實生活跟藝術之間的相似點不只一處。在克雷蒂安・特魯瓦所著的亞瑟王羅曼史〈貨車騎士〉（ "The Knight of the Cart" ）中，悲劇英雄型的騎士蘭斯洛特便因為讓自己對王后桂妮薇爾的仰慕之情[13] 演變成全壘打的姦情而背叛了亞瑟。[50] 羅曼史當中有個反覆出現的主題，講的正是維持貞潔的宮廷之愛和實際通姦之間的界線有多困難。一一八二年左右，馬歇爾恰恰遇上了這個問題。馬歇爾跟幼王深交後，也認識了他年輕的王后法蘭西的瑪格麗特（Margaret of France）。[14] 由於人們對馬歇爾很不滿（因為他在比武大會上表現英勇，又似乎得到最多的戰利品和贖金），這段交情在幼王的社交圈裡變成下流八卦的主題。「亂七八糟戀情」的謠言傳到幼王耳裡，幼王非常憤怒，「氣到一句話也不跟馬歇爾說」。[51]

---

[13] 作者註：這發生在一個相當迂迴的故事情節期間：蘭斯洛特接下任務，要將被壞人梅里亞岡特囚禁的桂妮薇爾救出。他的兩匹馬在救人期間被騎死了，只能接受一位沉默寡言的矮人用貨車讓他搭便車。這對一個騎士來說是非常不光彩，後來的故事便同時講述了蘭斯洛特努力克服被貨車載運的恥辱以及他如何嘗試實現對桂妮薇爾絕望的愛，而這股愛讓兩人一度瀕臨自盡邊緣。

[14] 作者註：瑪格麗特生於一一八三年，為法蘭西國王路易七世（Louis VII of France，幼王的母親亞奎丹的艾莉諾曾嫁給他）的長女。幼王死後，瑪格麗特嫁給匈牙利國王貝拉三世（Béla III of Hungary）。她在一一九七年死於聖地。

這個不忠的傳聞帶來非常嚴重的仇恨。馬歇爾被強迫離開宮廷放幾個月的假，造訪了日耳曼的朝聖地點，並在法蘭德斯伯爵的宮殿待了一段時間。他最終還是跟幼王和解了。然而，一一八三年前半年，幼王生病去世。馬歇爾在病榻前見他最後一面，兩人言歸於好，馬歇爾並承諾會代替幼王亨利實踐他所許下的誓言，到耶路撒冷拜訪耶穌的墳墓。這可不是一件易事，但對像馬歇爾這樣以實現騎士精神理念為人生目標的騎士而言，一言既出，駟馬難追。他在耶路撒冷這個十字軍王國待了兩年後才回來，此時年已四十左右，準備在金雀花王朝的宮廷裡展開生涯的後半段。他的後半段人生就跟前半段一樣精彩。

服侍完幼王亨利後，馬歇爾現在要替年長的亨利二世做事。亨利二世的生命和統治期已經快要接近尾聲，四面八方都被敵人環繞，尤其是法蘭西卡佩王朝（Capetian）的新國王腓力二世（Philip II Augustus）。一一八九年，腓力二世勸誘亨利二世的另外兩個兒子理查和約翰跟他結盟，一起對抗他們病弱的父王。假如馬歇爾選擇效忠這兩位金雀花王子也十分合理，因為情勢很明朗，理查不久就會成為英格蘭的王，而約翰則會是最強大的男爵。然而，馬歇爾把自己的忠誠名聲看得比其他美德都還重要。他對亨利二世不離不棄直到最後，因此亨利二世七月六日在希農（Chinon）過世時，他又再次守在國王的病榻前了。在這之前，馬歇爾在跟亨利二世的兩個兒子作戰期間曾跟理查面對面對決。那時，這位後來被稱為「獅心王」（Lionheart）的軍人王子已經因為武藝高超而名聲遠播。但，無論他有沒有獅子心，總之馬歇爾還是贏了理查，殺了他的坐騎卻饒了這個年輕人一命。他告訴理查：「就讓魔鬼殺了你吧，我不會下這個手。」[52]

得體的騎士精神加上致命的戰鬥能力，讓獅心王非常看重馬歇爾，所以理查登基後，馬歇爾又轉而效忠另一位金雀花國王。然而，這次他不只提供騎士的服務而已。理查大方地晉升馬歇爾，不但給他許多英格蘭、威爾斯和諾曼第的貴族莊園，還將他賜婚給年僅十幾歲又家財萬貫的家產繼承人伊莎貝爾·克萊爾（Isabel de Clare），兩人的婚姻將一直持續到馬歇爾

去世。伊莎貝爾為他生了許多兒女，還帶來愛爾蘭的土地。理查慷慨施恩之後，便開始給馬歇爾事情做。在一一九○和一一九四年間，獅心理查為了率領第三次十字軍運動離開國土，歸國途中又被神聖羅馬帝國皇帝亨利六世（Henry VI）綁架囚禁。在這段沒有國王在的日子，馬歇爾和其他領主被賦予監督負責日常政府運作的英格蘭政法官的任務。他還必須做出一些行動，阻止理查的弟弟約翰控制整個王國（一個非常沒有騎士精神的野心）。

就像以前的熙德，馬歇爾現在也從騎士的冒險世界來到地區與國際政治前線。但是，他還是會視情況需要投身戰場。有一次，英法兩軍在法蘭西北部米利堡（Milly castle）交戰，馬歇爾也是身穿全身鎧甲、手持長劍，從沒有水的護城河底部攀上梯子，爬到城牆頂部。他在城牆上找到米利堡的總管，「給他重重一擊，劈穿他的頭盔，【導致總管】……受到猛擊震懾，昏迷倒下……」接著，「疲憊」的馬歇爾坐在被打敗的總管身上，以防他醒來逃跑。[53]

終於有一次，馬歇爾服侍的國王死掉時他沒有在場。一一九九年，獅心理查在圍攻沙呂－夏布洛（Châlus-Chabrol）的一座城堡時被流箭射中，最後因壞疽而死。然而，馬歇爾確實有協助理查的弟弟約翰坐上金雀花王朝的寶座，也因此犧牲了約翰年幼的侄子布列塔尼的亞瑟（Arthur of Brittany）。這項決定後來讓亞瑟賠上了性命，因為約翰把他抓起來囚禁後殺掉。馬歇爾因為支持約翰，又得到了更多珍貴的獎勵，包括位於威爾斯西部的彭布羅克伯爵（earldom of Pembroke）頭銜，使他在英格蘭和威爾斯的廣闊莊園，現在連結了愛爾蘭的領地。他的騎士精神（尤其是忠心這一點）似乎又再一次為他帶來了好處。

然而，馬歇爾卻跟約翰處得不好。一個人稱貝蒂訥的匿名人士（the Anonymous of Béthune）的編年史家，簡潔地總結了這位新國王的性格：約翰雖然有非常好客大方的一面，會送漂亮的斗篷給自家騎士，但是除此之外，約翰「是個非常糟糕的人，比任何人都要殘酷，極為貪圖美色，並因

此讓國內的上流貴族蒙羞，所以相當受人厭惡。只要可以，他就會選擇說謊，而非說實話……他憎惡、嫉妒所有高尚的人，看到某人做得很好，他就非常不開心。他充滿了邪惡的特質。」[54]

這不是唯一一個對約翰王有所指摘的評價。他在一一九九到一二一六年間的的統治淪為英格蘭史上的敗筆，就算稍微總結一下也可以列出不少事蹟：約翰喪失了金雀花王朝在法蘭西大部分的領土（包括諾曼第公國）；他謀殺了布列塔尼的亞瑟；他惹毛教宗依諾增爵三世（Innocentius III），因此被開除教籍；他以稅金和看似合法的罰金為名義，從男爵身上敲詐大量金錢，導致許多男爵瀕臨破產或反叛邊緣；他把從人民身上搶來的錢全部浪費在試圖奪回法蘭西領土的戰爭上卻慘敗；他把國家逼到爆發內戰，又被迫簽署一個限制王權的和約，稱作《大憲章》（*Magna Carta*）；接著，他又拒絕承認《大憲章》，因此讓內戰重新爆發，結果國土被法蘭西的王位繼承人路易王子（Prince Louis）[15] 全面入侵；最後，他在英格蘭東部一個叫作沃什（Wash）的沼澤地遺失許多王室寶物，接著在眾叛親離的情況下過世。

這一切到底有多少是約翰的錯，不是我們關注的焦點。[16] 值得注意的是，這位可能在貝蒂訥（位於加萊〔Calais〕附近）服侍一名法蘭德斯領主的匿名人士，無疑是從騎士精神來斷定約翰的失敗。約翰不僅無能、沒有領導能力、倒楣、缺乏外交手腕，還不老實、不高尚、貪圖美色、不值得信賴、心胸惡毒。馬歇爾的傳記作家把他飛黃騰達的一生描述成致力實現騎士美德所獲得的回報；貝蒂訥的匿名人士這樣的編年史家則將約翰一

---

⑮ 編按：即之後的法蘭西卡佩王朝國王路易八世（Louis VIII of France），在入侵期間迅速地占領了英格蘭過半數以上的領土，並一度被擁戴為英格蘭國王，但未曾受到加冕。

⑯ 作者註：有興趣的讀者可以看看我之前的著作：《金雀花王朝》（馬可孛羅，二〇一九年）、《大憲章（暫譯）》（*Magna Carta*, London: 2015）及《約翰王的統治（暫譯）》（*In the Reign of King John*, London: 2020）。

路下滑的命運，歸咎於毫無騎士精神的生活方式所應得的報應。在十二和十三世紀，騎士風範或者是具有騎士風範的外表，有時是一個人成敗的關鍵：馬歇爾因此成功，而約翰王因此失敗。

馬歇爾在約翰統治初期就跟他交惡，因此在約翰在位期間有七年自行流放到愛爾蘭。一二一三年，約翰的統治開始走下坡了，他便把馬歇爾召回英格蘭。馬歇爾再次展現堅定不移的忠心，回來服侍這個幾乎完全不值得他服侍的主人，只因為他在成為彭布羅克伯爵時，曾發誓會支持他。在促成《大憲章》的那場內亂期間，他始終守在國王身邊，就像他在亨利二世人生最後一年所做的那樣（當時，包括約翰在內的所有人都拋棄了老國王，準備迎接新國王）。就連英格蘭陷入內戰之時，他也拒絕離棄自己的君主（雖然他允許兒子們加入叛亂，以分散家族風險，確保家族有人最後是支持獲勝的一方）。約翰在一二一六年十月駕崩時，馬歇爾一如往常就在附近。他扛起照顧約翰九歲大的兒子亨利的責任，封他為騎士、在他在格洛斯特修道院（Gloucester Abbey）加冕為亨利三世（Henry III of England）時隨侍在旁，還領兵將路易王子的法軍從英格蘭領土趕走，讓國土重新回歸到這位年輕新國王的統治下。他最後一次上戰場是在一二一六年，地點是林肯（Lincoln）。當時他已經七十歲左右，策馬衝向敵人前，還需要人提醒他戴上頭盔。

林肯之戰獲得戲劇化的勝利，逆轉了戰爭局勢。此外，這場戰役也確立了馬歇爾身為有史以來最偉大騎士的名聲。在他一二一九年去世前，他把國王亨利三世叫到床邊，給他說了一番嚴肅的教誨。馬歇爾嘶啞地說：「我懇求主……讓你長大後成為一個值得尊敬的人。要是你步上某些邪惡先人的後塵，想要變得跟他一樣，那麼我乞求上帝、馬利亞之子，請他使你短命。」

國王回答一句「阿門」，便讓馬歇爾安詳離世。[55]

馬歇爾的例子很重要。他經歷了中世紀騎士文化的全盛期，這段時

期「法蘭克」重騎兵在戰場達到顛峰，騎士精神的價值觀在文學和政治領域也獲得廣泛發展。他的兒子威廉和友人厄爾雷的約翰（John of Earley）為了紀念他不凡的人生託人撰寫的傳記，是整個西方中世紀歷史最了不起的現存文獻，因為它完美融合了騎士文學與政治報導文學。當然，這是一部偽裝成抒情史書、實則私利目的明確的宣傳手冊，我們在書中很少看到馬歇爾做出不得體的行為，像是怨嘆自己的命運或是在比武大會上表現不佳。然而，這個著作並沒有因為寫得像聖徒傳而失去價值，因為它比其他任何作品都要清楚地呈現了，一個理想化的騎士生命實際上是什麼樣子。雖然馬歇爾的傳記裡所主張的一切，和他對事件的看法不全然是客觀的事實，但書中所展示的騎士文化如何深刻影響和確立政治事件這一點，確實難以匹敵。它具體說明了當一個騎士的意義是什麼，並證實了一個肩膀夠寬闊、可以擔起一套嚴苛道德準則的男人，是如何在實質上形塑了自己的時代。就好比對一九三九至一九四五年這段時期的事件和精神有興趣的人，一定會在某個時候翻開邱吉爾所寫、私利目的明確但卓越的著作《第二次世界大戰回憶錄》（*The Second World War*），對金雀花王朝早期的歷史、亨利二世、理查一世和約翰跟法蘭西國王打的戰爭，以及騎士精神盛行的歐洲有一絲絲興趣的人，也一定會在某個時候閱讀威廉・馬歇爾的故事。

騎士制度的影響

一一八四年，差不多是威廉・馬歇爾結束耶路撒冷朝聖之旅，正要返回英格蘭的時候，位於英格蘭西南部格拉斯頓伯里（Glastonbury）的本篤會修道院著了火，被燒成灰燼。這固然是一場災難，卻也是千載難逢的好機會，當時的格拉斯頓伯里修道院院長亨利・薩利（Henry de Sully）看出了這個機會，並馬上牢牢把握住。亞瑟王傳奇以及有關騎士的各種浪漫奇想在一一八〇年代十分興盛，英格蘭和西歐富人對亞瑟王傳奇的渴望似乎

無止盡。於是，亨利·薩利院長找人來開挖燒成焦炭的修道院，結果竟然就「找到了」他們想找的東西：躺著一對王室夫婦遺骨的雙墳墓。根據一個據說上面刻有亡者名字的鉛製十字架，他們判定這兩人是亞瑟王和桂妮薇爾王后。說話暴躁的威爾斯抄寫員傑拉德（Gerald of Wales）以及其他幾位喜歡討好權貴人物的淵博學者（他們相當於中世紀的「網紅」）受邀前來檢視這對遺骨，同意這些發現的確不是造假。於是，亞瑟和桂妮薇爾被找到了，格拉斯頓伯里出名了，而亞瑟王傳奇也被在那裡守著墳墓的修士所鼓吹宣傳，並持續影響後代。

隨著時間的過去，亞瑟王羅曼史持續抓住中世紀上層階級的想像力。獅心理查在一一九〇年代離開英格蘭到聖地進行十字軍運動時，帶的劍據說便是亞瑟的「王者之劍」；一二三〇年代，英王亨利三世的弟弟康瓦耳伯爵理查（Richard earl of Cornwall）接管了康瓦耳北海岸的廷塔哲島（Tintagel Island），在那裡蓋了一座城堡，然後積極地宣傳說那裡是亞瑟王受孕的地點；[56] 意義最重大的或許是，在一二七八年復活節，即亨利三世的兒子「長腿」愛德華一世（Edward I "Longshanks"）擔任英格蘭國王的期間，這位國王把整個宮廷帶到格拉斯頓伯里，親自造訪了傳說中的亞瑟王墳塚。在十二歲的王后卡斯提亞的艾莉諾（Eleanor of Castile）陪同下，他下令打開兩座墳，然後檢視了亞瑟和桂妮薇爾的遺骨，這對夫妻據說一個高大魁梧、一個動人美麗。愛德華與艾莉諾親自用上等的布料包覆遺骨，再把它們放回墳墓。那是一具黑色大理石製成的棺材，兩端各有一頭獅子（現在棺材已不復存在，因為修道院在都鐸時期解散時，棺材就被毀了）。[57]

某種程度上來說，這些宮廷噱頭實在太多了，朝聖世俗君主的遺骨竟然也能有這麼戲劇化的名堂。但，從愛德華一世的統治背景來看待這件事，就會知道事情沒那麼簡單。因為，充滿騎士情懷的亞瑟王羅曼史也具有政治意義：不列顛事務。根據傳說，亞瑟影響最長久的成就，便是他將不列顛群島上的分裂政體團結起來，由他一人統治。在十三世紀末，這不

再是只存在於被遺忘的過去的過時議題，而是受到熱絡討論的公共政策。愛德華一世的核心統治目標，是要將英格蘭的王權施加在蘇格蘭和威爾斯，這樣他就能夠成為不列顛唯一的君主，超越蘇格蘭諸王和威爾斯本地的親王。理論上，跟亞瑟最有歷史淵源的應該是威爾斯人，因為他們是羅馬－不列顛人（Romano-Britons）的後代，並被五和六世紀入侵的撒克遜人趕到塞文河（river Severn）以西。然而，愛德華一世偷走了亞瑟王的故事，藉此剝奪了威爾斯人跟亞瑟王的淵源和他們獨立的正當性。身為一位知名的戰士和渴望展現騎士精神的國王，愛德華一世要以亞瑟的名，成為整個不列顛的王。騎士文學再一次與政治碰撞，留下真實且長遠的影響。

一二七七年，也就是愛德華一世造訪格拉斯頓伯里修道院的前一年，他對威爾斯北部的權力核心重鎮圭內德（Gwynedd）發動了兩棲大入侵。在這支龐大的軍隊裡，有好幾百名重裝騎士，武器和裝備都比威爾斯的抵抗軍精良許多。攻擊的規模十分嚇人。後來，在一二八二至一二八四年間，他又發動另一次大型軍事行動，威爾斯最後一位獨立親王盧埃林·格魯菲德（Llywelyn ap Gruffudd，又被適切地稱作「最後的盧埃林」）戰死。從此以後，愛德華一世和他的後繼者將同時統治英格蘭和威爾斯。為了永久維持這個疆域，這位英格蘭國王在威爾斯北部興建了一連串的大型石造城堡，供騎士、開拓領主和殖民者居住。其中，最宏偉的卡納芬（Caernarfon）、波馬利斯（Beaumaris）、弗林特（Flint）、盧德蘭（Rhuddlan）和康維（Conwy）城堡今天仍聳立在威爾斯北部陡峭的地形景觀中。[17] 沿著切斯特（Chester）和班戈（Bangor）之間的沿海公路駕駛，你仍可以感受到愛德華一世對自由的威爾斯所發動的猛烈攻擊。這是一場無情的征服戰爭，試圖在真實世界實現亞瑟王的傳說。

---

[17] 作者註：見第十二章。

不過，當愛德華一世在實現自己的浪漫幻想情節時，騎士的角色也已經開始有所轉變。首先，他們在戰場上的角色，必須跟著戰略的創新和裝甲的發展進行調整。在不列顛群島，騎士戰鬥史上最慘烈的一天就發生在一三一四年六月二十四日，也就是班諾克本之役（the battle of Bannockburn）的第二天。那天，愛德華一世倒楣的兒子愛德華二世（Edward II of England）所率領的數百名英格蘭騎士，被蘇格蘭的英雄國王羅伯特一世（Robert the Bruce）所統帥的步兵用長矛殺得片甲不留。在接下來的一百年，英格蘭騎士開始激進地改變他們的作戰方式，不再像過去一樣仰賴騎槍，轉而經常騎馬進入戰場後採取徒步戰鬥，被軍事歷史學家稱作「下馬武裝戰士」。他們身上穿的盔甲愈來愈重，從鎖子甲演化成由一片片互相接合的鋼鐵製「板式」盔甲，更有效地減少刀劍、騎槍和斧頭的傷害。過去「法蘭克」騎兵的導彈式重擊，已不再是中世紀軍械庫的主要武器。除了步行戰鬥的騎士之外，英格蘭國王也開始運用長弓手（longbowmen，經常從威爾斯招募），歐陸的君主則是運用弩弓手（crossbowmen，熱那亞的弩弓手因技巧最高超而出名）。

此外，到了十三和十四世紀，募集軍隊的方式也出現了變化。國王打仗時，不再像以前那樣如此依賴以賜土的方式換取軍事服務的「封建」制度，而是使用從各地徵收的稅金來雇用約聘的士兵和傭兵，而聘期會事先約定，通常為四十天。在之後的許多年，騎士仍是軍隊裡重要的組成（即便在一次世界大戰期間布滿鐵絲網的無人區遭到榴彈砲轟炸和機關槍掃射時，西歐的戰場上依然看得見騎著馬的騎兵在馳騁），但到了十四世紀，騎士已不具有至高無上的軍事地位。

然而，奇怪的是，這並沒有減損騎士的吸引力。事情正好恰恰相反，騎士在戰場上變得相對不重要之後，在社會上的地位反而提高了。從十三世紀中葉起，英格蘭騎士開始會被叫到國會，坐在兩院當中的下議院（今天最重要的議院），而西班牙的眾王國和法蘭西也有出現類似的發展：西班牙的「紳士」有權利被召喚到國會上；而法蘭西的路易九世（Louis IX of France）則找了十九位騎士參加他的首屆國會。騎士有了參與戰事以外的社會功能，騎士身分也變成一個更廣泛的社會階級標誌，也就是仕紳階級。[58] 貴族照例還是會被封為騎士，因為騎士依舊會跟爵位代表的軍武精神和男子氣概聯想在一起。然而，騎士身分也被延伸到另外一群人身上：他們有錢但算不上富有、擁有莊園但沒有控制整個地區、會上戰場打仗但不能指揮整個師，並在承平時代擔任國會成員、法官、警長、驗屍官和稅務員等職務。久而久之，這些工作取代了騎士的軍事責任，到後來仕紳甚至會抗拒被封為騎士（因為英格蘭有所謂的騎士扣押法〔distraint of knighthood〕，他們有時候還是會基於稅金的理由而被迫接受冊封）。

關於這個主題還有很多可以講，但是現在，我們應該短暫地思索騎士制度歷史悠久的這一點。騎士制度在真正的騎士消失後，還繼續存在了五百年之久，相當驚人。在槍枝砲彈和專業軍隊早已問世許久、「封建」制度的任何一點殘跡都已消失的十六世紀，武裝騎兵、騎士階級和騎士精神對歐洲上流階層依然具有無法抵擋的吸引力。騎士還是有可能贏得熙德和馬歇爾享有的那種國際聲譽，其中一個例子就是日耳曼的自由業傭兵兼詩人戈特弗里德·貝利欣根（Gottfried von Berlichingen，他更為人所知的稱呼是「鐵拳格茨」）。在一五〇四年，貝利欣根協助圍攻巴伐利亞的一座城市時，他使劍的手被大砲炸斷（這起事件顯示，騎士的戰鬥技能真的愈來愈多餘）。但，由於他的右臂裝了義肢，他仍然可以繼續軍旅生涯，餘生致力於找出帝國各地的禍患，並特別擅長進行血腥決鬥（他也在一五二〇年代的德意志農民戰爭中率領叛變民兵）。貝利欣根奇蹟似地活到一五六〇年代，八十幾歲時在家中安詳去世。

騎士的生活型態在中世紀晚期遭遇到實質危險的案例，絕不只有貝利欣根一人。一五二四年，跟貝利欣根同時代的英王亨利八世（Henry VIII of England）在比武大會上受到重傷。不怕死的亨利八世之後還是繼續比武，然後同樣的事情又發生了：一五三六年，他在比武場地上發生更嚴重的落馬事故，使健康狀況永久受損，還差點丟了小命，嚇壞了整個宮廷和他

當時的王后安妮・博林（Anne Boleyn）。就算發生了這種事，依然澆不熄他維持騎士外表的熱忱，因為這是他很重要的自我形象之一。今天，到倫敦塔或溫莎城堡參觀的遊客，仍然見得到亨利八世在一五四〇年代最後一次前往法蘭西進行軍事活動時，託人製造的巨大盔甲。假如他真的被砲彈擊中，這些盔甲其實根本沒什麼用，但這樣的裝扮成功宣傳了他的騎士形象，延續了一個可回溯到他出生以前好幾百年的浪漫傳統。

亨利八世不是最後一個沉溺在中世紀角色扮演裡的英格蘭君主。倫敦塔也展示了為查理一世（Charles I of England）[18] 和詹姆斯二世（James II of England）[19] 製造的華麗盔甲，這兩位國王雖然在統治期碰到各種難題，但是這些中世紀盔甲也沒發揮什麼用處，就只能象徵性地賣弄一下而已。但，這也代表著騎士階級的相關配件已經深深融入君主制和貴族制之中，至今依然。現在，英國最崇高且獨一無二的公共殊榮之一，就是被冊封為騎士；另一項更排外的榮譽，則是成為嘉德勳章（Order of the Garter）騎士團的一員：最初是在一三四八年，為了愛德華三世（Edward III of England）的二十幾名比武夥伴所創立的亞瑟風格俱樂部。目前，嘉德勳章騎士團成員包括年長的王室成員、前首相、高官、間諜、銀行家、將軍和朝臣；另外，所謂的「外國騎士」則是挑選他國的君主，包括丹麥、西班牙、日本、瑞典和荷蘭的君主。

但是，不僅英國仍保留騎士風氣。在世界各地都有騎士機構，包括奧地利、丹麥、德國、義大利、波蘭、蘇格蘭、西班牙和瑞典。[59] 就連在美國也找得到騎士和騎士機構。在寫這本書的期間，我參加了一個由現代美國騎士組織在田納西州納什維爾（Nashville）的一間教堂所舉行的冊封儀

---

⑱ 編按：為英格蘭、蘇格蘭及愛爾蘭的國王，也是唯一一位以國王身分受處決的英格蘭國王，他在在位期間捲入英格蘭議會的權力鬥爭，引發了史稱「清教徒革命」的內戰。

⑲ 編按：為查理一世的兒子，最後一位信奉天主教的英格蘭君主，其在位期間打壓新教、厲行專制而被強烈反對，最終在一六八八年的光榮革命中被剝奪王位。

式。這些新冊封的騎士和女士被用長劍正式拍了肩膀，並以湯瑪斯・科斯坦（Thomas Costain）針對十二世紀的金雀花王朝歷史所撰寫的高度浪漫化的多冊著作為基礎，完成了騎士冊封的儀式。於是，他們就這樣加入了一個成員包括二星和三星將軍、美國保安機構成員、法官、律師和華爾街金融家的騎士網絡私人俱樂部。[60] 這讓我突然驚覺，今天的騎士階級就跟過去一樣：是公開的菁英和國際事務；有點不切實際，有時蠢到了家；不太算是一種作戰方式，而更像是一套大家都認同的預設觀點。但，這個制度也曾是西方詮釋階級的哲學思維基礎，並以此形塑周遭世界。

(8) 十字軍

「異教徒是錯的，基督徒是對的。」

——《羅蘭之歌》

一〇七一年八月的最後一週，拜占庭皇帝羅曼努斯四世（Romanus IV Diogenes）用一個不太舒服、地位低下的姿勢，端詳塞爾柱人的蘇丹阿爾普·阿爾斯蘭（Alp Arslan），此時。羅曼努斯四世的脖子被蘇丹踩在腳下。羅曼努斯四世前一天受傷的手很痛、滿身血汗。他花了一番功夫才說服這位蘇丹他真的是一個君主，而且還是羅馬繼承國的皇帝。即便他成功說服阿爾普·阿爾斯蘭，這位塞爾柱領袖堅持要踩著他的脖子羞辱他。羅曼努斯四世這一天過得一點也不好。

讓他走到這個悲慘地步的事件如下：那年夏天，羅曼努斯四世從廣大的地區徵集了約四萬名士兵。除了帝國內陸那些說希臘語的戰士，他還找來法蘭克人、維京羅斯人、中亞的佩切涅格人（Pechenegs）和烏古斯人（Oghuz），以及高加索山脈的喬治亞人。他率領這支軍隊進軍拜占庭東部，對抗長期從亞美尼亞和敘利亞北方侵擾帝國疆域的阿爾普·阿爾斯蘭。羅曼努斯四世的目標是，要讓這位蘇丹和他龐大的輕騎兵（騎馬的弓箭手）軍隊打包走人，防止他們進一步侵襲小亞細亞的省分。然而，事情不如他所期望的那樣發展。八月二十六日，他試圖在凡湖（Lake Van，今天的土耳其東部）附近的曼齊刻爾特（Manzikert）跟塞爾柱人一決高下，但是阿爾普·阿爾斯蘭比他聰明，他的輕騎兵沒有直接正面衝突，而是選擇撤退，逼迫拜占庭軍隊跟在後面。結果，薄暮降臨時，塞爾柱人突然轉

身衝向他們，引起羅曼努斯四世軍隊的混亂與恐慌，有人甚至因此叛逃。就這樣，拜占庭軍隊被輕易地趕跑了，儘管羅曼努斯四世奮勇作戰，卻仍失去了坐騎、使劍的手被割花（還受了其他傷），最後被包圍捉拿。[1] 流血流了一晚後，他被拖到阿爾普‧阿爾斯蘭面前。而現在，他就躺在這位蘇丹的腳下。

還好，尷尬的局面並沒有維持很久。阿爾普‧阿爾斯蘭說完話，便放了這位皇帝，把他拉起來、叫他別擔心。雖然羅曼努斯四世是俘虜，但是從現在開始，他會受到很好的待遇，吃得飽、獲得醫療照顧、尊榮地陪在蘇丹身邊。一個星期之後，他就會回到君士坦丁堡，恢復力氣，隨心所欲地做他的事。這是一場精心設計的寬宏大量表演，目的是要強調蘇丹高尚的情操。但，這也救了羅曼努斯四世，讓他暫時撿回一條命。

阿爾普‧阿爾斯蘭率領的塞爾柱人是遜尼派穆斯林，源自住在鹹海（位於今天的哈薩克和烏茲別克交界）周圍的游牧民族。但是，自從十世紀晚期，他們便晉升為伊斯蘭世界的強權，從中亞擴展到波斯，並於一〇五五年在阿拔斯哈里發的同意下掌控巴格達，接著挺進敘利亞、亞美尼亞、喬治亞和拜占庭的東疆。羅曼努斯四世決定發起挑戰時，塞爾柱人已在中東的一大片區域取得優勢，範圍可能有三千公里這麼寬。但，他們還打算繼續推進到埃及（從九〇九年開始由法蒂瑪王朝的什葉派哈里發統治），接著從北邊穿越高加索山脈，前往羅斯人的土地，再一路穿過小亞細亞，抵達君士坦丁堡所在的博斯普魯斯海峽（Bosphorus strait）。這就是為什麼羅曼努斯四世被迫挑戰他們，也是他在曼齊刻爾特戰敗丟臉這件事，影響如此重大的原因。

羅曼努斯四世返回君士坦丁堡時，事情並不順遂。阿爾普‧阿爾斯蘭知道，比起殺死皇帝，送回戰敗的皇帝是保證能讓拜占庭更加動盪不安的做法。羅曼努斯四世除了在戰場上失利，還喪失了曼齊刻爾特以及安條克和埃德薩（Edessa）這兩個北邊的敘利亞城市。他同意每年繳納一筆沉重

的貢金給阿爾普・阿爾斯蘭，還承諾會把自己的女兒嫁給蘇丹的兒子。他現在顯然沒辦法保護小亞細亞免受攻擊，而且他能不能防止帝國另一頭的歐洲敵對勢力侵占帝國位於巴爾幹半島的領土，也是一個問號。他是個不中用的皇帝，而拜占庭絕不能容忍這樣的統治者。

羅曼努斯四世戰敗的消息一傳到帝都，馬上引發叛變。他的對手米海爾七世（Michael VII Doukas）稱帝了，而米海爾七世雖然是參與曼齊刻爾特戰役的資深軍官之一，但卻毫髮無傷地逃離了戰場。米海爾七世派兒子安德羅尼寇斯・杜卡斯（Andronikos Doukas）在羅曼努斯四世抵達君士坦丁堡之前將他攔截下來，這位前任皇帝因此被抓了。為了讓他消失在政壇上，安德羅尼寇斯・杜卡斯弄瞎羅曼努斯四世，並將他送到伯羅奔尼撒外海的普羅蒂島（Proti）。然而，盲眼的羅曼努斯四世不僅消失在政壇，也消失在這個世界上。一個編年史家寫到，羅曼努斯四世的傷口受到感染，使得「他的臉和頭都是蛆」。不意外地死亡在一〇七二年夏天找上了他。這下子，要讓拜占庭免於被塞爾柱人分解的命運，只能靠杜卡斯家族了。

杜卡斯家族失敗了。塞爾柱人察覺到拜占庭核心地區的衰弱與紛爭，趕緊衝進小亞細亞，橫掃拜占庭的領土。米海爾七世完全不是對手，還遭遇一連串反對他統治權的暴動，最後只好在一〇七八年退位。一〇八〇年代來臨時，近東和中東地區正歷經一場大重整，讓拜占庭面臨前所未有的威脅。拜占庭人不只被逼出小亞細亞，他們做為地中海東岸基督教捍衛者的名聲也受到嚴重打擊。一〇〇九年，埃及的法蒂瑪哈里發哈基姆（al-Hakim）下令摧毀保護基督墳墓的聖墓教堂時，拜占庭人已束手無策；現在，他們更為弱勢，塞爾柱人成了取代他們的東方強權，其次是埃及的法蒂瑪王朝。

當然，法蒂瑪王朝跟塞爾柱人也處得不好，雙方的分歧源自於宗教教派的差異以及在敘利亞和巴勒斯坦的經濟上敵對關係。但，他們各自侵蝕著拜占庭的宗教與地域力量。在沒有一個能做出迫切行動的皇帝的情況下，舊時的羅馬帝國可能很快就將蕩然無存。在這樣的情況下，實在很難

看出救贖在哪裡。

　　然後，在一〇八一年，新皇帝阿歷克塞一世（Alexios I Komnenos）登基了。阿歷克塞一世是一個優秀的軍官，曾參與曼齊刻爾特戰役，清楚理解如何挽回拜占庭的命運。他認為，救贖就在七百年前脫離君士坦丁堡的那一半羅馬帝國。在他上任十年後，阿歷克塞一世發出一個將改變歷史的求救訊號。他派遣拜占庭大使到西方，向基督教世界的「另一半」（即西歐和法蘭克人的領土）尋求軍事和精神上的支持。結果，他們觸發了一連串的連鎖事件，將集結成中世紀歷史上最驚人的事件：第一次十字軍運動。

烏爾巴諾二世

　　一〇八八年三月十二日，一個名叫沙蒂隆的奧多的中年法蘭西主教就任聖職，成為教宗烏爾巴諾二世。這時候的奧多已經建立了卓越的教會生涯。年輕時，他宣誓成為本篤會修士，在克呂尼體系發光發熱，並在偉大的于格擔任院長期間，接下克呂尼修道院第二資深的職位——副院長。如同我們在第六章看到的，黃金時期的克呂尼顯要人士跟上流階級往來時相當自在，而奧多也不例外。他跟于格院長一樣，贏得了歐洲各地領袖的歡心，尤其親近改革教宗額我略七世。一〇八〇年左右，額我略七世將奧多請出克呂尼，指派他擔任奧斯蒂亞（Ostia）的樞機主教。這是他當上教宗的跳板。

　　奧多成為教宗烏爾巴諾二世時，政治環境非常不樂觀。首先，教會面臨了雙重分裂。第一次分裂跟教義有關，發生在三十年前的一〇五四年。那年，君士坦丁堡和羅馬兩地的教會因為意見不合（關於適當的齋戒時間長度和聖餐應該使用的麵包種類等議題），引發互看不順眼的書信往來，接著雙方又先後把對方開除教籍。基督教世界東西兩半的關係緊張，烏爾巴諾二世必須想辦法在能力範圍內弭平衝突。

　　第二次分裂來自阿爾卑斯山的另一頭。一〇七九年，額我略七世和神

聖羅馬帝國皇帝亨利四世之間發生所謂的敘任權之爭。表面上，這件事吵的是世俗領導者能否在不獲得教宗同意的情況下指派主教，但這件事的核心，其實存在一個可回溯到查理曼統治期的更大問題。那時候，法蘭克的統治者被允許發展出帝權的概念，而這帶來很重大的憲政問題：教宗真的像在一〇七五年《教宗訓令》（dictatus papae）裡所聲稱，是西方唯一的最高權威嗎？或者，國王是他們領土內至高無上的統治者，地位只低於上帝？而後者正是亨利四世的論點。[2] 多方利益的牽扯使得事情變得非常難看，後來甚至引起暴力。烏爾巴諾二世剛當選時，神聖羅馬帝國推舉的反教宗克萊孟三世（Clement III）正逍遙法外，而羅馬最近才被義大利南部的諾曼人① 攻擊。

除了這些，還有其他緊迫的統治議題要處理。烏爾巴諾二世是一個額我略改革派人士，跟他已逝的導師一樣，力圖實施高標準的神職人員行為準則，並將教宗的掌控權延伸到整個基督教世界的西半部。這講的不只是修道院的道德規範而已，還牽扯了世俗層面。

自十世紀晚期開始，歐洲的神職人員就一直在煩惱，要怎麼做才能遏止騎士頻頻跟當地的仇家決鬥、不斷上演暴力事件。雖然教宗因為義大利南部的諾曼人而有第一手的經驗，可是麻煩似乎層出不窮。為了將教會的紀律施加在這些難以駕馭的騎士身上，教會初期展開了兩次「和平運動」，分別是「上帝的和平」（Pax Dei）和「上帝的休戰」（Treuga Dei）。教士希望透過這些大規模的宣導活動，讓愛打架的男人能明白不再打劫教堂、殺害、強暴、傷害或搶劫平民的重要性。為了實施上帝的和平，主教明確地將城鎮和地區納入教會的保護範圍，揚言傷害當地居民的違紀者會被上帝詛咒。另一方面，上帝的休戰則指定一年當中有哪些日子和時間禁止打

---

① 編按：諾曼人征服南義大利的時間約為九九九至一一三九年，諾曼人原本是作為拜占庭傭兵來到義大利南部，隨後則建立了國家並逐步統一，不少義大利南部王國紛紛被征服。

鬥。[3] 這兩個計畫在平民之間很受到歡迎，但效果卻不佳。所以，烏爾巴諾二世上任之初有很多事需要煩憂，其中一件便是如何透過積極的行動進行道德譴責。

然後，一個有趣的解決方式在一○九五年出現了。三月的第一個星期，阿歷克塞一世從君士坦丁堡的宮廷派來的大使抵達西方。[4] 他們在皮亞琴察（Piacenza）找到烏爾巴諾二世，當時他正在那裡舉辦一場宗教會議。他們向他提出一項提議，根據日耳曼編年史家聖布拉辛的博諾德（Bernold of St Blaisen）的記載，他們「謙卑地懇求教宗閣下和基督所有的信徒幫助【拜占庭】對抗異教徒，捍衛神聖的教會，因為異教徒已經攻到君士坦丁堡的城牆，幾乎要毀了那個地區的教會。」[5] 這是一項龐大的任務。幸好，他們的懇求有人願意聽。拜占庭不是第一次做出這樣的請求：在曼齊剋爾特的災難過後，一封寫給法蘭德斯伯爵的匿名信件，曾乞求西方兵力協助對抗土耳其人；教宗曾個別呼籲世俗公侯「幫助最常被撒拉森人侵擾、受害極深的基督徒」。[6] 在這之前，這類懇求並沒有引起什麼真正的興趣，但是在一○九○年代，情況就不一樣了。

從一○九五年春天開始，教宗烏爾巴諾二世投身一場奇特的召集巡迴之旅，以法蘭西南部和勃艮第為主。他熱情地會見有權有勢的貴族和主教（包括土魯斯伯爵雷蒙〔Raymond count of Toulouse〕、勃艮第公爵奧多〔Odo duke of Burgundy〕和勒皮主教阿希馬爾〔Adhémar, bishop of Le Puy〕等具有影響力的人士），然後煽動他們把他的訊息傳播出去。他所要傳達的訊息極具爆炸性：烏爾巴諾二世呼籲羅馬教會的戰士拿起武器、前往東方，幫拜占庭皇帝趕走不誠信的土耳其人。這還只是第一步。他的終極目標不是君士坦丁堡，而是被穆斯林統治的耶路撒冷境內的基督之墓。烏爾巴諾認為，如果拜占庭皇帝不能夠保護那裡的基督教利益，教宗就要插手。他們不只會拯救拜占庭，還會篡奪羅馬皇帝的角色，守衛基督教世界最神聖的地方。

烏爾巴諾二世能夠想得出這麼宏偉的計畫，其中一個原因來自他在

克呂尼修道院度過的時光。前面曾經提過，在于格院長的帶領下，克呂尼因為跟卡斯提亞熱血的收復失地戰士阿方索六世等國王交情匪淺，所以也捲入了戰爭經濟。克呂尼的財力和地區擴張程度很大一部分是受益於收復失地運動，羅馬教會在伊比利半島上的傳教活動，也因為在一〇八〇和一〇九〇年代有熙德這樣的戰士留下輝煌戰果，獲得了莫大的助力。有沒有可能，西方成功做到的事情，在東方能達成更大的規模？這將會很困難。烏爾巴諾二世征服耶路撒冷的願景可說是天方夜譚。但是，這位教宗很有自信。一〇九五年十月，他造訪了正在興建世界上最大教堂的克呂尼。他在克呂尼的主祭壇賜福，然後跟過去的同僚和朋友聚了一個星期。接著，十一月時，他在九十英里外的克萊蒙（Clermont）召開另一場宗教會議。十一月二十七日那天，他發表了一場注定被人談論千年的講道。確切的內容已經亡佚，但是根據編年史家沙特爾的富爾謝（Fulcher of Chartres），烏爾巴諾二世懇請聽眾：

……速速前去協助住在東方的教友，他們時常尋求你們的幫助，他們需要你們的幫助。

因為波斯族當中的土耳其人對他們展開了攻擊……推到羅馬領土遠至【君士坦丁堡】的地方。他們奪取了愈來愈多基督徒的土地，在多達七場戰役中擊敗他們，殺害、抓走許多人，摧毀了教堂，重創上帝的王國。

因此，憑著摯切的禱告……上帝力促你們成為基督的使者，去勸說各種人——騎士也好、步兵也好，富人也好、窮人也好——趕緊殲滅這邪惡的種族，及時協助基督教的居民……[7]

在進行這項擾動人心（而且還充滿暴戾之氣）的呼求時，烏爾巴諾二世加了一個誘人的動因。凡是參加殲滅活動並在途中喪命的人，全都可以獲得「免罪」的獎勵。他們在人間犯下的罪過將得到寬恕，他們通往天堂的路程將十分順遂。抵銷罪過對這個時期的西方人來說，具有重大的道德

和經濟誘因，所以這自然是相當吸引人的獎賞。烏爾巴諾二世創造了一個全新且持久的宗教公式，願意離家到數千英里遠的地方殺人的人，將會賺到天堂的門票。這個計畫反應熱烈，而教宗打算把軍隊從拜占庭送到聖地的這項計畫也是。一個人稱修士羅伯特（Robert the Monk）的編年史家記錄了烏爾巴諾二世的講道，說當教宗提及解放耶路撒冷「這座位於世界中心、乞求渴望獲得自由的王城」的計畫時，在場聽眾昂首嘶吼。[8]

「上帝會靠意念做到！」他們吼道。「上帝會靠意念做到！」[②]

就像今天在造勢活動上的那些政治人物一樣，烏爾巴諾二世創造了一個對答式的口號，即便在演說結束後，仍持續為支持者帶來動力。他也做了一場精采的戲：克萊蒙大會達到巔峰時，教宗最忠實的支持者集體下跪（主教阿希馬爾最先開始），哀求眾人加入這場光榮的遠征。烏爾巴諾二世命令所有想參加的人在肩頭或胸前別上十字架的標誌，以便跟其他人有所區別，然後再到各地散布這個消息，準備出發啟程。雖然「十字軍運動」這個詞尚未出現，烏爾巴諾二世此時已然創造了第一批十字軍。[③] 這個先是被稱作「大激勵」、後來被稱為「第一次十字軍運動」的現象旋即展開。

第一次十字軍運動

最先感受到烏爾巴諾二世的十字軍有多狂暴的人，不是君士坦丁堡城外的土耳其人、不是敘利亞的塞爾柱人，也不是耶路撒冷的法蒂瑪人，而是萊茵蘭各城市的普通猶太男女老少。在一〇九六年春末，因為承諾能讓他們上天堂的宣傳鼓吹了基督徒，他們旋即陷入瘋狂、殺人之心展現，猶

---

② 作者註：今天，「上帝會靠意念做到」已經變成一句在網路上爆紅的標語，另類右派、白人至上主義者和反伊斯蘭恐怖主義者特別喜歡使用。因此，在和氣的場合上可別隨意喊出這句口號。

③ 作者註：我在其他地方寫過，十字軍（crucesignati，意思是獻身為教會作戰的人）這個詞比「十字軍運動」還早出現。請見以下這本我的著作的導論部分：*Crusaders*（London: 2019）。

太人隨之遇害。在沃母斯、美因茲、斯派爾和科隆等地，都有一幫幫四處遊蕩的基督徒走在街上，他們焚燒猶太會堂、毆打或殺害猶太家庭，還強迫猶太人若不改宗基督教就去自殺。有關當時惡劣行徑的紀錄，提醒了我們歐洲反猶主義悠久頑強的歷史。在十二世紀，仇恨猶太人的情結一度引發危機。一〇九六年，猶太人的遭遇包括：脖子被繩索套著在街上拖行；集體被趕到屋裡燒死；在街上喝采的圍觀群眾面前被砍頭。[9] 編年史家亞琛的阿爾伯特（Albert of Aachen）寫道：「【只有】少數人逃出這場殘忍的猶太人屠殺。接著，「那群令人無法忍受的男女【即十字軍】繼續前往耶路撒冷。」[10]

這跟烏爾巴諾二世計畫的不太一樣。他對第一次十字軍運動懷有的願景是，由有權有勢的貴族以秩序井然的方式率領大型軍團前往聖地。可是，第一波前往東方的十字軍，卻是由訓練不足、難以控制的宗教狂熱者所組成，慫恿他們的是民粹主義的群眾煽動者，包括一個衣衫襤褸卻充滿領袖風範的禁慾主義者隱士彼得（Peter the Hermit），還有一個富有但名聲敗壞的日耳曼伯爵弗隆海姆的埃米喬（Emicho of Flonheim）。這支業餘的先遣部隊後來被叫作「平民十字軍」，他們在一〇九六年夏天往東橫掃歐洲，然後沿著多瑙河穿越匈牙利、進入巴爾幹半島，最後在八月初來到君士坦丁堡的城門外紮營。皇帝阿歷克塞一世看到他們並不高興，因為他們一路上在拜占庭的城鎮引發暴動和衝突，缺乏軍事技能和紀律也無法應付急需完成的任務，那就是把自命為「羅姆蘇丹」（sultan of Rum）④ 的軍閥基利傑阿爾斯蘭一世（Qilij Arslan I）所帶領的土耳其軍隊永遠趕出小亞細亞。

阿歷克塞一世博學識字的女兒安娜・科穆寧娜還記得，十字軍要來了的消息四處流傳，驚駭了君士坦丁堡。她認為隱士彼得是個瘋子，對他的

---

④ 作者註：Rum即羅馬。羅馬帝國的吸引力依舊難以抵抗。

追隨者也很不以為然，說他們當中只有少數戰士，其他都是「平民，數量比海邊的沙子、天上的星星都還要多，手拿棕櫚，肩上扛著十字架。」[11] 這群大雜燴軍團一邊在博斯普魯斯海峽對岸紮營，一邊等待更多十字軍出現。他們紮了營、尋歡作樂，並草率地進入內陸對基利傑阿爾斯蘭一世的塞爾柱人發動了幾次攻擊。在交戰的過程中，許多十字軍都戰死了。這不是個吉利的開始。

然而，到了一〇九七年，十字軍的前景變得比較樂觀了，因為由領主指揮、騎士組成、組織較佳的軍隊開始出現在拜占庭的國境內。至少，這些是專業的戰士。這支人稱「公侯十字軍」的領袖包括土魯斯伯爵雷蒙、法王的胞弟韋爾芒杜瓦的于格（Hugh of Vermandois）、征服者威廉之子兼諾曼第公爵「短襪」羅貝爾（Robert "Curthose"）、法蘭德斯伯爵羅伯特，以及布永的戈弗雷（Godfrey of Bouillon）和布洛涅的鮑德溫（Baldwin of Boulogne）這對野心勃勃的兄弟。

勒皮主教阿希馬爾是烏爾巴諾二世的代表和教廷使節；義大利諾曼人的代表則是塔蘭多的博希蒙德（Bohemond of Taranto），他是那個時代最具爭議性也最有領導者魅力的人之一。博希蒙德的父親羅伯特・吉斯卡爾（Robert Guiscard）多年來一直都是阿歷克塞一世的肉中刺，因為他以義大利南部做為突襲據點，經常攻擊拜占庭西部。因此，博希蒙德在君士坦丁堡早就廣為人知。安娜・科穆寧娜說他居心叵測、不懷好意、完全不可信賴，是個佯裝要拯救拜占庭，實則希望將它摧毀的大壞蛋（不過她也勉強坦承博希蒙德很有男子氣概，說他高大、胸膛結實又英俊，短髮、鬍子剃得很乾淨，還有一雙明亮的藍眼睛）。[12] 在前往拯救君士坦丁堡的軍隊當中，博希蒙德是一股分裂的力量。雖然如此，他和他那多達八萬名的武裝朝聖者，即將讓近東地區發生一次劇烈的重組。

在一〇九七年年初抵達君士坦丁堡，然後在阿歷克塞一世皇帝奢華的招待下度過復活節的那幾個星期後，博希蒙德和其他「公侯」終於在春末

開始幹正事。他們的任務很龐大，那就是把基利傑阿爾斯蘭和其他土耳其軍閥從小亞細亞趕出去，讓被攻下的城市重新回到拜占庭皇帝的掌控中，接著再經由敘利亞前往耶路撒冷。即使軍隊裡有七千五百名受過法蘭克騎槍作戰訓練的騎士，這依然是一項非常艱難的任務。他們必須在不熟悉的環境中作戰，仰賴君士坦丁堡供應的軍事顧問，如阿拉伯裔希臘籍的太監塔第吉歐斯（Tatikios，他除了缺少常見的身體部位，也沒有鼻子，因此臉上裝了一個金鼻子）。這些十字軍得行軍數百英里、忍受酷熱的夏天、應付陡峭不平的地形、驅逐騎著馬不斷騷擾他們的土耳其人，甚至還要應付危險的野生動物（這不是玩笑話，在一〇九七年夏天，布永的戈弗雷就被一隻大熊攻擊，差點死掉[13]）。最可怕的是，他們得攻打拜占庭使盡力氣都還無法阻止的敵人。

因此，一〇九七到一〇九八年年初之間所發生的事，就跟奇蹟沒兩樣。明智的人若要打賭，一定會賭十字軍在離開君士坦丁堡的幾週之內就餓死、渴死或被砍死，阿歷克塞一世替他們送行時，確實認為應該永遠不會再看到他們大部分的人了。結果，這些西方人竟完成了中世紀最偉大的行軍之旅，一路跨越小亞細亞，穿過阿曼努斯（努爾）山脈，最後進到敘利亞。他們熬過了幾乎是無法形容的可怕苦難，並不斷向前。他們時不時會停下來打仗、記錄許多勝利事蹟，讓他們（以及之後的世代）深信上帝站在他們那邊，在他們以基督之名前進時保護著他們。

他們的第一站是尼西亞。在五月下旬到六月上旬之間，十字軍成功圍攻這座城市數個星期，除了使用砍下的頭顱做為投石機的拋擲物，許多法蘭克騎士還會從敵方戰死的輕騎兵手中奪走土耳其彎刀，開心地使用敵人的武器。接著，在七月一日那天，十字軍又在多里來昂（Dorylaeum）戰勝了「一群數不清、可怕至極、幾乎占據壓倒性優勢的土耳其人」。土耳其人衝向敵人時會發出恐怖的吶喊聲，被一部叫做《法蘭克人事蹟》（*Gesta Francorum*）的編年史的作者說是「某個我聽不懂的邪惡字句」。這幾乎可以肯定是在講「真主至大！」於是，十字軍也想了自己的口號傳給所有戰

友。他們喊道：「堅定站在一起，相信基督，相信神聖的十字架會得勝。今天，取悅上帝，你們就會獲得很多戰利品！」[14] 這稱不上簡練，但卻總結了中世紀的人為什麼會這麼頻繁地以主之名上戰場打仗：戰爭的艱辛有機會讓人得到同等份量的性靈與世俗寶物。

到了一〇九七年秋天，十字軍已經走過整個小亞細亞，穿越山隘關口，來到敘利亞。這時的他們資源耗盡、精疲力竭，領袖之間也容易爭執口角。但，他們共同的精神還沒被擊潰。他們已經準備好迎接更大的難關，而這也正好，因為前方還有更多困難。十月，十字軍圍攻了由白鬍子總督亞吉・西揚（Yaghi-Siyan）掌管的羅馬古城安條克。西揚是一個很有成效的領導人，而安條克也擁有絕佳的天然和人造屏障。但，這仍然不是十字軍的對手。他們在城外紮營了九個月，期間還度過一個許多人經歷過最嚴酷的冬天，最後終於在一〇九八年六月靠詭計攻入糧食嚴重短缺的安條克。這時候，十字軍已經又病又累，情緒極差，一進到城裡便大肆屠殺，以宣洩悲慘苦悶。這場毫無節制的大規模殺人事件極為駭人，一個編年史家這麼說：「大地被鮮血和死者的屍體給覆蓋……基督徒、高盧人、希臘人、敘利亞人和亞美尼亞人的屍體全部都混在一起。」[15] 這座城市被攻陷後，塔蘭多的博希蒙德自立為安條克的新統治者，僭取安條克公侯的頭銜，進而將諾曼人的勢力範圍從英格蘭北部的哈德良長城一路延伸到奧龍特斯河（river Orontes）。同一時間，另一位十字軍的領袖布洛涅的鮑德溫則率領一小隊人馬拿下敘利亞北部的埃德薩，然後自立為埃德薩伯爵。之後將成為近東四個「十字軍國家」的其中兩個就這樣建立起來了。⑤ 第一次十字軍運動的終極目標耶路撒冷也漸漸映入眼簾。

安條克淪陷將近一年後，終局展開了。沿著黎凡特海岸一路往南

---

⑤ 作者註：這四個十字軍國家存在的時間都不長，分別是安條克公國（principality of Antioch）、埃德薩伯國（county of Edessa）、的黎波里伯國（county of Tripoli）和耶路撒冷王國（kingdom of Jerusalem）。

度過艱難的數月之後，十字軍終於在一〇九九年六月揚起猶太山的塵土，一邊列隊唱著聖歌、流下喜悅的淚水，一邊走過這片神聖的國度。防止十字軍進入聖城的重責大任落在什葉派的總督伊夫蒂哈爾‧道拉（Iftikhar al-Dawla）的肩上，他的上級是人在開羅的法蒂瑪哈里發和維齊爾（vizier，一個類似首相的官職）。他工作應該是再直接了當不過，任何人今天造訪耶路撒冷都能馬上看得出來，這座城市離任何主要的天然水源都很遙遠，其中一面是深邃的約沙法山谷（Valley of Jehoshaphat，汲淪谷），周圍則有城牆連接著巨大的聖殿山平台上的高聳石造建築。⑥ 可是，道拉沒有充分利用耶路撒冷的天然和人造防禦結構，來自埃及的援兵也被切斷了。在十字軍這邊，援兵和攻城設備在夏初登上一小支熱那亞大帆船艦隊，及時抵達當地提供協助。這項優勢再加上攻城者難以抵擋的熱血，便足以扭轉局勢。

　　圍攻耶路撒冷約一個月後，十字軍在七月十五日星期五從兩處攻破了城牆。就像一年前攻破安條克的時候一樣，他們衝進城裡，便開始大開殺戒。就連支持基督徒的編年史家也無法粉飾當時的恐怖，描述了彷彿預示著世界末日的景象。總督道拉跟十字軍私下達成協議，然後就逃跑了。在他身後，那些在四年的征戰期間承受這麼多苦難的戰士朝聖者大鬧耶路撒冷，猶如野獸般放肆搶劫和殺人。阿吉萊爾的雷蒙德（Raymond of Aguilers）寫道：「有些異教徒幸運地遭到斬首，有些卻被箭刺穿或丟下高塔，還有一些則被折磨很久，最後遭炙熱的火焰燒死。屋子裡和街道上堆滿頭顱和斷手斷腳，很多人和騎士在奔跑時踩過屍首。」[16] 編年史家沿用《啟示錄》裡面一個可怕的預言，寫到馬匹在深及馬勒的血海中奔跑。這當然是誇飾，但也沒有誇張很多。數以百計的猶太人在一間猶太會堂燒成

---

⑥ 作者註：但是要注意，今天圍繞耶路撒冷舊城的城牆大部分都建於鄂圖曼帝國時期，矗立在大部分西方遊客出入的雅法（Jaffa）門上方的堡壘（大衛塔）也是。

灰燼；數千名的穆斯林被困在聖殿山阿克薩清真寺的附近，有的被殺，有的選擇從平台陡峭的邊緣一躍而下。這些殘暴的行徑傳到了巴格達的阿拔斯哈里發耳裡時，「叫人不禁流淚心痛」。[17] 哈里發的宮廷有許多人咒罵這個世界，還有至少一人責怪伊斯蘭教內部的遜尼和什葉派系分裂，認為這大大弱化了烏瑪的團結性，才會導致法蘭克人（在當時，受過教育的穆斯林一律稱西方人為法蘭克人）成功征服神聖的土地。可是，他們除了咬牙切齒和破口大罵之外，什麼也做不了。烏爾巴諾二世攻打拜占庭和耶路撒冷的大膽計畫雖然贏面很小，最後卻奏效了。「法蘭克人」來到東方，而且會待上將近兩百年。⑦

位於天堂的國家

伊拉克編年史家伊本·艾西爾（Ibn al-Athir）⑧ 很久以後寫到這段歷史時，發現在十一世紀末期，地中海世界各地所發生的事件呈現一個很有意思（而且對他來說令人抑鬱）的模式。在伊比利半島，阿方索六世等國王得到了更多領土，損害了自從奧米雅王朝以來就一直統治著安達魯斯的穆斯林勢力；在一〇六〇到一〇八〇年代之間，諾曼人征服西西里島，趕走了當地的阿拉伯總督，諾曼人的國王魯傑羅二世（Ruggero II of Sicily）後來在十二世紀初將西西里變成一個基督教王國；同一時間，北非的穆斯林省分易弗里基葉常有基督徒海盜劫掠港口的零星事件；當然還有在巴勒斯坦和敘利亞，烏爾巴諾二世第一次十字軍運動的戰士們，也在攻打土耳其人和阿拉伯人的戰役中獲勝。艾西爾認為，在世界歷史的那個時刻，基督

---

⑦ 作者註：遺憾的是，烏爾巴諾二世從沒聽說耶路撒冷淪陷了，因為他在一〇九九年七月二十九日過世時，消息尚未傳回義大利。

⑧ 作者註：伊本·艾西爾的生平橫跨十二和十三世紀。他的多冊世界史鉅著是所有十字軍歷史學家的必備參考文獻，名叫《歷史大全》（al-Kamil fi'l Ta'rikh）。

徒不停推進，穆斯林則不斷撤退。

　　艾西爾說得不是沒有道理，但是必須小心不要過於取信這樣的論點。許多個世代以來，歷史學家一直努力抵抗中世紀十字軍運動源自基督教和伊斯蘭教兩個世界的「文明衝突」這樣的觀點。首先，用這種強硬二元的方式來解讀中世紀的歷史，跟今天的極端主義派別所使用的敘事實在是太貼切了，諸如白人至上主義、美國和歐洲的新法西斯主義、伊斯蘭主義狂熱分子以及蓋達組織和ISIS的追隨者。[9] 其次，把十字軍運動單純地歸類為伊斯蘭教和基督教之間的信仰戰爭，等於是忽略了影響十一世紀晚期以降一波波十字軍運動的複雜區域與本地政治。十字軍運動不只是優勢一神教之間的鬥爭而已，也跟整個西方世界變遷中的樣貌有關。從第一次十字軍運動到中世紀結束為止，教宗曾發動或批准過的軍事活動涵蓋三座大陸，對象包括了土耳其軍閥、阿拉伯蘇丹、庫德族（Kurdish）將軍和西班牙－阿拉伯（Spanish–Arab）的埃米爾，但是也有波羅的海的異教徒、法蘭西異端、蒙古酋長、不順從的西方基督教國王，甚至是神聖羅馬帝國的皇帝。

　　換句話說，伊斯蘭教絕不是十字軍運動唯一的受害者，就算我們忽略西班牙、埃及和敘利亞的穆斯林之間存在的各種差異，這些所謂的「撒拉森人」，仍然只是眾多敵人當中的其中一個而已。同樣重要的是，十字軍運動時期的基督徒和穆斯林從來就不是無法和解的死敵。他們有時候會互相廝殺，但也有很多時候，十字軍和穆斯林是肩並肩在進行貿易和互動，完全不覺得有必要砍對方的頭或把對方燒死。這並不是要抹滅十字軍運動的存在，只是要說，中世紀的十字軍運動及其對今日世界的影響，實在太常被曲解成只跟基督徒和穆斯林之間的關係有關，除此之外什麼都不是。在

---

⑨ 作者註：二十一世紀初期的伊斯蘭主義者喜歡把所有西方人分成猶太人或十字軍這兩類；同樣地，現代的白人至上主義連續殺人犯很少有人不提及十字軍戰役、聖殿騎士團、「上帝會靠意念做到！」等等。

本章接下來的內容裡，我們會看到，十字軍運動之所以重要正是因為它是一個很多元的現象、很有彈性的概念。十字軍運動不僅定義了基督教和伊斯蘭教之間的關係，還為對抗羅馬教會任何敵人的軍事力量，設立了投射的樣本。

　　那麼，這個十字軍的世界後來如何演進？首先，在一○九六至一○九九年有大量十字軍出沒的聖地，出現了一段緩慢但最終規模不大的殖民時期，進行殖民的「法蘭克人」（或稱「拉丁人」）來自西方各地，但主要來自法蘭西、法蘭德斯和義大利北部。第一批十字軍有些人就留在聖地，像是布永的戈弗雷便成為耶路撒冷王國的首任統治者，而他在一一○○年死後，則由弟弟、即之前的埃德薩伯爵布洛涅的鮑德溫繼承。[⑩] 有些人則回到家鄉。還有一些人姍姍來遲，以一小群一小群的迷你十字軍型態，在每年提供關鍵的人力和物力增援，讓耶路撒冷的法蘭克人將勢力擴展到一○九八至一○九九年間攻下的城鎮以外的地方。他們把焦點放在沿岸城市，如：貝魯特、泰爾（Tyre）、阿卡（Acre）、安條克、亞實基倫（Ascalon）和的黎波里（Tripoli）。他們一座接著一座從陸上和海上圍攻並拿下這些城市。

　　這些參與戰役、攻打位於西方基督徒口中的「海外」城市的人，來自很遠、範圍很廣、有時讓人意想不到的地方。一一一○年，將位於貝魯特和泰爾中間的西頓（Sidon）從穆斯林統治者手中奪走的軍隊，便包含一群挪威的維京人，是在年僅十幾歲的英勇國王「耶路撒冷旅人」西格德一世（Sigurd I "Jerusalemfarer"）的帶領下，從北歐航海至此。[18] 西格德一世幫忙降服西頓，然後帶著基督真十字架的一小塊碎片（耶路撒冷最神聖的

---

⑩ 作者註：戈弗雷不願接受國王這個頭銜，比較想要被稱作「聖墓的守護者」。所以，鮑德溫是耶路撒冷第一個真正的「國王」，從一一一○年統治到一一一八年，隨後由另一個打過第一次十字軍運動的老兵布爾克的鮑德溫（Baldwin of Bourcq）繼位，即鮑德溫二世（Baldwin II）。

聖物）回到北歐，做為自己參戰的獎勵。西格德一世的參與，讓挪威和聖地之間有了連結，而這對維京人統治的地區正從多神教過渡到基督教的這段時期來說意義相當非凡。西格德一世也為十字軍國家付出了一份心力。因為征服了西頓等城市，到了一一三〇年代，黎凡特沿岸已經誕生四個互有關聯、以耶路撒冷王國為首的軍事化國家。當然，這幾個國家很小，而且被敵對勢力所包圍。此外，鄉村地區經常出現《聖經》裡提及的各種禍患，像是蝗災、地震和其他自然災害。但，這些拉丁殖民者活了下來，在聖地落地生根，同時又跟西方保持宗教、情感、朝代和經濟方面的連結。

十字軍國家剛成立的頭幾年就有熱血的朝聖者湧入，想要親眼看看這些國家，並在當地進行敬拜。穆斯林統治這個地區時，基督徒還是可以朝聖，但是被拉丁人占領後，耶路撒冷作為朝聖地的吸引力馬上提高許多。十二世紀初的朝聖日記將這個地方描述成充滿魔力卻又致命危險：一個名叫西沃夫的英格蘭朝聖者在一一〇三年左右造訪耶路撒冷，在往返東方的漫長海上旅程中遇到船難和海盜，還抱怨耶路撒冷、伯利恆和拿撒勒附近的道路有很多土匪會躲在洞穴裡，「日夜清醒著，隨時注意有沒有人可以攻擊」（他寫到，路邊躺著「無數具被野獸撕爛的屍體」）。[19] 但，他也花了數個月參觀各個聖地，讓他跟亞當和夏娃、基督以及使徒等《聖經》角色產生連結。

還有一個名叫丹尼爾、來自基輔（他稱之為「俄羅斯人的土地」，位於今日的烏克蘭）附近的修道院院長，在聖地的每一個角落度過了十六個月快樂的時光，離開時帶走基督墓碑的小碎塊，是持有該聖地鑰匙的修士送給他的紀念品。[20] 回家後，他跟數十位親朋好友和當地貴族誇耀，他在基督教世界最神聖的地方為他們的靈魂望了彌撒。除此之外，他還在耶路撒冷附近的一間沙漠修道院留下了特別顯赫的俄羅斯公侯及其妻兒的名字，這樣那裡的修士就能經常為他們禱告。這些不只是好意而已，丹尼爾院長的行為，使得祖國跟超過三千公里外的耶路撒冷王國之間，建立了有宗教意義連結。

這些新的十字軍國家跟廣大世界之間，不只有宗教層面的連結。耶路撒冷王國在新的君主制之下漸趨穩定後，開始變得愈來愈像西方的「封建」國家，擁有被賦予莊園和村莊、宣誓會對王室履行軍事服務做為回報的男爵和騎士。跟先前曾經占領同一個地區的那些中世紀帝國相比，耶路撒冷王國並不是一個非常富有的國家，也不是一個帝國，但是年輕的騎士會到這裡尋找發跡的機會。為數不少的貴族、乃至於王室家族都來到東方落地生根，建立串聯地中海兩端的血脈網絡。對某些家族（像來自法蘭西香檳地區、互有親屬關係的蒙麗瑞〔Montlhéry〕和勒皮氏族〔Le Puiset〕）而言，派出男性成員參與保衛耶路撒冷及其周邊地區，或是在那裡繼承爵位並留在東方，成了榮譽的象徵。[21]

　　而對某一些人來說，這是一種責任。一一二九年下旬，法蘭西中部的安茹公爵富爾克（Fulk count of Anjou）被說服將領地移交給兒子傑佛瑞（Geoffrey），然後前往耶路撒冷迎娶年邁國王鮑德溫二世的女兒和繼承者梅利桑德（Melisende）。兩年後，鮑德溫二世逝世，梅利桑德成為耶路撒冷女王，富爾克當上國王，一直在東方待到一一四三年去世為止。這意味著，在西方的故鄉，富爾克的後代始終意識到他們在聖地也有家人。一一八〇年代，人們向富爾克的孫子英王亨利二世提出請願，希望他介入耶路撒冷的王位繼承糾紛，並坐上那裡的王位，為家族爭取榮耀。亨利二世沒有接受這個請求，但金雀花王朝的君主在那之後就一直大力支持十字軍運動，十四世紀初期以前的每一位金雀花國王都有發誓成為十字軍，其中兩位（獅心理查與愛德華一世）更在聖地打出卓越的戰績，我們後面就會談到。[11]

---

⑪ 作者註：獅心理查率領了第三次十字軍運動的其中一隊人馬，愛德華一世則在一二七二年繼位前造訪過耶路撒冷王國。

王室成員和貴族參與十字軍運動和十字軍國家的事務時,西方商人也不惶多讓。對歐洲商人來說,十字軍世界提供了極為誘人的商機,數不清的沿岸城市就像一個個進出口貿易中心,連接了地中海東岸的海上交通跟絲路的陸上商隊路線,一路通往中亞和中國。這些地方是熱鬧的貿易重鎮:在十三世紀,阿卡的年收益據說比英格蘭還多。因此,每一座被十字軍攻占的大城市都很快就變成移民商人的殖民地,他們貿易的商品包括水果、蜂蜜、橘醬、蔗糖、棉花、亞麻布、駱駝毛布料、羊毛、玻璃製品以及來自遠方的異國產品,像是印度胡椒和中國絲綢。[22] 在二○一九年以色列外海找到的一艘十字軍沉船上,發現了有可用在建築工程和製造武器的四噸鉛塊。[23]

這些商人之中最有事業心、最凶狠的,來自義大利北部的貿易大城熱那亞、比薩和威尼斯。這些商人在外國貿易據點活動的經驗十分豐富,因為他們在君士坦丁堡和其他地方早已建立義大利殖民地許多年。[⑫] 這些據點重要到在受到威脅時,熱那亞、比薩和威尼斯通常會傾注一己之力資助和捍衛這些經濟資產。在一一二二至一一二五年間,威尼斯總督便親自指揮一支由一百二十艘船組成的艦隊,替商人控制住海洋,還幫忙攻打泰爾(位於今天的黎巴嫩),因此得到永久收取該城市三分之一收入的獎勵,在那裡做生意還能享有很高的稅金優惠。這並不是特例。在東方拉丁國家存在著的兩百年間,比薩、熱那亞和威尼斯一次又一次地乘坐造型優美的戰鬥大帆船和部隊運輸船來到聖地,有時是為了加強寶貴的商業城市的防禦,有時是為了爭奪貿易優勢。

最後,還有一些軍事修會也隨著十字軍運動問世。這些軍事修會在十二世紀頭幾個十年誕生,包括著名的醫院騎士團和聖殿騎士團。這兩個組織都在第一次十字軍運動結束之後馬上出現,以虔誠的騎士共同宣誓組

---

⑫ 作者註:見第十章。

成兄弟會。成員們同意放棄財物，根據強調貞潔、貧窮與服從的半修道院規範過生活，致力醫治受傷或生病的朝聖者（醫院騎士團），或是保衛交通幹道（聖殿騎士團）。這些軍事修會跟真正的修士不同的地方，在於為了在這片危險的土地上履行義務，他們會持續進行武器訓練，這樣便能使用長劍和騎槍攻擊基督的敵人，並在必要時做為耶路撒冷王軍的特種部隊。

軍事修會似乎融合了騎士和修士這兩個截至目前為止相當迥異的角色，感覺上是個顯然很矛盾的概念。但是，教會接受了這種組織，這大體上要感謝格萊福的伯納德（在第六章介紹到的那位精力充沛的熙篤會修道院院長）的提倡。就像熙篤會當初試圖改革傲慢放縱的本篤會修道院主義一樣，伯納德和他的門徒教宗安日納三世（在一一四五年當上教宗）非常著迷改革墮落騎士制度的想法。因此，他們非常支持聖殿騎士團和他們的首任大團長于格・帕英（Hugh de Payns）。一一二〇至一一三〇年代，安日納三世授予聖殿騎士團第一部官方規範，以及繡有紅色十字架的白袍做為標誌鮮明的團服，還讓他們在教會內部享有大量的優惠稅率等特權。得到了教宗的認同、有著前景樂觀的經濟基礎可以賺取捐獻和收入，再加上巡邏聖地從不愁沒事做，使聖殿騎士團發展良好、成員數量不斷激增。歐洲和近東各地的富有支持者會捐獻他們地產、收入及其他資助等豐厚的獎賞，而他們也在幾乎所有的西方基督教地區建立起修道院型態的修會網絡，讓不打仗的教友勤奮做事，資助東方的軍事分支。

醫院騎士團緊密效法聖殿騎士團所做到的一切，之後的日耳曼條頓騎士團和幾個西班牙和葡萄牙的小型軍事修會也跟著模仿。這些軍事修會共同形成聖地和伊比利半島上一支永久十字軍的核心。他們非常擅長建造和守衛大型城堡，像是騎士堡（Krak des Chevaliers）和朝聖堡（Château Pèlerin）這兩座龐然大物（分別位於今天的敘利亞和以色列），或是位於蒙宗（Monzón，位於今天的西班牙）和托馬爾（Tomar，位於今天的葡萄牙）那些幾乎無法攻破的堡壘。隨著時間過去，軍事修會擔起愈來愈多日常聖戰的責任，因此到了十四世紀，這幾乎成了一種私人企業。然而，在

那之前，他們不斷地被叫上戰場，因為十字軍國家面臨了來自充滿敵意的鄰國所施加的沉重壓力。

第二波十字軍

　　早在艾西爾將十字軍的成功歸因於伊斯蘭世界內部的不和以前，基督教的一位神職人員沙特爾的富爾謝就提過相同的論點。富爾謝曾參加過第一次十字軍運動，是十字軍結束很久後仍留在東方的其中一人，擔任國王鮑德溫一世的牧師。在他所撰寫的十字軍官方編年史《法蘭克人事蹟》中，富爾謝對於十字軍能夠倖存這件事感到很驚奇。他說：「我們能夠生活在成千上萬的人之間，做為他們的征服者，讓他們當中的一些人向我們進貢，並透過擄掠毀了其他人，這真是一個美妙的奇蹟。」[24] 富爾謝在一一二八年左右完成編年史最後的修訂，接著似乎在不久後就去世了。那時，十字軍國家還很年輕，仍在擴張中。要是富爾謝再多活久一些，他就會看到局勢開始轉變。

　　問題在一一四〇年代開始浮現，當時有個土耳其軍人和職業政治家伊馬德丁・贊吉（Imad al-Din Zengi）攻擊了埃德薩，也就是最小也最脆弱的十字軍國家的首都。埃德薩離海岸很遠，位在拉丁人掌控的安條克和土耳其人贊吉擔任總督的阿勒坡（Aleppo）中間，而光是這樣的地理位置就讓它很脆弱了。贊吉因為經常酒醉以及對敵人和部下都極為殘忍而惡名昭彰，但他是個優秀的戰略家，目標是要讓愈多敘利亞城市歸於自身。他從十字軍統治者手中奪走埃德薩，但並不是出於宗教義務，而是希望將塞爾柱人四分五裂的敘利亞領土集結成一塊歸他所有的疆域。

　　一一四四年，贊吉帶著軍隊、攻城塔和專業挖掘兵出現在埃德薩的城外。礦工在城牆下方挖地道的同時，砲兵使用一種稱作扭力投石機的巨大投石機轟炸上方的市民。土耳其人沒花多久時間就壓制了埃德薩的反抗力量。攻進城裡時，市民驚慌失措，婦女和孩童在竄逃的人群中被踩死。對

贊吉來說，這次勝利十分有用，但對十字軍而言，這是一場災難。領土的損失只是其次，更嚴重的是自從一〇九六至一〇九九年的勝利以來，有將近半個世紀上帝眷顧著他們，但是現在，上帝不再站在他們這邊。

埃德薩投降的消息傳回歐洲後，引起了大眾的驚愕。但，這件事也帶來一個機會。教宗安日納三世的任期並不安穩：教會內部的分裂和想要推翻他的反教宗層出不窮；民眾在羅馬街頭發起暴動；法蘭西聽說有異端在挑起反對教會干預的風氣。這些問題令人擔憂，就像之前的烏爾巴諾二世一樣，安日納三世覺得他需要一個理念來建立教權，並集結政治支持。第二次十字軍運動便是這個機會。

第二次十字軍運動刻意嚴格仿效第一次十字軍運動。不過，這次在背後透過才智和口才推動一切的力量是安日納三世的導師，格萊福的伯納德。安日納三世和伯納德一起為他們的計畫想出一個很棒的使命聲明。他們說，耶路撒冷被攻陷已經過了一個世代，在這段期間，各地的基督徒已經偏離曾經為他們帶來美好勝利的公義與犧牲自我的道路。現在是時候回歸根本了。現在，歐洲各地的貴族和騎士證明「前人的英勇並沒有消失在子孫身上」的那一刻來臨了。[25] 要做到這點，最好的方式就是盡可能貼切地模仿前人的事蹟。在一一四六年復活節，伯納德在弗澤萊的十字軍會議上宣揚這樣的訊息，刻意效法烏爾巴諾二世在克萊蒙所做的事。雖然伯納德這時候因為極端的禁食而變得非常瘦小虛弱，他仍非常具有領袖魅力。一位編年史家這麼形容：伯納德「灌注聖言的露珠，【於是】四面八方傳出巨大的吶喊，人們要求索取十字架。」[26] 伯納德大膽做戲，把自己的長袍撕成一條條的，分下去讓群眾傳遞。不用說，人們開始高喊「上帝會靠意念做到！」在接下來的幾週，一首家喻戶曉的法文歌堅稱參加十字軍運動絕對可以上天堂，因為「上帝安排了天堂與地獄之間的比武大會」。[27]一場盛大的宣告再次在西方各地燃起十字軍熱潮，該有的要素都具備了。伯納德公布十字軍運動的消息（藉由一份稱為《十字軍教令》〔Quantum Praedecessores〕的教宗詔書）之後，人們開始熱烈宣揚這個消息，跟可能

的軍事領袖人選展開協商。騎士和沒受過訓練的平民一批批地報名參加。跟先前一樣，群眾的熱忱演變成狂熱、偏執和反猶太攻擊行為，造成萊茵蘭新一代的猶太人被毆打、搶劫、斷手斷腳、弄瞎雙眼、殺害、追獵，有些人受不了只好自盡。歷史以可怕的規模重演，之後將帶來更悲慘的後果。

第一次和第二次十字軍運動有幾個難以避免的差異，其中一個便是世俗領袖的地位。一〇九六年，烏爾巴諾二世只說服了一些伯爵和主教來率領十字軍，但在一一四〇年代，格萊福的伯納德和安日納三世卻成功遊說了歐洲最偉大的兩名君主領軍。[13] 伯納德在弗澤萊宣講時，其中一人就跟他一起站在舞台上：法王路易七世。不久後，德意志國王康拉德三世（Conrad III）[14] 也屈服在伯納德的外交施壓下，報名參加。有這兩位如此了不起的國王加入，實在是一大助益。他們將會是繼挪威的西格德以來最早參加十字軍運動的國王之一，而且他們還有整個舊法蘭克王國的經濟和軍事力量可以運用。很難想像他們有可能會失敗。[28]

但他們還是失敗了。在這個充滿樂觀的開端之後，第二次十字軍運動所有的一切都是災難。兩位國王在一一四七年復活節前後盛大出征：康拉德三世刻意做了一場秀，加冕自己的兒子亨利為王，以免自己回不來；路易七世在聖但尼修道院舉行宏偉莊嚴的慶典後，從巴黎出發，被妻子亞奎丹的艾莉諾、一群聖殿騎士和數萬名的朝聖者簇擁。但是，他們很快就遇到災難性的難關。他們決定要依循第一批十字軍的路線，沿著多瑙河行進，穿越巴爾幹半島抵達君士坦丁堡，接著走陸路橫跨小亞細亞，進入敘利亞北部。這種做法具有特殊的詩意，實現了伯納德和安日納三世希望重

---

⑬ 作者註：伯納德雖然在宣揚十字軍運動時表現卓越，也寫了許多有關在聖地打仗的著作，他卻一輩子不曾離開過歐洲，喜歡把他那位於格萊福的熙篤會修道院當成自己的耶路撒冷。
⑭ 作者註：康拉德三世從來沒有被加冕為皇帝，不過他時常說自己是「羅馬人的國王」。

複第一次十字軍偉大成就的呼求。但現實是，時代已經變了。在一〇九〇年代就已經不太可行的旅程，現在根本不可能做到；拜占庭當時的皇帝曼努埃爾一世（Manuel I Komnenos）並沒有叫十字軍來，也不想要他們來，只幫他們一點點忙協助他們「一路好走」。新任的「羅姆蘇丹」是基利傑阿爾斯蘭的兒子馬蘇德（Mas'ud），對小亞細亞的掌控比他的父親還牢固，因此十字軍跨越小亞細亞時被土耳其的戰士猛烈攻擊。一一四七年十月，康拉德三世在多里來昂跟土耳其人作戰，但是這次，十字軍被擊潰，康拉德三世的物資車隊很多都被毀了。幾個月後，在一一四八年一月，路易七世的軍隊在卡德摩斯（霍納茲）山遭遇突襲，險險丟了性命。

等他們全數抵達敘利亞之後，路易七世基本上破產了，兩軍都損失好幾千人。除此之外，他們還得應付新敵人。這時候，贊吉已經死了（他醉倒在帳篷裡時，被一個充滿怨懟的僕人刺死），他優秀的兒子努爾丁（Nur al-Din）成為統一敘利亞的新驅力。努爾丁完全不打算讓十字軍破壞讓穆斯林統治的近東地區恢復秩序的計畫。所以，埃德薩注定是拿不回來了，但是其他地方也沒有取得進展的希望。

康拉德三世和路易七世在聖地逗留了好幾個月，想盡辦法要挽回一些顏面，並讓這次遠征的龐大花費和不適感覺回本。結果，他們想出的辦法比什麼都不做還糟。七月時，他們跟耶路撒冷國王鮑德溫三世（Baldwin III）一起嘗試圍攻偉大的大馬士革。這是一次徹底的失敗。十字軍連衝破大馬士革郊區的果園也沒辦法，然後就紀律大亂，被趕跑了。攻城戰不到一星期就結束了。沒別的事可做了，康拉德三世很快便坐船回國。路易七世在耶路撒冷多待了六個月，看看風景、禱禱告，最後在一一四九年復活節離開。然而，這時候他已經和妻子亞奎丹的艾莉諾疏離了。十字

---

⑮ 作者註：因為艾莉諾嫁給了亨利二世，亞奎丹變成英格蘭的領土，而不是法蘭西的。關於真正「擁有」這個公國（以及後來的加斯科涅）的王國是哪一個的糾紛，要一直到百年戰爭在一四五三年七月十七日的卡斯蒂永戰役（the battle of Castillon）正式結束後才獲得解決。

軍運動讓艾莉諾經歷了一段枯燥悲慘的時期，只有叔叔安條克公侯雷蒙（Raymond prince of Antioch）的陪伴讓她的生活有趣一些，也因此，她被控跟叔叔發展出不倫戀。[29] 隔年，她和路易七世已經離婚，後來又嫁給即將繼任英格蘭金雀花王位的亨利二世。這場婚姻狠狠地打擊了路易七世，並導致英法兩國時不時爆發戰爭，直到一四五三年才休戰。[⑮] 這是第二次十字軍運動最後的恥辱，因為這次遠征完全不像第一次十字軍，模仿得爛透了。而且，故事還沒有就此結束。

不意外地，第二次十字軍運動失敗之後，好幾十年西方對前往東方進行大型征戰的興趣也減退了。軍事修會繼續培養自己的實力，個別的小戰鬥團體也持續到敘利亞和巴勒斯坦進行武裝朝聖。同一時間，什葉派哈里發和他們的維齊爾在開羅統治一個愈來愈腐敗脆弱的政府，讓耶路撒冷的國王開始起了擴張到埃及的念頭。然而，對西歐的許多人而言，在離家鄉更近的地方還有其他為基督而戰的機會。

在西班牙和葡萄牙，收復失地運動仍如火如荼地進行著。一一四七年，一群英格蘭和菲士蘭的十字軍在坐船前去加入第二次十字軍運動的途中，曾在漫長的旅途中停下來，把里斯本從穆斯林統治者的手中搶奪過來。這是征服伊比利半島西部的重大里程碑，創造了葡萄牙王國。此外，在十一世紀橫掃安達魯斯的穆拉比特王朝正處於歹戲拖棚的狀態，他們在一場摩洛哥革命中被推翻，又被一個更嚴格禁慾的穆斯林教派（穆瓦希德）所取代。這樣不穩的局勢讓伊比利半島的戰爭一觸即發，以基督之名到那裡作戰的戰士，都被教宗安日納三世明確賦予十字軍的頭銜（因此所有的罪過都能受到寬恕）。

同一時間，十字軍運動的第三條戰線也打開了。格萊福的伯納德在日耳曼宣揚第二次十字軍運動時，有許多薩克森貴族請他准許他們在自家門前進行聖戰，不去理會聖地，而是到今天的德國北部和波蘭西部，討伐當時住在那裡的異教徒斯拉夫民族溫德人（Wends），並殖民那裡的土地。伯

納德同意了，說不信教的溫德人是上帝的敵人，並直言不諱地下令他們若不改信就要加以殲滅。這對當時帶來的影響並不大，但是卻對後代造成重大的後果。跟由王室帶頭的敘利亞戰事和收復失地運動的戰役相比，針對溫德人進行的十字軍運動雖然規模小，參與的人也不多，但是它被歸類為十字軍運動的這件事，卻是中世紀歷史的重要事件：把東北歐的殖民與改教活動貼上聖戰的標籤。在一一四〇年代之後，以讓異教徒改宗基督教、將當地人受洗為基督徒、偷竊他們的土地為目標的「北方十字軍運動」將一直延續到十五世紀。[30]

基於這些原因，在第二次十字軍運動過後，前往東方進行聖戰的軍事活動沒有戛然而止好像很奇怪。之所以會如此，有很大一部分原因是一個名叫薩拉丁·阿尤布（Salah al-Din Yusuf ibn Ayyub）的庫德族政治家和將軍。今天，我們通常叫他薩拉丁。

即使到了今天，薩拉丁依然是整個中世紀歷史上最有名、最惡名昭彰也最具爭議性的一號人物。[31] 薩拉丁在一一三八年左右出生在一個家境不錯的庫德家庭，後來晉升到努爾丁手下做事，成為一名可靠的公僕，吸收了很多努爾丁對黎凡特區域政治本質的見解（在一一五〇至一一六〇年代，努爾丁將塞爾柱人的世界裡的獨立城邦，拼湊成一個連貫的領域）。一一六〇年代，薩拉丁被派去埃及，花了數年時間在那裡奮力抵禦耶路撒冷國王阿馬爾里克一世（Amalric I），阻止他將國土擴張到尼羅河三角洲。不過，同一時間，薩拉丁也隸屬於埃及穆斯林世界裡的一個團體，悄悄地籌畫推翻從九六九年就一直統治著埃及的什葉派當局——法蒂瑪哈里發政府。在政治上，埃及人的忠誠心漸漸轉移到敘利亞的努爾丁身上，遵循的教派則改成跟巴格達的遜尼派阿拔斯哈里發一樣。這一點本身就是個很了不起的成就（也因此讓薩拉丁在什葉派的世界裡永遠受到譴責）。但，薩拉丁要做到的不只這些。他之後會完成的成就可多了。

努爾丁在一一七四年死後，留下了近東敏感的局勢。在二十五年左右裡，他辛辛苦苦地拼湊出一個接近統一的敘利亞，可是少了他的領導，

一切似乎又要失序。因此，薩拉丁決心成為努爾丁實質上的繼承人。透過各種大膽的軍事操作和精明的外交戰術，他做到了這一點，而且還不僅如此。到了一一八〇年代晚期，他已經統治了大部分的敘利亞和所有的埃及。阿拔斯哈里發承認他是蘇丹。他的家族成員當上政府高官。隨著他的成就愈來愈高，薩拉丁開始把自己當成伊斯蘭世界的救星，一個不為己利、為世界各地的穆斯林的福祉而戰的「聖戰士」。這有很大一部分是為了掩飾他其實花了很多年的時間攻打、殺害穆斯林同胞的事實。無論如何，在得到愈來愈大的成就的同時，這位蘇丹的心中也慢慢充滿一種某伊斯蘭作家所說的「發動聖戰對抗真主敵人的熱忱」。[32] 在現實中，這意味著把注意力和軍事活動的目標，轉移到該地區最主要的異教勢力：十字軍的耶路撒冷王國。

　　整個一一八〇年代，薩拉丁跟耶路撒冷的統治者都在打量彼此。在這段時期，耶路撒冷經歷了一連串的繼承危機和內部糾紛，[⑯] 薩拉丁則忙著鞏固自己對敘利亞的控制。因此，有一段時間，雙方都不想全面開戰，只靠著一連串的休戰協議維持微妙的和平。然而，在一一八七年，薩拉丁信心十足地展開攻擊。他以一位十字軍領主沙蒂隆的雷納德（Reynald of Châtillon）搶劫穆斯林商隊的事件為由，在那年春天帶著「一支人數難以計算的軍隊」攻入耶路撒冷王國。[33]

　　算總帳的日子在七月三到四日來臨，薩拉丁將耶路撒冷那位倒楣且普遍不被喜愛的國王蓋伊一世（Guy I），以及一支幾乎集結耶路撒冷所有軍事力量的軍隊引誘到加利利海（Sea of Galilee）附近的哈丁角（Horns of

---

⑯ 作者註：繼位危機源自在一一七四年登基的耶路撒冷國王鮑德溫四世（Baldwin IV）。他罹患使人痛苦虛弱的癲瘋後病死，所以雖然鮑德溫四世身體強壯又極為英勇，在他的統治期間，王室的領導權卻無可避免地日漸遭到削弱。他在一一八五年死後，由六歲的鮑德溫五世繼位。隔年，這個男孩也過世了，王位落入他的母親西碧拉（Sibylla）和她那非常為人詬病的丈夫蓋伊手裡。這個命運多舛的王室自然讓十字軍的敵人變得大膽起來，包括薩拉丁。

Hattin，一座死火山的雙頂峰）。到了那裡之後，薩拉丁的手下切斷蓋伊的水源，放火燒了灼熱乾枯大地上的灌木叢，然後策馬攻擊他們。在這場災難性的戰役中，十字軍的軍隊遭到殲滅，蓋伊被俘，真十字架（基督教世界最珍貴的聖物）也被搶走，從此下落不明。戰役結束後，兩百名聖殿騎士團和醫院騎士團的成員（蓋伊軍中的一流部隊）被抓，遭薩拉丁的朝臣和神職人員斬首。

在接下來的幾個月裡，薩拉丁拿下了黎凡特沿岸幾乎每一座的十字軍城市，包括最重要的貿易港阿卡。十月，他圍攻了耶路撒冷。由於這座城市的駐軍在哈丁滅頂，保衛它的大部分都是女性和青少年。在一些意思意思的抵抗後，耶路撒冷投降了。薩拉丁刻意不讓自己的士兵享受大屠殺的樂趣。但，西方世界仍迴盪著震驚的情緒。這促成了最後一次以這個拉丁國家為目的地的重大行動：第三次十字軍運動。這次十字軍在宣導時，點出了幾乎可說是生存危機的這個難堪恥辱所帶來的急迫性，最後是由新一代的戰士國王（法王腓力二世和獅心理查）領軍。他們馬不停蹄地在自己的王國為戰爭做準備，理查拍賣公職、課一個被稱為薩拉丁什一稅（Saladin Tithe）的所得稅，並努力囤積大量貨物和武器，準備進行這趟東方之旅。數十名領主和教會人士啟程出發，要協助拯救上帝的國度。但，這次沒有人強迫自己一定要盲從前人的腳步。日耳曼統治者、神聖羅馬皇帝腓特烈一世嘗試走陸路，結果卻在小亞細亞的一條河裡沐浴時溺死；理查和腓力二世選擇搭船到東方，中途停靠西西里島和賽普勒斯，雖然一路拌嘴，但是彼此都很清楚這次任務的重要性。為了好運，也為了擁有亞瑟王在戰場上的勇氣，理查還帶了一把叫做王者之劍的長劍。

腓力二世和理查在一一九一年抵達聖地。在為期兩年的遠征期間，他們重新奪回阿卡，接著理查率領一支龐大的軍隊沿著黎凡特海岸南下，一路屠殺俘虜、跟薩拉丁的部隊作戰、重新搶回各大城市。然而，就連理查這個當時最偉大的將軍，要攻下耶路撒冷也遭遇了困難。他兩度接近耶路撒冷，兩度因為攻城所需的規模而嚇到折返。最有機會拿下耶路撒

冷的一次，是在他提出一個極為先進的兩國制解決方案來進行協商的時候。在這個方案下，巴勒斯坦將由他的妹妹瓊安娜和薩拉丁的弟弟阿迪爾（al-Adil，也被稱作薩法丁〔Saphadin〕）共同治理。這椿婚事因為這兩個人無法協議出該根據哪一個宗教的傳統完成終身大事而作罷，十字軍運動最後也漸漸不了了之。因此，耶路撒冷繼續掌握在薩拉丁的手中，而十字軍一如往常，有些人留下來定居，有些人離開。⑰

　　到了一一九二年，這個十字軍王國雖被挽救了但也改頭換面。由於第三次十字軍運動的介入，這個國家沒有完全滅亡。可是，聖城沒有了，這個政體現在只剩下一連串由不同的商人團體所主導的港口，以及由聖殿和醫院騎士團維護的內陸城堡。的黎波里伯國和安條克公國還在，但大小和勢力也有所縮減。這三個國家會再撐將近一百年。但是，大規模前往敘利亞和巴勒斯坦進行十字軍運動的時代已經結束了，這場運動正要面臨重大的轉折。十二世紀進入十三世紀之際，基督徒的聖戰也即將轉到令人驚異的全新方向。

「一件令人反感的事」

　　臉長、腦袋跟剃刀一樣敏銳的教宗依諾增爵三世在一一九八年當選了教宗，年紀僅三十七歲。依諾增爵三世原本是一個義大利貴族，本名塞尼伯爵洛泰爾（Lotario dei Conte di Segni）。在他短暫但成功的教會法律師和樞機主教生涯中，他因為經常深入思索人類存在的本質和支撐著基督教宇宙的深層權力體系，而發展出一套宏偉的世界觀。關於第一個主

---

⑰ 作者註：腓力二世跟理查的關係在前往東方的旅程中愈變愈差，因此他在圍攻阿卡之後就馬上怒氣沖沖地脫離十字軍運動。理查在一一九二年下旬離開聖地後，在伊斯特里亞（Istria，位於今天的克羅埃西亞）發生船難。他試圖走陸路回家，結果卻被德意志國王和神聖羅馬皇帝亨利六世抓起來監禁。

題，依諾增爵三世撰有一本名叫《人類境況的悲慘》（*De Miseria Humanae Conditionis*）的哲學辯論著作，闡述了全人類長久的可怕和卑鄙。這本書雖然書名晦暗、內容悲觀，卻成為中世紀的暢銷書，被抄寫好幾百次，在整個西方流傳了許多個世代。[34]

關於第二個主題，也就是西方權力的高低，依諾增爵三世全心相信太陽與月亮的政治理論，透過天文學的譬喻主張教宗在整個基督教世界擁有至高無上的權力。這個理論認為，教宗就像太陽散發出光芒，而世俗統治者（尤其是神聖羅馬帝國的皇帝）就像月亮，只是反射太陽的光，兩者並不對等。一一九八年，依諾增爵三世才剛出任教宗便寫道：「就好比創建宇宙的上帝在蒼穹中創造了兩顆巨大的發光體，大的那顆支配白晝、小的那顆支配黑夜，他也在以天堂之名表示的普世教會裡，建立了兩個崇高的職位，主要的那個治理……靈魂的白晝，次要的那個治理肉體的黑夜。這兩個職位分別是教宗和帝王。」[35] 這不是什麼新的概念，因為在依諾增爵三世升格為教宗之前，先前的教宗就已經跟世俗君主爭權近四百年。但，依諾增爵三世比歷史上的任何教宗都要進一步地將抽象的哲學變成政治現實，這使得他自一一九八年到一二一六年他去世為止的任期，成為根據法律展現教宗政治能力的傑作。在這期間，依諾增爵三世試圖將羅馬的權力施加在所有人事物上，帶來了不同凡響的結果。

從十字軍運動的角度來看，依諾增爵三世當選的背景就是第三次十字軍運動攻占耶路撒冷未果。因為這次失敗，即使薩拉丁在一一九三年三月去世了，歐洲國王仍不太敢再設想對聖城發動攻擊，因為第三次十字軍運動證實了重演奇蹟極為困難。但，依諾增爵三世並沒有因此放棄。事實上，在烏爾巴諾二世之後，依諾增爵三世成為十字軍歷史上最重要的教宗，因為他在新世紀完全重塑了基督教聖戰這個原本搖搖欲墜的概念。跟之前的烏爾巴諾二世和安日納三世一樣，依諾增爵三世知道十字軍運動可以用來加強教宗的權力。然而，他的前人大體上是把這個武器對準基督教世界之外的敵人，依諾增爵三世卻決定同時瞄準內部。除了使用十字軍運

動侵擾穆斯林和其他異教徒，他也會運用（或允許別人運用）十字軍運動來對付基督教世界的異端和持反對意見的人，這是一個重大的轉折。因為依諾增爵三世，十三世紀的西方世界將出現大量宣揚十字軍運動的聲浪。但是，近東的十字軍國家也將漸漸衰弱並滅亡，部分原因也是由於依諾增爵三世重新想像了十字軍運動的宗旨。

依諾增爵三世發動的十字軍運動雖然有一個可料到的開端，但不久後就變得難以預測。他在當選教宗之後沒多久，頒布了一個教宗詔書（被稱作《悲傷過後》〔Post Miserabile〕），要西方具有騎士精神的年輕男子為耶路撒冷和真十字架被奪走一事（「基督的腳曾經站立的那片土地遭到侵略的可惡事件」[36]）展開復仇。當時盛傳一個謠言，據說惡魔最近在開羅降生，讓歐洲的老百姓躁動不已，也讓很多人相信末日快到了，因此教宗發布的宣言正好打中了大眾的心。這也促使一小群西方領主（最著名的包括法蘭德斯、香檳和布盧瓦〔Blois〕的伯爵）和他們的同夥開始計畫入侵聖地。第四次十字軍運動將是一個大膽的兩棲攻擊，一支龐大的艦隊會襲擊埃及尼羅河三角洲西側的亞歷山大港，接著再分出一支軍隊往上攻入巴勒斯坦，從南邊而非北邊解放耶路撒冷。這是一個十分大膽、甚至充滿遠見的計畫，但卻會需要動用到兩百艘左右的戰船和一支人員完整的運輸船隊，再加上約三萬名的士兵。後勤所造成的阻礙將是第四次十字軍運動失敗的原因。[37]

為了建造戰艦，法蘭西尋求威尼斯共和國的幫助。威尼斯人擁有資深十字軍的名聲，不但做了很多令他們相當自豪的虔誠事蹟，也因為商業方面的考量而積極把十字軍國家當成貿易據點維護。在艱難的協商談判後，威尼斯的領袖——九十歲的失明總督恩里科·丹多洛（Enrico Dandolo）——在一二○一年年初簽下了造船合約。短短一年內，威尼斯的造船廠便製造了一支配有糧食、酒水和馬糧的艦隊，隨時準備展開十字軍運動。一直都有在密切留意的依諾增爵三世表示滿意。遺憾的是，這些法蘭西伯爵讓他和所有人都失望了。一二○二年夏初，他們理應要生出船上的三萬名

士兵，以及支付八萬五千銀馬克的造船費用，但是夏天來了，法蘭西人顯然一樣都沒有。他們只湊了不到三分之一的士兵和僅僅一半的錢。這不只是一場外交災難，還讓威尼斯面臨破產的風險。

恩里科・丹多洛做出了一個重大決定。他非但沒有退縮，反而站了出來，親自指揮十字軍運動。一二○二年十月，他發誓參加十字軍運動，在帽子上別上十字架，而不是肩膀。幾天後，艦隊離了港，由他那艘刷成朱紅色和銀色的私人船艦領頭。他們啟程出發，要好好補償威尼斯的損失。這些威尼斯人跟有現身的那些法蘭西盟友並沒有前往亞歷山大港，而是沿著現在克羅埃西亞的亞得里亞海海岸航行。他們在基督教城市札拉（Zara，今稱札達爾〔Zadar〕）外停泊。這座城市幾年前因為拒絕繳納貢金給威尼斯、轉而效忠匈牙利的基督教國王，而冒犯了威尼斯。札拉的市民大聲抗議，在城牆上懸掛帶有十字架的旗幟，並表示他們有許多人也發誓要參與十字軍運動，威尼斯人和法蘭西人還是使用投石機猛烈攻擊，強迫他們打開城門。這些侵略者搬進城裡，依靠市民供養以度過冬天，然後在一二○三年春天離開這座慘遭洗劫、城牆被拆、除了教堂外的每一棟建築都被燒光的城市。作家佩里斯的岡瑟（Gunther of Pairis）說這是「一件令人反感的事」。[38] 依諾增爵三世聽說這個消息時也這麼認為，揚言要把所有參與此事的人全都開除教籍，但他後來又軟化，放了十字軍一馬，只警告他們不准再犯。唉呀，殊不知他們接下來偏偏又再犯了，而且規模令人難以想像。他們造訪的下一座城市還是一個基督教的大本營。事實上，那是世界上最偉大的基督教城市——君士坦丁堡。

十字軍當初會決定前往君士坦丁堡，是基於一個愚蠢的年輕人阿歷克塞王子（Prince Alexios）的請求。他的父親是前任拜占庭皇帝伊薩克二世（Isaac II Angelos）。伊薩克二世在一一八五年政變後坐上帝位，卻在接下來的十年把領土一塊塊拱手讓人，接著，又被哥哥阿歷克塞三世（Alexios III Alexios）罷黜、弄瞎、囚禁，關在監牢自生自滅。阿歷克塞三世掌權，使得十九歲的阿歷克塞王子意欲報復。對他來說，沒有什麼承諾是做不了

的，於是他面無表情地跟第四次十字軍運動的領袖接洽，答應付他們二十萬銀馬克、提供永久駐軍的五百名騎士參與前往耶路撒冷王國的戰爭，並讓君士坦丁堡順從在羅馬教宗的宗教權威之下，只要他們能讓他坐上父親伊薩克二世曾坐過的帝位。這樣的提議美好到不可思議，但十字軍還是接受了。一二〇三年六月，威尼斯率領的艦隊出現在萬城之后[18]的外海，並將在那裡待上將近一年。

在那段時期，一切都十分混亂又快速發展。在一二〇三年夏天，阿歷克塞三世棄守君士坦丁堡；伊薩克二世被從監獄的牢房裡救出來，重新回到帝位；伊薩克的兒子則扮演共治皇帝阿歷克塞四世（Alexios IV）。十字軍在君士坦丁堡的任務理論上完成了。可是，威尼斯人再次碰到一個無法乖乖付錢的君主。他們採取強硬的手段彌補自己的損失，將整座城市的教堂洗劫了一遍。結果，希臘人和西方人之間發生暴亂和街頭群架，八月時更燃起熊熊大火。火焰在君士坦丁堡古老的市中心肆虐了四百英畝，差點連聖索菲亞大教堂和競技場都毀了。最後，雙方達成微妙的和議，阿歷克塞四世承諾會分期繳清欠款，並給威尼斯人更多工作，請他們攻打他在色雷斯和其他地方的敵人。可是，到了一二〇三年十二月，錢還是沒有繳出來，年邁的威尼斯總督揚言要罷黜這位年輕的皇帝。

結果，總督根本不用動一根手指頭。一二〇四年一月下旬，伊薩克二世死了，阿歷克塞四世也在另一場宮廷政變中被掐死，發號施令的是一個名叫「濃眉」的阿歷克塞・杜卡斯（Alexios Doukas "Mourtzouphlos"）的政治對手。春初，這位濃眉哥試圖跟威尼斯人來硬的，要他們離開君士坦丁堡，不然就死路一條。威尼斯人聽了他的大話只是哄堂大笑。四月九日，威尼斯人開始從海上轟炸這座城市。三天後，他們從船桅架設空橋，

---

[18] 編按：萬城之后（Queen of Cities）為君士坦丁堡的美稱，因為君士坦丁堡不僅僅是帝國首都，更代表著中世紀任何城市都無可比擬的財富與輝煌，以及文化與藝術上的優越地位。

登上壁壘。城牆攻破後，十字軍衝進城裡展開一場可怕的洗劫。民宅、教堂和辦公室都被搶劫、強暴和殺人是家常便飯。對這些劫掠者來說，沒什麼不能拿，包括裝飾競技場的那四座古老的馬匹銅像也被拆下來裝上船，這些雕像今天仍然可以在威尼斯的聖馬爾谷聖殿宗主教座堂（St Mark's Basilica）看到。在聖索菲亞大教堂內，十字軍陣營的一名妓女在君士坦丁堡牧首的神聖寶座上搔首弄姿。濃眉哥在逃跑時被追上並被帶回首都折磨，然後從狄奧多西的紀念柱頂端被丟下去。他掉到地面摔成爛泥的同時，拜占庭帝國也死了一次。沒有希臘人代替他繼承帝位，而參與十字軍的法蘭德斯伯爵鮑德溫被擁立為君士坦丁堡的拉丁裔皇帝。同一時間，威尼斯人在過程中撈回本之後，就不願再前往亞歷山大港或其他任何地方。他們決定回家算算自己贏了多少錢。希臘編年史家尼基塔斯·霍尼亞提斯（Niketas Choniates）說這整件事「離譜至極」。[39] 但他並沒有錯得離譜。第四次十字軍運動是整個中世紀最丟臉、最惡名昭彰的脫軌行為，依諾增爵三世對此大發雷霆、怨聲載道。然而，在那些令人驚愕和腐敗的行徑背後，威尼斯人也證實了如何打著十字軍的旗幟占便宜。儘管依諾增爵三世在君士坦丁堡被劫掠攻陷後狂怒不已，他之後卻將加以善用這一點。

依諾增爵三世在十八年的任期內又宣傳了另外五次十字軍運動，還籌備了他任期內的第六次十字軍、啟發了第七次十字軍。這些十字軍沒有一次去了耶路撒冷，因為他的視野觸及四面八方。依諾增爵三世鼓吹西班牙和葡萄牙的基督教國王團結起來，攻打穆瓦希德王朝。他們乖乖照做了。一二一二年，兩國在聖殿和醫院騎士團成員以及其他來自庇里牛斯山另一頭的十字軍增援下，在托洛薩之戰（the battle of Las Navas de Tolosa）擊敗了穆瓦希德哈里發納賽爾（al-Nasir）。這是收復失地運動的重要里程碑，讓基督教勢力迅速往南推進，將穆瓦希德被慢慢趕向地中海。同一時間，在遙遠的北歐，依諾增爵三世也大力鼓勵丹麥、日耳曼和其他北歐統治者攻擊東北歐尚未改宗基督教的異教徒。這被稱作立窩尼亞十字軍

運動（Livonian Crusade），所有參與的基督教戰士（包括新成立的條頓騎士團）都能殖民波羅的海附近的新征服土地，藉此讓自己所有的罪過獲得寬恕。這些軍事活動給西班牙穆斯林和信奉異教的立窩尼亞人（Livs）帶來可怕的結果。但，更具變革性的是，依諾增爵三世在西歐的核心地帶也發起十字軍運動：教宗因為指派坎特伯雷大主教斯德望·朗頓（Stephen Langton）一事跟英王約翰[19] 有所爭執，於是準備了（但並未發表）授權發動十字軍運動對抗約翰的文件（他因為約翰不順從且傲慢無禮而已將他開除教籍）；同時期（一二〇九年），他也提倡發動另一次十字軍運動，對抗法蘭西南部一個稱作純潔派（Cathars）的基督教異端教派。這場打了二十年的戰爭通常被稱為阿爾比十字軍運動（Albigensian Crusade），因為有一部分是發生在法蘭西南部的阿爾比（Albi）周遭。

內敵

　　不幸被阿爾比十字軍運動瞄準的純潔派，早從一一七〇年代就出現在歐洲了，他們被一群教會領袖在當時舉行的第三次拉特朗公會議上宣布為「可憎的異端」。沒錯，這些人的確很不正統，把基督教的禁慾主義傳統，發揮到比格萊福的伯納德隸屬的熙篤會所發展出來的模式還要淋漓盡致。他們的前幾條原則沒有爭議：純潔派認為人的肉身本質上充滿罪惡和可鄙，而我們前面已經看過，依諾增爵三世也曾坦承這個觀點。他們認為，逃離凡人的墮落的唯一途徑就是根據嚴格的自我否定信條過日子，包括戒色、吃素、生活簡樸。從這一點來說，他們跟幾乎同時在歐洲興起的化緣修士並沒有顯著差異。然而，純潔派之所以會從基督教的禁慾主義變成異端，是因為他們不願承認西方教會的階級制度，而是採用自己的私人教

---

[19] 編按：即前面提及的獅心理查的弟弟，英格蘭國王約翰。

士，也拒絕領聖餐、受洗等教會儀式。這使他們顯得過於出格，特別是對像依諾增爵三世這樣如此執著於指揮控制整個教會的教宗。

此外，純潔派離家太近，在法蘭西南部和義大利北部的城鎮都有忠實追隨者，叫人不安。維泰博（Viterbo）便是一個對純潔派友善的典型城市，當地市民在一二〇五年推選數名純潔派教徒進入市議會時，就被依諾增爵三世臭罵了一頓。這位憤怒的教宗告訴他們：「你們就像在自己的糞便裡打滾的獸類，在自己的罪惡之中腐爛。」[40] 但，依諾增爵三世發現光靠毒舌無法剷除純潔派。純潔派不是主流又很極端，但是卻能在教徒心中激發高度的忠誠。除此之外，法蘭西南部有好幾個領主（特別是土魯斯伯爵雷蒙）都選擇放任這個異端，畢竟他們雖然很怪，卻不會對社會的道德和宗教結構帶來什麼實質傷害。於是，教宗決定主動出擊。他在一二〇五年寫給法王腓力二世的信裡說：「敷藥治不好的傷口，只得用刀子割掉。」[41]

一二〇八年，教宗有了一個好理由。他的其中一位重要外交官卡斯泰爾諾的彼得（Peter of Castelnau）跟土魯斯的雷蒙見面商討有關純潔派的議題未果之後，遭到殺害。不到數週，彼得就被宣布為殉教者。同一時間，依諾增爵三世寫信給西方各地的領主和公侯，把純潔派說得「比撒拉森人還危險」，呼籲大家一起讓他們消失在地球表面。[42] 他召集一支十字軍在一二〇九年夏天到里昂碰頭，打算一勞永逸地剷除這些上帝的敵人。

在基督徒的土地上召集十字軍運動雖然是一個激烈且前所未聞的手段，但卻很快受到法王和法蘭西北部的貴族所擁護，因為在他們眼裡，法蘭西南部有如異邦。這個地區炎熱、充滿感官刺激、語言上又跟北方不同（有奧克語〔Occitan〕方言），王室政府長久以來一直難以觸及。腓力二世非常不樂見這種情況，因為他統治期間的目標就是要將王權樹立在更多的領土上。[20] 腓力二世沒有很想親自參與十字軍運動，因為他之前在第三次十字軍中已經歷過不少刺激，但他還是默許十字軍在領土內對付純潔派，認為這能有效打破土魯斯伯爵等領主的自治狀態。所以，統帥反純潔派大軍的責任，就被託付給一位資歷豐富的十字軍西蒙·德孟福爾

（Simon de Montfort），他曾參與第四次十字軍運動，是一個孜孜不倦、相當頑固的宗教狂熱者，畢生最大的熱情便是屠殺不信奉正統宗教的人。[21]他在阿爾比十字軍運動找到了他嗜血本性的完美發洩出口。

　　從一二○九年六月開始整整兩年，西蒙四世和其他十字軍同袍在法蘭西南部殺出了一條血路，圍困任何可能藏匿純潔派教徒的城鎮，把人焚燒、砍殺、折磨致死。西蒙四世在貝濟耶、卡爾卡松（Carcassonne）、米內爾夫（Minerve）和卡斯泰爾諾達里（Castelnaudary）等地獵殺異端，毫不手下留情。根據編年史《純潔派戰爭之歌》（*The Song of the Cathar Wars*）的作者所說：「當時的殺戮規模大到……人們一定會談論這件事直到世界末日。」十字軍在純潔派的地盤放火、轟炸，屠殺數以千計的市民，以確保沒有異端能逃過他們的懲罰。他們唱著〈懇求造物聖神降臨〉（"Veni Creator Spiritus"）等聖歌、把女人丟到井裡。到了一二一○年，受害者已經高達數萬人，但西蒙四世還不打算罷手。事實正好相反，他因為太成功了，便開始沒收拒絕支持他對抗異端的領主的土地，然後創造一大塊自己的南方領地。到了一二一二年下旬，他已經握有不少法蘭西南部領土，並依據嚴格且意圖引起分裂的「帕米耶法」（Statutes of Pamiers）進行統治。同時，他也完全失控了。一二一三年，西蒙四世試圖將自己的十字軍國家，擴張到亞拉岡國王和巴塞隆納伯爵佩德羅二世（Pedro II）位於庇里牛斯山以北的領土。佩德羅二世是收復失地運動的英雄，由依諾增爵三世親自加冕為王，並在一二一二年參與過擊敗穆瓦希德的托洛薩大戰。然

---

[20] 作者註：這個目標已經在諾曼第獲得輝煌的成果，因為腓力二世在一二○三至一二○四年成功將諾曼第的英格蘭公爵約翰王逐出該地，讓這個公國數百年來頭一次回到法蘭西王室的掌控下。

[21] 作者註：這裡講的是西蒙四世・德孟福爾（Simon IV de Montfort），有時候又被稱作老西蒙・德孟福爾，以便跟他的兒子西蒙五世・德孟福爾（Simon V de Montfort）有所區分。西蒙五世・德孟福爾是萊斯特伯爵（earl of Leicester），曾在一二六四至一二六五年率領英格蘭一場重大叛變，短暫罷黜英王亨利三世。老西蒙在札拉事件後就退出第四次十字軍運動，自己到敘利亞打仗一陣子，所以他跟一二○四年洗劫君士坦丁堡的事情無關。

而，一二一三年九月十二日，西蒙四世卻在離土魯斯不遠的米雷（Muret）誘使佩德羅二世出戰、擊潰他的軍隊，並殺了他。純潔派再怎樣威脅到教會統一，其教徒也不曾殺害參與過十字軍的君主。現在，法蘭西南部秩序的最大威脅似乎是西蒙四世。

　　然而，依諾增爵三世不知道是不在意這個人，還是管不住這個人。總之，他現在正準備籌畫第五次十字軍運動，並要在一二一五年第四次拉特朗公會議宣布此事，目標為位於尼羅河三角洲的達米埃塔（Damietta）。在籌備計畫時，西蒙四世固然令人分心，卻也沒有嚴重到使依諾增爵三世認為有必要停止迫害異端。所以，教宗允許迫害繼續，而當教宗在一二一六年六月、年約五十五歲病逝於佩魯賈（Perugia）時，西蒙四世仍然活著，也還很活躍。西蒙四世又掃蕩了純潔派兩年，然後也死了。圍攻土魯斯時，他被女性操作的投石機投出的石頭砸死。這是很幸運的一擊。然而，傷害早已造成。西蒙四世死後，腓力二世的兒子「雄獅」路易（Louis "the Lion"，他在一二二三年繼承父親，成為法王路易八世〔Louis VIII of France〕）接管了純潔派戰爭。路易八世持續攻打南部異端直到一二二○年代末期，成功剝奪土魯斯伯國殘存的獨立性。我們無從得知這有沒有解決異端的根本問題。純潔派繼續在南部活躍到十四世紀，對西方社會的道德結構並沒有帶來更多或更少的傷害。因此，阿爾比十字軍運動不管在政治重整方面達成什麼，總之是沒有成功澆熄這些異端分子。[22] 可是，它的確讓十字軍在西方基督教世界裡作戰的景象變得正常了。在十三和十四世紀，這將會變成一種愈來愈熟悉的畫面。

---

[22] 作者註：這是發動戰爭對抗抽象概念其實毫無用處的眾多歷史實證之一。現今的反恐戰爭、毒品戰爭等也是。

十字軍無所不在

由依諾增爵三世籌畫、在一二一五年第四次拉特朗公會議上公布的第五次十字軍運動，最後是由他的繼任者霍諾留三世（Honorius III）負責監督，但結果卻不怎麼成功。這場從一二一七年打到一二二一年的戰爭，儘管動用了由法蘭西人和日耳曼人組成的大型軍隊去攻打達米埃塔，卻沒有任何收穫。達米埃塔得了又失，而攻打埃及首都開羅的計畫也被蘇丹卡米爾（al-Kamil，薩拉丁的侄子）輕鬆破壞——他淹沒了尼羅河河谷，讓十字軍陷入泥淖之中。這次以及另一次同樣也是以達米埃塔為目標的十字軍運動（在一二四八至一二五四年間由法王路易九世率領），就是對東方發動的最後兩次、如鬧劇般的大規模攻擊。自此，東方漸漸地只剩下軍事修會在保衛，偶爾才有大領主私下發起獨立的遠征活動。

但，這不表示十字軍再也不復存在。隨著大型軍事行動慢慢減少，許多較小型的十字軍戰事出現了。在西班牙，穆瓦希德王朝在一二一二年托洛薩之戰被擊敗，開啟了收復失地運動的新階段，使基督教勢力愈來愈強大，漸漸往南擴張。到了一二五二年，只剩半島最南部的格拉納達酋長國（the emirate of Granada）還在伊斯蘭的統治之下。另外，在北歐，十字軍運動實際上已經是常態性的活動。條頓騎士團在北歐的邊疆地區落地生根，每年都會襲擊波羅的海周邊一塊統稱叫做普魯士（Prussia）的異教徒地區，靠武力逼迫他們改宗基督教，並為基督教世俗領主和主教占領新土地。這是一個緩慢的過程，但是最終十分成功，使波羅的海曾有一段時間存在著一個十字軍的軍事國家，領土從現今的波蘭北部一路延伸到愛沙尼亞。除此之外，我們將在第九章看到，十字軍後來也變成在東歐的基督教世界邊境抵禦蒙古人這個新興超級強權的手段。

這些或其他類似的十字軍至少都是在打異教徒。可是，從十三世紀開始，有很多十字軍雖然以基督之名作戰，最後打的卻是同類。當時最惡名昭彰的十字軍領袖、後來反過來變成攻擊目標的，是神聖羅馬皇帝腓特烈

二世（Frederick II Hohenstaufen）。腓特烈二世是那個時代最了不起的男人之一，被稱為「世界奇觀」，不僅天資聰穎、是個政治天才，而且總是孜孜不倦。腓特烈二世從小在西西里長大，一一九八年年僅三歲便當上西西里國王，因此除了基督教信仰外，他也很熟悉阿拉伯語和伊斯蘭文化。此外，他一生都熱衷於科學研究、自然哲學、數學和動物學，還寫了一本受到高度讚譽的教科書，探討運用猛禽狩獵的藝術。一二二〇年，腓特烈二世被加冕為神聖羅馬帝國皇帝，統治範圍從南邊的敘拉古（Syracuse）延伸到日耳曼與丹麥的交界。就算撇除他強大的人格特質，他依然是基督教世界的頭號世俗統治者。因此，當他把注意力放在十字軍運動上時，得到的成果自然相當輝煌。

腓特烈二世從來沒有率領大規模的十字軍軍隊前往東方，但是他確實曾在一二二〇年代晚期前往耶路撒冷王國，靠他跟蘇丹卡米爾之間難得的友好關係，達成了許多人認為不可能而放棄的事情：讓基督教勢力重返聖城。腓特烈二世跟蘇丹運用外交手腕進行協商，結果是蘇丹承認基督教統治者的治理權，前提是穆斯林要能夠不受干擾地進入聖殿山，以便到岩石圓頂和阿克薩清真寺敬拜。腓特烈二世接下耶路撒冷國王的頭銜和王位，但是回到歐洲後，就把日常的治理事務交給指派好的副手處理。雖然這個令人愉快的平衡局面只維持十六年，但這卻是一場奇蹟般公正公允的不流血革命，整個基督教世界都應該因此感謝、奉承他才對。可惜，事情並未如此發展。

腓特烈二世一輩子都在跟教宗吵架，總共被開除教籍四次之多。一二二九年他在聖墓教堂加冕為耶路撒冷國王時，仍被羅馬教會禁止領聖餐。他跟跋扈易怒的教宗額我略九世（Gregory IX）是死敵，因為額我略九世跟依諾增爵三世是同一款人，最大的熱忱就是剷除異端，迫害各地不信基督的人，並讓凡間所有的君主知道，君主的力量跟教宗的偉大相比根本什麼也不是。額我略九世很害怕腓特烈二世因為握有西西里、義大利南部、日耳曼和倫巴底等地，會讓霍亨斯陶芬王朝（Hohenstaufen dynasty）

包圍、支配位於教宗國的教宗，因此教宗反覆指控腓特烈二世為異端，並鼓勵其他統治者入侵霍亨斯陶芬的領土。雙方的敵意直到兩個人死後仍延續。一二四〇到一二六〇年代，各任教宗都呼籲發動戰爭對付腓特烈二世及其繼承者，鼓勵參戰國佩戴十字軍的十字符號、使得罪過獲得赦免，並以留在西方攻打神聖羅馬皇帝取代前往聖地朝聖。最後，霍亨斯陶芬家族還是面臨了家道中落的命運。一二六八年，他們的好運終於用完，腓特烈十六歲的孫子、有名無實的耶路撒冷國王康拉丁（Conradin），有一次在跟教宗的盟友爭奪西西里的統治權時被抓住並帶到那不勒斯，最後遭到斬首。恐怕沒有什麼事比耶路撒冷的拉丁國王在對抗教宗的戰爭中被砍頭這種事，更與十字軍運動原始初衷背道而馳了。然而，歷史偏偏就是這樣。

　　從十三世紀中葉以降，東方的十字軍國家開始了無法挽回的衰微。敘利亞和巴勒斯坦的地緣政治急遽變化，部分原因是來自蒙古人興起後帶來的動盪。例如，花剌子模的土耳其人（Turks of Khwarazm）便是因為蒙古人推進而流離失所，被迫出走中亞，才會在一二四四年入侵劫掠耶路撒冷。接著，自一二六〇年代起，埃及出現一個由稱作馬穆魯克（Mamluks）的土耳其奴隸兵階級所建立的新王朝，開始慢慢侵蝕耶路撒冷王國、的黎波里伯國和安條克公國僅存的沿海堡壘。在接下來的三十年，他們把脆弱、逐漸被冷落的十字軍城市一個個夷為平地，最後在一二九一年五月大舉圍攻阿卡，迫使戰敗方從海上撤離。之後，耶路撒冷這個拉丁王國便遷到賽普勒斯，慢慢消亡。

　　十字軍運動的活動愈來愈少，當初因為十字軍運動而建立起來的機構也是。十四世紀初，聖殿騎士團因為被指控領導者褻瀆上帝、出現性偏差、行為不檢點，而被法王「美男子」腓力四世（Philip IV "the Fair" of France）[23] 發動的一次自利且系統化的攻擊所毀滅。[43] 雖然十四到十六世紀有許多作家都曾幻想著一〇九六至一〇九九年出現過的精神能夠再次降臨，整個基督教世界可以重新奪回耶路撒冷，但是西方人要以征服者之

姿再次踏入聖城的大門，卻要等到一九一七年一戰期間（埃德蒙・艾倫比〔Edmund Allenby〕將軍代表協約國，在趕走鄂圖曼土耳其人之後走進聖城接管這座城市）。

然而，同一時間，十字軍運動依然持續，有些甚至保留了最初對抗非基督徒「異教徒」的初衷。條頓騎士團繼續在波羅的海攻打異教徒，直到十五世紀都還在打；醫院騎士團在羅德島設立了國際總部，打著聖戰的名義發動一連串海戰，防止來自小亞細亞和北非的穆斯林海盜侵擾地中海；當鄂圖曼帝國來勢洶洶地瞄準東歐，基督教的騎士也一起挺身而出，在板式盔甲上別上十字架。但，也有很多情況是十字軍運動變成了一種徽章，任何戰爭只要是基督教勢力發動的，都能因為配戴這個徽章而增添合理性。一二五八年，教宗亞歷山大四世（Alexander IV）希望他的盟友（包含威尼斯共和國）對特里維素（Treviso）的統治者羅馬諾的阿貝里科（Alberigo of Romano）發動戰爭，便派教宗使節到聖馬可廣場（St Mark's Square）宣揚對抗阿貝里科的十字軍運動。教宗使節甚至變出一群裸女，聲稱她們都曾被阿貝里科性侵害。不久後，西蒙五世・德孟福爾（那位迫害純潔派的十字軍的兒子）在一二六〇年代宣布自己反抗英王亨利三世的行動為十字軍運動。[24] 又過了一百年，亨利三世的曾曾孫蘭開斯特公爵岡特的約翰（John of Gaunt）到伊比利半島打仗時也自稱十字軍，希望以妻子（即遭到殺害的國王「殘酷」佩德羅〔Pedro "the Cruel"〕的女兒）之名，奪取卡斯提亞的王位。一三八〇年代，英格蘭的諾里奇主教亨利・德斯彭澤（Henry Despenser）率領一場十字軍運動到法蘭德斯，應該是為了要剷除反教宗克萊孟七世（Clement VII）的支持者，實際上卻

---

[23] 作者註：見第十一章。

[24] 作者註：西蒙五世會發動叛變，是因為亨利三世愚蠢地承諾要率領一支反霍亨斯陶芬的十字軍運動到西西里島，幻想能夠攆走那裡的基督教統治者，讓自己的兒子艾德蒙（Edmund）坐上王位。

是英法百年戰爭的其中一個插曲。十五世紀有五次十字軍運動是針對胡斯派（Hussites）而發動——胡斯派的創始人為波希米亞異端揚・胡斯（Jan Hus），他所提出的神學觀點跟教會不同，後來引發了宗教改革。[25] 最後，一四九三年熱那亞探險家哥倫布第一次踏上美洲大陸後，在返航時使用極類似十字軍會說的話，宣布他發現了一片有著龐大財富和許多異教徒的土地，可以代表整個基督教世界加以占據。

　　這還不是十字軍運動這個詞最後一次被提起。十字軍運動存在的時間超越了中世紀，至今仍然是另類右派、新納粹主義和伊斯蘭主義的恐怖分子喜歡使用的譬喻，因為他們堅持認為十字軍運動定義了千年來基督徒和穆斯林的關係，而這是一個非常有問題的觀點。他們雖然錯了，但錯的並不只有他們。十字軍運動雜揉了宗教與暴力，是中世紀最成功、毒性最長久的概念之一，原本用來乘載教宗野心，最後卻被允許隨心所欲地在任何地方、針對任何目標撒野。它還繼續存在，除了顯示這個概念有多聰明絕頂，也顯示當時和現在的人們隨時都準備好以更崇高的名義投身一場衝突。

---

[25] 作者註：見第十六章。

Part

3

重生

· 約 1215～1347 年 ·

⑨ 蒙古人

「他們出現,然後挖掘地道、放火、屠殺、打劫,
然後離開……」

——阿塔‧志費尼(Ata-Malik Juvaini)談蒙古人

在一二二一年涼爽的年初,奇怪的消息從東方傳到了尼羅河三角洲的宏偉城市達米埃塔。當時,達米埃塔掌握在一支國際十字軍的手中。四年來,他們一直在進行一場對抗埃及蘇丹的煩悶軍事活動,除了攻下這座城市之外,基本上什麼也沒做到。在埃及打仗很炎熱、很花錢、很不舒服、很不衛生。阿尤布蘇丹卡米爾堅定地坐在開羅的寶座上,想從卡米爾那裡占到更多便宜似乎相當困難,甚至是不可能。為了一個陷入僵局的整體情勢,他們花了很多錢、死了很多人。不過,來到達米埃塔的那些信件似乎改變了一切。

信件是安條克公爵博希蒙德四世(Bohemond IV)轉寄給十字軍,內容提到了在波斯到印度西岸貿易路線上走動的香料商人所流傳的謠言。根據這封引發震撼的文件,有一個極為強大的統治者「印度之王大衛」正在肆虐中亞的伊斯蘭地區,讓人們四散奔逃。信上說,大衛王已經擊敗波斯沙(Shah of Persia),拿下多座富裕的大城市,包括撒馬爾罕、布哈拉(Bukhara)(兩者都位於今日的烏茲別克)和加茲尼(Ghazna,今日的阿富汗)。但,他還不滿足。他現在持續往西推進,一邊前進、一邊殺死異教徒。一名編年史家聽說:「世上沒有任何力量阻止得了他。他被認為是替上帝執行復仇計畫的人,是亞洲的鐵錘。」[1]

在達米埃塔收到這則驚人軍事情報的，是阿卡主教雅克・維特里（Jacques de Vitry）。他是一個勤學的學者兼神職人員，熱愛文字熱愛到連戴在頭上的主教法冠都是用羊皮紙製成的。[①] 維特里有理由相信信件的真實性，因為幾個月前，有一小群十字軍在達米埃塔外的一場戰鬥中被捉，活著回來後也講了類似的不可思議經歷。在埃及被蘇丹的軍隊抓住後，這些戰俘被帶到阿拔斯哈里發位於巴格達的宮廷。在那裡，他們被當成禮物送給一名大使，他服務於遙遠東方的一位強大國王。這位偉大的君主接著又把他們全部送回達米埃塔，見證他的強盛和寬宏大量。這是一個很奇特的故事，但是因為這些十字軍被帶到沒有人說歐洲語言的地方，所以他們其實不是真的完全明白自己看見的事物或遇見的人。可是，從脈絡來推斷，救了他們的人似乎應該就是這位大衛王。

大主教維特里把這個消息散播到西方各地，還親自寫信給教宗、奧地利公爵和巴黎大學校長等高層人士。[2] 他宣布，十字軍獲救了，大衛王正要前來協助消滅埃及蘇丹。維特里和其他神職人員，把基督教的各種預言跟戰俘提供的那些令人興奮的證詞結合，認定大衛王絕對就是傳說中那個基督教戰士君主祭司王約翰（Prester John）的後代。老一輩的人以前就提過這位祭司王約翰，說他統治著一個沒有人確切知道的「三印度」，且據說有幾十個國王都要進貢給他。有人預測，他將前來耶路撒冷，「帶著跟陛下的榮耀相稱的大型軍隊，給十字架的敵人帶來屈辱和敗仗」。[3] 很遺憾，這件事從來不曾發生，理由很簡單，因為祭司王約翰根本不存在。但是現在，聽說他的兒子（或更有可能是他的孫子）正要前來完成這項任務。假如情報和預言結合的結果可以相信，那麼很快地，十字軍就能攻下亞歷山大港、大馬士革，緊接著跟大衛王一起以勝利之姿進入耶路撒冷。

事情總算開始好轉了。

---

① 作者註：今天收藏在比利時那慕爾（Namur）的省立古代藝術博物館。

可是，事情並未好轉。達米埃塔的十字軍被大衛王即將前來援助的消息大大鼓舞，便出發攻擊蘇丹，要開始迎接勝利，結果卻輕輕鬆鬆被擊敗，淹死在泛濫的尼羅河水中。在接下來的幾年，更多十字軍來到聖地，卻沒看到大衛王的半根汗毛。勝利即將來臨的預言原來是空想，大衛王的名字很快就不再被提起。

儘管如此，有關大衛王的謠言並非完全虛構。印度香料商人和十字軍戰俘說到東方來了一個無人阻止得了的征服者時，並沒有在說謊，他們只是不知道那是何方神聖。[4]

他們以為是祭司王約翰的孫子和基督教救贖的「大衛王」，實際上是成吉思汗。成吉思汗從一個來自蒙古大草原的窮困遊牧男孩，變成那個時代最成功的征服者，短短二十年內，就打造了一個冷血無情、看似無人可敵的蒙古戰爭機器，然後用來攻打從朝鮮半島到美索不達米亞的周遭世界。過程中，他破壞了中亞和中東的政治結構，導致東方世界最偉大的兩個帝國滅亡：中國的金朝和波斯的花剌子模（Khwarazmians）。但，事情還沒結束。

自從成吉思汗從一二〇〇年代初期崛起，一直到一二五九年他所征服的超級大國正式分裂成四大塊為止，蒙古帝國有著世界上最大塊且連綿不斷的領土。雖然這樣的全盛期只維持了一百五十年，蒙古人在這段期間所做到的成就，卻可以跟古代的馬其頓人、波斯人或羅馬人媲美。他們採取的手段比現代以前的任何一個全球帝國還要殘酷，往往毫不猶豫地踏平整座城市、消滅所有人口、摧毀廣大地區，或是讓曾經繁忙的大都市變成冒著黑煙、杳無人煙的廢墟，接著，不是重建成自己喜歡的樣子，就是乾脆從地圖上永遠刪去。[5] 然而，蒙古人雖然殺人無數、留下許多廢墟、進行過種族滅絕，卻也重啟了亞洲和中東全面的貿易和交流。他們在被征服的領土上實施嚴厲的治安管理，帶來了一段相對和平的時期，有時候歷史學家稱作「蒙古和平」（Pax Mongolica）。這個平穩時期，讓人們可以從事史詩般的跨陸探險活動，也讓東西方的科技、知識和人民交流更容易。此

外，我們將在第十三章看到，這可能也促進了世界史上最可怕的傳染病的傳播。

蒙古人創造了全球帝國可以運用的行政工具，像是世界級的郵政系統、普世的法典、合理化且採用十進制的軍事改革，以及極度嚴苛但很有成效的都市規劃方式。他們的帝國體制所設立的水準，在羅馬帝國滅亡後便已從西方消亡，要一直到十九世紀才又再度出現。除了基督化以前的羅馬帝國，沒有任何帝國像他們一樣，對宗教信條大體上是抱持寬鬆的態度（雖然成吉思汗禁止伊斯蘭教的清真屠宰儀式），在蒙古統治的大傘下各地風俗保持相對的彈性，並且尊重各個宗教領袖，不會偏袒某一教派或信仰。

因為這些及其他更多的成就所帶來的結果，歷史學家將改革中世紀銀行業、形塑美國國父世界觀[2] 等等的功勞，全都歸到蒙古可汗身上。在那個時代，他們既令人欽羨佩服，也讓人聞之喪膽。要述說中世紀和西方如何被建構，就不能不提蒙古人。所以，我們得先從他們的建國者開始講起，那就是鐵木真——那個來自大草原、後來成為成吉思汗的窮男孩。

成吉思汗

根據《蒙古祕史》（雖然不是完全可靠，成書時間卻最接近那個時代的成吉思汗生平記述）的記載，這位偉大征服者的始祖是一匹「藍灰色的狼，命運已被上蒼決定好」，後來娶了一隻雌鹿。[6] 他的人類祖先還包括一

---

② 編按：此一說法出自傑克·偉瑟福德（Jack Weatherford）的著作《成吉思汗與對上帝的追求（暫譯）》（Genghis Khan and the Quest for God, Viking, 2016），在此書中，畢業於蒙古成吉思汗學院的偉瑟福德認為，蒙古和平期間開創的宗教寬容理念，提供了美國開國元勳靈感，使得信仰自由的想法被納入《美國憲法》。除外，偉瑟福德在書中也提及了，此一說法的靈感源自於愛德華·吉朋的《羅馬帝國興亡史》，因為吉朋在腳註中認為，成吉思汗與政治哲學家洛克，在宗教法律上存在某種奇異的一致性。（"singular conformity may be found between the religious laws of [Genghis] Khan and Mr. [John] Locke."）

個視力可達數十英里的獨目人，以及一群數不清的遊牧部落戰士，居住在今天蒙古北部的廣闊平原上，平時住在帳篷，隨著季節遷移，靠狩獵或劫掠為生。在一一六二年左右，日後將成為成吉思汗的那個小嬰兒，在不兒罕合勒敦山這座聖山附近誕生，據說「右手緊握一團指關節骨這麼大的血塊」。[7] 由於他的父親（孛兒只斤部一個著名的勇士）在跟蒙古人的死敵韃靼人作戰時，抓到了一個名叫鐵木真的重要戰俘，他便因此被取了相同的名字。但，鐵木真九歲時，韃靼人毒死了他的父親。他的母親訶額侖只好獨自撫養他跟他的六個兄弟姊妹，而更糟的是，這家人還被自己的部落排斥，只能自生自滅。他們靠採集野果和捕捉蒙古草原特有的土撥鼠等小動物存活了下來。這對一個人的人生來說，並不是很好的開始。

幸好，鐵木真和他的家人遭逢困境時，大草原的氣候特別舒適。針對蒙古中部的松林所做的神木研究發現，在鐵木真成長時期，該地區連續十五年氣候溫和、雨量豐沛。[8] 這是該地區一千一百年以來經歷過氣候最宜人的時期，草地生生不息，住在上面的人和動物也是。鐵木真和家人在野外度過一段艱難的歲月，因此當他十幾歲時，已經知道如何騎馬、打仗、狩獵與求生。他和家人最後還是被部落體系給重新接納。鐵木真添置了動物，用來放牧和擠奶，後來娶了一個女孩孛兒帖，是日後將經常進出（常常是所有人一起）他蒙古包的至少十來個妻妾當中的第一個。他體格強健、精力十足，有一雙像貓一樣靈動的眼睛。他慢慢在遊牧社會發跡，受到排斥的經驗形塑了他，之後也影響了他的領導風格。鐵木真長成一個極為堅韌自律的男人，重視忠誠勝過一切。他絕不容忍一絲絲背叛或不誠實，被拒絕、反抗或阻撓時反應非常激烈。

部落生活以放牧和掠奪用的動物為中心，部落政治則是根據部落之間複雜且經常變動的結盟狀況所建構。部落跟部落間常會發生戰爭，而鐵木真非常擅長打仗。他在二十幾歲時已聲名遠播，因此被擁立為蒙兀國這個部落聯盟的可汗。這個顯赫的地位，讓鐵木真在跟鄰近部落作戰時，可以召喚數萬名騎兵。在他打過的對象當中，最有故事性的就是他的兒時朋友

和結拜兄弟札木合。鐵木真擊敗了他所率領的敵對同盟，並殺了他，懲罰他的背叛。十二世紀漸漸進入尾聲，鐵木真也慢慢變成這個地區最強的領袖之一。

他會成功，背後的原因很簡單也很有效。他除了具備擅長打仗和娶妻這兩項草原外交的必備技能之外，他也想出一些激進的改革方式，改變了傳統的蒙古部落和軍事架構。就像穆罕默德在七世紀統一了阿拉伯半島爭執不休的部落，鐵木真也認為，氏族和血緣的連結會使人團結，也會使人分裂。如果能弱化這些連結、讓所有人都跟他產生直接的連結，他就可以創造出比個別組成加起來還強大許多的整體。

要做到這件事，就必須採取一些簡單但重要的實際步驟。其中一個步驟就是在軍事組織中引入一個明確的功過制度。蒙古社會習慣根據族裔和財富做為部落階級排序的基礎，可是鐵木真完全摧毀了這個傳統，改以才能和忠誠度做為選擇盟友和軍官的嚴格標準。然後，他把常規化的編制單位交給手下的軍官指揮。最基本的單位是由十個人組成的「十戶」，包含六個輕裝馬弓騎兵和四個重裝長矛騎兵。十個十戶組成一個「百戶」、十個百戶組成一個「千戶」，而最大的單位有一萬人這麼多，稱作一個「萬戶」。為了保全整個軍隊的團結性，這些單位並不是依部落編制，而是混合了不同的家族和氏族。[9] 士兵一旦被編制，就不可以更動，違者處死。但，如果他們並肩作戰打贏了，就能攢取很多錢幣、女人和馬匹，三樣都是大草原上眾人渴望的貨幣。

軍隊之外，鐵木真也認真團結自己所統治的社會。在這方面，他有點像偉大的拜占庭皇帝查士丁尼，因為他制定了《成吉思汗法典》，命令在蒙古的統治之下，每個人都禁止偷竊或奴役彼此；要實施嚴格的慷慨和待客程序；遵守可汗的權威勝過一切；不可強暴、雞姦、在暴風雨的天氣下洗衣服、在水源地小便等。任何人只要違抗鐵木真或法典，就會毫不留情受到嚴苛且通常致命的懲罰：普通人犯了罪，會用劍斬首；著名的軍官或領袖，則會被打斷背，在不濺血的情況下死亡。

嚴苛是整個蒙古的標誌。在每次的軍事活動中，鐵木真和他的將軍也會遵循極為血腥殘暴的嚴厲作戰守則。任何人、任何城市只要馬上降服於蒙古人的統治，都會受到歡迎。但，只要有一點點反抗或不從，就會招致大屠殺和焦土式的毀滅行動。粗暴對待蒙古使者的敵人，會被追獵到死；沒有誠實坦白擁有多少財富的社群，便可能遭到集體殺害，手段往往十分詭異，希望達到殺雞儆猴的效果。這能實現兩個目的。第一，這是一種心理戰：鐵木真意識到，敵人如果認為自己只有立刻投降和立刻受死兩條路可選，便很有可能在他接近時就潰決。第二，秉持不是完全乖順就一律殲滅的原則，表示鐵木真可以帶著規模相對小的軍隊贏得戰爭，因為他不會需要留下大批人馬治理被征服的地區。

然而，在實行恐怖統治的同時，蒙古人對於他們允許活下來的人也具有驚人的寬容力。對蒙古人投降的氏族和部落，會被積極地納入蒙古社會，男人會從軍，女人和小孩則跟社群裡的其他人融合在一起。此外，大部分的宗教信仰都會受到寬容，而這一點在蒙古人開始向外擴張時，會變得愈來愈重要（鐵木真對各種宗教信仰都興趣濃厚，通常認為這些宗教可用於蒙古人的薩滿教，而非競爭對手）。[10] 因此，從生涯早期開始，鐵木真就構想出一個有著壓倒性優勢的兵力，同時又透過強制執行而擁有強大社會凝聚力的蒙古世界。在他之後，世界史上將有許多獨裁者存在跟他類似的理念，卻少有人追逐或實現目標時，像鐵木真一樣獲得如此具有破壞力卻又成功的結果。

到了一二〇一年左右，鐵木真的蒙兀國已是大草原上最強大的政治聯盟。五年之後，鐵木真已經打敗鄰近所有的民族，包括蔑兒乞人、乃蠻人、韃靼人和維吾爾人。這些人只要聽見他的名字就會鞠躬。一二〇六年，各大部落高級首領召開忽里勒台會議，贈予鐵木真一個新封號「成吉思汗」（意思大概是「兇猛的統治者」），以表彰他超乎常人的征服成就。《蒙古祕史》這麼記載：「住毛氈帳篷的人在虎年【一二〇六年】前來效忠時，全部聚集在鄂嫩河的源頭。③ 他們舉起【鐵木真的】九斿白纛，給

了【他】汗的頭銜。」[11] 這個綽號實至名歸，因為成吉思汗所統帥的蒙古人真的是草原上的恐怖分子。一個絕望的敵人這麼說：「如果我們跟他們作戰，作戰時他們也不會眨他們黑色的眼睛。我們該跟這些即便臉頰被劃傷、黑色鮮血不停流出也不皺眉的強硬蒙古人打嗎？」[12] 接下來的一百年，有好幾百萬人也會問自己同樣的問題。

可汗的進擊

在一二〇六年一連串勝利後，成吉思汗將領土擴張到蒙古平原之外的遙遠地區。他攻擊了宋朝北方的西夏和金朝、在戰鬥中擊潰宋軍，屠殺數十萬名的戰士和平民。一二一三年，他派軍從三個點攻破長城，然後在一二一五年圍攻、拿下並洗劫了金朝首都中都。金宣宗被迫向蒙古人投降，放棄自己的首都和領土的北半部，然後逃到三百五十英里外的汴京（今天的開封）。金朝從此之後再也沒有從這個悽慘的恥辱中復甦。但，對成吉思汗和蒙古人來說，這又是另一次勝利。後來，他們又往西，把目標放在西遼。根據《蒙古祕史》的記載，成吉思汗「大肆殺戮【西遼人】，直到他們跟一堆堆腐敗的圓木一樣。」[13] 到了一二一八年，蒙古軍隊則是一邊前往東邊朝鮮半島的方向，一邊朝中亞和波斯人的土地邁進。

此時，波斯及周遭許多地區的統治者是花剌子模人，他們是曾經做過奴隸兵的土耳其人，後來獨立建國，在中亞建立了一個境內有著富裕城市和絲路的龐大帝國。一二一八年，成吉思汗計畫跟花剌子模沙協商貿易相關事宜，派了一個由一百名蒙古官員組成的外交代表團前去會面。然而，這些使節在前往花剌子模沙的宮廷途中，在訛答剌（Otrar，位於今天的哈薩克）這座花剌子模城市受到攔阻，因為被懷疑是間諜而全數遭到處決。

---

③ 作者註：這條河從蒙古北部往北流到今天的俄羅斯境內，變成石勒喀河。

不用說，成吉思汗很不開心。他誓言要「報復做錯事的一方」，並以極端的方式實踐這項政策。

　　成吉思汗對花剌子模發動的戰爭，就是後來傳進第五次十字軍耳裡的那一場「大衛王」征服活動。一二一九年，一支被一份文獻誇大地說成有七十萬人④那麼多的軍隊跨越了阿賴山脈（Alai mountains，橫跨今天的塔吉克和吉爾吉斯），展開一場為期兩年的軍事行動，使花剌子模帝國變成破碎不堪，不僅城市遭到摧毀，花剌子模沙也為了逃命離開中亞，前往印度躲蒙古人，再也沒有回來過。中亞最偉大的一些城市都染上鮮血，包括梅爾夫、赫拉特（Herat）、花剌子模的首都撒馬爾罕以及內沙布爾（Nishapur）。波斯學者阿塔・志費尼引述一個幸運逃過一劫的人所說的話：「他們出現，然後挖掘地道、放火、屠殺、打劫，然後離開。」14

　　蒙古人劫掠梅爾夫的行徑尤其令人髮指。梅爾夫人口約二十萬，是一個國際大都會，同時也是環境嚴苛的高原上一座美麗的綠洲，除了有好幾條重要的國際貿易路線經過，本身也有無數個優良製造業，還有因為最先進的人工灌溉渠道而蓬勃發展的農業。15成吉思汗派兒子拖雷前去要求梅爾夫投降。拖雷得到的指令一如往常：如果梅爾夫沒有立刻向蒙古俯首稱臣，就應該直接殲滅。拖雷沒有讓父親失望，由於梅爾夫反抗，拖雷便派兵包圍城市，然後邀請所有市民帶著財物平安出城，答應不會傷害他們。事實上，他們還是被傷害了：數千人出了城，卻遭到搶劫殺害。接著，整座城市也被洗劫，所有寶貴的事物全被破壞殆盡。灌溉系統經過研究以便日後可以複製之後便被拆毀。梅爾夫的城牆也是。有些市民躲在地下室或下水道，被煙燻了出來，接著殺害。最後，等到沒有人能抵抗他們時，蒙古人才滿意了，往下一個地方前進。

---

④ 作者註：這個數字是波斯編年史家拉施德丁（Rashid al-Din）所預估的，明顯過於誇大可笑，因為當時整個蒙古軍隊連十五萬人都不到。蒙古軍隊量少這一點其實正是它的關鍵戰略優勢之一。

他們在花剌子模各地重複上演相似戲碼，毀滅城市的同時，也對山丘上的堡壘有條不紊地進行圍攻，最終掌握了整個帝國。蒙古人在各地設立總督，並使用令人驚愕的手段鎮壓反抗者。集體斬首很常見，許多城市都看得到一座座由頭顱和軀體堆成的小山，就這樣棄置在外任其腐敗。數十萬人——甚至可能有數百萬人——被殺，大部分是平民；另外也有無數人被強迫加入軍隊或送回蒙古做奴，用來勞動或進行性剝削。無助的花剌子模人沒了領袖，在蒙古人的恐嚇下只有投降，而他們的國家則被毀了。雖然花剌子模帝國因為伊朗人和土耳其人之間的黨派分裂嚴重，內部原本就有結構性的弱點，這仍是一個相當具有懲戒性的經歷。

到了一二二一年，成吉思汗覺得夠了，準備領軍回蒙古。但是，即使他對花剌子模所做的破壞這麼多，離開時他仍不願安安靜靜地走。在掠食者的眼裡，一切看起來都像獵物；在蒙古將領的眼裡，能獵捕的還很多。征服了波斯之後，成吉思汗將兵力分散，自己慢慢往東朝家鄉的方向前進，劫掠阿富汗和北印度，同時兩個最優秀的將領，哲別和速不台，則繼續往西和往北，繞過裏海，挺進亞美尼亞和喬治亞的高加索山脈和基督教領域。他們依照慣例行事，屠殺整座城市、讓當地人面臨可怕的命運，命令手下恣意做出輪姦、殘害孕婦並將未出世的嬰兒砍成碎片、折磨、砍頭等惡行。在一二二二年夏天，他們兩度擊敗喬治亞的國王喬治四世（George IV），使他受重傷身亡。不久後，喬治的妹妹兼繼任者魯速丹（Rusudan）致信教宗霍諾留三世，徹底糾正了維特里等人斷章取義之下告訴教宗的「大衛王」故事。她跟霍諾留三世說，蒙古人根本不是什麼敬神的民族，而是會為了欺騙敵人佯裝成基督徒的異教徒。她說，他們是「韃靼族 ⑤ 的野蠻人，長得就像凶神惡煞，跟豺狼一樣貪婪……跟獅子一樣勇

---

⑤ 編按：中世紀的韃靼人（Tatars）是多民族的部落集團，包含說突厥語的民族和蒙古語的部族，十三世紀初，其中一支突厥民族加入成吉思汗的蒙古軍隊，使得入侵歐洲的蒙古軍隊被統稱為韃靼人。

猛。」[16] 無人能擋住他們。此時，蒙古人已經造訪她的王國，而這次，他們沒有停下來征服喬治亞（但是他們會在一個世代後回來完成這件事）。

哲別和速不台將軍從喬治亞快速來到俄羅斯大草原。接近克里米亞時，他們碰見了來自威尼斯共和國的使節。在幾年前的第四次十字軍運動，威尼斯人才證明過他們在追逐利益時幾乎跟蒙古人一樣凶狠。現在，威尼斯人談成一項協議，蒙古人答應他們去攻擊商業對手熱那亞人位於黑海克里米亞半島上利潤豐厚的殖民地蘇達克（Soldaia）。從此以後，威尼斯總督和蒙古可汗建立了延續到十四世紀的夥伴關係，不僅為後來著名的馬可·波羅冒險事蹟鋪了路（見第十章），也讓威尼斯共和國變得非常富有。看來，惡人可以互相團結。

在克里米亞過冬後，哲別和速不台展開漫長迂迴的旅程，要回去跟成吉思汗重逢。一路上，他們打敗了許多大草原上的突厥部族，包括庫曼人和欽察人。接著，他們往北前往基輔。憂慮不安的庫曼人將他們沿著聶斯特河前進的消息，傳到了基輔羅斯人的耳裡，不過人們還是很不確定蒙古人究竟是誰。《諾夫哥羅德編年史》（Novgorod Chronicle）的作者向來見多識廣，卻也只知道他們是上天因為「我們的罪過」派來的懲罰。除此之外，他只說他們是「未知的部落……沒有人確切知道他們是誰、從哪裡來、說什麼語言、是什麼種族、有什麼信仰，他們只叫他們韃靼人。」[17] 話雖如此，這些神祕的訪客顯然是來找麻煩的。諾夫哥羅德公侯「大膽」的姆斯季斯拉夫（Mstislav the Bold）、基輔大公姆斯季斯拉夫三世（Mstislav III）以及加利奇公侯丹尼爾（Daniel of Halych）等羅斯公侯共組了一支軍隊，試圖趕跑韃靼人。不用說，這是一個很魯莽的做法，而當這些公侯處決了十個被派來談判的蒙古使節時，愚蠢直接升級成自尋死路。

一二二三年五月底，公侯的軍隊在迦勒迦河（river Kalka）附近追上蒙古人。雖然他們成功殺死了蒙古後衛部隊裡一千名左右的戰士，但是遇到哲別和速不台的主力軍時，卻被徹底擊潰了。有多達九成的士兵戰死沙場，並有三位公侯被俘。蒙古人並未忘記羅斯人囂張處決自己使節的行

為，並做出了恐怖的報復。基輔的姆斯季斯拉夫三世和他的兩個女婿被用毯子捲起來，塞在蒙古領袖帳篷的木地板底下。接著，蒙古人在他們上方舉行一場慶功宴，使他們在慶功的歡呼聲中被踩壓窒息而死。[18] 這一次，蒙古人沒有把羅斯人的土地加入迅速擴張的帝國版圖中，但是他們已經鎖定了這個地方及大草原在歐洲那端的草地。就像喬治亞的例子一樣，他們會再回來的。

另一方面，成吉思汗、他的將軍和軍隊返回蒙古的路途也十分漫長，特別是因為他們幾乎見人就打，還喜歡舉辦奢華的酒宴來宣傳勝利。不過，到了一二二五年，他們終於重新回到家鄉，能開始審視自己創造的新世界。此時，成吉思汗已六十出頭，握有的疆域從東邊的黃海一直延伸到西邊的裏海。這麼大的面積幾乎不像真的。伊拉克編年史家伊本・艾西爾在該世紀後期寫下這段歷史時，表示「這些韃靼人做到了古代或現代都不曾聽聞過的事蹟」，忍不住懷疑讀者應該如何相信自己的雙眼：「以阿拉之名，等到很久很久以後，任何人看見這份歷史紀錄都絕對不會相信。」[19] 伴隨征服廣大地域的成就而來的，是帝國主義甜美的果實。蒙古變得極為富有，超出了它的人民任何不切實際的想像。征服大軍帶回了數以千計偷來的馬匹，金銀財寶、奴隸工匠、從未看過的異國食品、效果強大的酒精飲料，全都從好幾個月路程之外的地方湧入。蒙古人向來不會特別固守自身文化，所以面對從造訪過的地區學到的科技和風俗時，都積極吸收。軍隊裡吸收了中國造船師和波斯圍城工程師；維吾爾族的抄寫員被招募到政府行政部門；整個帝國的官僚體系開始採用一種新的官方書寫體；一二二七年，成吉思汗推行從金朝抄襲而來、靠銀和絲綢支持的紙幣制度。

同樣在一二二七年，這位兇猛的統治者於八月下旬去世了。他的死因現在已經無從得知，不過中世紀倒有不少文獻給了一些很精彩的說法，有的說成吉思汗是被雷劈死，有的說他是被一支毒箭害死的，還有一個

說法是，某個被俘虜的女王將剃刀刀片藏在陰道裡，色誘他後給了他致命傷。[20] 無論他是怎麼死的，總之他是在床上走的，而他臨終前下達的最後一批指令依然相當符合他的性格：他命令繼承者建造一座名叫哈拉和林（Karakorum）的城市做為帝國首都，又吩咐要集體處決西夏皇帝和整個皇族（他的軍隊最近都在攻打西夏），把他們綁在木樁上砍成碎片。

　　成吉思汗遺體的所在位置就跟他的死因一樣成謎，因為他刻意不想讓自己的墳墓被發現。為此，他吩咐讓馬匹把他的埋葬地點踩踏得無法辨識。後來，據說埋葬他的人被殺了，殺了這群人的人被殺了，就連挖掘墳墓的人也被殺了。這個時候，成吉思汗為了統治世界所犧牲的生命已經無法計數。馬可・波羅在好幾個世代以後回顧他的生平時，會說成吉思汗是一個有著「受人認可的正直、偉大的智慧、令人折服的口才與出了名的勇氣」的男人。[21] 這段評價保留了很多沒有說的部分。但，在成吉思汗的統治下進行了閃電般的領土擴張和文化大躍進之後，蒙古人似乎已確定成為十三世紀世界上唯一的超級強權了。接下來還不確定的，就只有霸權的下一階段會由誰負責接管，以及他們能夠走多遠這兩個問題了。

「韃靼人」的世界

　　一二四一年復活節過後不久，也就是成吉思汗死後十四年，蒙古軍隊再次回到西方。在短短七十二個小時之內，他們在中歐和東歐獲得了兩場驚人的勝利，整座大陸似乎馬上就要變成蒙古人的天下。四月九日那天，蒙古將軍合丹與拜答里在萊格尼察（Legnica，位於今天的波蘭南部）附近，擊敗一支由波蘭人、捷克人和聖殿騎士團組成的軍隊。他們殺了下西里西亞公爵亨利二世（Henry II, duke of Lower Silesia），然後把他的頭插在一根木棍上，展示在萊格尼察嚇壞了的居民面前。戰鬥結束後，一隊蒙古士兵將每一個死掉的敵人的右耳砍下，做為戰利品送回蒙古（這些耳朵總共裝了九大袋）。在兩天後的四月十一日，另一支規模更大的蒙古軍隊，在

外西凡尼亞的蒂薩河之戰（the battle of Mohi）擊敗了匈牙利國王貝拉四世（Béla IV of Hungary）。貝拉四世失去了大部分的兵力，被迫逃到達爾馬提亞（Dalmatia）。波蘭編年史家揚‧德烏戈什（Jan Długosz）寫到蒙古軍肆虐的可怕景象時，不禁感到顫慄：「他們隨心所欲地燒殺擄掠，因為沒有人敢挑戰他們。」[22]

貝拉等君主驚慌逃命的同時，蒙古人則在東歐各地盡情作亂。關於他們做出的一切恐怖行徑的消息，很快就傳了開來。教宗額我略九世對「韃靼人」（韃靼人這個不正確的稱呼此時已被用作拉丁文的地獄一詞「tartarus」的雙關語）入侵「拉丁」世界的行動感到驚懼，因此決定要做點什麼。他已花費近兩年努力獲得政界支持，試圖發動一場對付神聖羅馬皇帝腓特烈二世的十字軍運動，但是現在他決定改變策略。[23] 六月，他頒布一個教宗詔書，要求答應前往聖地、波羅的海、君士坦丁堡的拉丁王國或是在霍亨斯陶芬領土打仗的十字軍更改誓言，改到匈牙利對付蒙古人。很可惜，基於一二四一年活動中的十字軍數量，根本沒有人理睬教宗。聖誕節來了又走，到了三月，蒙古人已經逼近達爾馬提亞，試圖抓住貝拉四世。情況非常糟糕。

可是，非常突然地，蒙古人不再追殺貝拉四世了。他們掉頭離開，往帝國核心的方向回去了。東歐在很可能受到殲滅的一刻突然獲救，彷彿上帝起了憐憫之心，伸手把折磨祂子民的人從地表除掉。克羅埃西亞的編年史家會吏長湯馬斯（Thomas the Archdeacon）認為，他們會這樣突然離去，是因為匈牙利大草原雖然遼闊，卻無法提供足夠的草餵飽蒙古人長期征戰所攜帶的大量馬匹。[24] 不過，蒙古政治也出現了劇烈的轉變：成吉思汗的第三子、同時也是最高可汗繼任者的窩闊台在一二四一年十二月下旬去世了，使蒙古出現短暫的權力真空時期。明智的將軍和官員共同回家見證新領袖上台。蒙古人沒有放棄西方，富裕的義大利和日耳曼依然跟花剌子模帝國或中原北部的城市一樣誘人，只是現在，他們被迫暫時中止。

撇去這怪異的短暫中斷期不論，蒙古人在一二四〇年代還是統治著非常龐大的疆域。在窩闊台統治的十四年間，他們毫不間斷地擴張領土，並運用了他們從中國和穆斯林臣民身上學到的新圍城技術。[25] 亞塞拜然（Azerbaijan）、伊拉克北部、喬治亞和亞美尼亞都歸到蒙古的統領下，喀什米爾也是。塞爾柱人占領的小亞細亞是下一個侵略目標。大草原中部的遊牧民族和羅斯人的公侯，都已經遭受程度不一的攻擊，基輔羅斯的每一座城市（包括有著雙重防禦城牆的基輔本身）都被洗劫。有一部編年史寫到拉占（Riazan，大約位於莫斯科東南邊兩百五十公里處）滅城的事件時，描述蒙古人「燒掉這座美麗富裕的神聖城市……上帝的教堂也被摧毀……城裡沒半個人活著。所有人都死了……連悼念死者的人都沒有。」[26] 蒙古帝國比從前還要大，連接了長久以來互無聯繫的地區。因此，從十三世紀中葉以降，開始有勇敢的探險家踏入陌生的新世界，記錄自己的所見所聞，描寫在中世紀規模最大的超級強權統治下的異國情調。蒙古人儘管毀了許多地方，卻也重新開啟了讓人們探索這些地方的可能。就連在羅馬帝國時期，旅人也到不了遠東地區；中國的絲綢和其他商品是透過間接貿易傳來，而人們對印度的認識也沒有好到哪裡去。現在，在蒙古的霸權之下，這一切都將改變——至少有一段時間是如此。

在十三世紀前往新世界冒險的中世紀旅人之中，有些人留下了旅程的紀錄，所以今天我們仍能透過他們的眼睛窺看蒙古世界的樣貌。其中，有一位名叫紀曉姆・魯布魯克（Gulielmus de Rubruquis）的法蘭德斯方濟各修士，在一二五三年從君士坦丁堡前往東方，造訪了蒙古，接著又在一二五五年回到十字軍國家的黎波里。一個世代後，威尼斯商人馬可・波羅在外遊蕩更久，在可汗的國度待了二十五年左右。不過，這些勇者的先驅，最先寫下在蒙古人間生活的西方記述的環球旅人，其實是一個從修士變成神職人員的義大利人，名叫柏郎嘉賓（Giovanni da Pian del Carpine）。

柏郎嘉賓在一二四五年啟程前往蒙古。他從教廷出發，接著短暫停

留里昂。他帶著教宗依諾增爵四世（Innocentius IV）寫的信，希望勸勸偉大的可汗不要攻擊基督徒的土地，同時考慮改宗基督教，因為「上帝非常生氣」他的行為。[27] 這是一個充滿希望的任務，但最後可能不會有什麼成果。然而，柏郎嘉賓不顧一路的艱辛，依然決定完成，而他得到的回報將會流傳千古。

為了抵達蒙古，柏郎嘉賓首先經過布拉格和波蘭，接著穿越羅斯人的領土，前往基輔。五年前，蒙古人把這座城市變成一片荒蕪，大約有九成的居民被殺，大部分的重要建築也都被燒毀。柏郎嘉賓來到此地時，那裡只剩下基輔的影子。但，這個地區的支配力量是誰，這點毫無疑問。柏郎嘉賓每每進入一個羅斯人的領地，當地公侯就會緊張地指點他蒙古西方軍事首領拔都的活動宮廷所在位置。拔都是成吉思汗的孫子，柏郎嘉賓需要經過他的允許才能繼續前進。此外，柏郎嘉賓也不斷被告知，要在蒙古人的世界生存，唯一的方法就是迎合這個族群天生對禮物和消費商品的愛好。於是，他和隨從帶了裝滿一袋又一袋的波蘭河狸皮，隨時準備大方贈送給索取禮物的人。

柏郎嘉賓在一二四六年復活節期間跟拔都會面。說得保守一點，這次經驗讓他學到很多。這些西方人在進入營地前，得先完成相當於機場安檢的程序：柏郎嘉賓和他的同伴被要求從兩個大型火堆的中間穿過去，這樣「如果你們對我們的主子有任何惡意，或者你們帶了任何毒藥，火就會把它帶走。」[28] 蒙古人強烈警告他們不可以直接踏在拔都的會客帳篷門檻上，因為蒙古人認為那樣做極為不祥，任何踏到門檻的人都會被處決。來到拔都面前後，柏郎嘉賓覺得他很有智慧且明理，但也很嚇人。他寫道：「拔都對他的人民非常好，可是他們都很怕他。」[29] 這就是蒙古人統治的本質：藉由恐怖手段維持寬容。

在拔都的營地待了一小段時間之後，柏郎嘉賓一行人被告知應該繼續前進到哈拉和林，窩闊台的兒子貴由即將在那裡登基。這件事雖然令人興奮，卻也叫人生畏。蒙古人給宮廷賓客吃的伙食很貧乏，以小米和大量

酒精為主，讓他們很不習慣。其中，在今天仍然做為蒙古人主要社交飲料的發酵馬奶酒，他們怎麼樣也喝不出滋味。⑥ 因此，他和夥伴常常身體不適，覺得不舒服又非常冷。而且，他們的旅程耗費了許多個月——即使窩闊台所建立的帝國郵政系統有設置一個很了不起的馬匹接力制度，讓人們一天最多可以換七次馬，這樣官員就能在自己的身體狀況許可的情況下，以最快的速度整天移動。

可是，旅途雖長，卻也充滿驚奇。蒙古人讓柏郎嘉賓充滿興趣，他們的外貌、習性和風俗都令他驚異。柏郎嘉賓寫道：「韃靼人的雙眼和兩頰比大部分人分得還要開。他們的臉頰突出下巴很多，他們有不大不小的扁平鼻子、小眼睛和長到眉毛的眼皮，他們的腰通常很窄⋯⋯幾乎所有人都是中等身高。很少有人有長什麼鬍子，不過有的人上唇有少量毛髮，但是很少去修剪。」[30] 蒙古人的宗教讓他十分好奇又惶恐，因為他們雖然信奉一神教，卻也崇信巫醫、偶像、占卜，充滿各種以死刑為處罰的迷信，像是故意把刀子放進火裡、把食物吐在地上、拿骨頭敲擊骨頭、在帳篷裡撒尿，都會被宣判死刑。他寫道：「可是，殺人、侵略他人的土地、用不正當的手段獲取他人的財物、私通、傷害他人、違反上帝的指示等，卻都不算罪過。」[31]

他所遇到的蒙古人有很多令他好奇且互相矛盾的特性，使他十分困惑：體格強韌、順從領主、慷慨大方、不愛跟自己人爭吵，可是卻又高傲自大、對外人充滿敵意且不誠實、不在意髒亂汙穢、醉得無可救藥、什麼都願意吃下肚（不管是老鼠、蝨子、狗、狐狸、狼、馬，甚至是人）。蒙古女子讓他覺得特別有趣：「女孩和女人騎馬的技術跟男人一樣好，我們甚至看見她們攜帶弓和箭，而且她們可以跟男人騎得一樣久。她們的馬鐙較

---

⑥ 作者註：最近幾年在馬背上遊歷蒙古大草原的一名西方旅人談到這款備受當地人喜愛的佳餚時寫道：「遊牧家庭會在蒙古包內放一桶馬奶酒，盛到碗裡飲用。他們會把母馬和牠們的幼崽綁成長長一排，需要時隨時可以擠奶。這種奶喝起來就像會冒泡的乳酪味優格，真他媽的臭。」

短，她們很會處理馬匹，所有的財物都是由她們管。韃靼女人什麼都會自己做，如皮衣、鞋子、綁腿和所有皮製的東西。她們會駕駛、修理馬車，會把重物放在駱駝背上，做任何事都又快又有活力。她們全都穿褲子，有的會像男人一樣射箭。」[32]

柏郎嘉賓和同伴的旅行十分漫長，走過這些人征服過的地方，觀察「數不盡的被毀的城市、堡壘和許多廢棄的村莊。」[33] 他們在夏天抵達蒙古，並且按照計畫找到了帝國宮廷，及時目睹貴由登基為可汗。他們在新可汗的營地被當成貴客一樣歡迎（這次給的終於是麥芽酒，不是馬奶酒），同時感覺到他們的東道主相當興奮卻又坐立不安。這個地方有來自世界各地的訪客，其中包括一個西方人組成的大型代表團，成員有俄羅斯人、匈牙利人、法蘭西人、說拉丁語的人等等。貴由的帳篷位於中央，覆有上等絲綢，並使用金柱撐起。可是，要偷看裡面一眼很困難，因為任何人只要湊得太靠近，就有可能被可汗的守衛脫光衣服、痛打一頓。柏郎嘉賓對於自己身上除了河狸皮、沒帶什麼更寶貴的東西，感到丟臉極了，因為其他賓客帶來的珍貴禮物都可以裝得下五十輛馬車了。他也對自己的性命感到擔憂，因為有個俄羅斯公侯來向可汗表達敬意，卻被人發現死在帳篷裡，呈大字形、臉色灰白、好像是被毒死的。但，經過幾天焦慮的等待後，柏郎嘉賓終於得以跟貴由見面。

他判斷這位新可汗「年紀大約四十或四十五歲或更大……身高中等，非常有智慧，極為聰穎，十分嚴肅，道德嚴謹，沒有人能輕易看見他笑或說笑話。」[34] 可汗透過通譯詢問有關教宗的事情，想要知道他是誰，會說蒙古語、阿拉伯語還是盧森尼亞語（羅斯人常說的一種斯拉夫語言）。貴由似乎認為拉丁語使用的範圍太狹隘了。但是，柏郎嘉賓很明顯地感覺到這位可汗對教宗的領土別有意圖，因為貴由一直堅持要讓蒙古人陪他回到西方，而柏郎嘉賓很確定這些人擁有間諜或軍事偵察的能力。然而，對此他也是無計可施。貴由請手下寫了信要交給教宗，拒絕了受洗的提議，並簡潔有力地要羅馬教會的領袖不是服從他，就是面對不討喜的後果。這些

信被翻譯成拉丁文和阿拉伯文之後，柏郎嘉賓就被叫下去了。他和同伴得到了襯有絲綢的狐狸皮草大衣，然後就被原路送回。前方又是一趟漫長無比的旅程，柏郎嘉賓又在雪地裡熬過了許多個冰冷的夜晚。當他回到基輔時，當地的俄羅斯人都很訝異，說他宛如死而復生。但是，柏郎嘉賓並沒有死。他撐過（有時也十分享受）這個千載難逢的旅程，到達了剛向這個時代歐洲人開放的國度。一二四七年年中，他回到歐洲把可汗的信交給人在里昂的教宗，描述了自己的經歷，並得到了蒙特內哥羅（Montenegro）的巴爾大主教（archbishop of Antivari）、教宗使節以及法王路易九世（他對蒙古事務很有興趣）大使的職位。柏郎嘉賓可能是被這場艱辛的冒險給折了壽，所以五年後就去世了。但在他死前，他寫下了所見所聞，描繪了在東方那個新帝國漸漸形成的新世界以及潛藏其中的危險。他唯一擔心的是，人們會說他的故事全是幻想與謊言，因為他所寫下的冒險事蹟有時候真的非常令人難以置信。

帝國分裂

在柏郎嘉賓死後，有許多充滿冒險精神的外交官和傳教士走上了跟他一樣的路。大約在同一個時期，葡萄牙有一個勞倫斯（Lawrence）奉命前往東方，但是後來就再也沒聽說他的消息了；一二四七年，聖康坦的西蒙（Simon of Saint-Quentin）和倫巴底的阿思凌（Ascelin of Lombardy）這兩位道明會修士到波斯拜訪了蒙古的地區統領拜住；一二四九年，安德烈和雅克・隆格瑞莫（André and Jacques de Longjumeau）這兩兄弟帶著法王和教宗的禮物和信件前往哈拉和林；[35] 一二五三年，又有一位方濟各修士出發前往蒙古，打算讓異教徒改宗基督教，因為這是聖方濟各的追隨者最根本的義務之一。⑦

最後提到的這位修士是法蘭德斯人，便是魯布魯克。他跟柏郎嘉賓一樣，為自己的見聞寫下了鮮明的描述，彙整成報告書交給法王路易九世。

魯布魯克採取的路線跟柏郎嘉賓不太一樣，從君士坦丁堡出發後，跨越黑海抵達蘇達克，也就是原本屬於熱那亞貿易殖民地、現在被蒙古人所掌控（但還是有很多義大利商人在那裡做生意）的那個商港。他也見到了西部可汗拔都，陪他沿著窩瓦河而下五個星期，然後又繼續前往蒙古。

一路上，魯布魯克觀察到很多先前引起柏郎嘉賓注意的那些陌生蒙古風俗：骯髒污穢的環境；蒙古女子的力氣和勤勞性格；複雜的迷信；社會的暴力現象與輕易訴諸死刑的傾向；難喝的馬奶酒（很多基督徒到蒙古帝國都以宗教因素為由拒絕喝馬奶酒）；對禮物的愛好；對西方世界的無知及強烈的興趣（魯布魯克的訪問對象之一認為教宗已經五百歲了）；對雷電恐懼；令人作嘔的雜食型態（連老鼠都吃）；男女都有的怪異髮型。魯布魯克跟柏郎嘉賓一樣，時不時受到長途旅行的折磨，很多時候都覺得又病又冷、又渴又餓。但是他也跟柏郎嘉賓一樣，不曾放棄。

在一二五三年聖誕節過了兩天後，魯布魯克來到可汗位於哈拉和林城牆外的營地。他認為，這座城市跟歐洲的聖但尼修道院等奇觀相比略顯寒酸，不過確實非常國際化、擁有多元文化，除了十二座寺廟，還有兩座清真寺和一座教堂。貴由已經去世，由堂弟蒙哥繼任，但是此時蒙古依然處於盛世。蒙古首都仍舊非常富有，聚集來自世界各地的商人和使節；來自印度的達官貴人帶著一隊載有灰狗和花豹的馬車遊街，並不是什麼稀奇的畫面。此外，這裡也住了少數的西方基督徒移民，像是：一個擔任蒙哥私人秘書的聶斯脫里派（Nestorian）基督徒；擔任宮廷金匠的巴黎人威廉・布徹（William Buchier）；到過許多地方旅行、會說多國語言的英格蘭人巴西爾（Basil），雖然他到蒙古似乎沒有明確目的；一個名叫帕恰（Pacha）的善良法蘭西女孩，她在匈牙利被蒙古人擄走，然後送到蒙古當廚師。

---

⑦ 作者註：聖方濟各非常致力於讓異教徒改宗基督教。他最令人難忘的表率是，一二一九年拜訪第五次十字軍運動的前線時，他企圖讓埃及的阿尤布王朝（Ayyubid of Egypt）蘇丹卡米爾改宗。

雖然這些人讓魯布魯克很有家的感覺，但是從讓異教徒改宗的這一點來說，他的旅程並沒有很成功。他待了許多個月，盡一切努力把基督的話宣揚給偉大的蒙哥，但卻被潑了好幾次冷水，最後只得到可汗的一番訓話：蒙哥一邊痛飲某種飲料，一邊滔滔不絕地說西方人有多墮落，一點紀律也沒有，完全比不上東方的標準。[8] 蒙哥跟其他聰明的蒙古統治者一樣，非常樂意接受、順應軍隊征服的文化當中最棒的層面，可是他不願貿然改信一個自稱很優越、卻沒有任何證據能夠證明其優越性的不成熟信仰。蒙哥說：「神給你們《聖經》，可是你們不遵守；神給我們占卜師，我們則照他們說的做，過得很平靜。」[36]

傳教失敗的魯布魯克最終在一二五四年七月離開蒙古宮廷，離去前當然又經歷了一場盛大的酒宴。蒙哥寫了一封信給路易九世讓他帶回去，建議這位法蘭西國王最好是馬上向可汗稱臣，反正蒙古人有朝一日也會找上他。蒙哥告訴路易九世，除非「憑靠永恆之神的力量，整個世界從日升之處到日落之處，都將喜悅和平地成為一體」，否則他不會停止征討。他警告，地理因素阻止不了蒙古的戰爭機器，「假使聽見了、明白了永恆之神的命令，你還不願意遵從……然後說：『我們的國家很遙遠，我們的山巒很高大，我們的海洋很遼闊』……我們怎麼知道會發生什麼事？」[37]

結果，蒙哥用迂迴消極的方式恫嚇了老半天，最終還是沒有征討法蘭克人的王國。不過，魯布魯克倒是完成了漫長的旅程回到西方，在一二五四年下旬找到了正在聖地進行十字軍運動的路易九世。他建議路易九世，最好勸其他修士不要踏上跟他相同的旅程，因為旅途中的危險現在已經變得顯而易見。但是他也說，他們可以從他的東方經驗裡學到很多，特別是有關十字軍運動的事。他寫道：「我可以很有自信地告訴你，如果我們的農民——就別說國王和騎士了——願意學習韃靼公侯那樣的移動方

---

[8] 作者註：這個主題到今天仍十分常見。

式、類似的飲食習慣，他們便可以征服全世界。」[38] 但，這也從不曾發生，因為東方的十字軍世界那時候已經瀕臨瓦解。更重要的是，蒙古人的世界也即將面臨劇烈的轉變。

✳

一二五八年，蒙古大軍攻占了巴格達。伊斯蘭國度最偉大的城市之一被蒙古人慣常的殘暴手法給毀得一蹋糊塗。一支由蒙哥的弟弟旭烈兀和漢籍將領郭侃所率領的軍隊，攻破了巴格達的防禦設施，屠殺了數萬、甚至數十萬名平民百姓。巴格達號稱世上最棒圖書館的智慧宮遭到洗劫，數以千計有關哲學、醫學、天文學等各種領域，在過去數世紀以來從希臘語、敘利亞語、印度語和波斯語翻譯成阿拉伯語的專書著作，都被扔進底格里斯河。據說，丟到河裡的書多到把河水都染成黑色的了。

更令人震驚的是，旭烈兀把阿拔斯哈里發穆斯台綏木（al-Musta'sim）處死了。穆斯台綏木在蒙古人接近時拒絕投降，所以這也是沒辦法的事。遜尼派穆斯林的至高精神領袖被裹在毯子裡，被馬匹踐踏而死。這個可追溯自七五〇年對抗奧米雅後建立的王朝，就這樣滅亡了。[9] 蒙古人的冷血無情似乎沒有極限，這世界也沒有什麼東西是神聖到不可侵犯。

然而，隔年這個天下無敵、貪得無厭的蒙古帝國遭逢嚴重的動盪。正當蒙古軍隊又再次出外西征——有些入侵敘利亞和巴基斯坦，嚇壞了十字軍國家的基督徒；有些重返東歐，洗劫波蘭的克拉科夫（Kraków）——時，災難也席捲東方。一二五九年八月，蒙哥在圍攻南宋位於四川的山頂堡壘釣魚城時身亡，歷史學家對於他是死於痢疾、霍亂、箭傷，或者是從攻城梯摔死的，有諸多爭議，而我們很有可能永遠也無法確知。[39] 無論如何，蒙哥就是不在了。他死了以後，蒙古帝國出現混亂和內戰，最後被分

---

⑨ 作者註：見第四章。

成四大汗國，每一個都將發展出自己獨特的性格和政治目標。

這當然不是一個短促的過程。蒙哥死後，他的繼任者人選為了得到最高可汗的位子在遠東地區爆發衝突，兩個弟弟忽必烈和阿里不哥爭取統治權爭了四年。[10] 到了一二六四年，忽必烈取得勝利，可是麻煩尚未結束。忽必烈的統治才剛穩定下來，就被堂姪海都（已逝的窩闊台之孫）挑戰，促發一場拖了將近四十年的衝突。同一時間，在權力真空的這段時期，別兒哥也爆發了區域爭鬥，而他正是毀了巴格達的旭烈兀汗跟拔都（柏郎嘉賓和魯布魯克在著述中都有提到這位西方統帥，但他在一二五五年便去世了）的弟弟。

我們不需要深入了解這些衝突的細節，或是成吉思汗的孫子和曾孫之間的恩怨。重點是，當對單一領袖不容質疑的權威展現絕對堅決的忠誠心之原則受到挑戰時，就連十三世紀前半葉在廣大地域高效運作的蒙古帝國也將四分五裂。假如比起最高可汗和整個帝國的利益，各地統帥更在乎自利，窩闊台為了即便相隔數千英里仍能保持聯繫所建立的郵政通訊系統，也將毫無用處。此外，從某方面來說，蒙古人可以說是被自己極強的適應能力所害死，因為被派到中國、中亞、波斯和俄羅斯大草原的地區統帥在經過幾個世代後，對自己被派駐的地區所產生的情感，漸漸大於對蒙古帝國的情感。有的喜歡上都市生活，不再懷念住在蒙古包裡的日子；有的開始信奉當地宗教，遵循藏傳佛教或遜尼派伊斯蘭教，摒棄了以巫醫為首的舊宗教。或許這是很自然的結果，畢竟就連偉大的羅馬帝國也無法阻止區域統帥在地化的事實。但在十三世紀，這意味著蒙古帝國無法永遠維持蒙古的樣子。

話雖如此，在一二六〇年前後的危機時期誕生的四大汗國，仍非常龐

---

[10] 作者註：這場衝突史稱拖雷家族內戰，因為這是拖雷的兩個兒子之間的競爭，而拖雷是成吉思汗跟孛兒帖生下的第四子。

大。第一個、理論上也是歷史最悠久的汗國，是位於中國的大元（也就是元朝）。這是由忽必烈在一二七一年創建，很快就發展出漢人的特色與文化，吸收了孔子思想和漢人發明科技的天賦。忽必烈在金朝的首都中都旁邊新建一座城市，並把首都從哈拉和林遷至此，稱作大都或汗八里。忽必烈和之後的元朝皇帝就從這裡把帝國力量向外投射到西藏、韓國、俄羅斯東部及東南亞。今天，這座城市還存在著，雖然樣貌改變許多，但政治地位依舊不變。我們現在稱為北京。

其他三個蒙古繼承國都位於元朝的西邊。察合台汗國位在中亞，東起阿爾泰山脈（Altai Mountains），西臨阿姆河（Oxus river），因其統治者為成吉思汗次子察合台的後裔而得名。這個汗國仍維持遊牧民族的部落生活型態，政局非常不穩定，敵對的統治者之間不斷爆發衝突（十四世紀時，這個國家分裂、縮小，並演化蒙兀兒斯坦〔Moghulistan〕）。另外，察合台汗國的統治者也跟伊兒汗國的統治者吵了好幾個世代，而伊兒汗國是由旭烈兀和他的後代所建，位於花剌子模沙曾經統治過的波斯帝國。

伊兒汗國在毀滅阿拔斯王朝、摧毀巴格達並占領波斯、伊拉克、敘利亞、亞美尼亞和小亞細亞的西半部之後，曾有一段時間是中東地區的強勢角色。這讓西方人對他們特別感興趣，因為伊兒汗國很自然地被捲入十字軍世界的政局，導致西方有許多人重燃過去的大衛王幻想，自欺欺人地以為蒙古人可以變成基督的奴僕。一二六二年，法王路易九世在讀過魯布魯克的哈拉和林遊記後，試圖遊說伊兒汗國的旭烈兀建立同盟，共同對抗埃及的新伊斯蘭統治者馬穆魯克。旭烈兀稍稍迎合了他，對路易九世誇耀自己最近才剛剛斬除敘利亞的阿薩辛派（Assassins）——阿薩辛派是一個隱遁的什葉派分支，成員住在山區，因為常對該地區各種宗教的政治領袖發動恐怖突襲而出名。接著，旭烈兀又說自己是「不可信任的撒拉森人的熱血毀滅者、基督教的朋友和支持者、精力充沛攻打敵人的鬥士以及朋友的忠實朋友」，並對路易九世發誓，一定會滅了「巴比倫鼠狗輩」的馬穆魯克。[40]

結果，旭烈兀和他的繼任者在對抗馬穆魯克這件事上可說沒什麼進展。馬穆魯克也是源自大草原的遊牧民族，有紀律又會作戰，成為了蒙古人在黎凡特地區的擴張界線。他們保住了埃及、巴勒斯坦和大部分的敘利亞，到了十三世紀末期，已經徹底摧毀蒙古人進入北非或阿拉伯半島的野心。這就表示，伊兒汗國的蒙古人完全接替昔日波斯帝國的疆域，而隨著他們漸漸適應這個地區最新統治者的身分，變得跟在這統治過的民族愈來愈像了。一二九五年，伊兒汗國的君主合贊從佛教改宗遜尼派伊斯蘭教。對旭烈兀的曾孫來說，這是很重大的變動，畢竟旭烈兀曾在一二五八年毀了阿拔斯哈里發。撇開其中的諷刺感不說，合贊確實是個很有文化教養和遠見的統治者。但，在他死後，十四世紀前半葉的伊兒汗國逐漸出現裂痕，各地的埃米爾開始掌權，到了該世紀中期，已經幾乎看不出原本是個蒙古國家了。

還有一個汗國，叫作金帳汗國。[11] 前面曾經說到，柏郎嘉賓和魯布魯克在蒙古帝國旅行時，發現帝國西部位於俄羅斯大草原的這個地區，是由拔都掌控。十三世紀慢慢過去，這個地區變成一個獨立的汗國，有自己的可汗。他們肯定是成吉思汗的長子朮赤的後代，且跟察合台汗國一樣，金帳汗國的蒙古統治階級，長年過著遊牧民族的生活。但，他們也沒有完全忽視都市生活。[41] 在征服過程中被洗劫的一些偉大俄羅斯城市經過重建，甚至新建了新城市。就像二十世紀統治同一個地區的蘇聯獨裁者一樣，金帳汗國的蒙古君主也喜歡為了特定目的建造一個聚落，其中最有名的就是舊薩萊（Old Sarai）和新薩萊（New Sarai）。

新薩萊位於黑海和裏海之間的阿赫圖巴河（river Akhtuba）上，是座繁華優雅的首都，穆斯林旅人伊本・巴圖塔（Ibn Battuta）曾在十四世紀後期

---

[11] 作者註：這個名稱是在十六世紀時才出現的，但這個名字是源自西部可汗的金帳篷，還是源自突厥語的「orda」（意為「總部」）和拉丁文的「aurum」（意為「黃金」）的混合體，就不是那麼清楚了。

詳細描述：「最美、最大的城鎮之一，住滿了人，有很棒的市集和寬闊的街道。」他估計，橫跨這座城市需要半天，並注意到城裡有「十三座教堂和大量清真寺」，跟它高度國際化的人口十分相稱。「居民來自各個國族，當中有蒙古人，他們是這裡的居民，也是這個國家的統治者，部分為穆斯林；另外還有穆斯林阿思人（As，即奧塞提亞人〔Ossetians〕），及欽察人、切爾克西亞人、俄羅斯人和希臘人，他們全都是基督徒。每個民族都有自己的居住區和市集。伊拉克、埃及、敘利亞和其他地方的商人和外人則住在被圍牆所包圍的區域，以保護自己的財產。」[42]

　　這的確是個相當國際化的畫面，與這座控制了一條絲路幹道的城市很相配。我們將在下一章看到，十三世紀以降全球貿易會在這些路線上蓬勃發展，有很大一部分的原因就是蒙古人，而金帳汗國正是絲綢、香料、貴金屬與礦石、皮草、鹽、皮革和奴隸等商品進行買賣的廣大中盤市場。這裡也是宗教文化的大熔爐。誠如巴圖塔所說，蒙古可汗已經改宗伊斯蘭教了。但，他們還是非常縱容基督教，免除了境內東正教教會的稅金，也不要求教會人士在蒙古軍隊中服役，甚至還請俄羅斯的神職人員替他們的靈魂禱告。同樣地，金帳汗國也願意和平對待承認他們統治地位並向他們進貢的羅斯公侯。

　　俄羅斯英雄亞歷山大‧涅夫斯基（Alexander Nevsky）便是其中一位，他是基輔與弗拉迪米爾大公（一二六三年逝世），是東正教的聖人。涅夫斯基跟金帳可汗撒里答（khan Sarta）的關係非常好，他將對方視為一個重要盟友，可以防止瑞典和日耳曼的基督教軍隊入侵他的領地，把他拖進羅馬教會的管轄圈。在這個基督徒和穆斯林常常互看不順眼的十字軍時期，這段友情卻選擇將政治實用主義擺在宗教之上，這樣的情形並不少見。從十三世紀中葉起，蒙古入侵帶來的震撼感消退之後，金帳可汗和原本的羅斯公侯相處相對容易：蒙古人跟羅斯人索取貢金和軍事服務，幫助他們和睦相處，讓他們在利潤豐厚的貿易網絡分一杯羹，並保護他們不受西方的敵人騷擾。相較之下，金帳可汗在同一個時期卻常常跟伊兒汗國的蒙古親

戚爭鬥，因為伊兒汗國嚴重威脅了前者擴張到高加索的野心，更成為絲路其他路段的商業競爭對手。

這奇妙的局勢（蒙古人打蒙古人，卻縱容外族公侯）從很多方面來說，都跟成吉思汗所代表的意義恰恰相反。慢慢且毫無疑問地，蒙古人對抗蒙古人的暴力衝突將會終結這個一度稱霸世界的帝國。

最後的可汗

大約在成吉思汗去世一百年後，最後一位偉大的蒙古征服者在一三三六年（或再更早一點點）誕生於現今烏茲別克的突厥遊牧社會。雖然他在年輕時因為惡作劇，右腿和右手被箭射傷而從此殘廢，長大後的他卻極為聰明、軍事方面成就輝煌、體格也很強韌。他的名字是帖木兒，也有人稱他跛子帖木兒。雖然他跟成吉思汗沒有血緣關係，卻是在這位老戰士之後，唯一一個讓世界差點重回蒙古掌控的人。

帖木兒在一三六〇年代長大成人後，原本的蒙古帝國已經變成高度分裂的多個政體，衰敗程度不一。我們在第十三章會看到，蒙古政體被一波波的黑死病瘟疫重創的程度，跟世界上其他政體一樣嚴重。這還不是折磨這些汗國的唯一問題。遠東的元朝已經從原本精瘦、凶狠的草原遊牧文化，徹底轉變成典型的中國獨裁帝國：殘暴、偏執，皇宮牆內也充斥著各種關於無可救藥的邪淫與雞姦的謠言。在一三五一至一三六七年間，歷時長久、極為暴力的紅巾軍起義最終摧毀了元朝。一三六八年，一個新的朝代（明朝）掌權，元朝遺民逃回蒙古大草原，建立了北元這個不起眼的小政體，直到十七世紀才滅亡。衰敗的情形不只出現在遠東。到了一三三〇年代，波斯的伊兒汗國已經瓦解成一個個小軍閥的采邑，最後一位毫無爭議的可汗也在一三三五年死亡，差不多就是帖木兒出生的時候。[43] 金帳汗國被派系之爭和內訌搞得愈來愈分崩離析，帖木兒的出生地察合台汗國也分裂了。對成吉思汗、窩闊台、甚至是忽必烈來說，這一切肯定是完全變

了樣。蒙古繼承國，和他們當初一起組建的超級強權宛如天壤之別。

　　然而，雖然很短暫，但是帖木兒卻成功讓時間倒流了。從一三六〇年首次上戰場到十五世紀初期離世為止，帖木兒掃起了蒙古帝國的尖銳碎片，憑藉充滿領袖風範的統治能力把它們重新拼湊起來。帖木兒的稱王之路很令人熟悉，靠著戰鬥技巧和外交天分在中亞的部落社會崛起之後，他便開始向外看。他組了一支種族多元的大型軍隊，鞭策他們到各地東征西討，殘暴對待那些拒絕投降的人。他拿歷史做為這些侵略行動的正當藉口：雖然他自己不是成吉思汗的後裔，但是他的二十幾個妻妾之中有兩個人擁有這位老可汗的血統。所以，帖木兒堅稱自己有權利恢復老前輩曾經擁有的版圖。他自稱是成吉思汗的駙馬，而他雖然不是可汗（他聲稱自己代表人在中亞的魁儡可汗），卻持有大埃米爾（Great Amir）的頭銜，舉止風度都像蒙古貴族那樣傲慢跋扈。[44]

　　所以，帖木兒十分清楚他在蒙古歷史上的位置。歷史想要什麼，就用歷史上曾經使用過的手段達到。在帖木兒的治理下，屠殺和酷刑又再次變成常態。城市被夷為平地，人頭被砍掉，屍體在太陽底下腐爛發臭，成群的奴隸被從家園趕到帖木兒的故鄉，再也回不了家。好幾十萬、甚至百萬名的平民死於非命，全是為了滿足帖木兒的野心，支持他認為把半個世界統一在蒙古的旗幟下才算政治成功的想法。

　　帖木兒在亞洲、俄羅斯南部和中東進行了幾十年的擴張活動，占領原本四大汗國當中的三個——察合台、伊兒和金帳汗國，只有明朝皇帝成功抵禦他。除此之外，他還往西深入小亞細亞，一度逼近歐洲。歐洲的基督教國王對他的大規模征服行動感到既是憂慮、又是興奮。許多人依然對祭司王約翰的最新版神話執迷不悟，不知道聽見帖木兒的名字究竟是該發抖，或者是該嘗試讓他改宗基督教，找他一起摧毀共同的敵人，尤其是掌控了拜占庭先前位於地中海東岸許多省分的鄂圖曼土耳其人。不意外地，就跟之前發生過好幾遍的情形一樣，他們的希望再次破滅，因為帖木兒並不是基督徒的朋友，他跟除了自己以外的人都不是朋友。有時候，他不會

去侵擾領土內的基督徒社群，只要求他們繳納稅金和貢品做為交換；有時候，他喜歡以遜尼派穆斯林的聖戰士自詡（雖然他想殺其他穆斯林時完全不會有疙瘩），波斯和中亞的聶斯脫里派基督徒就被他完全趕盡殺絕。

帖木兒在一四〇五年去世時，已經做到很多成吉思汗曾做到的成就（雖然只是表面功夫做得好）。整座亞洲大陸和中東差不多都被他攻占完了，湊成一個龐大的帝國，由他一人統治，而財寶和藝術天分也迅速重新分配，為中亞的文化和知識黃金時期奠定了基礎，他的首都撒馬爾罕變得跟當年的哈拉和林一樣，被戰爭的戰利品餵得豐腴繁華。成吉思汗在十三世紀攻陷撒馬爾罕後，它便處於凋零枯萎的狀態，但是現在，它經過重劃和重建，也重新有人居住。從其他國家綁架過來的工匠和藝術家被交付宏偉帝都的整修計畫，撒馬爾罕因此充斥著豪華雄偉的建築、宮殿、公共花園、城牆、城門、清真寺和雕像。45

然而，就跟十三世紀的狀況一樣，帖木兒用鮮血打造的帝國無法長久。十五世紀晚期中世紀快要進入尾聲時，整個帝國已經崩塌瓦解。帖木兒帝國幾乎無法保住他辛辛苦苦統一的疆域：中國有明朝政府；一個稱作白羊王朝（Aq Qoyunlu）的遜尼派突厥部落政權在波斯與美索不達米亞稱霸；烏茲別克部族橫行中亞；在一三九〇年代被帖木兒的侵略行動嚴重破壞的金帳汗國，最終在十五世紀全面瓦解，取而代之的是少少幾個獨立的「韃靼」汗國，其中有兩個撐過了中世紀，分別是有時候被稱作「小韃靼里亞」的克里米亞國家，及大略跟現今的哈薩克範圍相同的哈薩克汗國（Kazakh Khanate）。在阿富汗和印度北部，帖木兒確實留下了重要的影響，因為他的後代巴布爾（Babur）在十六世紀初期，於喀布爾（Kabul）創立了蒙兀兒帝國（Mughal empire）。可是，蒙兀兒帝國雖然在近代初期是東方強國之一，卻跟蒙古人的祖先不怎麼像。帖木兒跟成吉思汗一樣，最大的長才就是征服與擴張，建立一個穩定統一、在他死後仍可續存無數世代的超級大國，並不是他的強項。不過，老實說，那也不是他的主要目標。

所以，在不到兩百年內，蒙古人先是從東方大草原爬上整個歐亞世界的至高地位，接著發生內爆、短暫恢復統一，然後再次瓦解。他們的故事很奇特，或許也是整個中世紀最血腥的故事。蒙古人的征服手段起初是由成吉思汗開創、發展成熟，後來被帖木兒加以模仿，彷彿是二十世紀恐怖獨裁政府的前奏：為了滿足某些充滿領袖魅力的統治者的病態野心，那些恐怖獨裁政體因而將特定意識形態盡可能傳播得愈遠愈好，不加思索地謀殺了數以百萬計的平民。但是，蒙古人的嗜血殘酷，雖然沒辦法用單純的歷史相對論草草帶過，他們卻也給這個世界帶來了深遠的改變（無論那是好是壞）。

某些改變和根本上的政治地理有關。蒙古人習慣把城市夷為平地後，再加以重建或乾脆完全抹除，而這麼做往往也重新定位了一個地區。在遠東，他們的征服活動催生了大中國這個存在許久的概念，在這個概念裡，一個帝國（或半帝國）力量支配著一塊廣大無比的領土，從今天的北京向外延伸到大草原，包含了許多不一樣的民族；在中東，可憐的巴格達被摧毀後逐漸衰弱，其重要性被亞塞拜然的大不里士（Tabriz）所取代；在中亞，帖木兒劫掠的物品讓撒馬爾罕成為核心重鎮；在俄羅斯，一個叫做莫斯科的落後城市變成該地區的主要貿易中心，這座城市原本只是商人貿易時希望跟金帳汗國保持安全距離所選擇的地點，後來卻成為金帳汗國的盟友，到了十六世紀更發展成西亞強權，君主以沙皇的身分統治所有羅斯人。[46]

當然，還有宗教的影響。蒙古人最初對宗教教條抱持著自由放任的態度，跟十字軍時代的偏執相比相當耳目一新。現代甚至有位學者主張，這樣的做法設立了很棒的歷史先例，整個西方、尤其是美國憲法所看重的宗教自由原則就是源自成吉思汗的哲學思想。[47] 但是，蒙古人也大大改變了歐亞大陸的宗教組成。伊兒汗國、察合台汗國和金帳汗國的蒙古君主因為改宗伊斯蘭教，把從天山山脈到高加索山的廣大範圍都變成了伊斯蘭信仰區，連接了地中海東部和北非同樣信奉伊斯蘭教的土耳其和阿拉伯領域。

中亞和俄羅斯南部今天會有強烈的伊斯蘭教屬性，很大一部分的原因就是蒙古人。而且這在當時就感受得到了。西方那些懇求各任蒙古可汗變成「大衛王」、改宗基督教的基督教公侯和方濟各修士們，他們很清楚很清楚，這個龐大又強勢的帝國力量所選擇的宗教認同，將長遠影響世界宗教的平衡。要是他們當初成功說服蒙哥等人受洗了，今天在亞洲看見的教堂尖塔應該會比叫拜樓多上許多，美國與伊朗、俄羅斯與土耳其等現代國家之間的關係應該也會很不一樣。

但，那些都只是猜想。可以肯定、也值得我們更仔細探究的，是蒙古人重塑全球貿易和交通網絡的這件事。追根究柢，是蒙古人狂暴的擴張野心和征服規模，才使人們有可能旅行到地平線外數千英里的地方，然後再回來訴說他們的經歷。他們對中亞、波斯和基輔羅斯進行的大重組，就跟十九世紀的任何一場帝國擴張活動一樣殘酷，但是他們在世界各地做出的血腥行徑，也跟十九世紀的殖民爭奪戰一樣，打通了全球的貿易和資訊網絡，迎來西方歷史的新時代。他們使用的手段雖然可怕，帶來的改變卻令人震驚、極為重大。貿易方面的革新幾乎可以肯定是蒙古人對中世紀最大的影響。因此，我們現在就要來看看他們所留下的這個影響，探討東西方那些勇敢的商人、學者和探險家，是如何在蒙古人退出世界舞台後開始興起，並在交換思想、商品和財富的同時，改造了西方世界與西方思維。

⑩ 商人

「以上帝和收益之名。」

——托斯卡尼商人弗朗切斯科‧達迪尼
（Francesco di Marco Datini）的座右銘

一二九八年九月初，兩支武裝艦隊在亞得里亞海，位於今天克羅埃西亞內陸和達爾馬提亞一座大型島嶼科爾丘拉島（Korčula）之間的海峽互相逼近。歐洲最強大的兩個海洋國家的旗幟，飄揚在數十艘滿載著士兵的大帆船上，他們分別是威尼斯和熱那亞共和國。這兩座充滿野心的自治城市，分別位於義大利半島的東北部（威尼斯）和西北部（熱那亞），他們跟第三個競爭者比薩共和國已經互看不順眼將近五十年了。他們在聖地和君士坦丁堡打過仗，也在黑海四周的港口、以及愛琴海和亞得里亞海的島嶼附近打過仗。他們打仗是為了爭奪海洋霸權，而且非常兇狠，因為贏家可以得到的不只有單純的自誇權利和劫掠品而已。威尼斯人、熱那亞人和比薩人爭的是西方商業強權的地位。在即將邁入十四世紀的這個時候，這個獎勵可不小。此時，世界貿易正蓬勃發展，日用品和奢侈品繞過半個地球的速度前所未見。這個時候只要能取得商業主導地位，打一場架、甚至賠一條命都值得。

發生在科爾丘拉島海峽的那戰十分血腥，局勢一面倒。熱那亞優秀的海軍上將蘭巴‧多利亞（Lamba Doria）來自一個極為有名的貴族家庭，但他的船隻卻比對手安德烈亞‧丹多洛（Andrea Dandolo，在第四次十字軍運動把君士坦丁堡燒毀的老總督恩里科‧丹多洛的親戚）少上許多。可

是，命運和時勢卻是站在多利亞這邊。雙方的帆船交戰時，他手下的船長們把威尼斯的船隻逼到較淺的水域，導致多艘船艦擱淺。熱那亞人登上受困的敵船，盡情殺人、抓人，最後幾乎把整支威尼斯艦隊都擊沉。多達七千名威尼斯水手在戰鬥中身亡。德列亞‧丹多洛上將被抓，最後在獄中自盡，不願帶著戰敗的屈辱苟活。戰敗的消息傳回威尼斯之後，當局被迫求和。科爾丘拉島之戰毫不風光。

可是，奇怪的是，人們說起這場戰役，也不會想到熱那亞獲勝一事。這場在達爾馬提亞外海上進行的血腥衝突，最容易讓人聯想到的其實是威尼斯的一名戰俘。他來自商人家族，過去是個冒險家，到過的地方比當時活著的任何人都還要遠，見過許許多多奇人異事。富有魅力的他在這些經歷中活了下來，有不少令人吃驚的故事可說。他在科爾丘拉島之戰被抓之後，碰巧得到一個可以把故事說出來的機會。跟他關在同一間牢房的，恰好是一個願意聽他說故事又很有天分的職業作家比薩的魯斯蒂謙（Rustichello of Pisa）。魯斯蒂謙請這位獄友道出過往經歷，然後寫下來流傳給後世。成品是一部極受歡迎的偉大遊記，至今仍每年賣出好幾千本。不用說，這位商人當然就是馬可‧波羅，他的故事可說是整個中世紀最為馳名的故事之一。

馬可‧波羅在一二五三年生於威尼斯商人之家，所以他參與科爾丘拉島之戰時是四十五歲。他的成年時期大部分都不是在歐洲度過。他的父親尼可洛‧波羅（Niccolò Polo）和叔叔馬費歐‧波羅（Maffeo Polo）是最早拜訪蒙古宮廷的歐洲旅人之一，在為了逃避某位拜占庭皇帝的復辟而將君士坦丁堡的生意清算之後，他們於一二六〇年首次拜訪忽必烈。① 在前往遠東的路上，他們發現蒙古人很願意跟西方人做生意，也對跟歐洲的國王和教宗進行外交書信很有興趣。因此，在接下來的十年間，尼可洛和馬費歐便持續往返東西方。一二七一年，他們從威尼斯展開某趟旅程時，也帶上了十幾歲的馬可。這是一趟驚奇之旅的起點。馬可‧波羅的回憶錄（今

天稱為《馬可‧波羅遊記》，但最初是叫作《東方見聞錄》）在導言的部分聲稱：「打從上帝創造亞當之後⋯⋯一直到今天，沒有任何人——無論是基督徒或異教徒、韃靼人或印度人，或者其他任何種族的人——像馬可‧波羅一樣探索過世界上這麼多的地方和奇觀。」[1] 這當然是一種誇飾，魯斯蒂謙曾為英王愛德華一世撰寫亞瑟王羅曼史，他擅長寫出暢銷故事，自然能夠很有技巧地在馬可‧波羅的故事中安插這句話。不過，他寫的也離事實不遠了。

我們在第九章看到，在十三世紀前往可汗的疆土探險的歐洲旅人，絕對不只有波羅家族。從一二四〇年代開始，就經常有外交使節和傳教士會前往東方。我們已經提過柏郎嘉賓和魯布魯克，但是還有很多人也像他們一樣：若望‧孟高維諾（Giovanni da Montecorvino）在教宗的指示下，於一二九〇年代被派往汗八里（北京），成為這座城市的第一位大主教，並在蒙古人統治的中國傳教將近二十年，成果輝煌，他在自己創建的教堂裡講道、助當地人改宗基督教，並將《新約聖經》翻成蒙古語；差不多在同一時期，托倫蒂諾的湯瑪斯（Thomas of Tolentino）遊歷了亞美尼亞、波斯、印度和中國，孜孜不倦地傳道，但是最後他因為告訴塔那（Thana，屬於今天孟買大都會區的一部分）的穆斯林政府，他認為穆罕默德在地獄被燒，而被以褻瀆罪名遭到審判處決；在一三一八到一三二九年間，波代諾內的鄂多立克（Odoric of Pordenone）在中國和印度西部進行了馬拉松傳道之旅；馬黎諾里（Giovanni de' Marignolli）則在一三三八到一三五三年間被派任為元朝最後一位皇帝的宗教顧問。

---

① 作者註：一二六一年，尼西亞（大部分領土位於小亞細亞西部的一個小型希臘帝國）的共治君主曼努埃爾‧帕里奧洛格斯（Manuel Palaiologos）推翻了君士坦丁堡的最後一任拉丁皇帝鮑德溫二世（Baldwin II），成為曼努埃爾八世（Manuel VIII）。他力圖將君士坦丁堡恢復成第四次十字軍運動以前的榮光，修復建築、恢復教堂的東正教儀式，並激烈報復在該世紀初做出可恥行徑的威尼斯人。波羅兄弟早就預料到這場變革，搶先賣掉資產，以避免遭到查封。

但是，馬可‧波羅跟這些旅人很不一樣。這些人幾乎清一色都是道明會和方濟各會的修士，上帝的話及拉丁教會的福祉是他們的主責，旅程的艱辛只不過是這份天職的一部分。相較之下，波羅家族的成員雖然是基督徒，卻不是神職人員，千里迢迢離家前往東方不是為了拯救靈魂。他們是商人，透過販賣貴重的石頭給富有的蒙古公侯、擔任商業和國際外交的中盤商來賺取利潤。此外，他們還是來自威尼斯這個西方最不擇手段、最喜歡向外發展的商業國家。所以，馬可的東方歷險跟修士的很不一樣。他到東方不是要尋找救贖，而是黃金。

波羅家族前往東方走的是一條廣為人知的路線。一二七一年，他們從威尼斯航行到君士坦丁堡，接著橫跨黑海，在亞美尼亞的特拉比松（Trebizond）登陸，然後改坐駱駝，經過漫長的陸上之旅跨越波斯、進入中亞，最後在三年半的旅程之後，抵達可汗位於上都的避暑行宮。這座富麗堂皇的宅邸是以大理石建成、黃金裝飾，裡面住了很多奇特怪異又有著異國樣貌的食客，像是以活生生的動物獻祭、會吃罪犯的血肉、用餐時在一旁施法的巫師，還有數千名崇拜火、睡地上的禿頭禁慾修士。[2] 當然，這裡也是忽必烈本人夏天的住所，他是成吉思汗的孫子，「無論在臣民、領土或財寶等各方面，都是今日世上和史上最偉大的人」。[3] 這些是馬可親口說的，他也可能曾在忽必烈面前這樣讚美過他。畢竟，正是這最後一位偉大的可汗給了永遠改變馬可一生的機會。

年輕、堅忍、聰慧、文化敏感度高、在陌生環境仍充滿自信的馬可，一來到朝廷就引起忽必烈的注意，成為這位可汗的榮譽侍從之一。馬可往未知世界跨了一大步，卻更加茁壯，都要歸功於他擅長學習新語言。《馬可‧波羅遊記》便寫道：「他對韃靼人的風俗獲得很深的認識，還學會四種語言和他們的文字。」[②] 尼可洛和馬費歐忙著買賣珠寶和黃金時，馬可則擔任行動公僕。可汗會把「最有趣、最遙遠的任務」全交付給他，讓他一邊執行官方外交事務，一邊留意蒙古帝國邊疆地區發生的怪事或小問題，在他回朝廷後考考他。[4]

馬可為忽必烈蒐集而來的精采故事，組成了遊記大部分的內容。這些故事讓可汗聽得津津有味，也讓歐洲讀者神迷，描述了中國東部、緬甸、馬來西亞、斯里蘭卡、印度西部和波斯等地的眾多偉大城市，還有關於俄羅斯和「黑暗地帶」（一個黑夜幾乎一直存在的地方，住著面容蒼白的人種，靠誘捕野生動物以獲取其毛皮維生）的故事。馬可總是特別注意不尋常的宗教儀式和飲食、性愛習性、怪病和怪異的生理特徵，對動植物和地形的觀察力也很敏銳。然而，沒有什麼比商業貿易更吸引他的目光。雖然，他的父親和叔叔比他還實際地參與蒙古帝國的生意買賣，馬可卻始終保留著威尼斯人向錢看的特質。

馬可幾乎到任何地方，都會記下當地的商機。例如，他發現阿富汗的希比爾甘（Sheberghan）出產的乾甜瓜糖品質最好。[5] 此外，巴爾赫（Balkh，同樣位於阿富汗）附近的鄉村地區出產很棒的紅寶石，為了維持高價，製造與外銷受到嚴格限制。[6] 他還說，喀什米爾的珊瑚賣得「比世界上其他地方都還要貴」。[7] 中國西北部的哈密有很興盛的皮條客和娼妓業。[8] 一個他寫作「肅邱」的地方（今日的中國甘肅省）盛產一種很美味的大黃品種，「拿到大量此作物的商人……會把它運送到世界各地」。[9] 涿州生產很棒的紗布和金布。[10] 最棒的樟腦來自爪哇。[11] 最上等的珍珠是由專業的牡蠣潛水員在印度和斯里蘭卡之間的保克海峽（Palk Strait）撈獲。[12] 奎隆（Kollam，位於印度的喀拉拉邦）出產很棒的靛青染料，可在歐洲高價賣出。[13] 馬可勤快地蒐集商業情報，就連沒到過的地方擁有哪些貿易優勢也記錄下來。比方說，最好的象牙和龍涎香來自印度洋另一頭的馬達加斯加和桑吉巴（Zanzibar），而葉門的亞丁則是買賣馬匹、香料和藥物能夠獲利最高的地方。[14]

---

② 作者註：今天，很多西方學童被焦慮的中產階級父母逼迫學中文，以便為中國人主導的二十一世紀做好準備，他們其實是在遵循一項至少可以回溯到馬可·波羅那個時代的傳統。

不過，最讓馬可讚譽有加的是「行在」（今天的杭州）。他認為那裡是全世界最美的地方，布滿街道、運河、市場、廣場和「數不盡」的店家。他愛極了行在。他很喜歡那裡的菜市場，活生生的動物會以極為便宜的價格賣出，再當場宰殺。他品嘗了水果、魚、酒，還有「香料、小玩意、藥物和珍珠」，都是從高樓建築的地面層商店買來的。每天現身的大批顧客和商人使他驚嘆不已，他估計可能有四、五萬人這麼多。他很欣賞高效的市政制度，警察會隨時注意犯罪、詐欺或暴民群聚等情事；城市透過敲鑼報時；街道鋪的不是黃金，而是實用的磚頭與石塊，好讓信差、馬車和行人能在城市各地有效率地快速移動，把握白晝的每分每秒，迅速輕鬆地做生意。行在是個充斥著紙鈔、噴了香水的高級妓女、忙碌的作坊和無礙交易的商業重鎮，彷彿威尼斯以外還有一個威尼斯，有一百六十萬個家庭（馬可是這樣說的）都住在「奢華與美麗之中……讓居民幻想自己住在天堂裡」。[15] 就連馬可坐在熱那亞的監獄口述自己的回憶錄時，好像都能閉上眼睛，回到那個地方。

　　光是這些軼聞趣事的繽紛細節和異國情調，就讓《馬可·波羅遊記》十分值得一讀。但，在十四世紀之初，他的著作還有一層重要意涵，使得它不單單只是一個收藏各種東方珍奇事物的百寶箱而已。《馬可·波羅遊記》不僅是中世紀的壯遊部落格，還充滿了寶貴的商業見解。我們剛剛列出了幾個想從事珠寶、象牙或大黃買賣的商人可以參考的指引。但是除此之外，馬可也仔細記下了商人在各地進行貿易時所會面臨的大環境。他說，在波斯便有一個把馬匹運到印度販售的繁榮市場，很多區的人都非常「野蠻嗜血……總是在互相殘殺」。但是他們不會傷害商人和旅人，因為他們就活在施加「嚴厲懲罰」的恐怖蒙古統治之下。[16] 使用紙鈔的中國人對總體經濟的態度較先進，因此可汗「擁有的財寶比世界上任何人都要多」。[17] 他還觀察到，在帝國各地的主要道路上，幹道邊會種樹以增加安全與美觀。[18] 這些東西都很重要，因為它們顯示一個注重商業、把全球連結在一

起的新世界，在蒙古和平時期形成了。那是由蒙古的可汗平定、治理的龐大貿易區。

馬可十分吹捧蒙古體制，因為蒙古體制雖然嚴苛不自由，卻能夠維繫和平，讓商業在一個先前難以想像的龐大疆域之內安全穩固地發展，直接連結西方的基督教世界跟東方的中國與印度，並使人們能夠安全地跨越信奉伊斯蘭教的波斯。這並不是一個完全良善的評斷：對數百萬名遭到屠殺的百姓和他們的家人來說，蒙古人在十三世紀進行的擴張活動不是經濟奇蹟，而是災難悲劇。然而，在渴望利益的商人不分是非對錯的世界觀裡，可汗促進了景氣繁榮。在馬可看來，具有冒險精神的歐洲商人應該好好把握東方貿易的機會，特別是義大利那些先進城市共和國的商人。

馬可·波羅抓到了重點，而且從某方面來說，他對蒙古人的判斷也沒有錯。但，他沒有說出完整的故事。在十三世紀獲得蓬勃發展的不只有遠距離貿易，歐洲內部也出現了重大變遷。在馬可的一生和他死後的一百年間，西方世界經歷了巨大的經濟變化，各種愈來愈複雜的交易和融資方式被發明，新的市場也打開了。歷史學家把這個時期發生的變化稱作商業革命（Commercial Revolution），而這個宏偉的名稱完全名副其實。十三和十四世紀所發生的一切對經濟帶來的重要性，就跟十九世紀的工業革命以及現代的數位革命一樣。商業革命把權力放在皇帝、教宗和國王以外的人手中，允許商人在中世紀社會文化上占有一席之地，賦予商人主導的城市全新的政治地位和獨立性。商人階級左右了藝術與文學的品味，因為他們有能力成為創作者和贊助者這兩種角色，政體和戰爭也是由商人出錢資助。歷史學家很愛說一句話，那就是中世紀的世界是由三種人所組成：禱告的人、打仗的人和幹活的人。但，從十三世紀開始，我們必須再納入第四種人，也就是算錢、省錢和花錢的人。本章接下來就要探討商人的崛起，以及他們對中世紀和今天的世界所做出的貢獻。

衰極必盛

交易的歷史幾乎跟人類社會一樣古老。二十萬年前的東非（今天的肯亞）石器時代，人類就已開始把黑曜石運輸到一百五十公里以外的地方進行交換，因為這種堅硬的火山岩玻璃可以製作成工具和武器。[19] 到了銅器時代，具有企業精神的亞述商人會在今天的伊拉克、敘利亞和土耳其，交易錫、銀、金、高級布料和羊毛等商品，範圍橫跨數百公里。他們會在黏土板上記錄交易內容，並跟途經地區的統治者進行協議，希望獲得保障和旅途的平安。[20] 在西元前五世紀，希臘歷史學家希羅多德記載了一些成功的遠距離貿易之旅。他在《歷史》這部著作講述了某艘船的故事，說船長科萊厄斯（Colaeus）和他的船員是最早從希臘一路航行到「塔爾提索斯」（Tartessus，西班牙南部）又平安返回的希臘人。希羅多德寫道：「他們回到家鄉後，靠船上的貨物得到的利潤，比任何一個有可靠證據支持的希臘商人所曾賺取的都還要多。」[21]

五百年後，在羅馬帝國的全盛時期，地中海貿易相當活躍，在帝國的監管下以前所未見的程度統一成單一的政治與經濟市場。在這個貿易區，物品和人都能大量無礙轉移，最遠可達敘利亞、蘇格蘭低地、北非和亞爾丁的森林。羅馬帝國為貿易提供了很大的優勢：安全好走的道路，因此被困或被搶的機率很低；可靠的貨幣；可協助解決商業糾紛的法律制度。此外，普通人也能夠參與，農夫可以生產穀物供給軍隊，富人可以尋覓昂貴的陶器和進口香料，作坊和一般家庭可以購買奴隸來做累人的工作。

有趣的是，儘管海上和陸上都有大量貿易活動在進行，尤其是帝國創立後的前兩百年，羅馬人卻沒有特別看重商人。買賣不被認為是適合貴族從事的職業，上層階級的經濟生活通常也只聚焦在管理鄉村莊園。[22] 除了收稅和鑄幣，羅馬的金融工具相對來說沒什麼發展。雖然如此，未來回顧這段歷史時就能清楚看出，羅馬皇帝掌管的這個貿易區在當時是獨一無二地強大且多元，帝國瓦解後將會令人無比懷念。這是因為，羅馬的貿易活

動仰賴羅馬的團結統一，帝國一旦崩解、權威遭到削弱，長距離、高頻率的貿易活動所需的基本條件，就會跟著迅速惡化。

當然，繼承羅馬的「蠻族」國家不是完全沒有貿易活動。但是當羅馬的城鎮和政治地平線都縮小之後，曾經繁忙的地中海經濟步調變慢了。貿易活動縮減到村莊之間；後羅馬時代的西方世界跟印度和中國的遠距離貿易，受到中東和中亞的政治與宗教動盪所影響，尤其是拜占庭與波斯之間的戰爭、伊斯蘭教的興起以及馬扎爾人對東歐造成的破壞；奢侈品變得愈來愈難進口；全球貿易大幅停滯，就連地中海和原先的羅馬行省周邊的區域貿易也是。從六世紀開始，跟已知世界的其他地方相比，歐洲變成一個商業落後地區，除了波羅的海的毛皮、法蘭克王國的刀劍和奴隸之外，沒什麼好輸出的。[23] 雖然把整個中世紀初期草草描述成商業的「黑暗」時期，認為所有的生意都消失了、人類的進步也進入冬眠階段，非常誤導人，但是從整個西方歷史來看，這確實是一段經濟發展停滯不前的時期，延續了好幾百年。

但，慢慢地，生意復甦了。從一〇〇〇年左右，歐洲人口增長，農業生產跟著增加。中世紀最佳氣候期有利於務農，清除森林和排乾濕地後空出的大面積土地都被用來耕作。從加洛林王朝開始，基督徒便會從居無定所的斯拉夫異教徒那裡搶土地來耕作，一直持續到十字軍時期。[24] 新的農業技術被發展出來：重犁改善了土壤品質，三田輪耕制則能防止土壤枯竭。這時候的造船技術也有進步，使得長程海上之旅更安全、更快速，無論這些旅程是要像維京人一樣搶奪奴隸或劫掠修道院，還是要到外國市場買賣商品。此外，從查理曼的統治開始，西方的基督教君主漸漸占有愈來愈大的王國，把自己的國家置於王室嚴密的掌控和管理之下，讓距離較長的陸上商業旅行變得更安全牢靠（至少理論上是如此）。

隨著貿易網絡不斷延伸擴張，一些讓貿易變得更容易的制度也出現了。十一世紀時，市集開始在歐洲各地的城鎮成長擴大，每個星期、每個月或每年固定會在特定時候舉辦市集。在市集裡，多餘的穀物可拿來與遠

道而來的商人交換酒、皮革、加工過的金屬或牲畜。在之後的兩百年，市集在歐洲的經濟生活中變得愈來愈重要。市集的興起帶動錢幣的製造，而為了鑄幣，銀和銅的開採也跟著熱絡起來。[25] 同一時間，西方各地成長快速的城鎮開始出現基本的金融服務，特別是在猶太人的商業網絡中。在九到十一世紀之間，西方各地的猶太人在金錢借貸方面變得十分卓越，遠距離貿易上也是，他們將鹽、布料、酒和奴隸等商品帶到古羅馬世界的各個角落。[26] 歐洲的猶太人並沒有因為對西方世界的總體經濟結構做出這樣的先驅貢獻而被感謝；恰恰相反，他們成為被懷疑、嘲弄、暴力迫害的對象，這樣的情況在十字軍期間加劇、在十三世紀晚期達到巔峰，西歐各地出現一波波的屠殺和驅逐浪潮。[3] 雖然如此，猶太人確實為中世紀的經濟大復甦帶來重大的貢獻。

接著，在邁入一〇〇〇年的前後，西方經濟開始緩慢但穩定地恢復生機。在這個重新獲得活力的中世紀世界裡崛起的貿易重鎮當中，最著名的就屬巴黎東邊的香檳。從十二世紀起，這個奮力維持獨立、不讓法蘭西王室掌控的伯國，成為許多年度市集的舉辦地點。主要的市集共有六個，在拉尼（Lagny）、奧布河畔巴爾（Bar-sur-Aube）、普羅萬（Provins）和特魯瓦（Troyes）這四個城鎮舉行，按照年曆的安排，每個市集會持續六到八週。對香檳地區的居民來說，這些不只是他們每週前去購物的市集而已。香檳的地理位置便利，低地國的布商、從拜占庭和義大利進口外國奢侈品的攤販、波羅的海的毛皮貿易商都會在此齊聚一堂。[27] 所有參加者都受到香檳伯爵的保護，當局除了准許市集在這裡舉辦，也負責確保詐騙或打架

---

③ 作者註：一二九〇年，英王愛德華一世將猶太人趕出他的領土；數任法王皆曾立法長期驅離猶太人：腓力二世在一一八二年、路易九世在一二五四年、腓力四世在一三〇六年、查理四世（Charles IV of France）在一三二二年都有這麼做過；亞拉岡和卡斯提亞王國在一四九二年驅逐猶太人。

等情事不會發生，同時保證解決糾紛和追討債務的過程公平公正。香檳市集很快便吸引了數百英里之外的商人，因為在這裡，他們可以有個安穩又安全的固定地點做生意。

　　起初，參加者會帶大量的貨品和樣本前來，囤放在城鎮四周特意建造的倉庫裡。但是隨著時間過去，香檳市集演化成類似我們今天所說的「證券交易所」，人們交換貨幣、信用和契約，實際商品在未來的某個時間點遞送，很多買賣都是由特殊專員代表有錢的公司、銀行與政府機構完成。到了十三世紀晚期，造訪香檳或法蘭德斯市集的訪客，通常可以看到義大利財團的代表在跟西北歐多家羊毛生產者和布料製造商的代表討價還價，雙方擬定契約，確立款項交付時程，同意在幾個月或甚至幾年後的市集上清償債務。[28] 市集不只在香檳舉辦，鄰近的法蘭德斯也會在伊珀爾（Ypres）等城鎮舉行大型的交易（中世紀後期，織布業開始在伊珀爾興起）。但，香檳市集當時持續最久也最知名，是國際貿易時代開端的領頭羊。

共和國的建立

　　香檳和法蘭德斯市集上姿態最高的消費者，很多都是來自阿爾卑斯山另一頭的義大利城邦共和國，而在這幾個共和國中，經濟前景最被看好的就是威尼斯。這個常被稱作「最尊貴的威尼斯共和國」的城市在羅馬時代還不存在，到六世紀才有聚落在這座潟湖四周及其島嶼上形成。一開始，威尼斯是由拜占庭底下的拉溫那總督區所統治，但是到了九世紀，威尼斯總督已經擺脫拜占庭的掌控，在亞得里亞海沿岸發展出獨立的政權。早期的威尼斯人以生產鹽和玻璃為主，但是隨著中世紀的推移，他們發現擔任專業中盤商的這個生意更好。威尼斯沒有任何農業用地，但是卻有地理位置的優勢，可以連接阿拉伯人的北非、希臘人的拜占庭和拉丁人的西方世界這三大市場，從事日用品和奢侈品的進出口買賣。

　　貿易跟鑄幣密不可分，威尼斯有一間造幣廠便負責製造錢幣。[④] 還有

一件事對港口城市來說很重要，那就是造船。威尼斯有一個稱作軍械庫的造船廠，會接市政府、威尼斯商人以及其他地方客人的訂單，特別是十二和十三世紀那些需要託人製造艦隊以便運送士兵參與十字軍運動的領主和國王。另外，由於地中海不僅會有狂風暴雨，也充滿血腥暴力，威尼斯人因此變得很會打鬥，有時是為了保衛自己的護航艦隊、趕走意圖不軌的阿拉伯和希臘船隻，有時純粹是為了搶劫其他船隻。在中世紀，貿易和劫掠之間的界線往往很模糊，威尼斯人通常跨足兩者。這座城市的主保聖人是聖馬可，也就是著名的聖馬可廣場致敬的對象，但從某方面來說，就連他也是偷來的。八二八年，有兩個威尼斯商人從埃及的亞歷山大港竊走馬可的遺骨，並把這位聖人的骨骸藏在一桶豬肉裡，認為穆斯林海關不會仔細檢查。結果，他們猜對了。

邁入一〇〇〇年之際，威尼斯和其他幾個義大利城市（大部分都位於狹長半島的沿岸）經歷了經濟起飛。促使他們成功的原因是與生俱來的冒險精神。許多義大利商人不想只在自家城牆內經商，便到其他願意收留他們的商業大城開店。他們通常會在受保護的區域彼此為鄰。在那裡，他們獲准遵循自己的宗教儀式，使用自己的砝碼和度量衡，還能免除各種稅金和費用。他們的特權身分和孤立的生活方式使他們樹立了一些敵人，因此中世紀後期經常發生反義大利商人的暴動。一一八二年，君士坦丁堡發生了可怕的拉丁人屠殺事件，在帝國政府的鼓舞下，群眾做出反西方的瘋狂行徑，導致數萬名義大利商人遭到殺害或奴役。那一次，教宗使節的頭被砍下，綁在一條狗的尾巴後面拖過大街小巷。

---

④ 作者註：威尼斯造幣廠是兩間不同的威尼斯造幣廠的統稱，可能是聖馬可廣場上相鄰的兩棟建築，其中一間專門鑄造格羅申（grosso）這種銀幣，相當於威尼斯的一分錢，從十二世紀晚期恩里科‧丹多洛總督統治的時期就開始生產，以銀含量特別高著稱（至少一開始是如此）。另一間從十三世紀中葉開始鑄造純金的達克特（ducat），曾跟佛羅倫丁的弗羅林（florin）錢幣競爭歐洲標準金幣的地位。有關威尼斯造幣廠的歷史，請見：*Stahl, Alan M., Zecca: The Mint of Venice in the Middle Ages*（Baltimore: 2000）。

所以，貿易不是沒有風險。但是，能夠得到的報酬顯然值得讓人承受這樣的風險，因此在十一和十二世紀，義大利商人才會把足跡拓展到西方各處。在地中海東岸，他們會跟土耳其人、阿拉伯人和其他在中亞絲路活動的商人做生意，因為十字軍在敘利亞和巴勒斯坦建國之後，讓這裡的生意變得更賺錢。熱那亞人對黑海特別感興趣，他們從黑海進入巴爾幹半島、小亞細亞、高加索山脈和羅斯人的領土。十一世紀時，比薩商人對北非的港口興趣濃厚，曾經派兵攻陷迦太基和馬赫迪耶，企圖把它們永遠掌握在手中。同一時間，還有一個義大利城邦共和國阿瑪菲（Amalfi）的商人在地中海主要港口出沒，不過他們在一一三〇年代敗給比薩之後，勢力便急遽減弱。義大利各城邦之間的競爭非常激烈，而他們從來就不會過度受到良心譴責。十三世紀時，黑海卡法港（Caffa）的熱那亞商人談成一筆生意，要將蒙古人在高加索抓到的奴隸，經由黑海和地中海把奴隸運送到尼羅河三角洲，轉賣給埃及馬穆魯克統治者，並強制他們加入軍隊。這表示，身為基督徒的熱那亞人直接提供勞力，給全心全意想要滅了敘利亞和巴勒斯坦十字軍國家的埃及政權。除此之外，威尼斯雖然沒有奴隸可以跟馬穆魯克交易，他們卻也讓亞歷山大港跟西方港口簽定獨家貿易協議，使得馬穆魯克能夠在東亞和歐洲之間的遠距離貿易當中分到一些利潤。所以，在埃及聲稱要讓十字軍國家從地圖上消失之時，威尼斯和熱那亞都曾經以支持埃及經濟和軍事的方式來獲利。

　　這些行為當然禁不起道德檢驗，但是就跟現在一樣，市場鮮少受到內疚感折磨。商人也是一樣。等到蒙古西征、馬可・波羅正在忽必烈的宮廷享受冒險的時候，義大利的城邦已經占據地中海貿易的頭等艙位置，遠東貿易路線被開通，他們自然能夠獲利。波斯歷史學家阿塔・志費尼寫到蒙古帝國時便說，人們非常懼怕可汗，乃至於道路安全到「頭上頂著金色器皿的女子獨自走在路上，大概也不用害怕或恐懼」。[29] 義大利商人頭上沒有頂著金色器皿，但是他們還是好好利用了這些有利的條件。

　　雖然如此，馬可・波羅和其他像他一樣的旅人也證實了想到東方做

生意的商人會面臨到一大難題：路途的遙遠。波羅家族花了整整三年才從威尼斯抵達元朝，無論準備得多麼充足，這樣漫長的路程對一個人造成的生理負荷非常大，足以讓人再三考慮這樣的路該不該再走一次。到其他地方經商也會遇到同樣的問題，雖然程度較小，但仍不容小覷。所以，商人如果可以待在同一個地方，讓其他人替他運送商品，獲利的機會將大上許多。這就是中世紀商業革命帶來的另一個影響：在十三和十四世紀，新的金融工具和制度出現了，可以幫助商人賺錢，卻又不用親自在世界各地疲於奔命。這些新的賺錢手法使得商人在家鄉和其他地方都得到極大權力。要了解其中的運作機制，最好的方式就是探討商業革命高峰期所發生的實例，看看商人的力量是如何形塑一個王國的政治輪廓。這裡所說的商人是佛羅倫斯的羊毛貿易銀行家，場景則在英格蘭。

白金

十四世紀之初，英格蘭羊毛被認為是全世界最棒的羊毛。放養在林肯郡、北安普敦郡和科茲窩（Cotswold）等青翠草地上的羊生產出的羊毛，可以織成又厚又耐用的上等布料，而且數量還很多。即使西北歐在一三一五至一三一七年遭逢一場可怕的飢荒，綿羊和其他牲畜也出現傳染病，英格蘭羊毛仍令西方各地的布商和其他次要產業眼紅。每年都有成千上萬袋的羊毛從英格蘭南部和東部海岸的港口出口，羊毛貿易所課的稅金，是英格蘭重要的收入來源。羊毛輸出稅是王室徵收的永久營業稅之一，最初是由金雀花王朝的愛德華一世開始，目的是要資助他征討蘇格蘭和威爾斯，以及在加斯科涅（Gascony）四周對抗法王的戰爭。羊毛稅是最重要的稅之一，可謂白金。靠這種白金致富的不只王室，因為市場對英格蘭羊毛的需求很大，英格蘭的羊農也跟著飛黃騰達。最大的羊毛生產者很多都是修道院。舉一個例子就好：英格蘭在一一三二年於約克郡的里沃克斯（Rievaulx）所創立的第一間熙篤會修道院，便是因為那一大群在他

們數千英畝土地上的綿羊，才變得極為富有（這間修道院在英格蘭宗教改革期間遭到解散，但是從修道院宏偉的遺跡仍看得出羊毛為他們帶來的財富）。不只有他們如此。根據文獻（只有誇大一點點）的記載，在一二九七年，英格蘭百分之五十的財富來自羊毛。[30]

能夠累積如此龐大的財富，是因為英格蘭的綿羊拉出了一條很長的經濟鏈。羊毛在里沃克斯等莊園裝袋後，通常會出口到英吉利海峽對岸的法蘭德斯。在那裡，生羊毛會被紡成布料，接著再由批發商帶到香檳市集（或法蘭德斯的市集）等地販售。買下這些布的往往是義大利商人，他們會把東西運到阿爾卑斯山另一頭進行染色和剪裁，最後再賣給消費者做衣服或裝飾。當時跟現在一樣，一流的時尚和傢飾全仰賴上等的原物料。以羊毛布料來說，英格蘭是一切的起點。

這條經濟鏈的每一個環節都有錢可以賺。但在十四世紀的頭幾十年，眼尖的義大利商人漸漸發現，如果他們能把整個過程縮短，能賺的錢更多。他們認為，假如可以跳過中盤商，一切將會簡單許多：他們可以從源頭購買羊毛，然後把羊毛從英格蘭帶到義大利紡織，或者直接雇用法蘭德斯的紡織工。但是要做到這些，義大利商人必須在英格蘭扎根。此外，也需要一個能讓他們安全穩當地把大量羊毛和金錢往來運送的方法，而他們想出的系統在十四世紀的前四十年蓬勃發展，是中世紀最卓越的商業手法。

※

佛羅倫斯不是一個海洋城市，但它還是在十二世紀晚期和十三世紀的經濟大爆炸期間，孕育了一個繁榮的商人社群。佛羅倫斯人擅長很多事，但他們最會的就是銀行業務。西方的第一間銀行設立於十二世紀的威尼斯，但是到了十四世紀初，最成功的銀行是位於佛羅倫斯的巴爾第（Bardi）、佩魯齊（Peruzzi）和富雷斯可巴第（Frescobaldi）。其中中世紀最出名的銀行王朝是梅蒂奇家族（Medici），這個佛羅倫斯金融家族在十五

世紀產出許多寡頭政治領袖、教宗和王后。⑤ 這些家族經營的「超級公司」會買賣存貨、提供存款服務給大大小小的客戶，並提供其他許多次要的金融服務，包括生意的借貸和投資、遠距離的現金和信用移轉、獲得許可替教宗和國王收稅等。⑥ 為了順利完成這些事務，佛羅倫斯公司（和其他類似的公司）依循熱那亞、威尼斯和比薩商人的先例，在西方各地的城市安插專員，從法蘭西、英格蘭、法蘭德斯、敘利亞、賽普勒斯、較大的希臘島嶼，到東方的汗八里、行在、薩萊和德里，都有他們的成員。[31]

　　不意外地，佛羅倫斯人在倫敦勢力也很強大，畢竟這是英格蘭首都，也是西北歐發展迅速的商業重鎮。從一二七〇年代起，佛羅倫斯人在倫敦一直都很成功，因為巴爾第和富雷斯可巴第的銀行專員曾資助愛德華一世打仗。得到國王的信任後，他們很快就開始承包政府的其他業務，包括代替王室徵收關稅和其他稅金。[32] 坦白說，這些業務風險很高：一三一一年，公侯發動叛變反抗愛德華一世的兒子兼繼承人愛德華二世時，富雷斯可巴第家族的英格蘭分行總裁亞美利哥・富雷斯可巴第（Amerigo Frescobaldi）便被趕出該國，被視為「國王和王國的敵人」。[33] 英格蘭王室賒欠他的龐大債務就這樣不還了，害富雷斯可巴第家族短暫破產。但，儘管政治風向跟銀行利益衝突時有可能導致銀行毀於旦夕，可是提供這些服務所能得到的報酬也非常巨大。公侯叛變所造成的動亂平息之後，亞美利哥・富雷斯可巴第的位子，被代表另一間佛羅倫斯「超級公司」巴爾第家族的弗朗切斯科・佩格洛蒂（Francesco Balducci Pegolotti）取代。才氣

---

⑤ 作者註：在一四七五至一六三〇年間一共出了四位教宗（良十世〔Leo X〕、克萊孟七世〔Clement VII〕、庇護四世〔Pius IV〕和良十一世〔Leo XI〕）及兩位法蘭西王后（凱薩琳・梅蒂奇〔Catherine de'Medici〕與瑪麗・梅蒂奇〔Maria de Medici〕）。請見第十五和十六章。

⑥ 作者註：這些服務很多都是聖殿騎士團所開創。聖殿騎士團曾經徵收教宗稅來資助第五次十字軍運動；他們在法王路易九世到達耒埃塔進行十字軍運動被俘時，用個別十字軍士兵的存款借貸大筆現金把他贖回；他們提供法蘭西王室私人的會計服務，並承包財政方面的事務，像是付薪水給公僕。但在一三〇七至一三一四年間，聖殿騎士團被解散，成員還遭到法王腓力四世以及在加斯科涅出生的懶惰教宗克萊孟五世（Clement V）所迫害。

縱橫的他在人生尾聲寫了一本金融指南，詳細列出取得英格蘭羊毛最好的地方以及購入這些羊毛的價格。[34] 佩格洛蒂非常清楚自己所寫的內容。從一三一七年至一三四〇年代，巴爾第家族將緊緊跟英格蘭事務牽連在一起。

各項英格蘭利益不僅互有關聯，涉及的金額也很龐大，因此同時吸引了富雷斯可巴第和巴爾第家族。其中最顯著的是，英格蘭國王向義大利銀行家借了很多錢。起初，他們借的金額相對不多，這裡借幾千英鎊、那裡借幾千英鎊。但是，從一三一〇年起，英王開始借貸大筆金錢，相當於王室年收入的好幾倍，之後再用羊毛貿易的收入償還（王室准許佛羅倫斯銀行家直接收取羊毛利潤）。[35] 義大利銀行家也常跟英格蘭大亨和其他地主打交道。有時候，這跟羊毛產業有關，例如當熙篤會修道院院長想在修道院蓋新教堂時，便會跟佛羅倫斯人借貸大筆金錢，用日後的羊毛償還或給予購買優惠。[36] 有時候，他們純粹是在做生意。愛德華二世最寵信的小雨果・德斯彭澤（Hugh Despenser the Younger）因為跟國王極為友好，獲得許多土地和其他收益，但是揮霍腐敗的他，卻透過巴爾第和佩魯齊家族來寄存不義之財，拿資產進行抵押。他在一三二六年因為叛國罪被處以絞刑、取出內臟，然後卸成四塊之時（這件事發生後沒多久，愛德華二世充滿風暴的統治期便因政變畫下句點），總共欠了巴爾第家族快八百英鎊，⑦佩魯齊家族則欠他將近兩百英鎊。[37]

除此之外，巴爾第家族也同意替教宗徵收英格蘭的教宗稅。這是一個很複雜的流程，但它讓佛羅倫斯人跟英格蘭的經濟和政治又多了一層利害關係。到了一三二〇年代，這形成了一個良善的金融循環。佛羅倫斯人因為跟羊毛生產者關係很好，所以在英格蘭羊毛正式進入出口市場前，可以取得非常優惠的價格。他們因為貸款給英格蘭王室，所以能夠直接從每一

---

⑦ 作者註：大略換算的話，當時的一英鎊大概是石匠或木匠等有專業技能的工匠三個月左右的薪水。

袋出境（無論目的地是哪裡）的羊毛所課的關稅當中獲利。當他們需要現金購買羊毛或貸款給英格蘭的客戶時，他們不用擔心無錢可用，因為有像德斯彭澤這樣的人在他們那裡寄放錢財，也有教宗稅的收入可用。當教宗要求拿到稅收的款項時，銀行在羅馬的代表也拿得出來，因為他們有其他客戶的存款，以及販售羊毛和布料的收益可以運用。無論如何，這表示英格蘭的羊毛和錢都流向義大利，而義大利的信用則流向英格蘭。這樣的狀態雙方都非常滿意——至少，有一陣子是如此。

十四世紀跟現在一樣，就連稍微複雜一點點的金融活動都具有風險，包括跟政治人物打交道會帶來的危險（亞美利哥·富雷斯可巴第在一三一一年被踢出英格蘭時，便學到了這個教訓），還有在西方世界各地運送金錢和貨品會出現的實際問題。關於第一種問題，銀行家基本上無能為力，正因為一國的政治局勢本來就很敏感，所以才有從中獲利的可能。不過，關於現金和貨品流動的實際問題肯定能夠處理。事實上，中世紀商業革命的基礎，有一部分就是來自改善金錢和貨物流通系統。

中世紀的金融家最早解決的問題之一就是金錢的移轉。為了解決這個問題，他們發明一種毋須牽涉到現金的信用移轉系統，即是「匯票」。用一個簡單的比喻來說，匯票就像中世紀旅人身上的支票，攜帶匯票的人可以到離匯票發行地點很遠的地方，兌換一筆特定金額的錢，通常是以另一種貨幣交付。十二和十三世紀的聖殿騎士團最先使用匯票，他們會寫一張欠條，讓前往東方的朝聖者用家鄉的財產和資產抵押，再至聖地的聖殿騎士團分部提領金錢。義大利銀行家廣泛運用匯票，理由很簡單：這類金融工具對今天的我們來說沒有什麼，但在中世紀卻極具有革命性，可以讓人安全地把信用移動到很遠的地方，並透過封緘和密碼防詐騙。匯票也讓基督徒商人可以規避羅馬教會嚴禁高利貸的規定，因為金錢在不同的貨幣之間兌換時，借貸方可以刻意操控匯率，從中獲利，但是那又不能稱作利息。更棒的是，匯票本身也能買賣流通，以較優惠的價格賣給第三方，再由第

三方自己去兌現。人們可以用這種方式完成有彈性且大膽的遠距離交易。商人可以經營真正的跨國事業，擁有廣大的商業活動網，卻鮮少需要進行跨國之旅（除了運送貨物時）。善加利用十四世紀這些金融革新的商人，比從前的商人都要自由，完全可以選擇「不動」，只待在某座城市，就能在其他許多地方做生意。這是很大的躍進。

促進十三和十四世紀金融大躍進的創新手法還有很多，都會直接影響像佛羅倫斯和英格蘭羊毛貿易這樣的商業網絡。例如，海運有一個缺點，就是船有時候會沉沒，通常不但會失去船員，也會損失船上寶貴的貨物。所以，最晚從一三四〇年代起，熱那亞的商人就開始訂立保險契約，萬一貨物在運輸途中遺失便會給付。差不多在同一個時候，商人也開始把共同出錢合資以分散風險、共享利益的方式制式化。這是「公司」這個概念發展的關鍵：多位合夥人與投資者共同承擔一個抽象商業實體的命運，在公司希望擴張時尋找新的投資者，同時記錄公司的表現、資產與負債以及當下的成敗，如何反映未來的表現。

商業記帳的概念並不是中世紀的產物，其歷史至少可回溯到羅馬共和時期。但，將資產和負債有系統地並列記在一起，用最後得到的餘額來說明公司的營運狀況，這樣的複式簿記法卻到十四世紀才變成西方的商業常態，被義大利商人採納並應用在生意經營上，讓他們因為有個明確標準可以理解商業表現和潛力而擁有競爭優勢。記帳、企業風險的概念，以及待在同一個地方做生意這三件事，便是巴爾第、佩魯齊和富雷斯可巴第等公司的建立基礎。直到今天，這些依然是資本主義的核心元素。

※

十四世紀後半葉，在距離佛羅倫斯不遠的普拉托（Prato）出生的弗朗切斯科・達迪尼是一個旅行經驗豐富的堅韌商人，他在一四一〇年去世時，留下了超過六百本帳簿和將近十五萬封商業書信（他還留下了七萬弗羅林給一個旨在減輕普拉托貧窮現象的基金會，至今還在發放利息）。[38] 從

很多方面來說，達迪尼代表了中世紀後期那個亮麗繁忙的新商業世界。他的帳簿開頭都有寫上他的座右銘，完美總結他的人生態度：「以上帝和收益之名。」不過，收益跟上帝一樣難以捉摸，商人和金融家有時候得付出龐大代價，所以很清楚這一點。中世紀雖然提供了一個很棒的全新工具箱便於增加財富，市場和時局仍時不時想辦法破壞他們的努力。為了說明這點，我們就來看看十四世紀前半葉，透過剝削英格蘭羊毛貿易和迎合揮霍無度的金雀花國王的需求而獲利豐厚的巴爾第和佩魯齊公司。

一三二七年，愛德華二世被迫退位。接著，他在伯克利城堡的監獄裡遭到殺害，十幾歲的兒子愛德華因此被拱上王位。愛德華二世是個軟弱、容易貪腐、無能又倒楣的君主，所以幾乎沒有人為他的死感到難過。然而，更沒有人會預料到，他的兒子愛德華三世很快就讓英格蘭進入一個嶄新的時代，他年紀夠大、可以獨立行使君權後不久，便開始密謀迫害並揮霍大筆金錢攻打蘇格蘭和法蘭西的國王，爭取他認為屬於自己的權益：統治金雀花王朝昔日的領土諾曼第和亞奎丹，甚至奪取法蘭西王位。這就是百年戰爭的開端——歷史學家通常把這場戰爭的始末定在一三三七年和一四五三年。這場仗從一開始就很花錢，之後也沒少花多少錢。從一三四〇年起，愛德華三世就開始月復一月地燒錢，主要是為了付錢請歐陸貴族跟他一起打法蘭西，還有供養以現金約聘的士兵，以便每年派兵遠征。

隨著愛德華三世花的錢愈來愈多，他欠佛羅倫斯銀行家的債也愈來愈多，這些銀行家為了滿足他的需求，甚至開始合夥進行合資。他也有從其他地方籌錢：就像今天那些常常刷爆商店卡和信用卡的購物狂一樣，愛德華三世跟佛羅倫斯、威尼斯、阿斯蒂（Asti）、盧卡（Lucca）等許多地方的借貸人都有開立帳戶。他努力地課英格蘭人的稅，偶爾還跟倫敦的本國商人協議讓他從羊毛存貨分一點全年利潤，硬是買下羊毛拿去外國市場賣，然後將收益分給進行這場交易的商人和政府。[39] 英格蘭政府定期以稅收和羊毛折扣的形式還錢給義大利銀行，但是到了一三四〇年代中葉，愛德華三世和他的義大利債權人都發現自己麻煩大了。然後，一場完美的風

暴來襲。在佛羅倫斯，政治和社會動盪為政府帶來一連串的快速轉變，巴爾第家族不小心選錯邊了。同一時間，他們資助的托斯卡尼戰爭也出現糟糕的結果。接著，從一三四一年開始，巴爾第和佩魯齊家族愈來愈無法滿足英王的金錢需求。一三四一年，他們拖欠了答應要替愛德華三世支付給法蘭德斯商人的款項，而根據各方達成的協議條款，愛德華三世必須把德比（Derby）和華威（Warwick）伯爵這兩位貴族交給法蘭德斯商人做為人質。[40] 這對所有人來說都是一大羞辱。

　　之後，事情並未改善。愛德華三世繼續借錢，銀行繼續借他錢。但對雙方而言，帳目愈來愈撐不下去了。一三四三年，佩魯齊家族在不斷更換董事長、董事會成員接二連三被控政治貪污，以及英格蘭政府反覆拖欠債務等情事之中破產了。[41] 接著，巴爾第家族也被迫在一三四六年宣告破產。雖然他們並未完全落敗，直到三十年後的一三七〇年代仍持續貸出大筆金額給英格蘭王室，但他們還是受到重創，差一點點就徹底退出商界。既是銀行家、也是編年史家的喬萬尼·維拉尼（Giovanni Villani）預估，巴爾第家族破產時，國王欠的債高達一百五十萬弗羅林左右，大約等於二十五萬英鎊，差不多是王室年收入的五倍。就算這是嚴重誇大（很有可能是如此），愛德華三世顯然是負債累累。[42] 但，令人匪夷所思的是，這件事沒有很困擾他。雖然經濟方面出現潰堤（儘管他還不出債並未直接導致這樣的結果，至少也使局勢更惡化），他拼命籌錢打的仗卻有非常不錯的戰績。一三四六年八月，愛德華三世在克雷西之戰（the battle of Crécy）摧毀法軍，贏了他自百年戰爭開打以來第一場、恐怕也是最偉大的一場陸地戰役，使英軍在北歐享受了短暫的黃金時期。「如果你欠銀行一百英鎊，那是你的問題；如果你欠銀行一億英鎊，那是銀行的問題。」這句話常常被認為是二十世紀偉大的經濟學家約翰·凱因斯（John Maynard Keynes）所推廣，也完全適用於一三四〇年代。

錢與權

　　中世紀的商人在很多方面都能行使權力。財富本身當然是一種權力。單憑掌控金銀的資源和儲藏，威尼斯、熱那亞和比薩等義大利城市便獲得了商業成就，而從長遠來看，這是他們可以脫離國王和皇帝、取得政治獨立的原因。雖然他們占據的範圍很小，卻能像國家一樣運作：出征打仗；加入、甚至率領十字軍運動；入侵敵人的領土；殖民非基督教的地區。另一方面，馬可・波羅等外交特使則影響了遙遠國度看待西方人的方式。他們除了是外交使節，也是文化大使。最後，從英格蘭的例子就可以看出，商人和他們所屬的公司能夠深刻影響一國的經濟。

　　義大利城邦雖然無疑是商業革命核心所在，但這些不只是發生在義大利。在丹麥半島像地中海的義大利靴子那樣伸向波羅的海的日耳曼北部，也有較小群卻同樣繁忙的商業城邦。呂貝克（Lübeck）就好比北方的威尼斯，位於特拉維河（river Trave）流入波羅的海的海灣沿岸。這裡曾經是異教徒的聚落，但在一一四三年被紹恩堡（Schauenburg）和霍爾斯坦（Holstein）伯爵阿道夫二世（Adolf II）重建為基督教城市，並且在一二二六年由神聖羅馬皇帝腓特烈二世賦予「自由市」的地位。

　　地理位置使呂貝克變成一個連接了北歐基督教國家和波羅的海新殖民地的繁忙港口，可以充分利用這個盛產木材、毛皮、琥珀和樹脂的地區所帶來的龐大商業潛能。在那裡居住活動的商人所具備的野心，讓呂貝克漸漸變成波羅的海周遭及更遙遠地帶形成的各個城邦（但澤〔Danzig〕、里加〔Riga〕、卑爾根〔Bergen〕、漢堡、不來梅〔Bremen〕，乃至於科隆）之中最有影響力的城市。到了十四世紀中葉，這些城邦已經組成一個鬆散的商業同夥組織，稱作漢撒同盟（Hanseatic League）。漢撒同盟的商人進行貿易活動的範圍，從西邊的倫敦和布魯日一直延伸到東邊的諾夫哥羅德（Novgorod），整個地區都看得到漢撒同盟的專員在為組織爭取利潤。這股集體商業力量使他們能夠捍衛自由，不受外人的政治影響所控制。他們

跟義大利人一樣，為了維護自己的商業利益，隨時可以準備出兵上戰場，就像他們在一三六〇至一三七〇年代對抗丹麥時那樣。十四世紀末期，他們受到威克屈兄弟（Victual Brothers）這個暴力的海盜幫派騷擾，海盜劫掠漢撒同盟沿岸的港口，並以「上帝之友、世界之敵」自稱。但，威克屈兄弟最後被趕跑了，而漢撒同盟在十五世紀變得非常有錢有勢，開始干涉其他國家的事務。例如，他們在一四六〇至一四七〇年代就跟英格蘭商人發生衝突，進而捲入薔薇戰爭。

漢撒同盟逐漸成長、義大利城邦也在地中海鞏固霸權之時，在整個西方，商人階級的能見度變得愈來愈高。他們的職業在古典時期被認為很不體面，但是到了中世紀晚期，商人的財富和廣大的分布範圍開始讓他們在社會和文化上獲得尊重。商業有時候會帶來意想不到的平等，像是在十四世紀初，巴黎最成功的兩名亞麻布商都是女性，她們是珍妮・佛席耶（Jeanne Fouacière）和伊洪姆布赫・穆斯特赫（Erembourc de Moustereul）。或者，商業可以讓人平步青雲。早在十三世紀，義大利的商人家族就會花錢躋入上流社會，讓自己的小孩跟公侯或其他大人物的後代結婚，給自己占個貴族的位子。不少商人都成功爬上貴族階級，就連行為舉止也變得跟貴族一樣。例如，威尼斯因為把商業看得比家世重要，有很多商人家族因而獲得權力。但是到了十四世紀，這些治理威尼斯的富有家庭通過一連串法律，禁止非貴族家族參與大帆船的長距離貿易，等於是壟斷了威尼斯經濟較有利可圖的區塊，進而限制了社會流動。[43]

另一方面，在義大利商人曾資助百年戰爭早期幾場戰役的英格蘭，權力仍繼續由貴族和富人共享。倫敦和約克的商人積極參與該世紀其餘戰爭，承擔許多個人風險。一三四〇年代，原本是個羊毛和葡萄酒商人的放貸人約翰・普特尼爵士（Sir John Pulteney）經常大量貸款給王室，以資助文獻上只有寫是「國王的祕密事務」的服務；同時，他也擔任政府公僕，負責審核義大利銀行的帳目、參與司法委員會、供養軍隊以及維持倫敦的防禦措施。他還當過任期一年的倫敦市長。在這段期間，普特尼累積

了不少雄偉的房地產，包括泰晤士河畔一棟叫作「冷港」的華麗宅邸（愛德華三世的兒子黑太子〔Black Prince〕後來所住的地方），還有肯特郡（Kent）一棟築有防禦工事的宏偉鄉村莊園「彭斯赫斯特莊園」（這裡至今仍保留著中世紀那令人驚嘆的大廳，以及大廳上方由普特尼親手裝設的栗木橫樑屋頂）。然而，這些好運和奢華，最後卻讓他付出沉重的政治和經濟代價。國王在戰場上的運氣於一三四〇年代初期暫時下滑的時候，普特尼被當成替死鬼逮捕，在林肯郡的薩默頓城堡（Somerton Castle）關了兩年。[44]

這當然不是個愉快的經驗，但是跟後來那些涉入公共事務的倫敦商人相比，普特尼算是相對輕鬆地逃過了一劫。一三七六年，三個曾擔任倫敦行政官員和中央顧問的倫敦商人——理查・里昂斯（Richard Lyons）、亞當・伯瑞（Adam Bury）和約翰・佩奇（John Pecche）——被拖到「好國會」面前，以詐騙、貪汙和挪用公款等罪名遭到彈劾、嚴斥，並被剝奪許多職務，里昂斯更在後來在一三八一年的農民起義中慘遭暴民殺害。跟他時代相近的食品雜貨商兼羊毛出口商尼古拉斯・布瑞姆柏（Nicholas Brembre）曾任倫敦市長三次，並自掏腰包和以代表倫敦的法人信用名義借貸大筆金錢給國王理查二世（Richard II of England）。布瑞姆柏對一個無能又不受歡迎的國王過度忠心所得到的回報，就是在一三八八年被叛變的貴族以叛國罪處以絞刑、取出內臟，然後卸成四塊。

商人涉入政治就是會有這些風險。當時跟現在一樣，尋求或接受官職的商人很容易被控訴貪汙、瀆職和無可避免的利益衝突，而這似乎沒什麼好以外的。[8] 儘管如此，不可否認的是，到了十四世紀末期，西歐商人已經完全成熟，並在社會和文化上留下記號。這些記號有的具有實體：我們今天仍然可以造訪十四世紀初的伊珀爾布料廳（cloth hall of Ypres，一次世

---

[8] 作者註：可以想想唐納・川普。

界大戰被大砲摧毀後，又被小心翼翼地重建），也可以親眼看見商業革命在十三世紀改造某些城市時留下的非凡建築遺跡。前往威尼斯旅行的遊客可以看到十三世紀的卡達莫斯托宅邸，這裡因為是十五世紀的販奴者和探險家阿爾維塞·卡達莫斯托（Alvise da Cadamosto）誕生的地點，所以十分出名（但是實際上，這棟建築是他有錢的商人祖先在數個世代前興建的）。就連經過南安普敦這座不怎麼光鮮亮麗的英格蘭海岸城市，遊客也能看到十三世紀晚期商人之家的木構建築，想起中世紀的羊毛貿易商是如何帶動這個世界的繁榮光景。

但是，商業活動不只被紀念在石頭上，也有記錄在紙上。喬叟在一三九〇年代撰寫《坎特伯雷故事集》的時候，便把最下流、最怪異的故事之一獻給了商人。[9] 喬叟狂放的故事集會出現商人這個角色並不讓人意外，因為這位作家一生都跟商業很有緣。他的父親是個酒商，為了做生意常常到各處旅行。小時候的喬叟在倫敦最國際化的行政區「葡萄酒區」長大，這裡住了日耳曼人、法蘭西人、義大利人和法蘭德斯人，大多純粹是為了經商才來到倫敦。此外，這區臨近河流，一年到頭都有來自世界各地裝滿貨物的商船不斷在此靠岸。[45] 長大後的喬叟擔任英格蘭王室的關稅官員，曾在阿爾德門（Aldgate）上的公寓住了十年以上，而這個城門是進出倫敦城牆的主要通道之一，也是從東邊前來的商人會使用的繁忙門戶。一三七二至一三七三年，他以貿易使節的身分被派往熱那亞和佛羅倫斯，要替義大利商人協商，在英格蘭南岸找一個城市據點。[46] 商業跟詩歌一樣，在他的血液裡流動。

---

⑨ 作者註：在〈商人的故事〉裡，有錢又搞笑的老商人「一月」（Januarie）娶了比他年輕許多的小梅（May），結果小梅跟他的一名扈從好上了。一月眼睛瞎了，被妻子用計謀拐騙，讓她跟扈從在一個現實中很不可能的發生地點（棵梨樹上）私通。古典時期的神祇插手介入，讓一月恢復視力，目睹妻子跟扈從性交。結果，因為神祇給予的靈光一閃，小梅成功說服丈夫他看錯了。今天，我們把這樣的心理操縱方式稱作「煤氣燈效應」（gaslighting）。

但，喬叟不只有直接受到中世紀蓬勃發展的貿易世界所影響。《坎特伯雷故事集》也深深受到一個菁英、國際的藝術文化所影響，在那樣的文化中，各種點子和故事就跟印度香料和英格蘭羊毛一樣，被人們迫切地買賣，跨越的距離也一樣廣大，而這正是商業革命所促成的結果。身為歷史學家和詩人的佩脫拉克以及著有《十日談》的佛羅倫斯作家薄伽丘，也都是被這個國際文學文化所孕育。而喬叟的古典教育背景、流利的法語和義大利語以及歐洲視野，跟他的經商和官僚生涯一樣，都是他靈感的來源。若說中世紀接近尾聲時所發生的文化繁盛時期，有很大一部分是源自先前的商業繁盛時期，一點也不誇張。

我們會在第十四章深入探討文藝復興的文化以及中世紀晚期藝術文學的力量。但，在我們離開商業世界之前，還有一位商人值得我們認識。他或許稱得上是那個時代最成功的英格蘭商人，生活在十五世紀前後，一生橫跨了五位國王的統治期。雖然他在英格蘭是個著名的啞劇人物，被描繪成肩上背著行囊在倫敦街頭閒晃、身後跟著一隻生性浪費的貓，現實中的他卻非常不一樣。他是一位出類拔萃的金融家和商人，曾任倫敦市長四次、加萊市長一次，縱橫政壇的手腕比許多當代人都還要高明，他為內心認定的家鄉留下了深刻的物質和心理影響，且直到今天仍能感受到。他的名字是理查・惠廷頓爵士（Sir Richard Whittington），不過今天在舞台上他最常見的稱呼是「迪克」（Dick）。

「迪克」・惠廷頓

理查・惠廷頓如果早一百年出生，可能會變成一個神職人員。然而，他在一三五〇年左右來到這個世上，是來自格洛斯特郡彭特利（Pauntley）的一名騎士的三子。這名騎士還債還得很辛苦，他的莊園也無法讓年幼的理查獲得一個安穩的未來，成為一個有土地的貴族。[47] 若走傳統的人生道路，惠廷頓會先接受嚴苛的教育，接著擔任神職人員並慢慢晉升。但，惠

廷頓生於十四世紀，有別的機會可以選，而他也決定好好把握。

惠廷頓成長期間，科茲窩的羊毛是全英格蘭最柔軟、最受人喜愛的，因此也是全世界最好的羊毛。他的生活周遭到處都是布料（或者應該說是布料的原料），所以這個格洛斯特郡的小伙子很自然會想從事布料買賣。到了青少年時期，惠廷頓當了布商的學徒，在當時布商是一個概括的詞彙，用來指稱進口上等絲綢和亞麻等類似布料、出口羊毛及其副產品的英格蘭商人。惠廷頓被送到倫敦去，因為最忙碌、最厲害的布商都在那做生意。慢慢地，他發現自己很擅長這個工作。到了一三七九年他應該快三十歲時，惠廷頓已經可以借錢給市政當局；過了十年，他開始尋求小官來做，起初是區議會的成員，後來擔任市政官。[10] 一三九三年，政府請他當一年的司法行政官（倫敦共有兩位）。沒多久，他被指派為新成立的布商公會[11]的會長，這個貿易公會設立的目的，是要推動及保護整座城市的布商的利益。惠廷頓跟同時代的喬叟一樣，正努力在一個喧嘩熱鬧的歐洲中心，成為一位受人尊敬的市民。

他也正在從事一個非常興旺的生意。年輕的國王理查二世對王室的高級行頭非常著迷，身邊的朝臣都跟他擁有同樣高昂的品味。他的宮廷沒有睿智或穩固的統治方針，卻是非常適合當布商的好地方。惠廷頓在那裡建立了人脈，從他們身上榨取利潤。更明確地說，他每年將好幾千英鎊的絲綢和其他布料賣給這個國家最有錢有權的貴族，包括國王的兩位叔叔蘭開斯特公爵岡特的約翰與格洛斯特公爵伍德斯托克的湯瑪斯（Thomas of Woodstock）、堂弟德比伯爵亨利‧博林布魯克（Henry Bolingbroke）以及

---

⑩ 作者註：中世紀的倫敦被分成許多個區，每一個都有自己的行政議會。每一區每年會選出市政官服務倫敦市議會。倫敦的官方首長稱作倫敦市市長（the lord mayor），也是每年選舉。

⑪ 作者註：榮譽布商公會（The Worshipful Company of Mercers）建立於一三九四年，是今天倫敦市最有錢、最顯赫的同業公會之一。中世紀類似的公會共有數十家，最初屬於貿易委員會，現在則發展更廣泛的慈善服務，是志同道合的倫敦同業碰面、聚餐、聯誼的交流平台。其他現在仍然存在的著名公會包括魚販、食品雜貨、皮革、裁縫和金匠公會。

摯友牛津伯爵羅伯特・維爾（Robert de Vere）。然而，到了一三九〇年代，國王理查二世成了惠廷頓的顧客，讓他賺最多錢的生意。理查二世高大、強壯，五官纖細且帶有一絲陰柔特質。他很英俊，這一點他心知肚明，所以他很喜歡打扮以提升美貌。除了攜帶猛禽、獵犬和武器進行狩獵等傳統上國王會喜歡的嗜好之外，理查二世也對高級的餐點、昂貴的服飾和首飾配件非常有興趣（他據說是有史以來第一個使用手帕的英格蘭國王）。[48] 惠廷頓會供應理查二世市場上最奢華的布料，如天鵝絨、刺繡的天鵝絨、金線布、織錦緞、塔夫綢等。[49] 在理查二世統治中期的某一年，惠廷頓一共賣了價值將近三千五百英鎊的布給宮廷。而且，他的服務讓他獲得的報酬不只有金錢。

有些商人（像是不幸的尼古拉斯・布瑞姆柏）則在理查二世的宮廷裡失寵，因為宮廷常出現各種衝突紛爭，大部分都是源自國王無能、偏袒、惡毒的性格。可是，不知怎地，惠廷頓既沒有被宮廷吞噬，也沒有被宮廷的敵人憎惡。他跟國王保持專業上的親近，進而得到很高的官職，但卻從來沒有受到汙染。一三九七年，時任倫敦市市長的亞當・巴美（Adam Bamme）在任期內過世，國王便下令讓他十分喜歡的布商惠廷頓接手，完成巴美的任期。在隔年的一三九八年，惠廷頓被正式選為市長，享受了完整的第二次任期。這似乎讓惠廷頓染了一層理查二世的色彩，但其實並沒有。一三九九年，理查二世的統治淪為一碰就碎的專制暴政，堂弟博林布魯克發動革命，成功罷黜、謀害理查，可是惠廷頓並沒有被他最有名的顧客兼金主牽連。現在當上亨利四世（Henry IV of England）的博林布魯克在組王室議會時，便選擇了惠廷頓。不管他是基於為了維持專業而不表明立場，或是因為他的人格特質強大，又或者他純粹運氣好，總之惠廷頓順利通過了易主的過渡期。跟在舊王朝的時候一樣，他在亨利四世新創的蘭開斯特王朝底下也賺了很多錢，甚至擁有更多的公僕義務。

在那些十七世紀初就開始出現、今天仍看得到的舞台劇中，「迪克」・惠廷頓的故事經過了錦上添花和高度浪漫化。因此，他獲得權力和名譽的

過程被描繪得跟上述很不一樣。在虛構的故事裡，他通常是被描述成一個來到倫敦當學徒的窮男孩，他得到一隻貓，後來因為被虐待，所以決定逃跑。然而，在往北穿越海格特地區（Highgate）⑫時，他聽見倫敦東部的金鐘響起，彷彿在告訴他，只要留下來就能成大事，於是他改變了主意。他派他的貓到一艘前往異地的商船，貓兒殺死了困擾當地國王的老鼠，因此惠廷頓得到大筆金錢做為酬謝，後來更當上了倫敦市長三次。這個精采刺激的童話故事的確值得推薦，但是內容幾乎都是假的。到了十五世紀初，惠廷頓已經掌握很大的權力，有位詩人說他是「商業之子、北極星、首選之花」。[50] 但，他的成就和名聲跟什麼貓、鼠或鐘都沒有關係，而是跟他身為布商和市政官員的驚人韌性與天分有關。

可以肯定的是，這些特質對他人生接下來的二十年幫助很大。除了進口高級布料，從亨利四世登基之初，惠廷頓在羊毛方面也開始出現很好的成績。他代替王室徵收羊毛稅，自己也出口很多羊毛。此外，他也從自己累積的私人財富拿出大筆金額借給王室，其中包括在一四○○至一四○一年間的冬天，王室大量預支了一千馬克。當時，拜占庭皇帝曼努埃爾二世（Manuel II Palaiologos）來倫敦進行為期兩個月的國是訪問，享受了各種奢華的慶典、競賽和宴會，花了新上任的英王很大一筆錢。[51] 他在一四○六和一四一九年又各被選上倫敦市長一次。他也曾在法蘭西西北部隸屬於英格蘭的加萊當過市長，那裡有一個強制出口市場。隨著他年紀漸長、閱歷漸廣，他也被分派到一些超出他經商專精領域的任務。有一次，他負責徵收教宗稅；還有一次，他是調查異端羅拉德派（Lollards）的王室委員會成員；他甚至還被指派到監督西敏寺翻修工程的委員會，工程在理查二世任內展開，由新國王繼續下去。[52]

---

⑫ 作者註：在今天一條名叫海格特丘（Highgate Hill）的道路上，有一個不太有人注意的小型貓雕像，便是為了紀念這趟虛構的旅程，正確位置就在一間名叫惠廷頓石頭（Whittington Stone）的酒吧和惠廷頓國民保健署信託醫院（Whittington NHS Trust hospital）的附近。

最令人讚嘆的或許是，在亨利四世難以駕馭的兒子亨利五世（Henry V of England）的統治期內，惠廷頓重重跌入戰爭財政之中。百年戰爭在十五世紀的前幾十年仍打得如火如荼，亨利五世在一四一五年的年初計畫率領一支大型軍隊入侵攻占諾曼第。這是一項龐大的活動，兩棲部隊必須在英吉利海峽對岸登陸，圍攻城堡和城市、保衛到手的任何據點、跟法軍在沙場上正面廝殺。亨利五世也打算攜帶會發射火藥的大砲和特殊砲兵，但這雖然對中世紀的軍隊來說是令人興奮的新武器，卻非常昂貴，對預算的控制一點幫助也沒有。為了籌錢，亨利五世尋求了所有可能的財源。惠廷頓伸出援手，預支了一千六百英鎊（約是戰爭頭三個月預算的百分之三）的聯貸給王室，並跟倫敦的其他商人協議，找了更多信用貸款，使用王室的珠寶、藝術品和禮拜堂餐具做抵押。[53] 在圍攻哈弗勒爾（Harfleur）時，惠廷頓緊急借出將近五百英鎊，好讓英軍能打下去。[54] 這不只是愛國主義而已。可以說，若沒有惠廷頓和其他倫敦商人的好心和金援，一四一五年諾曼第戰役（Normandy campaign）就不可能發生，亨利五世也不可能贏得整個百年戰爭最出名的一場仗：阿金科特之役（the battle of Agincourt）。

阿金科特之役後，惠廷頓依舊保有對戰爭財政的興趣，開始涉足繁忙（雖然道德爭議很大）的戰俘市場，賺取贖金。任何騎士或士兵在戰場上被抓了之後，法律上便認定他是抓到他的人的財產，抓到他的人有權向戰俘的國王、領主或家族要錢。收取贖金（並將一部分的利潤分給王室）這件事對一名弓箭手或疲累的士兵而言要耗費的心力太多了，所以他可以選擇將戰俘賣給商人。商人要履行一項法律約定，支付費用給王室，再開始索取贖金的程序。文獻紀錄顯示，阿金科特之役過後，惠廷頓買了一個名叫雨果・寇尼耶（Hugh Coniers）的法蘭西戰俘，接著將他賣給一個義大利商人，得到了兩百九十六英鎊的龐大金額。[55] 而這名義大利商人是保釋人，還是打算轉賣這個戰俘，我們無從得知。但這是一個令人驚訝的實例，讓我們明白像惠廷頓這樣的商人不用接近城堡或戰場，也能從戰爭中獲利。

透過這些及其他許多的方式，惠廷頓持續不斷地賺錢。做為借貸人，他因為資產流動性高、願意借錢給身分地位高的客戶而出名。他從未在倫敦以外的地方認真投資過，以他的階級和時代來說很不尋常。雖然他娶了一個來自多塞特的女子，名叫愛麗絲·菲茨瓦林（Alice Fitzwarin），但是他們不曾有過孩子，而且她在一四一〇年就過世了，比他早走十年以上。因此，惠廷頓所有的錢財幾乎都以資產的形式保留：現金、借給大人物的貸款，還有一棟位於倫敦市中心的高級宅邸，坐落在泰晤士河附近一個稱作「王室」的區域。他重建了一座那裡的教堂，獻給聖米迦勒（St Michael），並建立一間教士與學者的學院與之比鄰，讓他們可以學習，並為惠廷頓的朋友、同僚的靈魂禱告，包括已故君王理查二世和他的王后波希米亞的安妮（Anne of Bohemia）。很可惜，這間學院在一五四〇年代的宗教改革期間遭到解散，教堂則在一六六六年倫敦大火中燒掉了（今天矗立在同一個地點的建築是由克里斯多福·雷恩所建造）。這些是惠廷頓在讓他致富的倫敦市裡唯一留下的個人記號。但是，這些記號的存在並不是為了紀念他的豐功偉業，因為從很多方面來說，惠廷頓是不愛出風頭的商業大亨，因為對他而言，名和利是對立、不是對等的。他對倫敦（還有其他地方）真正的貢獻，是他為慈善事業捐獻的大筆金錢。

　　惠廷頓在一四二三年三月下旬去世時，留下了七千英鎊的鉅額遺產，幾乎全是現金。他明確地表示希望將每一便士都用在慈善用途。生前，惠廷頓就已經把一部分財產用來做好事，像是修築橋梁、設立公廁、為單親媽媽創立一個婦女收容所，以及為倫敦的方濟各會灰衣修士（Greyfriars）興建圖書館（到了十六世紀，這間圖書館已經有豐富的史學和哲學館藏及講道選集）。死後，他的善舉有所增加，包括：在街頭設置飲水器；修築聖巴多羅買醫院（St Bartholomew's hospital）的牆壁；在市政廳（一個今日仍存在的宏偉哥德式建築，惠廷頓去世時正在進行龐大的重建工程）興建第二間全新的圖書館；他還留了錢給新門監獄進行大整修，因為這間位於

倫敦西緣的監獄又擠又髒又容易讓人生病，囚犯時常因為環境太過惡劣而死；他也確保聖米迦勒教堂的學院有足夠的經濟基礎；最後，他資助了一間救濟院，幫忙照顧倫敦的窮苦百姓。

這是一長串十分了不起的熱心公益事蹟，在當時很少見，並且為後世留下了楷模。自從惠廷頓死後，倫敦變了很多，但是我們依然能感受到他的痕跡。將近六百年來，布商公會一直都有讓惠廷頓所建立的救濟院營運下去。現在，救濟院已遷離倫敦市中心，坐落於西薩塞克斯（West Sussex）的東格林斯特德（East Grinstead）附近，離格域機場（Gatwick Airport）不遠。惠廷頓贊助的學院現在由五十個以上的住家所組成，並以優惠的租金出租給退休後的單身女子或經濟拮据的夫妻。住在這些房子裡的居民全都是惠廷頓爵士善心的受惠者。他是布商，是借貸人，是戰爭金融家，也是國王的朋友，在中世紀憑著各種微妙的手法賺錢和行使權力。

但，享受到那個時代甜美果實的絕對不只有他們。商業革命對中世紀社會和經濟造成的轉變，奠定了幾百年後西方資本主義黃金時期的基礎。今天，生活受到中國出口商品、銀行信用、旅遊保險和股票投資所改善的每一個人，多多少少都要感謝中世紀。我們全都站在巨人的肩上。

⑪ 學者

「幾乎每一個修士都像哲學家……」
　　——諾曼編年史家奧德里克‧維塔利斯（Orderic Vitalis）

一三○七年十月十四日星期六，巴黎大學最資深的學者們快步走過巴黎街頭，要前往聖母院跟法王腓力四世的大臣威廉‧諾加雷特（William de Nogaret）會面。諾加雷特緊急把他們找來，有要緊的事情要跟他們談。他們來到這座高聳的哥德式教堂，隨後便被帶到議事堂。諾加雷特親自到場與他們會面。

這位大臣在法蘭西是個家喻戶曉、具有爭議的人物。他以前也是個學者，一二八○年代在蒙彼利埃大學（University of Montpellier）接受法學訓練，晉升到教授階級，後來離開學界，成為政壇一位理性實際的問題解決專家。這位有腦袋粗人的大名聲名遠超過法蘭西，因為在一三○三年，他在國王腓力四世的准許下，試圖將教宗波尼法爵八世（Boniface VIII）從位於義大利中部阿納尼（Agnani）的住宅綁架走，造成一次小衝突，期間教宗還被甩了巴掌。[①] 諾加雷特是個硬漢，不容許被草率對待。可是現在，他卻告訴巴黎的學者一個可恥到令人難以相信的消息。那是一個關於性與罪、褻瀆與異端的故事，主角竟是將近兩百年來一直待在十字軍運動最前線的軍事修會——聖殿騎士團。

諾加雷特告訴這些學者，法蘭西政府已經暗地調查聖殿騎士團很久了，而他就是這項調查的負責人。他說，調查發現，聖殿騎士團從上到下都普遍存在著汙穢的腐敗情事。在教宗的保護傘下，數個世代的高階等

聖殿騎士把這個高貴的組織變成了同性戀、偶像崇拜和邪行的溫床，成員不但被允許、還被鼓勵對基督的名諱不敬。根據編年史家聖維克托的讓（Jean of St Victor）的紀錄，諾加雷特聲稱聖殿騎士會在晚間儀式中對著十字架吐口水、踐踏基督畫像、否認祂的神聖性。[1] 此外，他們還會崇拜錯誤的偶像、進行猥褻的性交。在政府起草的正式指控中，這些修士的行逕被形容成「人道的恥辱、邪惡的壞榜樣和普世的醜聞」，而修士本身則是「披著羊皮的狼……不虔信之子」。[2]

　　根據這些消息，學者們得知法蘭西政府已經採取果斷迅速的決定。前一天，也就是十月十三日星期五，法蘭西的每一個聖殿騎士，包括大團長雅克・莫萊（Jacques de Molay），都被政府特務逮捕了。騎士團的財產遭到沒收，分部也被扣押搜索。現在，有數百名聖殿騎士被關在獄中。他們將會得到應有的懲罰，因為腓力四世非常嚴肅地看待這件事。至少從一三〇五年春天開始，國王就已經私下表達他對聖殿騎士團的疑慮。[3] 我們無法確定他是不是「真的」相信騎士團充斥不當的性交和瀆神的腐敗情事，不過可以肯定的是，他確實對聖殿騎士團的錢財相當感興趣，甚至當作可能的經費來源之一，以便提振搖搖欲墜的經濟、資助與他國之間的戰爭。此外，他也喜歡以腐敗教會的懲戒者自居。隨著局勢的發展，法王當然一定會尋求這些學者的支持，畢竟這所大學可是西方最好的大學之一，培育

_____

① 作者註：「阿納尼之摑」象徵了腓力四世和波尼法爵八世兩人恩怨的戲劇化高潮。這場恩怨源自法王想要向領土內的教堂課稅，但是說到底，這還是跟教宗和國王爭奪權力的悠久議題有關。傳統上，抗拒教宗權威通常是德意志國王和皇帝才會做的事（如一〇七五至一一二二年間的敘任權之爭，以及在義大利從十二世紀初一直延續到十四世紀末的圭爾夫派和吉伯林派〔Guelph-Ghibelline〕糾紛），但在邁入十四世紀之際，腓力四世曾有一段時間變成教宗的主要麻煩人物。因波尼法爵八世不讓腓力四世擁有王室至高權，諾加雷特便前往義大利，簽下效忠勢力龐大的科隆納家族的一支小型私人軍隊，圍攻教宗位於阿納尼的住宅，打算把波尼法爵抓到法蘭西，讓他接受審判。在混戰中，諾加雷特和頭號盟友賈科莫・「夏拉」・科隆納（Giacomo "Sciarra" Colonna）跟波尼法爵八世正面對峙，賈科莫摑了教宗一巴掌。之後，他們囚禁、虐待教宗，不過阿納尼的人民在三天後將他救出。波尼法爵八世不久後發燒病死，據說生病期間發了瘋，把自己的手啃斷（這是不正確的謠言）。

出來的學者都是神學研究和辯論的先驅。他們的判斷可以形塑法蘭西和國際的輿論。這便是為什麼，諾加雷特一有辦法就要趕快花時間讓他們知道發生了什麼事。不管他們喜不喜歡，這些學者注定會對聖殿騎士團的存亡發揮影響力。[4]

✳

在中世紀晚期的西方歷史上，法蘭西在一三〇七年對聖殿騎士團展開的攻擊是最令人震驚的事件之一。誠如我們在第八章看到的，聖殿騎士團在整個基督教世界甚至以外的地方都很有名。將近兩百年以來，聖殿騎士團在近東地區一些最戲劇化的戰役和攻城戰之中影響甚廣：他們在一一八七年的哈丁大戰薩拉丁、在一二一七至一二二一年和一二四九至一二五〇年間的埃及十字軍運動中走過暴漲的尼羅河三角洲，並在一二九一年馬穆魯克蹂躪阿卡時，奮戰到最後一刻。聖殿騎士團也提供金融服務方面的特長，成為借貸人、會計和公僕，法蘭西王室便曾雇用他們處理國家財政的重要事務。騎士團裡不動武的修士在西方各地都設有分部，範圍遍及每一個王國，包括英格蘭、法蘭西、日耳曼、西西里和匈牙利，贊助人則包含國王、王后和地位最高的貴族。因此，法蘭西想要摧毀這個組織可不容易。但是，在巴黎學者的默許下，他們做到了。

十月二十五到二十六日，跟諾加雷特在聖母院第一次會面的約兩星期後，巴黎學者被叫來參加第二場會議，地點在聖殿騎士團的法蘭西總部。那是一座建有塔樓的宏偉都會堡壘，位於今天巴黎的瑪萊區（Le Marais）。[②] 這一次，大學裡所有的學者幾乎都被叫來了，包括攝政院士（regent masters，有資格教書的學者）、非攝政院士（non-regent masters，

---

② 作者註：這棟華麗的建築最後的用途是在法國大革命期間被路易十六和瑪麗‧安東尼當作監獄使用，後來在十九世紀被拆除，現在已經完全看不到一磚一瓦了。對這個地點唯一的紀念，就只有奧斯曼男爵（Baron Haussmann）設計的聖殿廣場（Square du Temple）。

通過所有考試但未教書的學者）以及學士（bachelors，完成一半研究的學者）。先前得知了反聖殿騎士團的事情之後，現在他們要聽聽政府提出的證據，也就是聖殿騎士團的數十名修士（包括大團長莫萊本人）公開念給他們聽的自白。

這些自白是在酷刑之下招供的。國王腓力四世派出最厲害的審問人，在他的私人告解神父道明會修士巴黎的威廉（William of Paris）的率領下，拷問這些聖殿騎士整整十四天，不讓他們睡覺、吃飯，還給他們戴上枷鎖、孤立開來，並加以痛打。有的人被火燒，有的人被處以吊掛酷刑，就這樣承受身、心折磨，直到他們承認有罪。現在，這些飽受驚嚇的修士按照一個冗長悲劇的順序，被帶到學者面前宣誓證明。他們一個個說出自己的自白，然後又被送回牢房。看完了兩天漫長的恐怖秀之後，學者們被送走，準備回去大學繼續做研究，但莫萊團長和其他修士的可怕故事肯定仍言猶在耳。可是，這還不是學者們最後一次參與聖殿騎士團的事情。不久後，他們將再次被召喚，提供對這整個事件的官方評斷。

從最初的逮捕行動，到後續用威嚇的方式逼迫聖殿騎士團的領袖認罪，前後雖然只花了不到三週，這起事件卻很快地超出任何人的掌控範圍。當時的教宗克萊孟五世是個懦弱的加斯科涅人，因為法王認為可以直接從巴黎指揮他，所以施加政治壓力讓他被選為教宗，且整個任期都在法蘭西度過。③ 但是就連克萊孟五世也無法眼睜睜地看著聖殿騎士團被世俗君主摧毀，他為了阻止法王的攻勢，便把調查聖殿騎士團腐敗的責任攬在身上，然後又將調查的權力延伸到西方基督教世界的每一個主權領土上。[5] 現在共有兩條平行的調查線，一條調查的是個別聖殿騎士的不當行為，

---

③ 作者註：一三〇九年，克萊孟五世把教宗總部正式從羅馬遷到亞維農（Avignon），理論上是位於獨立的亞爾王國（kingdom of Arles）境內，事實上卻受到法蘭西強烈的影響。共有七位教宗（全為法蘭西籍）住過那裡，被稱作「巴比倫之囚」（Babylonian Captivity）。一三七六年，額我略十一世（Gregory XI）才搬回羅馬。之後在一三七八年和一四一〇年又有兩位反教宗企圖從亞維農統治教會。

一條調查的是整個組織，並花了數年才從遠至愛爾蘭和塞浦路斯的各個地方一一回報。在這段期間，法蘭西的聖殿騎士團整理了一個共同的法律答覆。

在這整個過程中，雙方再次找上巴黎大學。在一三〇八年二月初左右，也就是逮捕行動的三個月之後，有人寫了一封匿名的公開信件《為聖殿騎士哀悼》（*A Lament for the Templars*）給巴黎大學的博士和學者，抗議囚禁事件來得太過突然、專橫、沒有天良，聲稱許多聖殿騎士被酷刑折磨至死，屍體遭祕密掩埋，並苦訴那些對騎士團不利的指控都是錯誤、不合邏輯又荒謬。信上說，法蘭西的聖殿騎士被拘捕時，約有一百名修士被關在埃及監獄裡受苦，不願接受改宗伊斯蘭教就能獲釋的機會，顯示他們絕對不是沒有基督教精神的亂民。這封信可能是某個教堂職員寫的，內容大力維護聖殿騎士團，駁斥法蘭西政府的霸道策略。[6] 然而，一個同樣猛烈的回應隨之而來（或許是被這封信激起的）。

二月下旬，七道以國王之名寫成的技術性問題被送到巴黎大學，指名要交給神學的攝政院士和非攝政院士。這些問題使用大量的法律措辭，要院士針對法蘭西王室有沒有權利──或者義務──對抗法蘭西境內的異端和叛教者發表集體意見。對方要學者們想一想，世俗統治者在「聽見主的名字被褻瀆，基督信仰被異端、分裂教會者或其他不信神的人士排拒」的時候，是不是「有必要或能夠被允許」做出行動。對方也問學者，聖殿騎士團「這個由許多如此可怕、如此可憎的個人組成的獨特宗派」是要被世俗法判定為騎士，還是只能被教會法視為神職人員。還有，這個時候已經有「五百名以上」的聖殿騎士坦承自身行為不當的這一點，是不是表示該組織應被認定成無可救藥地墮落，或者該組織內部的陋習（據說）不只是近期發生，更是根深蒂固，所以我們有必要知道墮落的程度有多深。[7] 這些引導性的問題被呈現在巴黎的神學家面前，很明顯是希望在一個其實已成定局的結果中，得到他們進一步的支持。

一三〇八年三月二十五日，學者答覆了，清楚表明他們支持哪一方。

院士們讚美「最尊貴的基督教國王、蒙上帝恩惠而當上法蘭克人傑出國王的腓力」，因為他「滿腔都是神聖信仰的熱忱」。接著，他們寫了各種支支吾吾、兩面討好、語帶保留的內容。他們說，他們很難主張王室有義務評斷聖殿騎士團，因為那是屬於教會的權利。但是，院士們接下來針對問題所做的回覆又充斥著許多預警，讓腓力四世的大臣完全可以駁斥前面的論點。他們說自己是「謙虛忠誠的神職人員……永遠準備心甘情願為國王陛下實現專心致志的服務以示感恩」，主張教宗雖然有評斷聖殿騎士團的最終權利，但是目前得到的自白顯示，「我們可以強烈懷疑……騎士團所有的成員都是異端或支持異端者……前述之異端在組織內猖獗……這應該就足以讓人們責難和憎恨。」院士們也說，他們的財產應該用來加強教會的防禦，但是「關於誰該處理這些財產，我們認為應當用最能達到目的的方式收取」。總之，他們實在太過含糊，讓腓力四世可以宣稱自己接受了適當的法律建議，也能照他的想法行動。院士們最後表示，希望「國王陛下能夠接受這些【答案】」。他們說，希望「在整個基督教世界的眼中如此可恥可怖的傷口，會依著您的神聖心願快速得到報仇」。[8] 這全是在粉飾太平。

　　或許，院士們怯懦的回應情有可原。腓力四世的確令人懼怕，統治期間迫害那些惹他不高興的人，讓對方傾家蕩產或家破人亡，也不曾表現出一絲愧疚。巴黎的許多神學院士同時也是修道會成員，跟聖殿騎士團一樣受到教宗監督，因此都是王室可能的攻擊目標。他們並不希望聖殿騎士團被毀，可是也同樣不想要讓自己的組織招致災禍。此外，他們是研究型的教會人士，傾向在任何地方看見異端的影子。大學裡固然有一、兩個持反對意見的聲音，例如有個署名奧古斯丁・特里恩普斯（Augustine Triumphus）的年長義大利隱士學者，便寫了一封私人信件駁斥政府打壓聖殿騎士團的做法，[9] 但是整體而言，學者們放任政府去做那些很有疑慮的行為，並希望表達了意見之後，就不會再被打擾，可以安安靜靜地研究和教書。他們不是歷史上第一批將平靜的生活視為首要之務的學者，也不是最後一批。

經過一段漫長兇殘的法律和政治角力之後，腓力四世終於成功了結聖殿騎士團。在一三一二年三月的維埃納公會議（council of Vienne）上，教宗克萊孟五世宣布該組織已無法改正。一三一四年三月，莫萊團長在巴黎被燒死。死前，他不斷呼喊上帝，要祂替他報仇。他的死讓這齣精糟透頂、歹戲拖棚、使所有角色都很難堪的故事完結。今天，這被視為中世紀歷史的轉捩點，因為一位世俗君主攻擊教宗的權力，並在重重困難後獲得決定性的勝利。

在聖殿騎士團的事情上，巴黎大學所扮演的角色通常只會被匆匆帶過。但，院士的意見對這場爭辯的每一方來說都極為重要。這絕對不是必然的結果。雖然從十二世紀中葉以來，巴黎學者就一直會舉行半正式的聚會、組成自己的社群，可是巴黎大學卻要到一二三一年才由教宗額我略九世正式創立。因此，在一三〇七年，這所大學還創立不到一百年，全世界也只有少少幾間大學，距離巴黎大學最近的對手也僅有牛津大學和波隆那大學。但，儘管歷史不是很悠久，這個機構顯然已經被視為大學體系內重要的一員，而由其中最聰明、最優秀的學者所發表的意見，自然具有學術上和政治上的重要性。從整個中世紀歷史發展來看，這一點非常重要。巴黎大學很快就變成人們分析、回答各種神學、社會和政府重大問題的討論場所。[4] 無獨有偶，這裡也變成法蘭西行政機關招募人才的好地方，政府時不時會把教授挖角來當公僕。這時候，大學教育尚未成為中產和上流階級年輕人的標準成長經歷，也不是每一個主要城鎮都有大學。雖然如此，在十四世紀初，像巴黎大學那樣的中世紀大學，已經開始發展成跟二十一世紀我們所熟悉的大學類似的機構了。此外，這些大學也開始發揮重要力量，變成學問與知識探求的重鎮，並做出許多形塑外在世界的發現和延續

---

[4] 作者註：腓力四世把巴黎大學的學者捲進聖殿騎士團的事件以前，也曾將他們拖入他在一三〇三年跟教宗波尼法爵八世的糾紛，強迫大學每一個成員簽署文件，認同他所持的立場，進而反對教宗。參見：Crawford, "The University of Paris and the Trial of the Templars", p. 115。

至今的影響。⑤ 要了解這一切怎麼發生，我們必須看看孕育這些大學的知識與文化傳統，就從古典世界瓦解、無畏的學術探究精神漸漸在西方消失的六世紀開始說起。

上帝的話

　　塞維爾大主教伊西多爾是一千紀最偉大的學者之一，他年輕時曾經上過學。在當時，上學並不會很前衛，但是仍屬一種特權。在六世紀晚期，教育是有錢人的專利，伊西多爾能受教育是因為他的父母都是西班牙裔的古羅馬菁英。在中世紀之初，伊比利半島的統治者是西哥德人，但是如果想讓一個天資聰穎的孩子接受老派「羅馬式」教育，還是有可能的。所以，年幼的伊西多爾很幸運。而就像歷史上大部分擁有高成就的人一樣，他知道自己除了好運，還需要努力。他好好把握住自己的就學特權，拚了命地學習，什麼領域都願意接觸。

　　伊西多爾上學的地方是塞維爾的教堂，他的哥哥萊安德（Leander）是那裡的主教。不過，他的課綱並未全然充斥基督教色彩，因為塞維爾和其他地方的學校所教授的基本課程，可追溯到一千多年前基督尚未出世的時候。西元前四世紀的亞里斯多德、西元前一世紀的西塞羅、二世紀的奧理略和六世紀的波愛修斯，他們所學習的內容都是以這套古典課程設計為基礎。其核心即所謂的自由七藝（seven liberal arts，稱作「自由」是因為這些學科曾被認為適合自由人、而非奴隸學習），可以分成兩大類。第一類是

---

⑤ 作者註：今天，法國擁有一百所左右的公立大學以及兩百五十所的「大學校」（grandes écoles）；英國有一百多所；德國有將近四百所；印度有一千多所；中國有將近三千所；美國有超過五千所的大學或學院。在世界上的每一個國家，大學學歷（通常至少要在大學或同等的教育機構就讀三年）對專業或公職生涯來說是一項有用的個人資產，但通常也是必要的先決條件。今天的大學是各種領域的研究重鎮，包括法律、文學、商管、醫學、工程和電腦科學。這些全都可以直接回溯到中世紀。

「三學」（trivium），也就是表達和辯論的藝術，包括文法、邏輯與修辭；第二類是「四術」（quadrivium），也就是計算的藝術，包括算術、幾何、天文、音樂。三學四術雖然沒有涵蓋所有人類知識（好學的學子也被認為應該要學習神學、醫學和法學），卻是正規教育的根基。波愛修斯將四術形容為「根本」，是探討世界本質的所有哲學研究基石。正經的中世紀思想家鮮少有人背離這樣的假設。⑥

伊西多爾非常熱衷於學習。三學四術對他來說不成問題；他也很擅長神學；他學會了拉丁語、希伯來語和希臘語；他飢渴地學習戰爭、法律、神學、船運、地理和家政等五花八門的科目。長大後的他深信，自己可以將全世界所有知識掌握在手中。認識他的人都十分驚嘆他的學習力。他的朋友布羅里奧（Braulio）說他是「懂得各種表達方式的人，所以他有辦法跟無知的人和有學問的人交談。他因為無人可及的口才而出名。」10

伊西多爾天生的聰穎讓他成就非凡。他這一生至少寫了二十四本書，包括編年史、自然科學現象的相關研究、數學教科書、教父的簡略傳記、警世短句集，以及百科全書鉅著《詞源》（*Etymologies*），旨在描述受教育之人應該知道的一切事物，如刺蝟的覓食習性和世界各大陸的地理分布（伊西多爾今日被奉為網際網路的主保聖人不是沒有道理）。11 這些主題都可以個別寫成一本內容豐富的專著，寫在一起自然形成了很驚人的學術知識體。《詞源》確實是一部傑作，因內容廣度和生動性而受到世世代代的讀者珍視，是中世紀西方世界最多人閱讀也最具影響力的書籍之一。12

《詞源》能夠獲得如此長久的成功，並非偶然。因為，伊西多爾雖然是在教會受教育，卻同時擁有基督教和異教徒權威學者的龐大知識，既能輕鬆引述聖安博和聖奧古斯丁的著作，也有辦法引用亞里斯多德、加圖

---

⑥ 作者註：伊西多爾肯定也沒有。在他最有名的著作《詞源》裡，他最先提及自由七藝，就連字母也是放在後面才講到。參見：Barney, Stephen A., Lewis, W.J., Beach, J.A, Berghof, Oliver (eds.), *The Etymologies of Isidore of Seville* (Cambridge: 2006), p. 39。

（Cato）、柏拉圖和普林尼的名言。他能夠將消失中的古典時代與嶄新的基督教時代個別孕育的偉大作家——法學家、神學家、哲學家、詩人和雄辯家——融合在一起，正是他成就所在。他知道，同個時代的其他學者覺得混合基督徒和非基督徒的知識不太好，但是他不是很在意。有一首常被認為是伊西多爾所寫的詩便談到這件事：「你看見草原上長滿了刺、開滿了花。／如果不想碰到刺，那就採玫瑰。」[13] 伊西多爾明白，想成為博學之人，就不能謹守教條。

所以，從純粹的學術角度來看，伊西多爾是個具有高度影響力的學者。但，他也有涉獵政治。負責教育他的哥哥萊安德既是神職人員，也是政治家，跟教宗額我略一世（也是一位優秀的學者）是朋友，也跟統治西班牙的西哥德王室交情很好。在萊安德的引導下，國王雷卡雷德一世（Reccared I）從亞流派基督教改信天主教，後世把這當作西班牙歷史的奠基事件之一。伊西多爾延續了涉獵政治的家族傳統。萊安德死後，雷卡雷德一世任命伊西多爾為塞維爾主教，接續哥哥的職位。從那時候開始，伊西多爾很親近王室，他學識淵博的建言深刻影響了宮廷。[14]

伊西多爾當塞維爾主教總共當了三十多年。生命接近尾聲時，他曾在六三三至六三四年間主持第四次托萊多公會議，並在會議上訂下對中世紀期間基督教伊比利半島的文化和政治風氣有長遠影響的政策、加強對西班牙猶太人的歧視性法律，並承諾西班牙教會跟西班牙基督徒世俗君主連結緊密。對伊西多爾而言，最重要的或許是，這場會議也命令各位主教要在自己的教堂旁邊設立學校，就像當初助他走上學術與政治道路的那所學校。某方面來說，這等於承認了伊西多爾生命中的一切美好事物起源於教育。但是，這也為廣大的中世紀西方世界指定了未來的方向：基督教將獨斷教育體系、提供西方知識分子可以存在的環境，並決定哪些領域可以學習、哪些禁止學習。

從伊西多爾生存的六世紀一直到中世紀結束（甚至之後的時期），教

會都牢牢掌控著西方的教育和學界。除了其他原因，這也跟實用性有關。就像猶太教和（不久後即將發跡的）伊斯蘭教，基督教是一個以上帝的話為基礎的宗教，而上帝的話主要是透過書寫、閱讀和聆聽來傳播。比任何人都還要努力宣揚基督教誨的使徒聖保羅本身就受過教育，懂好幾種語言，並擁有不錯的哲學素養。在那之後的五百年間，出現了許多跟他一樣偉大的思想家和作家。奧古斯丁、安博、聖耶柔米等聖人學者，就好比教會知識與禮儀結構（也是中世紀數以百萬基督徒的人生）的承重牆。五世紀時，一個友人請教聖耶柔米該如何養育一個名叫寶拉的年輕女孩，因為她的父母希望她將來能當女修道院院長。他毫不猶豫地提到教育的重要性，寫道：「使用黃楊或象牙製作一組字母，教她認識各個字母。讓她把玩這些字母，邊玩邊學……用獎賞鼓勵她學習拼字，使用孩子會喜歡的小禮物誘導她。讓她有一起上課的學伴，這樣可能就會激起她的好勝心，讓她有動力去爭取優異的表現可以獲得的讚賞。」[15] 教會是學者建立的，而教會也總是不斷孕育更多學者。

　　但，教會除了傳福音，還能從學界得到很多其他的東西。打從中世紀之初，宗教機構就是大地主。這表示，他們在土地轉讓和管理等世俗事務上有很實際的需求。教宗有稅要徵收，還得跟國王和皇帝用長距離信件進行辯論；主教必須向轄區的教士說明最新的信條或言行改革；修道院對過去和現在的贊助人負有義務，必須記住他們應該替誰的靈魂禱告（他們還有唱詩班，需要有夠懂音樂的小男孩在每日的日課和彌撒吟唱最高聲部）。各種繁文縟節從未有結束的時候，所以教會永遠都需要識字的人加入各個層級的員工群。

　　顯然，聰明識字又能順應獲得認可的最新教條，想要得到這樣的人才，最穩當的方式就是在「內部」教育他們，這就是為什麼伊西多爾會在塞維爾受教育，且又在第四次托萊多公會議推廣正式的教會學校制度的原因。這就是為什麼，羅馬帝國退到巴爾幹半島之後，西方學界仍十分活躍；這就是為什麼，有教堂和修道院的地方，常常會出現學校、藏經閣

或圖書館；⑦ 這就是為什麼，《聖本篤準則》要求修士每日花數小時閱讀《聖經》和其他宗教著作。[16] 在整個中世紀，有很多修道院和教堂的「品牌」是建立在對於教育的高標準之上。六世紀的羅馬政治家卡西奧多羅斯（Cassiodorus）創建了維瓦魯修道院（abbey of Vivarium，位於義大利南部斯奎拉切〔Squillace〕附近），做為研究和保存基督教與古典著作的中心；五百年後，在諾曼第新創立的貝克修道院（abbey of Bec）被認為是熱門的學習地點，讓編年史家奧德里克·維塔利斯感覺「幾乎每一個修士都像哲學家」。[17]

　　但，教會不只培育出哲學家。教育雖是成為神職人員不可或缺的基礎訓練，可是修道院和教堂學校後來也變成那些需要識字，但把目標放在世俗世界（如律師、商人或者為國王或地主擔任抄寫員）的人的訓練場所。⑧ 在中世紀，想要獲得權力的人常常會選擇兼任學者和大臣兩種身分：身為《聖經》學者和羅馬聖安德魯修道院（St Andrew's abbey）副院長的奧古斯丁，被教宗額我略一世選中，負責在五九七年率領著名的英格蘭傳教團，說服肯特王國國王艾塞爾伯特（Aethelbert of Kent）信奉基督教，開始了薩克森人統治的英格蘭地區的改宗過程；在十世紀晚期，將算盤引入歐洲、撰有數本評價良好的數學教科書的數學家兼天文學家歐里亞克的格柏特（Gerbert of Aurillac）後來當上教宗，成為教宗思維二世（Sylvester II）；當然，還有多年來擔任查理曼得力助手的約克的阿爾昆。編年史家艾因哈德說，阿爾昆是全世界最學識淵博的人，就算這是誇飾，他也無疑是查理曼統治期間最有影響力的公僕。查理曼在七八〇年代的神職人員改革

---

⑦ 作者註：有些修道院圖書館真的很宏偉，像是克呂尼修道院圖書館在全盛時期收藏了將近六百本書。

⑧ 作者註：當時跟現在一樣，上學可以很愉快、也可以讓人很不開心，通常取決於老師的性格。八世紀前後，一位在英格蘭西南部的溫伯恩明斯特（Wimborne Minster）教導女學生的修女因為對學生實在太壞，所以死後學生在她的墳墓上跳上跳下。參見：Orme, Nicholas, *Medieval Schools: Roman Britain to Renaissance England* (New Haven: 2006), p. 24。

和七九〇年代的異教徒議題上都很重視他的看法，也會在異端教義的事情上徵求他的意見。阿爾昆被鼓勵完成手稿抄寫計畫，協助在帝國各處散播知識性文本。他跟伊西多爾一樣，有意識地利用政治權力來推廣教育。他在亞琛的宮殿學校培育自己的學生，並且改革了課綱內容，後來被加洛林時代和之後興起的修道院與教堂學校所仿效。在二千紀之初，教育和學術的黃金時代來臨了。這是很適合當學生的時期。

但，矛盾的是，這也是不適合當學者的時期。在加洛林時期，西方學者雖然受到鼓勵、尊敬、贊助和保護，但是在中世紀初期，基督教拉丁世界卻也變得愈來愈封閉，對其他的宗教信仰、思維模式和權威抱持懷疑態度。由於學者幾乎只出現在修道院和教堂，整個學界也漸漸染上濃烈的基督教色彩，非基督徒或基督教時代以前所寫的著作愈來愈不被信賴。在六世紀，塞維爾的伊西多爾不斷汲取早期教父和希臘羅馬異教徒的著作，但是邁入二千紀之後，這種雜食知識卻不再受到青睞。在六到十一世紀之間，古人的智慧很多都逐漸消失在拉丁世界。希臘語自六世紀始便已經慢慢消失在西方，到了十一世紀，對西方作家來說希臘語如同一種死掉的語言。人們已不認識柏拉圖等重量級哲學家。[9] [18] 知識的閘門要到十二世紀才會再次開啟，重新湧入異教徒的知識。

翻譯與文藝復興

西歐雖然在一千紀末期還不認為自己是個知識落後的地區，但事實是，到了一〇〇〇年，它已經落後世界上其他地方很多了。加洛林王朝位於亞琛的手稿寶庫，分布在法蘭西、英格蘭和日耳曼各地的教堂學校，以

---

[9] 作者註：倘若波愛修斯沒有在五二四年因叛國罪被處死（見第二章），事情可能會很不一樣，因為在他死前，他曾計畫將柏拉圖和亞里斯多德的完整著作翻譯成拉丁文。

及館藏以基督教作家的文本為主的修道院圖書館，這些都很好。可是，造訪過東方阿拉伯和波斯世界裡那些偉大城市的旅人很快就會發覺，真正的知識重鎮其實是在哈里發的領土和伊斯蘭地區。

伊斯蘭教雖然最初是商人的宗教，卻沒有反知識分子。自從七五〇年阿拔斯革命開始，教育就備受尊崇。學者得到慷慨的資助。更關鍵的是，知識和宗教分開，因此東方的基督徒和猶太人，也可以對伊斯蘭帝國的知識體做出很大的貢獻。巴格達的智慧宮⑩等各大圖書館，匯集了數十萬份被翻譯成阿拉伯文的手稿，原文幾乎包含世界上每一種語言。安達魯西亞（Andalusia）的哥多華和塞維爾、波斯的泰西封和貢迪沙布林（Gundeshapur）、敘利亞的埃德薩和尼西比斯（Nisibis）、西西里的巴勒莫（Palermo），全都是教育與學習重鎮。在後來的阿拔斯王朝，穆斯林統治的城市也開始出現宗教學校，最古老的位於非斯（Fez，今天的摩洛哥）的大清真寺，便是九世紀中葉由富商之女法蒂瑪・菲赫里（Fatima al-Fihri）所創立。從規模、分布範圍和求知欲來看，世界上幾乎沒有其他地方比得上伊斯蘭之家的學術機構。從七世紀到十三世紀，這些機構如一串珍珠般，散布在東邊的美索不達米亞和西邊的伊比利半島之間。

這豐富的學術環境孕育了世界史上最偉大的思想家，像是九世紀人稱「代數之父」⑪的波斯數學家花拉子米（al-Khwarizmi）、同時代的天才化學家賈比爾・伊本－哈揚（Jabir ibn-Hayyan）、十一世紀的醫生伊本・西那（Ibn Sina／Avicenna），以及十二世紀的安達魯西亞製圖師穆罕默德・伊德里西（Muhammad al-Idrisi）和哲學家伊本・魯世德（Ibn Rushd／Averroës）。今天，這段時期被稱作伊斯蘭教黃金時代，主要就是因為學術成就輝煌。可是，伊斯蘭世界雖然直接與地中海基督教地區接壤，但累積

---

⑩ 作者註：一二五八年，旭烈兀手下的蒙古人肆無忌憚地摧毀了這座圖書館——參見第九章。
⑪ 作者註：「代數」的英文algebra源自阿拉伯語的「al-jabr」，大略的意思是「統整破碎的各個部分」。

的知識在八到十一世紀之間卻極少傳播到西方。直到進入十二世紀、十字軍時代展開之後，托萊多、哥多華、巴勒莫、安條克等擁有學術社群的伊斯蘭城市被基督徒掌控，而大馬士革、亞歷山大港和巴格達等地也突然變得比以前更容易到達。這時候，阿拉伯和基督教地區之間的學術分界線才開始瓦解，新的和被遺忘已久的知識才從阿拉伯世界湧入西方。

※

十一世紀有位名叫跛腳的赫曼（Hermann the Lame）的本篤會修士，住在波登湖（Lake Constance）賴興瑙島（island of Reichenau）上的修道院（位於今天德國、奧地利和瑞士交界的阿爾卑斯山北部），是這個資訊交換新時代的早期人物之一。赫曼大約生於一○一三年，是個殘疾嚴重的孩子，兩隻手非常虛弱、無法行走、有重度語言障礙，就連在椅子上變換姿勢也需要人協助。[19] 但是，在一○二○年他七歲時，他的父母把他送到賴興瑙修道院。在那裡，儘管（或者正是因為）他的身體患有殘疾，赫曼仍努力學習，成為一個很優秀的學者。他的傳記作者、同時也是他的學徒的賴興瑙的貝托爾德（Berthold of Reichenau）說，赫曼「完全掌握了各門學藝的難點和詩詞格律的精妙」。他跟前人伊西多爾一樣，很容易就跨越歷史、數學和自然科學等各個領域，也是一個很厲害的聖歌作曲家。此外，他的敘事能力更是意料之外地好。貝托爾德發現，雖然赫曼「虛弱的嘴巴、舌頭和嘴唇只能發出破碎、難以辨認的聲音……他卻是一位口才很好又十分勤奮的老師，說起話來非常生動風趣。」[20] 貝托爾德寫到，他也很有耐心、謙遜、貞潔，是素食主義者。他是一個模範學者。

跛腳的赫曼雖在很多領域都如魚得水，但他最愛的其中一個學科是天文學。前面提過，觀星是四術的核心學科之一。計算天體的運行需要高階的數學能力，卻能讓人深入洞察上帝創造的宇宙。這項技能也極為實用，因為天文學家有辦法預測季節變遷、白晝長度以及日光和夜間時數的比例變化，對於生活圍繞在規律的彌撒和日課的修士來說，十分有用。赫曼結

合謹慎的實證觀察和進階的數學計算，以解決跟計時有關的實際問題，除了計算地球的直徑和陰曆確切的長度，也繪製顯示每月天空變化的星圖。

　　整個人類史上，有各種裝置被發明以幫助人們繪製、仿效、追蹤天空中不斷變化的模式，像是薩森石和原子鐘。但是在中世紀，最受歡迎的是一種稱作星盤的機械裝置，通常以金屬或木頭製成，可讓經過訓練的使用者測量恆星和行星的位置、計算當地的時間和緯度。星盤是在西元前二或三世紀由希臘人所發明，在之後的數百年間，拜占庭和阿拉伯的學者也創造了許多不同的版本。對穆斯林而言，星盤有特殊的宗教用途，可以在地球上任何地方協助判定麥加的方向，讓穆斯林正確進行每日的拜功。這好比中世紀的精密GPS系統，被中世紀世界無數個聰明的男男女女研究、改良、更新和書寫。[12]

　　在邁入一○○○年以前，星盤對西方的基督教學者來說是一個謎。但，赫曼住在賴興瑙時，拿到一份不完整的手稿，部分描述了星盤的機制。這份文件不知怎地從哥多華的哈里發國輾轉來到這座小島，可能有經過巴塞隆納北邊約一百公里的里波爾（Ripoll）的聖瑪利亞修道院（monastery of Santa Maria）。這份手稿的作者可能是後來成為教宗思維二世的法蘭西學者歐里亞克的格柏特。無論如何，裡面收錄了伊斯蘭世界為人所知、卻幾乎或完全沒有在阿爾卑斯山和庇里牛斯山以北的地區流通過的科學知識。現在，赫曼得到了獨家內幕。

　　赫曼也充分利用了這些知識。他很會修修補補，擅長「製造時鐘、樂器和機械裝置」，於是憑著手稿上不完全的資訊，便弄清楚了製作星盤的方式。[21] 接著，他重新寫了一份完整的手稿來記錄自己的發現，留給後代參考。這對基督教歐洲而言是意義重大的學術成就，因為在接下來的數百年，星盤將徹底改造計時和航海，最終使葡萄牙人能夠進行海洋探險，

---

[12] 作者註：喬叟是其中一人，在十四世紀特地寫了一本相關著作《星盤專著》（*Treatise on the Astrolabe*），為兒子描述星盤的功用。

開啟前往新世界的入口。在十一世紀當下，赫曼對星盤所做的研究同樣意義非凡，象徵了一場科學革命的來臨。在赫曼的時代，伊斯蘭的學術知識才剛剛開始傳遞到基督教世界，所以他對星盤所做的研究極為不尋常。然而，不到幾個世代，類似赫曼的作品將蔚為風潮。在新的資訊傳遞網絡驅使下，歐洲基督教學術圈即將迎來一場劇變。

※

　　跛腳的赫曼在賴興瑙鑽研星盤後，過了幾乎剛好一百年後，另一位天賦異稟的學者出發前往阿拉伯世界的學識心臟地帶。他是克雷莫納的傑拉德（Gerard of Cremona），在義大利北部誕生、成長、受教育。傑拉德跟赫曼一樣對天體的運行很有興趣，一生花了很多時間研究天文。但跟因為身體狀況而必須留在修道院足不出戶的赫曼不一樣的是，傑拉德認為自己若想成為一位真正的學者，就必須踏出去尋找新領域。他特別渴望拜讀偉大的古典科學家托勒密的著作，而托勒密是羅馬帝國的公民，住在二世紀的亞歷山大港，以希臘文寫作。托勒密在天文學方面寫了一部重要著作《天文學大成》（Almagest），描繪一個使用數學原理計算過的太陽系模型，將地球置於太陽系中央，被行星、月亮和太陽所圍繞。當然，我們現在知道這樣的模型是錯的，但這個理論卻主導古人的科學思維超過千年，直到中世紀結束為止。所以，在傑拉德的時代並不存在更好的權威著作。

　　在一一〇〇年代傑拉德開始對天文學感興趣時，西方人只有間接聽說《天文學大成》，而且這本書沒有拉丁文譯本。不過，此書倒是有被翻成阿拉伯文。湊巧的是，有一位西方統治者剛好得到了大量、過去不曾流傳到西方的阿拉伯文獻。一〇八五年，收復失地運動的卡斯提亞和萊昂國王阿方索六世，將托萊多從穆斯林手中搶了過來。這座城市曾經是奧米雅王朝統治的安達魯西亞地區最宏偉的城市之一，擁有許多圖書館，裡面收錄了歐洲其他地方都找不到的古典文獻的阿拉伯譯本。因此，一一四〇年代，克雷莫納的傑拉德從義大利搬到卡斯提亞，前往托萊多。他一到當地就馬

上開始工作，學習阿拉伯語，並加入一個學術社群，跟著其他學者一起把這座城市的圖書館收藏的寶藏，翻成西方各地的人都看得懂的語言。

在托萊多的這段期間，傑拉德翻譯了將近一百份重要的科學研究。他耗費了很多時間與心力完成了《天文學大成》的權威譯本，而這也是中世紀主要流通的標準譯本。他也翻譯了阿基米德和歐幾里得等希臘大人物的數學專著，還有不少穆斯林天文學家的原創著作，像是九世紀的數學家兼土木工程師法甘哈尼（al-Farghani）以及十世紀的哲學家兼法律作家法拉比（al-Farabi）。此外，他也翻過受人尊崇的醫學專家拉齊（al-Razi）和人稱「光學之父」的物理學家伊本‧海什木（ibn al-Haytham）的作品。他在托萊多一直待到一一八七年過世，那時他的譯著已經大大提高了這座城市急遽增長的名聲。根據在傑拉德人生高峰期跟他見過面一起談論天文學的英格蘭哲學家莫雷的丹尼爾（Daniel of Morley）所說，十二世紀晚期的托萊多住了「全世界最有智慧的哲學家們」。[22]

哲學家們。這裡點出了一個很重要的事實，那就是克雷莫納的傑拉德從來就不孤單，而是一個忙碌學術社群的一分子。這個社群所有的成員都熱切地將西方人遺失了好幾百年的文本翻譯成拉丁文和加泰隆尼亞語：一個名叫克頓的羅伯特（Robert of Ketton）的英格蘭人，到卡斯提亞本來是要鑽研數學和天文學，最後卻翻譯了伊斯蘭教的宗教文本，包含《可蘭經》和一部講述早期哈里發事蹟的編年史；另一個也叫傑拉德的義大利學者翻譯了伊本‧西那的著作，包括他的醫學百科全書巨作《醫典》（*Canon of Medicine*）；一個只被稱作蘇格蘭人邁克爾（Michael Scot）的人翻譯了亞里斯多德和伊本‧魯世德等作家的著作，之後獲得了神聖羅馬皇帝腓特烈二世的大量贊助並得到一個宮中官職，只因為皇帝畢生對科學、數學和哲學懷有極大熱忱、好奇心永遠不滿足。[13] 另一方面，托萊多也是猶太學者大放異彩的地方。在人稱智者的卡斯提亞國王阿方索十世（Alfonso X）的啟蒙統治期，他特別照顧托萊多的翻譯家，包括大量猶太人，鼓勵他們盡可能地把文獻翻譯成卡斯提亞的方言，而非拉丁文。在這個過程中，他和

這些譯者為西班牙語奠定了根基，直到今天，全世界共有約五億人說這個語言。托萊多的譯者們一邊翻譯，也一邊為中世紀全盛期爆發的西方思想新時代創造了文獻基礎。

這場翻譯運動是一個關鍵的歷史事件，迎來了歷史學家所謂的「十二世紀文藝復興」時期。[23] 古典著作重返西方的主流思潮後，撼動了各個思想場域，劇烈改變哲學、神學和法學等學術領域，而若沒有像克雷莫納的傑拉德這樣的人，這一切就不可能發生。不過，這些改變對現實世界也有發揮實際影響，因為在新知的基礎下科技得以發展，並秉持著這個令人興奮的新科學時代的精神，進入了一般人的生活中。

傳統的研究重鎮──也就是修道院和教堂學校──在十二世紀產出了大量書籍。這些書有很多都是仔細被抄寫成拉丁文副本的古代文獻，包括《聖經》、教父的著作、教會需要用到的禮拜書，還有波愛修斯、塞維爾的伊西多爾，以及在八世紀初撰寫《英吉利教會史》的北英格蘭修士兼歷史學家比德的著作。然而，除了這些文本之外，現在還出現了亞里斯多德、歐幾里得、蓋倫（Galen）和普羅克洛（Proclus）的作品。維吉爾、奧維德、盧坎（Lucan）、泰倫提烏斯（Terence）等羅馬詩人，以及西塞羅、加圖、塞內卡（Seneca）等羅馬雄辯家的著作當然不需要翻譯，但是人們對這些先賢的作品重拾了興趣，中世紀的文法家開始抄寫、鑽研這些文獻，認真分析古拉丁文，並根據自己的發現撰寫技術性的語言學手冊。[24]

古代文獻湧入西方圖書館的同時，學術研究和創意寫作的趨勢也跟著

---

⑬ 作者註：腓特烈二世對學術領域的興趣可是出了名的，他曾跟埃及蘇丹卡米爾交換數學題目、撰寫自然科學的相關著作，義大利編年史家薩林貝內・亞當（Salimbene di Adam）還說他會在宮廷做一些古怪且有時非常殘忍的實證實驗：據說他曾經把一個人放在大桶子裡活活餓死，希望能夠目睹靈魂離開肉身的那一瞬間；還有一次，他讓兩個人吃一模一樣的餐食，然後叫他們去做不同的事，接著殺死他們，檢查他們胃裡的東西；又有一次，他命令屬下撫養一對雙胞胎嬰兒，但是完全不跟他們說話或費心照料他們，想看看他們會不會說伊甸園的原始人類語言，結果雙胞胎因為被疏忽而死。

轉變。在神學和哲學領域，亞里斯多德的思想帶動了經院哲學的興起。經院哲學是《聖經》研究的一種方法，強調邏輯性的推論，鼓勵讀者深入審視文本內容，藉由推理和架構完整的論點釐清矛盾和不一致處。一個名叫倫巴底人彼得（Peter Lombard，一一六〇年逝世）的巴黎學者便秉持著知識彙編與審視的精神撰寫了《四部語錄》（Sentences）一書，收集大量的《聖經》段落和其他教會權威人士的支持論點，以創世和三位一體等根本面的基督教主題排序書中內容。《四部語錄》在一一五〇年左右成書後，便成為所有神學院學生的必讀教科書，直到中世紀結束為止。湯瑪斯・阿奎那（Thomas Aquinas，見下文）、鄧斯・司各脫（Duns Scotus）和奧坎的威廉（William of Ockham）等後來的偉大中世紀學者全都會以撰寫《四部語錄》的評論做為學術生涯的開端，而任何一位神學家都必須好好鑽研這部作品，才敢稱自己為大師。

　　不過，在十二世紀轉變的不只有高不可攀的學術論述。在這段時期，沒那麼抽象的領域也出現了很多相關著作，尤其是羅曼史和歷史。我們在第七章便說過，十二世紀冒出了大量騎士羅曼史和史詩敘事，其中有很多在中世紀全盛期誕生、普及的故事，在主題和情節上都可回溯到古典時期。雅典和羅馬的偉大角色被譯者從後世的迷霧中拯救出來，啟發了封邑領主廳堂上的爐邊故事，或吟遊詩人在各地旅行時撰寫的詩歌。

　　同一時間，撰寫有關古代或當代政治事件的宏偉編年史也成為一股新風潮。十一世紀最早對星盤產生興趣的跛腳的赫曼便寫了一部史詩級史書，描述從基督誕生到赫曼的時代所發生的千年歷史，特別聚焦在後面幾章的日耳曼事務以及皇帝和教宗之間的爭執。這部編年史在他死後由友人賴興瑙的貝托爾德接手完成。之後還有許多人會跟隨他的腳步。十二和十三世紀，傳記、遊記，和關於理想政府的專著等文類，跟著歷史傳統一同大鳴大放。

　　英格蘭學者、同時也是宮廷朝臣的威爾斯的傑拉德，他也寫了很多學識淵博、有時相當爆笑的著作，描述自己在威爾斯和愛爾蘭的旅遊見聞以

及在英格蘭宮廷的經歷；由多位作者合著的《法蘭西大編年史》（*Grandes Chroniques de France*）於十三世紀在法蘭西的聖但尼修道院編纂而成，也是一個很了不起的成就，將中世紀早期的文獻從拉丁文翻成法文，講述從（書中主張的）特洛伊人西遷到路易九世（當初決定著手進行這項史書計畫的人）當政之間，法蘭西和法蘭西國王經歷的宏偉歷史；最後，整個中世紀最偉大的編年史家，莫過於十三世紀的修士馬修·帕里（Matthew Paris），他來自英格蘭以學術聞名的聖奧爾本修道院（monastery of St Albans），寫有一部英格蘭史著作，從創世一路講述到當時的國王亨利三世的豐功偉業，並手繪了許多華美的插圖和地圖。

除此之外，科學和文學以外的領域也有不少發展。在十二世紀來到西方的不只有星盤。一一八〇年代之後，風車開始出現在歐洲各地，這項裝置使用我們現在所謂的「再生能源」把玉米磨成粉，但這卻需要龐大的數學工程才能建造；[25] 新型的時鐘被發明出來，使用水力或重力進行驅動，在不根據日光量加長或縮短時間的情況下標示時間。從十三世紀以降，英格蘭人羅傑·培根（Roger Bacon）等學者開始記錄火藥的配方，這項發明最終會成為讓中世紀畫下句點的象徵。上述這些以及其他許多沒有提及的發明，都是在重新出現活力的十二世紀問世，而這一切的根源就是教育、學術和研究——雖然主要還是教會人士的專利，但跟修道院以外的世俗世界產生連結的程度，卻也比從前還大。

大學的興起

十二世紀初的典型學者通常是一個天資聰穎的人，通常是在修道院或教堂學校進行研究，會到處遊歷，與其他思想家和作家交流，但是他們隸屬的機構唯一的目的卻不是單純追求知識。像這樣的人有：日耳曼女修道院院長賓根的赫德嘉（Hildegard of Bingen），她是一個聰慧的修女，經常得到驚人的神聖異象，曾為許多禮拜音樂作曲，並著有大量的道德劇以

及醫學、自然科學、健康、草藥學和神學方面的小本子；為了追求知識從英格蘭西南部的家鄉到法蘭西、西西里、安條克和小亞細亞內陸旅行的巴斯的阿德拉德（Adelard of Bath）；十二世紀一名比薩商人的兒子斐波那契（Leonardo "Fibonacci"），他在親眼看見人們使用印度－阿拉伯數字⑭後，便學會了這套系統，並在地中海四處經商時善加利用，收效很好。

這些人都是很偉大的思想家。但，有另一種學者在後來的中世紀成為學術圈的主角，他們既不是自由業的修士或修女，也不是四處遊蕩的商人，而是院士，隸屬於純粹以學習、辯論、研究和教學為主要活動的社群，並活動於十一到十四世紀在西方各地建立起來的各所大學。

根據傳統，西方的第一所大學建立於義大利北部的波隆那。十一世紀晚期的波隆那夾在兩大勢力之間，北邊有阿爾卑斯山和神聖羅馬帝國皇帝統治的領土，南邊則有教宗國。在中世紀後期，教宗和皇帝幾乎沒有不拌嘴的時候，所以從十世紀起，波隆那開始吸引專精教會法或民法的律師來此，因為這個地方很適合招攬生意。

波隆那大學創立的時間通常被認為是一〇八八年，雖然這可能只是慣例說法，不一定是確鑿的事實，但是可以肯定的是，大概從這一年之後，法律學生在這裡確實有不少東西可以鑽研。除了在皇帝和教宗互相廝殺時進行調解和訴訟等實際業務之外，偉大的拜占庭皇帝查士丁尼的《法學摘要》，也在一〇七〇年代被重新發現，讓義大利北部的法學家極為興奮。我們在第三章說過，《法學摘要》在完成的當下是一項非常巨大的法律成就，跟《查士丁尼法典》和《法學彙編》一樣，為六世紀的法學家所理解的羅馬法提供了具權威性的方針。現在，到了十一世紀的尾聲，這些內容龐雜的法律文本則提供了關於正義與治國的誘人新觀點。但是，要讓這一切適

---

⑭ 作者註：也就是使用數字 0 到 9 做為占位符，而非使用不靈便的羅馬數字進行計算。

用於長達五百五十年且轉變後的世界，就需要先進行分析、評論與詮釋。因此，法律學生有很多可以研究，而自願者從不匱乏。

在一〇八〇年代，一個名叫伊爾內留斯（Irnerius）的波隆那法學家開始「評注」羅馬法（也就是把法律條文抄下來，然後在行與行之間或邊緣空白處添加自己的評論），並針對羅馬法的許多不同面向發表演講。一〇八四年，伊爾內留斯創立一所法學校，漸漸吸引了歐洲各地的學生。不到一個世代，波隆那就變成西方接受法學訓練最好的地方，伊爾內留斯也將自己的學術知識應用在政治圈，服務神聖羅馬帝國皇帝亨利五世。由於教宗巴斯加二世（Paschal II）在一一一八年過世後，亨利五世推舉自己的候選人繼承，但是全體樞機主教都堅決反對。在接下來的政治角力中，亨利五世聘請伊爾內留斯準備法律論點，要捍衛自己身為皇帝的權利以及他所推舉的反教宗額我略十世（Gregory X）的合法性。雖然亨利五世最後輸了（額我略十世被羅馬教宗加理多二世〔Calixtus II〕開除教籍，最後被抓起來囚禁在修道院，直到死去），但是他雇用伊爾內留斯的這點，證實了波隆那法學家是受到多大的推崇。這樣的聲譽及在同一地方聚集那麼多律師，就是後來波隆那大學的基礎。

波隆那變成大學的機制，實質上就跟工會化的過程一樣。由於從十一世紀以降，波隆那的法律學者很多——可能大部分——都不是當地公民，因此他們不享有公民的完整權利，還得受到對外國人施加的各種法律義務所約束。來自不同國家的人只要住在波隆那，就被視為一個整體，其中一個成員若違反該城市的法律或欠錢不還，所有成員就會集體受罰，即法律上所謂的「報復權」概念。為抵制這點，十一世紀的波隆那學生開始組成互助團體，稱作「學者工會」（universitas scholarium），而這個工會又可以發揮研究中心的功能。這些學生集合在一起，跟波隆那當局協議整個團體的權利和自由，間接威脅如果他們沒有得到想要的結果，就會全體離開這座城市，讓波隆那沒有關稅可收。學生們也發現，團結起來比較方便跟老師協商，除了決定他們想學什麼、講師應該拿到多少薪水，還能責備或開

除教學品質劣等或說了不受歡迎言論的教授。這個非正式的學生協會過了一段時間才被認可為真正的機構：一一五八年，神聖羅馬帝國皇帝腓特烈一世才頒布所謂的《真實居住》（*Authentica Habita*）法律，授予波隆那和其他地方的法律學生永久的特權和權利。[26] 不過，中世紀大學的基本特徵很早就出現了，很快就會在歐洲各地沿用。

古典學習的閘門在十二世紀開啟後，愈來愈多市鎮出現一群群互助、組成團體、為自己爭取制度權利的學生，就像波隆那的學者一樣。一〇九六年之後，住在牛津這個英格蘭小聚落的院士開始招收學生；一一五〇年左右，巴黎有一群師生從聖母院的教堂學校分離出來，建立了五十年後被視為大學的機構。這兩個顯赫的機構（今天的牛津大學和口語上統稱為索邦大學的十一所不同的巴黎大學）的命運，打從一開始就密不可分。金雀花王朝的國王亨利二世與卡佩王朝的國王路易七世在位時，英法兩國一直在進行政治角力，結果讓牛津受益良多：一一六七年，這兩位君主關係特別糟糕，亨利二世因此下令所有的英格蘭學者離開巴黎，這些學者有許多人便跨越英吉利海峽，沿著泰晤士河河谷遷移到牛津定居，大大促進了當地的學術資歷與發展。

不僅如此。一一三〇年代，位於卡斯提亞－萊昂地區托爾梅斯河（river Tormes）河畔的美麗主教座堂城市薩拉曼卡（Salamanca）出現了一所大學；十三世紀初，波隆那大學心有不滿的師生往北遷移一百二十公里，在巴都亞設立新的大學；差不多同一個時間，牛津發生的暴動事件讓一群緊張害怕的學者在一二〇九年匆匆逃到英格蘭東部較為安全的東盎格利亞沼澤區邊緣，成為劍橋大學的第一批學者；義大利南部擅長解剖和醫學的專家聚集在薩萊諾（Salerno），在這裡建立了歐洲首屈一指的醫學院；一二九〇年，葡萄牙的詩人國王迪尼什一世（Dinis of Portugal）准許在孔布拉（Coimbra）創立大學。還有許許多多間大學如雨後春筍般出現在義大利、伊比利半島、法蘭西和英格蘭各地。十四世紀時，大學也開始出

現在這四個地方以外的地區：愛爾蘭人可以去都柏林念大學；波希米亞人去布拉格；波蘭人去克拉科夫；匈牙利人去佩奇（Pécs）；阿爾巴尼亞人去都拉斯（Durrës）；日耳曼人去海德堡或科隆。這些遙遠又多元的機構通常被稱作「通識研究中心」（Studium Generale），教授人文學科以及神學、法學和醫學其中一科或多科。打從一開始，大學之間就存在一種國際精神，學生和院士可往返不同的大學，只要在一間大學得到學位或教學資格，在其他大學都會被承認。擁有存在於一般法之外紀律規範的學者，成群結隊走在一起，穿著獨特的神職服裝，這樣的畫面在西方各地數十座的「大學城」變得十分常見。學者的時代來臨了。想要了解大學能為聰明的年輕人帶來什麼樣的機會，最好的方法就是花點時間檢視整個中世紀最出名的學者的學術生涯，即湯瑪斯・阿奎那。

阿奎那是十三世紀最偉大的基督教學者，並且也常常被說是西方有史以來最偉大的學者之一。他在一二三一年大約五歲時，就被父母送到卡西諾山修道院（monastery of Monte Cassino）受教育。曾經由聖本篤擔任院長的這間修道院，現在是由阿奎那的叔叔西尼巴爾德（Sinibald）負責，因此他的家族有可能希望阿奎那長大後能夠接管。可是，阿奎那的心思卻放在其他更宏大的事物上。有大概十年左右，他都在極為傳統的修道院環境中潛心念書，但是到了十五歲左右快要成年時，他卻決定轉換跑道。他向卡西諾山的同儕宣布，他要離開這間修道院，去加入卡斯提亞神父道明・古茲曼（Dominic de Guzman）在一二一六年新成立的道明會修士。[15]

要成為道明會修士，就得一輩子致力在更廣大的社群中布道和教學，並透過私下密集的學習和禱告來支撐。想當個成就非凡的道明會修士，必須接受最前端的高等教育。因此，阿奎那也透露自己將搬到那不勒斯新

---

⑮ 作者註：道明會修士因為身穿黑色長袍而被稱作「黑衣修士」（Blackfriars），有別於方濟各會的「灰衣修士」和加爾默羅會（Carmelite）的「白衣修士」（Whitefriars）。

設立的大學，這所大學是皇帝腓特烈二世近期創立，以做為看來極度反帝制的波隆那大學的對手。阿奎那的家人很不高興，因為在他們的眼裡，學生似乎都活在自己的世界，而修士更是如此，整天過著無所事事、誇誇其談的日子。所以，他們雖然讓他走，之後卻想盡各種方法要打消他的念頭或轉移他的注意。有一次，他們甚至把他從那不勒斯強行帶走，整年關在他們位於羅卡塞卡（Roccasecca）的城堡。期間，他的兄弟為了檢驗他身為道明會修士的資格，還雇用妓女企圖引誘他。[27] 然而，對阿奎那而言，書本的氣味比娼妓內褲的香水味誘人太多了。他頑固地堅持自己的決定，所以過了一段時間後，他的家人就妥協了，讓他重回道明會和研究。一二四五年，同儕要他離開義大利到北方的巴黎大學，他將在那裡展開學術生涯，為上帝帶來榮耀。[28]

阿奎那的生涯並沒有完美的開始。安靜沉默的他，被早期的學生和同僚取了「笨牛」的綽號。可是，他雖然外表害羞靦腆，骨子裡卻非常聰明，受到來自巴伐利亞的神學教授、同為道明會修士的艾爾伯圖斯・麥格努斯（Albertus Magnus）教員所信任。在巴黎短暫待了一陣子後，艾爾伯圖斯帶阿奎那到家鄉科隆的大學。阿奎那在那裡擔任初級教授四年，一邊講授《聖經》，一邊繼續研究。一二五二年，他回巴黎攻讀神學，並在一二五六年完成院士學位，獲得攝政院士的頭銜，有教學的義務。現在，他在巴黎的神學院和整個西方大學體系中都取得了成功。成熟的學術生涯在他眼前展開。

阿奎那擔任資深學者的時間其實相對而言算短，不到二十年，但在這段期間他卻產出了非常可觀的作品。他最了不起的著作為《神學大全》（Summa Theologiae）這本鉅著，目的是要介紹及辯護整個基督信仰，對象是我們現在所說的大學生，不過一般讀者也適合閱讀。[29]《神學大全》探討了從世界的本質到道德、美德、罪惡和聖餐儀式等各式各樣的主題，至今仍是神學院學生和神職人員候選人的必讀文本。此外，阿奎那也有針對中世紀晚期的神學所觸及的各種議題撰寫篇幅長短不一的小本子，包括

自然科學、哲學、經濟學、倫理學和魔法。他曾撰寫《聖經》注釋，並針對其他神學家和哲學家的作品寫下註解，如波愛修斯的著作和倫巴底人彼得的《四部語錄》（當時每位大學生閱讀清單的第一本書）。他一邊研究一邊旅行，曾離開巴黎數年，除了重返那不勒斯，也造訪了奧爾維耶托（Orvieto）和羅馬。他也沒有忽視身為道明會修士的職責，會布道與傳教，把自己所學的某些面向傳遞給廣大民眾。

阿奎那是一位採取「經院哲學」研究方法的學者，透過架構高度明確的論點（也就是「辯證邏輯」）來解決知識難題。但更重要的是，他是自塞維爾的伊西多爾以來，認為古代異教徒的智慧結晶可以補充基督教神學的學者當中最偉大的一人。阿奎那閱讀並吸收了亞里斯多德的思想（為他的《形上學》等著作寫過評注），將他對亞里斯多德哲學的認識應用在《聖經》的分析與闡釋上。這有時並不容易。一二一〇年，巴黎大學曾試圖禁止神學院教職員使用亞里斯多德的作品，並在接下來幾年多次抵制異教徒作家。阿奎那巧妙地避開了這些禁令。他也會閱讀後期的非基督教學者所寫的作品，像是博學的穆斯林伊本·魯世德和十二世紀生於哥多華的猶太哲學家邁蒙尼德（Maimonides）。除此之外，阿奎那在生命最後的歲月還經歷過神聖異象。這些異象使他相信應該要停止撰寫《神學大全》，所以他在一二七四年四十四歲去世時，這部傑作才會沒有完成。不過，正因為有了這些異象，他才稱得上是完美、完整的中世紀基督教知識分子：他對基督教的經典和評注理解深刻；他有囊括異教徒和基督徒著作的知識廣度；他跟神域也有私人連結。難怪，阿奎那在十六世紀被列為教會聖師之一，是繼被封為聖人的教宗額我略一世之後第一個獲得此尊稱的人。[16] [17]

---

[16] 作者註：最初的四位教會聖師為額我略一世、聖安博、聖奧古斯丁和聖耶柔米。湯瑪斯·阿奎那在一五六七年被列為教會聖師。本書寫作之時，教會聖師共有三十六位，包括塞維爾的伊西多爾、比德、賓根的赫德嘉和阿奎那的導師艾爾伯努斯·麥格努斯。最近一次在二〇一五年被封為教會聖師的人物，是十世紀的亞美尼亞神祕主義詩人兼修士納雷科的聖額我略（St Gregory of Narek），賜予他這個地位的是教宗方濟各一世（Francis I）。

[17] 編按：二〇二二年又有一位教會人物被列為教會聖師——里昂的聖依勒內（St. Irenaeus）。

除了因為撰寫了那些歷久彌新的重要神學著作之外，阿奎那的生涯之所以重要，是因為它代表十三世紀歐洲大學知識活動的縮影。他獲得了中世紀全盛期學問大復甦的甜美果實。但是同一時間，我們也可以稱阿奎那為一名「純粹」的學者。他的一生大部分都在大學裡閱讀、寫作、教書和講道。身為道明會修士，他並沒有關在象牙塔裡，但也沒有涉足骯髒的政治。把知識界和政治界連結在一起的是同時代的其他人，這些人才能展現在學院裡發展或行使的權力是如何形塑外在的世界。

✳

　　由於大學通常是靠近政治首都的城市，不意外地成為了招募公僕和大臣的好地方。如果不是這樣反而很奇怪，畢竟到了十四世紀初，牛津大學已經有一千六百名左右的成員，劍橋的人數大概是一半，而巴黎則比那多上許多。[30] 在這些聰明人當中，自然有些人是比較重視效率且具世俗傾向，很適合被世俗社會挖角。

　　在這一章的開頭，我們曾經提到心狠手辣的諾加雷特，他是一位法蘭西法學家，後來成為腓力四世的政治殺手，促成了一三〇七至一三一二年間的聖殿騎士團審判。諾加雷特不是特例。他在一三一三年去世之後，過了幾年，畢業於家鄉巴都亞的大學、在巴黎大學擔任院長的義大利醫生巴都亞的馬西略（Marsilius of Padua）也捲入世俗君主與教宗之間的糾紛，因為他被招募到跟教宗若望二十二世（John XXII）不和的神聖羅馬當選皇帝巴伐利亞的路德維希（Ludwig of Bavaria）的宮廷中，成為擁護皇帝的知識分子。跟馬西略一起進宮的，有著名的牛津學者兼哲學家奧坎的威廉（他最為人所知的成就，是提出了「奧坎剃刀」〔Ockham's Razor〕哲學原則），這兩位認真的學者，在皇帝和教宗永不止息的鬥爭時，發揮了跟軍隊武器一樣重要的功能。

　　十二世紀時，一個曾經在波隆那學法律、巴黎學神學的不列塔尼人布盧瓦的彼得（Peter of Blois）也有一個非常活躍的政治生涯。他原本是年

幼的西西里國王古列爾莫二世（Guglielmo II）的家庭教師和照顧者，後來在一場平民發起的暴動中被趕出這座島。之後，他便到英格蘭擔任金雀花王朝亨利二世的外交使節，在英格蘭、法蘭西和教宗的關係特別緊張的時候，周旋在三者之間。有一次，彼得還接下一項特別棘手的任務，要負責寫信斥責領導叛變對抗亨利二世的英格蘭王后亞奎丹的艾莉諾，告訴她：「妳要是不回到丈夫身邊，就會變成一場大災難的主因。現在雖然只有妳一個人沒有善盡職責，妳的行為卻會毀了王國內的每一個人。」[31]

布盧瓦的彼得絕對不是唯一一個被捲入天翻地覆的金雀花政壇的學者。一一六〇年代擔任亨利二世重要朝臣之一的湯瑪斯‧貝克特（Thomas Becket），曾在薩里的默頓修道院（Merton Priory）學習三學四術，可能也有在倫敦聖保羅座堂附屬的文法學校念過書，他的父親在一一三〇年代晚期這個不巧的時機破產了，因此他沒辦法到巴黎大學攻讀神學院高等學位，被迫接下小職員的工作。這樣的遭遇讓貝克特留下很大的創傷，使他變得非常怨天尤人，導致他一一六〇年代被亨利二世提拔為坎特伯雷大主教（這件事引起很大的爭議）之後，出現了悲劇的後果。他強烈地感覺自己的教育背景不如人，而忘了對國王的責任心，為了彌補自卑感，他變成一個令人不快又礙手礙腳的主教，處處阻撓亨利二世掌控英格蘭教會的野心，最後被亨利二世間接下令殺害，於一一七〇年聖誕節死在坎特伯雷大教堂內。要是他有想辦法繼續進修，化解自己在學歷這方面的疙瘩，他的下場可能不會是這樣。不過，他還是有可能出現這樣的結局，就像另一個金雀花王朝的大主教所經歷的那樣：在英格蘭出生的樞機主教和學者斯德望‧朗頓曾經是巴黎大學神學院的巨星，在那裡完成了《聖經》的分章，讓我們今天仍能方便快速地找到《聖經》的文本內容。然而，他在亨利二世的兒子約翰王在位時，被教宗依諾增爵三世任命為坎特伯雷大主教，結果出現政治上的大麻煩。約翰王強烈反對朗頓擔任大主教，於是跟羅馬陷入一場驚天動地的爭執，導致英格蘭被禁止舉行宗教儀式整整六年，約翰王自己也遭開除教籍。

當然，並不是所有中世紀學者被拖出大學後，都被丟入大亂鬥之中。十二世紀時，偉大的十字軍運動編年史家、同時也是泰爾大主教（archbishop of Tyre）的威廉在巴黎和波隆那學習後，便回到聖地的故鄉，在受癲癇所苦的國王鮑德溫四世登基前擔任他的家庭教師，在他即位後又成為他的大臣；十三世紀的義大利醫生米蘭的蘭弗朗克（Lanfranc of Milan）在一二九〇年代因政治動盪被迫離開義大利，逃難到巴黎大學，在那裡完成了日後將成為中世紀最重要醫學教科書的著作《大外科書》（*Chirurgia Magna*）。[18] 然而，大學的興起所帶來最重大（雖然這不是大學創立的本意）的其中一個結果是，原本為了促進嚴肅正經的研究而創造的機構，最後變成政治人物的教育門檻。[19] 到了十六世紀，大學學歷幾乎已經成了進入公職的必備資格，就跟今天一樣。

另一方面，大學也成了另一個現象發生的地點，直到今天仍令人非常熟悉：它們變成定義和判定異端的場所。當時，異端不只是不對，還是違法，可能遭受羞辱、流放、甚至死刑。

中世紀「覺醒了」

中世紀大學跟今天的大學一樣，可以做出很先進的研究，也可以審查得很嚴格，而且常常兩者並行。例如，波隆那大學是第一所聘請女性講師的大學，他們在一二三〇年代晚期雇用了貝蒂西亞‧戈扎迪尼（Bettisia Gozzadini）教法律（雖然她的臉必須用面紗遮住），為其他女性開創先鋒，像是十四世紀時分別在波隆那和巴都亞教法律的諾維拉和貝蒂娜‧安

---

[18] 作者註：當時還有一位偉大的醫學作家薩萊諾的特洛塔（Trota of Salerno），她是義大利南部的外科專家，曾撰寫有關女性醫學的內容，收錄在由多個作者合著的《女性疾病》（*Trotula*）一書，在中世紀後期廣傳於歐洲各地。

[19] 作者註：今天仍是如此。

德利亞（Novella and Bettina d'Andrea）兩姊妹；一二二九年，巴黎大學學生為了捍衛自己免受當局監督的權利，舉行示威遊行；[20] 我們在第十六章也會看到，馬丁‧路德就是在十五世紀就讀埃爾富特大學（University of Erfurt）時開始質疑現有秩序，引爆重大的宗教與文化動盪，史稱宗教改革。這些全都用不同的方式表達了一種知識獨立的精神，至今仍是西方高等教育的主宰理念。然而，中世紀的大學雖然是激進思想聚集之處，人們不時重新檢視存在已久的正統觀念，這裡卻也經常為了維護普遍的虔誠而扼殺、禁止言論自由。

打從十二世紀文藝復興開始之時，大學內外就有一些位高權重的人物發現，這個探求知識的新風氣可以帶來益處，卻也可能帶來威脅。格萊福的伯納德便是其中一人。他所隸屬的熙篤會，從定義上來說就反對書本學習。身為神祕主義者、非學者的伯納德，對於任何無法無條件崇敬《聖經》的研究體系特別感冒。他在一一三〇年代晚期指控布列塔尼神學家彼得‧阿伯拉爾是異端，就是他藐視這股學習新潮流的最佳證明。

阿伯拉爾是當時最偉大的學者。在哲學方面，他試圖回答令人傷腦筋的共相問題，也就是關於語言和物體之間的關係這個備受爭論的議題；在神學方面，他將亞里斯多德的邏輯推論跟《聖經》研究完美結合，並協助發展靈薄獄（doctrine of Limbo）這個天主教教義，也就是未受洗的嬰兒等不幸的靈魂死後前往的地方。他還是一個天賦異稟的音樂家和詩人。但，他也是個爭議人物，去世之時甚至可說是惡名昭彰。年輕的阿伯拉爾在巴黎聖母院的教堂學校任職時，曾有一段醜聞。一一一五至一一一六年，他接下一份兼職工作，擔任一個名叫愛洛依絲的少女（一位詠禮司鐸的侄

---

[20] 作者註：這對所有當事人來說都不是一件好事：學生和巴黎市民之間在一二二九年大齋期之初爆發的酒醉打架事件，導致學生被要求受到世俗法庭而非教會法庭的懲罰；數名學生被尋仇的城市守衛殺害；全體學生不出席講課整整兩年，直到教宗頒布詔書保障他們的權利為止。

女）的家教，卻在期間誘惑她、害她懷孕（她後來生下一子，取名為「星盤」[21]），娶了她，然後送她到一間修女院。愛洛依絲的叔伯大發雷霆，將阿伯拉爾殘忍地閹割了。阿伯拉爾還算幸運，在這場磨難中活了下來，之後便跑到聖但尼修道院當修士。可是，因為他屢次做出刻意挑釁的言行，惹惱其他修士，後來也被迫離開那裡。有一段時間，他過著四處遊蕩的隱士生活，在巴黎街頭公開發表神學演講。同一時間，阿伯拉爾使用亞里斯多德的推論方法，寫了一些十分卓越但挑戰權威的書籍和專著，作品中常做出一些可以被視為異端的結論。到了一一三〇年代晚期，他已經被公開判為異端一次（在一一二一年的時候）。那次，他被迫燒掉自己的一部演講集，今天稱作《好君權的神學》（*Theologia "Summi Boni"*）。

伯納德完全無法接受阿伯拉爾的研究方法和神學觀點，於是在一一四〇年強力要求再次將阿伯拉爾控訴為異端。他逼阿伯拉爾離開巴黎，在某一次宗教會議上譴責他的論點，並請求教宗將羅馬的責難加到裁決中。要是克呂尼修道院的院長可敬者彼得沒有收容阿伯拉爾（見第六章），很難知道伯納德還會祭出什麼手段。但是，伯納德還是重創了阿伯拉爾，讓他在一一四二年抑鬱而死。那個年代最創新的思想家和最有風範的老師就這樣毀於一旦，他的名聲不只在生前變壞，還延續好幾個世代。未來的異端獵人也有了一套可以依循的教戰手冊。在中世紀晚期的學術圈，將出現不少像這樣的異端獵人。

一二七七年，巴黎主教埃蒂安・坦皮埃爾（Etienne Tempier）頒布了官方敕令，揚言巴黎大學裡凡是抱持或教授兩百一十九項錯誤觀點當中任

---

[21] 作者註：給自己的小孩取奇怪的科學名字這種事不只發生在中世紀。今天，月球單位・扎帕（Moon Unit Zappa）或馬斯克跟格萊姆斯所生的小孩 X Æ A-12・馬斯克都是類似的例子。

何一項的人，都要被開除教籍。坦皮埃爾為什麼選擇在這個時候定下這個罪名、他又認為巴黎大學有哪些學者在敗壞自己及身邊那些學生和院士的心靈，我們已無從得知。[32] 但，他其實是在依循一個超過半世紀以前的學術審查實例。一二一〇年，這間大學也有一群藝術學科的學者，因為讀太多亞里斯多德的作品而被官方譴責。（這位偉大的希臘哲學家有不少作品被正式禁止，其他對他加以評論的古代和現代學者也是。）

一二七〇年，坦皮埃爾重申禁令，明確挑出亞里斯多德一些觀點，規定從此以後不准有人宣揚。所以，這位主教在一二七七年提出的不僅是一個存在已久的思想箝制政策，也是一個顯然不怎麼成功的審查規範，因為倘若巴黎大學學者有照規定漠視亞里斯多德，他當然不會需要頒布這項敕令。一二七七年巴黎敕令似乎沒有牢牢壓制住亞里斯多德的研究，甚至還有人主張，這項命令讓西方學者更努力地思索知識與信仰的基礎。可以確定的是，街頭並未上演焚書坑儒的戲碼。但，這項敕令確實證明了一點，就是大學學者所說、所想的論點，被認為會對社會的道德秩序帶來重大影響。在這之後，巴黎和其他地方的學者便常常捲入正確（或不正確）觀念的意識形態鬥爭之中。

如同前面所提過的，一二七七年禁令才出現不過三十年，巴黎大學的院士就被扯入一個具體許多的醜聞，遭到法蘭西王室要求對聖殿騎士團的議題做出評論；在十四世紀晚期的教會大分裂期間，兩位敵對的教宗在羅馬和亞維儂分據一方，歐洲各地的大學便不斷處在選邊站的政治壓力之下；在英法百年戰爭期間，法蘭西學者也無止盡地捲入當初造成這場沒完沒了衝突的合法王權之爭。[33] 但，學術圈跟世俗世界最戲劇化的牽連，莫過於十四世紀晚期發生在牛津的事件。當時，一種很不一樣的異端出現了，不僅分裂牛津大學，還在整個政治社會引起騷動。這個異端邪說就叫作羅拉德派，而這個派別的指導人物則是一位神學家兼哲學家約翰‧威克里夫（John Wycliffe）。

威克里夫是個說話尖酸刻薄的約克郡人，口齒伶俐，不怎麼相信人

性本善。他從一三四〇年代開始在牛津大學活躍，很幸運地沒有死於黑死病。他的學術生涯十分成功，一度成為牛津大學貝利奧爾學院（Balliol College）的院士，但到了一三七〇年代，他開始涉足政壇，先是擔任王室派往荷蘭布魯日的使節，其後接觸了岡特的約翰——他在愛德華三世生命將盡、理查二世尚未成年的那幾年主導了英格蘭政壇。威克里夫也開始宣揚一些激進的想法和立場，並將《聖經》不少篇幅首次翻譯成英文。

威克里夫在學術生涯期間形塑的一些具有爭議性的觀念包括：教宗這個職位並沒有《聖經》依據；變體論（亦即麵包在聖餐禮儀式中會變成基督的肉體）是胡說八道；世俗君主有權利要回送給教會的土地。這些論點全都很有爭議，但是最後那項在政治上對岡特的約翰很有利，因此這位公爵在接下來的許多年不僅欣然推廣，還大力資助威克里夫，並在一三七七年保護他免受倫敦主教的公開譴責。

到了一三七〇年代尾聲，威克里夫已經小有名氣，他對神學、哲學、窮人的處境、國際關係的局勢等各種議題的觀點，都成為學術圈內外仔細檢視的對象。當倫敦和英格蘭各地的數座城市在一三八一年爆發農民起義[22]之後，威克里夫的觀點和宣揚活動遭到怪罪，被認為是煽動這場平民暴動的主因。無可避免地，由於當時的坎特伯雷大主教死於這場暴動，不到十二個月之內，一場正式教會會議便在倫敦市黑衣修士地區召開，譴責了被認為是威克里夫所提出的一連串異端教條。

威克里夫的生涯實質上是結束了。他被迫引退，並在兩年半後一三八四年最後一天去世。可是，他的敵人和朋友都沒有忘記他。十五世紀時，他的遺骨被挖出來焚燒，他所有的觀點幾乎都被教宗譴責。但是，這一切都太遲了，威克里夫的主張已經爆紅。英格蘭出現一個激進的教權改革運動羅拉德派，便是以他的論點為基礎。羅拉德派不但被視為異端邪

---

[22] 作者註：見第十三章。

說，還因數名成員跟一四一四年國王亨利五世的暗殺行動有關聯，而被認為會煽動叛亂。同一時間，他也啟發了歐洲各地其他反教權作家和行動主義者，其中最重要的就是波希米亞的改革者揚·胡斯。胡斯在一四一五年被燒死，之後教會還發起五場十字軍活動對付他的追隨者，在一場持續二十年以上的活動中，以極度帶有偏見的方式獵殺他們。神學家威克里夫不僅在學術圈內引起騷動，更在歐洲各地點燃革命之火，直接影響了讓中世紀畫上句點的宗教改革。

然而，威克里夫造成的影響不光只有這些。他雖然在整個世界印下了足跡，卻也為英格蘭大學體系的學術文化留下了重要的遺產。一四〇九年，坎特伯雷大主教（同時也是牛津校友）湯瑪斯·阿倫德爾（Thomas Arundel）直接回應了威克里夫主義（Wycliffism）和羅拉德派，頒布了十三條「章程」。這些專門針對牛津大學的教權裁決，嚴格限制了學者的言論與研究自由；禁止他們未經授權就進行講道或將《聖經》翻譯成英文；規定資深的大學職員每個月進行一次視察，以確保沒有人在發表不恰當的意見；禁止老師對學生說任何沒有獲得教會核准的教義。如果違反這些針對自由思想做出的各種限制，可能受到的處罰有革職、監禁和公開鞭打。這些章程獲得王室的許可，因此擁有跟法律一樣的地位，將長期傷害牛津大學作為西方一流大學的能力。在很短的時間內，牛津大學遭受的審查和迫害活動，將讓原本在英格蘭學術界只是二流之輩的劍橋大學獲益良多，因為想要在沒那麼多限制的環境中做研究的思想家，都紛紛轉移陣地。[34]然而，長期來看，西方大學的學術生活已經出現了固定樣本。這個樣本存在著互相衝突的兩件事：一方面，大學是社會上比較不害怕追求知識的人可以學習、調查、挑戰這個世界的機構；另一方面，來自內外的壓力，也不斷逼迫這些人維護在政治上被接受的信念。看看今天西方世界的大學就能發現，大體上一切其實沒有什麼變。

⑫ 建築工

「他在那裡看見一座偉大的城市，裡面有一個宏偉的堡壘，
轟立著許多不同顏色的高塔。」

——《馬比諾吉昂》（*Mabinogion*）

一二八三年九月，在英格蘭和威爾斯交界的什魯斯伯里
（Shrewsbury）召開的英格蘭國會，決議將威爾斯親王戴維茲·格魯菲德
（Dafydd ap Gruffudd）判處死刑。他的死法將十分殘酷且不尋常。戴維
茲自詡為自由鬥士，努力捍衛威爾斯人按照想要的方式生活的權利：遵循
當地的法律和習俗，不受東邊那些討厭的鄰居所統治。可是，英格蘭人不
這麼想。多年來，諾曼人和金雀花王朝的君主投注了許多時間、金錢和人
命要征服威爾斯，像戴維茲這樣的人所領導的頑固反抗開始考驗他們的耐
性。傳喚英格蘭權貴前來什魯斯伯里出席國會的信件中便寫到：「威爾斯
人在記憶範圍內所做的邪惡行徑簡直難以一一陳述。」信裡還說戴維茲是
「叛徒家族的最後一位倖存者」。[1] 懲罰他以儆效尤的時候到了。

國會沒花多久時間就決定了戴維茲的命運。戴維茲因為謀劃殺害國
王愛德華一世，所以犯了叛國罪。他被宣判處以絞刑、取出內臟、卸成四
塊，是英格蘭史上第一個接受這種刑罰的人。戴維茲將親身感受到，這是
非常可怕的死法。他先是從威爾斯北部的盧德蘭城堡的監獄中被帶出來，
用馬拖到什魯斯伯里的絞刑架，脖子套上絞繩吊起來痛苦地掙扎一陣子。
接著，一個名叫傑佛瑞的劊子手把繩子砍掉，用屠刀取出他的內臟。然
後，戴維茲才獲得解脫，遭到斬首後，屍體砍成四塊，每一塊被送到英格

蘭不同的城市，以宣傳他的命運。編年史家並沒有寫出這些屍塊究竟被送到哪裡，只有記載他的頭被送到南部，插在倫敦塔（俯瞰著英格蘭首都的一座陰森堡壘）的一根尖樁上。[2]

他的死是政壇上令人毛骨悚然的一幕，並為英格蘭引進了一種可怕的新刑罰。一條偉大的威爾斯親王血脈就此斷了，威爾斯人有朝一日擺脫英格蘭支配的希望被嚴重打擊。在不列顛的中世紀歷史上，這兩點都是十分重要的政治和文化大事。不過，若有什麼能夠展現王室的威嚴和英格蘭在威爾斯的霸權，戴維茲的死絕對不是愛德華一世最壯觀或最長久的懲罰。因為，當戴維茲正遭到劊子手公開凌虐致死時，他的家鄉威爾斯北部的地貌也正在被建築師和石匠永遠改造。為了鞏固愛德華一世在威爾斯留下的影響，他下令耗費巨資在美麗多山的波伊斯（Powys）和圭內德建造一連串巨大的石造城堡。這些城堡是使用最先進技術興建的軍事裝置，象徵了英格蘭王室的力量。興築這些城堡需要驚人的花費、數以千計的勞工和好幾十年。它們是被征服的威爾斯人的眼中釘，因為對威爾斯人來說，他們的自我認同是根植在打從羅馬時代甚至更早以前就擁有的自由。

不過，撇開這些不談，愛德華一世在威爾斯興建的城堡有力地展現了中世紀後期的建築工發展快速的技術與願景。十三和十四世紀是西方建築的黃金時代，世界史上最具代表性的建築物，有不少都是在這個時期建造。這些建築是由市政和軍事建築師設計，再由專業石匠實踐，這些建築工不斷探索反抗地心引力的新方法，將尖塔和高塔延伸到高空，標榜著財富、權力、信仰與支配。在這個時期出現的城堡、哥德式教堂和宮殿有很多至今依然存在，成了廣受歡迎的觀光景點（有的則是做為他用），幾乎跟中世紀畫上等號。關於中世紀權力的研究，必須提到這輝煌的石造建築時代才會完整。

征服威爾斯

如果要說愛德華一世在威爾斯展開的蓋城堡計畫有什麼明確的起點，那就是在一二七三年里昂東南邊五十公里的法蘭西小村莊聖若爾熱代斯佩朗克（Saint-Georges-d'Espéranche）。當時，愛德華一世正從聖地返家——他本來在那裡進行十字軍運動，試圖集結基督教兵力攻打埃及的馬穆魯克。

遠征期間，愛德華一世看過也聽過許多非凡的城堡，特別是醫院騎士團的騎士堡和聖殿騎士團的朝聖堡：前者是在十二世紀建造的龐大同心圓式山頂軍事堡壘，用來守衛的黎波里和荷姆斯（Homs）這兩座城市之間危險重重的道路；後者則是一座同樣巨大的海岸城堡，位於海法（Haifa）南方的阿特利特（Atlit），為海軍基地和騎士駐防要塞，可容納四千名士兵，還有寬闊到足以乘著馬上上下下的階梯。這些只是十字軍國家的建築工幾項特別突出的成就，聖地各處都散布著形狀和大小不一的防禦塔樓與堡壘要塞。當時最主要的戰爭型態是攻城戰，也就是軍隊試圖透過砲擊、斷糧或猛攻的方式，拿下一座城堡或築有防禦工事的城鎮，而守方則盡全力堅守陣地，直到攻方喪失耐性離開。所以，軍事科技競賽是城堡工程師以及攻城塔、破城槌和投石機的設計者之間的比賽。整個西方世界都是如此，不過十字軍國家尤甚，畢竟戰爭和暴力是那裡的特產。因此，在耶路撒冷王國及周遭地區很自然能找到世界上最優秀的城堡。

現在，愛德華一世經過聖若爾熱代斯佩朗克時，發現這裡也在興建一座很棒的城堡。這座城堡是由當地的領主薩伏依伯爵菲利普（Count Philip of Savoy）下令建造，而菲利普正好跟愛德華一世的家族有很久的交情。興建工程的負責人是一位人稱詹姆斯師父的天才年輕建築師兼工程師，他在菲利普領地上的其他地方也有進行類似的工程。不管國王看中詹姆斯師父哪一點，總之他十分欣賞他。四年後，英格蘭正如火如荼攻打威爾斯時，國王便將他從海峽對岸召來，託付他一個千載難逢的任務。[3] 從那之後被

稱作聖喬治的詹姆斯師父（Master James of St George）的他接下了興建威爾斯北部各城堡的指揮與監督工作，包括弗林特、盧德蘭、康維、比爾斯（Builth）、哈萊克（Harlech）、亞伯（Aberystwyth）、洛辛（Ruthin）、波馬利斯等地點（他後來也有奉愛德華一世之命在加斯科涅和蘇格蘭蓋城堡）。從一二七七年夏天到一三〇九年去世為止，他都是英格蘭的首席軍事工程師，為了興築防禦工事所獲得的經費，是打從征服者威廉在一〇六〇和一〇七〇年代征服薩克森的英格蘭後前所未聞的龐大。詹姆斯師父改變了威爾斯的地景，為軍事建築設下了中世紀結束以前鮮少有人超越的新標準。想要展現他的天分，最好的例子就是他在威爾斯內陸的西北角興建的一個傑作，位於梅奈海峽（Menai Strait）和史諾多尼亞（Snowdonia）的群山之間，一個今天稱作卡納芬的城鎮。

很久很久以前，卡納芬曾經是羅馬軍團的基地，稱作塞貢提烏姆（Segontium）。到了一二八〇年代，這個偏遠的帝國據點雖然已經沒有留下什麼遺跡，但是威爾斯依然記得跟羅馬不列顛尼亞之間的連結。[4] 西部的篡位皇帝馬格努斯·馬格西穆斯（Magnus Maximus）和君士坦丁大帝，都被認為跟卡納芬有關（雖然這件事有待商榷），他們兩人都是在不列顛尼亞稱帝的（見第二章）。[1] 其中，馬格西穆斯在威爾斯當地的民間傳說中特別重要。偉大的民族羅曼史《馬比諾吉昂》便以自豪的口吻描述馬格西穆斯所經歷的夢境異象：

他看見自己正在旅途中……旅程雖然十分漫長，但他最終來到一條任何人都不曾看過的最大河流的河口。他在那裡看見一座偉大的城市，裡面有一個宏偉的堡壘，矗立著許多不同顏色的高塔……馬格努斯在裡面看見一個美麗的廳堂，屋頂似乎全部都是金的，側邊閃閃發亮的石頭同樣寶貴，門也都

---

① 作者註：當時的認知是，馬格西穆斯是君士坦丁大帝的父親，但這並不正確。

是金的。那裡有金色的椅子和銀色的桌子⋯⋯在一根柱子下，馬格努斯看見一個白髮老人坐在象牙製的椅子上，上面畫有兩隻紅金色的鷹⋯⋯5

　　愛德華一世吩咐詹姆斯師父以這個為模型建造城堡。他想要一座散發帝國象徵的堡壘，可以結合威爾斯對古代尊貴地位的美夢，並將之納入王權統治下。他也希望這個建築不僅可以超越時間，還能超越空間。詹姆斯師父做到了每一項要求，甚至更多。在一二八三年夏天，跟戴維茲・格魯菲茲在什魯斯伯里遭到審判、分屍差不多的時間，這座新堡壘開始動工了。工人為多邊形塔樓和之後將用一條條上了色的水平石條加以裝飾的牆壁立下地基。其中一座塔樓會有三個刻有老鷹的角塔，整個城堡南面則會往外突出，伸向在卡納芬流入大海的塞昂特河（river Seiont）河口。6

　　這是一座怪異又棒極了的城堡。某方面來說，這就像童話故事成真了。但是另一方面，它也刻意呼應了真實存在的事物，因為其條狀裝飾的牆壁會讓人不禁聯想到君士坦丁堡的狄奧多西防禦工事。當然，卡納芬確實就像個迷你版的君士坦丁堡，其築有城牆的城鎮和駐防要塞雖然只有容納過最多幾百名的王室居民，跟全盛時期在拜占庭首都出沒於大街小巷的數十萬人差得多了，但兩者的相似處卻是刻意營造且意義重大。愛德華一世也再三確保重點有傳達出來。例如，當初在一二八三年動土時，便有找到據傳是馬格西穆斯遺骨的東西，挖出來並在當地教堂尊敬地重新下葬。接著，在一二八四年，當城堡建址還只是一個由供給工匠和勞工的臨時木棚組成的簡陋小村落時，愛德華一世派大腹便便的王后卡斯提亞的艾莉諾前來待產。四月二十五日，她在那裡生下了眾多子女當中的老么，也就是未來的愛德華二世。這個孩子長大後成為英格蘭的第一個威爾斯親王，他

---

② 作者註：卡納芬城堡把這項傳統延續到現代：一九六九年，伊莉莎白二世的長子查爾斯在那裡被授予威爾斯親王的頭銜。

有資格擁有這個稱號，便是因為他是在興建到一半的卡納芬城堡誕生。[②]
在聖喬治的詹姆斯師父密切的監督下，政治宣傳和軍事戰略就這樣在威爾斯的西北部互相碰撞。

蓋城堡這件事並非源自中世紀全盛期。城堡的前身是鐵器時代的山頂堡壘，人們在地勢高的地方建立軍事陣地，使用泥土結構和部分的木造防禦設施加以保護。羅馬人修築的堡壘通常是以石頭為地基，並有木板條構成的圍柵和附屬建物，使軍事建築往前跨了一大步。奧米雅時代的伊斯蘭世界冒出許多沙漠城堡，沿襲了這項傳統，並進一步發展，把城堡的軍事用途結合更為奢侈、類似宮殿的特色，像是跟農作有關的建築、澡堂和清真寺等。相較之下，西方的堡壘在整個一千紀則保持相對原始的樣貌。教會建築耗費了大筆金錢和數以百萬計的工時，但軍事建築卻遠遠落後。

然而，在一〇〇〇年左右，西歐經歷了一場城堡革命。促使這場革命的原因是什麼，讓許多個世代的歷史學家百思不解。可能的答案有：歐洲局勢在加洛林王朝瓦解後變得不穩；維京人、馬扎爾人和伊比利半島的穆斯林為基督教王國帶來外患；法蘭克風格的騎士愈來愈顯赫，而他們需要基地。西方興建城堡的技術有很多改革是由諾曼人所帶動，不只影響了諾曼第，也影響了英格蘭、西西里和十字軍國家。諾曼人很早就採納土丘院落式的城堡設計：一個巨大的土丘上矗立著築有防禦工事的要塞或塔樓（起初通常是木造），土丘四周的區域（院落）則有附屬建築，以柵欄或壕溝防衛。在十世紀晚期到十一世紀晚期，這就是最先進的城堡設計。

然而，到了十二世紀初，工程師已經拋棄使用大量木材的土丘院落式模型，開始使用石頭建造更龐大、更複雜的城堡。石頭固然是一種不容易操作、昂貴又需要大量勞力的建材，但卻可以蓋出強壯許多的堡壘，讓軍事和政治力量投射到四面八方數英里的地方。起初，這些石造城堡是仿效土丘院落式結構，但是到了十二世紀，「同心圓」城堡出現了。這些石造建築占地廣大、結構複雜，有內院和外院、兩道或兩道以上的城牆（間或夾

雜防禦塔樓）、多個門房和吊橋、一或兩道護城河，並通常有宮殿般的居住區，位於堡壘內最安全的地方。

正是因為經濟活動和數學理論在十二和十三世紀出現了大躍進，這些改良過的城堡才有可能被構想以及建造出來。但，中世紀後期的贊助者（王室、貴族和神職人員）願意砸下金錢和野心給城堡工程師，也是根本原因之一。他們就像今天的石油大亨在波斯灣四周國家蓋飯店一樣，花錢絲毫不手軟。於是，一些非常令人驚嘆的城堡誕生了。一一九〇年代，愛德華一世的叔公獅心理查就花了一萬兩千英鎊（相當於英格蘭一半年收入）來建造諾曼第的一座石造城堡——坐落在萊桑代利（Les Andelys）、俯瞰塞納河的加亞爾城堡（Château Gaillard），便位於法蘭克和諾曼第邊界一個稱作韋克桑（Vexin）的局勢緊張地區（加亞爾城堡應該是堅不可摧，但理查窩囊的弟弟約翰王登基後，竟然有辦法在一二〇四年把城堡輸給法蘭西人，此時離城堡蓋完僅僅六年）。[7] 同一時間，西班牙的收復失地王國也出現了奢華的堡壘，像是蒙宗和卡拉特拉瓦，足以媲美安達魯斯那些龐大伊斯蘭城堡，如馬拉加的阿爾卡薩瓦城堡（Alcazaba of Malaga）和格拉納達的阿爾罕布拉宮。就在卡納芬城堡開始動工前不久，條頓騎士團在距離波羅的海港口但澤（今天波蘭的格但斯克〔Gdansk〕）約五十公里的諾加特河（river Nogat）河畔，興建了馬爾堡城堡（Malbork Castle）。到了中世紀末期，為了控管剛從普魯士異教徒手中奪得的領土而建造的馬爾堡城堡，已經成為條頓騎士團的區域控制中心，占地近五十英畝，隨時都有辦法容納數千名騎士。從聖地到大西洋，蓋城堡已成為投射權力的重要元素。與此同時，武器設計師和圍城工程師也不斷回應城堡興建技術的革新，製造愈來愈大、愈來愈防火的攻城塔，發明有辦法投擲如同現代汽車大小的石塊的投石機，改善挖空塔樓和牆壁地基的技術。[③] 在這樣的脈絡下，像聖喬治的詹姆斯大師這樣的城堡建築師可說是身價高昂。

詹姆斯大師的卡納芬工程並非一朝一夕就能完成。詹姆斯師父是一個

天賦異稟到不可思議的專案管理師，還很幸運能夠得到英格蘭王室完整的資源。可是，他並不會引發奇蹟，而且在服侍愛德華一世的三十年間，通常都至少有五、六座城堡同時在興建。像卡納芬城堡這樣的工程，從構想到完成可能得花數十年，即使沒有受到重大干擾也一樣。開採、搬運、切割、抬升石頭是極其緩慢、耗費勞力、骯髒又累人的活。一年只有八個月左右可以建造城牆和其他石造結構，因為冬季時出現的凍霜會讓灰泥無法硬化。此外，惡劣的天氣、閃電、火災、戰爭和其他命定災難（包括敵軍攻擊）都很容易讓工程停擺。一個地方如果很和平，就不需要巨大的城堡了，因此安靜無事的工作條件是工程師享受不到的奢侈。④

　　這絕對也適用於威爾斯北部。不意外，威爾斯人並不樂見卡納芬等城堡一座座出現在心愛的山巒上。愛德華一世在自然地貌上挖出深刻而永久的疤痕。此外，為了讓軍隊可以從英格蘭西北部的切斯特進入威爾斯，他下令工程師在鄉村地區開闢寬闊的高速公路。在整個一二八〇至一二九〇年代，這些道路上不僅有騎士和步兵，還有興建城堡需要用到的人力與物資會通過。單單一座城堡就能以極快的速度吸走大量勞動和天然資源。舉例來說，登比城堡（castle of Denbigh）動工十個月，就已經在當地的森林砍伐近兩百車的木材。8 康維城堡（castle of Conwy）光是地基就雇用了兩百名伐木工和一百名挖掘工，至於城堡的主結構本身興建四年所需要的鐵、鋼、鐵釘、錫、石頭、鉛、玻璃、銅和勞力，則花了愛德華一世一萬一千英鎊以上，占了王室年收入相當高的比例，而且同時還有兩場

---

③ 作者註：約翰王的軍隊在一二一五年圍攻羅切斯特城堡時便做到了：開鑿地基的工兵在城堡的其中一個塔樓下方挖了坑道，接著在坑道的木頭支柱塗上豬油，燒掉整個坑道。坑道崩塌的同時，塔樓也塌陷了。這就是為何今天的羅切斯特城堡有三個角落是尖的，第四個角落卻是圓的，因為約翰的統治期結束後，使用了不同的風格重建。

④ 作者註：現存的考古證據中最鮮明的實例，莫過於聖殿騎士團在耶路撒冷北邊約一百英里處的雅各渡口所留下的城堡遺跡。一一七九年八月，阿尤布王朝蘇丹薩拉丁曾派兵攻擊這個建築工地，工人的遺骨和他們的工具就這樣四散在現場。

仗得打。[9] 要同時興建五、六座以上的城堡，會需要跟如數個營的建築工和以噸計算的建材。木材和石材使用船隻從遠至都柏林、加萊和雅茅斯（Yarmouth）運到卡納芬；安格爾西島的採石場所有的石材都被採光；來自約克郡的專業石匠被找來切割石材。[10] 這是個又亂又吵、破壞力十足的過程。對當地人來說，這是在堡壘的陰影下遭受永恆壓迫的證明。

到了一二九〇年代中葉，威爾斯人真心受夠了。一二九四年九月，他們發起叛變。叛變期間，起義者試圖中止卡納芬城堡的建設——他們並沒有躺在推土機前面，而是直接把整個建築給燒了。建址和周圍蓋得七零八落的城鎮遭到攻掠。剛建好的城鎮外牆被拆了。叛變被鎮壓後，詹姆斯師父和工地現場的代理人赫里福德的華特師父（Master Walter of Hereford）沮喪地發現，進度又倒退了好幾個月，甚至好幾年。

然而，國王致力要把這些城堡蓋起來的心沒有受到動搖。恰恰相反：愛德華一世不但供應詹姆斯師父和華特師父金錢、物資和人力，讓工程重新上軌道，還交給他們另一個龐大的計畫，灑下更多錢財，要在梅奈海峽對岸的安格爾西島建造波馬利斯城堡（castle of Beaumaris）。

一二九六年，在波馬利斯城堡的興建工程最繁忙的時候，詹姆斯師父向王室國庫報告，他有「一千個木匠、工匠、灰泥工和挖土工」在工作，由一百三十名士兵負責看守。他們辛勤工作，當地的天氣狀況可能在短短幾分鐘內瞬息萬變（今天來到史諾多尼亞多山地區的訪客都能證實）。波馬利斯城堡總共花費近一萬五千英鎊，但即使如此，到了一三二〇年代城堡都沒有建好，而愛德華一世跟詹姆斯師父早在一三〇七和一三〇九年去世。[11] 儘管波馬利斯城堡從來沒有完工，這座較強調功能性、不像卡納芬城堡那樣充滿奇幻氛圍的城堡，仍見證了愛德華一世心中熊熊燃燒的軍事野心。他深切需要把王權加諸在威爾斯，留下無法抹滅的印記，而他使用的方法，就是興築至少可以完好存在五百年的石造城堡。

堡壘歐洲

　　英格蘭君主之中，最致力於蓋城堡的就是愛德華一世，除了威爾斯的各項計畫，也投注大量心力重新改建倫敦塔以及金雀花王室在劍橋、切斯特和科夫（Corfe）的堡壘。因此，十三世紀晚期可以說是興建城堡的全盛時期（至少在英格蘭是如此）。不過，龐大的石造城堡一直到十五世紀都是整個中世紀的重要特徵，國王、王后和富有貴族紛紛熱情資助。稍微介紹一下那個時代最大型的幾個城堡興建工程，就能顯示西方最強大的統治者是多麼看重城堡。

　　在十四世紀的英格蘭，愛德華三世重新加強了英格蘭沿岸的城堡，以便在百年戰爭期間堅定抵抗法蘭西的侵襲，也花費不少錢在一三四七年被法軍奪走的加萊四周建造衛星要塞。他也在蘇格蘭邊境的貝里克（Berwick）建設了大型的防禦工事。愛德華三世非常清楚優秀的防禦工事價值連城，並且會親自率領攻城戰（加萊便是一例）。不過，愛德華三世最吸睛的城堡不在戰爭前線，而在溫莎。這是一個歷史悠久的王室寓所，被他重新改造成新的卡美洛（Camelot）⑤ 和英格蘭復甦的騎士精神的中樞。這並不是傳統的城堡，十四世紀任何國王若需要在偏鄉的伯克郡（Berkshire）安置大量兵力，事情可就大條了。但是，做為一個擁有防禦設施的宮殿，溫莎城堡實現了一個同等重要的目的：講述關於國王的尚武精神及浪漫的忠誠情懷。愛德華三世花了五萬英鎊在溫莎城堡上，建造了全新大套房、辦公室和娛樂空間，花費極為驚人。今天，溫莎城堡依然是英格蘭騎士精神的實質座標，除了會在壯觀的哥德式聖喬治教堂（St George's Chapel，十五世紀晚期由愛德華四世和亨利七世重建）舉辦嘉德勳章騎士團的聚會，每週還有三次公開的衛兵交接儀式，往往會吸引數百名

---

⑤ 編按：卡美洛城是英格蘭亞瑟王傳說中的宮廷與城堡。

好奇的觀眾與遊客駐足觀賞。

在英格蘭以外的地方，整個中世紀後期的西方幾乎到處都流行蓋城堡，像是匈牙利在十三世紀被蒙古人入侵之後，需要城堡來防禦東方的掠奪者。雖然很多較古老的城堡都被蒙古人摧毀，但是在令人畏懼的韃靼人消失數十年後，國王貝拉四世便下令將這些城堡重建得更強固，要求領土內的每一座山丘上都要蓋一座城堡。在北邊的波蘭南部，十四世紀的國王卡齊米日三世（Casimir III the Great，綽號「手肘高的矮子」瓦迪斯瓦夫一世〔Wladyslaw I the Elbow-high〕的兒子）也著手進行同樣影響深遠的城堡興建計畫。卡齊米日三世除了創立克拉科夫大學（Kraków University）、改革波蘭法典（Poland's legal code），以及在反猶太主義盛行時為猶太人在波蘭提供庇護之外，他還是一個在軍事方面砸大錢的君主。在他漫長的統治期，卡齊米日三世在克拉科夫和琴斯托霍瓦（Cz stochowa）之間綿延一百英里的西部疆界敏感地帶，建造或重建了二十多座連成一線的城堡，以便抵禦鄰國波希米亞。他的城堡很多都是蓋在崎嶇高聳的侏羅紀岩層上，今天被統稱為「鷹巢」（Eagles' Nests）。⑥

日耳曼（在這裡，「鷹巢」這個詞跟二次世界大戰較有關）的地貌也有城堡妝點。跟其他地方一樣，十二世紀和十三世紀初是日耳曼興建城堡的黃金時期。許多宏偉的堡壘這時候被建立，如海德堡、埃爾茨（Eltz）與霍亨斯陶芬城堡（Hohenstaufen Castle，位於今天德國西南部巴登－符騰堡邦〔Baden-Württemberg〕的格平根〔Goppingen〕的一座小山上，是腓特烈二世王室家族居住的地方）。霍亨斯陶芬家族非常熱衷蓋城堡，而他

---

⑥ 作者註：卡齊米日大帝的鷹巢城堡群有好幾座被整修為觀光景點，像是從廢墟重建成原本中世紀狀態的博博利采城堡（Bobolice Castle）。關於學界對這項計畫（及其他波蘭實例）成功與否的見解，可參見：Żemła, Micha and Siwek, Matylda, "Between authenticity of walls and authenticity of tourists" experiences: The tale of three Polish castles', *Cogent Arts & Humanities* 1 (2020)。

們確實也需要如此，因為這個王朝主要的特徵就是熱愛攻打其他統治者，尤其是教宗。然而，這個王朝現存最令人驚嘆的城堡不在德國境內，而在義大利南部的蒙特城堡（Castel del Monte）——腓特烈二世的堡壘兼狩獵小屋，位於普利亞大區（Apulia）的安德里亞（Andria）的小山丘上。蒙特城堡有八面牆，且八個角落都有一個八邊形塔樓，除了流露出腓特烈二世的政治和軍事野心，或許更彰顯了他對幾何學和數學的喜好，及對伊斯蘭教的濃厚興趣。從輪廓來看，蒙特城堡就跟耶路撒冷（腓特烈二世在一二二八至一二二九年十字軍運動期間，讓這座城市回歸基督教的掌控）的岩石圓頂[⑦]的第一層沒什麼兩樣。愛德華一世顯然不是十三世紀唯一一個抄襲地中海東岸設計的國王。

中世紀的歐洲四處都找得到花大錢蓋城堡的例子，每個地區、每個時期都有不同的結構和風格，並且受到當下流行的設計和建築品味，以及委託建造的君主或貴族希望呈現的軍事或象徵用途所影響。像聖喬治的詹姆斯師父這樣的天才城堡建築師，絕對不會失業，特別是如果他願意長途跋涉並在戰爭肆虐的地區工作的話。對於那些忍受得了這樣工作條件的人來說，中世紀的西方就是他們的遊樂場。當然，美好的日子無法永恆。到了十五世紀，火藥和發射巨大砲彈的先進技術出現，沒有城堡可以堅固到長時間受到會爆炸的彈藥（而非機械式的攻城裝置）轟炸還能屹立不搖。十三世紀興建的城堡被設計成可以承受一年以上的圍攻，但在一四一五年，英王亨利五世卻只花了一個月，靠十二支大砲就把哈弗勒爾的防禦設施轟成瓦礫堆。因為戰爭技術革新，到了十六世紀，築堡壘已成了一種過時的藝術，城堡大師的黃金時代宣告結束。可是，到了那個時候，詹姆斯師父等人早已留下自己的印記。在日耳曼的山頂居高臨下或是在英格蘭的海岸獨霸一方的巨大石造城堡，已經成了一幅令人熟悉、甚至寬慰的畫

---

⑦ 作者註：見第四章。

面。後世的君主也將好好利用城堡，即使他們已不再大量建造。在擔心法蘭西會入侵英格蘭的一五四〇年代，亨利八世大幅強化了南部海岸的堡壘。四百年後，該地區最大的城堡多佛城堡（castle of Dover）仍在英國軍事國防戰略中扮演了關鍵角色，先是在二次世界大戰之初的敦克爾克撤離行動做為指揮中心，後來又在下方的岩體挖了一個核武地堡，以預備在運用核武作戰的第三次世界大戰發生後使用。

所以，城堡從某方面來說是典型的中世紀建築成就，完美（且常常令人驚嘆地）銜接了形式與功能。城堡達到了實用與政治目的，並且在中世紀晚期的文學作品中經常出現，像是亞瑟王傳奇和聖杯故事。從十四世紀以降，「愛之城堡」成為一個常見的文學譬喻，城堡可能象徵聖母馬利亞，世界無法將它攻破，唯有上帝可以觸碰；或者在有關年輕的愛戀、善與惡的小本子和詩歌中，它的象徵可能又沒那麼嚴肅。總之，到了中世紀末期，城堡已經從現實世界的地景轉換到想像的國度。在宏偉建築的領域中，只有哥德式大教堂可能與之匹敵。

天與地之間

一二三九年，也就是愛德華一世改造威爾斯北部的兩個世代以前，法王路易九世買了個東西引發轟動。在卡佩王朝所有的君主之中，路易九世最愛展示虔誠心。在統治初期，他得知市場上出現一件重要的宗教遺物，那就是基督的荊棘王冠。君士坦丁堡的拉丁皇帝鮑德溫二世先前把這件寶物交給威尼斯的債主做抵押，現在他和這些威尼斯人決定把王冠賣給合適的買家，路易九世決意成為這位買家。這可是千載難逢的機會，要他花多少錢都可以。於是，經過一番協商後，他以十五萬里弗爾的天文數字買下荊棘王冠，並經由威尼斯運到法蘭西。國王到維爾納沃拉爾舍韋屈厄（Villeneuve l'Archevêque）親自收貨，打著赤腳、只穿襯衫，一副懺悔的模樣，身邊圍繞整個朝廷的文武百官。接著，他和打扮相仿的弟弟羅貝爾

（Robert Ier d'Artois）親自將王冠送回巴黎，變成王室的宗教收藏品當中最重要的一件（這些收藏品後來還包含：真十字架的其中一塊；用來刺基督側腹的聖矛的矛尖；耶穌死前用來啜飲最後一口醋的聖海綿）。[12] 這是非常棒的收藏，國王只缺一個適合的展示櫃。

深思熟慮了幾年後，路易九世認為展示這些宗教遺物最好的方法，就是蓋一座放置它們的禮拜堂，以最新潮的樣式建造、以最美麗的宗教圖像和彩色玻璃裝飾，再搭配一群神職人員。最後的成果便是巴黎城島上的聖禮拜堂（La Sainte-Chapelle），在這個滿盈偉大建築奇觀的城市裡，聖禮拜堂仍有著幾乎無可比擬的美。這個哥德式傑作就建在島上的王宮建築群中央，王室成員或受到許可的朝臣可輕易來到這裡進行私人敬拜。能踏進這座禮拜堂的訪客很有福氣。聖禮拜堂依循了最新潮的哥德式風格，牆壁高聳得不可思議，由搖搖欲墜的長柱支持，並有裝飾華麗的外飛扶壁（Flying buttresses）撐著。禮拜堂有兩層，上層的拱頂天花板似乎就要延伸到天堂。從外面觀看，它就像一隻優雅的長腳石蜘蛛踮著腳尖；站在裡面，效果更是卓越非凡。柱子跟柱子中間都有高窄的窗戶，窗戶頂端呈尖拱形，窗框內則有極其耀眼奪目的彩色玻璃。踏入聖禮拜堂據說就像飄進天堂一樣，至今依舊如此。這是路易九世花大錢買來的聖物最完美的擺放地點，也最能展現他想要營造的自我形象：一個擁有所有聖徒美德的國王。但，宏偉的聖禮拜堂，只不過是十三世紀那些大膽又天才的哥德式建築師所創造的作品之一而已。軍事工程師把城堡的興建技術推向新境界的同時，一般的工程師則在改革教堂的建造。

✳

城堡成為了中世紀領主展現軍事力量的具體存在，教堂和禮拜堂則見證了建造者的信仰和建築物附近的當地社群的集體虔誠精神。對偉大的宗教建築投入金錢和情感的行為，可以一路回溯到中世紀之初。

我們前面已經提過，一些因為想要以上帝之名建造宏偉事物的衝動

而問世的中世紀雄偉建築，包括：君士坦丁大帝位於特里爾的帝王觀見廳；拉溫那的聖維塔教堂；查士丁尼建於君士坦丁堡的聖索菲亞大教堂；麥地那、大馬士革、耶路撒冷和哥多華的大清真寺；查理曼建於亞琛的巴拉丁教堂以及聖墓教堂。雖然整個中世紀都存在這股建造龐大宗教建築的衝動，但是在基督教的歐洲，這股衝動的高峰出現在十二至十四世紀。在這段時期，西方史上最大膽、最富想像力的一些建築誕生了，今天，它們所代表的前衛新風格被稱作哥德式（Gothic）。「哥德式」名稱的誕生，是因為十五世紀義大利人認為這股潮流跟古羅馬流行的優雅美學恰恰相反，就像以前的蠻族一樣醜陋。哥德式運動幾乎觸及了藝術的所有層面，包括繪畫、雕刻、刺繡和金屬工藝，可是它在建築領域影響最持久、成果最令人興奮，特別是在宗教建築。在中世紀的前半段，西歐最主要的建築風格為羅馬式：厚實的牆壁使用優雅的柱子支撐，窗戶為圓頂造型。[13] 歌德式建築跟這個模型大相逕庭，最主要的特徵是尖拱，讓建築工可以蓋出極長且高的建築，運用精細的石頭骨架連接各個部件，框住薄到不可思議的牆壁，嵌有看似無邊無際的彩色玻璃。這樣的建築體型龐大卻又極其輕盈，可說是新耶路撒冷的具體實現、「人間的天堂」。[14]

中世紀第一座哥德式教堂，是位於巴黎郊區的聖但尼修道院教堂。[15] 從加洛林時代開始，這裡就有一座修道院了，到了十二世紀初路易七世在位時，它已經是自稱全歐洲（甚至全世界）「最能代表基督教」的法蘭克諸國王的性靈之家。可是，這座修道院當時情況很糟，又小又破，亟需整修。它可悲的狀態讓像格萊福的伯納德和彼得·阿伯拉爾這樣的死對頭都能夠沆瀣一氣：前者說聖但尼是「撒旦的會堂」，後者則說那裡住著「令人無法忍受的可憎事物」。[16] 為了讓修道院教堂能像樣一點，身兼政治家的院長敘熱（Suger）在一一三〇至一一四〇年代奉獻大量時間和精力翻修，把它蓋得比法蘭西當時的其他教堂都更大、更雄偉、更美麗。

敘熱計畫建造一個三十公尺長的全新唱詩班座席，「在沒有民眾干擾

的情況下」永久吟唱彌撒。[17] 唱詩班座席花了三年又三個月建造完成。期間，敘熱時常在整修現場捲起袖子，有一次甚至親自率領人員到巴黎附近的樹林，尋找建築工需要的承重樑。[18] 然而，一切的辛苦都是值得的，因為完工後的唱詩班座席非常令人驚嘆，有著奇蹟般纖細的牆壁、夾著大面窗戶的柱子，以及「由來自不同地區的多位師父精巧的雙手」所繪製的彩色玻璃。[19] 玻璃上描繪了舊約和新約《聖經》的場景、聖徒的生平及十字軍運動發生的事件（敘熱翻修教堂的時候，第二次十字軍運動正在進行）。但，這些建設不單純只是好看而已。敘熱的修道院教堂是根據聖但尼的信念所建：上帝是光，透過上帝的光，整個世界被點亮，讓人類看見。[20]

當然，就跟中世紀任何一座宏偉的教堂一樣，整修過的聖但尼修道院教堂也放滿了珠寶裝飾、精美雕刻、昂貴蠟燭、宗教聖物（包括聖但尼本人殉道前身上銬著的鐵頸圈）以及世俗寶物（像是法蘭克王后南蒂爾姐〔Nanthilda〕的項鍊，因為她的丈夫達戈貝爾特國王〔King Dagobert〕據說是該修道院的第一個施主）。此外，教堂裡也收藏了象徵法蘭西王權的神聖軍旗「金焰旗」（Oriflamme）。但，這些寶藏固然很了不起，真正給人啟發的卻是新唱詩班座席的建築樣式。前所未見的宏偉與願景結合、極其誇大的高度、華美細節和優雅空間的融合，都讓聖但尼教堂跟過去的教堂很不一樣，而這正是敘熱的目標（難怪勇敢的探險家兼蒙古使節魯布魯克會說，聖但尼教堂比可汗的哈拉和林宮殿還要富麗堂皇許多）。聖但尼教堂在一一四四年祝聖，為當時想要超越它的每一個主教、建築師、工程師和贊助者設下了高難度的挑戰。[21]

不用說，很多人嘗試突破這個挑戰，所以從一一四〇年代起，哥德式建築開始流行。起初，這個新運動只局限在法蘭西北部，主要影響靠近卡佩王朝權力中心的重建計畫，如巴黎聖日耳曼德佩修道院（Église de Saint-Germain-des-Prés）的唱詩班座席、位於桑利（Senlis）的全新大教堂，以及位於勃艮第桑斯（Sens）的教堂重建工程。但，到了該世紀末，這個運動已經散播到各地了。整個西北歐都在建造不同凡響的新教堂，較著名

的包括康布雷（Cambrai）、阿哈（Arras）、土奈（Tournai）和羅恩。在巴黎，可能算是全世界最有名的教堂也在此時動土：巴黎聖母院（Notre-Dame）。聖母院高達一百英尺（三十三公尺）以上，是在當時前所未見最高的教堂，同時也是一項工程奇蹟，透過巧妙配置的飛扶壁，讓牆壁可以達到四層樓高。

　　巴黎聖母院是一個顯著的建築成就，路易七世在一一六三年復活節放下基石後，過了將近一百年，才完成耳堂兩端聖母院代表性的圓形玫瑰彩色玻璃窗。即使如此，聖母院仍持續進行其他重大工程，直到十四世紀晚期。[8] 這期間付出的花費和心力雖然很龐大，但是聖母院也同樣重要，不僅是巴黎的象徵，也代表了法蘭克王國的先進技術與信仰。雖然法蘭西君主傾向在漢斯大教堂（Notre-Dame de Reims）登基、以聖但尼做為陵寢，但巴黎聖母院的每一顆石頭仍散發出文化與宗教力量。在百年戰爭尾聲的一個關鍵時刻，英格蘭人要將年幼的國王亨利六世加冕為法王時，他們選擇的地點就是聖母院。這樣盛大的典禮非常適合在這裡舉行。

　　當然，那個時候哥德式建築的印記已經散播到歐洲各地了。在法蘭西，哥德式建築在博韋大教堂（Beauvais Cathedral）達到顛峰，其中殿的拱頂天花板離地近五十公尺，只比同時期建成的亞眠大教堂（Amiens Cathedral）高了一點點。亞眠大教堂是一個名叫呂扎爾舍的羅伯特（Robert de Luzarches）石匠師父所構思，室內空間比整個中世紀完成的其他任何建築物都還要大。[22] 然而，博韋大教堂優越的高度被人注意和重視，各地主教爭相建造一座比一座還高大的教堂，彷彿是宗教世界的軍備競賽（可惜，博韋大教堂對高度的追求太狂妄了：一二八四年，可能是工程上的錯誤，它的拱頂天花板崩塌，屋頂陷落，花了許多時間跟成本才完

---

⑧ 作者註：本書寫作期間，聖母院又再次被鷹架籠罩，要修復二〇一九年的大火造成的損害。就連二十一世紀的建築工也預計至少需要十年才能完成。

成修補工程[23]）。可是，博韋大教堂雖然很龐大，卻稱不上無與倫比。其他地方也建了厲害的哥德式教堂，包括：收藏了聖母馬利亞遺物的沙特爾教堂（Chartres Cathedral）；有著華麗的哥德式雕塑、十五世紀時添加了驚人的天文鐘的布爾吉教堂（Bourges Cathedral）；還有南部那座怪異的阿爾比教堂（Albi Cathedral），在純潔派被鎮壓之後興建，教堂部分如同堡壘，以軍事風格的門面提醒人們，教會不但壯麗，也很強大，絕不容忍異議分子。

　　這些巨大教堂的工程如此龐大、繁複又困難（中世紀大部分的建築相形之下就像個小矮人，好比站在大象旁邊的牛），到了十六世紀仍有一些尚未完工。一代又一代的建築師、勞工和贊助人，常常更改對成品的想像，卻也因為多年來投入看似永無止盡的工程，而穿越了時空彼此結合。

　　這個現象絕對不只出現在法蘭西。日耳曼的科隆和斯特拉斯堡也出現了分外輝煌的哥德式教堂。十四世紀，波希米亞國王約翰（John of Bohemia）和兒子神聖羅馬皇帝查理四世（Charles IV）興致勃勃地重建了布拉格，讓這座城市有了世界級的大學和與之媲美的教堂，並向波希米亞豐富的銀礦徵收稅金，用以支付龐大的費用。該教堂有一個供奉聖文才（St Wenceslas）[9] 遺骨的聖壇，用以紀念十世紀聖文才公爵在當地推廣基督教，卻遭弟弟波列斯拉夫（Boleslav）謀害。[24] 這些教堂都有濃厚的法式風格（今天的建築歷史學家稱之為輻射式〔Rayonnant style〕）。然而，像馬德堡（Magdeburg）、雷根斯堡（Regensburg）和烏爾姆（Ulm）等城市的教堂則沒有盲從法式風格，而是發展出日耳曼的哥德式建築：教堂只有一個、而非多個尖塔，屋頂非常寬大，同時包覆中殿和側廊。哥德美學最令人驚異的變體或許是波蘭的佩爾普林修道院（Pelplin Abbey）。一二八九年，那裡蓋了一間龐大的修道院教堂，用燒紅磚建造，因為波羅的海沿岸

---

[9] 作者註：他便是十九世紀所流行的一首聖誕頌歌提到的「好國王」。

很難找到適合大規模工程的岩石。不過，這個背離法式模型的教堂仍然相當吸睛。

　　南歐的教堂風格就比較混雜了。義大利人對哥德式建築的熱潮無感，唯一知名的例外就是令人驚艷、正面寬大、極其怪異的米蘭大教堂。這座教堂由維斯孔蒂（Visconti）公爵從十四世紀初開始興建，但到六百年後的一九六〇年代才完全竣工。另一方面，在受到強烈的伊斯蘭和猶太教文化所影響的西班牙，哥德式建築蘊含的基督教精神又為豐富的建築風格增添了新的元素。乍看之下，巴塞隆納、布爾戈斯和馬略卡島的帕爾馬（Palma）等地的教堂，彷彿是天使直接從北歐拿來放在伊比利半島，但是有些地方的教堂卻深具本土風格：建於一二二〇年代的托萊多大教堂（Toledo Cathedral）便獨樹一幟地把哥德式外衣加在該城市主要的清真寺，而十五世紀初由清真寺改建的塞維爾大教堂（Seville Cathedral）也經歷了類似的轉變。這些建築（還有位於瓦倫西亞和萊里達〔Lleida〕的類似教堂）都怪異又美妙，是西班牙多元歷史的獨特產物。它們也見證了，哥德式的設計和裝飾在人們眼中能讓實體建築更接近上帝。

　　將這些中世紀傑作的興建故事寫成一本本書，要填滿整個書櫃並非不可能。不過，為了深入了解建造一座教堂需要付出多少心力、當中牽涉了哪些強大的利益、為什麼值得耗費那些錢財和精力，我們現在要再次回到英格蘭，深入檢視林肯大教堂（Lincoln Cathedral）的建造過程。這是一棟非常成功的哥德式建築，有兩百多年都是世界最高的建築。

林肯大教堂

　　林肯大教堂的起源全都要歸功於征服者威廉。這位首任諾曼國王在一〇六六年入侵英格蘭後，大規模重整了該地。他興建了很多城堡，包括泰晤士河北岸的「白塔」，也就是後來的倫敦塔。但，他也整頓了英格蘭教會的組織與架構。在威廉新實施、自上而下的統治體制中，主教十分重

要，所以他必須確保主教被安排在對的地方。因此，有好幾位主教被下令從原本位於鄉村的總部（或稱「教座」）遷移到城鎮。今天，威廉做出更動所留下的痕跡仍然可在英格蘭各地感受得到：這就是為什麼索爾茲伯里（Salisbury）有主教座堂，老薩魯姆（Old Sarum）卻沒有；諾里奇有，塞特福特（Thetford）卻沒有；奇切斯特（Chichester）有，塞爾西（Selsey）卻沒有；為什麼有巴斯暨韋爾斯（Wells）主教，卻沒有單獨的巴斯或韋爾斯主教。多數時候，威廉重新安排的英格蘭主教及教座都不會搬得很遠，但有一個例外：一○七二年，教宗亞歷山大三世（Alexander III）准許威廉將牛津郡泰晤士河畔的多徹斯特（Dorchester）主教，搬遷到東北方一百五十英里處廣大教區最邊際的林肯。

這個更動很大，但不是沒有道理，因為多徹斯特雖然是位於奇爾特恩丘陵（Chiltern Hills）邊緣的宜人河畔，林肯卻更具有戰略和政治的地位。羅馬人創立了這個城鎮，後來維京人曾占據這裡兩百年。它位於倫敦和約克之間的道路，也位於數條河道和羅馬時期的大道上一個十分有利的戰略位置，除了跟東海岸很近，還有非常容易防禦、有極為陡峭的山丘（今天就稱作「陡丘」〔Steep Hill〕，這個名稱非常符合東密德蘭地區典型的直白特色）。此外，這裡也很缺乏法紀，需要好好教化：英格蘭被征服後，這個地區的一名撒克遜貴族曾強烈反抗諾曼人，他在後來的逃犯故事中被稱作警覺的赫勒華德（Hereward the Wake）。[25]

威廉在陡丘上蓋了一座城堡。不久後，原為諾曼第費康修道院（Fécamp Abbey）本篤會修士的主教雷米吉烏斯（Remigius）就在城堡旁邊蓋了一座主教座堂。雖然當時有很多諾曼人興建的建築是使用在諾曼第康城開鑿、再由擁有專門設備的船隻運到英格蘭的石頭所建成，林肯的教堂卻大部分是以當地開採的石灰岩建造。[26] 教堂在一○九二年完工，雷米吉烏斯也在那年去世。其中一位後繼者在門的上方裝了雕刻華美的尖拱，靈感便是來自聖但尼修道院院長敘熱的設計。[27] 但是，這座教堂每隔一段時間就會出事一次：一一二四年，它遭到祝融之災；一一四一年，它在林

肯之役被當成臨時堡壘而受到毀壞；一一八五年，英格蘭史上最嚴重的地震之一將它震得損傷嚴重。[28] 它真的很倒楣。可是，從建築方面來說，這是個很好的時機。一一八六年，新的林肯主教選出來了，他是一個法籍的加爾都西會修士，生前被稱作阿瓦隆的雨果（Hugh of Avalon），死後被稱為林肯的聖雨果（St Hugh of Lincoln）。雨果對建築很有興趣，先前曾奉隸屬的修會之命，在薩默塞特（Somerset）興建一個加爾都西會的修道院。[⑩]所以，被任命為主教後，他可以把目標放得更高。雨果主教在陡丘上展開主教座堂大改造。在接下來的六十年，它將爬升到法老的時代以來，就不曾在世界上出現過的高度。

雨果請來建造新教堂的石匠叫什麼名字，現在已不得而知，但是他的團隊顯然至少有一個建築師或工程師相當有遠見，熟悉最新潮、最一流的哥德式建築趨勢，包括近期在坎特伯雷大教堂完成的唱詩班座席（教堂在一一七四年一場大火後，由桑斯的威廉〔William of Sens〕負責監督重建）。不過，更早的例子也影響了林肯的建設，像是在北海對岸的挪威境內，那座建於十二世紀中葉、位於特隆赫姆（Trondheim）的哥德式教堂。現在，被辛辛苦苦拖到陡丘上的工地（應該是靠拖著貨車的牛隻完成）的不只有石灰岩，還有來自教區內更遙遠的彼得伯勒（Peterborough）的大理石，為最終將近一百五十公尺長的室內空間裡的柱子增添了奢華和美感。在大部分訪客進出的西面，原本就有依照羅馬式建築傳統雕刻而成的精美簷壁，描繪了舊約和新約《聖經》的事件，像是撒旦被逐出天堂和基督降落到陰間。[29] 這塊簷壁在大火、戰爭和地震之中倖存，現在將定下重建工程的基調，讓教堂充滿雕像和雕刻，提醒所有進到裡面的人，上天堂有多愉悅、下地獄有多可怕。

---

⑩ 作者註：出錢建造這間修道院的是亨利二世，他扛下這個擔子，是他在一一七〇年害死湯瑪斯‧貝克特的眾多悔過行為之一。

無可避免地，像林肯的新哥德式教堂這樣龐大的工程，人的一生難以完成，所以當雨果主教在一二○○年去世時，林肯的中心仍是一片巨大工地，應該有很多石匠、勞工、木匠和鐵匠在走動，新教堂的外殼則覆滿木製鷹架和使用滑輪操作的吊車。然而，對這座教堂來說，雨果的死帶來的功勞勝過以往。

　　根據描述他生平的聖徒傳，這位主教常在工地拖行石塊和灰泥，由一位原本跛腳、後來因願意以主之名努力工作而奇蹟似地恢復正常的砌磚助手協助（平常陪伴這位主教的是一隻溫馴的黃嘴天鵝，他在就任主教那天遇見牠，從此把牠當成寵物飼養）。[30] 死後，雨果不光只是樂意出一份力而已。在他辭世半個世紀之後，他崇高、廉潔、神聖的名聲愈來愈響亮，使他最後成了奇蹟崇拜的對象。在十三世紀的頭幾十年，為雨果撰寫傳記的艾恩斯漢姆的亞當（Adam of Eynsham）表示，當外科醫生在葬禮前將他的遺體切開取出內臟的那一刻，他的聖潔就不言而喻，因為那些參與這可怕儀式的人都訝異地發現，他的內臟居然沒有「液體或糞便……純淨無暇到彷彿已經被小心翼翼地清洗和擦拭……他的內臟像玻璃般發亮。」[31] 這還只是一切的開端。葬禮隊伍行進期間，棺架上的蠟燭怎麼樣都吹不熄，就連強風也是一樣；一名斷臂的哀悼者被一場奇蹟的夢治好了；一個來到雨果的棺木致意的女子遭到扒手搶劫，扒手卻突然瞎了眼，「醉漢似地踉踉蹌蹌」，最後被抓起來。[32]

　　這些和其他類似的奇蹟，使得雨果在一二二○年被封為聖人。於是，林肯成為一個熱門景點，每年都有數千名遊客前來參觀雨果的聖壇（以及另一個用來安放他的頭顱的聖壇）。突增的訪客量又帶來進一步的擴建。[33]

---

⑪ 作者註：這座教堂還葬有另一個有名的雨果。十三世紀時，一個人稱林肯的小雨果的小孩據說被猶太人在活祭儀式中殺害，因此成為人們迷信的對象。小雨果出名、受人崇敬的故事是「血祭誹謗」（blood libel）這個糟糕的現象的一個好例子。血祭誹謗是中世紀後期英格蘭反猶太主義的一部分，英格蘭反猶太主義在一二九○年達到高潮，愛達華一世下令將所有的猶太人驅逐出境。

但，這同樣值得。因此，教堂的最東側多建了一個「天使唱詩班」（Angel Choir），用來放置雨果的遺骨[⑪]——會有這個稱呼，是因為這個區域使用令人喜愛的天使雕像裝飾，這是從當時正在英王亨利三世密切監督下進行大規模翻新的西敏寺所得到的設計靈感。[34]

天使唱詩班在一二八〇年完工時，林肯已是英格蘭最高等的主教座堂之一。這個等級的教堂都非常厲害：英格蘭的西敏寺已經完成繁複奢華的翻新作業，以懺悔者愛德華（Edward the Confessor）的聖壇為新焦點；坎特伯雷是英格蘭最高階主教的教座所在地，並擁有世界知名的湯瑪斯・貝克特聖壇；北部大主教位於約克的座堂工程宏偉。英格蘭境內各處都有光輝耀眼的哥德式建築在興建中或竣工，包括：南部和西部的艾希特（Exeter）、索爾茲伯里、溫徹斯特、格洛斯特和韋爾斯；東部的伊利（Ely）和諾里奇；北部的達拉謨（Durham）和卡萊爾（Carlisle）；威爾斯邊界的赫里福德和伍斯特（Worcester）。同一時間，威爾斯的聖戴維斯（St David）、蘭達夫（Llandaff）和聖阿瑟夫（St Asaph）也有重大的建築工程。哥德式建築風潮也觸及了蘇格蘭，著名的例子有鄧布蘭（Dunblane）和埃爾金（Elgin）的主教座堂以及梅爾羅斯修道院（Melrose Abbey）。

這些眾多的教堂慢慢發展出獨特的哥德式建築，今天所謂的盛飾式（Decorated）和垂直式（Perpendicular）風格，都是中世紀後期英格蘭教堂建築的正字標記。[35] 但，不列顛群島會出現這麼多的創意與野心，並非純屬巧合。前面已經看到，到了十三世紀晚期，英格蘭已經是個極其富裕的王國：蓬勃發展的羊毛產業推動了經濟；神職人員握有大量利潤豐厚的土地；國王統治著一個相對統一的國家，因此對各種雄偉的建築都很有興趣，不只城堡而已。英格蘭金雀花王朝的君主大部分都很清楚自己可以透過聘僱世界級的建築大師來投射權力，所以英格蘭有很多教堂都是某個王室陵墓的所在地。

英格蘭王室對林肯絕對是很有興趣。雨果主教對於教堂的改建有一個想法，那就是在整個建築的正中央蓋一個高大的塔樓，最上面頂著一

個尖塔。很可惜，興建這座塔樓的頭幾十年，結構方面的問題導致它在一二三七年崩塌，被自己的重量壓垮。一二五〇年代，英王亨利三世下令進行修復，這位國王對建築的興趣幾乎前所未見，能超越他的或許只有十五世紀在伊頓公學和劍橋大學國王學院興建了宏偉哥德式禮拜堂的亨利六世。接著，十四世紀初，林肯的高塔被加大、加長。一三一一年完工後，最上面那個用木頭建造、用鉛進行最後加工的尖塔，有一百六十公尺高，比埃及古夫那座近四千年來一直都是世界最高建築的吉薩大金字塔（Great Pyramid of Giza）還高十一公尺左右。林肯大教堂將保留這個頭銜到一五四八年一陣強風吹垮尖塔為止。[12]

　　林肯大教堂變成世界奇觀之前，就已經是某些王室家族和聖人遺骨的正式存放地。在一二九〇年初冬，愛德華一世心愛的王后卡斯提亞的艾莉諾在諾丁漢郡的哈比（Harby）逝世，距離林肯大教堂僅三十英里。前面曾經提過，艾莉諾是個非常盡忠職守的王后，對王室做出的貢獻包括在卡納芬城堡的建址產子。她的死讓愛德華傷心欲絕，愛德華決心將她備受尊榮地帶回倫敦埋葬。旅程的第一晚，她的遺體被帶到林肯城牆外的一間小修道院，以便取出內臟減緩腐壞的速度。十二月三日，她的內臟被葬在主教座堂裡，之後放在聖雨果聖壇附近的一個氣派墳墓中。[13] 十二座「艾莉諾十字」（Eleanor Crosses）的第一座就建在林肯城外：這一系列雕刻華麗的石柱被建在各個城鎮的廣場上，以紀念王后的遺體曾停留當地。這個精心設計的特殊紀念方式，靈感可能是來自法蘭西，因為二十年前，在巴黎興建聖禮拜堂以收藏荊棘王冠的路易九世過世後，葬禮遊行路線沿途也設置

---

[12] 作者註：即便如此，全世界要一直到一八八七年艾菲爾鐵塔（高三百公尺）開始建造後，才出現比林肯大教堂的尖塔還高的建築。當然，一百六十公尺在今天看來根本沒什麼。本書寫作期間，世界上最高的建築是杜拜的哈里發塔。之後，這將會被沙烏地阿拉伯的吉達塔超越——完工時，這座塔預計達到一千公尺高。

[13] 作者註：在十七世紀的英格蘭內戰期間，原本的墳墓被破壞得無法修復，因此今天放在天使唱詩班的墳墓是維多利亞時期的重製版本。

了被稱作「蒙茹瓦」（montjoies）的紀念碑。[36] 艾莉諾十字是由英格蘭當時最棒的石匠兼建築師組成的團隊所設計，成員有巴特爾的約翰（John of Battle）、坎特伯雷的邁克爾（Michael of Canterbury）和阿賓頓的亞歷山大（Alexander of Abingdon）。這些紀念碑現在大部分都已被毀或遺失，但是它們全都曾經是哥德式傑作。下令建造它們的國王跟所有偉大的中世紀統治者一樣，很清楚成就不能單靠鮮血，還必須使用石頭加以證實，使之永垂不朽。

雖然從前文就可以知道，愛德華一世喜愛建造城堡勝過教堂，但是他依然在林肯大教堂非凡的歷史中擁有一席之地。反過來看，林肯大教堂也在中世紀哥德式建築的冒險故事中占據了核心地位。在二十一世紀的今天，於安靜的午後從西面的古老大門走進，慢慢走過教堂內部長長的空間，來到最東側的天使唱詩班，欣賞幾乎無止無盡的大量裝飾與雕塑（它們不斷綿延到極高處，自從中世紀最初雕刻這些作品的石匠在七百五十年前從鷹架下來後，大部分便鮮少有人親眼看過），是最叫人振奮的體驗之一，也見證了這個西方建築的全盛期永恆存在的力量。[⑭]

但，在我們離開中世紀建築工的領域之前，還要探討最後一個例子。法蘭西哥德式熱潮對無數片彩色玻璃和碰觸到雲朵的超高天花板所懷抱的愛戀，只稍稍影響了所在的城市。現在，就讓我們拜訪佛羅倫斯，這裡在十四世紀初也建了一座跟它非常相配的宏偉主教座堂，而儘管對自己的財富和榮耀十分自豪，它要的東西，卻跟阿爾卑斯山以北處處可見的尖拱和尖塔不太一樣。

---

⑭ 作者註：順帶一提，這也可以讓我們明白哥德式建築為什麼在十九世紀出現了有力地復甦，讓維多利亞時期的建築師想要留住這個似乎象徵西方歷史上所有具有魔力又壯麗雄偉的事物的風格。哥德復興式、偽中世紀建築的高峰，當然就是位於倫敦英國國會所在地西敏宮，當原本的中世紀結構被一八三四年的大火摧毀後，查爾斯・巴里（Charles Barry）將之重建。

從尖塔到圓頂

一二九〇年代初期，英王愛德華一世在建造最後幾座威爾斯城堡時，義大利藝術家兼雕塑家阿諾爾·坎比奧（Arnolfo di Cambio）正在羅馬製作一座墳墓。這座墳墓位於古老的聖伯多祿大殿，而之後要在裡面安息的人，是法王腓力四世厭惡、曾經得到所謂的阿納尼之摑的教宗波尼法爵八世。⑮ 波尼法爵八世當時還活著，但是傳統上，任何一個自重的教會或國家大人物都會給自己的墳墓監工，以確保成果令人滿意。坎比奧先前已經替位高權重的法蘭西樞機主教紀堯姆·布雷（Guillaume de Bray）製作很棒的墳墓，就在附近的奧爾維耶托的大教堂。在那之前，他還在路易九世的弟弟、那不勒斯與西西里國王安茹的查理（Charles of Anjou，一二八五年逝世）的宮廷裡擔任過雕塑家，為這位國王創造一個穿著羅馬元老托加坐在王位上的雕像，極為栩栩如生。所以，他很了解法式風格和法蘭西人的心理，稱得上是義大利的一流雕塑家，絕對是為教宗建造安息之所的合適人選。然而，坎比奧的野心不只局限在雕塑和墳墓而已。大約在一二九三年，他受到邀請以實現自己更大的野心。佛羅倫斯市民想蓋一間新的主教座堂，希望坎比奧來幫他們興建。

坎比奧之前已經在奧爾維耶托設計過一間主教座堂，規劃了一座大型羅馬式大殿，從一二九〇年左右開始動工。但，佛羅倫斯給他的機會更大。這座城市的人口約四萬五千（比倫敦還多），統治者通常是由富商家族所主導的寡頭政府。就跟許多義大利城市一樣，這裡在十三世紀時常常處於暴力衝突的陰影下，先是有親霍亨斯陶芬皇帝的吉伯林派（Ghibellines）和親教宗的圭爾夫派（Guelphs）之間的爭執，接著又有黑黨和白黨之間的不和。37 這些政治上的緊張關係常常造成爭吵、打架、

---

⑮ 作者註：見第十一章。

殺人、政變、反政變、小革命，甚至是全面性的戰爭。但是，這並沒有減損佛羅倫斯人整體的公民自豪感和賺錢的能力。夜晚的街道雖然不安全，但至少很乾淨整齊，經濟也因為有野心勃勃的商人和銀行家在世界各地獲取龐大利潤而十分蓬勃。[16] 佛羅倫斯已經產出並吸引許多偉大的藝術家、作家和建築師，包括藝術家契馬布埃（Cimabue）和他的門生喬托（Giotto）、詩人但丁以及想像力豐富的畫家科波・馬可瓦爾多（Coppo di Marcovaldo）。佛羅倫斯人也很強烈地感受到建築物蘊含的政治力量：每次發生一陣政治動盪後，勝利的一方最喜歡把遭羞辱和擊敗的對手的房子和高塔拆毀。坎比奧有很多工程可以做。

十六世紀的畫家兼建築師喬爾喬・瓦薩里（Giorgio Vasari）十分欽佩坎比奧，在撰寫他的傳記時說到，坎比奧在佛羅倫斯的時候建造或重建了至少半座城市，包括城牆以及俯瞰領主廣場、建得像座堡壘一樣的知名市政廳「舊宮」（Palazzo Vecchio）。瓦薩里很可能誇大了，但是在差不多同時期，坎比奧的確至少進行了三大工程，第一個是重建該城市最重要的本篤會修道院，巴迪亞修道院（Badia Abbey）的教堂（據說也是這座城市最有名的詩人但丁，第一次見到他的靈感女神貝緹麗彩的地方）；第二個是翻修方濟各會的聖十字聖殿（church of Santa Croce）；第三個、同時也是最大型的工程，則是建造新的主教座堂，來取代獻給當時的佛羅倫斯主保聖人聖雷帕拉塔（St Reparata）的千年破舊教堂。坎比奧在第三項工程中讓想像力恣意奔馳。

假如坎比奧是在巴黎、倫敦或科隆創作，他為這些建築所做的設計肯定是會遵循法蘭西的哥德式風格，可是在義大利，建築領域發展方向卻不一樣。這裡的拱頂依舊像羅馬式建築一樣是圓的，不是尖的；繁複的飛扶壁和令人眩目的尖塔很少出現；牆壁就只是牆壁，厚實強壯、結構穩固，

---

[16] 作者註：見第十章。

不是大片色彩繽紛的玻璃的框架；阿爾卑斯山以北極受歡迎、閃閃發亮的黃白石灰岩很少得到青睞，更多時候使用的是砂岩和磚塊。雖然在十三世紀的義大利建築工程中，高度、大小和裝飾的華美程度變得愈來愈重要，但坎比奧並無突然必須讓佛羅倫斯仿效聖但尼修道院教堂的壓力。[38] 坎比奧可以自由創造帶有佛羅倫斯典型特色的建築，採納哥德式的某些要素，但不必亦步亦趨。雖然在現今，巴迪亞修道院以尖塔而出名，方濟各會的聖十字聖殿則多了一個十九世紀興建的哥德復興式大理石門面（這裡葬了幾位佛羅倫斯最有名的明星人物，像是米開朗基羅、伽利略、馬基維利和焦阿基諾‧羅西尼〔Gioachino Rossini〕），但是這兩件優雅的作品整體來說仍相對簡樸不繁複。相比之下，他所設計的佛羅倫斯新主教座堂卻充滿野心、非常成功。

坎比奧設計的主教座堂，將成為坐落於佛羅倫斯中心主教座堂廣場的世界知名建築。它是世界上最容易一眼就辨認出來的地方之一，是佛羅倫斯典型天際線的顯眼地標，也是吸引現代遊客的強力磁鐵，讓他們願意在托斯卡尼炎熱的夏日陽光下排隊數小時，只為在裡面駐足短短幾分鐘。為了建造它，工人拆掉了這座城市的一塊區域，包括老舊的聖雷帕拉塔主教座堂和附近的另一間教堂，並掘空了一個墓地。在清出來的空間裡，坎比奧為一個長六十六公尺、寬二十一公尺的中殿立下了地基，兩側都有拱頂。這幾乎完全複製了聖十字聖殿的設計，而他規劃這座主教座堂時，可能也仿效了聖十字聖殿的木造（而非石拱）屋頂。不過，兩棟建築在東側的設計就不一樣了：坎比奧為主教座堂設計了一個很大的穹頂，呼應羅馬萬神殿殿頂的古典時期工程奇蹟。穹頂的基座呈八角形，並由三條半八角形的肋架圍繞，協助支撐如此複雜的結構所產生的重量。[39] 這將會比君士坦丁堡的聖索菲亞大教堂的穹頂還大一點。[40] 這是一個十分雄偉的設計。一二九六年，基石正式放了下去。

如同前面所說的，中世紀的建築師很少有人活著看見自己設計的教堂完工，坎比奧也不例外。他的設計和他在工程初期所做的一切，讓佛羅倫

斯當局很滿意，工程展開四年後，他就獲得在那裡終身免稅的特權，當局的官方文件還稱讚他是「周遭地區在興建教堂方面最有名的大師和最厲害的專家」。[41] 他是佛羅倫斯活生生的榮耀。然而，他在一三〇一至一三一〇年間的某一年去世了，主教座堂的工程跟著停擺。西側的門面（十六世紀曾經重建，現在大部分已遺失）有坎比奧創作的雕像，描繪從聖母馬利亞到教宗波尼法爵八世的各個人物，中殿可能也完成了一半左右。可是，師父不在了，完成設計的動力也沒了。

因為政局的緣故，工程停擺其實是情有可原。一三一一年，一個侵略性強（雖然命短）的新任德意志國王亨利七世（Henry VII），來到義大利要被加冕為神聖羅馬皇帝。佛羅倫斯人拒絕了他，被迫武裝起來抵禦帝國軍隊。亨利七世雖然後來死於瘧疾，但佛羅倫斯接著又被鄰近的比薩和盧卡的親皇帝統治者攻擊。此時，強化城牆自然比蓋教堂重要。此外，在一三三三年，佛羅倫斯又需要一座新的橋梁，因為洪水把原本的「老橋」沖走了。雖然天才喬托在一三三〇年代在坎比奧興建的中殿旁邊，蓋了一座高大獨立、明顯屬於哥德式風格的鐘樓，但是到了該世紀中葉，沒有其他重要的工程完成。這座主教座堂稱不上是燙手山芋，但它確實是一個未了結的事情。

直到一三六〇年代晚期，佛羅倫斯的主教座堂委員會才同意重啟工程，由當時最受敬重的石匠奈利·菲奧拉萬特（Neri di Fioravanti）修改的新設計圖為基準。他計畫把穹頂蓋得比坎比奧所構想的還要大，大於萬神殿的規模，並放入一個小尖塔。這增添了一點哥德式潤飾，但是穹頂本身則帶有拜占庭、甚至是阿拉伯耶路撒冷的味道。可是，這似乎也是個不可能的任務。菲奧拉萬特做了一個大比例的穹頂模型放在教堂中殿，建築委員會成員每年都發誓要找到實現這項設計的方法。[42] 可是，數十年來，沒有人想得出辦法。終於，在一四一八年，也就是坎比奧放下基石的一百二十二年後，有人為佛羅倫斯的主教座堂工程難題想到了一個解決辦法。此人就是數學天才菲利波·布魯內萊斯基（Filippo Brunelleschi），他

贏得了承包這項工程的公開競賽，發明了全新的建造系統和升高機器，以便把四百萬塊左右的磚頭吊到正確的位置。這個過程花了快要二十年，為這個延宕已久的工程帶來極其累人的結局。然而，當布魯內萊斯基蓋好穹頂之後，這個現在被稱作聖母百花聖殿的主教座堂，馬上就被視為自一千年前古典世界滅亡後就再也沒出現過的奇觀。今天，它被認為是義大利文藝復興的創始建築成就，也是現代許多宏偉建築之穹頂的始祖，如倫敦的聖保羅座堂（St Paul's Cathedral）、巴黎的傷兵院（Les Invalides）和華盛頓特區的美國國會大廈。但，因為這個原因，主教座堂的歷史階段，在阿諾爾·坎比奧於一二九六年動土時仍尚未邁入。

　　而那個歷史階段，是中世紀邁入尾聲的起始，始於一三四七年一起事件。當時，聖母百花聖殿仍只是一個興建到一半的奇特景象，雖然已經誕生，但是尚未完工，還在等待天才來完成。那個讓全世界天翻地覆的事件，是一場席捲西歐的傳染病。船隻從東方來到義大利，卸下了香料和異國奢侈品，也帶來了一種從查士丁尼時代以來就不曾出現過的可怕疾病。它是黑死病，殺死了百分之四十左右的歐洲人口，永遠改變了世界。它在西方肆虐的過程，以及生者對難以理解的死亡所出現的反應，標誌了這個故事最後一個部分的開端。

Part

4

革命

・ 約1348〜1527年 ・

⑬ 倖存者

> 「過去吞噬了我們，現在正啃食我們的五臟六腑……」
>
> ——律師、同時也是撰有瘟疫編年史的作家
> 加布里埃爾‧穆西斯（Gabriele de' Mussis）

一三一四年夏末，西北歐降下一場大雨。雨下個不停，直到秋天結束也幾乎不曾停歇。河水暴漲淹沒田地，馬路和小徑遭到蹂躪。冬天過去後，作物不得不種在泡水的田裡，後續收成肯定很差。然後，在一三一五年五月，雨又來了，一下就是整個夏天。鉛灰色的天空傾瀉著，氣溫始終冷颼颼，接著隨著季節變換又開始驟降。收成確實很慘，接下來的冬天極度酷寒。到了一三一六年復活節，人們已經開始挨餓。一位英格蘭編年史家記下了百姓的慘境：穀物價格瘋狂起伏、難以預測，有時飆高到正常值的百分之四百。他寫道：「出現了大飢荒，如此匱乏的狀況不曾發生在我們的時代，百年來也不曾聽說。」[1]

這還只是一開始。一三一六年，同樣的情形又上演了：從春天就開始下雨，夏天沒有來，冬天寒冷無比。一三一七年，事情有好轉一些，但卻幾乎沒有足夠的穀物可以播種。終於，到了一三一八年才有一次稱得上是收成的收成。[2] 即使如此，麻煩仍未結束。撐過這段濕冷困乏時期的農場動物太過虛弱，罹患了一種在西方各地散布、傳染力強且傳播迅速的致命疾病。那可能就是我們今天說的牛瘟，會讓牛隻出現嚴重的高燒和腹瀉、口鼻腐爛，並（通常）在兩到三週內死亡。這種病毒最早出現在蒙古，後來散播到西方，很快就開始在中歐、日耳曼、法蘭西、丹麥、荷蘭、英格

蘭、蘇格蘭和愛爾蘭的牲畜之間肆虐。這些地方平均有百分之六十的牛隻病死。[3] 瘟疫在一三一九年達到高峰。一三二〇至一三二一年，暴雨和水患再次出現，又一次毀了收成。

這是一個跟《聖經》情節一樣殘酷的時期，西方各地有六年沒有一個穩固的農業基礎可以保障生存，造成可跟二十世紀最嚴重飢荒相比的人道危機。[①] 光是在一三一六年夏天，法蘭德斯的伊珀爾就死了百分之十的人口。這樣的狀況並不罕見。[4] 一位編年史家描寫英格蘭的慘況，說除了飢荒和瘟疫，當地還受到控制不住的通膨、跟蘇格蘭之間的戰爭，以及國王愛德華二世悲慘的統治所折磨。「平常那些能吃的肉類太過稀少，所以馬肉變得十分珍貴，肥胖的狗都被偷了。聽說，很多地方有人偷偷吃掉自己的孩子……」[5] 另一位編年史家也有類似的說法：「數千人死在不同地方……狗和馬以及其他不潔之物被當成食物。唉，英格蘭啊！曾經富足到可以幫助其他地方的你，現在窮困潦倒，被迫乞討！」[6] 第二位史家親眼目睹了後來所謂的大飢荒，他是在一三二五年或更早以前寫下他的編年史。他並不曉得，最慘的還在後頭。

冰與病

十四世紀是一個充滿劇變的時代，特別是對西歐的人來說。首先出現變化的是氣候。九〇〇年之後，全球氣溫上升了數百年，即所謂的中世紀溫暖期。但是在一三〇〇年左右，氣溫又開始下降而且幅度劇烈。之所以會快速降溫，是因為世界各地出現了一段劇烈的火山活動時期，地震造成火山爆發，噴出二氧化硫和其他反射陽光的懸浮氣體到平流層。氣候變

---

① 作者註：在一九二一至一九二二年間，俄羅斯有百分之三到五的人口死於飢荒；十四世紀初期大飢荒的死亡率可能是這個數字的兩到三倍，但是死亡的總人數當然是少得多，因為當時的歐洲人口較少。

得極為寒冷，導致從波羅的海到泰晤士河，乃至於君士坦丁堡的金角灣的水道冬天時容易結凍。這個現象，造就了一三〇〇至一八五〇年的小冰河期。[7]

當然，小冰河期不是造成一三一五至一三二一年間大飢荒的唯一原因。人類的災難幾乎都是社會與環境交互作用後的結果，而在十四世紀初，西方正好滿足了一場劇變發生的條件。大約在一〇〇〇年前後，歐洲人口開始激增，刺激了經濟活動、各項發明和商業交流。可是，同一時間，這也創造很大的弱點。農業和糧食生產方面出現的科技改良（重犁、水車、風車、輪耕制），讓農夫可以獲得更多收成；清除森林、排空沼澤的慾望，也讓人類有更多新土地可以開墾。可是，這些都有極限。就在一三〇〇年左右，西方社會撐破了那些極限。

簡單來說，當時的科技應付不了這麼多人口。英格蘭人口已經從諾曼第征服時的一百五十萬人左右，激增到大飢荒前夕的六百萬人。[②] 這個情形在其他地方也有出現，特別是歐洲和近東地區的城市——從十二世紀中葉開始，那些地方的人口成長了四倍以上，使得數萬人一起聚集在擁擠又不衛生的環境。同一時間，鄉村地帶的耕作土地愈來愈小塊，開墾的土地也愈來愈邊陲。結果就是，人口緩緩超量，最終變成長態超量，導致西方各國極可能一不小心就出現食物短缺的狀況。另一方面，十二和十三世紀的蒙古西征活動，使全球貿易和旅行變得頻繁，也悄悄地讓疾病開始跟著絲綢、奴隸和香料一起在世界各地流竄。牛瘟造成的廣泛性動物流行病，便證明了病毒性疾病遇到一個數量龐大且很愛移動的宿主時，可能帶來的災難。事實證明，十四世紀的人類，就跟他們的牛隻一樣脆弱。

從一三四〇年代開始橫掃亞洲、歐洲、北非和下撒哈拉部分地區的黑死病跟牛瘟，都是蒙古人帶來的。[8] 如同前面說過的，瘟疫是由鼠疫桿菌造成的，會透過跳蚤叮咬老鼠和土撥鼠等草原齧齒類動物，接著傳染給人類。[③] 八百年前，查士丁尼大瘟疫曾經肆虐拜占庭，害死數百萬人。

然而，十四世紀出現的傳染病更可怕，是同一種疾病的新變種，傳染力極高，似乎可以在鼠、貓、狗、鳥和人之間輕而易舉地傳播。一旦跑到人類身上，就會出現跟六世紀的瘟疫類似的恐怖症狀：發燒；胯下、腋下和頸部周圍的淋巴腺腫大；內出血；無法控制的嘔吐；數天內死亡。[9] 它還發展出一種肺炎性菌株，可透過飛沫在人與人之間傳播。

這個混合性的淋巴腺和肺炎瘟疫，大概在一三三〇年代初就流傳在中亞的蒙古人之間。同樣在這十年，瘟疫向外散播到東方各地，包括河中地區、中國和波斯，不過對印度的影響似乎沒有很嚴重。[10] 到了一三四〇年代中葉，瘟疫已經在金帳汗國的蒙古人之間流竄。根據傳統的瘟疫記述，就是他們在一三四七年圍攻熱那亞人位於黑海的港口城市卡法時，把瘟疫傳給西方人。一個來自皮亞琴察的義大利律師加布里埃爾·穆西斯，在描寫這場攻城戰時說到疾病在蒙古軍隊中蔓延，「就像天空下起了箭雨……所有的醫療建議和照護都沒有用，韃靼人的身體一出現疾病徵兆——腐臭的高燒及體液凝固造成的腋下或胯下腫大——就死了。」[11] 蒙古軍因為疾病人數銳減便放棄攻城，但是病菌卻已傳播出去。穆西斯用鮮明的文字寫道：「他們下令把屍體放在投石機上擲到城裡，希望令人無法忍受的惡臭可以殺死裡面所有人。大量屍體被丟進城中，基督徒雖然盡可能地把屍體扔到海裡，卻仍無法躲逃或遠離。很快地，腐敗的屍身汙染了空氣和水源……沒有人知道或能夠找到防禦的方法。」[12]

這是不是完全屬實很難說。一三四〇年代的瘟疫無疑具有高度傳染力，可是臭味本身並不是疾病的媒介。無論如何，卡法圍城戰之後沒多久，從黑海出發的商船和軍艦很可能便攜帶著病毒，讓瘟疫病例開始出現在義大利的熱那亞和威尼斯。穆西斯憶道：「水手【抵達時……】就彷彿也

---

② 作者註：英格蘭直到十八世紀才又出現這樣的人口暴增現象。
③ 作者註：見第三章。

帶來了邪靈。每一個城市、每一個聚落、每一個地方，都被傳染性的瘟疫毒害，居民無論是男是女全都突如其來地死了。」在擁擠的城市裡，大家庭住在狹窄街道的同個屋簷底下，老鼠和其他帶有跳蚤的動物肆虐，根本不可能阻止疫情蔓延。穆西斯說：「一個人染病，就害死全家人。人們不得不舉行集體葬禮，但是卻沒有空間埋葬數量愈來愈多的遺體。負責病患大部分照護工作的神父和醫生，為了探視病人忙得不可開交，他們離開時自己也染上疾病，馬上就跟著死者一起進墳。」[13] 死亡發生的速度幾乎難以想像，攪亂了整個正常世界的結構，讓生者跟將死之人一樣迷惑。這真的是一場大災變。一個親眼目擊這一切發生的愛爾蘭人，在他所寫的編年史最後留下了空白頁，這樣要是奇蹟似地還有人類存活下來，就能繼續完成他的作品。穆西斯哀嘆道：「過去吞噬了我們，現在正啃食我們的五臟六腑，未來預示會有更大的危險出現。」[14] 他說得沒有錯。

任何人只要曾經在一場快速傳播的致命傳染病疫情④ 中存活下來，就能大概明白當疾病將中世紀義大利的正常生活攪得天翻地覆時，所遭遇的可怕混亂局面。黑死病彷彿有生命，照著自己的想法在人群之間移動，從一座城市移動到另一座城市、一個國家移動到另一個國家，最後變得隨處可見。一三四七年，它跨越黑海來到君士坦丁堡和義大利，接著在整個地中海地區流竄。航海到各地的商人把它帶到聖地、賽普勒斯和希臘諸島；走陸路的旅人帶著它翻越阿爾卑斯山到達神聖羅馬帝國，包括波希米亞。[15] 一三四八年春季，瘟疫肆虐法蘭西；夏季時，它傳播到英格蘭；到了一三四九年，疾病已經往北擴散到蘇格蘭，又跨越海洋抵達東邊的北歐和西邊的愛爾蘭。中世紀作家將瘟疫歸咎到各種原因，像是天譴、邪惡的普及、反基督即將來臨、腓特烈二世即將復活、女性服裝太過緊身、行星

---

④ 作者註：最近期的例子就是散播到全球的新冠肺炎，在我寫下這些文字時，疫情正值高峰。

排列錯誤、雞姦、邪惡氣體、降雨、猶太人的陰謀、體質濕熱的人做愛和泡澡的次數過多，以及食用不夠熟的蔬菜（醫生認為這會造成「多氣的潰瘍」）。[16] 有些人情急之下嘗試了各種預防和治療的偏方療法，包括隔離、瀉藥、把自己鞭打出血和以瘟疫為主題的禱告。然而，事實是，瘟疫的傳播只是說明了中世紀社群之間深刻緊密的連結，證實了在遇到因為人類的高移動力、人口過度擁擠和有限的衛生條件而壯大的感染病時，人們是多麼地脆弱。鼠疫桿菌只有一個任務，那就是找到新的宿主複製繁殖。在沒有發展出微生物學和疫苗技術的時代，除了絕對的隔離和耐心，等待疫情自行過去，沒有任何有效的醫療。黑死病一旦傳開，就沒有辦法阻止。

　　黑死病的第一波疫情從一三四七年延續到一三五一年。這段期間，影響最嚴重的國家，有高達六成的人口死亡。這是極為驚人的死亡率，不難理解為什麼編年史家會誇大其辭：有人說，疫情結束後，只有一成的人還活著。黑死病不只帶走窮人。沒錯，富人比較有辦法逃離出現疫情的城市，因為他們可以躲到相對安全的鄉下隔離，就像偉大的義大利作家薄伽丘在《十日談》所描寫的一樣：十個富裕的年輕人為了躲避感染逃離佛羅倫斯，期間講述了一百個短篇故事。可是，財富本身無法保證一個人對疾病免疫，或是幸運活下來之後還能免受心理創傷。英王愛德華三世心愛的女兒瓊（Joan of England）在一三四八年準備前往卡斯提亞結婚時，在波爾多染疫而死。這場悲劇讓她的父親體悟到，死亡「無論老少，誰也不放過，使富人變得跟窮人一樣。」[17] 原本要成為瓊的公公的阿方索十一世（Alfonso XI）也死了，亞拉岡國王的妻子艾莉諾（Eleanor of Sicily）也是；拜占庭皇帝約翰六世（John VI Kantakouzenos）失去了小兒子；[18] 瘟疫襲擊位於亞維農的教廷時，教宗克萊孟六世（Clement VI）在一年多一點內，失去了三位樞機主教和大約四分之一的家僕；跟薄伽丘同時代的佩脫拉克失去了許多朋友，包括他的摯愛與靈感來源蘿拉。在義大利還飽受疫情衝擊時所寫的信件中，佩脫拉克總結了許多人肯定都有經歷過的倖存者罪惡感。在一封信件裡，他咒罵一三四八年，說這一年「讓我們變得孤單

失親，從我們身邊帶走了印度洋、裏海和喀爾巴阡海都無法重新獲得的財富。」在又失去另一位朋友後他所寫的另一封信裡，佩脫拉克以迷茫的語氣寫道：「我們活著就像在睡覺，不管做了什麼都是夢。唯有死亡打破睡眠，讓我們從夢境中醒來。我多希望我能在這之前就醒了。」[19]

結果，佩脫拉克又過了二十幾年才「醒來」，所以黑死病重返時他還活著。一三六一和一三六九年歐洲都有爆發嚴重疫情，一三七〇年代和一三九〇年代也是（最後一波似乎對男孩和年輕男子的衝擊特別大）。這些餘波並不像第一波疫情那麼嚴峻，但它們仍然為廣大地區帶來了痛苦與死亡，使人口無法成長，直到中世紀結束、甚至更久以後都處於低迷的狀態。所以，即使用簡單的流行病學術語來說，黑死病也絕對不是一次性的事件。這是一個時間拉得很長的傳染病，殺死了歐洲約半數人口，並在其他地方造成同樣嚴重的疫情，在大眾的心裡留下數十年陰影，為西方的人口、政治與社會結構、心態和觀念帶來劇烈的改變。雖然從某方面來說，這是一個像黑天鵝一樣極為稀有的反常災難，它卻也暴露了十四世紀西方社會的弱點和脆弱本質，直接或間接地激發倖存者去改變他們基於奇蹟而還能賴著的世界。[20] 黑死病不僅是死神鐮刀，也是一把新掃帚，大力掃過整個十四世紀。清掃過後，一切都變了。

災難過後

一三四九年九月，在蘭貝斯宮（Lambeth Palace）為坎特伯雷大主教工作的書記阿維斯伯里的羅伯特（Robert of Avesbury）走到倫敦街頭，看見一群法蘭德斯的自我鞭笞者在遊行。最近，倫敦大概出現了六百個這樣奇怪的人物，現在已經是見怪不怪了。他們每天會上街兩次，穿著樸素的白色露背寬衣，頭上戴著畫有紅色十字架的帽子。羅伯特寫道：「他們每個人的右手都拿著尾端分成三叉的鞭子，每個分叉都打了一個結，很多人在中間加上銳利的釘子。他們排成一直線行進，一個接著一個，用鞭子鞭打自

己裸露流血的身軀。其中四人會用自己的語言誦念，另外四人像連禱一樣接著誦念。他們會三度撲倒在地……雙手張開如十字架般。他們一邊繼續吟唱，一邊一個個踩過其他人，鞭打腳下的人一下。」[21]

這時，系統化的自我鞭笞已經變成一種狂熱，最開始源自一二六〇年左右的義大利城市，因為當時那裡正經歷飢荒，還加上圭爾夫派與吉伯林派之間破壞力強大的衝突。自我鞭笞後來也在日耳曼和西北歐流行，這些人透過傷害自己的方式，希望為自己和全體人類贖罪。[22] 這不僅跟以基督之名傷害他人的十字軍運動形成有趣的對比，更是為了黑死病而存在──這場瘟疫似乎是上帝生氣了、人們需要平息祂的怒火的鐵證。當然，如同前面所說的，這個做法對疫情的控制一點幫助也沒有（我們今天甚至可以猜想，在沒有實施保持社交距離措施時，這樣每天的大規模群聚或許還讓瘟疫傳播得更快）。但，參加者還是繼續嘗試，瘟疫肆虐地區的神職人員也繼續舉行每週或隔週一次的遊行，讓無計可施的人懇求上帝饒恕，方式雖然不如自我鞭笞那麼血腥，但依然悔罪意味濃厚。愛德華三世在一三四九年寫給英格蘭主教的一封信裡，解釋了這背後的機制，說「禱告、禁食和力行美德」將促使上帝「驅走瘟疫和疾病，帶來和平、寧靜與身心的健康」。[23] 無數個像他一樣的領袖，也大力推薦這樣的做法，卻收效甚微。但，黑死病觸發的宗教回應，只是人類對這場瘟疫做出的其中一個對應方式。

傳染病造成的第一個經濟後果，就是打亂物價與薪資。歐洲人口在該世紀初期達到巔峰時，勞工數量充足，其中有很多被綁在土地上，屬於法律規定的不自由農奴。可是，一夕之間少了一半左右的動力，讓世界秩序完全顛倒，勞動者突然變得炙手可熱。根據編年史家亨利·奈頓（Henry Knighton）的記載，一三四九年，「作物因為沒有人收成而在田裡枯萎」，就算找得到願意工作的勞工，地主為了收成必須付出的成本也激增了，[24] 人口驟減也導致地租下降。在有些村莊因為居民全部死亡而被永久棄置的嚴峻情況下，土地突然變得賤價，地主爭相尋找佃農。不意外地，薪資上

漲、租金下跌這樣禍不單行的局面，讓政治社會陷入一陣恐慌，當中最有權有勢的人懇求統治者別讓他們破產。

英格蘭政府很快就行動了。一三四九年和一三五一年，愛德華三世匆匆立法（勞工法令）禁止勞工索求比疫情前還高的工資。法律詳細列出了標準工資：割草一天五便士、木工或石工一天三便士、打穀一天二點五便士等等。此外，法律要求六十歲以下體格硬朗的人全都必須工作；乞討是違法的；勞工不准離開自己的土地，雇主也不能提供高於政府規定的薪資以挖角勞工。這些法律被嚴格實施。根據奈頓（他住在萊斯特郡的修道院，所以完全站在地主那一邊）的說法，工人「非常傲慢頑固」，持續要求高薪，簡直是在勒索雇主。結果，「修道院院長、騎士……還有王國各地大大小小的其他人物」都必須繳納大筆罰金。另一方面，「國王下令逮捕許多勞工，把他們關起來。很多人逃獄，在森林和樹林裡躲藏一陣子，被抓到的人都受到嚴厲的懲罰。」[25] 勞工法令的內容毫不避諱地表明立法者的立場，說此法的目標是要降低「奴僕的惡意」。[26]

在中世紀晚期階級意識強烈、由貴族領導的社會，這種鄙視窮人（除了偶爾有些窮人讓人聯想到耶穌）的心態非常典型。但是，在疫情肆虐的情況下，這種心態也很危險。黑死病困擾西方世界的，不光有靠立法就能解決的經濟不便而已，還讓歐洲的人口結構出現立即且劇烈的重組。這表示，權力突然倒向平民百姓。結果，在十四世紀後半葉，反抗既有權威的大規模暴力民變突然增加。這些叛變在第一波疫情開始消退時興起，並一直持續到「多災多難」的十四世紀結束為止。[27]

整個中世紀不時都有民變發生。如果沒有，那就怪了。中世紀人口絕大多數都是鄉村地區的農民，在一〇〇〇年後又加入大量的都會窮人。[28] 這些人的命運通常只比悽慘好一點，因此中世紀曾出現某些時刻，讓這些沒有土地的人不可避免地覺得這是統治者的錯，而非世界不得不如此運作。因此，老百姓不時會團結起來表達自己的憤怒，嘗試做出改變。

這樣的例子很多。在西羅馬帝國最後的三百年裡，高盧南部和西班牙行省偶爾會發生群眾起義事件，由一群稱作巴高達（Bagauda）分子的吵鬧黑幫所率領；[29] 五世紀的君士坦丁堡曾在尼卡之亂期間發生火災和流血事件；⑤ 在十到十二世紀之間，義大利、法蘭西、法蘭德斯和英格蘭的城鎮都發生過嚴重的都會暴動；同一時期，從西西里到北歐，各地的鄉村地區也有出現叛變。這些通常是源自地主和佃農或勞工之間的不協調，像是地主有沒有權利將權威施加在傳統上「自由」的人身上，或是（在領主身分比較穩固的地方）農民為了生存應該被迫進行什麼類型的工作或多少的工作量。這些起義雖然有些是純粹的「民變」，完全是由弱勢族群做出的隨機抗議、示威和能量釋放，但也有很多稱得上是我們今天所說的民粹運動。也就是說，這些依循的是一種至少可以回溯到羅馬共和時期（而且在二十一世紀初相當流行）的模型：自私自利的有錢政治家動員窮人，試圖對其他菁英表達合理的憤怒。

　　這些類型的叛變曾發生在八四〇年代的薩克森、一〇三〇年的挪威、一一一一年的卡斯提亞和一二三〇年代的菲士蘭。[30] 暴動曾經在一二八〇年代橫掃法蘭德斯的製布城鎮，之後又反覆爆發。有些帶來了嚴重的後果：瑞典國王胖子奧拉夫二世（Olaf Haraldsson "the Stout"）被反叛者獵犬托里爾（Thórir the Hound）用長矛刺中腹部而亡；[31] 菲士蘭的叛變者斯丁根（Stedinger）分子製造的破壞，嚴重到教宗額我略九世提倡發動一場十字軍對付；[32] 在一三〇二年的布魯日，一群女鎮民抓住一名法蘭西士兵，把他「像鮪魚一樣」剁得面目全非。[33] 這種事很可怕，而且對很多人來說極深惡痛絕，因為在現代的民主制度或社會平等的概念出現以前的時代，民眾展現自己的力量是大部分菁英十分鄙視的行為。英格蘭詩人約翰·高爾（John Gower）便說明了附庸風雅的有錢人常有的感受，認為群眾叛變

---

⑤ 作者註：見第三章。

是自然災害的一種，令人懼怕卻總是有可能發生。他寫道：「有三件事情一旦占了上風就會產生無情的毀滅：一是洪水，二是火災，三是次等人，也就是平民百姓，因為他們無法透過講理或管教遏止。」[34]

高爾是在一三七〇年代晚期寫下這段話，他有擔憂的理由。約二十年前，法蘭西王國的北半部，被札克雷暴動（Jacquerie）的群眾造反事件大力撼動。一三五八年五月底，在瓦茲河（river Oise）河畔的聖勒代瑟朗（Saint-Leu-d'Esserent，大約位於巴黎北邊六十公里處）有一群憤怒的村民攻擊當地貴族，不是殺死他們，就是將他們趕離家。[35] 根據列日一個神職人員讓‧勒貝（Jean le Bel）所寫的記述，這些村民約有一百人，「沒有武器，只有鐵棍和刀」。[36] 儘管如此，他們還是打贏社會階級比自己高的人，引爆一波暴力浪潮，迅速向外擴張到法蘭西北部和諾曼第。

在接下來的兩個星期，這個地區的村民在紀堯姆‧卡爾（Guillaume Cale）的領導者手下團結，攻擊象徵財富、權力、特權和無能政府的對象。這些有男有女的叛變者人數最終達到數萬名，他們被取了一個綽號「札克雷」，因為當中有不少人自稱或被敵人稱作「好小子傑克」（Jacques Bonhomme）。[37] 在法蘭西編年史家眼裡，札克雷叛變者是「邪惡的人……又黑又矮、武裝薄弱的農民」，愚昧無知且惡毒凶狠。[38] 他們的行為自然令人髮指：燒毀房屋、放肆偷竊、強姦殺人。

但真相是，許多札克雷叛變者似乎都很節制，只針對那些他們覺得統治無能或治理不公的人。可是，札克雷暴動的消息傳得愈遠，這些描述就變得愈邪惡。一個在英格蘭北部所寫的敘述，將妖魔鬼怪「好小子傑克」描寫成「一個心腸跟路西法一樣又傲慢自大的人」，指揮了將近二十萬名叛變者，分成三營在整個法蘭西王國各地行進，「從土地上奪取大量戰利品，不放過任何紳士或女士。他們奪下……城堡和城鎮以後，就搶走領主美麗又具有名望的妻子，在違反她們意願的情況下與她們同睡……在很多地方，這個好小子傑克把寶寶從母親的子宮中取出，用他們的血止渴，然後在她們的屍體上抹油，侮辱上帝和聖人。」[39] 另一名作家聲稱，叛變者

生了火，用烤肉叉在火堆上烤熟騎士。

　　這些內容有多少真實性可以討論。的確，在一三五八年五月和六月起義的札克雷叛變者很憤怒、暴力、為數眾多，但是不只有他們如此。經過剛好兩週的動亂後，無恥窩囊至極、娶了法王的女兒瓊的納瓦拉國王惡棍卡洛斯二世（King Charles II "the Bad" of Navarre）便率領一個短暫、協力的軍事行動鎮壓。紀堯姆·卡爾在被施以酷刑之後斬首，很多被控參與叛變的人都被追殺，家園遭到摧毀，作物被燒。恐怖攻擊不是叛變者的專利。

　　除此之外，如果真要考量當時的局勢，我們也可以想想，札克雷叛變者其實遭受了蠻嚴苛的待遇。黑死病過後，法蘭西處於一個悽慘的狀態，不僅經歷四十年的飢荒和瘟疫，整個國家還深陷百年戰爭之中。有一個世代，法蘭西北部和加斯科涅有很多地方都被英軍和傭兵的軍事行動大肆破壞。在一三五六年普瓦捷之役中，法王讓二世（Jean II of France）被俘，因此札克雷暴動發生時，他被囚禁在倫敦。當時，巴黎的政權因為幾個互相競爭的派系而四分五裂，為首的有王太子查理、納瓦拉國王、巴黎商人艾蒂安·馬賽爾（Etienne Marcel）和拉昂主教（bishop of Laon）。札克雷暴動發生時，馬賽爾和王太子間的戰爭一觸即發，雙方都派兵駐紮在巴黎外。要說是馬賽爾在鄉下煽動叛變以達到自己在首都的目的，十分合理。

　　以任何時代的標準來說，這樣的局勢都稱得上是一團糟，而對這個遭到被史上最嚴重的傳染病肆虐了八百年、人口少了一半左右的國家而言，這簡直是難以承受。理論上，黑死病可能帶來的好處是，倖存者的日子應該會變得好過一些，因為他們能有更多的土地、較低的租金、較高的薪資和更美好的事物。可是，法蘭西的一切卻似乎變得更糟。現代研究發現，札克雷暴動的領導者紀堯姆·卡爾和他的統帥並不是窮苦的農奴，而是經濟相對寬裕、受過教育的地主、匠人和專業人士。他們認為自己可以得到更好的待遇，並能夠把自己所屬社群的不滿發洩、表達出來，對抗一個辜負他們的體制。[40] 他們最後失敗了，這場起義後來成為毫無顧忌、血腥暴

力、粗鄙野蠻的代名詞，但這並不表示他們的怨言是無理取鬧，或難以理解。

土裡的蟲子

一三四七至一三五一年的黑死病跟令人精疲力竭的戰爭，成為了一三五八年札克雷暴動的背景。一個世代後，歐洲其他地方也出現類似的模式。這次，受到驚擾的不只法蘭西。在一段冗長的民粹主義狂熱時期，義大利、英格蘭、法蘭德斯和諾曼第的城市及其周遭地區充斥著叛亂。這些起義大部分都沒有經過規劃，甚至沒有直接關聯，但卻顯示了，十四世紀慢慢進入尾聲時公共秩序變得很脆弱，人們為了這個轉變後的世界應該是什麼樣子而不斷發生衝突。

在札克雷暴動過後的幾十年，西方各地不時會發生民眾和民粹性質的騷動。導火線通常跟稅金有關，因為歐洲各國政府數十年來一直想要擴大徵稅的範圍，以賺取過去只受到稅制輕微影響的普通平民的錢財。一三六〇年，圖爾奈發生一場稅金暴動，監獄被闖，富商的家被破壞。同年，經濟衰落的比薩有一群匠人和勞工籌畫了一場凶狠的叛變，「殺害大量掌控了市政府的大人物，無論是在哪裡或怎麼樣找到他們、無論他們是單獨一人或成群結隊，都難逃一劫。」[41]

差不多這個時間，法蘭西南部出現所謂的圖欽運動（Tuchin movement），心有不滿的鄉村勞工決定「不再背負補助【即稅金】的重擔」。[42] 他們偷偷組成立下誓言的盜賊團體，「說自己是神職人員、貴族和商人的敵人」。厭惡他們的編年史家寫下圖欽分子所犯的種種可怕罪行：一個名叫約翰‧派翠克（John Patrick）的蘇格蘭使節，據說在前往亞拉岡的途中被圖欽分子抓到，他們「把燒得火紅的三角鐵架蓋在他頭上，將他殘忍殺害」；一個前去羅馬的神父也被折磨至死，「他們砍斷他的手指末梢，用剪子剝他的皮，然後活活把他燒死」。[43] 這些和其他類似的恐怖故事，

在法蘭西南部流傳了二十年，但是當然有可能只是那個時候發生的任何惡行都被跟「圖欽分子」扯上關係，或者任何想要快速成名的不法人士、示威抗議者或好吃懶做的罪犯都說自己是圖欽分子，以提高自己的名聲。⑥ 無論如何，圖欽運動斷斷續續維持了二十年以上。這因此成為發生在一三七八年至一三八二年間，黑死病時代最密集、最廣布的一連串暴力叛亂事件的前奏。

前面曾經提過，在一三四〇年代的第一波嚴重疫情和後續發生在一三六〇年代的餘波之後，一三七〇年代又有一個新的感染高峰。這個危險的時期催生了各種預言，開始流行奇怪又奇妙的謠言。佛羅倫斯有一名修士預測，一三七八年將出現「怪異的新奇、可怕和恐怖事物，例如土裡的蟲子將殘忍地吞噬獅子、花豹和狼」。這個修士還說，反基督會降臨，穆斯林和蒙古人會聯手攻打義大利、日耳曼和匈牙利，上帝會送來跟如《聖經》大洪水故事一樣嚴重的洪水，富有的佛羅倫斯人會跟老百姓一起「殺死所有的暴君和不忠的叛徒」。44 最終，怪物般的蟲子、魔鬼或洪水都沒有出現，於是修士便被教宗關進牢裡。然而，關於群眾起義這件事，他卻說對了。

一三七八年，佛羅倫斯發生了梳毛工起義，不能加入排外的寡頭商業工會的工匠和悽苦的羊毛工聯手起義，控制住市議會。他們建立起一個革命政府，以各種型態維持將近三年半，最終被佛羅倫斯古老富有的貴族家族所率領的反革命推翻。梳毛工起義很多時候就像（也的確是）一場真正的階級之爭，最開始的領導者是個賣菜的老人，他會揮舞一面稱作正義之旗的旗幟，但是除了革命口號「小人物萬歲」之外，沒說過什麼重要的話。這句口號不是什麼偉大的名言，但卻象徵了佛羅倫斯在一三七〇年代

---

⑥ 作者註：類似今天的蓋達組織或 ISIS 等國際恐怖組織。

時，比史上最嚴重的社會分裂。

根據一個沒有署名的佛羅倫斯貴族日記作家所述，在梳毛工起義的前期，叛變者「在領主廣場蓋了一個絞刑架，說要用來吊死肥貓」，同時下令任何人只要穿著長袍（可能被視為肥貓的寬鬆定義）「一律殺無赦，不用審判或警告」。[45] 絞刑架並沒有被使用，但革命還是變得十分暴力。有一次，一個公證人因為曾在一三七八年被推翻的市政府工作，很不幸地在街上被一群暴民殺害。同一位日記作家寫道：「有人……用斧頭重重砍中他的頭，將他劈成兩半；接著，【群眾】從腋下把他扯爛，讓他的腦漿溢出、鮮血濺得到處都是……然後，他們把他拖到修道院廣場的絞刑架下，倒吊起來。所有人都切下他身上的一小塊肉，用騎槍或斧頭刺著，帶到城市各處、大街小巷和近郊。」[46] 這場漫長的革命並沒有一直這麼血腥，當寡頭執政者在一三八二年重新掌權後，他們意外地溫和，傾向讓這座城市恢復團結，而非報復叛變者。但，佛羅倫斯的小人物已經證實，當他們覺得自己的權利遭到踐踏時可能做出什麼事；當他們的處境沒被認同時可以施展什麼樣的嚴厲手段。

不只有他們。在法王查理五世（Charles V of France）統治的最後幾年，法蘭西南部各地的城市都出現嚴重的稅金暴動，包括勒皮、蒙彼利埃和貝濟耶，失序情況在一三七九年達到顛峰。一三八〇年，查理五世十二歲的兒子查理六世（Charles VI of France）登基，又引發新一波的抗議事件。這次地點在北部城鎮，懷抱民粹主義思想的富有市民和貴族跟暴民沆瀣一氣。巴黎和附近的鄉村地區出現嚴重暴動，造反者攻擊公共建築、稅務員以及猶太人和他們的地產。在接下來的兩年間，諾曼人的首都羅恩、拉昂、皮卡第（Picardy）和法蘭德斯的烏特勒支（Utrecht）等小鎮也發生了稅金叛變。接著，在一三八二年一月，巴黎再次發生暴動，稱作鐵鎚叛變。期間，反稅金暴動者使用「鐵、鋼或鉛製的槌子」瘋狂毆打王室官員、砸爛房屋。

在這段瘋狂的時期，有一個當代人士感覺整個國家似乎瀕臨崩潰，因

為「法蘭克王國各地燃燒著對自由的渴望和甩掉補助束縛的慾望，一股熊熊燃燒的怒火正在醞釀中。」[47] 他或許是對的。一三五八年札克雷暴動雖然在一個月內就被鎮壓，但在一三七八年之後出現的叛變有些卻花了好幾年才驅散。當歐洲各地都燃起熊熊大火，各國政府也愈來愈明白，在後黑死病的世界裡，他們必須考量到普通百姓的看法和利益，否則後果可能不堪設想。英格蘭曾經得到最深刻的教訓，因為在一三八一年夏天，一場叛亂差一點就把王室推翻。

血腥的夏天

如同前面所提到的，英王愛德華三世的政府對黑死病帶來的經濟效應很快做出了反應，通過勞工法令，試圖凍結薪資的調漲，防止傳染病改變有錢地主和農民之間的關係。為確保人們有遵守法令，大臣們設立了勞動委員會，調查不法的薪資收取行為，並懲罰想從在現代被視為基本市場供需機制獲利的人。罰金和刑責不只在第一波疫情過後的那段時間被執行，還持續執行了一個世代。

執行勞工法令變成官方熱愛的事。到了一三七〇年代愛德華三世統治期進入尾聲時，王室政務有超過三分之二跟違反勞工法令有關。[48] 而且，這還不是勞工被針對的唯一方式。英格蘭農奴制歷史悠久，農民出生就跟土地綁在一起，有義務為領主提供勞動服務，嫁娶和繼承需要得到領主的允許，並無法隨心所欲離開領主的土地。到了十四世紀中葉，這個體制正在衰退，但在黑死病之後又被許多領主復甦，許多貴族會用自己的私人（「莊園」）法庭強制農民履行被人遺忘的古老義務，讓他們免費替他們工作。[49] 村民試圖反抗，聘請律師獲取征服者威廉的《末日審判書》（*Domesday Book*）副本⑦，希望裡面收錄的紀錄能夠證明他們有免於被剝削的古老權利，[50] 但這些都徒勞無功。

同時，英格蘭政府的標準也在轉向。愛德華三世在全盛時期是整個金

雀花王朝最傑出、有才、啟發人心的國王之一。可是，到了一三七○年代中葉，他已經統治近五十年，老態龍鍾、腦袋不清楚，身邊圍繞著腐敗墮落的朝臣，尤以他那毫無羞恥心的情婦愛麗絲‧普瑞兒絲（Alice Perrers）為首。在一三四○至一三五○年代帶來一連串輝煌軍事勝利的百年戰爭，現在已是花費遠大於收穫，而英格蘭卻沒有脫身的辦法。戰爭相關的稅金收據似乎跑進朝臣的金庫裡；法蘭西海盜正在騷擾英格蘭南部和東部的港口；一三七六年，「好國會」嚴厲責備了幾位英格蘭王室官員。隔年，愛德華三世去世，他的長子（今天被稱作「黑太子」的天才戰士和戰爭英雄）也已經死了。因此，英格蘭王室傳給了愛德華三世的孫子，也就是九歲的理查二世。就跟之後在一三八○年代法蘭西發生的事情一樣，政權的轉移發生在社會極度不安和厭戰的時刻，而且新國王還只是個小孩。麻煩近在眼前。

　　一三八一年初夏，位於埃塞克斯（Essex）和肯特的泰晤士河河口附近的村莊發生了叛變。和歐洲其他地方一樣，這次的導火線也是一種不受到歡迎的稅金。數年來，年幼國王理查二世的政府嘗試了各種壓榨英格蘭百姓錢財的新方法，連續推出三種人頭稅，全都極不受歡迎，逃漏稅的情況很普遍。復活節前後，一個在牛津郡比斯特（Bicester）附近徵收人頭稅的稅務員遇襲，被狠狠鞭打一頓。為了調查逃漏稅和這類不幸的事件，更多司法委員會前往鄉村，但這卻只讓事情變得更嚴重。關於稅務員和調查員噁心行逕的謠言開始流傳：據說，官員會把年輕女孩的裙子掀起，看看她們年紀夠不夠大、適不適合繳稅。五月三十日，在埃塞克斯的市集城鎮布倫特伍德（Brentwood）舉行的一場司法法庭上，人們受夠了稅務員和他

---

⑦ 作者註：這本書記錄了威廉在諾曼第征服後，下令進行的對土地、人民與權利的全面性調查，於一○八六年完成。現代有一個類似的有趣例子，那就是在二○二○年秋天新冠肺炎封鎖期間，英國各地謠傳商家只要在商店張貼一二一五年的《大憲章》內容，就不用管政府要求他們暫停營業的指示。

們（謠傳）的徵稅手法。聚集在鎮上參加開庭的村民告訴王室官員，他們絕不繳稅。在顯然是事先安排好的信號下，村民們把官員趕出了城鎮。接著，他們傳訊給泰晤士河兩岸的朋友，要他們也這樣做。訊息如野火般蔓延，到了一三八一年六月第一個星期，整個英格蘭東南部都陷入暴動。

就跟法蘭西的札克雷暴動一樣，一三八一年英格蘭叛變不是只有社會上最窮困的人參與。[8] 領導叛亂的人可以說是社會中層，不是騎士或紳士，而是擔任警察或教區神父等小角色的村莊菁英。不過，基層成員則是典型的匠人，像是木匠、石匠、鞋匠、剝皮工和紡織工等。[51] 當中最知名的領導者是先前可能有在百年戰爭一場軍事活動中服役的瓦特·泰勒（Wat Tyler），以及來自約克郡的神父約翰·鮑爾（John Ball，當局對他很熟悉，因為他曾長期宣揚平等主義，還因妨害公共秩序被關進坎特伯雷的監獄）。在叛變期間，泰勒是肯特和埃塞克斯叛變者的實質領袖，鮑爾則是他們的性靈導師。六月初，泰勒、鮑爾和數以千計志同道合的人沿著泰晤士河往倫敦前進，打算跟心有不滿的學徒和工人一起進行示威抗議，對抗理查二世的無能少數派政府。他們很有氣勢、自信，人數也很多，一路上沒有地主敢阻擋。

到了六月十二日星期三，肯特和埃塞克斯的叛變者已經在靠近倫敦的布萊克希斯（Blackheath）紮營，首都派出市政官代表團跟他們見面，傳遞市長威廉·沃爾沃斯（William Walworth）的訊息，要他們不准再靠近。他們沒有理會這個訊息。鮑爾在布萊克希斯發表一次著名的布道，可以用一句對仗總結：「亞當掘土、夏娃織布時／有誰是紳士呢？」這個反問句透露出這場起義的反權貴感受有多深，也顯示出他們堅信基督站在他們那邊。叛變者十分喜愛年幼的國王理查二世，把他視為腐敗官員手中的受害者，

---

[8] 作者註：用「農民起義」一詞形容一三八一年的英格蘭叛變，是十九世紀才出現的。更接近當代的別稱其實是「投擲時期」（the hurling time），刻意影射中世紀的足球暴力事件。

而非暴君。他們聲稱自己支持「國王理查和真正的平民」，任何擋在國王和人民之間的人都是他們的目標。

六月十三日星期四早上，泰勒和他的手下從布萊克希斯移動到羅瑟希德（Rotherhithe）。年輕的英雄國王理查二世和幾個最親近的顧問，從倫敦塔乘坐駁船到下游，拜訪了叛變者，但是他們不敢下船跟反叛者交談，因為他們在岸邊形成一幅令人畏懼的景觀。這樣謹慎保留的態度讓暴民很不滿，而前去洗劫位於泰晤士河南岸、倫敦最大的郊區南華克（Southwark），接著把目標轉向倫敦橋。要從南邊攻擊倫敦應是不可能，因為這座橋可以擋住所有通行者。然而，城裡同情反叛者的人打開路障，讓成千上萬的叛變者湧入。之後將長存在倫敦人集體記憶裡的騷亂於焉展開，持續了兩天半：監獄被開啟；法律紀錄被拿走，在街上焚燒；國王的叔叔岡特的約翰在倫敦擁有的高級住宅薩伏依宮（Savoy Palace）被燒毀。各種亂象都出現了。

六月十四日星期五，國王邀請造反者派代表到城門外的麥爾安德（Mile End）會面。造反者要求得到的特許，實際上就是要推翻後黑死病時代的勞工法令：正式廢除農奴制；將租金限制在每英畝四便士；勞動契約可以進行固定協議。理查二世全都答應了，還告訴反叛者，如果能親自帶任何叛徒給他，他會確保正義獲得伸張。這是一個嚴重的失策，害死了許多人命。國王的承諾傳回城裡時，原本就很猛烈的抗議聲浪變得兇殘。叛變者強行進入倫敦塔，抓住兩個躲在裡面的資深王室議會成員：大法官兼坎特伯雷的大主教西蒙・薩德伯里（Simon Sudbury）和財政大臣羅伯特・黑爾斯爵士（Sir Robert Hales）。這兩人都被砍頭，頭顱插在尖樁上。

整個城市現在真的完全失控了，在一片混亂中，更多人喪了命，包括岡特的約翰的多位僕人（他本人當時很幸運地在英格蘭北部）、南華克（Southwark）皇家監獄的守衛，還有約一百五十名法蘭德斯商人尤其悲劇，他們純粹因為身為外國人而遭到屠殺。獵殺「叛徒」的行動持續了六月十四日星期五一整夜以及星期六一整天。直到星期六下午叛變者醉了、

累了、沒有體力之後，當局才設法掌控了局面。國王再次提議跟造反者見面，地點是倫敦城牆外一個叫作史密斯菲爾德（Smithfield）的娛樂場所，但是這次，他有一個計畫。

十五日晚間，國王親自跟瓦特·泰勒見面，泰勒提出比在麥爾安德更激進的一連串要求。這次，叛變者要求完全廢除所有的貴族階級，只留下國王的身分，並且完全沒收、重新分配教會的土地。他們也重申廢除農奴制的要求。這是一個非常不尋常的宣言，比佛羅倫斯的梳毛工叛變者提出的革命願景還要極端許多。可以理解地，理查二世開始含糊其辭，當泰勒開始緊張時，沃爾沃斯市長決定接手。他試圖逮捕叛變領袖，而在接下來的扭打中，有人拿出匕首，泰勒受到致命傷。他被拖到附近的聖巴多羅買（St Bartholomew）醫院等死，先前一直在側邊建築裡等待的民兵，終於衝進去包圍集結的叛變者，把他們趕跑。倫敦在千鈞一髮之際得救了。

英格蘭起義還沒完。即使倫敦安定了，動盪仍在全國各地發生，從西南部的薩默塞特到東北部的貝弗利（Beverley）都是。很多動盪都是經過協調。在東盎格利亞和倫敦北邊緊鄰的各郡都有重大騷亂；皇家法官和稅務員被殺，財產遭到破壞；在劍橋，鎮民與學者之間的恩怨帶來爭吵，導致學院建築受到波及；諾里奇經歷嚴重叛亂，約克也是。動盪持續了好幾個星期，全國各地的叛變者之間協調度很高，紛紛擁護平等主義，對玩樂、搗亂、破壞體系也都很有興趣。約翰·鮑爾七月中才被圍剿，但他在米德蘭（Midlands）被抓到前，已經送出數十封公開信件給英格蘭各地的聯絡人和其他叛變者，用神祕的語氣敦促他們「以上帝之名站在一起」、「好好懲戒土匪哈伯（Hob the Robber）」、「萬事小心，不然丟小命」。[52] 鮑爾在聖奧爾本斯接受審判時，承認這些是他寫的。不用說，他被認定犯下反抗王室和國家的可惡罪行。七月十五日，倫敦叛亂結束整整一個月後，鮑爾被處以絞刑、取出內臟、卸成四塊。

接下來的肅清餘黨行動中，又死了一千五百名叛變者。到了年底，英格蘭起義總算結束，一種反動復仇的氛圍已在宮廷生根，國王和他的親信

希望確保同樣的事件不會再度發生。編年史家湯瑪斯・華星漢（Thomas Walsingham）說，十四歲的理查二世當時亟欲復仇，當埃塞克斯的人派信使禮貌地詢問國王有沒有要兌現他在麥爾安德承諾他們的自由權時，這位少年卻用一副跋扈嚴厲的口吻回答他，就像個蒙古可汗一樣。

他說：「噢，你們這些可憐蟲。」

你們在地上和海上都令人厭惡，想跟貴族平起平坐，根本沒資格活著……既然你們以信使的姿態來到這裡，現在你們可以不用死、保住你們的小命……【但是，】把國王的訊息傳達給你的同夥：你們是鄉下人，你們依然是鄉下人，你們會繼續被束縛，而且不像從前，你們會受到更嚴厲的束縛。只要我們活著，透過上帝的恩典統治這片土地，我們就會竭盡心靈、體力和資源壓迫你們，讓你們苛刻的奴役生活成為後代可參考的實例。[53]

華星漢在聲稱是理查二世所說的這番話裡，肯定添加不少自己對叛變者的鄙視，因為在赫特福德郡的起義中，他位於聖奧爾本斯修道院的家也曾經被叛變者嚴重破壞。然而，這其中的含意非常清楚：不管低層階級的百姓在一個世紀的飢荒、瘟疫、戰爭和氣候變遷之中忍受了什麼樣的痛苦，他們要是敢再忘記自己的身分地位，就會受到更殘酷的懲罰。這不是史上第一次、也不是最後一次革命被過度鎮壓。中世紀的英格蘭，之後有近七十年不曾再發生群眾起義。

「叛徒退散，退散！」

今天的讀者都知道，叛變有時候還是會發生，比較近期的例子有二〇一一年阿拉伯之春，北非和中東的各個伊斯蘭國家出現人民群起反叛的事件；如果再往回一點，則有一八四八年的動亂和十八世紀晚期的大革命，重新塑造了法國、美國和海地。一三七八至一三八二年間在歐洲出現的平

民和民粹起義浪潮，可以跟這些事件歸為同一類，是一個革命的「時刻」，許多地方的許多人在差不多同樣的時間點一起走上街頭，嘗試改變現況，雖然起因根據不同的地方而有差異，呼喊自由時所使用的語言也不同，在主題和歷史上卻互有關聯。

當然，十四世紀晚期的造反者並沒有像他們所期望的改變世界。瓦特・泰勒有跟理查二世說到話，但是最後被碎屍萬段；梳毛工掌控佛羅倫斯好幾年，但最後也默默消失；到了十四世紀末期，法蘭西南部仍有土匪盜賊肆虐，可是已經沒有人講到圖欽。嚴格來說，這些叛變都失敗了。

但，世界確實在改變。因為黑死病的緣故，歐洲人口將經歷持續數百年的長時間調整。因此，地主和農民、城市領袖和工人之間的關係，再也無法回到中世紀早期的常態。隨著都市經濟持續發展，現金成為社會義務的必要貨幣。在英格蘭等地，十五世紀初農奴制已經完全消失。士兵幾乎都是靠任期固定、有薪酬的合約招募，而非宣誓效忠領主後必須盡到的義務。城市人還是會埋怨統治者跟他們徵收的稅金，也還是會在覺得反叛是讓訴求能被聽見的唯一方式時發起叛變和暴動，可是跟有錢的地主和工人徵收的稅金已經不再誇大無度。除此之外，世界即將毀滅的感覺也沒那麼強烈了。瘟疫、戰爭和飢荒依然是生活中十分常見的現象，但是隨著十四世紀慢慢進入尾聲，這些事情似乎不再像之前那樣如此兇猛了。所以，雖然反抗和叛變在十四世紀之後仍是中世紀社會的特性，它們的樣貌已經不太一樣。新時代要來臨了。

十五世紀的某些動亂和叛變是源自社會上常見、老掉牙的緊張關係，幾乎每一個時代的城鎮都會自然產生。在黑死病過後的一百年，蓬勃發展的大學就是一個特別常見的都會衝突來源，學生和學者不是跟市民、就是彼此之間會發生碰撞。學生暴動至少從一二〇〇年開始成為城市生活的特色，一直到中世紀結束以後都還持續存在。在法蘭西，跟學者有關的動亂曾發生在一四〇四年的巴黎和一四〇八年的奧爾良；在義大利，佩魯賈的

學生跟市長曾在一四五九年發生武裝對峙；一四六七年，帕維亞大學內敵對的日耳曼和勃艮第學生之間發生大規模爭執；[54] 一四七八年，同樣在帕維亞出現了一起不尋常的一人叛變，一個名叫伯納迪諾（Bernardino）的學生被指控性侵至少兩名女子，為了一名妓女而與四個男人鬥毆，在妓院與人爭執，全副武裝參加嘉年華慶典，偷竊書本、酒、珠寶，甚至是一群羊，在好幾個晚上毆打關稅官員（伯納迪諾的叔伯是米蘭公爵，所以他大概認為自己可以做這些事）。[55] 然而，學生動亂通常不是因為大學內部的糾紛，就是因為學者享有的特權引起的不滿和衝突，因為學者很少、甚至不曾想過要打亂既有的秩序。

中世紀後期的叛變者大部分也不曾如此。一四一三年，巴黎在國王查理六世統治期所發生的內戰期間，再次發生重大的公共失序事件。查理六世一生中常常精神病發作，會讓他忘記自己的名字或身分、相信自己是用玻璃做的、在宮中光著髒兮兮的身子跑來跑去、攻擊自己的僕人和家人。因此，有兩個派系在國王最瘋癲的時期開始爭奪權力：被稱作勃艮第派（Burgundians）和阿馬尼亞克派（Armagnacs），而雙方都想讓巴黎市民和普通暴民支持自己。在一四一三年的動亂中，數千個市民拿起武器，使巴黎在春夏兩季情勢緊張，街上可見民兵走動。一個由顯赫的屠夫和肉販組成的派系，在勃艮第公爵的鼓勵下控制了巴黎，他們的領袖西門・卡博奇（Simon "Caboche"）推動了全面性的法律改革，要對抗政府的欺凌。

卡博奇和「卡博奇黨人」（Cabochiens）這樣的成就，正是瓦特・泰勒和紀堯姆・卡爾夢寐以求的。但，卡博奇叛變跟早期的那些叛變很不一樣。十四世紀晚期的叛變者是要顛覆後黑死病世界的常態，而一個世代之後所發生的叛變，則是以當時的政治結構和論述為框架。卡博奇黨人並沒有要重新奠定法蘭西的基礎，只是在國內持續進行的辯論中強而有力地發聲。本質上這是政治運動，不是社會運動，而且身為全法蘭西（甚至全歐洲）最強大貴族之一的勃艮第公爵，也大力支持他們。一位編年史家表示，這些屠夫「是受到公爵的激勵……他想接管政府。」[56] 他們是政治比

賽中的選手，比賽雖然很暴力，卻有一套雙方都同意的規則。

　　一四五〇年英格蘭也有類似的情況，一場叛變在肯特（一三八一年起義的溫床之一）爆發，被稱作傑克‧卡德之亂（Jack Cade's Rebellion），十分血腥嚇人，而且這些東南部的叛變者走的路線，跟六十九年前的瓦特‧泰勒和約翰‧鮑爾極為相似。當時的英格蘭人極度害怕法蘭西會入侵，國家又正陷入一連串耗時的內戰（後來被稱作薔薇戰爭）之中，因此一般人早已被徵召加入民兵，保衛沿岸地區。[57] 一個可能來自薩福克、充滿領袖魅力的隊長傑克‧卡德（Jack Cade）率領這些民兵起義，抗議國王亨利六世的倒楣政府，一邊沿著泰晤士河前往布萊克希斯，一邊唱著副歌為「叛徒退散，退散！」的歌曲。

　　抵達首都時，叛變者闖入南華克，從倫敦橋進入城內，在市政廳外設立一個非法法庭，審判王室政府的一些失勢人物。財政大臣賽耶（Saye）和塞萊（Sele）閣下被砍頭；韓佛瑞‧斯塔福德爵士（Sir Humphrey Stafford）率領的軍隊在肯特遭到突襲，爵士本人被殺。即使在狀態最好的時候仍十分膽小怯懦的國王，在叛變開始沒多久就被帶出倫敦，來到相對安全的米德蘭，因此負責密切注意倫敦所發生的戰鬥的人是瑪格麗特王后（Queen Margaret）。叛變者和民兵在七月五日和六日打了一場仗，卡德最後被抓，遭到斬首並卸成四塊。但，倫敦和英格蘭南部在剩餘的夏天和之後的秋天仍然十分不穩。這是英格蘭在整個十五世紀發生過最嚴重的民變，大大撼動了當時的政府。

　　然而，卡德起義跟巴黎的卡博奇叛變一樣，跟之前的英格蘭大叛變很不一樣。泰勒和鮑爾在一三八一年幻想能從根本重建這個世界，卡德的造反者則是提出一個較不理想化、較為實際的政治體制。他們寫了正式的「條款清單」，指名道姓地說出某些議會成員做出的明確惡行，詳細列舉肯特郡和周圍其他郡的王室政策應做出什麼樣的改革。他們要求讓國王的堂親「崇高偉大的領主約克公爵」來接管政府，並提議王室收回所有當作禮物送給貴族和朝臣的土地，好讓王室在戰時能夠收支平衡。[58] 他們沒有做

出烏托邦的訴求，像是廢除農奴制，純粹是因為農奴制早已自行消失。卡德叛變針對英格蘭的許多問題做出大膽、單方面但卻有憑有據的批評，叛變者現在參與了政治，而不是想要粗暴地凌駕在政治之上。他們準確地顯示出這個世界已經和黑死病時代的痛苦相距多遠。

　　大飢荒和黑死病的倖存者，並沒有通通變成叛變者。但是，在十四世紀後半葉興起的平民和民粹叛變，確實點出了當時的災難對中世紀社會造成的影響：階級制度受到猛烈的挑戰；內憂外患帶來的戰爭不再被視為人類存在的一部分而必須接受；而當人們覺得自己承受的痛苦超過了可容忍範圍，他們會起身反抗，試圖讓自己的聲音被聽到，或是利用戰爭的混亂，來推動改善處境的運動。但，後黑死病最劇烈的階段不久就消聲匿跡，較為成熟先進的基層叛變形式成為常態。

　　當然，同一時間，西方菁英注意到叛變的下層階級所具有的潛力，試圖拉攏他們，以達到自己的目的。除了前面提過的例子，這一點在一四六二至一四七二年間的加泰隆尼亞內戰（Catalan civil war）特別顯著，團結起來發動叛變的勞工，被捲入亞拉岡國王胡安二世（John II of Aragon）和試圖限制王權的加泰隆尼亞貴族之間的鬥爭。[59] 一直要到十六世紀，西方才會經歷另一場規模和性質跟一三五八至一三八二年間所發生的事件類似的大型叛變，那就是一五二四至一五二五年間的德意志農民起義（German Peasants' War）。但，這次起義並非人口結構瓦解所帶來的悲劇影響，而是西方各地爆發的宗教改革。⑨

　　宗教改革是一個全然不同的主題，我們不久後就會在這趟中世紀之旅進入尾聲時討論到。不過，在我們進入尾聲前，應該先談談黑死病過後席捲整個中世紀世界的更廣大變化。因為，中世紀的最後一百五十年，不只

---

⑨ 作者註：見第十六章。

充斥政治動盪和群眾暴動而已，也是藝術、文學、哲學、詩詞、建築、經濟和都市規畫出現變革的時期。熬過鼠疫桿菌的猛烈攻擊後，整個世界突然充滿各種新點子、新發現與新技術，有些是從古典時期重拾而來，有些則是全新的發明。在十四世紀降臨、十五世紀茁壯的文藝復興，是一個滿溢著美麗、天才、發明與靈感的時代，但也是暗藏汙穢與鮮血的時代。現在，我們必須把目光轉向這個光榮卻又危險的重生與復甦時期。

⑭ 復興者

「過去曾有一個詩人活得很快樂的時代……」

——詩人和人文主義者佩脫拉克

一四三一年聖誕節的前一週,一個名叫弗朗切斯科·菲爾福
(Francesco Filelfo)的學者,在佛羅倫斯的聖母百花聖殿發表了有關但丁
詩作的演講。數百名高尚的佛羅倫斯人前來聆聽。他們齊聚一堂的教堂正
在進行轟動一時的翻修,布魯內萊斯基所設計的龐大主教座堂的東端正在
建設,雖然還要五年才正式完工,但這肯定會讓這座城市錦上添花。菲爾
福絕對適合在這裡演講,因為他是當時最令人興奮的思想家之一。他曾在
帕維亞接受教育,然後年僅十八歲就被任命到威尼斯教授藝術。之後,他
環遊世界各地、學習各種語言、廣泛閱讀,並沉浸在政治中。他在君士坦
丁堡學會希臘文,在鄂圖曼帝國這個新興伊斯蘭強權 ① 的蘇丹穆拉德二世
(Murad II)的宮廷裡擔任使節,接著以大使身分觀見了匈牙利國王西吉
斯蒙德(Sigismund of Hungary)和波蘭國王瓦迪斯瓦夫二世(Władisław
II)。他娶了一個地位不怎麼高的希臘公主狄奧多拉,然後回到義大利展
開學術生涯,在一四二〇年代晚期搬到佛羅倫斯。菲爾福在那裡教授修辭
學、翻譯古典詩詞,並在最近剛創立的大學演講,談論古希臘羅馬的作
家。[1] 在星期天或其他基督教節日,他則會公開發表有關但丁的演講。他

---

① 作者註:見第十五章。

應該是個很有吸引力的人,聰明、直言不諱、表達明確、在學識上十分自負、個性易怒又愛錢,非常喜歡追著女人跑,甚至吹噓自己肯定一出生就有三顆睪丸。他很容易樹敵,特別是在其他學者之間,有個學者說他「令人反感」。[2] 可是,當菲爾福一開口,整座城市都會聆聽。[3]

但丁是一個極受歡迎的主題。這位偉大的人物在一百一十年前去世,被佛羅倫斯人視為文學界的神。他的墳墓其實在拉溫那,因為他在黑黨和白黨發生衝突時被逐出自己的家鄉,後來住在那裡。雖然如此,分析但丁的作品——尤其是《喜劇》(今天通常稱為《神曲》)——卻是佛羅倫斯的知識分子最喜歡的消遣之一。《喜劇》不但生動描繪地獄、煉獄和天堂,更以舞動、交錯的義大利三行詩隔句押韻法[②]寫成,而非穩重的拉丁文,還描述了古今中外著名人物的八卦趣事,透過詩人的筆審判,再被分配到充滿磨難的地獄或煉獄,或是美好的天堂。這讓《喜劇》和這部作品的相關評論,跟當下的社會很有關聯,也具有招惹麻煩的潛力。但丁筆下很多角色的親戚和後代都還活著,活躍在佛羅倫斯的上流社會,而這首詩跟他們的自我形象、世界觀和恩怨情仇關係密切。透過評論但丁作品的方式,佛羅倫斯的名人可能被讚美、中傷或誹謗。所以,當一個文人(還是一個話中帶刺的文人)要在這座城市的知名地標講但丁,他的話當然受到重視。

在一四三一年十二月,菲爾福不只評價但丁的文本,他還趁機攻擊了由五十二歲的佛羅倫斯銀行家科西莫·麥地奇(Cosimo de' Medici)率領

---

② 作者註:三行詩隔句押韻法是一種交替重疊的押韻法,跟但丁有著密不可分的關聯,而且最適合用義大利文寫成。其押韻格式為 ABA、BCB、CDC、DED(以此類推),通常最後會以一組押韻的對偶句作結。但丁是第一個使用三行詩隔句押韻法寫詩的重要詩人,這種格式在中世紀和之後都很受到歡迎。雖然這種韻律不是非常適合英文(英文能押韻的字比義大利文少很多),但是喬叟、都鐸王朝的詩人湯瑪斯·懷亞特(Thomas Wyatt)、約翰·米爾頓(John Milton)以及拜倫、雪萊、丁尼生等十九世紀的浪漫主義者都有使用。有一個論點強力主張,二十和二十一世紀在口語方面比較靈巧的饒舌歌手便受到這種韻律的啟發,像是聲名狼藉先生(Notorious B.I.G.)、Jay-Z、蘿倫·希爾(Lauryn Hill)、阿姆(Eminem)、MF Doom、肯卓克·拉瑪(Kendrick Lamar)等人,雖然我是還沒找到饒舌歌手整首歌都嚴格遵守三行詩隔句押韻法的例子。

的黨派。自從十一年前從父親手中接下麥地奇銀行之後，科西莫就成為佛羅倫斯最有錢有勢的人。他投入很多心力在計畫、資助與鄰近城邦之間的戰爭，包括盧卡和米蘭。他直覺很強又精明狡猾，擅長在暗處操控政治。但是，不是每個人都喜歡他，特別是另一個超級富有的佛羅倫斯人里納爾多・奧比奇（Rinaldo degli Albizzi）所率領的保守寡頭黨派，還有菲爾福的贊助者帕拉・斯特羅齊（Palla Strozzi）。菲爾福在教堂演說時，很清楚地表明了他的立場。他半拐彎抹角地暗示麥地奇家族很「無知」，說他們很嫉妒他，對但丁一無所知。他指控他們因為「憎恨和迫害」而針對他，並在該學年度企圖害他被永久革除大學教職。[4] 這是挑釁的言論，之後將糾纏菲爾福一生。

　　在科西莫的領導下，麥地奇家族不但崛起成為佛羅倫斯的霸主，地位更等同於王朝，日後不但出了教宗和大公，還出了王后。雖然他們離權力鼎盛時期還有一段日子（十六世紀前半葉），仍是不好惹的危險人物。麥地奇家族是一個很大的家族，在佛羅倫斯各地都具有影響力，位於一個稱作「朋友」的佛羅倫斯人脈網（成員包括大亨、銀行家、商店老闆和窮苦百姓）的核心。[5] 這個人脈網可以動員成員完成各種任務，無論高尚或不正當。因此，跟麥地奇家族鬧翻會同時樹立許多敵人，只要他們想，就可以實質傷害一個人。

　　菲爾福在一四三三年五月嘗到了「朋友」人脈圈的黑暗力量。當時，他對麥地奇家族和他們的同黨展開口語攻擊後已經近十八個月，但是怒火尚未平息。某天早上，菲爾福沿著阿諾河（river Arno）旁邊的聖雅各伯村（Borgo S. Jacopo）這條街道要走路到大學，一個叫菲利波（Filippo）的惡棍靠近並從斗篷拿出劍攻擊他。菲爾福試著用拳頭自我防禦，但他只是個文人，不會打架。這次攻擊沒有致命（可能是故意的），但是他確實流了不少血。菲爾福後來寫到，攻擊者拿劍「用力一刺」，不僅成功「砍出很深的傷口，還差點砍掉我整個右臉頰和鼻子」。[6] 然後，那個受雇的暴徒就逃跑了。一開始的驚嚇和疼痛過去後，菲爾福康復了，但卻留下永遠的疤痕。

科西莫從來沒有正式跟此犯罪事件扯上關係——反之，佛羅倫斯當局把菲爾福在大學裡的一個同事抓來審判，用酷刑逼他承認是他請菲利波做這件事。可是，菲爾福堅信麥地奇的大家長才是背後主謀。

被攻擊後的幾個月，菲爾福不斷抨擊科西莫和他的朋友。當政治風向在一四三三年對麥地奇家族不利時（科西莫合理地被控在背後操弄佛羅倫斯跟盧卡的戰爭，好讓自己的銀行獲得最大的利益），菲爾福很開心。他公開呼籲用叛國罪正式起訴科西莫，而這有可能讓科西莫被處死。可是，他沒有成功說服當局。科西莫被判處跟戰爭牟利有關的罪名，但是只有被放逐到威尼斯，而他在那裡很快就想辦法重新掌權。他在一四三四年返回佛羅倫斯時，菲爾福知道自己完蛋了。現在，換菲爾福被趕出這座城市。這並不是他生涯的終點：他後來在米蘭公爵手下得到顯赫的職務，也曾短暫地替墮落腐敗但熱情贊助藝術的教宗西斯篤四世（Sixtus IV）工作；他以教授和宮廷詩人為業，孜孜不倦地撰寫小本子，敦促歐洲貴族重啟大規模十字軍以對付鄂圖曼土耳其人。可是，他一輩子都承受著一四三〇年代惹惱科西莫所得到的生理、名譽和情感上的創傷。一四三六年，他試圖雇用殺手暗殺麥地奇家族的頭頭，可是計畫受到阻饒，讓菲爾福不管擁有多麼大的名氣、多麼好的人脈，有將近五十年都沒有人歡迎他回到佛羅倫斯。

直到一四八一年，科西莫的孫子華貴的羅倫佐（Lorenzo "the Magnificent" de Medici）才邀請他回來大學教希臘語。可是，這時候菲爾福已經八十三歲了。他在但丁的城市接下的第二份職務時間極短，因為他抵達沒多久就得到痢疾，兩週內就去世了。他有過一段令人興奮且多元豐富的生涯，大部分的時候都是地中海西岸最偉大的希臘語學者。然而，他的口無遮攔讓他失去了容貌，還差點失去性命。在菲爾福眼裡，自己是一個值得尊敬的人，堅守原則，並因此受到折磨。他曾經寫道：「羞恥心不允許我當個寄生蟲，我也從來不懂得諂媚、奉承或唯唯諾諾。」[7] 別人的看法就不一樣了。當代的一位知識分子平淡地說：「他很機智巧妙，但卻不知道看場合。」[8]

今天，當人們想到在中世紀晚期西方各地蓬勃發展的知識與藝術世界，最先想到的名字並不是弗朗切斯科・菲爾福。無論這應不應該，他的天才和學識，並沒有像跟他同時代的某些人那樣成功抓住公眾的想像，特別是那些視覺藝術家。這個時代的超級巨星，是這些人：李奧納多・達文西、波提切利（Sandro Botticelli）、布魯內萊斯基（Brunelleschi）、米開朗基羅、拉斐爾、提香（Titian）、皮科・米蘭多拉（Pico della Mirandola）、馬基維利、揚・范艾克（Jan van Eyck）、羅希爾・范德魏登（Rogier van der Weyden）和阿爾布雷希特・杜勒（Albrecht Dürer）。菲爾福沒有跟這些人一樣同屬第一線，甚至可能連第二線也沒有。但，他較不為人所知的故事，總結了這個時代的本質。

從十四世紀晚期開始，有一個稱作文藝復興的文化運動先是在義大利萌芽，之後很快散播到阿爾卑斯山另一頭的北歐。文藝復興（Renaissance）字面上的意思是「重生」，是充滿創意的人發現新（或遺忘已久的）方法來處理文學、藝術和建築的時期。接著，這些方法也衍生出政治哲學、自然科學、醫學和解剖學的創新理論。

在文藝復興時期，人們重拾對古希臘羅馬燦爛文化的濃厚興趣，繪畫和雕塑出現快速的技術進展，關於教育和治國等事務的新觀念也開始傳播。偉大的公共藝術讓城市改頭換面。肖像畫讓政治人物擁有新的宣傳工具。文藝復興推動、發展了許多個世代——在最長的歷史分析中，它到十七世紀初還在進行。關鍵是，打從一開始，他們就已經知道自己正處在一個新時代。最早說出這一點的是李奧納多・布魯尼（Leonardo Bruni），他在著作《佛羅倫斯人的歷史》（History of the Florentine People）說到，五世紀西羅馬帝國滅亡是一個偉大時代的結束，而他自己身處的十五世紀初，則是重返文明的漫長道路的終極巔峰期。[9]這個概念依然是我們現在界定中世紀的基礎，從本書和其他類似的著作所涵蓋的範圍便能看出這點。

文藝復興時期釋放了大量的才華與天才。但是，贊助者跟創作者一樣重要。藝術與發明跟貴族的金錢、權力和野心密不可分。聰明又有創意的人聚集在富人身邊，為自己的創作尋找經費，而地位崇高的人則傾注自己的力量支持藝術家，藉此襯托出自己的好品味和家鄉的先進文化。所以，每一個菲爾福都有自己的科西莫，既能抬升、也能妨礙彼此。

數百年來，人們回顧文藝復興時，往往把它視為一個劃時代的文化轉折，標誌了中世紀和現代的交界點。然而，今天有些歷史學家不喜歡使用這個詞，因為這暗示了在那之前的時代，沒有任何發明或思想轉變。有些人甚至決定減弱這個詞的強度，用來描述中世紀稍早的一些時期，像是前面提到過的「十二世紀文藝復興」。[3] 無所謂。事實是，不管我們喜不喜歡「文藝復興」一詞，鮮少有人會否認十五世紀是文化和知識活動的暴漲期，在高貴（雖然常常也很汙穢）的客戶支持下產出人類史上最著名的文學藝術作品。所以，現在就讓我們來探討這個時期，看看中世紀晚期經歷了什麼樣的藝術與人文大爆炸，還有背後那些偶發的血腥事件。

人文主義之父

在一三二七年聖週五，也就是菲爾福跟科西莫・麥地奇鬧翻的一百零四年前，年輕的詩人和外交官佩脫拉克來到亞維農教廷的教堂。根據他後來講述的故事，在基督教一整年當中最莊嚴的這個日子，他在那裡首次遇見一個名叫蘿拉的女子。她很可能（但無法肯定）就是最近剛嫁給貴族雨果・薩德伯爵（Count Hugh de Sade）的蘿拉・諾韋斯（Laura de Noves）。

十七歲的蘿拉還未脫離少女時期，但十四世紀有很多新娘都這麼年輕。比她大六歲的佩脫拉克被她深深吸引。這股吸引力有一部分是情慾上

---

③ 作者註：見第十一章。

的。佛羅倫斯的老楞佐圖書館（Laurentian Library）收藏了一幅在她死後（部分靠想像）完成的肖像畫，畫中的漂亮女子有著優雅纖細的鼻子、圓滾滾的眼睛、高挑的眉毛和小巧的嘴巴和下巴。但，她不僅擁有美貌。佩脫拉克寫到，當蘿拉把她「迷人眼眸散發的光芒」照射在他身上時，她創造了「愛意、行動和文字」。[10] 他很快就跟蘿拉發展出一段貞潔的柏拉圖戀情，蘿拉也成為他的繆思女神。在佩脫拉克漫長的一生和蘿拉短暫的一生中，他將為她寫下數百首關於她的詩。④

佩脫拉克跟但丁一樣，最棒的詩作大部分是以義大利文、而非拉丁文寫成。他也非常擅長十四行詩的形式。十四行詩不是佩脫拉克發明，若要說這種詩體真有一個確切的「發明」時間，那就是在十三世紀初腓特烈二世的西西里宮廷。但是，佩脫拉克把這種詩體捏塑、掌握得非常好，使「佩脫拉克十四行詩」現在變成義大利詩詞的經典，好比後來英格蘭的「莎士比亞十四行詩」。[11]

佩脫拉克十四行詩（以及其他早期詩作）的題材，不只有對無法得到的女人的愛情而已，他也將自己對蘿拉的愛慕化作一個跳板，探索人生的奧祕與悲喜。近一千年以來，西方討論這些主題時，都是以基督和他的受難經歷做為標準框架。現在，佩脫拉克顛覆了這個傳統。他當然是一個虔誠的基督徒，事實上，他還是一位神職人員。但，他是在個人身上找到崇高，而不是在崇高之中尋覓個人；他將無盡的意義和權力，灌輸在個人的情感和內在世界，並藉此揭露崇高的真理。一切還是回到上帝，只是他指向的路徑截然不同。佩脫拉克的方式將成為人文主義（humanism）這把美學和道德哲學大傘的核心，而人文主義也將驅動文藝復興的成就。未來的世代，把他視為第一位人文主義者。

---

④ 作者註：我們今天或許可以把佩脫拉克想成跟蹤狂。欽慕和執迷之間的界線向來很模糊，特別是對詩人來說。

回到十四世紀，佩脫拉克不久就成名了。他文字優美、熱衷寫信、無法抗拒旅行。十幾歲時，他就拒絕父親要他待在同個地方成為律師的建議，因為那時的他就深知自己渴望過著走遍世界各地、閱讀寫作的日子，而不是坐在波隆那的書桌前寫訴狀。第一次遇見蘿拉後，他花了好幾年四處漫遊。一三三〇年代，他造訪了法蘭西、日耳曼、法蘭德斯和低地國的各大城市，隨時留意哪裡有學者可以請教、哪裡有圖書館可以閱讀從古典文獻抄寫的手稿。他時常回到隱藏在亞維農東方三十公里一處山谷裡的小村莊沃克呂茲（Vaucluse），那是他最可以稱得上是家的地方，但是他從來沒有真正在那裡定居。充滿自然美景、偉大建築和書本的世界，是一個令人難以抗拒的靈感來源。一三三七年，他拜訪了羅馬，在參觀帝國首都的遺跡時，對布匿戰爭的歷史產生興趣。之後，他開始（用拉丁文，而非義大利文）書寫一首叫作《阿非利加》（*Africa*）的長詩，描述西元前二一八至二〇一年第二次布匿戰爭，也就是迦太基的漢尼拔最後被大西庇阿（Scipio Africanus）擊敗的歷史。《阿非利加》最後書成九卷、將近七千行，但佩脫拉克從來不認為這是成品，在世時不允許作品廣泛流通。[12]

漸漸地，他的名氣變大了，而他這些有權有勢的朋友也是。在生涯的前期，佩脫拉克曾經替樞機主教喬瓦尼·科羅納（Giovanni Colonna）工作，他是強大的羅馬貴族王朝的一員，佩脫拉克在一首十四行詩裡叫他「無上光榮的科羅納！」[13] 在這之後，他都在上流社會走動。那不勒斯國王安茹的羅伯特（Robert of Anjou）是佩脫拉克最著名的贊助人之一，成為義大利最卓越的統治者是他的野心，且他深知跟當時最優秀的藝術家和作家來往，藉此投射自己的力量非常重要。一三四一年，羅伯特給佩脫拉克一個十分誘人的提議：來羅馬接受桂冠詩人的榮譽——這個古老的頭銜是為了表彰他的才華特別重新啟用。佩脫拉克接受了，但加了一個附帶條件，那就是羅伯特要在宮殿裡給他進行三天口試，以確保他有那個資格。羅伯特非常高興，佩脫拉克通過測驗後，在一三四一年復活節在卡比托利歐山（Capitoline Hill）被戴上一頂桂冠。這場典禮富含意義，永恆之城

的廢墟既象徵舊世界的瓦解，也代表古人的精神即將復甦。[14] 在獲獎演說中，佩脫拉克對羅馬人讚不絕口。他引用盧坎的話，告訴觀眾「詩人的任務是神聖偉大的」，接著又說：

過去曾有一個詩人活得很快樂的時代，他們被以至高尊榮的方式看待，先是在希臘，後來是在義大利，特別是奧古斯都當皇帝時，誕生了許多優秀的詩人，像是維吉爾、瓦魯斯（Varus）、奧維德、賀拉斯，還有好多好多……但是今天，你們都很清楚，這一切都改變了……[15]

他說，詩詞被貶低了。可是，只要觀眾體認得到，詩人也能透過文字揭示神學家從《聖經》挖取出來的深沉真理。佩脫拉克說：

詩人透過虛構的面紗闡述了物質、道德和歷史的真相……詩人以及歷史學家或道德或物質哲學家的差別，就跟烏雲密布的天空和萬里無雲的天空的差別一樣，在這兩個例子中，視覺看見的物體都存在同樣的光線，只是會根據觀察者的能力而產生不同的感知程度。[16]

佩脫拉克大力維護詩詞，並聲稱藝術可以做為窺視神性的手段，這個主張在一三四〇年代非常擾動人心和具挑戰性。西方各地的作家、藝術家和思想家花了兩百年才完全洞悉他的見解。然而，他的獲獎演說被視為整個文藝復興的宣言。[17]

現在回溯起來，在羅馬的頒獎典禮後，佩脫拉克接下來的人生，可以被解讀成在中世紀末期爆發的文藝復興這個知識與文化新世界的典範。前面已提過，佩脫拉克在一三四八年的黑死病疫情之中活了下來，但是他親愛的蘿拉和許多朋友沒有。⑤ 所以，他年紀漸長時，變得愈來愈孤單，愈來愈虔誠。一三五〇年，他決定擱下大部分的世俗愉悅，致力過著較隱遁

的沉思和研究生活。

　　但，佩脫拉克跟中世紀所有偉大的思想家一樣，知道沉浸在基督教的思想裡並不表示就得放棄古典思維。在他的旅行經歷中，他蒐集了歐洲最了不起的私人藏書之一，包括許多世紀以來不曾有人讀過的文本，例如他在維羅納發現的西塞羅私人信件。佩脫拉克也很勤懇地整理自己所寫的東西：將自己的十四行詩整理成一部稱作《歌本》（*Canzoniere*）的合輯；把多年來寄給薄伽丘在內的友人的信件收集起來；慢慢完成一部稱作《凱旋》（*Trionfi*）的野心勃勃抒情詩選集，這個選集是以愛情、貞潔、死亡、名譽、時間、永恆六大主題排序，描繪了人生的肉身和性靈旅程，一路講到來生。《凱旋》因為處理的概念宏大，並生動描寫了痛苦、掙扎和值得慶賀的事物，還有許多名人客串其中，包括《舊約聖經》的族長和蘇丹薩拉丁等比較近代的人物，所以在中世紀晚期非常受到歡迎，也有很多抄本，不乏附有華麗插圖的手稿。

　　《凱旋》的原始版本花了佩脫拉克將近二十年，直到一三七〇年代初期才完成。那時，他住在義大利，有時候人在巴都亞，有時候人在鄰近的阿爾庫阿（Arquà）的鄉村僻靜住所。他跟教廷始終關係密切，雖然不是每一任教宗他都喜歡，但是當教廷終於在一三六七年開始從「巴比倫之囚」回到羅馬時，他十分高興。遺憾的是，他沒能活著看見羅馬完全交還給教廷，因為他在一三七四年七月十九日七十歲大壽的前一天過世了。據說，他在阿爾庫阿的書桌上辭世，就好像睡著了一般，頭靠在維吉爾的手稿上。通常，維吉爾是跟比佩脫拉克早一個世代的但丁聯想在一起，但是這些都無所謂，但丁和佩脫拉克都是十四世紀最頂尖的義大利作家。他們跟自己仰慕的古典時代前人比肩，是時代的齒輪，許多偉大的文藝復興藝術家和作家都將站在這些巨人的肩膀上。

------

⑤ 作者註：見第十三章。

※

　　一個名叫雅各・布克哈特（Jacob Burckhardt）的瑞士學者在佩脫拉克死後約五百年回顧他的一生，主張他能準確定下文藝復興「開始」的那一刻，就是一三二六年四月二十六日星期六。那天，年輕的佩脫拉克跟弟弟蓋拉爾多（Gherardo）決定去爬距離沃克呂茲不遠的風禿山（Mount Ventoux）。這座山標高將近兩千公尺，是今天環法自由車賽路線上最難攀爬的地方之一。佩脫拉克自己曾說，他從小就夢想爬這座山，想看看山頂上能看到什麼。雖然這是「一座陡峭的山脈，有幾乎無法攀爬的多岩懸崖」，一個老牧羊人也警告他們不要去，這對兄弟仍不願打消念頭，決定爬上去。[18]

　　顯然，攀爬的過程很可怕，但是他們挺過去了。在一段艱困的上坡和下坡，佩脫拉克開始思索聖奧古斯丁的著作。他後來寫到，這麼做讓他知道內省的重要性，也明白辛苦的體能活動可產生宗教啟發。他寫道：「可以向內找到的，【人們】卻向外尋找。」布克哈特認為，這段話以及純粹為體驗自然而去爬山的這種想法，在佩脫拉克以前的時代，絕不會出現在任何人的腦海中，但這兩個概念對在他之後的世代來說再正常不過了。[19] 這位歷史學家表示，這就是佩脫拉克特別的地方。

　　今天，沒有多少人會同意布克哈特提出的文藝復興起始點。儘管如此，佩脫拉克在一三七四年離世後，偉大文學確實蓬勃發展起來，散布在西方各地。一三七五年過世的薄伽丘，在死前二十年完成了《十日談》；在英格蘭，熱愛義大利的喬叟在一三八七年左右開始撰寫《坎特伯雷故事集》，一直寫到一四〇〇年去世（喬叟還把佩脫拉克的詩翻成英文，並將佩脫拉克用拉丁文寫成的故事《葛莉賽達》〔Griselda〕改編成〈學士的故事〉）；在法蘭西，誕生於威尼斯的詩人、歷史學家兼朝臣克里斯蒂娜・皮桑（Christine de Pisan）在瘋子查理六世的宮廷裡，成為一個巨星，為法蘭克民族的起源編造一個全新精彩的特洛伊故事，還寫了應該是史上第

一部的女性歷史《女士之城》（*The Book of the City of Ladies*），用法蘭西方言編纂從古至今偉大女性的生平事蹟；皮桑完成這本書二十年後，布魯尼和菲爾福開始在義大利活躍；不久後，大概在一四四〇年代，多那太羅（Donatello）雕塑了他著名的銅像作品「大衛像」，這通常被認為是中世紀第一座自然主義風格的男性裸體雕像。這些不全都是受到佩脫拉克直接或間接的影響，但是整體來看，這的確是很了不起的排場。

我們很快就會再回到義大利，但在那之前，我們必須先看看，另一個十五世紀初同樣十分活躍的藝術和創意創新重鎮，那就是位於阿爾卑斯山以北的勃艮第。勃艮第公國繼承了已經消失的同名王國，在六世紀被納入法蘭克王國。這個公國握在十五世紀一個思想獨立的公爵家族手中，疆域從日內瓦湖北岸延伸到法蘭德斯鄰北海的沿岸地區。公國的統治者不曾忘記，若在別的情況下，他們可能成為完完全全的一國之君，他們總是在各個方面試圖強調這一點：在英法百年戰爭末期，他們擔任權力代理人的角色；他們曾拿起十字架，以十字軍的身分攻打鄂圖曼土耳其人。然而，他們也是慷慨奢華的藝術和藝術家贊助者。在十五世紀，他們的宮廷聚集了來自歐洲各地創意天才。

好的、壞的、美妙的

在一四三四至一四三五年間冬季，西北歐極度寒冷。泰晤士河整條河結冰；蘇格蘭各地的冰雪厚到好幾個星期以來磨坊水車的輪子無法轉動，導致麵粉和麵包大量短缺。至於在法蘭德斯的阿拉斯（Arras），大雪連續下了四個月，鎮民把雪人堆成神話、超自然、政治和歷史人物：這條街上躺了以弗所的七聖童（Seven Sleepers of Ephesus）、那條街上有一群冰凍骷髏在跳可怕的死亡之舞；象徵危險的角色守在小市場門口；最後，還有個雪女率領一小支雪人軍隊。[20] 這個雪女是聖女貞德（Joan of Arc），任何人在積雪的街道上經過她身邊，都會馬上認出她。

十年前曾有一段短暫的時間，來自法蘭西東部勃艮第領土內棟雷米（Domrémy）的貞德，是歐洲最著名的女性。一四二五年，十三歲左右的她被大天使造訪。大天使要她找到已故的查理六世那位尚未登基的王太子繼承人，助他趕走侵占了法蘭西北半部大部分國土的英格蘭軍隊。[6] 神奇的是，貞德竟然真的完成這項任務，在一四二〇年代晚期，十七歲左右的貞德跟王太子軍隊並肩作戰，慢慢扭轉戰局。有時，她會穿上男性的盔甲，雖然她不會實際戰鬥，卻完美地代表了上帝的恩寵，走到哪裡似乎都能帶來勝利。一四二九年，她揮舞著旗幟，跟法軍一起贏得艱難的奧爾良圍城戰。隔年，她身穿閃閃發亮的盔甲，手拿旗子，在蘭斯大教堂（Reims cathedral）陪同王太子登基為查理七世（Charles VII of France）。[21]

然而，一四三〇年五月，貞德在貢比涅圍城戰（the siege of Compiègne）被俘，然後帶到阿拉斯監禁。抓到她的人是一個貴族名叫盧森堡的讓（Jean de Luxembourg），他在貢比涅的戰鬥中站在英軍那邊，因為他效忠的領主正好是英格蘭最重要的盟友——人稱好人菲利普（Philip the Good）的勃艮第公爵。在公爵的介入下，他將貞德賣給英軍。一年後，被教會法庭定罪為異端的貞德，在羅恩被燒死。勃艮第公爵並沒有在現場看著她死，但是他曾到獄中拜訪貞德。雖然他沒有透露兩人之間的對話，可是對於把這個脆弱的女子賣給英格蘭人，且心知肚明他們最後會殺

---

⑥ 作者註：這邊應該大致講述一下法蘭西和百年戰爭這時候的狀況。如上所述（見第十三章），法蘭西在查理六世漫長不安的統治期（一三八〇至一四二二年）裡分裂成兩個敵對陣營阿馬尼亞克派和勃艮第派。英王亨利五世趁機入侵，在阿贊庫爾之役（the battle of Agincourt，一四一五年十月二十五日）擊敗了阿馬尼亞克派的一支法軍，接著征服諾曼第和法蘭西北部大部分的地區。在一四二〇年《特魯瓦條約》（Treaty of Troyes）中，法蘭西人承認亨利五世和他的子嗣為查理六世合法的繼承人，成功達到百年戰爭的終極目標，也就是合併英法兩國的王位。這剝奪了查理六世長子的繼承權。王太子是站在阿馬尼亞克派這邊，而若非因為勃艮第派支持英格蘭人，這一切都不可能發生。到了一四三〇年代初期，亨利五世和查理六世都已過世，亨利五世的幼子亨利六世理論上可以繼承兩個王位。這時候的法蘭西實際上分裂成三個部分，分別是英格蘭掌控的北部、阿馬尼亞克派掌控的南部，以及勃艮第派掌控的勃艮第、法蘭德斯和低地國。任兩者結為盟友都會對第三方極為不利。

了她，公爵一點也不愧疚。

　　後來證實了，這位公爵也不是很在乎對英格蘭盟友的忠誠。在一四三四至一四三五年間那個寒冷的冬天，阿拉斯的鎮民把雪人堆成已故貞德的樣貌時，好人菲利普已經準備拋棄英格蘭人。一四三五年九月，積雪終於融化的六個月後，菲利普跟查理七世簽訂《阿拉斯條約》（*Treaty of Arras*），斷絕對在法蘭西的英格蘭人的一切支援，否認年少的英王亨利六世自稱法王的權利，加入對英格蘭極為仇視的各國強權（包括蘇格蘭和卡斯提亞王國）所組成的聯盟。這是相當嚴重的一擊，英軍從此一蹶不振，最後導致他們在一四五三年卡斯蒂隆之役（the battle of Castillon）戰敗，徹底輸了百年戰爭。所以，從短期、甚至中期來看，《阿拉斯條約》有力地證明了勃艮第公爵在歐洲舞台所能發揮的影響力。

　　外交和軍事歷史學家花了很多時間分析《阿拉斯條約》的條款及其造成的後果，但我們不用理會那些。重要的是，好人菲利普是個很了不起的公爵，來自很了不起的公爵血脈。但是，他的野心是當上國王。他明白，了不起的統治者的任務之一，就是在戰場上施展狡猾勇猛的政治手段，確保自己在歐洲各國永無止盡的外交競賽中，成為一股公認的勢力。然而，他也很清楚要讓人看見他的力量，不能只是透過使節和軍隊而已。賣弄和炫耀宮廷的奢華也很重要。因此，好人菲利普在一四三〇年代也在小心營造權力代理人以外的形象，這並不是巧合。他為自己精心塑造了歐洲頂尖藝術贊助者的角色，讓身邊圍繞著一群才華洋溢的創造者。他們的成就見證了這位活潑歡快的公爵充滿帝王風範的統治。在這些人當中，最偉大的就是畫家揚・范艾克。他還在世時，就已經被認為永遠改變了西方藝術的走向。

　　在簽訂《阿拉斯條約》的時候，揚・范艾克五十幾歲，是菲利普最親近的知心友人之一。他生於一三九〇年左右，出生地可能是馬塞克（Maaseik，位於今天的比利時）。他很可能有個名叫胡伯特（Hubert）的

哥哥，也是畫家（藝術史家對於揚的作品有多少是出自胡伯特之手爭論了很久）。很明顯的是，揚・范艾克是兩人之中比較屬害的那一個。年輕時的揚・范艾克在法蘭德斯和低地國四處旅行，鍛鍊自己的畫功。他住列日和根特（Ghent），起初只畫一些受到哥德式藝術影響的傳統宗教畫，描繪基督和聖母在福音書裡的不同場景。在一四二〇年代初期，他的贊助者是從主教變貴族的「不仁」的約翰（John the Pitiless），他之所以會得到這個綽號，是因為他在鎮壓一四〇八年列日叛變時，把叛變者殺得一個也不剩。跟不仁的約翰一起進行這場屠殺的共犯，正是好人菲利普的父親「無畏」的約翰（John the Fearless）。然而，在一四二五年時，「無畏」的約翰和「不仁」的約翰都已經被人殺害了（前者在一座橋上被亂棒打死，後者被人用一本下了毒的禱告書暗殺）。所以，菲利普成了法蘭德斯和周遭地區的顯赫人物，揚・范艾克自然也進入了他的圈子。那年春天開始，他被以一百里弗爾的優渥薪資聘請，擔任菲利普的侍從和畫家，雖然隸屬於公爵宮廷，但也可以在外接案。這些職位非常適合他。

揚・范艾克在一四二五年進入的宮廷，是一個朝氣蓬勃、鋪張奢華，有時甚至有點粗俗下流的地方。菲利普當時跟揚・范艾克差不多歲數，是個引人注目、充滿魅力的人，某位編年史家說他又高又瘦，全身上下爆筋。他遺傳了家族的鷹勾鼻，有著被太陽曬黑的臉龐，還有「濃密的眉毛，生氣時會像角一樣豎起」。[22] 跟揚・范艾克同時代的偉大畫家羅希爾・范德魏登所畫的肖像，證實了這樣的描述，也支持了這位編年史家的說法：他「穿著講究，打扮華麗」。在范德魏登的肖像中，菲利普穿了一件華麗的黑色長袍、配戴金羊毛騎士團的珠寶領圈，頭上還有一頂類似伊斯蘭教纏頭巾的黑色夏布隆巾帽。

揚・范艾克肯定很快就發現，這位相貌驚人的貴族擁有保守的虔誠和過分的奢華這兩個特質。這位公爵每天都會望彌撒，但是他獲得教宗允許在下午兩點到三點間（而不是早上）做這件事，因為他喜歡晚上擺設筵席、喝酒跳舞，有時候一直狂歡到清晨，所以常常很晚起，訪客如果在

他還在睡覺時到訪，可能會被請走。[23] 他擁有無懈可擊的禮貌，特別是對女性——他說，她們幾乎總是家中真正的統治者，男人必須討其歡心。但是，他除了三個妻子，還累積了二十到三十三個情婦，總共生了至少十一個私生子。

此外，這位公爵還有一種超現實、甚至低俗的幽默感。他在私人信件的信末會寫「再見了大便」。他還支付揚·范艾克在宮廷的藝術家同事一千鎊，以在埃丹（Hesdin）城堡的房間設置各種惡作劇和陷阱：會對經過的朝臣噴水的雕像；裝在一個門框上的拳擊手套裝置，「經過的人都會紮紮實實地被揍頭和肩膀」；藏在地板的水槍，用來噴濕女士的裙底；還有一個房間放了會說話的木頭隱士雕像、會從天花板在訪客身上降下暴雨的下雨機器，以及騙人的遮雨棚，想要躲雨的人一躲進去，就會開啟地板上的機關，掉入一堆羽毛中。[24]

這些裝置顯示了這位公爵荒誕、有些殘酷的一面，但也展現了菲利普對發明和藝術的熱愛。他喜歡花大錢買掛毯、裝飾繁複的宗教服飾、鑲有珠寶的聖物箱和插圖精美的手稿。[25] 他聘用音樂家、畫家、金匠、作家和其他工匠的程度無人能比。保管他珠寶收藏的人說，光是檢視這些珠寶就要花三天。[26] 還有，他雇用了揚·范艾克。在他的贊助下，揚·范艾克發展良好，成為十六世紀的作家喬爾喬·瓦薩里口中的藝術煉金術士，因為他發明了油畫。[27]

揚·范艾克並沒有一天到晚待在菲利普身邊，他的合約沒要求他住在宮中，而是允許他在自己的畫室工作，菲利普偶爾會造訪。不過，他們在很多重要場合確實常常在一起，因為揚·范艾克的作品跟菲利普的政治野心密切相關，這位公爵也很信任他。剛開始被聘用，揚·范艾克就擔任敏感使節任務的外交大使：一四二六年，他被派去完成一項在公爵的紀錄中寫成「朝聖」的任務，可能是要悄悄到亞拉岡探聽阿方索五世對於聯姻的想法，並帶回新娘候選人的肖像。[28] 一四二八年他被派往葡萄牙時，肯定也是進行這種隱密的任務，因為這趟差旅讓三十歲的葡萄牙公主伊莎貝拉

（Isabella）確定許配給菲利普，成為第三任妻子。揚‧范艾克在葡萄牙的宮廷可能畫了兩幅公主的油畫肖像，送回勃艮第讓公爵看看自己喜不喜歡她，而揚‧范艾克顯然做得很好，因為這兩個人最後結婚了。他的服務不僅讓他賺到豐厚的酬勞，還贏得菲利普的友情和欣賞。等到一四三五年簽署《阿拉斯條約》時，菲利普已經成為揚‧范艾克和妻子瑪格麗特的第一個孩子的教父，並給他調薪百分之七百。菲利普告訴不滿的會計，加薪完全合理，因為「我們不可能找到另一個這麼符合我們喜好或在這個領域這麼優秀的畫家」。[29] 拿畫筆的人就是可能有這麼大的權力。

揚‧范艾克在菲利普穩固的支持下達到了巔峰。倫敦的國家畫廊掛了一幅很可能是他的自畫像作品，描繪一個面容有些嚴厲、頭上戴著一頂繁複紅色夏布隆巾帽的中年男子。這幅油畫極為栩栩如生，光影的運用令人咋舌，襯托出曲折的皮膚、模特兒臉上的線條和眼睛閃耀的光芒。但在當時，這是非常革命性的作品。揚‧范艾克臻於成熟的時候，大部分中世紀藝術所特有的那種平面、理想化或代表性的人物肖像已開始退流行，取而代之的是寫實風格，充滿深度、色彩豐富。就好比佩脫拉克用詩詞照亮靈魂，十五世紀的畫家也試圖透過肖像畫捕捉內在的真理──個人的精華。到了一四三〇年代，揚‧范艾克用他的每一幅畫作把這股潮流推到新高度。

揚‧范艾克的天分大部分來自他敏銳的目光、卓越的畫筆掌握能力、運用色彩的知識、對微小細節的熱愛，以及無人可敵的手眼協調能力。可是，他也在技術方面前進了一大步。揚‧范艾克發現了使用其他精油稀釋顏料的方法，創造出一種流動性極佳又細緻的媒介，允許畫家捕捉到模特兒臉上的每根毛髮、微小粉刺、破裂的微血管、乾裂的嘴唇等。這讓揚‧范艾克能完美描繪出珠寶轉瞬即逝的閃爍感；他可以仿效光線灑落在一堆衣服上的感覺；他可以畫出月球的坑洞；他可以凍結燕子在遙遠的天空上轉身的那一瞬間；他可以畫下陽光灑在一朵鳶尾花優雅下垂的花瓣上的樣子；他可以重現騎士染血的板式盔甲的彎曲面反射日光的那種冰冷恐怖

之感，同時捕捉騎士兇殘空洞的眼神。難怪，揚‧范艾克同時代的義大利人文主義作家巴托洛梅歐‧法喬歐（Bartolomeo Fazio）會稱他是當時最顯赫的畫家，並主張他的畫作可以跟文學共同被視為一種精選的藝術形式，是一個傑出人物的作品。[30] 簡單來說，揚‧范艾克是個技術天才。在一四三四至一四三五年冬天之前，他已經完成當時最偉大的兩幅畫。

　　一四三二年，揚‧范艾克為根特的聖巴福主教座堂（cathedral of St Bavo，位於今天的比利時）完成了由二十個部分組成的祭壇畫。根特祭壇畫是一種「多聯畫」（多片板子組成、雙面都有繪圖的畫作），可能是揚跟哥哥胡伯特一起完成的，但，在整件作品的壯麗感之中，關於誰畫了哪一部分的迂腐史學辯論已不再重要。[⑦] 中心那片板子被稱作《神祕羔羊的朝拜》（The Adoration of the Mystic Lamb），描繪天使、主教、聖人、國王、王后、女士、士兵、商人和隱士等各色人等聚集在一座祭壇四周的景象，祭壇上站著上帝的羔羊，胸口的傷流出的鮮血流入金酒杯中；上面幾片鑲板則描繪基督光榮地坐在寶座上，被聖母馬利亞、施洗者約翰以及正在歌唱和彈奏樂器的天使所圍繞；在祭壇畫的兩個側翼，可以看見亞當和夏娃裸身站立著，手拿無花果樹的葉子，夏娃害羞但不適宜地試圖遮掩中世紀最早被人描繪出來的陰毛。在多聯畫的背板（當祭壇畫閉合時便能看到），揚‧范艾克畫了聖母領報的場景、施洗者聖約翰和傳道者聖約翰的圖像，以及根特市長尤斯特‧維德（Joost Vijdt）和夫人莉絲貝特（Lysbet）——最初要求製作這個祭壇畫的人——的畫像。

　　完成根特祭壇畫之後不久，揚‧范艾克又畫了另一個非常不一樣的傑作：《阿諾菲尼的婚禮》（The Arnolfini Portrait）。這幅畫描繪的是往返盧卡和布魯日做生意的義大利布商喬瓦尼‧阿諾菲尼（Giovanni Arnolfini）

---

⑦ 作者註：根特祭壇畫最近受到精湛地修復，移除了先前幾次修復的覆蓋色和凡尼斯（varnish，編按：用來保護畫作的清漆，能隔絕紫外線跟空氣中的髒污，但若使用不慎會導致繪畫毀於一旦），讓畫作呈現出數百年以來最接近揚‧范艾克在一四三二年所完成的原貌。

和他年輕妻子。畫中，這對夫妻手牽手站在被單獨一枝蠟燭點亮的房間，他們的鞋子散落在地板上，一隻咖啡色小狗厚臉皮地站在他們的腳中間。美麗又詭譎的是，牆上的鏡子映照出房裡的另外兩個人，站在我們認為應該是畫家要站立的位置。鏡子裡的房間扭曲變長，壓縮了畫作的景深，同時顛倒了畫中其他重要線條的垂直感。除了幾何學和對近乎渺小的細節所付出的用心之外，阿諾菲尼的肖像畫也是人文主義藝術的傑作。商人瞇著眼，讓人不太可能捕捉他的眼神，而在年齡和背景似乎都很不一樣的兩人身上，時間感則清楚刻劃在他們的臉龐。

　　根特祭壇畫和《阿諾菲尼的婚禮》證實了揚・范艾克是當時最有成就的畫家。有趣的是，這兩件作品都不是支付他大筆薪酬的贊助者好人菲利普要求製作的。儘管如此，這些作品仍跟菲利普的宮廷產生了連結。根特是勃艮地掌控的城鎮，所以它的榮耀會反映到公爵身上。另一方面，阿諾菲尼曾在一四二〇年代提供六件一流的掛毯，讓好人菲利普送給教宗瑪爾定五世（Martin V），進而提高了勃艮第的聲望。[31] 或許，菲利普願意出高價留住揚・范艾克，正是因為揚・范艾克能夠挑選歐洲各地的贊助者。對這位累積高級物件的速度和數量在西方幾乎無人比得上的公爵而言，可以跟這位藝術大師沾上邊，並且知道沒有其他任何人能夠搶走他的終極贊助者身分，這樣就夠了。在一四三〇年代晚期，他持續支付大筆費用給揚・范艾克，請他代表勃艮第，派他執行更多畫筆和雙眼可能派得上用場的外交使節任務。他們達成的協議似乎是，其他贊助者也可以雇用揚・范艾克，而揚・范艾克也確實有別的贊助者，像是被派往英格蘭的勃艮第大使博杜安・拉努瓦（Baudouin de Lannoy）以及布魯日的富有金匠揚・萊烏（Jan de Leeuw）。可是，他們永遠無法獨占揚・范艾克。

　　揚・范艾克死於一四四一年，當時他正在繪製一幅畫稱作《范・梅爾貝克教長的聖母馬利亞》（The Madonna of the Provost van Maelbeke），準備完成後展示在伊珀爾的一間修道院（今天只存在複製品）。揚・范艾克被

下葬兩次，一次在布魯日聖多納蒂安主教座堂的墓園，一次則在教堂裡面（這座教堂在法國大革命期間被毀，已不復存在）。他跟好人菲利普的關係維持了十六年，雖然最好的作品大部分都是為其他客戶所做，但他跟勃良第的連結將永遠存在。歐洲各地的宮廷都記得揚·范艾克是「繪畫這門藝術的細膩大師」，許多藝術家——就連義大利人也是——都會跋涉數百英里，來到勃良第統治的法蘭德斯和低地國研究他的作品，希望學會他最厲害的技法。[32] 到頭來，這就是好人菲利普聘用他的原因。他讓勃良第名聲遠播，效果跟任何偷偷摸摸的政治勾當，或在英格蘭人和阿馬尼亞克派之間周旋所使用的伎倆一樣強大。

菲利普比揚·范艾克多活了二十多年，在一四六七年七十歲時過世。到了十五世紀末，他的後代還是無法將勃良第變成一個王國，甚至無法維持它的獨立地位。一四九〇年代，勃良第分裂了，許多領土都被納入哈布斯堡王朝的疆域，後來成為神聖羅馬帝國的一部分。但，這個短暫的歐洲半王國靠自己的文化實力獲得看似超出能力範圍的成就，名聲又持續好幾百年。現在，菲利普透過贊助者的身分累積宮廷威名的模式，被傳了開來。

「萬能天才」

一四八二年左右，三十歲的畫家達文西寫了封信給綽號「摩爾人」的盧多維科·斯福爾扎（Ludovico Sforza），他是米蘭城邦的統治者。達文西想跟盧多維科·斯福爾扎要一份工作。在寫這封信之前，他已經在佛羅倫斯一間備受尊崇的藝術家工作室工作好幾年了。這是個很棒的訓練場所，因為工作室的經營人安德烈·委羅基奧（Andrea del Verrocchio）是一位很厲害的藝術家，客戶包含一些非常富有顯赫的佛羅倫斯家族，如麥地奇家族。他的工作室交出許多一流的畫作、金屬工藝品、雕像、儀式用盔甲和織品，還替布魯內萊斯基設計的穹頂，製作一顆閃閃發亮的銅球（這是非

常了不起的工藝和工程成就，必須用凹面鏡把陽光匯聚成一個熱點進行焊接）。[33] 在委羅基奧手下工作時，達文西已經得到一些重要機會來展現能力，例如跟師父合力完成《托比亞斯與天使》（*Tobias and the Angel*，今天展示在倫敦的國家畫廊）和《聖母與聖嬰》（*Madonna and Child*，今天收藏在柏林的國家博物館）等卓越畫像。可是，現在他三十歲了，希望把目標放得更高。他不只想成為獨當一面的藝術家或在佛羅倫斯擁有自己的畫室，還想要比這些都還要崇高的東西。在寫給盧多維科·斯福爾扎的信件中，他說明了自己能做到的事情。

達文西寫道：「我設計了極輕而堅韌的橋梁，容易攜帶。我知道要怎麼在攻城時抽乾壕溝的水……我有摧毀任何堡壘的方法，就算它是建在堅硬的岩石上。我有可以投擲幾乎跟冰雹一樣小的石頭的大砲。」他吹噓自己能製造海軍武器、設計坑道和隧道，「做出可以衝破敵軍砲隊的堅不可摧的武裝戰車」，還說他可以製造槍枝、投石機以及「其他不常見的有效機械」。除了軍事工程，他聲稱自己擅長「建築和各種公共與私人建物，懂得引水……」。他寫到，他有辦法完成一個懸而未決的知名米蘭公共藝術計畫，建造一座巨大的銅馬，獻給盧多維科·斯福爾扎已逝的父親弗朗切斯科·斯福爾扎（Francesco Sforza）公爵。他還彷彿後來才想到似地補充：「同樣的，我在繪畫方面什麼都做得到，而且做得跟任何人一樣好，無論那個人是誰。」[34]

這位被當成史上最偉大天才的中世紀男子，他的通才腦袋究竟藏了什麼東西，可以從這封以草稿形式保存在達文西筆記本裡的信件看出來。達文西沒有對自己的興趣設限，他做不到的事情很少。除了完成好幾幅從古至今最有名的畫作，像是《蒙娜麗莎》、《最後的晚餐》、《岩間聖母》（*The*

---

⑧ 作者註：《救世主》這幅畫最近才被加入達文西最偉大作品的行列。能得到這個殊榮，有一部分原因是它在二〇一七年的拍賣會上以稍微高出四億五千萬美元的價格賣出，成為（在我書寫這段文字時）史上最昂貴的藝術品。

Virgin of the Rocks）、《救世主》（*Salvator Mundi*）⑧，和繪製《維特魯威人》（*Vitruvian Man*）這個代表性作品之外，他還精通解剖學、光學、天文學、物理和工程學。他畫在筆記本的發明設計圖（如飛機和坦克）很多都很有企圖心，要在他死後好幾百年才實現。他寫給自己的筆記，大體上都是用工整的左撇子映像書寫方式寫成，提到的範疇涵蓋各式各樣的學術和實用主題。達文西是個博學又無畏的思想家，而且他自己也知道，所以他才寫信給盧多維科・斯福爾扎。他認為，自己永遠無法滿足的好奇心和高度自信心的能力，對「摩爾人」這樣一個政治人物、戰士兼審美家來說應該價值連城。他想的沒有錯。寫完信後，達文西如願在米蘭工作了十七年，而這還只是他漫長生涯的一部分。在整個生涯中，他服務過義大利和法蘭西的許多大人物。他們能雇用到他真的很幸運，因為就像瓦薩里所說的，他「令人驚嘆、非凡無比」。[35]

達文西在一四五二年生於距離佛羅倫斯一天馬程的小鎮芬奇（Vinci），他的父親是一個公證人，母親是一個十六歲的村女。他們沒有結婚，但是那個時候私生子並不是特別羞恥的事，只是達文西是由祖父母養大，沒有受到十分縝密的拉丁教育。十二歲時，他隨同父親從芬奇搬到佛羅倫斯，兩年後就開始做委羅基奧的學徒（天才畫家波提切利可能也在他的交友圈中）。[36] 在委羅基奧的門下，學生不只學到繪畫和雕刻，還學會一些實用的幾何學和解剖學知識、閱讀古典文學，以更好地了解他們做出的藝術品的主題。達文西充分吸收了這一切。

他在一四七〇年代初期成年時，佛羅倫斯比四十年前科西莫・麥地奇和弗朗切斯科・菲爾福活躍的時候，還更適合藝術家發展。現在，這座城市實質的領袖是華貴的羅倫佐・麥地奇，他在一四六九年接下家族企業。當時，麥地奇銀行的經濟狀況雖然處於劣勢（布魯日分行在一四七〇年代遭遇重大虧損，因為那裡的負責人在未擔保的情況下借了大筆資金給勃艮第公爵大膽查理〔Charles the Bold〕，也就是好人菲利普的兒子和繼承

人），羅倫佐仍熱切地揮霍大筆金錢，使他的任期成為文藝復興的黃金時期。

隨便搜尋一下一四七〇至一四八〇年代在佛羅倫斯活躍和崛起中的藝術家，都可以輕鬆找到世界史上最才華洋溢的人。除了委羅基奧、波提切利和達文西，這裡也是多明尼克・吉爾蘭戴歐（Domenico Ghirlandaio）和波萊烏洛兄弟（the Pollaiuolo brothers）的家；詩人兼希臘文學者的安傑洛・安布羅吉尼（Angelo Ambrogini，人稱波利齊亞諾〔Poliziano〕），除了擔任羅倫佐・麥地奇的小孩的家教，還將荷馬的《伊利亞德》翻譯成拉丁韻文；一四八四年，學者喬瓦尼・米蘭多拉（Giovanni Mirandola，馬基維利說他是「有著近乎超自然天才的人」）來此尋求羅倫佐的贊助，吹噓自己能夠跟任何膽敢挑戰他的人進行九百篇論文的答辯，主題從基督教教義到巫術都有；[37] 幾年後，十三歲的米開朗基羅將成為吉爾蘭戴歐的學徒，長大成人後的他在義大利文藝復興最偉大畫家的頭銜上，成為跟達文西實力最為相當的對手。

這些創意活動的投資很多都仰賴麥地奇家族的財富。每年，羅倫佐都會沿襲祖父建立的家族傳統，在文化事業砸下相當於今天數千萬、甚至數億美元的金額。他會這麼做，是因為他和幾乎其他所有一言九鼎的人都認為花費值得。一方面，惹人注目的消費本身就很令人痛快，今天的億萬富翁也是這麼認為；另一方面，羅倫佐很在意如何耕耘自己的藝術贊助者名聲，主要是為了掩飾他在這座城市進行的一些不法勾當。此外，贊助者的身分對外交也很有幫助。有時，佛羅倫斯的藝術家會被「出借」給其他有權有勢的人，以討好對方。當他想為兒子爭取樞機主教的位子時，便派了畫家菲利波・利皮（Filippo Lippi）到羅馬裝潢另一位樞機主教的私人禮拜堂。說不定也是他鼓勵達文西接觸米蘭的斯福爾扎家族。

但，他贊助藝術並不全然為了私利。累積偉大的藝術作品（特別是在公開場所展示的偉大藝術作品），可以反映佛羅倫斯共和國的內在美德。馬基維利說，羅倫佐在美麗的事物上花費甚額，是為了「讓這座城市有充

足的藝術品、居民團結、貴族受到尊崇。」[38] 沒錯，羅倫佐做這些事有私人的理由，但他也擁有市民的自豪感，而這在十五世紀跟領導能力無法分割。

然而，在羅倫佐統治下的佛羅倫斯雖然誕生了達文西、擁有大量美麗事物，卻也十分暴力危險，甚至比科西莫的時代還要嚴重。黨派衝突仍有可能迅速升溫成驚人的流血事件，一四七八年帕齊陰謀（Pazzi Conspiracy）便是一例。當時，帕齊家族的殺手在教宗西斯篤四世的支持下，試圖在聖母百花聖殿暗殺羅倫佐和弟弟朱利亞諾・麥地奇（Giuliano de' Medici）。黨派不和深植在佛羅倫斯的政治文化中，達文西也受到了影響：他的筆記本有一幅令人難忘的墨水素描，畫的是帕齊陰謀的主謀之一貝爾納多・巴倫切利（Bernardo Bandini dei Baroncelli）被吊死的畫面（達文西興高采烈地在旁邊記下有關巴倫切利長袍的色彩資訊）。要在活力充沛、待遇優渥的文藝復興世界生活、創作，就得接受它恐怖的一面和普遍的血腥、犯罪與戰爭。所以，達文西會告訴盧多維科・斯福爾扎自己不只能像天使一樣作畫而已，是有原因的。他知道，要真的很偉大，就必須擁有一定程度的務實，把自己的巧思應用在各種層面，必要時也得協助完成殘忍的目標。

達文西在米蘭過了忙碌又多產的十七年。他不僅英俊迷人（瓦薩里說他「有超群的美麗和無限的優雅」），還有溫柔的性格。他喜愛動物，從不吃肉；神祕又喜歡交際的他，很容易就能交到朋友，不過他最親近的人是一四九〇年十歲時就成為他的學徒的年輕助理吉安・達奧雷諾（Gian Giacomo Caprotti da Oreno，更多人叫他沙萊〔Salai〕）。美麗、不服從紀律、還有偷竊癖傾向的沙萊，是達文西的繆思、助手、門生，也像他的兒子，還很有可能是他的愛人，跟在他身邊二十多年。養成他性格的少年歲月都跟達文西一起在米蘭度過。

達文西在米蘭的時候得到很多大型的任務，不過大部分是跟公共場域

有關,而非軍事工程。他曾針對米蘭巨大但結構不穩的哥德式主教座堂提供改善建議;他花了很多時間設計舞台裝置,娛樂盧多維科·斯福爾扎的朝臣;他畫了兩幅《岩間聖母》(今天分別掛在巴黎羅浮宮和倫敦的國家畫廊);他完成了《音樂家肖像》(*Portrait of a Musician*)、《抱銀貂的女子》(*Lady with an Ermine*)和《美麗的費隆妮葉夫人》(*La Belle Ferronnière*)等精彩、私密的世俗畫像;他花了超過兩年完成《最後的晚餐》這幅壁畫,地點在恩寵聖母修女院教堂的食堂,所以好奇的市民常常會去看坐在鷹架上一整天的他專心地作畫。同一時間,他也私底下鑽研動物和人體的解剖學。描繪人體幾何比例的科學素描《維特魯威人》也在這個時期完成。除此之外,他也持續在筆記本記錄各種機器設計圖、數學觀察、自然運動的研究等。這個時期成果非常豐碩,但是卻沒有永遠繼續下去。

達文西在一四八二年寫給盧多維科·斯福爾扎的信件中,說了很多大話,其中最接近實際完工的就是一座大型銅馬的雕塑,是人們說了很久要獻給盧多維科的父親弗朗切斯科·斯福爾扎公爵的紀念物。一四八九年年初,他終於拿到這份工作,便設了一個工作坊,找了半打助理,開始計畫建造當時世界上最大的馬匹雕像。這尊雕像將是真實比例的三倍大、重七十五噸,可以宣揚斯福爾扎家族的力量,因為這個家族在一四〇一年才成為米蘭的統治者,渴望以令人驚嘆的方式彌補缺乏名門望族的背景。[39] 達文西為這個龐大紀念碑所構想的計畫不僅大膽,還充滿天馬行空的想像力。他希望讓成品一體成形,這從來沒有人曾想過或敢嘗試。到了一四九三年年底,他已經想通有關鑄造、澆灌和冷卻的結構性難題,幾乎就要開始著手進行了。

可是,這匹巨馬從未問世,因為就在那個時候,法軍正要入侵義大利北部。法蘭西和剛統一的西班牙王國之間,為了爭奪義大利半島的控制權而打了六十五年的一系列激烈戰爭,此時才正開始。義大利各城邦將經常處於軍事動亂的狀態,盧多維科·斯福爾扎不能把好好的金屬浪費在巨大的馬身上。他將預留給達文西的銅送到東邊兩百五十公里的菲拉拉

（Ferrara）以製造大砲。就這樣，雖然令人失望，但是達文西夠務實，知道這是沒辦法的事。他寫道：「我知道現在是什麼時候。」[40] 歐洲版圖正以相當突然且劇烈的方式轉變，藝術家和工藝家必須盡力調適。日後，達文西不再有住在一個宮廷十七年的好運。然而，當戰爭提高了他藝術和工程專業技能的身價時，他將找到另一個比先前都還要好的贊助人。

一四九九年，法軍跨越阿爾卑斯山入侵義大利北部，罷黜了盧多維科‧斯福爾扎（他最後在一五〇八年死於法蘭西的地牢）。達文西逃離當地，回到佛羅倫斯，中途短暫停留曼圖阿（Mantua），跟致力於贊助藝術的年輕女士伊莎貝拉‧埃斯特（Isabella d'Este）見面（並替她畫了一幅素描），也到威尼斯提供有關防禦工程（抵抗鄂圖曼土耳其人可能的入侵行動）的建議。但是在一五〇〇年，他已經回到家鄉，開始進行一連串的新作品。

曾有短暫的一段時間，他受雇於切薩雷‧波吉亞（Cesare Borgia）。他是一個危險、殘酷暴力、恣意妄為、極為狡詐的軍事統帥和貴族，父親則是墮落、無法節制性慾的教宗亞歷山大六世（Alexander VI）。十六世紀初，波吉亞征服了佛羅倫斯周遭的小城鎮，因為拿到保護費所以沒有攻下佛羅倫斯。他聘請達文西為軍事顧問和製圖師，達文西服務他將近一年，即使波吉亞同時在義大利各處燒殺擄掠。達文西的性格中有冷酷務實的一面，跟他較為溫和、人文主義的喜好形成怪異的落差。[41] 對他來說，贊助者似乎就是贊助者。服務波吉亞讓他可以鍛鍊自己的製圖、造橋和設計防禦設施的能力，顯然這對他來說就夠了，可以忽略任何道德上的污點。[42]

然而，一個人能夠忍受波吉亞的時間也就那麼長。一五〇八年，達文西離開了他。在接下來的十年，他不斷往返托斯卡尼和倫巴底（麥地奇控制的佛羅倫斯和法蘭西占領的米蘭），適應這個地區現在常見的快速政治變遷和時局逆轉。混亂的局面和持續的動盪，可能會嚴重打擊不那麼心理健全或精通世故的人，可是達文西似乎仍一直向前進，即使在最艱困的時候，他的作品仍維持一流的水準。他開始畫麗莎‧焦孔多（Lisa Gherardini del Giocondo）的肖像畫——也就是《蒙娜麗莎》，應該是在一五〇三至一五〇六年之間人在佛羅倫斯時，而他餘生都將不停修飾這幅作品；[43] 他也為舊宮做了一幅壁畫（現已遺失），描繪米蘭和佛羅倫斯率領的軍隊，在一四四〇年安吉亞里之役（the battle of Anghiari）期間人馬交纏打鬥的畫面；他和助手完成了《聖母像》（*Madonna of the Yarnwinder*）的無數個版本；一五〇九年在米蘭時，他開始畫充滿性別流動感的不凡之作《施洗者聖約翰》（*Saint John the Baptist*）；此外，他也進行了很多未能實現的宏偉軍事與公共工程：計畫使阿諾河改道，讓拒絕接受佛羅倫斯領主地位的比薩出現旱災；計畫抽乾皮奧恩比諾（Piombino）周圍的沼澤，在露出來的土地上蓋一座堅不可摧的堡壘。這些都沒有實現，但是達文西並未停止做夢。

可是，他一邊做夢，年紀也一邊漸長，到了十六世紀初，達文西發現自己老了。在他一五一二年六十歲時的自畫像中，可以看見一個白髮蒼蒼、長鼻子、禿頭的男人，他有著茂密的鬍子和開始下垂的肩膀。但，他確實是一個偉大的大師，生存在一個偉大的時代。易怒、好鬥、性向成謎、時常大發雷霆的天才米開朗基羅是他的同儕，於一五〇四年在佛羅倫斯為「大衛像」揭幕。可是就連米開朗基羅也必須得到達文西和其他佛羅倫斯大老的允許，才能將這座雕像展示在舊宮外。所以，達文西的光芒尚未消失，他現在的贊助者甚至包含世界上最強大的一些狠角色。一五一三年，羅倫佐・麥地奇的兒子喬瓦尼・麥地奇（Giovanni de' Medici）當選成為教宗良十世，他決定要聘用達文西在教廷進行一些奢華的翻修。那年九月，達文西離開佛羅倫斯，前往羅馬展開他人生的最後一個階段。

達文西在一位麥地奇家族出身的教宗贊助下度過的時光，可能沒有他所想的那麼光鮮亮麗。首先，他沒有參與在聖城進行的最令人興奮的計畫。米開朗基羅得到裝飾西斯汀禮拜堂（Sistine Chapel）天花板的工作，並在一五一二年完成；教宗的住處是拉斐爾裝潢的。這些人都比他年輕許

多，但是建造新的聖伯多祿大殿這樣的美差事（恐怕是地球上最宏偉的建築工程），竟然在一五〇六年落在達文西的同輩多納托‧伯拉孟特（Donato Bramante）手上。因此，他雖然有梵諦岡高級的教宗宮殿可以使用，但基本上沒有人管他，他便獨自研究幾何學和反射、馴服一隻蜥蜴然後用水銀覆蓋牠的鱗片以做成大衣、解剖人體並記下筆記。這些都是很棒的事情，而且他沒做什麼就能得到很不錯的薪水。可是，這樣不夠。

於是，一五一六年，達文西離開了羅馬，並在漫長的一生中，頭一次離開義大利，去服務另一個贊助者，那就是剛登基不久的年輕法王法蘭索瓦一世（Françis I of France）。法蘭索瓦一世比達文西小四十歲以上，真的稱得上是文藝復興之子。他跟同時代的競爭對手英王亨利八世一樣，非常高帥，並本能地熱愛上等的事物和人文主義的豐碩果實。他在一五一五年第一天二十歲時坐上王位，並在該年的最後一天跟達文西和教宗見面。把達文西吸引到法蘭西，將他安頓在如詩如畫的小村莊昂布瓦斯（Amboise），是一個價值連城的機會，讓法蘭索瓦一世可以告訴全世界，它的新政權重視什麼。法蘭索瓦一世也有機會跟當時最偉大的博學之人親自學習。

在接下來的三年，達文西和法蘭索瓦一世很享受彼此的陪伴。如同在米蘭的漫長歲月一樣，達文西為法蘭西宮廷設計了各種娛樂；他持續修潤自己了不起的作品，包含《蒙娜麗莎》；他為羅莫朗坦（Romorantin）城鎮和鎮上全新的文藝復興宮殿進行設計規劃；他認真鑽研數學和水的流動。然後，他漸漸變成一位優雅的高齡老者。在一連串的中風之後，他在一五一九年五月二日去世。根據瓦薩里最先流傳的傳說，他過世時，法蘭索瓦一世就在他的病榻邊──是的，他就在「國王的懷裡斷氣」。在瓦薩里看來，這樣高貴的結局非常適合如此偉大之人。瓦薩里說，達文西「仰慕、崇敬每一個舉動，不管對方的住所多麼卑微簡陋……達文西的誕生讓佛羅倫斯得到非常寶貴的禮物，他的死亡讓這個地方蒙受極大的損失。」[44] 不只是佛羅倫斯而已。每一個聘請過達文西的贊助者都很有福氣得到他

的才能，無論是殘暴的波吉亞或儒雅的法蘭索瓦一世。他的離去讓這個世界損失巨大。

黃金時期

達文西是全面的文藝復興人，時常讓我們很難想像他會是中世紀的產物。然而，他跟英王理查三世（Richard III of England）同年出生，也比主張日心說、而非地心說的波蘭科學家哥白尼早數十年去世。[9] 達文西的許多設計都先進到我們這個時代才問世，如直升機和潛水鐘。他擁有過渡轉換的本質，同時屬於兩個世界，有能力在心理和智識上把我們跟中世紀加以連結。

然而，雖然在他的時代，他鶴立雞群，但假如他不曾來到這個世上、假如他不是私生子，接受了傳統的教育並得到公證人這個鐵飯碗，我們還是能夠將文藝復興當作西方和世界史上一個具指標性的過渡時期，因為文學、藝術和科學等各方面在這個時候還是出現了大量的新點子、新方法和新風格。達文西的同儕——波提切利、多那太羅、米開朗基羅和拉斐爾——便是保證。當然，能做到這一點的不只是義大利人。雖然文藝復興的主要泉源是在義大利，但是到了十六世紀，這場文化革命幾乎已經觸及西方的每一個國度。

英格蘭的人文主義作家湯瑪斯・摩爾（Thomas More）在亨利八世的宮廷從事創作，出版了《烏托邦》等書（是社會評論和政治哲學諷刺作品）；在法蘭西，達文西做為法蘭索瓦一世宮廷中最有才華的畫家的位子，後來被讓・克盧埃（Jean Clouet）占走，之後他的兒子弗朗索瓦・克盧埃（Francois Clouet）又取代他站上這個位子，他為法蘭西宮廷人物（如法

---

⑨ 作者註：哥白尼在一五四三年去世前才發表他的關鍵著作《天體運行論》。

蘭索瓦一世和他的媳婦凱薩琳・麥地奇）描繪的畫像，就跟小漢斯・霍爾拜因（Hans Holbein the Younger）在一五三〇年代為英格蘭宮廷完成的畫作一樣經典；在波蘭，詩人米科瓦伊・芮伊（Miko aj Rej）開始用波蘭語寫詩，斯坦尼斯瓦夫・薩莫斯特爾尼克（Stanis aw Samostrzelnik）則開始嘗試裝飾手稿和新風格的壁畫，跟隨義大利人巴托洛梅・貝瑞奇（Bartolommeo Berrecci）和日耳曼畫家兼彩繪玻璃師漢斯・庫爾姆巴赫（Hans von Kulmbach）等外國人帶到東方的潮流。

這些以及其他許多跟他們一樣的創意人士在整個十六世紀蓬勃發展，持續到十七世紀初。在這麼長的一段時間，有一件事始終不變，那就是贊助者和藝術家互相依賴、彼此相依。文藝復興了不起的創造力可以在十四世紀的開端後仍持續這麼久的時間，其中一個原因是歐洲大部分的權貴變得愈來愈有錢，擁有愈來愈多獲得黃金和貴重物品的新來源，遠遠超出先前任何一個世代的想像。通常，他們總是很樂意把新得到的財富花在漂亮的事物上。

那麼，這些財富從哪裡來？答案就在西方。達文西逝世那年，日耳曼的版畫家和藝術家阿爾布雷希特・杜勒（Albrecht Dürer）正把文藝復興繪畫的許多技術和概念帶到紐倫堡。杜勒熱愛旅行、無比好奇，汲取的領域和擁有的學識和達文西比肩。他在義大利和荷蘭旅行時，學會了很多繪畫、雕版、解剖學和幾何學的知識。他跟歐洲各地其他學識豐富、天賦異稟的人士書信往來，而且也跟在他之前的佩脫拉克一樣，會深入思索「美」這個難以捉摸的主題。他為神聖羅馬皇帝馬克西米連一世（Maximilian I）等偉大的君主畫肖像時，就跟為遙遠地區的珍奇異獸創造圖像時一樣快樂（杜勒的犀牛木刻畫真的非常驚人，收藏在華盛頓的國家藝廊）。他的靈感來自各地，而且他通常都有辦法分析和理解親眼看到的一切事物。

然而，在一五二〇年夏末，杜勒跟妻子一起到勃艮第所統治的低地國旅行時，卻看見他無法輕易解釋、也無法融入作品裡的東西。這對夫妻行

經布魯塞爾時，造訪了當地的市政廳，看見那裡展示了美到幾乎無法說明的金銀寶藏。這些寶物屬於神聖羅馬皇帝查理五世，而杜勒到低地國正是希望尋求他的贊助。杜勒在日記中寫下他所看見的東西：

> ……一顆金製的太陽，有整整一噚這麼寬，還有一顆大小相同的銀製月亮，以及整整兩個房間的盔甲……各式各樣絕妙的武器……非常怪異的服飾、寢具及各種神奇的用具，比奇蹟更值得看。這些東西都很珍貴，共有十萬弗羅林的價值。我這輩子從來沒看過比這些財寶更令我歡喜的事物……我不禁驚嘆異土的人擁有的精妙【才思】。[45]

杜勒粗估這些寶藏價值十萬弗羅林，幾乎是不可思議，而他為前一任的神聖羅馬皇帝進行創作時，年薪為三百弗羅林，已是很不錯的數目。然而，他對異國工藝技術所表達的讚賞更重要。那年，杜勒在布魯塞爾看到的作品，是完全沒有受到文藝復興影響的藝術家所創作。那裡展示的珍寶是埃爾南·科爾特斯（Hernán Cortés）從墨西哥帶到歐洲的，他是一個冒險家，也是一位征服者，曾漂洋過海造訪超大型城市特諾奇提特蘭（Tenochtitlán，即今日的墨西哥市）。這批寶藏是阿茲特克的統治者蒙特蘇馬二世（Moctezuma II）贈送的禮物，只能大概讓人一窺科爾特斯和其他歐洲人在美洲剛開始探索的那個新世界，擁有多麼龐大的財富。這就是資助文藝復興下一階段（還有其他許多層面）的財富來源。十六世紀來臨了，世界也變得愈來愈大、愈來愈富有、愈來愈血腥。全球地圖正在擴展，所有的規則都在改變。

⑮ 航海家

「已經很久沒有展開跨海的十字軍遠征了……」

——十四世紀旅遊作家約翰·曼德維爾爵士

（Sir John Mandeville）

那座大砲大到需要六十頭強壯的牛、兩百名士兵才能搬得動，建造的人是一位匈牙利工程師，有人支付大筆酬勞，希望他盡情地發揮想像力。[1] 砲筒長八公尺，① 直徑足以發射重達半噸以上的石頭。填充砲彈是一件非常累人的事，因此戰鬥時，這座大砲一天只能發射七次。但，發射後達成的效果，卻完全彌補了裝砲彈的速度。一個曾聽過它發射的編年史家表示，那轟炸聲大到讓旁人說不出話，讓孕婦流產。[2] 中世紀晚期城市和城堡的牆壁可以承受投石機、攻城塔和坑道的攻擊，但是若被發展成熟的野戰砲使用「硝石、硫磺、木炭和草藥」製成的火藥擊中，這些高牆全都不堪一擊。[3] 這就是為什麼，在一四五三年春天，二十一歲的鄂圖曼蘇丹穆罕默德二世（Mehmed II），會下令軍隊把最龐大的巨砲從大本營阿德里安堡（Adrianople，今天的埃迪爾內〔Edirne〕）帶到東邊兩百公里以外的君士坦丁堡。穆罕默德二世的軍隊至少有八萬人，再加上海軍艦隊，足以封鎖拜占庭首都。但，穆罕默德二世渴望翻越萬城之后著名的雙重城牆，他

---

① 作者註：這比今天美國、澳洲、加拿大和印度地面部隊所使用的M777榴彈砲（一款口徑155mm的野戰砲）的作戰長度長上許多。M777的砲管長度只有五公尺多一點。

需要的不只人力，所以才會派出這座大砲。認識並且十分仰慕穆罕默德二世，且在這場攻擊後曾造訪君士坦丁堡的編年史家印布洛斯的邁克爾・克利托布洛（Michael Kritovoulos of Imbros）說這座大砲「是非常可怕、令人難以置信」。[4]

　　蘇丹穆罕默德二世圍攻君士坦丁堡時，已經單獨統治鄂圖曼帝國兩年了。[5]但，他其實從十二歲就開始行使權力、進行軍事決策。因此，他有基礎穩固的作戰能力。他跟已逝的父親穆拉德二世和過去許多蘇丹一樣，受到相同的動機所驅使，那就是把鄂圖曼帝國的疆域和名聲拓展到近東和巴爾幹半島各地。這個好大喜功的伊斯蘭國家是在一二九九年由奧斯曼一世（Osman I）創立，當時他只是個三流的突厥軍閥，據點就在君士坦丁堡南邊。到了十五世紀中葉，奧斯曼的後代統治了一個新興超級強權，控制拜占庭原先在巴爾幹半島的大部分領土和大約一半的小亞細亞，是歐洲和蒙古人之間的屏障。拿下君士坦丁堡可以確立他們在地中海東岸的至尊霸權地位，他們之後也有可能進一步擴張到塞爾維亞、匈牙利和阿爾巴尼亞等地。區域霸權地位就在年輕的穆罕默德二世垂手可得的地方誘惑著他。

　　穆罕默德二世的神力巨砲和其他較小的銅砲，瞄準君士坦丁堡發射的攻擊非常嚇人。克利托布洛並沒有親眼目睹砲彈的猛攻，但是後來他有聽說最大的那座砲發射時是什麼樣子。他寫道：「大砲發出可怕的怒吼，腳下的大地震動著，很遠的地方都感覺得到，有一種從來沒聽過的聲音。接著，一個驚人的轟隆聲、一個可怕的撞擊聲，周圍整個著火，把一切燒得焦黑……一股乾燥的熱空氣狂暴地推動石頭……石頭帶著極大的力量和速度撞上牆壁，立刻就撞倒了，石頭本身也碎成許多碎片四散，飛得到處都是，砸死剛好在附近的人。」[6]每當這樣的轟炸把城牆或塔樓砸出一個洞，市民就會趕緊用碎石盡量把洞堵住。有一段時間，這個拼拼湊湊的策略阻止了穆罕默德二世在砲擊後派兵攻進城裡，但這不是長久之計。

　　在一四五三年五月二十八日晚上，攻城戰持續四十七天後，穆罕默德二世的手下攻入君士坦丁堡滿目瘡痍的城牆。牆內，一支希臘人、熱那

亞人和威尼斯人組成的防守軍，在四十九歲的拜占庭皇帝君士坦丁十一世（Constantine XI Palaiologos）的率領下奮勇抗敵；同時，大砲不停轟炸，黑暗的天空降下箭雨和希臘火。[7] 克利托布洛寫道：「兩方發出各種吼叫，瀆神、羞辱、威嚇的言語、攻方、守方、射人的和被射的、殺人的和快死的，以及那些因憤怒而做出各種可怕行為的人發出的各種聲音，全部混雜在一起。」[8] 但，到了黎明，守方的火力和人力敵不過攻方，最終戰敗。岸邊正在進行一場混亂的海上撤退行動，街頭則上演野蠻的劫掠。鄂圖曼帝國的士兵和蘇丹的菁英保鑣部隊（稱作耶尼切里軍團〔Janissaries〕）到處肆虐。

那是一幅可憐又可怕的景象。克利托布洛說，鄂圖曼土耳其人「殺人，以嚇壞整座城市，透過屠殺來恐嚇、奴役所有人。」教堂遭到洗劫，聖壇遭到褻瀆；寶貴的手稿堆在街上焚燒；女人在家中被抓走，拖去當奴隸。「拿著長劍、雙手沾滿殺人後鮮血的男人，吐出怒氣，大聲說著無差別殺人，因為各種糟糕事物而興奮……就像兇殘的野獸跳進房子裡，無情地趕走【希臘人】，又拉、又扯、又強迫、又拖曳地將他們帶到大馬路上，羞辱他們，對他們做各種邪惡的事。」[9]

在接下來幾天，可能有五萬名君士坦丁堡的居民被俘，數以千計的人死亡，包括跟手下一起並肩戰鬥的皇帝君士坦丁十一世。他的遺體未被尋獲，雖然有幾個人認為自己在君士坦丁堡被攻陷的混亂中，看到他的頭顱被插在騎槍遊街示眾。[10] 同時，穆罕默德二世盛大進城，一邊騎著白馬巡視大街小巷，一邊欣賞古老的建築，下令追隨者不可加以毀壞（穆罕默德二世發現一名士兵在砸聖索菲亞大教堂的大理石地板時，親自狠狠地打了他的頭一下）。他看過被抓的俘虜，並挑出最漂亮的女孩和年幼的男孩自己享受。他大吃大喝了一頓。然後，他開始計畫重建這座在他出現以前就已經人口衰減、提前進入頹敗狀態的城市。

這一切現在都是蘇丹的了，因為他是勝利者。超過一千一百年以來，君士坦丁堡都是由基督教皇帝所統治，不管他們是羅馬、拜占庭或拉丁

籍。現在，那樣的日子結束了。君士坦丁堡變成鄂圖曼土耳其人的，羅馬帝國已死。克利托布洛寫道：「曾幾何時，偉大的君士坦丁堡擁有至高的榮耀、疆土和財富，以無止盡的程度超過周遭所有城市，因其榮耀、財富、地位、權力、偉大，以及其他許多特質而出名……現在，就這樣走上盡頭。」[11]

即使把這段話當作文學誇飾看待，這依然是君士坦丁堡歷史上（也是整個西方史）一個決定性的時刻。這座城市淪陷後，整個世界都將改頭換面。

君士坦丁堡在一四五三年遭到攻占給歐洲基督徒帶來的震撼，就跟薩拉丁在一一八七年拿下耶路撒冷一樣。會這樣並不意外，對數以千計的義大利商人和擁有冒險精神的朝聖者而言，君士坦丁堡是進入世界東半部重要且光彩奪人的門戶；對其他數以百萬計的人來說，君士坦丁堡是一個概念，象徵了羅馬帝國在地球上恆久的存在，代表了可以一直回溯到很久很久以前的歷史淵源。超過一千年以來，它是基督教世界的支柱，讓西方遠離土耳其人和伊斯蘭軍隊。當然，事實是，好幾個世代以來，這個政治實體早已太過虛弱，根本做不到那種事。早在一四五三年被攻陷以前，這座城市就已經被孤立，四周都是被鄂圖曼土耳其人征服的土地，拜占庭皇帝也已經被貶到相當於鄂圖曼帝國的封臣的地位。然而，就像二次世界大戰過後的西德，君士坦丁堡的象徵意義就跟實際狀況一樣重要。如果連它也會被攻陷，下一個會是誰？西方各地謠傳，當穆罕默德二世第一次進入君士坦丁堡時，他感謝先知給予他勝利，並說：「我祈禱他能讓我活著攻下舊羅馬，就如同我攻下新羅馬那般。」[12]

這是一個很可怕的想法。伊斯蘭大軍猛攻梵蒂岡大門的惡夢，長久以來不時糾纏著歐洲的基督徒（二十一世紀初，蓋達組織和ISIS的政治宣傳會以這為主流不是沒有原因）。可以肯定的是，這的確讓十五世紀的義大利人戰慄不已。結果，他們的恐懼看來似乎很有依據。穆罕默德二世

是一個難以言喻的人。一方面，他允許基督徒、猶太人和外國商人繼續在這座城市生活，大致上不受到騷擾，而且他對文藝復興的藝術家也展現了興趣，甚至曾在一四七九至一四八〇年間「借用」才華洋溢的威尼斯畫家真蒂萊・貝利尼（Gentile Bellini），要他完成一件不怎麼符合穆斯林精神的任務：替他畫肖像。[13] 可是在另一方面，他把君士坦丁堡的名字改成伊斯坦堡，還將聖索菲亞大教堂變成一座清真寺。雖然他對啟蒙這個概念很友好，而且並非宗教狂熱者，但他仍是土耳其人。他的追隨者叫他「征服者」，但是教宗尼閣五世（Nicholas V）則說他是「撒旦、地獄和死亡之子」，教宗庇護二世（Pius II）則稱他為「毒龍」。[14]

在一四五三年後，穆罕默德二世持續擴張計畫。他把目標以及艦隊和軍隊放在東歐、黑海和希臘諸島。一四五四至一四五九年間，他派兵攻打塞爾維亞，最後終於把這個地區併入鄂圖曼帝國；一四六〇年代，他拿下波士尼亞、阿爾巴尼亞和伯羅奔尼撒；從一四六三至一四七九年，他跟威尼斯共和國打了一場漫長艱困的戰爭；這場仗一打完，他就在一四八〇年從奧特朗托（Otranto）入侵義大利南部，在那裡燒殺擄掠，最後西方只好發起一次小型十字軍活動，在隔年重新奪回該地。這一切都讓歐洲人深信，土耳其人不但是個很大的威脅，還是個危急存亡的威脅。從十五世紀一直到十七世紀，土耳其人在歐洲基督徒的眼中就像妖魔鬼怪。[②] 對鄂圖曼土耳其人的評價正確與否還有待商榷，但是我們不需要浪費時間在這上面。在十五世紀晚期，真正重要的是，鄂圖曼土耳其人的崛起對全球的貿易、旅行和探險模式所帶來的影響。在這個方面，他們完全顛覆了長久存在的認知。

首先，對某些人來說，鄂圖曼土耳其人的崛起似乎預示了末日來臨，

---

② 作者註：中期來說，鄂圖曼土耳其人挺進歐洲的行動，在一六八三年他們在奧地利維也納的城牆外被擊敗之後才終止。即使在這之後，鄂圖曼帝國依舊令人無法信任，也有點讓人感到懼怕，直到它在一次世界大戰終於被摧毀為止。

因為根據俄羅斯人的算法，世界末日會在十五世紀結束前來到。[15] 其次，人們開始聚焦在基督教世界其他的損失，特別是耶路撒冷跟君士坦丁堡一樣也落在非基督徒手中，而且長年都沒有人嘗試重新奪回。第三，現在要做生意出現了一些實際上的困難。地中海偉大的中世紀貿易城邦在十五世紀中葉非常強大，但他們跟鄂圖曼土耳其人的關係並不和諧：威尼斯跟土耳其人打了十多年的仗，並把重要的貿易據點尼格羅龐迪（Negroponte）輸給他們；熱那亞在黑海最重要的港口卡法被奪走；某些特定的貿易活動完全中斷，像是把在黑海附近抓到的土耳其奴隸運輸到馬穆魯克的埃及這個十分有利可圖的生意。[16] 鄂圖曼土耳其人沒有突如其來封鎖整個地中海東岸，但是他們讓貿易在金錢和倫理方面變得沒那麼吸引人。

因此，十五世紀的歐洲商人冒險家跟野心勃勃的君主（尤其是西班牙和葡萄牙的統治者）聯手，開始考慮向外尋找其他貿易場域，並構想尋求支援以反擊不可信賴的鄂圖曼土耳其人的方法。許多人開始往西看，把目標放在大西洋對岸。沒有人敢確定那裡有什麼，但是很多探險家和贊助者願意找出答案。他們最熱切的希望是，在大西洋上航行說不定能找到通往東方的新路線，就不用經過鄂圖曼土耳其人的地盤。然而，後來的結果是，他們找到了完全不一樣的東西：美洲的各個島嶼和內陸，還有一個豐盛、致命、脆弱、美妙的新世界。

聖徒、北歐人、航海家

美洲至少在一萬三千年、甚至可能比這長兩倍以上的時間以前，就有人居住了。[17] 考古學家雖然對於人類抵達美洲的確切時間沒有定論，但是大部分人都同意，在最後一次冰河期的某個時候，拓居者開始遷離東北亞，跨越西伯利亞和阿拉斯加當時存在的陸橋，接著向南邊走，不是沿著太平洋沿岸，就是通過沒有冰雪的一條長廊，進入美洲內陸。最早住在這塊廣大地區的民族是以採集狩獵、製作石器和矛頭，以及在洞穴棲居為

生。在智利的一處遺址，現代研究人員發現了一個用動物的毛皮加以保護的大型公共木棚、火坑、工具、堅果和種子的殘渣，還有石器時代的人在那裡種植馬鈴薯的證據，有的自己吃，有的跟兩百公里以外的其他團體進行交換（他們估計，這個洞穴在一萬四千五百年前有人居住）。[18] 所以，最早的美洲人就跟世界各地的石器時代人類過著差不多的生活，只是他們沒有跟其他地方的人類接觸。自從龐大的冰層融化、西伯利亞和阿拉斯加之間的陸橋被上升的海面淹沒後，美洲人基本上就跟其他地區斷了連結。夾在世界的兩大洋之間，他們在沒受到其他地方的發展影響的情況下，獨自發展了超過一萬年。

人們曾經以為，最早接觸美洲的中世紀航海家是十五世紀的南歐人。現在，我們知道不是這樣。整個中世紀其實都有來自歐洲各地的其他民族跟美洲接觸，或至少「聲稱」有跟美洲接觸。六世紀的愛爾蘭修士聖布倫丹（St Brendan）曾在不列顛群島四周到處航行，可能遠至法羅群島（Faroe Isles）。[19] 根據從十世紀開始廣泛流通的手稿，布倫丹航海的工具是一艘以木材為骨架、覆以「橡樹皮鞣革的牛皮」、使用動物脂肪上油的小圓舟。他和幾個同伴在小船上四處航行，忍受飢渴、躲過噴火海怪，多年後發現一座小島，「大到走了四十天也沒有走到另一頭的海岸」。[20] 有些人認為，這表示布倫丹跨越了整個大西洋。事實上，聖布倫丹傳說裡描寫的大島似乎是伊甸園的隱喻，並非真的是美洲大陸。然而，人們顯然認為愛爾蘭以西必定存在某個東西，雖然沒有人知道是什麼。有人認為那裡有個名叫「巴西」的島嶼，亞瑟王就葬在那裡。十世紀的天才阿拉伯地理學家馬蘇第（al-Mas'udi）認為，大西洋是「黑暗之海」，「深度或廣度都沒有極限，沒人知道盡頭在哪裡」[21]，當時馬蘇第記載了西班牙流傳的一個謠言，說有一個來自哥多華的年輕航海家霍什卡什（Khoshkhash）曾挑戰這片海域，回來時「帶了滿滿的戰利品」。可是，他究竟去了哪裡、是怎麼去的，卻是一個謎。[22] 馬利有一個傳說，說十四世紀有個名叫阿布·巴克爾二世（Abu Bakr II）的曼薩（約略是國王或皇帝的意思）放棄王位，決心

跨越大西洋，結果後來就消失了，應該是在海上失蹤了。這些紀錄讓人十分興奮，但是全都只是故事和夢想的混合物而已。

中世紀真正確定有橫跨大西洋③到美洲的第一批人，是十和十一世紀的維京人。[23]中世紀的北歐人是地球上最有冒險精神、最愛往外跑的族群，④他們曾在北大西洋到處探險，就跟他們在世界上的其他地方一樣。到了九世紀，維京人已經定居在冰島。在九八〇年代，一個名叫紅鬍子艾瑞克（Erik the Red）的亡命之徒率先開始殖民格陵蘭。[24]大約在同一時期，北歐傳奇聲稱有一對名叫索爾芬‧卡爾瑟尼和居茲麗德‧索爾比亞多蒂爾（Thorfinn Karlsefni and Gudríd Thorbjarndóttir）的夫妻，或一個名叫萊夫‧艾瑞克森（Leif Eriksson）的探險家率領數百人到一個他們稱為文蘭的地方。他們把那裡的當地居民戲稱為「野蠻人」，會跟他們以物換物、發生衝突，並誘拐他們的小孩，帶來疾病。歷史學家懷疑，這些野蠻人跟現在已經滅絕的第一民族族群貝奧圖克人（Beothuk）有關。[25]但是，要確定這一點並不容易。

不過，可以確定的是，大約在一〇〇〇年左右，紐芬蘭有個叫做蘭塞奧茲牧草地的地方，曾短暫存在一個小型維京人聚落。考古證據顯示，那裡曾經有一段時間住了一百個左右的北歐人，他們除了伐木，可能也有把這個地方當作基地，用來探索更遠的沿岸地區，可能遠至現在的魁北克，甚至是緬因州。幾乎可以肯定的是，蘭塞奧茲牧草地或整個較大範圍的地區就是文蘭。雖然待在那裡的維京人不可能知道他們來到多麼遼闊的一座大陸，但他們的確踏上了這座大陸，還跟當地人交換物品、打仗，並把有關這個地方的消息帶回家鄉。這才是最重要的。他們完成了一條（姑且不論多麼短暫薄弱的）互動鏈，將美洲到遠東的人類社會結合在一起。[26]

---

③ 作者註：太平洋又是另外一回事了。一個有趣的考古證據顯示，波里尼西亞的航海人曾在一〇〇〇年左右航行到南美洲，留下地瓜和雞骨的殘跡，不知不覺為他們的造訪留下證明。

④ 作者註：見第五章。

然而，維京人在中世紀的文蘭砍樹的五百五十年之後，有意義的跨大西洋交流活動明顯停止發展。北歐人位於蘭塞奧茲牧草地的殖民地（有著木造建築和草皮房屋）才建立不到一個世代，就被棄置、燒毀。最後，北歐人也離開了格陵蘭。所以，雖然黑海、波羅的海和地中海的商業航運活動非常熱鬧，大西洋到了中世紀晚期仍是世界地圖上的一個大問號。說它是橋梁，不如說它是路障。

　　然而，十五世紀時，情況開始改變。大西洋「遙遠」的那端先經過一個緩慢逐步的過程，最終才固定有歐洲人造訪。無論如何，這個過程確實發生了。刺激大西洋探險最重要的人物，應該是史上人稱航海家恩里克（Henry the Navigator）的葡萄牙王子。

　　恩里克是葡萄牙國王若昂一世（John I de Portugal）和他的英籍王后蘭開斯特的菲莉琶（Philippa of Lancaster）所生的第四子。他生於一三九四年，在一個充滿政治野心的宮廷長大。[27] 若昂一世是阿維斯王朝（Aviz dynasty）的第一任國王，他希望把葡萄牙變成歐洲的主要強權之一。[28] 因此，他曾插手百年戰爭，跟英格蘭簽訂永久和約；[5] 歡迎義大利銀行和法蘭德斯商人來到首都里斯本；宣傳葡萄牙做為法蘭德斯和英格蘭之間以及地中海各地的港口的中繼站；並培育自己的家人參與他的偉大計畫。[29] 他的子女都接受一流教育，也得到很好的嫁娶對象（前面曾經提過，葡萄牙公主伊莎貝拉嫁給了贊助揚·范艾克等藝術家的狡猾勃艮第公爵好人菲利普）。[6] 同一時間，恩里克和他的兄弟則被鼓勵協助將葡萄牙的影響力散播到王國外——通常是靠武力。

　　領土擴張深植在葡萄牙的歷史和身分認同中。這個王國會存在，就

---

⑤ 作者註：英格蘭和葡萄牙在一三八六年簽訂《溫莎條約》（*Treaty of Windsor*），若昂一世因此娶了岡特的約翰的長女菲莉琶，兩國也達成友好協定。這常被稱作史上持續最久的和平協議，因為英國和葡萄牙從那之後一直到現在都維持和平關係。

⑥ 作者註：見第十四章。

是靠數代十字軍所付出的努力。收復失地運動期間,他們奮力在伊比利半島的大西洋沿岸,跟穆拉比特王朝、穆瓦希德王朝以及安達魯斯的泰法國作戰,年復一年地苦幹,拚出這個又長又細的國家。這是一個漫長艱難的過程。里斯本在一一四七年第二次十字軍運動時才從穆斯林手中奪回;之後,他們又花了一百年才建立後來的葡萄牙王國,將國界一路延伸到阿爾加維(Algarve)。但,他們最終還是做到了。到了航海家恩里克的時代,已經沒有剩下任何內陸可以征服。想要繼續擴張只能到海上尋找。

一四一五年夏天,二十一歲的恩里克伴隨父親來到摩洛哥北岸的休達(Ceuta),就在直布羅陀海峽的出入口,是地中海和大西洋之間的通道,曾因為海克力士之柱而出名。休達當時是由摩洛哥的蘇丹所統治,但是它對葡萄牙人具有龐大的經濟吸引力,因為這裡是駱駝商隊每年從西蘇丹的礦坑帶著數噸黃金穿越撒哈拉沙漠的最後一站。[30] 此外,這也是一座穆斯林的城市,很符合葡萄牙從異教徒手中奪走土地的擴張史。為了拿下休達,若昂一世準備了一大支艦隊,放滿數以萬計的士兵,並親自領軍,他把奪取這座城市的計畫做得滴水不漏,所以當他在八月二十一日發動攻擊時,休達沒做什麼抵抗,短短一天就被攻陷。恩里克受了傷,但並不嚴重。結束後,葡萄牙人把休達的清真寺變成臨時教堂,在裡面舉行彌撒。恩里克穿著盔甲被封為爵士(一名觀察者說那是「很壯觀的場面」),他的父親任命他為這座城市的中尉。[31] 這讓這位年輕人跟休達這塊葡萄牙領土的存續有了利害關係(這件事經常帶來威脅,因為忿忿不平的摩洛哥人多次嘗試奪回城市),他也對將葡萄牙的疆域延伸至西非長而富足的海岸產生了終生興趣。

雖然恩里克並不像他的綽號所說的那樣,真的有實際去「航海」,但是他大力贊助、鼓勵膽敢前往南方尋找人們只有模糊認識的地方的那些水手。撒哈拉以南存在著寶貴的天然資源,這不是祕密。一份一三七五年在馬略卡島完成的知名世界地圖便顯示,非洲內陸住了許多穿戴黃金的黑人國王,還有穿著華麗長袍運載奴隸的優雅駱駝車夫。主要的難點在於,要

到那些地方必須經過伊斯蘭國家。葡萄牙人的目標是，放棄撒哈拉沙漠的駱駝商隊，開通可以將西非的所有財富直接帶到地中海的海路。恩里克認為，假如他們能做到這點，他們全部都會賺大錢（他對自己贊助的探險活動抽的稅為總獲利的百分之二十）。工具肯定是有的，因為造船科技正在進步：十五世紀時，卡拉維爾帆船（caravel）被發明了，這是一種輕巧靈活的船隻，有三角形的帆可以進行遠距離航行，同時在海灣、港口和海岸線仍然很好駕馭。此外，三角帆也讓水手能逆風而行，四角帆則不太可能做得到。[32] 另一方面，航海家對大西洋的風象認識更深，所以知道怎麼從赤道或赤道以南的地方返家。換句話說，航行到南邊後，他們若想回到北邊，可以先航進大西洋，接近伊比利半島時再靠岸航行，不必一直辛苦地沿著海岸。因為這些重要進展，要找到自願航向未知的人並不困難。

　　恩里克支持的第一次遠征在休達之役後沒多久出發，最後有些意外地來到了馬德拉（Madeira），於是恩里克下令把那裡變成葡萄牙的領土。不久後，亞速爾群島（Azores islands）也在一四二○年代初期至一四三○年代晚期被殖民。一四五○年代，威尼斯探險家和奴隸販子卡達莫斯托在幾內亞沿岸探險時，宣示維德角群島（Cape Verde）為葡萄牙所有。把這些島嶼成功畫在地圖上的探險家，沿途看見了許多令他們又驚又喜的事物。卡達莫斯托經過馬德拉時，便對這片肥沃豐饒的土地感到驚嘆，因為那裡有許多種類的樹木可砍伐利用，且相當適合甘蔗與葡萄⑦生長。他寫道：「很多居民就像這地方本身一樣富裕，因為這座島有如一座花園，長出來的東西可比黃金。」這塊處女地顯然前途無量。他寫道：「這裡極度適合農業，據說在聖週【即復活節】也看得到葡萄成熟，令人訝異。」[33]

　　同一時間，葡萄牙的船隻（很多都受到恩里克的贊助）也停靠在非洲

---

⑦ 作者註：今天，馬德拉最有名的出口商品仍舊是烈性葡萄酒，使用航海家恩里克那個時代的葡萄藤砧木長出來的葡萄植株進行生產。

大陸，每到航海季就更往南前進一些。就這樣，到了該世紀中葉，他們已經抵達幾內亞灣（今天象牙海岸、迦納、多哥和貝南的沿岸地區）。葡萄牙人跟西非沿海城市的商人所維繫的商業關係，通常帶來很棒的成果，不過很多在今天的我們看來非常沒有道德。奴隸是非洲歷史最悠久的貿易商品之一，而葡萄牙人一點也不覺得這個產業有何不妥。他們從十四世紀晚期就開始透過卡斯提亞所控制的加那利群島（Canary Islands）接觸這個市場，但是西非的聯絡人變多後，他們對非洲奴隸的需求也增加了，在某些地區，一匹歐洲馬就能換到九到十四個奴隸。在一四四〇年代之後，非洲人在葡萄牙的港口拉各斯（Lagos，位於阿爾加維的海岸）被當成貨物從船上卸下的景象，變成一個常見又悲傷的畫面。這種不道德的買賣讓有些人不太自在：一四四四年，編年史家戈梅斯・德祖拉拉（Gomes Eanes de Zurara）便把看見卡拉維爾帆船在拉各斯卸下兩百三十五名包含男女老少的非洲人的複雜感受記錄下來，因為這些非洲人被殘忍地分開，導致家庭破碎、母親跟孩子被迫分離，每個人都被帶到這個離家數百英里的地方，接受一輩子的非自願奴役生活：

　　再怎麼鐵石心腸的人，看見這群人怎麼不會感到憐憫？他們之中有的人垂著頭，臉上沾滿淚水看著彼此；有的人哀傷地站在那裡呻吟，一邊望向天空盯著不放，一邊大聲哭嚎，彷彿在請求自然之父的幫助；有的人用手打自己的臉，整個人撲倒在地；有的人唱著家鄉常見的歌，用這種方式表達哀痛，雖然我們無法理解他們的語言，但那似乎反映了他們悲傷的程度。[34]

　　戈梅斯對這個產業造成的情感和生理折磨感到非常不自在。可是，看著這些人類商品被硬生生分開的航海家恩里克似乎沒有同樣的困擾：

　　王子也在那裡，騎在一匹強壯的馬上，由隨從陪同著，像一個只想得到少許利益的人一樣分配自己看重的商品。他快速分配了組成他五分之一【獲

利百分之二十的稅收】收益的四十六個生靈，因為他主要的收益是他的目的：他可以救贖這麼多靈魂，使他十分歡喜。[35]

對恩里克來說，新土地可以賺錢，不信神的人可以被受洗，只要能達到目的手段並不重要。恩里克完全受到十字軍和征服的傳統所洗腦，而這兩者都不是擁有婦人之仁的人有辦法追求的。身為基督騎士團（聖殿騎士團葡萄牙分會的重組機構）的大團長，他讓這個組織積極參與對新領土的殖民活動。他也在羅馬的支持下派出航海家、征服者和奴隸商人。在一四五二和一四五六年，葡萄牙人獲得教宗允許，可以「入侵、征服、攻打撒拉森人和異教徒，以及其他不信神的人和基督的敵人，把他們變成自己的臣民」；征服他們的土地；「讓這些土地上的人永久受到奴役」。[36]十五世紀中葉高漲的反伊斯蘭情緒，很容易就會轉化成冒險精神和征服離聖地很遠的異教徒的動力。這讓一項自十二世紀在巴勒斯坦和敘利亞創建十字軍國家之後便不曾出現過的軍事經濟計畫，得到了上帝寶貴的背書。

航海家恩里克在一四六○年十一月去世時，葡萄牙探險家已經沿著非洲海岸到達獅子山（四十年後他們則會來到好望角）。地理位置讓他們成為西歐最強大的貿易國家，唯一比得上他們的只有卡斯提亞。十六世紀初，經驗豐富的航海家杜阿爾特·佩雷拉（Duarte Pacheco Pereira，人稱「葡萄牙的阿基里斯」）明確地將這場卓越的擴張活動歸功於恩里克。佩雷拉寫道：「正直的恩里克王子為【葡萄牙】帶來的益處，讓這個國家的國王和人民蒙受極大的恩惠，因為他發現的土地是現在很多葡萄牙人賴以為生的工具，【葡萄牙的】國王從這些商業活動中獲得龐大的利潤。」[37] 然而，針對那些承受了苦難、甚至延續好幾世代的那些人，佩雷拉沒有提及。

哥倫布

一四九二年一月第二天，西班牙南部舉行了一場莊嚴儀式。在位於格

拉納達群山之間的阿爾罕布拉宮，西班牙內陸最後一位伊斯蘭統治者正式放棄他的蘇丹國、他的家。十年前，穆罕默德十二世（Muhammad XII，基督徒稱他「布阿卜迪勒」〔Boabdil〕）展開他命運多舛的統治，被周圍的王國無情夾擊。過去幾個世紀以來，收復失地運動慢慢削掉穆斯林在安達魯斯僅存的領土，而在一四六九年，亞拉岡國王斐迪南二世（Ferdinand II of Aragon）娶了卡斯提亞女王伊莎貝拉一世（Isabella I of Castile），更是把基督徒的西班牙統一成超級大國。這讓格拉納達蘇丹國正式滅亡。雖然這一天經過二十多年才到來，但它終究還是來臨了。

一月二日破曉後不久，三十出頭的穆罕默德十二世在儀式中把阿爾罕布拉宮交給一位西班牙軍事將領，接著騎馬來到格拉納達近郊，跟斐迪南國王和伊莎貝拉女王見面，把這座城市的鑰匙交給他們。他用阿拉伯語對斐迪南說：「真主非常愛您。先生，這是這座天堂的鑰匙，我和裡面的人們都是您的了。」接著，雙方交換了禮物，穆罕默德十二世在西班牙宮廷當了九年人質的兒子被釋放，回到父親身邊。最後，穆罕默德十二世走了。那年結束前，他已經在摩洛哥定居，將在那裡過完被流放的餘生。[38] 啟程前往新家時，他的臉上流下了淚水。

在格拉納達目睹這些事件的人當中，有位名叫哥倫布的熱那亞冒險家。[39] 他在一四七○年代搬到里斯本，已經在伊比利半島活動近二十年。在這段時間，哥倫布成了大西洋的常客，經常往返亞速爾和馬德拉群島的葡萄牙新據點，同時朝更遙遠的地方前進，沿著幾內亞的海岸線往北進入北大西洋，（他聲稱）最遠到達冰島。

然而，除了這些，他也一直在思索這個世界的形狀和那些神祕的未知地區。哥倫布愛看書，從古希臘博學的托勒密，到十三世紀的威尼斯探險家馬可・波羅[8] 等古今中外的旅人所寫的著作，他都研究過。他也讀了

---

⑧ 作者註：見第十章。

十四世紀一本多采多姿的遊記，其內容部分取自其他來源、部分虛構，據稱是一個名叫約翰·曼德維爾爵士（Sir John Mandeville）的英格蘭騎士所撰寫。作者聲稱，他寫這本書「是因為已經很久沒有發起海外的十字軍遠征，許多人都渴望聽聽那個地方【即先前的耶路撒冷王國】以及附近許多國家的消息。」他描寫了從小亞細亞到印度的各個地區，並重提了祭司王約翰等古老傳說。[40]

哥倫布吸收了全部的內容。藉由他讀過的書和在海上的親身經歷，他得到兩個大結論。第一，大西洋的另一頭有龐大的財富。假如地球真如托勒密所說是圓的，那麼哥倫布（錯誤地）預估，不用三千英里的航程，就能讓一個人抵達遠東地區，見到馬可·波羅和曼德維爾曾長篇描述、那個令人眼花撩亂的富庶國度。第二，哥倫布相信，只要造訪東方，他就能重啟讓可汗或東方某位偉大國王改宗基督教的計畫，因為他認為這仍是最好的策略，得以對抗地中海周遭的穆斯林所信奉的「偶像崇拜」和「讓人死後入地獄的教義」。[41]

隨著時間過去，哥倫布就像歷史上許多狂熱者一樣，對自己的偉大計畫愈來愈執著。他只需要找到人支持他。於是，擊敗穆斯林蘇丹、共同治理伊比利半島最大的國家、自稱「天主教雙王」的斐迪南和伊莎貝拉登場了。他在西班牙、葡萄牙和其他地方死纏爛打、懇求多年都沒有結果之後，總算得以在一四九二年一月底把計畫帶到西班牙宮廷，伊莎貝拉終於答應支持他，給哥倫布大元帥的頭銜，並要求得到他賺取的收益的百分之十。對當事人來說，這是一場賭注。但，他賭贏了。

從奧德修斯在特洛伊戰爭後回到伊薩卡的虛構返家之旅，到一九六九年阿波羅十一號登陸月球，人類史上應該沒有哪一趟旅程，比哥倫布在一四九二年首次航向西方還要有名了。哥倫布有寫航海日誌，所以這趟旅程的細節眾所皆知（原始日誌已遺失，但是歷史學家巴托洛梅·卡薩斯〔Bartolomé de las Casas〕在一份摘要裡保留了原版的概要）。根據他的日誌，哥倫布在八月三日「日出前半小時」從西班牙南部海岸的帕洛斯

（Palos）出發，率領三艘卡拉維爾帆船妮娜號（Niña）、平塔號（Pinta）和聖馬利亞號（Santa Maria）前往加那利群島。到了當地，居民信誓旦旦地跟他說，他的旅程很快就會結束了，因為每天日落時「他們都可以看到西方有陸地」。[42] 如果真的是這樣，那就表示美洲只在三到二十英里外的地方。顯然，事實並非如此。

船隻維修後，哥倫布等待適宜的風向出現，接著便在九月八日星期六從加那利群島出發，往西航行。在接下來的一個月，他和船員一邊航行，一邊留意鳥類、海草、螃蟹、鯨魚和海豚。哥倫布聲稱，這些都是陸地近在眼前的跡象。可是，陸地似乎永遠不會出現。船員愈來愈浮躁，哥倫布開始不老實地謊稱他們已經航行了多遠，隨便帶過他們離任何地方都仍有好幾百里的明顯事實。他們總共在海上待了三十三天。終於，就在船員瀕臨暴動邊緣時，一個名叫羅德里戈的水手在十月十一日看到了陸地。那是位於巴哈馬群島的一個礁島，他們取名為聖薩爾瓦多。哥倫布寫道：「所有人都鬆了一口氣，興高采烈。」那一晚，他們停泊在外海。隔天早上，哥倫布和一小群船員乘坐武裝小船前往陸地，船上掛了一面寫有斐迪南和伊莎貝拉名字縮寫和類似十字軍運動的十字旗幟。[43]

他們在岸上遇到一群非常興奮、赤裸的男女，哥倫布送他們「紅色的帽子和玻璃珠……還有其他許多小玩意。」島民十分開心，回送他們「鸚鵡、棉線球和長矛……他們非常願意交換他們擁有的一切。」[44] 這是一次相當愉快的相遇。哥倫布寫道：「他們對我們極為友善。」[45]

看見這些人讓哥倫布五味雜陳。他們雖然長得好看又年輕，有淺褐色皮膚，「腿非常直，沒有肚子，體格勻稱」，但他們幾乎可以說是原始到可笑，身上只有塗繪圖案；划著樹幹刻成的長型獨木舟；什麼武器都不會使用，就連最基本的劍也是；似乎不懂貿易。哥倫布想要尋找一個優越的文化、能夠跟偉大的蒙古可汗媲美的宮廷，結果他才是被當成優越物種對待的一方。[46]

不過，有個想法馬上浮現。這些島民雖然不能成為跟天主教雙王一

起創立新世界秩序的貿易夥伴，但是「他們應該是很好的僕人，非常聰明……而且我相信他們很容易就能變成基督徒，因為在我看來他們沒有宗教。」他決定抓走六個人帶回去給斐迪南和伊莎貝拉，「讓他們學說話」。[47] 他也把西班牙國旗插在這座島，表示他已代表天主教雙王占領這個地方。然後，他便離開當地，去尋找還有什麼地方可以占有。

在接下來數週，哥倫布和船員探索了鄰近的島嶼。哥倫布依然希望自己身在比實際上更東邊的地方（日本列島的某座外圍島嶼），試圖找到中國內陸。可是，他只有找到其他一些加勒比海小島，並在十月下旬和十一月初找到較大的古巴和海地（他稱之為伊斯帕尼奧拉島〔Hispaniola〕）。四處可見的異國事物讓他的船員很感興趣、心情雀躍：珍珠和黃金、香草和香料、沒看過的根莖類蔬菜、甜美多汁的水果、棉花以及「某種散發香氣的香草」——菸葉。但，當地的一些習俗也讓他們很驚嚇。哥倫布的兒子斐迪南後來寫道：「這些印地安人[9] 習慣吃不乾淨的東西，像是又大又肥的蜘蛛和腐木裡的白色蟲子……他們幾乎生吃某些魚，一捕到就吃了。在燙熟之前，他們會當場把魚眼睛挖出來吃。他們會吃很多類似這樣讓西班牙人嘔吐、甚至肯定會中毒的東西。」[48] 這個世界就是這樣，迷人又怪異。哥倫布說，他常常告訴船員，回到家鄉後不可能跟別人描述他們看見的所有事物，因為「我的舌頭無法傳達完整的事實，我的手也無法把它們寫出來。」同一時間，他遇到的那些人似乎也出現這種驚奇感。在伊斯帕尼奧拉島，一位顯貴人士對哥倫布表示，他的贊助人「肯定是非常偉大的王子，才如此勇敢地派我從天上這麼遠的地方來。」[49]

哥倫布在新發現的土地一直待到聖誕季。聖誕夜那天，他的其中一艘船聖馬利亞號在伊斯帕尼奧拉島外海的淺水處撞到暗礁。於是，哥倫布命令船員用從沈船搶救回來的木頭，建造一個臨時木造堡壘。他叫手下對著

---

⑨ 作者註：這是對新世界居民的統稱，原因當然是最早來到這裡的航海家以為自己到了東印度群島。

印地安人示範步槍開火，嚇阻他們攻擊要塞。他派三十幾人駐守堡壘，組成他稱作聖誕節港的城鎮核心，這裡是「西方世界的第一個基督教城鎮和拓居地」。[50] 接著，在一四九三年一月十六日，他率領剩下兩艘船出海，準備回西班牙報告一切所見所聞。這又是一趟漫長的旅程，而且這次，妮娜號和平塔號遭暴風雨拆散了。然而，三月初，在「恐怖的海象和狂風之中，整個天空……充斥雷電」的時候，哥倫布跟跟蹌蹌航進了里斯本的港口。他在葡萄牙國王若昂二世（João II de Portugal，若昂一世的曾孫）的宮廷稍作停留，讓這位君主大飽耳福，同時向他保證，他絕對沒有侵犯葡萄牙在非洲的領土。[⑩] 接著，他就前往下一個地方去見他的金主。

這次，他採陸路。到了四月中，他已經找到位於巴塞隆納的西班牙朝廷，國王斐迪南在他抵達時親自迎接。他們並肩騎著馬穿越城市，彷彿哥倫布是有皇家血統的王子。哥倫布說，天主教雙王高興極了，因為「極度喜悅和滿意」而容光煥發。[51] 經過多年的努力，哥倫布堅定認為大西洋另一端存在美妙事物的信念終於獲得證實。斐迪南宮廷裡的牧師兼歷史學家彼得・馬特（Peter Martyr）不太確定要怎麼評價這些發現，寫道：「這確實稱得上是新世界，因為那裡如此遙遠，而且沒有文明和宗教。」[52] 但，哥倫布確信所有的好基督徒都應該感謝他，「他們將會因為讓這麼多人改信神聖的信仰，而獲得偉大的勝利。除此之外，不只西班牙，整個基督教世界還能得到世俗的利益。」[53] 這是他夢想已久的成就。

如果仔細閱讀哥倫布的書信和筆記本，會發現他不是個很有魅力的人。這個喜歡別人叫他「大元帥」的航海家不但愛自誇，有時候還是個不折不扣的騙子；他讓船員誤解他的意圖和遠征隊的進度；他聲稱自己是第

---

⑩ 作者註：哥倫布拜訪葡萄牙國王，促使西葡兩國簽訂《托德西利亞斯條約》（*Treaty of Tordesillas*）。這個條約在維德角群島以西三百七十里格處，畫了一條抽象的垂直分界線（教宗子午線），此線以東所有的發現都歸葡萄牙，以西則隸屬於卡斯提亞／西班牙。

一個看見巴哈馬陸地的人，但事實根本不是這樣；他利用了在新世界遇到的人的善良本性，他若有提及任何有趣的人類學觀察，全只是出於自私，想要知道他和日後的西班牙遠征活動要如何剝削這些資源和勞力；最後，他回到西班牙後誇大了自己的成就和新發現所具有的潛力，聲稱伊斯帕尼奧拉島比整個伊比利半島還大，擁有美麗的港灣和豐富的金礦（並非如此），而且古巴「比英格蘭和蘇格蘭加起來還大」。[54]

然而，儘管如此，他在一四九二年完成了重大成就，無庸置疑。從中世紀科技的相對標準來看，美洲和歐洲之間的接觸絕對只能是單向。雖然就算哥倫布沒有進行這趟旅程，不久後肯定也會有別人做到，但有膽識、有計畫又好運去完成這件事並飛黃騰達的人是他。能創造歷史的不見得是好人，事實上，我們的中世紀之旅走到這一步，應該已經證實歷史很少是由好人創造。所以，不管哥倫布有什麼弱點、缺陷或偏見（跟他的時代相比，他擁有的那些肯定跟二十一世紀的我們所認定的美德更不同），他依然是整個中世紀最重要的人物之一。自從他從加勒比海回來的那一刻起，他就為人類歷史開啟新的時代。

一四九三年重新出現在西班牙之後，哥倫布很快就開始籌劃接下來的西航之旅。這些旅程總共會有三個。一四九三至一四九六年，他率領由十七艘船組成的大型任務，經由安地列斯群島（Antilles islands）抵達加勒比海，接著造訪波多黎各和牙買加；一四九八至一五〇〇年，他到更南邊探險，在千里達（Trinidad）停留，並短暫下船造訪位於今天的委內瑞拉的南美洲內陸；在一五〇二至一五〇四年間最後一趟冒險之旅，他探索了中美洲的沿岸地區（今天的宏都拉斯、尼加拉瓜和哥斯大黎加）。他在海上度過許多年，也在異地遭遇過疾病的風險、反覆無常的加勒比海氣候和定居殖民主義的危險局勢。這些年來，他曾因為無風而前進不了、遭受颶風痛擊、被憤怒的部落攻擊、被疾病給擊倒。在第三次旅程，他被控濫用了自己身為新世界「元帥總督總理」的權力，因此遭到逮捕、監禁、銬著枷鎖送回西班牙。這次經歷讓他憤恨到生命的盡頭。可是，不是只有哥倫布覺

得自己受到不公平的待遇。因為，他最初的勘查性活動催生了其他許多以宣示主權和殖民為目標的遠征隊，進而帶來可怕的後果，之後將會跟歐洲在新世界的擴張活動密不可分。

打從一開始，這些新領土就處於未開化的狀態。哥倫布在一四九三年留在伊斯帕尼奧拉島的第一個駐防要塞最後的下場，就是一個警告。這位元帥離開後，他的手下很快就開始侵擾當地部落，搶奪黃金和女人，並時常內鬨。沒多久，他們就被當地的首領考納博（Caonaobó）集體殺害。[55] 哥倫布第二次回到伊斯帕尼奧拉島後，沒有馬上報仇，但他也不是什麼善意的訪客。雖然接到明確指示不可欺負當地人，哥倫布還是那麼做了。他跟他們索討黃金，做為貢賦；綁架、奴役他們；在他們的土地上建造堡壘。有一次，他還寫信建議天主教雙王，說在新土地獲得經濟成就最好的策略，是集體奴役當地人口、強迫他們改宗基督教。斐迪南和伊莎貝拉對如此鐵腕的做法毫無興趣。然而，長遠來看，這不重要。哥倫布殘暴的自私心理，是建立在歷史上每一個殖民活動的冷酷事實。殘酷和不人道本來就是帝國主義擴張的必要元素，新世界沒有理由與眾不同。

繼哥倫布之後，整船整船來到伊斯帕尼奧拉島和古巴建立據點的殖民者和求財者，通常跟他沒什麼兩樣。「大元帥」在第三次遠征被逮捕後，新的西班牙總督是名叫尼古拉斯・奧萬多（Nicolás de Ovando）的十字軍騎士，他對當地的泰諾族（Taíno）毫不寬容，讓他們十分不滿西班牙人。奧萬多帶了數百名士兵一起到島上，然後放任他們對付可憐的泰諾人，有的甚至被殺；他們的女王安娜考那（Anacaona）遭公開吊死；許多人被俘虜，而奧萬多依循了十字軍的傳統做法：在戰爭中被抓到的不信神者可隨心所欲奴役。俘虜被迫替殖民者工作，而殖民者到了十六世紀初已有數千人之多。除此之外，奧萬多也開始把非洲黑奴運到伊斯帕尼奧拉島，在殖民者所挖掘的金礦裡工作。殖民的藍圖開始成形。這跟哥倫布最開始在聖薩爾瓦多靠岸時，瀰漫在海灘上的興奮情緒完全不同。新世界若有短暫的純真時代，在開始前就已經結束。

在一五〇四年之後，哥倫布再也沒回到加勒比海。他在第三次遠征後失勢，而他基本上都把自己的落敗怪到別人頭上，特別是國王斐迪南——哥倫布懷疑，跟一五〇四年過世的伊莎貝拉比起來，斐迪南並不是朋友。事情是否真是如此或許不重要。比哥倫布心胸狹窄的怨懟更重要的是，他們三人一起推動的趨勢現在已經勢不可擋。他的兒子寫到，哥倫布受到「痛風和其他疾病，以及看見自己從這麼崇高的地方頹敗下來的悲痛」所折磨，最後死於一五〇六年五月二十日。[56] 但，他雖然離世了，他扮演關鍵角色之一的探險時代，已經如火如荼地展開。

到了一五二〇年代中葉，西班牙和葡萄牙的探險家和勇士（被稱作「征服者」）不只出現在加勒比海各地，也出現在我們今天說的墨西哥、瓜地馬拉、佛羅里達和巴西沿岸等內陸地區。他們帶了重盔甲、手槍和大砲，在從未看過或聽過火藥的原住民之間造成恐慌。這些征服者當中，有一位頑固的西班牙人，名叫埃爾南·科爾特斯，他在一五一九至一五二一年間領兵擊敗、推翻阿茲特克帝國，罷黜（且很有可能殺害了）帝國的最後一任皇帝蒙特蘇馬二世，從墨西哥帶回大量黃金。這些黃金有些就是杜勒於一五二〇年在布魯塞爾市政廳看到的寶藏，但那些只是最終會從新世界劫掠得來的金銀財寶的一小部分。人們之後會發現，新世界的內陸有不少類似阿茲特克首都特諾奇提特蘭的超大型城市，而許多見過特諾奇提特蘭的人都認為，這座城市跟威尼斯一樣輝煌壯觀。這些征服者施展優越的科技和武器、帶來美洲原住民毫無抵抗力的疾病（如天花）、掃除了美洲古老的國家、建立起自己的跨大西洋帝國，他們用盡各種方法榨取當地資源，以提高歐洲祖國的榮光。這些新世界帝國的出現，是今天的歷史學家用來判斷中世紀進入尾聲的重大改變之一。

前進印度和更遠的地方

從十五世紀初的非洲沿岸初探旅程，到哥倫布時代的加勒比海冒險之

旅，中世紀晚期的航海家對世界地理的認識增進許多。他們也找到一些寶貴原物料的新來源，像是黃金、木材和鱈魚。然而，他們還是沒有解決從托勒密的時代就存在的一個根本問題，那就是往西走、不往東走的話，有沒有可能抵達印度群島。

那些最早的跨大西洋發現之旅並沒有改變這一點。哥倫布以降的每一個水手從加那利群島或維德角的緯度出發往西行，最後都會來到加勒比海諸島，之後就是美洲大陸（會如此命名，是為了紀念十六世紀初的佛羅倫斯航海家亞美利哥・維斯普奇〔Amerigo Vespucci〕，他在一五〇一至一五〇二年繪製了巴西沿岸的地圖）。往北行也沒有什麼不同。一四九七年，受英格蘭都鐸王朝首位君主亨利七世雇用的威尼斯水手約翰・卡博特（John Cabot）從布里斯托（Bristol）出發，欲尋找通往遠東的一條「西北航線」。他也碰到了屏障，撞見一片應該是紐芬蘭的陸地（蘭塞奧茲牧草地的維京人聚落所在地），只好打道回府。一五〇八至一五〇九年，卡博特的兒子賽巴斯蒂安（Sebastian）也試了一次，看見了後來的哈德遜灣，然後選擇往南走，探索了北美海岸，最遠到達切薩皮克（Chesapeake）。這些航行都具有重大歷史意義，尤其是在十六世紀後期第一批北美殖民地成立時；可是，這些都沒有讓歐洲各國找到通往可汗國度的捷徑。

但，一四八八年，一個名叫迪亞士（Bartholomew Diaz）的葡萄牙船長提供了十分吸引人的證據，主張可能有另一條路線存在。若昂二世要迪亞士沿著非洲海岸線，探索比先前任何一個歐洲水手到達的地方都還要遠的地帶，而在跟大海搏鬥了近十八個月之後，他成功了。一四八八年二月，他繞過好望角，起初把它取名為暴風角。他最遠抵達阿果亞灣（Algoa Bay，位於今天南非伊麗莎白港東邊的海灣），因為在那裡，船員直接了當地告訴他，要是強迫他們繼續走，他們就要砍了他。他的旅程證實，雖然並不容易，但要繞過非洲是有可能的。這也就是說，在那之後繼續往東北方走，最後總會到達印度。這完全改變了世界，在迪亞士的旅程之後繪製的世界地圖，全都必須調整，因為印度洋不像托勒密所以為的被尚未

有人探索的陸地包圍，而是可以從南方進入。有了這項知識，後來又在一四九三年之後被哥倫布的發現所刺激，葡萄牙人準備超越迪亞士的里程碑。

在中世紀晚期航海史中，名聲僅次於哥倫布的就是達伽馬（Vasco da Gama）。一四九七年，達伽馬三十幾歲，是聖地亞哥十字軍騎士團的成員。因此，身為該組織大團長的國王若昂二世很喜歡他，准許達伽馬探索印度洋探索得愈遠愈好。七月，這位船長帶著四艘船、一百七十人，以及新上任的葡萄牙國王曼紐一世（Manuel I of Portugal）的許可證離開里斯本，國王要他盡一切所能「在海上達成服務上帝和有利的發現」。[57]

他完完全全實現了這項指令。達伽馬沿著非洲海岸往南航行到獅子山，接著非常勇敢但也有點瘋狂地繼續直直往前走，進入廣闊的大西洋，相信迪亞士所說的，最後會有西風帶領艦隊接近非洲大陸的最南端。他的判斷沒有錯，但是他也付出極大的意志力和生存力，整整三個月在海上度過，四面八方都看不到陸地。一週又一週，達伽馬和他的船員除了海浪、鯨魚和偶爾的海鳥之外，什麼也沒看到。在有紀錄的歷史上，從未有人在海上待這麼久。但是，在十一月四日星期六那天，陸地總算映入眼簾。達伽馬的船員「穿上喜慶的服裝，發射大砲向【船長】致意，用旗幟妝點船隻。」[58] 他們終於有進展了。

一四九七年十一月下旬，艦隊繞過好望角。不到聖誕節，他們就已經開始跟沿途海岸的非洲黑人交易，用玻璃珠、帽子和手鍊交換白胖胖的牛來烤，用亞麻布交換金屬。他們目瞪口呆地看著發出驢叫聲的鳥，還有皮膚堅韌到長矛刺不穿的大海獅。他們注意到銅、鹽、錫和象牙等礦物質似乎不少。唯一徹底失敗的就是傳福音這件事：船員停靠某處非洲海灣豎起一根柱子和十字架，結果離去時卻看見十幾名原住民厭惡地把這兩樣東西砸爛。[59]

新的一年，達伽馬和船員遭遇更多困難。他們被迫刻意鑿沉其中一艘船；許多人得到壞血病，「手腳腫脹，牙齦長到牙齒上，使他們無法進

食。」[60] 在莫三比克時，他們發現一個對他們的友好贈禮不屑一顧的富有穆斯林社群，並得知他們雖然離祭司王約翰比較近了，可是祭司王卻住在沙漠深處，只能乘坐駱駝長途跋涉才到得了。在蒙巴薩（Mombasa，位於今天的肯亞）停頓時，原本看似友善的當地人很快就變臉，派人游泳破壞他們停泊的船隻。印度洋跟加勒比海不一樣，是一個文明成熟、高度發展的海洋貿易區。達伽馬的大砲雖然偶爾在必要時能夠防禦，但火藥在那裡並不稀少，所以葡萄牙人完全享受不到科技為哥倫布帶來的優勢。然而，達伽馬最終找到當地一個經驗豐富的航海家，幫他們確立了一條遠離非洲海岸的航線，於是他們再次進入開闊的大海，前往阿拉伯海。

五月二十日，達伽馬一行人來到印度西南部海岸，停泊在馬拉巴爾海岸（Malabar coast）的卡利庫特（Calicut，位於今天的喀拉拉邦）外海。當地的統治者扎莫林（Zamorin）派使者詢問他們有何貴幹，達伽馬直接明講，說他要「基督徒和香料。」他的運氣不算好，因為他發現扎莫林瞧不起他的身分地位和貿易提議。他和船員認為，這片土地上有很多人屬於某一派的基督徒，但是他們沒有人狀似祭司王約翰。其中一位船員在未署名的日記中寫道：

【這些人】有黃褐色的皮膚。有些人留了大鬍子和長髮，有些人則把頭髮剪得很短，或是剃到只留下頭頂的一撮毛，表示他們是基督徒。他們也有人留八字鬍。他們刺耳洞，戴很多黃金首飾在耳朵上。他們腰部以上赤裸，下半身使用非常上等的棉質衣物遮蓋。但，只有最受崇敬的那些人才這麼做，其他人則盡力而為。這個國家的女人基本上都又醜又矮，脖子上戴了許多黃金首飾、手臂上戴了無數臂環、腳趾上戴著鑲有珠寶的趾環。這些人全都十分友善，性情看似溫和。他們給人的第一印象是貪婪無知。[61]

然而，「貪婪無知」其實也可以用來形容這些外來客，因為他們每次跟卡利庫特的商人和當局進行貿易協議時，總是遭到算計，雖然他們明明

已從五月一直待到八月底。不過，雖然這趟遠征沒有帶來立即的收益，卻證實了達伽馬被要求證明的事情，那就是想要抵達印度，不必穿越地中海擁擠危險的鄂圖曼土耳其領土，也不必跟著馬可·波羅的腳步，辛辛苦苦穿過中亞地區。

儘管如此，這個替代路線也不好走。達伽馬返回葡萄牙的海上之旅也花了將近一年，期間壞血病、水源不足和疾病造成約半數人員死亡，使他被迫鑿沉另一艘船。但，當剩餘的兩艘船終於在一四九九年七月回到葡萄牙時，他們受到歡呼和公開慶典的迎接。國王曼紐一世得意地寫信給天主教雙王斐迪南和伊莎貝拉，宣布他的航海家：

……真的抵達並發現了印度及其鄰近的其他王國和主權地區。他們進入當地的海域，發現大型城市、龐大的建築和河流、眾多的人口，看見那裡盛行香料和珠寶貿易。這些商品被放在船上運送……到麥加，接著到開羅，然後分散到全世界。他們帶了大量的這類商品【香料等】，包括肉桂、丁香、薑、肉豆蔻和胡椒……還有許多各式各樣的上等寶石，如紅寶石等等。他們也去了一個有許多金礦的國度，就像香料和寶石一樣，這些【黃金】他們帶不了太多……

西班牙人率先抵達西方新世界，但是葡萄牙人也相去不遠。

在達伽馬的第一次遠征之後，葡萄牙人開始派出一連串的印度遠征隊。第二次的大型遠征活動比達伽馬的還要大上許多，是由佩德羅·卡布拉爾（Pedro Álvares Cabral）所率領。他在一五〇〇至一五〇一年間，進行一趟大規模的航海之旅，先是抵達巴西海岸，接著往東前往好望角，然後繼續經由莫三比克到達卡利庫特和印度馬拉巴爾海岸的另一個地點：科欽王國（kingdom of Cochin）。卡布拉爾一行人遭暴風雨襲擊，並跟當地排外的阿拉伯商人起衝突。但，他們滿載香料而歸，在歐洲以高價賣出。

葡萄牙人發現這個做法不但很好，還能反覆實行，於是每年都派艦隊到之後數百年被人稱作「印度航線」的路線上。葡萄牙艦隊利用大西洋的信風和印度洋的季風型態，從里斯本出發前往維德角，走西南方抵達巴西，然後再回來繞過非洲南端，最後到達印度（有時候走莫三比克和馬達加斯加之間的海峽，有時候繞過馬達加斯加外圍）。艦隊規模可能只有幾艘船，也可能超過一打，葡萄牙王室政府有專責部門負責事前籌備。這個國家完全扛起這項可稱得上是國營事業的贊助和支出責任。此外，這項商業活動也逐漸受到軍事力量支持。葡萄牙人成功達成協議，在印度的西南沿岸建造堡壘，若印度統治者不懷好意，就用大砲懲戒他們。擅闖他人土地的歐洲人和印度洋的本土商人之間，愈來愈常發生海戰。但，到了十六世紀初，葡萄牙人已經開始為印度內陸的據點指派總督，以果阿（Goa）為中心劃分出一塊殖民地。

　　一百五十年後，葡萄牙人已經征服印度沿岸數百英里、斯里蘭卡不少地區、位於今天孟加拉和緬甸的多處地區以及中國南方的澳門。他們的船隻將黑胡椒、肉桂、丁香和肉豆蔻帶回里斯本，並在東方交換棉布、黃金或銀塊。之後，他們將成為日本和中國之間的貿易中介，因為這兩個國家的關係差到直接進行貿易是違法的。同一時間，他們也控制住世界另一端的巴西，這是印度航線第一階段的停靠點。這真的是個世界帝國，因為葡萄牙的堡壘、港口、貿易站、工廠和軍營，好比一串珍珠般分散在已知世界的各個角落（而且這個局面部分延續到現代：果阿在一九六一年才歸還印度，澳門則是一九九九年）。中世紀已經開始進入尾聲。

環遊世界

　　關於往西行最後是否能夠來到東方這個長久的疑問，葡萄牙探險家斐迪南‧麥哲倫（Ferdinand Magellan）率領的航程最後給了答案。他在一五一九年八月從塞維亞啟程，打算沿著瓜達幾維河（Guadalquivir

River）一路環遊整個世界。神神祕祕、極度虔誠的麥哲倫跟哥倫布一樣，不斷向船員隱瞞前進的方向和他所希望達成的目標，但是最後卻未能活著看見旅程終點。[62] 不過，這趟旅程後來在他手下一位卡斯提亞籍的長官胡安・艾爾卡諾（Juan Sebastián Elcano）的帶領下成功完成。這趟為期三年的史詩冒險之旅，帶著無畏的成員一路跨越大西洋、繞過南美洲的南端、橫跨太平洋，最後抵達菲律賓和印尼。麥哲倫在麥克坦島（Mactan）跟當地人發生衝突（他們不願接受被強迫改宗基督信仰），結果不幸身亡之後，由艾爾卡諾帶領團隊跨越印度洋、繞過好望角、返回西班牙。這趟旅程的贊助人查理五世非常高興，賜給艾爾卡諾一個盾形紋章，上面寫著「你第一個環繞了我」。

　　這趟旅程讓參與者死傷慘重，當初出發的近三百人當中，只有不到二十人回到家鄉。儘管如此，這依然是非常了不起的航海成就，是人類進步的重大里程碑。地球的形狀和本質打從有紀錄以來，就一直是個謎團，但是現在終於完整呈現在人類眼前。雖然世界上還有許多地方是西方人不知道、不曾探索，像是澳大拉西亞、大部分的中非地區、亞馬遜叢林、美洲內陸、南極洲和喜馬拉雅山之巔，但是要認識這些地方，已經只是時間的問題，而不是能不能做到或該如何做到的問題。麥哲倫和艾爾卡諾航行世界一周的壯舉，雖然距離庫克船長首次抵達澳洲、丹增・諾蓋（Tenzing Norgay）與艾德蒙・希拉里（Edmund Hillary）首次攀上聖母峰頂，以及我們這個擁有衛星偵測和Google Earth技術的時代都還很遠，但至少彼此之間有了直接連結。在十五世紀歐洲的發現之旅前，世界地圖只是部分完成的拼圖。在那之後，海平面以上沒有任何地方是探險家和航海家到不了的。

　　這些歐洲發現之旅是讓中世紀進入尾聲的一個關鍵因素。除了麥哲倫環遊世界所帶來的地理和心理成就，這些旅程也開啟了歐洲世界帝國的新時代。西班牙和葡萄牙是最早開始在數千英里外的地方進行殖民活動的海洋強權，但是沒多久，英格蘭、法蘭西、荷蘭等國也一一跟進。這些遙

遠領土的建立，深刻改變了全球商業的本質，同時打破、重劃世界上每一座大陸存在已久的權力結構。某些人和某些國家獲得難以想像的財富和繁華，但是也有某些人、某些國家被迫承受地獄般的苦難、奴役和惡行。在二十一世紀的今天，帝國主義的影響仍是激烈且造成情緒高漲的爭論主題。要完整敘述歐洲殖民帝國主義的時代及其留下的影響，遠遠超出了本書的範圍，但我們不能否認的是其源頭就在中世紀，因為當時有哥倫布和達伽馬等冒險家決定出發尋找遊歷世界的新方式，最後找到了跟馬可‧波羅在蒙古全盛時期所發現的東西一樣吸引人的驚奇事物。

這讓我們在穿越中世紀世界的這趟漫長旅程中，只剩下一條小徑尚未探索。在十五世紀，不僅世界的本質出現了變化，教會的形態也是。正當新大陸和前往東方的新路線從根本上重新改造了中世紀的人們對地球的概念時，一場很不一樣的革命也正要顛覆人們對天堂的想像。這就是宗教改革，它在一四三〇年代始於日耳曼，起源來自一個發現該怎麼印製一本書的金匠古騰堡（Johannes Gutenberg）。

⑯ 新教徒

「這些文字嚴重削弱教宗的權力，

而任何國王或皇帝都不曾對此帶來這麼大的傷害……」

──馬丁・路德

一四五五年秋天，兩個金匠在日耳曼的美因茲對簿公堂。這座城市的神職人員在一名方濟各會修士的飯廳，聆聽兩人的金錢糾紛。原來，第一位金匠古騰堡借了一千六百古爾登（guldens），要投資設備、勞力和時間來建造一個他希望可以改變書寫本質的機器；第二位金匠約翰・福斯特（Johann Fust）把錢借他，希望這筆投資能得到很多報酬。可是，好幾年過去了，古騰堡都沒賺錢。福斯特沒了耐性，決定控告這位商業夥伴以彌補損失。福斯特不是要把錢要回來，就是要從古騰堡的工作室搜刮等值的設備和物品。對福斯特來說，這件事攸關自尊和得體；但對古騰堡而言，這件事攸關生存與成敗。

古騰堡辛辛苦苦想要發明的東西是印刷機。整個中世紀，文本通常是由抄寫員用鵝毛筆和以樹膠為基底的墨水，一筆一畫寫在處理過的動物皮（羊皮紙）上完成。最厲害的抄寫員不是很有效率的抄寫人士，就是天賦異稟的藝術家，有時候兩者皆是。可是，他們都不是超人，就只能一頁頁地抄，一次抄寫一份。比較長的文本可能得花上數百、甚至數千個小時才能完成，像是《聖經》、描述聖人生平的書、亞里斯多德或托勒密的著作。

古騰堡覺得這實在太費力了，因此花了大半的成年人生，試圖改革手稿產生的方式。他不是第一個想出印刷概念的人，例如中國最早標有日期

的印刷卷軸（一份稱作《金剛經》的佛教文本的副本）便是在八六八年使用雕版完成，而朝鮮也從十三世紀就開始使用金屬字塊。然而，西方在之前一直不知道有這項技術。古騰堡的印刷機只需要一個小型團隊，就能以先前想像不到的速度進行排版和複製。個別的字母（稱作活字）會用金屬鑄成，經過排列形成單字、句子和段落。接著，排好的活字會刷上以油為基底的墨水，印在羊皮紙或義大利製的紙張（另一項中世紀早期出現的中國發明，不久前才引入西方），要印多少次都可以，印出來的書頁都會一模一樣。雖然這一切是個昂貴困難的過程，需要技巧高超的金屬工人仔細小心地作業，但是古騰堡相信，這有可能淘汰過去的抄寫方式，迎來一個大膽的文字新時代。

問題是，古騰堡跟歷史上所有的科技創業家一樣，雖然有野心和想像力，卻只會花別人的錢。因此，當福斯特想要回自己的錢時，古騰堡的新創事業自然就慘了。一四五五年十一月，美因茲的法庭站在福斯特那邊，所以不久後，他就奪走古騰堡的印刷機、字塊和工作室。更糟的是，福斯特連古騰堡的商業資產都一起拿走了。好幾年來，古騰堡一直在努力完成《聖經》的兩冊印刷版本，使用十五世紀的科技，複製聖耶柔米四世紀的武加大譯本。他只差沒把它印刷出來並打算販售兩個版本，一個印在紙上，一個印在較奢侈耐用的羊皮紙上。歐洲上流社會都在謠傳這部即將出版的《聖經》，一個名叫恩尼亞・皮可洛米尼（Aeneas Silvius Piccolomini）的日耳曼教宗使節[1] 在一四五五年三月寫信給一位西班牙樞機主教時，告訴對方他看過尚未裝訂的幾張內頁，印象非常深刻，但他認為要在全部售完前買到一部幾乎是不可能（皮可洛米尼寫道：「字體非常整齊可讀，一點也不難跟看。閣下讀它絕對不會費力，也不用戴眼鏡。」[1]）。現在，福斯特和古騰堡的一個學徒彼得・舍費爾（Peter Schoeffer）接管並完成了這項

---

① 作者註：後來的教宗庇護二世。

計畫。

　　福斯特和舍費爾如期出版了古騰堡《聖經》，並在一四五六年八月前販售。這本書很大，是要放在讀經台上誦唸。兩大冊共有一千兩百多頁，每頁以四十二行雙欄的格式印刷，字體有黑、藍、紅三色，不時會有華麗的彩繪字母，邊緣偶爾會有插圖。[2] 整體看起來跟手稿非常像，可是卻不是手稿。古騰堡《聖經》是西方第一個重要印刷品，也是書寫和出版史的里程碑。不過，更重要的是，它是中世紀通訊革命的開端。機器印刷在十五世紀改造西方文化，就好比智慧型手機在二十一世紀初改造西方文化，兩者都帶來相當根本、深遠的改變。機器印刷帶來文學、讀寫能力、教育、大眾政治、製圖學、史學、廣告、政治宣傳和官僚體制等各個領域的全面發展。[3] 同時身為哲學家和政治家的法蘭西斯・培根爵士（Sir Francis Bacon）在十七世紀回顧歷史時，便將印刷術跟火藥和羅盤齊名，認為這些發明改變了「整個世界的樣貌和狀態」。[4]

　　然而，對我們所要講述的故事最重要的一點是，印刷術如何影響了宗教改革（十六世紀時將羅馬教會弄得天翻地覆的一場革命）。首先，跟古騰堡一樣的印刷業者提供教會一項工具，讓教會一頭栽進倫理和組織腐敗的危機中。其次，印刷業者也讓反對既有秩序的聲浪，能以迅雷不及掩耳的速度傳遍全歐洲。兩相結合下，短短幾十年間，中世紀歐洲就陷入宗教和政治動盪之中，一個稱作新教的宗教運動開始扎根，讓天主教面臨一千年來首個嚴峻挑戰。梳理宗教改革的始末，是我們將中世紀故事畫上句點前所要完成的最後一項任務。我們先從金匠古騰堡位於美因茲的工作室談起，最後再講到教宗宮殿外發生的暴動，還有在第二次改變時代羅馬所經歷的洗劫。

贖罪券醜聞

　　現存最早使用活字印刷機印製出來的西方文件（或至少第一個寫有日

期的），不是《聖經》或者其他任何書[②]，而是一種稱作教宗贖罪券的文件。是在美因茲或那附近印製的（說不定就是古騰堡印的，但是這非常不確定），差不多同一時間還有很多一模一樣的文件被印出來。這份印在羊皮紙上的贖罪券共有三十一行，唯一不是印刷印出來的內容，就是手寫的個別資訊，告訴我們這在一四五四年十月二十二日發給名叫瑪格麗特・克瑞梅（Margarethe Kremer）的女性。[5]

　　贖罪券的印刷內容清楚說明了這張紙的目的。書寫贖罪券資訊的，是一個名叫保利努斯・夏卜（Paulinus Chappe）的賽普勒斯貴族，他自稱是賽普勒斯國王的發言人。這位國王在一四五四年受到鄂圖曼土耳其蘇丹穆罕默德二世施壓，因為穆罕默德二世剛拿下君士坦丁堡，開始把目標放在地中海東部的其他基督教國家。贖罪券上說明，由於賽普勒斯國王急需用錢，教宗尼閣五世（Nicholas V）同意在三年內，任何人只要捐錢給教會，就可以去找告解神父，讓在世間犯下的所有罪過獲得完全的寬恕。這件事當然非同小可。我們不知道瑪格麗特・克瑞梅是犯了什麼罪過，讓她覺得她沒辦法（或者不想要）透過悔罪或其他好事來贖罪。但，從一二一五年之後，一般的拉丁基督徒有義務每年告解一次，通常是在復活節儀式期間以半公開方式進行，所以信徒可以知道，罪過和死後懲罰都是非常真切的概念。[6] 因此，能有獲得寬恕的機會很吸引人，這就是為什麼瑪格麗特願意掏錢跟教宗代表買這張標有日期和個人資訊的贖罪證明。瑪格麗特只要在贖罪券的期限內（這裡指的是一四五五年四月三十日）把這張紙交給一位教會告解神父，坦承自己的罪過，並真心誠意懺悔，她的靈魂就會回到毫無汙點的狀態。[7] 假如她在犯下另一個罪過之前被閃電擊中、被牛踩死、感染瘟疫死亡或被強盜殺死，她一定能上天堂。買了贖罪券，瑪格麗特・克瑞梅等於是買了天堂的門票。

---

② 作者註：專業上，一五〇〇年以前印製的書籍被稱作「搖籃本」（incunabula）。

這樣的贖罪券在中世紀後期的歐洲十分常見。從根本上來說，贖罪券發行的目的很簡單，結合了犯罪許可證和紙鈔兩種功能：這是一張由教宗發行或簽署的紙，讓持有人可以要求自己的罪過獲得寬恕。罪人購買可以得到的好處很直白，那就是減少必須在煉獄受苦的時間；教會販售可以得到的好處也同樣很清楚，那就是錢財還有權力，因為經營一個跟犯罪和贖罪有關的市場，深具明顯的社會控制涵義。贖罪券大量發行，有點像今天的股份、政府公債或樂透彩券，可以個別販售換現金。

瑪格麗特・克瑞梅的美因茲贖罪券本身可以稱得上是稀世珍品，是出版史上一件重要的文物，但也就僅此而已。然而，它的意義遠遠大於它在印刷史所扮演的角色。販售教宗贖罪券，成為十五世紀後期對整個羅馬教會的批評核心，更被北歐的改革者用來破壞教宗權威和公眾對天主教各個層面的信心。要了解為何如此，我們必須往回稍微倒轉，將教宗贖罪券的緣起放在中世紀晚期教會的發展脈絡下觀看。

✳

教宗權力在十三世紀初依諾增爵三世統治期間達到神化的境界。有一小段時間，依諾增爵三世權力達到高峰時（發動十字軍對付異教徒和基督徒的敵人；將惹到他的君主開除教籍；在第四次拉特朗公會議上全面改革教會的法律、做法和治理方式），教宗職位似乎就要從宗教權威轉變成政治強權，控制從聖地到大西洋沿岸的所有地區。[3]

然而，在依諾增爵三世之後，沒有一位教宗成功完成。依諾增爵三世留給繼任者的遺產，就是教會有立場指導西方重大事務的自覺被過度放大。由於歐洲君主在十三和十四世紀也不斷在強化、延伸自己的王權，導致教宗常常跟子民發生衝突。在十三世紀前半葉，他們就跟霍亨斯陶芬王

---

③ 作者註：見第九章。

朝的日耳曼和西西里統治者起了爭執（最出名的就是腓特烈二世皇帝）。那場糾紛最後演變成歷時長久的圭爾夫與吉伯林之爭，侵擾義大利各城邦到十五世紀。同一時間，波尼法爵八世跟法王腓力四世在一二九〇至一三〇〇年代初期發生的激烈衝突，最後不但造成波尼法爵八世死亡，還讓整個教廷從羅馬搬遷到亞維農。有整整六十七年，各任教宗都生活在法蘭西王室的統治範圍裡。因此，這段時期被佩脫拉克稱作教廷的「巴比倫之囚」。亞維農教廷從一三〇九年持續到一三七六年，而就算結束了，情況也沒有變得比較好。兩年後，西方教會陷入全面分裂，羅馬擁有一連串的義大利籍教宗，而亞維農則有與法蘭西和西班牙結盟的反教宗在統治。一四一〇年，又有一位反教宗在比薩就任，因此有一小段時間，共有三個人宣稱自己是教宗。局勢相當混亂。

　　大分裂最後在一四一四至一四一八年間的康士坦斯大公會議（Council of Constance）解決，教宗頭銜由義大利律師瑪爾定五世接下。然而，這一切對教宗名聲帶來十分嚴重且長久的損害。當選這個職位的人依然聲稱自己是聖彼得的直系繼承人和所有基督徒的領袖；教宗依然繼續判定具有改變世界潛力的事務，像是新世界的非基督徒該怎麼處置；新的宗教機構依然會尋求教宗和樞機主教的許可，特別是大學和主教座堂；在文藝復興全盛期，教宗花了很多錢美化羅馬，用史上最崇高的一些藝術品裝飾富麗堂皇的梵蒂岡總部。然而，若說教宗曾有一段時間得以免受任何批評和責備，在十五世紀晚期也已經結束了。

　　眼看教宗的權威漸漸被減弱、挑戰和消弭，批評者也感覺自己愈來愈能自由地說出對這位職位的鄙視和對整個羅馬教會的不滿。在一三二〇至一三三〇年代，英格蘭的哲學家修士奧坎的威廉將教宗若望二十二世斥為異端，並說所有的教宗只不過是戴著華麗俗氣帽子的人。奧坎的威廉寫道：「不是所有人都一定會相信教宗在信仰議題上做出的言論，除非他能根據信仰的規則證明他說的合理。」[8] 十四世紀初，波希米亞異端胡斯（他受到著名牛津神學家約翰・威克里夫所影響）大力撻伐教宗的腐敗。

胡斯或同一個圈子的某個人寫了一本拉丁語的辯論作品《反基督的剖析》（*Anatomy of the Antichrist*），以冗長的篇幅解釋為什麼教宗其實才是魔鬼，是《聖經》裡所說的「施行毀滅的可憎之物」、「無底坑的使者」、「公山羊」、「褻瀆行惡的以色列王」。[9]胡斯在一四一五年被燒死，他的支持者則被十字軍屠殺。然而，早在十六世紀（現在仍普遍認為宗教改革在這個世紀展開）以前，教宗的至高地位就已經從理所當然變成個人意見。

　　胡斯痛擊羅馬的貪汙腐敗現象時，最憎惡的一件事就是贖罪券。贖罪券的概念存在許久，大約跟十字軍運動一樣源自十一世紀。起初，罪過的寬恕是賜給那些辛辛苦苦完成朝聖之旅的人，後來規模變大，延伸到那些出發攻打基督敵人的十字軍身上。[10]在這之後，贖罪券不斷發展，而一一六〇至一一八〇年間出現的煉獄教義也推了一把。在十二和十三世紀，歐洲各地開始在需要時販售贖罪券給願意購買的消費者，而買家也不必攻打撒拉森人或異教徒。一三四三年，教宗克萊孟六世正式定下這套體系，證實人們可以用現金從獲得認可的神職人員那裡購買贖罪券。一個繁忙的市場就這樣建立了，被胡斯和其他許多相似的人認為無法忍受的斂財，卻象徵了羅馬教會。

　　一三九〇年代，喬叟在《坎特伯雷故事集》當中嘲諷贖罪券和教會的其他詐騙行為。一個貪贓枉法的贖罪券販售者角色，在故事的開頭自白，說他欺詐那些好騙的基督徒，讓他們買下假的聖物，並大力斥責他們犯的罪過，讓他們紛紛向他購買贖罪券，使他變得非常富有。他說：「我只想要從中受惠／而非矯正他們的罪」。[11]喬叟用他典型的幽默風趣取笑當時已經見怪不怪的宗教詐騙。二十年後，胡斯講的也是同一件事，只是他比喬叟更憤怒，不像他那麼淡然，且願意為了自己的正義赴死。他抱怨：「告解、彌撒、聖餐、贖罪券、產後感恩禮、[④] 求取祝福、葬禮、喪葬儀式和禱告等都需要付錢。老婦為了防範小偷或強盜而藏起來的一筆錢，最後一分也存不了，因為可惡的神父會把她的錢全部榨乾。」[12]像這樣的牢騷要經過百年以上才會從諷刺、怨言和地方叛亂，演變成全面性革命。然而，

革命的種子已經種下。

　　因為贖罪券有這種賺錢的潛力，現在應該可以知道，為何一四五〇年代機器的印刷問世，對教會非常有利。救贖的票券原本是用手寫，現在卻可以大批生產。實際上，它們也的確被大量生產出來。古騰堡《聖經》出版二十幾年後，歐洲各地都開了印刷店，包括牛津、倫敦、巴黎、里昂、米蘭、羅馬、威尼斯、布拉格和克拉科夫；不久後，葡萄牙、西班牙各王國、瑞典和伊斯坦堡也有了印刷業者。贖罪券一次通常會印製五千到兩萬張，賺到的錢不只進了教廷的國庫，也會用在當地建設，通常是花費龐大的建築工程。一四九八年，巴塞隆納的印刷業者約翰・路拿（Johann Luschner）為了蒙塞拉特修道院（Abbey of Montserrat）印了一萬八千張贖罪券，還印了一些廉價手冊，描述在鄂圖曼土耳其人與醫院騎士團戰鬥中發生的奇蹟，希望藉由啟發人心的故事鼓勵消費者購買贖罪券。[13] 差不多同時，為了替奧地利福勞修道院（Stift Vorau）募款，短短幾個月內就賣出五萬張贖罪券，數量驚人。[14]

　　所以，印刷業很興盛，贖罪市場也是。現在，贖罪券賣家擁有一個大規模通訊媒介可以用來販賣自己的產品、填飽自己的荷包。此外，一般人也相當歡迎這個變遷中的時代。這些贖罪券賣家並沒有強迫抗拒的人民購買他們不想要的產品。恰恰相反，[15] 這些中世紀的男女就像二十一世紀的社群媒體用戶，急切地參與這個體系，因為他們真的想要這些東西，雖然這讓他們每個人變成一個個的利潤點，連接另一張他們難以體悟的更大獲利體系。我們不應該過於嚴苛地評斷他們。在這個受到黑死病肆虐和無止盡的小戰爭滋擾的西方世界裡，有一個新的辦法可以消除他們的罪、確保

---

④ 作者註：產後感恩禮是剛當上媽媽的女性在生產完經過一段足不出戶的時期後，重新回到會眾之間的儀式。

自己不用承受煉獄折磨，肯定是必要且令人欣然接受。贖罪券產業過了半個世紀以上，才逐漸成為學者廣泛抱怨的對象，然後又過了好一段時間才誘發全面性的文化革命。

讓贖罪券這門生意從一項服務變成醜聞的原因，從根本上來說就是純粹的貪念。在一四七〇年代，教宗西斯篤四世（就是那個惡名昭彰、重度揮霍裙帶關係的教宗，他的敵人控訴他是個大色狼，私下傳言他讓中意的男孩當上樞機主教）發現錢快花光了。義大利發生的戰爭迫使他必須在教宗國建造城堡；鄂圖曼土耳其人持續威脅基督教國度；另外，他還有一個美化羅馬的偉大計畫，包括修復或興建數十座教堂、鋪設和加寬城裡的街道、在台伯河上蓋橋梁、整修梵蒂岡的教宗禮拜堂（後來請米開朗基羅畫出那個世界知名的天花板的西斯汀禮拜堂，就是在西斯篤四世之後命名的）。

西斯篤四世偏好為這些計畫籌募資金的方式，就是販售贖罪券。而且，他販售的不只是為了活人好的贖罪券。西斯篤四世心想，要是贖罪券可以替所有靈魂（無論靈魂住在哪裡）消除罪惡，這個市場就可以大幅成長。因此，他便成為首位允諾可以替死人購買贖罪券的教宗。一四七六年，他批准為了法蘭西聖特斯主教座堂（Saintes cathedral）的重建計畫而發行的贖罪券時，把這個新概念置入教宗特許狀裡。西斯篤四世受到名叫雷蒙德・佩羅迪（Raymond Peraudi）的神學家（後來當上樞機主教）鼓舞，重新改寫了聖特斯主教座堂的贖罪券，讓贖罪券可以用來「代為求情」。這意思是，那些被認為在煉獄中受苦的靈魂若有親戚在世，他們除了可以為自己購買贖罪券，也可以為已逝的親人代買，而販賣贖罪券得到的錢，將平分給聖特斯主教座堂和對抗土耳其人的十字軍。[16] 實際上，這表示教宗財庫將得到這份贖罪券不少比例的收益。錢進了那裡之後被用在什麼地方，就很難說了。

不意外，這種將贖罪券無限上綱的做法令人側目，巴黎大學的神學家

也看不下去。[17] 可是，西斯篤四世無動於衷。比起不贊成他的學者，他有更嚴重的事情需要煩惱。此外，贖罪券實在是教宗很好用的收入來源，不容許他放棄。因此，這個體系被放大延伸，贖罪券也繼續由羅馬發行，一次印製數萬張，賣給西方各地的消費者，尤其是在北歐，因為當地對於消除罪惡和替亡者求情的需求似乎每年都在擴大。所以，西斯篤四世的任期就在沒有任何人強力反對的情況下過去了。印刷工廠繼續印製、罪人繼續購買。到了十六世紀初，對這個愈來愈腐敗的體制蓄積已久的不滿才終於爆發，演變成對教宗職位和教會的直接抨擊。引爆這場衝突的贖罪券，是由一個稱作《神聖》（Sacrosanctis）的教宗詔書發起，發行人是教宗良十世（華貴的羅倫佐的次子），最終目標是要資助羅馬聖伯多祿大殿極其花錢的重建工程。這引起了一場風暴。因為反對這份贖罪券而點燃宗教改革之火的人，是維滕貝格大學（University of Wittenberg）的一名年輕教授馬丁·路德，他就跟古騰堡和哥倫布一樣，將協助中世紀歐洲邁向終點。

《九十五條論綱》

到了十五世紀末，印刷廠除了《聖經》和贖罪券，也會印製各式各樣的素材。在一五〇〇年左右，歐洲各地約有兩萬七千本書在印行。[18] 書本只是其中一部分。古騰堡曾經印過月曆，詳細列出宗教節慶或是一個月當中最適合放血和通便的時間；[19] 早期的報紙已經開始流通，報導各種美妙的事件，例如：一四九二年，一份日耳曼報紙講到有一顆很大的隕石掉在昂西桑（Ensisheim）附近，隔年在巴黎、巴塞爾（Basel）和羅馬發行的拉丁文報紙，則報導了哥倫布在「印度海」的冒險旅程；[20] 同樣在一四九〇年代，神聖羅馬帝國皇帝馬克西米連一世把政治公告印在巨幅印刷品上，在領土各地流通，統治後期還印製了反威尼斯的宣傳摺頁，煽動威尼斯人反抗自己的統治者——這些摺頁使用氣球空投給野地上的威尼斯軍隊，就像在二十世紀世界大戰期間從飛機上空投心理戰傳單一樣。[21]

在這樣的脈絡下，我們能更好地理解馬丁‧路德著名的《九十五條論綱》的出版背景。他在一五一七年秋天在維滕貝格出版這份文件，目的是要表達自己對販售贖罪券的憤慨。這些論綱提出了一系列關於西方教會當下局勢的學術論點，並在前言邀請所有不同意他看法的人來找他辯論。[22]此外，這些論綱是寫來給一般大眾思考，既然路德公開邀請他人針對他對教會的批評進行學術辯論，他當然有複製這份文件，並將副本發送給可能有興趣的人士。根據後來的新教傳統，他的做法是將一份副本釘在當地教堂門上，但這極有可能只是傳說。事實上，《九十五條論綱》現存最早的副本，是路德在十月三十一日寄給美因茲總主教阿爾伯特（Albert）的那份。但是無論他怎麼做，總之效果十分驚人。

在十六世紀初，要複製《九十五條論綱》最簡單的方法自然是在路德的學校印製。然而，首次出版後，路德就失去控制複製和翻印的能力了。《九十五條論綱》進入公領域之後，觸動了敏感的話題，並開始傳播。大家都聽過這份文件，想要讀讀看，印刷業者也想重製。用現在流行的說法，不到數週，路德就爆紅了。在一五一七年最後幾個月，《九十五條論綱》在日耳曼印了數百份，有的維持原本的拉丁文版本，有的則是方言譯本。不到一年，英格蘭、法蘭西和義大利的知識分子和書商都知道路德的著作了。[23]響亮的名氣從來就不是路德的野心或意圖，他之後也對《九十五條論綱》引起的騷動表示驚訝。但是，從現代那些爆紅的事物可以看出，名氣暴增雖然常常是刻意的結果，卻也常常是意外的發展。一五一七年之後，事情已經一發不可收拾。

路德曾經把自己描述成農民的兒子、孫子和曾孫，能有機會受教育，是因為他的父親離開了祖先世世代代居住的村莊，到位於今天德國薩克森－安哈特邦、萊比錫西北邊約一百公里的曼斯費爾德（Mansfeld），並成為一個成功的煉銅師。一四八三年路德在那裡誕生，長大後先是到馬德堡的教堂學校念書，後來又就讀埃爾富特大學。一五〇五年，二十二歲的他取得碩士學位，並在領受聖秩後成為奧古斯丁會的修士。⑤ 三年後，他成

為維滕貝格的神學講師，後來在三十歲生日前夕得到神學博士學位，專攻詩篇和聖保羅寫給羅馬人的書信。表面上來看，他沒什麼特別之處。

然而，路德在鑽研神學期間，對上帝的寬恕本質愈來愈感興趣。他認為這是信仰，而不是必須做些什麼才能得到的問題。現在看來，這好像是很不可思議的嚴格區別。當然，這最初是源自路德對自己有瑕疵的靈魂近乎不正常的糾結心理。然而，當這位教授慢慢釐清思緒時，他得到了將會對政治帶來重大後果的結論。羅馬教會的財富，是建立在「救贖必須透過悔罪或購買才能得到」的概念上，所以路德堅稱天堂是靠信仰、而非作為才能通達非常不恰當。要是一個人只需要相信、懺悔、愛人、禱告就能獲得恩典，實在很難看出一五一五年發布的《神聖》教宗詔書所提供的教宗贖罪券有什麼意義（販售時路德正埋首神學研究時，道明會修士約翰·特契爾〔Johann Tetzel〕則在日耳曼各地積極宣傳贖罪券）。

因此，路德的《九十五條論綱》可視為他在神學研究中打滾掙扎後的產物，並因為特契爾宣傳贖罪券而有了攻擊的對象。故，《九十五條論綱》既慷慨激昂，也具有政治煽動性。路德在第六條論綱寫道：「教宗不能赦免任何罪過。」他又接著說：「提倡贖罪券的人錯誤地聲稱教宗的贖罪券可以讓人免受所有懲罰並且得救……【但是】教宗其實不能赦免靈魂在煉獄裡的懲罰。」他還特別針對常常跟特契爾扯上關聯的一句順口溜：「財庫的錢幣響叮噹，煉獄的靈魂上天堂。」路德說，這是胡說八道，贖罪券體系是個騙局，賣家和買家都有錯。路德寫道：「購買贖罪券且動機真誠的人，就跟真誠悔罪的人一樣稀有。」這樣的批評並非不曾出現，早在十二世紀，作家普瓦捷的彼得就主張，認為救贖可以用買的非常可惡（彼得寫

---

⑤ 作者註：正式名稱為聖奧古斯丁隱士修會（the Order of Hermits of St Augustine），跟奧古斯丁詠禮司鐸團（the Augustinian Canons）不同。路德是化緣修士，不是詠禮司鐸或一般的修士（雖然他常被這樣稱呼）。關於兩者的差別（化緣修士會透過講道和聆聽告解的方式與社區互動），可參見：MacCulloch, Diarmaid, "The World Took Sides", *London Review of Books* 38 (2016), www.lrb.co.uk/the-paper/v38/n16/diarmaid-macculloch-the-world-took-sides。

道：「【上帝】不在乎你花多少錢，只……在乎你的意圖。」[24]）。可是，路德對這件事做出的言論格外坦率，並且針對特定人士：「那些覺得自己擁有贖罪券就肯定能夠得救的人將永遠受到詛咒，他們的教唆者也是。」[25] 這顯然很有問題。

路德在一五一七年發表的《九十五條論綱》之所以那麼吸引人們注意，其中一個原因是，路德撻伐的教宗良十世不僅生性揮霍無度，而且真的非常腐敗。當然，良十世是麥地奇家族一員，而這在義大利政治界和宗教界向來是讓情勢更惡化的因子。此外，他總是不知道怎麼做正確的事。沒錯，他非常慷慨地贊助藝術，是一個很有文化素養的知識分子。可是，他似乎很少領悟到，為了要替各項計畫籌錢（包括重建聖伯多祿大殿和跟鄂圖曼土耳其人作戰等），他大大連累了自己和教宗這個職位。

在日耳曼兜售的贖罪券，便是良十世麻木無感的態度演變成赤裸裸的財政敗壞的典型例子。從根本上來看，《神聖》詔書象徵了剝削：窮人遭到壓榨，花錢供富人玩樂，路德便在《九十五條論綱》反問：「比曾經最富有的克拉蘇還富有的教宗，為什麼不用自己的錢蓋聖伯多祿大殿？」[26] 還不只如此。《神聖》詔書其實是歐洲三大權貴世家的領導人共同設計的陰謀，他們分別是：麥地奇家族的教宗良十世；奧格斯堡銀行業和礦業家族大老、常被說是史上最有錢的人的雅各布·富格爾（Jakob Fugger）；在政治上極具有影響力的霍亨索倫王朝成員之一、最早收到路德《九十五條論綱》副本的美因茲總主教阿爾伯特。

這三個人共同達成一項協議的背景，大概是：阿爾伯特原本就是馬德堡的總主教，同時又受到教宗允許，成為美因茲的總主教，使他成為日耳曼最資深的神職人員，並控制了決定神聖羅馬帝國皇帝人選的七張選票中的兩張（他的哥哥也握有一張選票）。接下總主教這個職位需要向羅馬繳納龐大費用做為稅金，但是阿爾伯特負擔得起，因為他跟富格爾借了一筆錢。富格爾同意預支這筆錢，只要霍亨索倫王朝能把選票投給他。另一

方面，阿爾伯特答應良十世，他會盡全力向日耳曼基督徒推銷贖罪券，這樣他可以用分得的利潤償還跟富格爾借的錢，剩下的收益也能迅速流向羅馬的良十世，讓他完成聖伯多祿大殿。對所有人而言，這樣的安排非常穩當，大家都能得到自己想要的——只要信徒做好自己的角色，不斷砸錢在贖罪券上。[27] 然而，對旁觀者，尤其是擔心霍亨索倫家族權力過大的日耳曼諸侯來說，這是非常討厭的協議，一定要反對。

上流政治與上流神學之間的緊密連結，是《九十五條論綱》在一五一七年和接下來幾年成為歐洲熱門話題的其中一個原因。路德持續撰寫、宣揚和探索罪、寬恕和上帝之愛的本質等議題，那些在其他時候可能只有人文主義者和學者會感興趣的論點，變得跟日耳曼選舉政治和麥地奇家族的教宗職權密切相關。除此之外，路德的著作仍繼續印刷流通。他出版過的作品比同時代的任何人都還要多，唯一的例外可能就是優秀的荷蘭人文主義者德西德里烏斯・伊拉斯謨（Desiderius Erasmus）。路德彷彿無法克制自己。現代出版的路德全集共超過一百冊，題材包羅萬象，共通的主題就是，路德拒絕掩飾或隱藏他所相信關於上帝對人類的愛的真理。路德的著作激怒了既定秩序的捍衛者，但他一而再、再而三地主張自己只對神性和恩典有興趣，不在意世俗關切的事物。然而，他最終慢慢接受了一件事，那就是不管他寫了什麼，他的文字總是一針見血。他曾寫道：「就連我在睡覺或喝著維滕貝格的啤酒時，這些文字都有辦法嚴重削弱教宗的權力，而任何國王或皇帝都不曾對此帶來這麼大的傷害。」[28]

因此，這位沒沒無聞的日耳曼博士，只花了一年就成為教會當局的目標。一五一八年十月，路德被召喚到奧格斯堡，跟義大利樞機主教湯瑪斯・卡耶坦（Thomas Cajetan）進行辯論，而後者的專長正是湯瑪斯・阿奎那（著作被視為正統教會學術支柱的十三世紀偉大學者）神學理論。路德雖然知道他的自由甚至性命可能受到威脅，還是在薩克森選侯、同時也是反霍亨索倫家族的日耳曼貴族「智者」腓特烈三世（Frederick III "the Wise"）的保護下，前去赴約。然而，跟卡耶坦進行三天劍拔弩張的辯論

後，路德認為自己繼續留下來有可能被以異端之名逮捕，所以就逃跑了，回到研究上。

可是，他現在已經擺脫不了爭議，爭議也擺脫不了他。在一五一九年夏天，他到萊比錫大學參加一場辯論，不小心口無遮攔地否認教宗在《聖經》的權威性，並主張受人憎惡的已逝波希米亞異端揚‧胡斯雖然可能偶爾過了頭，但是大體上仍是一個好的基督徒。不意外地，隔年夏天教宗良十世在一份稱作《起來吧，主》（Exsurge Domine）的詔書中，正式譴責了路德。路德在維滕貝格的城門外燒了此詔書的副本。雙方正式開戰。在那年完成的著作中，路德說「天主教徒」（良十世、他的支持者以及基本上任何反對他的人）是「反基督和魔鬼的同夥」，「空有基督之名」。29 這一切都是透過印製、流通使用拉丁文這個普及學術語言寫成的書信來進行，並發生在公開場域。不意外地，到了一五二〇年年底，教宗良十世的耐心已經到極限。一五二一年一月三日，他將路德開除教籍，使他正式成為教會和教會所有信徒的公敵。這下，所有稱呼自己為基督教統治者的人，都有責任反對年紀輕輕就當上博士的路德。但，這非但沒有讓路德閉嘴，還產生反效果。良十世當時雖然不知道，但是災難就要發生了。

諸王的審判

一五二一年春天，英王亨利八世在一本名叫《七聖事捍衛論》（Assertio Septem Sacramentorum）的書上漂亮地簽名。二十九歲的亨利八世自認是文藝復興君主當中的模範，受過良好教育，且從小就跟伊拉斯謨等偉大的人文主義作家進行辯論。此外，他也總是熱切地提升某位朝臣口中所說的「美德、光榮與不朽」。30 因此，亨利八世對於路德備受爭議的著作很感興趣。路德的書籍一被教會譴責，他就批准英格蘭城市集體燒毀這些書。同時，亨利八世親自參與了這場神學辯論，想藉此機會培養身為一位思想家（不只是政治家）的名聲。《七聖事捍衛論》（英格蘭王室收藏一

個裝訂華麗、親筆簽名的版本）就是對路德一五二〇年的著作《論教會的巴比倫之囚》（*On the Babylonian Captivity of the Church*）所做出的回應。在這本書裡，路德認為教會的七聖事（聖洗、聖體、堅振、和好、病人傅油、婚禮、聖秩）大部分都很愚蠢，完全是教會發明的。他指出，只有前兩項有《聖經》基礎。這明顯是公然侮辱數世紀以來的基督教傳統。因此，英王亨利八世拿起筆，在一群顯赫的牛津與劍橋大學學者，和偉大人文主義作家湯瑪斯·摩爾的協助下費力完成了一部駁斥著作。[31] 他說路德是「地獄之狼」和「惡魔的死忠屬下」。他還說，他從地獄拖出「應該永遠躺在黑暗之中的異端邪說」。[32]

那年八月，國王的首席牧師湯瑪斯·沃爾西（Thomas Wolsey）印了二十七份《七聖事捍衛論》，並寄給羅馬教廷的一位英格蘭籍書記。在隨附的信件中，沃爾西要對方把其中一份用金布包裹，交給教宗本人。他還吩咐這位書記要挑教宗身邊人最多的時候做這件事，好讓英王的虔誠與學識得以散布。沃爾西說，這件事完成之後，這位書記要拜託良十世一件事。英王亨利八世很想要一個能夠宣傳自己崇高基督徒身分的官方頭銜。西班牙的斐迪南和伊莎貝拉（亨利八世的岳父岳母）被稱作「天主教雙王」；包括跟亨利八世同時代的對手法蘭索瓦一世在內的法蘭西君主，則自稱是「最基督徒的國王」。亨利八世希望別人叫他「基督教會天主信仰的唯一捍衛者」。[33]

多虧了沃爾西和他在羅馬的手下，亨利八世大致上得到了想要的。教宗良十世在那年夏天收到了《七聖事捍衛論》，隔天正式允許亨利八世在他的王室封號後面加上「信仰的捍衛者」的拉丁文字樣（Fidei Defensor，此頭銜一直沿用至今，被加在英國硬幣上這位君主的名諱後面）。良十世的認可讓《七聖事捍衛論》成為小有名氣的暢銷書，總共歷經十刷，有廣大的歐洲讀者群，特別是當它從拉丁文被翻成德文之後，同一時間，身兼羅切斯特主教和劍橋大學校長的約翰·費雪（John Fisher）等英格蘭神學家所寫的著作，也強化了英格蘭做為反路德派的正統捍衛者名聲，表明這個國

家不歡迎任何異端和改革者。到了一五二〇年代中葉，英格蘭對路德派的異端採取十分張揚的高度警戒狀態。日耳曼商人的家常常受到搜查；反異端的布道演說不時就在倫敦發表；政府正在準備因應計畫，防止由移居科隆的學者威廉·廷代爾（William Tyndale）翻譯成英文的《聖經》印刷本來到英格蘭。

　　當然，現在回頭看，這一切其實非常諷刺，因為在他漫長的統治期間，亨利八世並沒有像他所承諾的捍衛基督信仰。一五二〇年代晚期，他想撤銷跟亞拉岡的凱瑟琳（Catherine of Aragon）之間的婚姻關係，因為兩人一直無法生下可繼承王位的男性子嗣。當教宗不准亨利八世離婚時（原因不久後就變得顯而易見），他做了一項驚人的宗教大轉變。他重新用寬鬆的方式詮釋了信仰捍衛者這個角色，主張保護基督信仰其實並不表示必須服從教宗，而是恰恰相反。一五三四年，他取消英格蘭自古以來對羅馬教廷的效忠，建立一個獨立的英格蘭教會，由他擔任最高領導人。在這整個過程中，亨利八世廢了凱瑟琳王后，對她非常惡劣，還在娶了下一任妻子安妮·博林的三年後把她殺了；沃爾西的人生毀了，在絕望頹廢的狀態下死去；費雪主教和湯瑪斯·摩爾因為拒絕承認王室的至高地位而被處死。至於曾經堅決維護正統、嚴厲對付路德派異端的亨利八世，卻變成反教宗政治的代言人，這在一五二〇年代初簡直是令人匪夷所思到荒唐可笑的地步。在接下來好幾個世代，英格蘭大眾雖然仍頑固地信奉正統宗教，可是到了十六世紀末，都鐸王朝統治下的英格蘭已經是歐洲最強大的新教國家，對天主教徒懷有極深的敵意，直到十八世紀晚期和十九世紀初期的解放運動才消弭。綜觀整個英格蘭史，跟羅馬分道揚鑣的這一刻，對歷史學家兼新教思想辯論家的約翰·法克斯等當代人物來說，代表了中世紀正要結束、新的現代正要開始。⑥

---

⑥ 作者註：見導論。

然而，英格蘭的局勢發展固然重要（而且在這個英國脫歐的時代似乎還是如此），但是若要說誰對路德派所採取的態度，為西方史帶來最具有決定性的持久影響，答案並不是亨利八世，而是跟他同時代的另一位君主：神聖羅馬帝國的皇帝，身兼西班牙、德意志、那不勒斯和西西里島的國王、奧地利大公以及勃艮第荷蘭領土的統治者查理五世。儘管亨利八世愛裝模作樣、法蘭索瓦一世野心勃勃，查理五世才是當時最強大（且強大的程度領先上面兩位不少）的歐洲君主，對中歐的哈布斯堡帝國（Habsburg empire）和墨西哥王國等各個地方的歷史來說，他都是關鍵人物。他在死後被一位朋友描述成「有史以來最偉大的人」。[34] 不過，早在這之前，他在一五二〇年代針對路德、路德教派和教宗職權等議題所採取的立場，就已經深深影響了讓中世紀進入尾聲的政治和宗教動亂。

✳

　　一五二一年一月下旬，也就是亨利八世想到要以《七聖事捍衛論》對抗路德的幾個月前，查理五世在位於法蘭克福南邊萊茵河畔的沃姆斯自由市（Worms），召開了一場帝國議會。前一年秋天，查理五世在亞琛被加冕為德意志皇帝[⑦] 時便預告要召開這場議會：在這場光榮的典禮上，這位年輕人立志成為新的查理曼大帝，但是同時，無數個關於他未來政府的樣貌和架構的尷尬問題也被提了出來。[⑧] 在議會上，有數十個敏感議題被拋出，包括神聖羅馬帝國的法律、經濟政策，還有帝國本身與查理五世所統

---

⑦ 編按：此時的加冕是由科隆大主教加冕為羅馬－德意志國王（römisch-deutschen König），但由於在祖父馬克西米連一世去世後，帝國選侯已正式決定由查理五世繼承神聖羅馬帝國皇帝，並以皇帝之名執政，只是未被教宗加冕，直到一五三〇年才被教宗第克萊孟七世正式加冕。

⑧ 作者註：查理五世誕生於一五〇〇年。他在一五〇六年還是個孩子時，成為勃艮第在荷蘭的統治者；一五一六年掌控西班牙聯合王國的王位，代替母親瘋女胡安娜（天主教雙王斐迪南與伊莎貝拉的兩個女兒之一，他們的另一個女兒就是亨利八世的王后亞拉岡的凱瑟琳）行使實權；一五一九年祖父馬克西米連一世過世後統治奧地利。

治的其他龐大疆域之間，應該維持什麼樣的關係等。然而，人們日後只會記得這場議會發生的一件事，那就是穿著修士服裝、跟平常一樣正義凜然滿點的路德，親自向這位新皇帝解釋，他為什麼堅持要破壞教宗和羅馬教會的名聲。

　　路德在帝國議會上的聽證會持續了數天，最開始是在四月十七日下午以特別場次的形式在查理五世下榻處（那裡平常是當地主教的官邸）的房間內召開。跟過去一樣，路德來到沃姆斯有獲得人身安全的保證，薩克森選侯腓特烈三世承諾會確保他的個人安全。他也得到承諾，若是出現在議會上也不會被捕，並抓到羅馬面對教宗。然而，從他抵達的那一刻起，查理五世就顯然希望能讓路德撤回他最過分的言論和著作。這當然不會帶來什麼好結果，因為路德一如往常，不是靠強迫或講理的方式就會住嘴。

　　路德用拉丁文和德文進行了數次報告（母語為法語的查理五世很難跟上），期間可以看出他已經成為一個很難對付的辯論家和學者。認為他在皇帝本人（或其他任何人）面前可能會屈服的希望，很快就破滅了。最後，他尖刻地總結了自己為什麼如此執拗：「只要我的良知受控於上帝的話，我就無法、也不願收回，因為違反良知是危險且不對的。願上帝保佑我。」[35] 幾天後，無可避免的結局發生了。查理五世已經親眼看見路德是如此地不受教，他必須好好處理此事。譴責路德的教宗詔書必須維持效力，這位教授和他所有的追隨者都要被當作教會和帝國的敵人。查理五世承諾：「我們將以開除教籍的方式對付路德和他的追隨者，並使用其他方式除掉他們。」[36] 路德再次逃跑。

　　然而，儘管查理五世說了這些重話，只要薩克森的腓特烈三世選擇保路德平安，路德就會平安。這位新皇帝雖然強烈希望路德能夠閉嘴，但是他不會為了此事跟他的臣民爭吵。因此，五月初開始，路德便被安置在選侯腓特烈三世那座位於艾森納赫（Eisenach）的堡壘瓦爾特堡（Wartburg）接受保護。他在那裡待了近一年，努力寫作，解構修道院誓言、強迫公開告解，甚至是西方普遍舉行的彌撒背後的依據。他也將《新約聖經》翻譯

成德文、撰寫聖歌、思索迫使歐洲猶太人改宗基督教的方法。雖然最後這件事顯示中世紀存在著某些根深蒂固的偏見，嚴重到連馬丁・路德的革命腦袋也無法顛覆，但是幾乎在其他所有方面，他正著手撰寫的著作都即將協助建立一個全新的教會。

　　同一時間，在城堡高牆外，路德的朋友和信眾開始將他的理論化為行動：在沒有被任命的神父在場的狀況下舉行彌撒；為了自由宣揚上帝的話而鼓譟；破壞聖人像的頭和手；要求地方政府採取行動對付酒吧和妓院等不道德的場所。新的傳教者（有些比路德還要激進，很多是徹頭徹尾的煽動人士）忙著激發大眾對這個新宗教思維的熱忱，強調個人，並拒斥公眾權威的傳統象徵。其中，由瑞士傳教者烏利希・慈運理（Ulrich Zwingli）所率領的改革者最為極端，連新生兒受洗等聖事也提出質疑（所以他們後來被稱作重浸派〔Anabaptists〕）。因此，原本承接了各種神學和異端立場的路德教派，開始出現社會運動的特徵。可是，同一時間，這個教派也發展出敵意濃厚的特質，無法容忍任何反抗。伊拉斯謨在一五二四年提到路德教派時就注意到這點。他說，在這些新思想家之中，「有些人對自己的看法迷戀到無法自拔，乃至於任何異議都不能忍受」，讓他不禁心想，這一切會帶來什麼樣的結局。他寫道：「我請問您，人們出現這樣的行為，會有忠實的評斷嗎？除了被對方的骯髒潑污，誰能在這種討論中學到任何有成效的道理？」[37] 這番話未卜先知，道出不久後的發展。

「行兇偷竊的一幫農民」

　　路德確定這個世界（或至少他所在的那一小塊角落）已經準備進行全面改革後，便在一五二二年春天決定離開瓦爾特堡，重回維滕貝格。他回到大學教書，繼續寫作（有時候甚為狂熱），一邊建構他的新教會，一邊出版書籍和小冊子，相信當局審查印刷品的慾望，絕對敵不過他們控制資訊流動的能力。[9] 他熱血地鼓勵薩克森及遠至蘇黎世和斯特拉斯堡的改革派

知識分子，要他們開始摒棄天主教的做法，建立新的敬拜儀式和不受羅馬掌控的教會團體。此外，他大力支持教士（包括他自己）結婚。一五二五年，路德娶了卡塔琳娜・博拉（Katharina von Bora），她是路德靠捕魚馬車協助逃離格里馬（Grimma）附近某間修女院的數十名修女之一。這不僅是路德私生活的重要里程碑，也讓他的改革者生涯有所進展，因為這代表對他來說，唯一神聖的東西，就是《聖經》的字面意義。可是，路德步入婚姻那一年，他跟舊體制之間的戰爭所造成的意外後果也變得非常明顯。就在那年，德意志爆發人民起義。

　　一五二五年德意志農民戰爭，其實包含了發生在神聖羅馬帝國德意志地區南部各地的多個迥然不同的個別抗議活動，先是在一五二四年秋季慢慢醞釀，後來在隔年春天形成大規模民眾暴動，橫掃中歐各處的莊園和城市。就像十四世紀的民眾叛亂[⑩]一樣，這場叛變最早出現的那些騷動有各式各樣的地方性起因，但是後來會彼此團結，是因為他們都對有錢有權的階級普遍感到體制面的不滿，並且（不意外地）受到新興的路德改革精神（在許多層次上反對既有體制）所煽動。然而，跟十四世紀的叛變者不同的是，一五二五年造反者有了印刷機的幫助，讓他們可以散播文宣和抗議文學。[38] 其中，最有名的莫過於三月初發行的《十二條文》（*Twelve Articles*），它代表了一群來自施瓦本各地村莊的叛變者，作者塞巴斯蒂安・羅澤（Sebastian Lotzer）是擅長撰寫小冊子和講道的路德派成員。[39] 這份宣言以灼熱的口吻清楚要求各種形式的自由，但是帶有強烈的宗教改革訴求色彩。叛變者力圖爭取村民的權利，包括委任恪守《聖經》內容的講道者、廢除農奴制、奪回貴族搶去做為私人用途的公地等。[40] 印刷機不斷產出《十二條文》副本，廣泛散播到德意志各地，叛變達到最高峰的那

―――――――――
⑨ 作者註：無獨有偶地，政府的實際能力是否能夠滿足其審查慾望，也是當今通訊革命的核心特色。
⑩ 作者註：見第十三章。

幾個月，甚至有數以萬計的副本同時在流通。

　　雖然施瓦本等地的叛變者認為，自己並沒有超出當時的虔信精神，但他們以路德的名義採取的手段，卻讓路德大為震驚。四月下旬時，約有一萬一千個農民到埃爾富特搗亂，他們在主教的宮殿大門畫上「犁頭、鐮刀和鋤頭，上面一個馬蹄鐵」的圖樣，說這個地方「從現在起稱作鄉村宮殿」，然後還試圖強行在這座城市的教堂裡引進路德式彌撒。[41] 同一時間，韋因斯貝格（Weinsberg，在司徒加特〔Stuttgart〕北邊一點）的局勢更加血腥。根據當地的牧師所說，一群農民在四月中來到韋因斯貝格城堡，攀越城牆，綁架當地貴族兼總督路德維希・赫爾芬斯坦伯爵（Ludwig von Helfenstein）的妻兒、劫掠他的財物，然後出發到鄰近的小鎮找伯爵。鎮上的人也是路德教派成員，便讓叛亂分子進來。這位牧師說：「好比路西法和他手下所有的天使都被釋放了，因為他們肆虐橫行的樣子有如被各種魔鬼附身的瘋人。他們先是抓了伯爵，然後是貴族和騎兵，反抗的人還被刀捅。」一個富有的鎮民躲進教堂塔樓，但「他對底下的農民大聲求饒，說願意給他們錢，結果有人卻往上對他開了一槍，擊中了他，然後爬上塔樓，把他從窗戶丟出去。」

　　之後，伯爵、他的家人和僕人等共超過二十人，都被帶到鎮外的曠野殺害。牧師寫道：「伯爵說只要他們放他一馬，就可以給他們很多錢，但他除了受死，沒有其他出路。伯爵明白這一點後，站得直挺挺的給他們捅……所有人都用騎槍刺穿……之後赤裸裸地拖走，丟在那裡不管……之後，【農民】放火燒了城堡，然後出發到烏茲堡（Würzburg）。」[42]

　　路德當初在探究贖罪券的《聖經》依據時，肯定沒預料到這樣的場景。他對這些以他展開的改革運動為名所做出的犯罪行為感到驚愕，所以不斷試圖跟叛亂者的行為撇清關係。他所做的第一次嘗試是一本稱作《和平訓誡》（*An Admonition to Peace*）的小冊子，他呼籲叛亂者冷靜下來，用協商的方式得到更好的條件。但，叛變者毫不理會這本小冊子，所以他又寫了一篇沒那麼客氣的文章《反行兇偷竊的一幫農民》（*Against the*

Murderous, Thieving Hordes of Peasants），譴責農民扭曲教會改革的本意用來掩護可怕的罪行，並提倡社會地位較高的階級應強力鎮壓叛變。顯然，路德對他的所見所聞十分驚駭。可是，現在這已經不是他所能控制的了。

　　隨著農民戰爭持續延燒，其他在路德之後崛起的改革者（比較著名的有一個名叫湯瑪斯・閔采爾〔Thomas Müntzer〕的激進傳教者）也加入戰局，跟叛變者站在同一陣線。可是，路德就是無法加入他們，所以他最後是站在貴族那一邊，而這並不是一個很美好的選擇。癱瘓了一段時間之後，貴族階級在一五二五年五月團結，帶著高度的報復心以相當殘暴的方式打擊農民。[43] 各地出現一連串毫無妥協餘地的軍事襲擊行動，導致數以萬計的農民遭到屠殺，閔采爾等傳教者和叛變領袖被抓起來折磨至死。五月二十一日，路德收到家鄉曼斯費爾德的一位議員寫來的信，描述當地發生了什麼樣的慘劇。

　　　他們在黑爾德倫根（Heldrungen）斬首五名神父。弗蘭肯豪森（Frankenhausen）大部分的市民被殺，剩下的則被關起來。在鎮上女性哀求下，還活著的人被釋放，但條件是這些女性必須懲罰還在那裡的兩名神父。據說，兩名神父在市場上被所有女性亂棒打死，死了半小時後她們才罷手。相當令人遺憾。對這種行為沒有感到憐憫的人真的稱不上是人。您彷彿是主的先知……這裡發生這麼多報復事件，我擔心圖林根地區沒辦法很快復元……搶劫和殺人成了這裡的常態……[44]

　　令人震驚的叛變有了兇殘的結局，這是十八世紀晚期法國發生大革命之前，歐洲史上最為血腥的人民起義。查理五世在一五二六年召開帝國議會，商討官方對叛變應該做出的回應，表示「平民嚴重忘記自己的身分」，但是建議寬容以待，以防發生更多民眾引爆怒氣的情事。[45] 這是相當少見的仁慈襟懷。然而，路德當初的怨言所引發的濺血和動盪事件還沒結束。

雖然德意志農民戰爭大大破壞帝國中部的和平，查理五世基本上是將這件事的應對，交給身為奧地利大公的弟弟斐迪南（Ferdinand，他在中歐和東歐的實質代理人）處理。查理五世並非對這起叛變不感興趣，而是忙著應付義大利戰爭的相關事宜。原來，歐洲強權為了爭奪阿爾卑斯山以南的霸主地位，已經在義大利斷斷續續戰了三十年。一五二五年德意志農民拿起武器的同時，查理五世似乎看見取得完全勝利的一絲曙光。

　　這道曙光來自米蘭公國（duchy of Milan）。二月二十四日，由查理五世經驗豐富的將領查理‧拉努瓦（Charles de Lannoy）率領的帝軍，對圍攻帕維亞（屬於米蘭公國的統治範圍）的法軍發動攻擊。拉努瓦的目標是將法軍驅離帕維亞，最後趕出整個米蘭公國。結果，他做得更好。在四個小時的激鬥中，帝軍擊潰法軍，殺死許多領頭的法蘭西貴族。更棒的是，法王法蘭索瓦一世本人也是戰俘之一。這位君主在戰場上優雅地投降，但是後來卻沒有受到很好的待遇。法蘭索瓦一世被從義大利帶到馬德里，在那裡囚禁將近一年。一五二六年三月，他接受了查理五世的條件，在一個對帝國明顯有利的條約中割讓大塊領土，才終於獲得釋放。法蘭索瓦一世被迫將勃艮第、米蘭和法蘭德斯送給皇帝，還交出兩個年幼的兒子做為擔保。這簡直是奇恥大辱。

　　在查理五世看來，這是天大的勝利，可是後來的發展很快就證明事實並非如此。首先，在帕維亞取得勝利之前，多年的戰爭所累積的花費勘比天文數字：在拿下帕維亞、抓到法王的那天，查理總共積欠軍隊六十萬達克特的薪水——這是一個龐大到不可思議的金額。[46] 第二，法王法蘭索瓦一世完全沒有要遵守條約的意思。

　　幾乎在被釋放的同時，這位憤恨的法王就清楚表示他不打算理會《馬德里條約》（Treaty of Madrid），因為他說那是他在受到脅迫的情況下完成的可恥和平協議。他寫信給教廷，希望獲得道德和政治支持。這時，教宗良十世已經死了，他的繼任者教宗哈德良六世（Adrian VI）就任不到兩年也過世了。現任教宗也是麥地奇家族成員，他是良十世的堂弟朱利奧

（Giulio），為資深神職人員，當上教宗後取名為克萊孟七世。克萊孟七世對查理五世的防備心幾乎跟法蘭索瓦一世一樣，所以他正式解除了法蘭索瓦一世在被囚禁期間許下的任何承諾。還不只如此。克萊孟七世不但讓法蘭索瓦一世不用履行諾言，還利用自己的教權跟法蘭西正式結為盟友，目的是要把查理五世和帝國勢力逐出整個義大利半島。這個同盟稱作干邑同盟（League of Cognac），成員包括法蘭西、教廷、威尼斯、米蘭和佛羅倫斯。當然，這個同盟的存在嚴重冒犯了查理五世。他發覺勝利竟是如此空洞，而且還得繼續打這場連充沛的資源也無法負荷的仗，因此變得很鬱悶。拜訪查理五世宮廷的英格蘭使節寫到，他「經常十分憂鬱，獨自沉思」。[47] 可是，他沒什麼時間可生悶氣了。義大利半島又要展開另一輪戰爭。

羅馬劫難

　　一五二七年復活節那天，有一個瘋癲、半裸、臉頰紅潤的傳教者布蘭達諾（Brandano），在羅馬的大街小巷預言詛咒即將到來。跟馬丁·路德一樣穿著奧古斯丁會修士袍的布蘭達諾擅長做出可怕黑暗的預言，因為造成社會不安，進出監獄多次。現在，他又來了：濯足節（Maundy Thursday）那天，克萊孟七世在聖伯多祿大殿現身時，布蘭達諾卻爬上聖保羅的雕像，開始對著教宗大叫，要他懺悔。他罵克萊孟七世「你這所多瑪的雜種」，並警告聚集在現場的群眾，除非所有羅馬人都為自己可怕的罪行懺悔，否則兩週內上帝就會降下跟《舊約聖經》有得比的天譴。[48] 布蘭達諾沒多久又被逮捕入獄，但是他已經把想說的話說了，而且更重要的是，之後他會被證明是對的。

　　那年春天，帝國軍隊橫行在義大利，同時準備前往聖城。干邑同盟不但沒有把查理五世趕出義大利，還驅使他賭上一切。東方傳來的消息也是推動他的助力之一：鄂圖曼土耳其人在蘇丹偉大的蘇萊曼（Suleiman the

Magnificent）帶領下，於一五二六年莫哈奇之役（the battle of Mohács）擊潰了匈牙利軍隊，現在在東南歐非常猖獗。如果查理五世想讓歐洲免於土耳其人侵擾，鎮住義大利的敵人似乎又更為必要。當然，查理五世要怎麼支付、甚至餵飽他在義大利的軍隊，答案依舊是謎。但，他的顧問認為，歐洲若有哪個地方可以讓軍隊靠劫掠和土地過活，非屬義大利不可。此外，查理五世找到了一個非常投機的方式，可以養活軍隊又可以對克萊孟七世施壓。他暗示，他或許可以暫緩六年前在沃姆斯的帝國議會上對路德教派施加的懲罰。[49] 然後，他把大量的「國土傭僕」（landsknechte）送往義大利：他們是說德語並使用槍枝和長槍的兇悍傭兵，不僅有很多冷血的突襲士兵，還有路德教派的支持者。這個組合十分致命。

義大利的帝國軍隊共有兩萬人，分成西班牙、義大利和日耳曼三大派系，統帥是一個名叫波旁公爵查理的法蘭西叛徒，他因為跟法蘭索瓦一世不和，而跑來投靠皇帝。對所有人來說都很不幸的是，波旁公爵在一五二七年春天已經幾乎失去了對軍隊的掌控。去年冬天，沒有拿到薪水的士兵在曠野中度過，又病又餓，因此起了叛心，渴望大肆劫掠一番。他們不斷對波旁公爵施壓，就像波旁公爵對他們施壓一樣。他們去年秋天已經到過米蘭，現在想在四月時攻擊佛羅倫斯，但最後認定這座城市難以攻下。波旁公爵和他的手下認為，真正的肥羊在羅馬，他們在那裡有兩個方式可以要到自己的薪水，一是強迫克萊孟七世自掏腰包，二是拿戰爭劫掠物做為酬勞。四月底，他們便從托斯卡尼啟程，往聖城的方向前進。他們行軍速度飛快，渡河和奔馳在羅馬道路上的速度每日超過二十英里。不到兩個星期，他們已經來到羅馬城門，就跟瘋子布蘭達諾預測的一樣。

波旁公爵和兩萬名士兵在五月五日來到羅馬，但是他們雖然人數眾多，看起來卻沒什麼勝算，因為他們既沒有像樣的大砲，半數的人還快要餓死。然而，絕望本身就是一個很強大的動力。他們全力朝羅馬衝刺的速度之快，讓頗有造詣的佛羅倫斯歷史學家、同時也是麥地奇家族夥伴之一的路易吉‧圭恰迪尼（Luigi Guicciardini）表示：「城裡的人在體能和精神

方面都尚未準備好，完全沒有做好戰鬥的準備。」[50] 除此之外，帝軍在城外紮營的那晚，羅馬出現大霧，讓能見度變得不到兩公尺，使城裡的防衛軍不可能發射槍砲。[51] 雙方僵持了幾個小時。

五月六日破曉時分，波旁公爵在盔甲外罩上一件白色斗篷，下令士兵使用梯子和隨身武器攻打羅馬城牆。在戰前演說中，他用吸引人的獎賞激勵集結在他面前的各隊西班牙、義大利和日耳曼士兵，提到了戰利品和榮耀，還有城裡「難以估計的金銀財寶」。他看著西班牙人，承諾要是羅馬淪陷了，這會是征服世界的開端，整個義大利和法蘭西將會跟進，其後查理五世會領軍對抗鄂圖曼土耳其人，「跟你們一起戰勝亞洲和非洲……你們就有無數個機會向整個宇宙證明，你們已經遠遠超越大流士、亞歷山大大帝，或歷史上任何一位君王無人可敵的軍隊所擁有的榮耀與財富。」接著，波旁公爵轉向日耳曼人，譴責羅馬那些邪惡腐敗的天主教神職人員，說他們帶領市民「從事淫蕩陰柔的娛樂消遣……全心投入利用虔誠基督徒之名詐欺、搶奪、殘酷的方式積攢錢財的活動……」他告訴他們，拿下羅馬便能實現「我們永遠正確的先知馬丁‧路德提過很多遍」的夢想。[52] 每個人似乎都會有收穫。波旁公爵就這樣把自己的手下激得無比狂熱，然後放他們好好去撒野一番。

起大霧再加上一大清早羅馬人思緒尚未清醒，飢餓的帝國士兵只花不到三小時就攻破城牆。他們使用爬梯子和用雙手掰開石塊的土法煉鋼法，就成功攻入羅馬。然而，就在城牆被攻破的那一刻，災難也降臨了。波旁公爵當時正把手放在梯子上，鼓勵頭上的士兵盡力爬到城牆頂端。突然間，在被肉體和濃霧緊緊壓迫的時候，一支被稱作鉤銃的長管槍砲發射了子彈貫穿他的頭部，當場斃命。在他周圍，城牆兩邊頓時出現恐慌和血腥暴力。波旁公爵活著時，只勉強管得住士兵；現在他死了，沒人可以指揮他們。這位將軍破了洞的頭顱還在冒血，那些先行攀越羅馬城牆或鑽進被槍砲轟出大洞的牆面的帝國士兵，就已經在開啟城門。羅馬被用武力攻下了，燒殺擄掠即將展開。四一〇年的劇變過了超過一千年，蠻族終於又回

來了。

　　一五二七年五月的羅馬之劫超過一個星期。帝國士兵一邊喊著「西班牙！西班牙！殺啊！殺啊！」一邊衝進城裡，瘋狂肆虐。他們很快就殺光少少幾千名的防禦兵力，其中包括教宗瑞士衛兵隊（Pontificia Cohors Helvetica）的大部分成員（他們在聖伯多祿大殿前被擊倒）。在那之後，這座城市就是他們的了。克萊孟七世逃到城裡最穩固的堡壘聖天使城堡（Castel Sant'Angelo）中，跟數名樞機主教以及在吊門完全降下前衝進城堡的市民一起躲在裡面。這些人還算幸運。在城堡外頭，那些沒能來得及在城門重新鎖上之前溜出羅馬的人，麻煩可大了。

　　根據圭恰迪尼的記載，當帝軍發現「所有的衛兵都逃走了，他們真的控制了這座城市，西班牙士兵便開始占領房屋（以及屋內的一切人事物）、抓戰俘……然而，日耳曼士兵則遵守戰爭的條款，把撞見的人碎屍萬段。」[53] 很快地，羅馬就成了地獄。婦女和兒童跟男性一樣有可能遇害，神職人員跟俗人一起被殺。事實上，神職人員還被當成目標。據說，那年稍早，國土傭僕原先的將領格奧爾格・弗倫茲貝格（Georg von Frundsberg，軍隊在春天開始造反時，他便意志消沉地離開義大利）身上總會帶著一個金色絞索，意圖把握機會吊死教宗。

　　現在，日耳曼傭兵終於有機會發洩狂暴的情緒。聖彼得、聖保羅、聖安德魯的頭顱以及真十字架的碎片和荊棘王冠等宗教聖物，「都被他們在盛怒之下用腳踐踏羞辱」。[54] 教宗的陵墓遭到洗劫。有一群人給驢子穿上神父的長袍，要神職人員餵牠吃聖餐，然後在對方拒絕後殺了那個人。[55] 圭恰迪尼為羅馬的劫難寫下冗長駭人的歷史紀錄，清楚顯示這些帝國士兵是多麼強烈地反對教權——他們攻擊教宗財富的象徵，很容易就變成毫不掩飾的不人道行徑：

　　街上可以看見暴徒和惡棍帶著一包包甚為華麗的祭袍和教士裝飾品，以

及一袋袋裝滿各種金銀器皿的袋子，比較像是在證明羅馬元老院的財富和空虛浮華，而非基督教謙卑的清貧和真誠的奉獻。還能看見大量俘虜一邊呻吟叫喊，一邊迅速被帶到臨時監獄。屍首遍布街頭。許多貴族遭到碎屍萬段，屍體沾滿泥巴鮮血，另有很多半死不活的人悽慘地躺在地上。[56]

　　修女遭到強姦，神父在祭壇上被殺。雖然西班牙人和日耳曼人之間對於應該把教堂劫掠到什麼程度偶有爭執，但這對神職人員毫無幫助或寬慰。沒有馬上喪命的神職人員會在街頭遊蕩，「穿著破爛血腥的衣衫，全身因為無差別鞭打和毆打而布滿撕裂傷和瘀青。有的人鬍子茂密又骯髒，有的人臉上被烙印記號，有的人缺幾顆牙齒，有的人沒鼻子沒耳朵……」[57]

　　當這一切發生的時候，武裝士兵挨家挨戶地對人們施以酷刑，逼他們說出貴重物品在哪裡。貴族被迫用手挖空糞池，好看看他們有沒有把任何財物藏在裡面。有些人鼻子被割掉，有些人被迫吃下自己的生殖器官。對入侵者來說，做這些事易如反掌。圭恰迪尼寫道：「他們輕輕鬆鬆地突襲、洗劫和屠殺羅馬人，得到龐大的利益。」他說得沒錯。

　　羅馬人的磨難慢慢地消退。這場可怕的洗劫維持了十天左右，但是在那之後，羅馬依然被占領。教宗一夥人在聖天使城堡關了一個月，六月七日才以四十萬達克特的價碼換得安全。然而，雖然之前被關在堡壘中的人大部分都被允許離開，克萊孟七世仍被迫為了自保而繼續待在那裡。他到十二月初才獲得釋放，而且還是在黑夜的保護下離開，以免激怒占領軍的士兵。這時，胡作非為的帝國士兵已經殺了八千個左右的羅馬人，另有這個數字兩倍的人死於其他原因，像是侵略軍和殘破不堪的城市形成了惡劣環境所帶來的疾病。[58]

　　這無疑是克萊孟七世任期的最低谷。雖然他本人沒有遇到危險，但是他從此之後都受到查理五世的控制。關於這場洗劫的消息傳回宮廷後，這位皇帝開心到喜不自勝。一位旁觀者說，查理五世笑到幾乎吃不下飯。[59]教宗是他的了。義大利可能也快了。雖然在他漫長的統治期還有許多嚴厲

的考驗等著他，但這絕對是一項形塑整個世代命運的決定性成就。一五三〇年二月二十二日，查理五世現身波隆那，教宗克萊孟七世把倫巴底鐵冠戴在他的頭上，這正是數百年前查理曼最早為帝國奪得的鐵冠。兩天後，查理五世在三十歲生日那天正式被加冕為神聖羅馬帝國皇帝。他在克萊孟七世的陪同下遊街。另一個美妙的十年，甚至可以說是另一個全新的時代，在他眼前展開。

✳

　　一五二七年羅馬洗劫帶來許多重要結果，今天仍然感受得到。在英格蘭，這起事件最為人所知的影響就是，亨利八世想跟亞拉岡的凱瑟琳離婚的計畫被破壞了。亨利八世的大臣遞出希望教宗准許離婚的請求時，正好是一五二七年秋天，克萊孟七世在羅馬遭到軟禁。由於凱瑟琳是查理五世的阿姨，他的請求當然不可能獲准。結果，頑固的亨利八世走了另一條更有具毀滅性的道路：前面已經提過，他讓英格蘭不再效忠羅馬教會，宣布他在宗教和國家事務上具有至高權力，並允許路德教派進入原本禁止他們進入的國家。英格蘭——以及後來的不列顛和愛爾蘭——歷史出現了轉捩點，亨利八世的統治，至今仍被當作中世紀和近現代的分界。

　　但是當然了，英格蘭只是其中一個受到影響的國家。整個西方都出現了嚴重的後果。羅馬遭到摧毀、人口受到重挫，一五三〇年代某些地區幻想達到的統一獨立的義大利，已不可能實現，要到十九世紀的義大利統一運動才會再次復興。另一方面，這座半島也不再是文藝復興藝術家的熱門聚集地。現在回頭看，或許可以說義大利文藝復興的最高點，在一五二〇年拉斐爾過世後畫上了句點（不過，米開朗基羅在一五四〇年代還繼續在西斯汀禮拜堂創作），而洗劫事件造成的心理和經濟創傷，則確定了這個美妙運動將不會再出現任何最後的神來之筆。相較之下，西班牙崛起了。他們在新舊兩個世界取得飛快進展，再加上亞拉岡和卡斯提亞兩個王國統一，使得伊比利半島進入一個全新的黃金時代。查理五世的兒子菲利普二

世（Philip II）繼承王位後，建設了馬德里、興築了埃斯科里亞爾修道院（El Escorial）這座宏偉的宮殿，讓西班牙成為歐洲尖端文明的心臟。

至於被一五二七年的事件搞得不知所措、同時又想尋找新夥伴共同對抗帝國的法蘭西，最後跟鄂圖曼帝國成了盟友。好幾個世代前的法蘭西十字軍要是知道了，肯定會很訝異。但，這象徵了那個即將來臨的時代。法蘭西和鄂圖曼土耳其人的同盟誕生在中世紀末期，從十六世紀中葉持續到拿破崙的時代，確保了巴爾幹半島和東歐地區（直逼奧地利的邊界）在一次世界大戰之前，都將感受到伊斯坦堡的拉力。另一方面，跟世界主要的伊斯蘭強權和解，並不是一五二七年的事件為法蘭西帶來的唯一影響，宗教餘波也同樣意義重大。羅馬陷落後，改革運動在一五三○年代以降變得愈來愈興盛，提倡者包括約翰·喀爾文（John Calvin）等自家出產的改革者。到了該世紀中葉，一群稱作胡格諾派（Huguenots）的新教團體，開始對法蘭西王室造成嚴重問題，緊張的局勢最終演變成法蘭西宗教戰爭，從一五六○年代一直打到一五九○年代，奪去數以萬計的人命、留下深刻的宗教傷痕，到了十八世紀還在淌血。

當然，從神學方面來說，羅馬之劫對羅馬教會也有深遠的影響。查理五世想召開基督教大公會議已經一陣子了，希望可以藉此確立整個教會的策略，以對抗路德派異端和發展迅速的宗教改革。控制住教宗的他，最後得到了想要的。自一五四五至一五六三年間召開好幾次才總算結束的特利騰大公會議（Council of Trent），從根本上重新聲明和起草了羅馬教會的教義，延續了三百年之久。延宕許久的改革計畫制定好了，贖罪券雖然沒有被禁，但是販售贖罪券的行為最終在一五六七年遭到禁止。但，特利騰大公會議也非常明確地表示，教會絕對不可能跟新教徒和解。因此，延續至今的西方教會大分裂確定下來了，雖然路德（他在一五四六年過世）和查理五世（他在一五五八年離世）都沒有活著看到這件事發生，他們和他們部分重疊的支持群眾，都扮演了關鍵角色，確保這件事終將發生。因為他們的奮鬥，今天全世界才有八分之一人口（超過九億人）信奉新教。[60]

當然，這都只是簡略再簡略的摘要而已，無法完整呈現一五二七年帝國軍隊從羅馬沾滿鮮血的街道慢慢撤退時，開始出現的新時代。要更進一步地描述，會讓這本已經很龐大的書潰堤。但，我希望這一章和在這之前的章節足以讓我們看出來，到了一五三〇年代，西方世界已經不再具有中世紀的樣貌。印刷的興起、新世界的冒險、教會的瓦解和分裂、一波波黑死病造成的人口重組、文藝復興的人文和藝術革命——這一切以及其他許多事物完全改造了西方的形狀和給人的感受，就連那個時代的人在改變發生的當下也明顯感覺到了。中世紀並沒有死在一五二七年的羅馬街頭，可是在那之後，很明顯有某個東西消失了，而且從此沒有再回來。

　　二十一世紀初的我們也活在一個充滿革命性全球劇變的時代，所以應該可以稍微明白那種感覺。我們的世界也正在我們的周遭進行改造，是全球氣候變遷、流行病、科技進步、通訊和出版變革、快速且無法控制的大規模遷移，以及聚焦在個人的文化價值觀結合在一起的結果。我們有沒有可能不只對動盪混亂的中世紀感到興趣，甚至還能對那個時代產生同理心？還是，這樣就不符合史學分析的精神了？我要你們自己想出答案。因為，現在已經很晚了。我已經寫了很多，離開的時間到了。馬丁・路德曾在一五三〇年寫下一封信，那時的他正在某個他稱作「荒野」的祕密地點躲避查理五世。

　　他在信末寫道：「我寫得太長了……其他的下次再寫吧。原諒我寫了這麼長的信……阿門。」[61]

全文完

特別收錄：作者訪談

記者：撰寫整個中世紀的歷史是一個蠻有野心的計畫，你為什麼決定進行如此龐大的任務？

丹·瓊斯（以下簡稱作者）：這個嘛，我想答案有一部分屬於史學因素，一部分屬於心理因素。我已經撰寫過很多跟中世紀歷史有關的著作，涉獵中世紀各個層面，包括《金雀花王朝》的朝代史以及《聖殿騎士團》和《十字軍運動》（*Crusaders*，暫譯）的宗教軍事史。我寫的書愈多，就對中世紀各個時空的大關聯愈有興趣。幾年前，我開始認真思考政治、戰爭、金錢、信仰、藝術、建築、科學和學術等是怎麼牽扯在一起，因此決定要寫一本很大的書，囊括這些所有的主題，為那些可能一直不是很確定這一切是如何湊在一起的讀者，釐清這一千年的歷史。

這是學術方面的起始點。但是同一時間，我也想好好測試自己的極限，看看我有多大的能耐。這是我的第十本書，你們讀到這本書時，我已經過完四十歲生日了。我知道這些就只是數字而已，但我也覺得，現在是時候來寫一本能夠立下個人里程碑的書了。我的第一本書聚焦程度很高，是有關一三八一年發生在倫敦的農民起義，主要內容只有講述一座城市在一個週末發生的事件。因此，我想整個放大第十本書的規模，寫一部真正的宏偉歷史，跨越好幾個世紀和好幾座大陸，將我多年來曾經研究過的各種迥然不同的東西拼湊在一起，變成一個連貫、廣闊的整體。那感覺是很棒的挑戰。

記者：在這個主題上，你做了哪些有新意的詮釋？

作者：在寫這本書的過程中，我常常回到「反思」這件事情。我最喜歡的中世紀著作是芭芭拉‧塔克曼（Barbara Tuchman）所寫的《遠方之鏡》（*A Distant Mirror*，1978），因為她是從動盪不安的二十世紀角度來敘述動盪不安的十四世紀。我認為那本書做到很完美的一點是，塔克曼把她那個時代關注的東西放在中世紀法蘭西的政治和文化地景——百年戰爭、黑死病等動亂——上觀看。我知道，很多歷史學家主張我們應該力圖保持「客觀」，不去理會自己的時代所關注的事物。可是，我年紀愈大就愈不能認同這點。我覺得，歷史在某種程度上永遠是過去與現在的對話，因此我們在寫作時，應該知道何時及如何去擁抱這一點。所以，在《權力與王座》這本書中，我試著置入在二十一世紀初期會引起人們注意的議題，像是氣候、集體遷移、流行病、全球網絡、科技變遷等。我必須說，這本書不是一個宣言，我沒有要主張我們正重新經歷中世紀或者末日快來了，但我的確希望這本書能證明，今天那些讓我們激動的事物並非神奇地憑空出現。它們已經存在很久了，我們之前的無數個世代都曾經跟它們搏鬥過。這就是為什麼，本書最前面的引句是引用傳道書那位傳道者的名言：「日光之下並無新事。」這雖然是十分古老的智慧，但是值得牢記。

記者：你是怎麼研究這麼龐大的主題？有沒有遇到什麼驚喜？

作者：你知道嗎？這本書的一切幾乎都令我很驚喜。一開始，我有一個很偉大的計畫。我要用這本書描述各個地方，我要把它分成十六個章節，每一章以一個對中世紀具有特殊意義的城市或國家為主軸，然後我要把這個故事寫成一部遊記。第一站我會到羅馬探討羅馬帝國的衰亡，接著我要去拉溫那撰寫蠻族王國的歷史，之後我要到伊斯坦堡探索拜占庭帝國，然後再去阿拉伯征服的重要場景哥多華，接著到亞琛討論查理曼……我把整個旅程都畫出來了！可是，我只有到拉溫那，新冠肺炎就襲擊歐洲了，旅程結束。所以，就像世界上的其他人一樣，我只好調適。這樣說很

奇怪，但那其實是一件很棒的事。

記者：怎麼說？

作者：因為我必須變得更聰明一點。我必須接受，好吧，我沒辦法去所有想去的地方，我必須放棄遊記這個想法。回過頭來看，這其實是件好事。不過，我也發覺到，我在成年階段已經到過夠多地方旅行，能用史學界認為恰當的方式，將那些經歷轉成文字。而且，除了第一手得到的世界知識，我在家中也建立了一個蠻不錯的中世紀圖書收藏。此外，我還有線上的學術資料庫和檔案庫等資源可以運用。這些非常夠用。

不過，除此之外，我發現在這次疫情期間生活和工作其實是個完美的例子，證實了我在書中想要傳達的重點。疫情爆發時，我正寫到有歷史紀錄以來的第一場全球流行病：六世紀的查士丁尼大瘟疫。這場瘟疫發生的背景也是氣候危機、令政局不安的大規模人口遷移、地區強權之間的競賽……不難看出跟現在這場流行病之間的關聯。所以，從那之後，我就變得很哲學。對，我並沒有一邊看著夕陽落在聖索菲亞大教堂，一邊用筆電寫書。客觀而論，那真的讓人很嘔。但，我有更多時間可以工作，還有一個難得的機會可以做一件很酷的事，那就是真真切切地將中世紀跟我們的時代連結在一起。那就是撰寫這本書的一個轉捩點。

記者：好，我們再多聊一聊那些關聯性。你在書中數次提到氣候議題，這是如何形塑中世紀的世界？

作者：過去兩千年來，全球氣候變遷或氣候危機一直是人類歷史的固定特色之一。羅馬帝國的全盛時期剛好發生在一段漫長的「最佳氣候期」，那時地中海世界氣候溫暖潮濕，有助於農業發展；導致帝國瓦解的蠻族大遷徙可能是受到中國北方的超級旱災所引起，因為這場旱災讓遊牧部族開始大規模移動；中世紀初期發生的一連串火山大爆發讓全球氣溫下降，可能因此促成上面提到的查士丁尼大瘟疫；所謂的中世紀氣候異常（邁入

二千紀時出現的溫和暖化現象）則引起人口激增，接著又帶動重大的科技革新；中世紀後期的小冰河期帶來飢荒、廣泛性動物流行病、更多傳染病、人口瓦解、民粹主義叛變和西方社會的完全重組。這並不是說我們這個時代的氣候變遷不重要或者是只能乖乖接受的命運，但是我真的認為，檢視中世紀的歷史有助於把我們的時代放在更大的脈絡下觀看。當你看看這整個時期，你一定會很驚訝，人類面對相對微小的氣溫和降雨量變化竟是如此脆弱，社會竟會因為這些變化而出現這麼劇烈的轉變。所以，每個時代的氣候變化成因和影響可能有所不同，但是數世紀以來人類行為的整體模式卻始終如一。

記者：你也提到移民議題幾次，我們的世界跟中世紀之間在這方面有什麼關聯？

作者：移民常常會對資源、政治體系和（或許是最重要的）主流文化造成壓力——或者感知上的壓力。中世紀最劇烈的一些變化就是大規模遷移所造成的結果。不光是羅馬滅亡，法蘭西、德意志和英格蘭等偉大的王國會興起，有一部分也是部落民族遷移到那些地區的結果；伊斯蘭教會成為世界上最主要的宗教之一，就是因為阿拉伯人遷移到北非和南歐；中國會變成全球大國，是從蒙古部族在世界各地東征西討開始；當然，我們可別忘了美洲的發現。最早出現在北美洲的歐洲移民，是一〇〇〇年左右的維京人，但是在一四九二年哥倫布的探險之後，持續不斷的跨大西洋遷移與殖民活動就開始了。那不僅為西方歷史帶來根本上的轉變，同時也讓中世紀畫下句點。

記者：你有一個章節在講騎士。騎士階級的本質是什麼？你認為亞瑟王和他手下那些騎士的故事為什麼會如此歷久彌新？

作者：人類至少從銅器時代就開始坐在馬上或使用馬匹戰鬥。但是，中世紀全盛期某些科技進展（主要是馬鐙和馬鞍）創造了西歐典型的「騎

士」，也就是坐在馬背上穿著盔甲手拿騎槍和長劍的戰士。九或十世紀左右，騎士其實真的就是一群重裝的暴徒而已，靠殺人、可能還有搶劫為生。然而，就像大部分很成功的武功文化（無論是斯巴達人或特種部隊），騎士很快就想出一個神話體系和一套價值觀，讓他們對自我感覺良好。亞瑟王的故事最早可回溯到十二世紀，讓騎士文化達到顛峰，透過設定在遙遠宇宙的中世紀動作英雄傳說探索騎士精神。但，最有趣的是，這些價值觀竟被現實世界的騎士吸收，導致像金雀花王朝的威廉·馬歇爾這樣的騎士開始把自己的生活過得好像他們真的是亞瑟王傳奇的一分子。

記者：你在寫到修士的章節時，提到了十一到十三世紀的修會擁有的「軟實力」。這些修會為什麼這麼強大，今天有哪些團體也擁有這樣的「軟實力」？

作者：修道院主義非常有意思。當然，在英格蘭這裡，因為亨利八世在宗教改革期間摧毀了修道院，所以如果我們想看，只會看到一些陰森的哥德式修道院廢墟，如噴泉修道院或里沃克斯修道院。也就是說，我們很難想像活在一個修士和修女是日常生活一部分的社會，是什麼樣的感覺。這些人提供了一項非常重要的服務，那就是替亡者的靈魂禱告，加快他們通過煉獄的速度。他們也提供了很多其他的服務，相當於中世紀的「福利國家」。這些服務包括醫療、圖書館、遊客中心、教學、長照機構。我們已經習慣由政府來提供這些服務，但是在中世紀，做這些事情的卻是修道院。那本身就是一種權力。但，還不只如此。在修士的章節，我探討了十到十二世紀克呂尼修道院的興衰。如果你看過克呂尼分會的分布圖，你很快就會發現它們都位於從西歐到聖地亞哥德孔波斯特拉的聖雅各聖壇的朝聖路線上那些便利的休息點。這些分會迎合朝聖旅客的市場，有點像今天在公路上服務長距離駕駛人的休息站。這讓克呂尼修道院變得非常非常有錢，有錢到修道院院長有辦法跟國王和教宗打交道，甚至影響國際政治和外交。若要說今天有什麼類似的例子，那就是那些科技業的巨擘了，他們

也是很有錢，能夠在各國自由活動，擁有一種主權國家在做決策時不得不考量的力量。

記者：這本書充斥著小小的岔題註腳，點出中世紀和現代的相似點。請問你為什麼會決定放進這些東西？

作者：主要只是為了好玩。我想我決定下的第一個註腳，是第一章有關羅馬軍隊的那個。那一章最主要是想證明，中世紀西方世界的基石就發生在後四百年間的羅馬帝國。我在寫這個部分時，剛好正在製作一個有關羅馬時期不列顛的電視節目。在拍攝的過程中，讓我特別靈光一閃的就是羅馬軍隊極為驚人的戰鬥能力。我想幫助讀者了解羅馬軍隊比當時的其他任何一支軍隊還要強大到多少，但是又不想打斷正文的流暢度，於是就利用註腳快速比較了一下今天的世界軍事強權、美國和羅馬帝國的數據。由於這是註腳，我認為我可以口語一點。我好像寫說兩者都有「將火箭發射器運用在戰事上」的能力之類的，雖然很蠢，但我覺得總體而言就是這樣。這就是後面那些註腳的基調，我要引用明確的現代實例，但偶爾也會做出些微不相干的比喻。

記者：還有沒有哪些中世紀跟現代的相似之處讓你靈光一閃的？

作者：當然是有一、兩個我寫起來特別享受的部分。在第四章提到阿拉伯征服和伊斯蘭教的起源時，我解釋了中世紀初期的阿拉伯人把自己視為以實瑪利的後代。《聖經》裡說，以實瑪利「為人必像野驢。他的手要攻打人，人的手也要攻打他。」我在寫這段文字時，馬上就知道這讓我聯想到什麼，那就是米爾沃足球俱樂部，因為他們著名的看台歌曲有一句歌詞就是：「沒人喜歡我們，但我們不在乎。」那讓我大笑不已，於是我就想，如果這讓我笑了，可能也會讓別人笑。而且，這當中可以表達的也不差。所以，我就把這放進註腳。還有別的：我在解釋但丁在《神曲》裡使用的三行詩隔句押韻法（結合牢騷和自貶的一種複雜的文字遊戲）時，把它比

喻成中世紀晚期的嘻哈音樂。另一個註腳則點出，愛洛依絲和彼得·阿伯拉爾把孩子取名為「星盤」的這件事，跟馬斯克跟格萊姆斯把小孩取作 X Æ A-XII 有異曲同工之妙。我多年來在節目上都有納入這類觀察。這次，書裡也看得到了。我的想法是，這是一本很長、有時候蠻複雜的一本書，假如不時能穿插一點輕鬆的事物也不錯。不過，這些東西我大部分都放在註腳裡，所以如果你不喜歡這樣，可以跳過。

記者：你希望讀者從這本書得到什麼？

作者：我想，我為每一本書設定的目標都很簡單。我希望讀者可以學到東西，而且同時也能讀得愉快。這本書塞滿了各種故事——中世紀最風行的事物都在裡面，還有匈王阿提拉、聖女貞德、狄奧多拉皇后、達文西等各色人物。書中有戰爭、叛國、英雄事蹟、勇敢、偉大的藝術、貴族天才等，什麼都有。我希望讀者讀得開心。我知道我自己是寫得很開心，每一分鐘都是。

參考書目

原始資料

- —, *Calendar of Various Chancery Rolls: Supplementary Close Rolls, Welsh Rolls, Scutage Rolls, A.D. 1277–1326*, London: HM Stationery Office, 1912.
- —, *Cronica di Giovanni Villani: A Miglior Lezione Ridotta* V, Florence: Per Il Magheri, 1823.
- —, *Geoffrey Chaucer / The Canterbury Tales*, London: Penguin Popular Classics, 1996.
- Andrea, Alfred J. (trans.), *The Capture of Constantinople: The Hystoria Constantinoplitana of Gunther of Pairis*, Philadelphia: University of Pennsylvania Press, 1997.
- anon., *The Ecclesiastical History of Socrates... Translated from the Greek, with some account of the author, and notes selected from Valesius.*, London: Henry G. Bohn, 1853
- Babcock, Emily Atwater and Krey, A. C. (trans.), *A History of Deeds Done Beyond the Sea: By William Archbishop of Tyre* (2 vols.), New York: Columbia University Press, 1943.
- Bale, Anthony (ed.), *John Mandeville / Book of Marvels and Travels*, Oxford: Oxford University Press, 2012.
- Barber, Malcolm and Bate, Keith (ed. and trans.), *The Templars: Selected Sources*, Manchester: Manchester University Press, 2002.
- Barber, Malcolm and Bate, Keith (eds.), *Letters from the East: Crusaders, Pilgrims and Settlers in the 12th–13th Centuries*, Farnham: Ashgate, 2013.
- Barney, Stephen A., Lewis, W. J., Beach, J. A, Berghof, Oliver (eds.), *The Etymologies of Isidore of Seville*, Cambridge: Cambridge University Press, 2006.
- Barton, Simon and Fletcher, Richard, *The World of El Cid: Chronicles of the Spanish Reconquest*, Manchester: Manchester University Press, 2000.
- Bédier, J. and Aubry, P. (eds.), *Les Chansons de Croisade avec Leurs Melodies*, Paris: Champion, 1909.
- Bernardo, Aldo (trans.), *Francesco Petrarch / Letters on Familiar Matters (Rerum Familiarium Libri): Vol. 1: Books I–VIII*, New York: Italica Press, 1975.
- Berry, Virginia Gingerick, *Odo of Deuil / De Profectione Ludovici VII in Orientam*, New York: W. W. Norton, 1948.
- Bettenson, Henry (trans.), *Saint Augustine / City of God*, London: Penguin Classics, 2003.
- Bird, Jessalyn, Peters, Edward and Powell, James M. (eds.), *Crusade and Christendom: Annotated Documents in Translation from Innocent III to the Fall of Acre, 1187–1291*, Philadelphia: University of Pennsylvania Press, 2013.
- Blankinship, Khalid Yahya (trans.), *The History of al-Tabari Vol. XI: The Challenge to the Empires*, New York: State University of New York Press, 1993.

- Bouquet, Martin (ed.), *Receuil des historiens des Gaules et de la France 21*, Paris: V. Palmé, 1855.
- Boyle, J.A. (trans.), *Genghis Khan: The History of the World-Conqueror / 'Ala-ad-Din 'Ata Malik Juvaini* (revd. edn.), Manchester: Manchester University Press, 1997.
- Brewer, J. S., (ed.), *Letters and Papers, Foreign and Domestic, Henry VIII, Volume 3, 1519–1523*, London: HM Stationery Office, 1867.
- Brehaut, Earnest (trans.), *Gregory bishop of Tours / History of the Franks*, New York: Columbia University Press, 1916.
- Burgess, Glyn (trans.), *The Song of Roland*, London, Penguin Classics, 1990.
- Chabot, J-B (trans.) *Chronique de Michel le Syrien, patriarche jacobite d'Antioche, 1166-1199*, Vol. 2, Paris: E. Leroux, 1901.
- Christiansen, Eric (trans.), *Dudo of St. Quentin / History of the Normans*, Woodbridge: The Boydell Press, 1998.
- Church, Alfred John and Brodribb, William Jackson (trans.), Lane Fox, Robin (intro.), *Tacitus / Annals and Histories*, New York: Alfred A. Knopf, 2009
- Cohen, J. M. (trans.), *Christopher Columbus / The Four Voyages*, London: Penguin Classics, 1969.
- Cohn Jr, Samuel K. (trans.), *Popular Protest in Late Medieval Europe*, Manchester: Manchester University Press, 2004.
- Colbert, Benjamin (ed.), *The Travels of Marco Polo*, Ware: Wordsworth Editions, 1997.
- Cowdrey, H. E. J. (trans.), *The Register of Pope Gregory: 1073–1085: An English Translation*, ,Oxford: Oxford University Press, 2002.
- Cross, Samuel Hazzard and Sherbowitz-Wetzor, Olgerd P. (trans.), *The Russian Primary Chronicle: Laurentian Text*, Cambridge, Mass.: The Medieval Academy of America, 1953.
- Dass, Nirmal (trans.), *Viking Attacks on Paris: The Bella parisiacae urbis of Abbo of Saint-Germain-des-Prés*, Paris: Peeters, 2007.
- Davis, Raymond (trans.), *The Lives of the Eighth-Century Popes (Liber Pontificalis)*, Liverpool: Liverpool University Press, 1992.
- de Rachewiltz, Igor (trans.), *The Secret History of the Mongols: A Mongolian Epic Chronicle of the Thirteenth Century* (2 vols.), Leiden: Brill, 2006.
- de Sélincourt, Aubrey (ed.) *Livy / The Early History of Rome*, (revd. edn.), London: Penguin Books, 2002.
- de Vere, Gaston du C. (trans.), *Giorgio Vasari / Lives of the Painters, Sculptors and Architects*, 2 vols, London: Everyman's Library, 1996.
- Dewing, H. B. (trans.), *Procopius / History of the Wars, I, Books 1–2*, Cambridge, Mass.: Harvard University Press, 1914.
- Dewing, H. B. (trans.), *Procopius / History of the Wars, II, Books 3–4*, Cambridge, Mass.: Harvard University Press, 1916.
- Dewing, H. B. (trans.), *Procopius / On Buildings*, Cambridge, Mass.: Harvard University Press, 1940.
- Dobson, R. B. (ed.), *The Peasants' Revolt of 1381* (2nd edn.), London: The Macmillan Press Ltd., 1983.
- Douie, Decima L. and Farmer, David Hugh, *Magna Vita Sancti Hugonis / The Life of St Hugh of Lincoln* (2 vols.), Oxford: Clarendon Press, 1985.

- Dümmler, Ernst (ed.), *Poetae latini aevi Carolini* I, Berlin: Apud Weidmannos 1881.
- Edgington, Susan (trans.), *Albert of Aachen / Historia Ierosolominitana: History of the Journey to Jerusalem*, Oxford: Clarendon Press, 2007.
- Evans, Allan (ed.), *Francesco Balducci Pegolotti / La Practica della Mercatura*, Cambridge, Mass.: The Medieval Academy of America, 1936.
- Fischer Drew, Katherine (trans.), *The Laws of the Salian Franks*, Philadelphia: University of Pennsylvania Press, 1991.
- Fishbein, Michael, *The History of al-Tabari, Vol. VIII: The Victory of Islam*, New York: State University of New York Press, 1997.
- Forell, George W. and Lehmann, Helmut T. (eds.), *Luther's Works* vol. 32, Philadelphia: Muhlenberg Press, 1958.
- Friedmann, Yohanan, *The History of al-Tabari, Vol. XII: The Battle of al-Qadisiyyah and the Conquest of Syria and Palestine*, New York: State University of New York Press, 1991.
- Fremantle, W.H. (trans.) *Saint Jerome / Select Letters and Works*, New York: Christian Literature Company, 1893.
- Fry, Timothy (trans.), *The Rule of St. Benedict In English*, Collegeville: Liturgical Press, 2018.
- Füssel, Stephan (ed.), *The Gutenberg Bible of 1454: With a commentary on the life and work of Johannes Gutenberg, the printing of the Bible, the distinctive features of the Göttingen copy, the Göttingen Model Book and the 'Helmasperger Notarial Instrument'*, Köln: Taschen, 2018.
- Gardner, Edmund G. (ed.), *The Dialogues of Saint Gregory the Great*, Merchantville: Evolution Publishing, 2010.
- Gantz, Jeffrey (trans.), *The Mabinogion*, London: Penguin Classics, 1973.
- Ganz, David (trans.), *Einhard and Notker the Stammerer: Two Lives of Charlemagne*, London: Penguin Classics, 2008.
- Garton, Charles (trans.), *The Metrical Life of St Hugh of Lincoln*, Lincoln: Honywood Press, 1986.
- George, William and Waters, Emily (trans.), *Vespasianio da Bisticci / The Vespasiano Memoirs: Lives of Illustrious Men of the XVth Century*, London: George Routledge & Sons, 1926.
- Gibb, H.A.R. (trans.), *Ibn Battuta / Travels in Asia and Africa 1325-1354*, London: Routledge & Kegan Paul Ltd., 1929.
- Given, John (trans.), *The Fragmentary History of Priscus: Attila, the Huns and the Roman Empire, AD 430–476*, Merchantville: Evolution Publishing, 2014.
- Graves, Robert (trans.) and Rives J. B. (rev. and intro), *Suetonius / The Twelve Caesars*, London: Penguin Books, 2007.
- Greenia, M. Conrad (trans.), *Bernard of Clairvaux / In Praise of the New Knighthood* (revd. edn.), Trappist: Cistercian Publications, 2000.
- Hamilton, Walter (trans.) and Wallace-Hadrill (intro.), *Ammianus Marcellinus / The Later Roman Empire (A.D. 354–378)*, London: Penguin Books, 1986.
- Hammond, Martin (trans.), *Marcus Aurelius / Meditations*, London: Penguin Classics, 2014.
- Hankins, James (trans.), *Leonardo Bruni / History of the Florentine People Volume I:*

Books I–IV, Cambridge, Mass.: Harvard University Press, 2001.

- Hildinger, Erik (trans.), *Giovanni da Pian del Carpine, Archbishop of Antivari, d. 1252 / The story of the Mongols who we call the Tartars*, Boston: Branden Publishing Company, 1996.
- Hill, John Hugh and Hill, Laurita L. (trans.), *Raymond d'Aguilers / Historia Francorum Qui Ceperunt Iherusalem*, Philadelphia: American Philosophical Society, 1968.
- Hill, Rosalind (ed.), *Gesta Francorum et Aliorum Hierosoliminatorum: The Deeds of the Franks and the Other Pilgrims to Jerusalem*, Oxford: Clarendon Press, 1962.
- Holden, A. J. (ed), Gregory, S. (trans.) and Crouch D., *History of William Marshal (3 vols.)*, London: Anglo-Norman Text Society, 2002–06.
- Holland, Tom (trans.), *Herodotus / The Histories*, London: Penguin, 2013.
- Hollander, Lee M. (trans.), *Snorri Sturluson / Heimskringla: History of the Kings of Norway*, Austin: University of Texas Press, 1964.
- Horrox, Rosemary (trans. and ed.), *The Black Death*, Manchester: Manchester University Press, 1994.
- Humphreys, R. Stephen (trans.), *The History of al-Tabari, Vol. XV: The Crisis of the Early Caliphate*, New York: State University of New York Press, 1990.
- Huygens, R. B. C. (trans.), *Lettres de Jacques de Vitry*, Edition Critique, Leiden: Brill, 1960.
- Jackson, Peter (ed.), *The Mission of Friar William of Rubruck*, London: Hakluyt Society, 1990.
- Jeffreys, Elizabeth, Jeffreys, Michael and Scott, Roger (eds.), *The Chronicle of John Malalas*, Leiden: Brill, 1986.
- Jenks, Stuart (ed.), *Documents on the Papal Plenary Indulgences 1300–1517 Preached in the Regnum Teutonicum*, Leiden: Brill, 2018.
- Johnson, Allan Chester, Coleman-Norton, Paul R and Bourne, Frank Card (eds.), *Ancient Roman Statutes: A Translation With Introduction, Commentary, Glossary, and Index*, Austin: University of Texas Press, 1961.
- Jones, Horace Leonard (trans.), *The Geography of Strabo*, vol VI, Cambridge, Massachusetts: Harvard University Press, 1929.
- Jones, John Harris (trans.), *Ibn Abd al-Hakam / The History of the Conquest of Spain*, New York: Burt Franklin, 1969.
- Juynboll, Gautier H. A. (trans.), *The History of al-Tabari vol. XIII: The Conquest of Iraq, Southwestern Persia and Egypt*, New York: State University of New York Press, 1989.
- Kenney, E.J. (trans.), *Apuleius / The Golden Ass* (revd. ed.), London: Penguin Books, 2004.
- Kibler, William W. (ed.), *Chrétien de Troyes / Arthurian Romances* (revd. edn.), London: Penguin Classics, 2001.
- Kline, A.S. (trans.), *Petrarch / The Complete Canzoniere*, Poetry in Translation, 2001.
- Latham, Ronald (trans.), *Marco Polo / The Travels*, London: Penguin Books, 1958.
- Lewis, Robert E. (ed.), *Lotario dei Segni (Pope Innocent III) / De Miseria Condicionis Humane*, Athens, GA: University of Georgia Press, 1978.
- Luard, H. R. (ed.), *Annales Monastici* vol. 4, London: Longmans, Green, Reader and Dyer, 1869.
- Lumby, J. R. (ed.), *Chronicon Henrici Knighton vel Cnitthon, Monachi Leycestrensis* II,

London: Rolls Series, 1895.

- Mabillon, Jean (ed.), *Annales ordinis S. Benedicti occidentalium monachorum patriarchæ*, vol. 4., Paris, 1707.
- Magoulias, Harry J. (trans.), *O City of Byzantium, Annals of Niketas Choniates*, Detroit: Wayne State University Press, 1984.
- Magoulias, Harry J. (trans.), *Decline and Fall of Byzantium to the Ottoman Turks*, Detroit: Wayne State University Press, 1975.
- Mango, Cyril and Scott, Roger (trans.), *The Chronicle of Theophanes Confessor: Byzantine and Near Eastern History AD 284–813*, Oxford: Clarendon Press, 1997.
- Mariev, Sergei (trans.), *Ioannis Antiocheni Fragmenta quae supersunt Omnia*, Berlin: W. de Gruyter, 2008.
- McCauley, Leo. P. et al, *Funeral Orations by Saint Gregory and Saint Ambrose (The Fathers of the Church, Volume 22)*,Washington: The Catholic University of America Press, 2010.
- McDermott, Timothy (ed.), *Aquinas / Selected Philosophical Writings*, Oxford: Oxford University Press, 2008.
- McGregor, James H. (trans.), *Luigi Guicciardini / The Sack of Rome*, New York: Ithaca Press, 1993.
- Michael, Maurice (trans.), *The Annals of Jan Długosz: Annales Seu Cronicae Incliti Regni Poloniae*, Chichester: IM Publications, 1997.
- Michell, Robert and Forbes, Nevill (trans.), *The Chronicle of Novgorod 1016–1471*, London: Camden Society Third Series, 1914.
- Middlemore, S. (trans.), *Burckhardt, Jacob / The Civilization of the Renaissance in Italy*, London: Penguin Classics, 1990.
- Montagu, Basil (trans.), *The Works of Francis Bacon, Lord Chancellor of England: A New Edition* vol. 14, London: William Pickering, 1831.
- Moyle, John Baron (trans.), *The Institutes of Justinian*, (Oxford: Clarendon Press, 1906).
- Myers, A. R. (ed.), *English Historical Documents IV, 1327–1485*, London: Eyre & Spottiswoode, 1969.
- Newitt, Malyn (ed.), *The Portuguese in West Africa, 1415–1670: A Documentary History*, Cambridge: Cambridge University Press, 2010.
- O'Donovan, Louis (ed.), *Assertio Septem Sacramentorum or Defence of the Seven Sacraments by Henry VIII, king of England*, New York: Benziger Brothers, 1908.
- Panofsky, Erwin and Panofsky-Soergel, Gerda (eds.), *Abbot Suger on the Abbey Church of St.-Denis and its Art Treasures* (2nd. ed.), Princeton: Princeton University Press, 1979.
- Peters, Edward (ed.), *Christian Society and the Crusades 1198-1229. Sources in Translation including 'The Capture of Damietta' by Oliver of Paderborn*, Philadelphia, University of Pennsylvania Press, 1971.
- Platnauer, Maurice (trans.), *Claudian* (2 vols), New York: G. P. Putnam's Sons, 1922.
- Poupardin, René (ed.), *Monuments de l'histoire des Abbeyes de Saint-Philibert*, Paris: Alphones Picard et Fils, 1905.
- Radice, Betty (trans.), *The Letters of the Younger Pliny*, London: Penguin Books, 1969.
- Ravenstein, E. G. (trans.), *A Journal of the First Voyage of Vasco da Gama, 1497–1499*, London: Hakluyt Society, 1898.

- Richards, D.S. (trans.), *The Chronicle of Ibn al-Athir for the Crusading Period from al-Kamil fi'l Ta'rikh* (3 vols.), Farnham: Ashgate, 2006.
- Richter, Irma A. and Wells, Thereza (eds.), *Leonardo da Vinci / Notebooks*, Oxford: Oxford University Press, 2008.
- Ridley, Ronald T. (trans.), *Zosimus / New History*, Leiden: Brill, 1982.
- Riggs, Charles T. (trans.), *Mehmed the Conqueror / by Kritovoulos*, Princeton: Princeton University Press, 1954.
- Riley-Smith, Jonathan and Louise (eds.), *The Crusades: Idea and Reality, 1095–1274*, London: Edward Arnold, 1981.
- Riley, H. T. (ed.), *Chronica Monasterii S. Albani III*, London: Rolls Series, 1866.
- Riley, Henry Thomas (ed.), *The Comedies of Plautus* vol. 1, London: Henry G. Bohn, 1912.
- Robinson, George W. (trans.), *Eugippius / The Life of Saint Severinus*, Cambridge, Mass: Harvard University Press, 1914.
- Robinson, I. S. (trans.), *Eleventh Century Germany: The Swabian Chronicles*, Manchester: Manchester University Press, 2008.
- Robinson, I. S. (trans.), *Eleventh Century Germany: The Swabian Chronicles*, Manchester: Manchester University Press, 2008.
- Robinson, James Harvey (ed.), *Readings in European History* vol. 1, Boston: Ginn & Company, 1904.
- Rothwell, Harry (ed.), *English Historical Documents III: 1189–1327* (new edn.), London: Routledge, 1996.
- Rudd, Niall (trans.), *Cicero / The Republic and The Laws*, Oxford: Oxford University Press, 1998.
- Rupp, E. Gordon and Watson, Philip S. (trans.), *Luther and Erasmus: Free Will and Salvation*, London: John Knox Press, 1969.
- Ryan, Frances Rita and Fink, Harold S. (eds.), *Fulcher of Chartres: A History of the Expedition to Jerusalem, 1095–1127*, Knoxville: University of Tennessee, 1969.
- St. Clare Byrne, Muriel (ed.), *The Letters of King Henry VIII*, New York: Funk & Wagnalls, 1968.
- Schroeder, H. J. (trans.), *Disciplinary Decrees of the General Councils: Text, Translation and Commentary*, St Louis: B. Herder, 1937.
- Scott, Tom, and Scribner, Bob (trans.), *The German Peasants' War: A History in Documents*, Amherst: Humanity Books, 1991.
- Sewter, E. R. A (trans.) and Frankopan, Peter (intro.), *Anna Komnene / The Alexiad* (revd. edn.), London: Penguin Classics, 2009.
- Sherley-Price, Leo (trans.), *Bede / A History of the English Church and People* (revd. edn.), Harmondsworth: Penguin Classics, 1968.
- Sitwell, G. (trans.), *St. Odo of Cluny: being the Life of St. Odo of Cluny / by John of Salerno. And, the Life of St. Gerald of Aurillac by St. Odo*, London: Sheed & Ward, 1958.
- Sprenger, Aloys (trans.), *El-Masudi's Historical Encyclopaedia Entitled Meadows of Gold and Mines of Gems* vol. I, London: Oriental Translation Fund of Great Britain and Ireland, 1841.
- Sweetenham, Carole (trans.), *Robert the Monk's History of the First Crusade: Historia Iherosolimitana*, Abingdon: Routledge, 2016.

- Thompson, Edward Maunde, (ed.), *Adae Murimuth Continuatio Chronicarum / Robertus De Avesbury De Gestis Mirabilibus Regis Edwardi Tertii*, London: Rolls Series, 1889.
- Wace, Henry and Buccheim, C.H. (trans.), *Luther's Primary Works: Together with his Shorter and Larger Catechisms*, London: Hodder & Stoughton: 1846.
- Wallace-Hadrill, J.M. (trans.), *The Fourth Book of the Chronicle of Fredegar, with its continuations*, Westport: Greenwood Press, 1960.
- Waterfield, Robin (trans.), *Polybius / The Histories*, Oxford: Oxford University Press, 2010.
- Watts, Victor (trans.), *Boethius / The Consolation of Philosophy* (revd. ed.), London: Penguin Books, 1999.
- Webb, J. F. (trans.), *The Age of Bede* (revd. edn.), London: Penguin Classics, 1998.
- Weiskotten, Herbert T. (trans.), *The Life of Augustine: A Translation of the Sancti Augustini Vita by Possidius, Bishop of Calama*, Merchantville, NJ.: Evolution Publishing, 2008.
- West, David (trans. and ed.), *Virgil / The Aeneid* (revd. edn.), London: Penguin Books, 2003.
- Whitelock, Dorothy (ed.), *English Historical Documents I 500–1042* (2nd edn.), London: Routledge, 1979.
- Wilkinson, John, Hill, Joyce and Ryan, W. F., *Jerusalem Pilgrimage 1099–1185*, London: The Hakluyt Society, 1988.
- William R. (trans.), *Martin Luther / The Ninety-Five Theses and Other Writings*, New York: Penguin Classics, 2017.
- Williamson, G.A. (trans.), *Eusebius / The History of the Church* (revd. edn.), London: Penguin Books, 1989.
- Williamson, G. A. and Sarris, Peter (trans.), *Procopius / The Secret History* (revd. edn.), London: Penguin, 2007.
- Wilson, William Burton (trans.), *John Gower / Mirour de l'Omme (The Mirror of Mankind)*, Woodbridge: Boydell & Brewer, 1992.
- Winterbottom, Michael (trans.), *Gildas / The Ruin of Britain and other works*, Chichester: Phillimore, 1978.
- Witakowski, Witold (trans.), *Pseudo-Dionysius of Tel-Mahre, Chronicle (known also as the Chronicle of Zuqnin) part III*, Liverpool: Liverpool University Press, 1996.
- Wolf, Kenneth Baxter (trans.), *Conquerors and chroniclers of early medieval Spain*, Liverpool: Liverpool University Press, 1990.
- Womersley, David (ed.), *Edward Gibbon / The History of the Decline and Fall of the Roman Empire*, vol. III, London: Penguin Classics, 1996.
- Wright, F.A. (trans.), *Jerome / Select Letters*, Cambridge: Harvard University Press, 1933.
- Zenokovsky, Serge (ed.), *Medieval Russia's Epics, Chronicles and Tales*, New York: E. P. Dutton, 1974.

二手資料

- Abu-Lughod, Janet L., *Before European Hegemony: The World System A.D. 1250–1350*, New York: Oxford University Press, 1991.

- Adiele, Pius Onyemechi, *The Popes, the Catholic Church and the Transatlantic Enslavement of Black Africans 1418–1839*, Hildesheim: Georg Olms Verlag, 2017.
- Angold, Michael, *The Fourth Crusade: Event and Context*, Abingdon: Routledge, 2014.
- Asbridge, Thomas, *The Greatest Knight: The Remarkable Life of William Marshal, the Power Behind Five English Thrones*, London: Simon & Schuster, 2015.
- Ashe, Geoffrey, *Land to the West: St Brendan's Voyage to America*, London: Collins, 1962.
- Aurell, Jaume, *Medieval Self-Coronations: The History and Symbolism of a Ritual*, Cambridge: Cambridge University Press, 2020.
- Babinger, Franz, *Mehmed the Conqueror and His Time*, Princeton: Princeton University Press, 1978.
- Bagge, Sverre, Gelting, Michael H., and Lindkvist, Thomas (eds.), *Feudalism: New Landscapes of Debate*, Turnhout: Brepols, 2011.
- Bak, Janos (ed.), *The German Peasant War of 1525*, Abingdon: Routledge, 2013.
- Barber, Malcolm, *The New Knighthood: A History of the Order of the Temple*, Cambridge: Cambridge University Press, 1994.
- Barber, Richard, *The Knight and Chivalry* (revd. edn.), Woodbridge: Boydell Press, 1995.
- Beach, Alison I. and Cochelin, Isabelle (eds.), *The Cambridge History of Medieval Monasticism in the Latin West* (2 vols.), Cambridge: Cambridge University Press, 2020.
- Beard, Mary, *SPQR: A History of Ancient Rome*, London: Profile Books, 2015.
- Benjamin, Craig (ed.), *The Cambridge World History vol. 4: A World with States, Empires and Networks, 1200 BCE–900 CE*, Cambridge: Cambridge University Press, 2015.
- Bentley, Jerry H., Subrahmanyam, Sanjay and Weisner-Hanks, Merry E., *The Cambridge World History VI: The Construction of a Global World 1400–1800 C.E. / Part I: Foundations*, Cambridge: Cambridge University Press, 2015.
- Bergreen, Laurence, *Columbus: The Four Voyages 1492–1504*, New York: Viking, 2011.
- Bergreen, Laurence, *Over the Edge of the World: Magellan's Terrifying Circumnavigation of the Globe*, New York: William Morrow, 2003.
- Blouw, Paul Valkema et al, *Dutch Typography in the Sixteenth Century: The Collected Works of Paul Valkema Blouw*, Leiden: Brill, 2013.
- Bony, Jean, *French Gothic Architecture of the 12th and 13th Centuries*, Berkeley: University of California Press, 1983.
- Bowersock, G. W., *The Crucible of Islam*, Cambridge, Mass., Harvard University Press, 2017.
- Bowlus, Charles R., *The Battle of Lechfeld and its Aftermath, August 955*, Aldershot: Ashgate, 2006.
- Boynton, S. and Reilly D. J. (eds.), *Resounding Image: Medieval Intersections of Art, Music, and Sound*, Turnhout: Brepols, 2015.
- Bumke, Joachim, *The Concept of Knighthood in the Middle Ages*, New York: AMS Press, 1982.
- Cameron, Averil et al (eds.), *The Cambridge Ancient History XIV: Late Antiquity, Empire and Successors, A.D. 42–600*, Cambridge: Cambridge University Press, 2000.
- Castor, Helen, *Joan of Arc: A History*, London: Faber & Faber, 2014.
- Chazan, Robert, *In the Year 1096: The First Crusade and The Jews*, Philadelphia: Jewish Publication Society, 1996.

- Christiansen, Eric, *The Northern Crusades* (2nd edn.), London: Penguin, 1997.
- Clark, James G., *The Benedictines in the Middle Ages*, Woodbridge: Boydell Press, 2011.
- Cohn, Norman, *The Pursuit of the Millennium: Revolutionary Millenarians and Mystical Anarchists of the Middle Ages*, London: Temple Smith 1970.
- Collins, Roger, *Charlemagne*, Basingstoke: Palgrave Macmillan, 1998.
- Collinson, Patrick, *The Reformation*, London: Weidenfeld and Nicholson, 2003.
- Colvin, H. M. (ed.), *The History of the King's Works I: The Middle Ages*, London: HM Stationery Office, 1963.
- Crouch, David, *Tournament*, London: Hambledon & London, 2005.
- Crowley, Roger, *Constantinople: The Last Great Siege, 1453*, London: Faber & Faber, 2005.
- Curry, Anne, *Agincourt*, Oxford: Oxford University Press, 2015.
- de la Bédoyère, *Guy, Roman Britain: A New History* (revd. edn.), London: Thames & Hudson, 2013.
- De la Vassière, Étienne, *Sogdian Traders: A History*, Leiden: Brill, 2005.
- De Rachewiltz, Igor, *Papal Envoys to the Great Khans*, London: Faber & Faber, 1971.
- De Ridder-Symoens, H., *A History of the University in Europe* I, Cambridge: Cambridge University Press, 1992.
- DeVries, Kelly and Smith, Robert Douglas, *Medieval Military Technology* (2nd edn.), Ontario: University of Toronto Press, 2012.
- Disney, A. R., *A History of Portugal and the Portuguese Empire* vol. I, Cambridge: Cambridge University Press, 2009.
- Donner, Fred M., *The Articulation of Early Islamic State Structures*, London: Routledge, 2017.
- Drayton, Elizabeth, *The Moor's Last Stand: How Seven Centuries of Muslim Rule in Spain Came to an End*, London: Profile Books, 2017.
- Eisenstein, Elizabeth, *The Printing Press as an Agent of Change: Communications and Cultural Transformations in Early-Modern Europe*, Cambridge: Cambridge University Press, 1979.
- Erlande-Brandenburg, Alain, *The Cathedral Builders of the Middle Ages*, London: Thames & Hudson, 1995.
- Ettinghausen, Richard, Grabar, Oleg, and Jenkins-Madina, Marilyn, *Islamic Art and Architecture 650–1250* (2nd edn.), New Haven/London: Yale University Press, 2001.
- Falk, Seb, *The Light Ages: A Medieval Journey of Discovery*, London: Allen Lane, 2020.
- Ferguson, Robert, *The Hammer and the Cross: A New History of the Vikings*, London: Allen Lane, 2009.
- Firnhaber-Baker, Justine, *The Jacquerie of 1358: A French Peasants' Revolt*, Oxford: Oxford University Press, 2021.
- Firnhaber-Baker, Justine and Schoenaers, Dirk, *The Routledge History Handbook of Medieval Revolt*, Abingdon: Routledge, 2017.
- Fletcher, Richard, *The Quest for El Cid*, Oxford: Oxford University Press, 1989.
- Foyle, Jonathan, *Lincoln Cathedral: The Biography of a Great Building*, London: Scala, 2015.
- Frankopan, Peter, *The First Crusade: The Call From the East*, London: Vintage, 2012.

- Frankopan, Peter, *The Silk Roads: A New History of the World*, London: Bloomsbury, 2015.
- Freely, John, *The Grand Turk: Sultan Mehmet II – Conqueror of Constantinople, Master of an Empire and Lord of Two Seas*, London: I. B. Taurus, 2010.
- Fried, Johannes, *Charlemagne*, Cambridge, Mass.: Harvard University Press, 2016.
- Füssel, Stephan, *Gutenberg and the Impact of Printing*, Aldershot: Ashgate, 2003.
- Garnsey, Peter and Saller, Richard (eds.), *The Roman Empire: Economy, Society and Culture* (2nd edn.), London/New York: Bloomsbury Academic, 2014.
- Ghosh, K. and Gillespie, V. (eds.), *After Arundel: Religious Writing in Fifteenth-Century England*, Turnhout: Brepols, 2011.
- Gibbon, Edward, *The History of the Decline and Fall of the Roman Empire: Abridged Edition*, London: Penguin Classics, 2000.
- Gilson, Simon, *Dante and Renaissance Florence*, Cambridge: Cambridge University Press, 2005.
- Goodman, Martin, van Kooten, George H. and van Buiten, JTAGM (eds.), *Abraham, the Nations, and the Hagarites: Jewish, Christian, and Islamic Perspectives on Kinship with Abraham*, Leiden: Brill, 2010.
- Grabar, Oleg, *The Dome of the Rock*, Cambridge, Mass.: Belknap Press, 2006.
- Haldon, John, *The Byzantine Wars*, Stroud: The History Press, 2008.
- Halsall, Guy, *Barbarian Migrations and the Roman West 376–568*, Cambridge: Cambridge University Press, 2007.
- Hansen, Valerie, *The Year 1000: When Explorers Connected the World – and Globalization Began*, London: Viking, 2020.
- Harper, Kyle, *The Fate of Rome: Climate, Disease, & the End of an Empire*, Princeton/Oxford: Princeton University Press, 2017.
- Harper, Kyle, *Slavery in the Late Roman World, AD 275–425*, Cambridge: Cambridge University Press, 2011.
- Harris, Jonathan, *Constantinople: Capital of Byzantium* (2nd edn.), London: Bloomsbury, 2017.
- Harris, William V. (ed.), *The Ancient Mediterranean Environment Between Science and History*, Leiden: Brill, 2013.
- Harriss, Gerald, *Shaping the Nation: England 1360–1461*, Oxford: Oxford Univeristy Press, 2005.
- Haskins, Charles Homer, *The Renaissance of the Twelfth Century*, Cambridge, Mass: Harvard University Press, 1927.
- Heather, Peter, *The Fall of the Roman Empire: A New History of Rome and the Barbarians*, Oxford: Oxford University Press, 2006.
- Heather, Peter, *The Goths*, Oxford: Blackwell Publishing, 1996.
- Hendrix, Scott H., *Martin Luther: Visionary Reformer*, New Haven: Yale University Press, 2015.
- Hibbert, Christopher, *Florence: The Biography of a City*, London: Penguin, 1993.
- Hollaender A. E. J. and Kellaway, William, *Studies in London History*, London: Hodder & Staunton, 1969.
- Hollingsworth, Mary, *The Medici*, London: Head of Zeus, 2017.
- Holton, R. H. and Aston, T. H., *The English Rising of 1381*, Cambridge: Cambridge

University Press, 1984.

- Hook, Judith, *The Sack of Rome 1527* (2nd edn.), Basingstoke: Palgrave Macmillan, 2004.
- Hornblower, Simon, Spawforth, Anthony and Eidinow, Esther (eds.), *The Oxford Classical Dictionary* (4th edn.), Oxford: Oxford University Press, 2012.
- Hoyland, Robert G., *In God's Path: The Arab Conquests and the Creation of an Islamic Empire*, Oxford: Oxford University Press, 2015.
- Hunt, Edwin S., *The Medieval Super-Companies: A Study of the Peruzzi Company of Florence*, Cambridge: Cambridge University Press, 1994.
- Hunt, Edwin S. and Murray, James M., *A History of Business in Medieval Europe, 1200–1550*, Cambridge: Cambridge University Press, 1999.
- Hunt, Noreen, *Cluny Under Saint Hugh, 1049–1109*, London: Edward Arnold, 1967.
- Hunt, Noreen (ed.), *Cluniac Monasticism in the Central Middle Ages*, London: Macmillan, 1971.
- Hyland, Ann, *The Medieval Warhorse: From Byzantium to the Crusades*, London: Grange Books, 1994.
- Isaacson, Walter, *Leonardo da Vinci: The Biography*, London: Simon & Schuster, 2017.
- Jackson, Peter, *The Mongols and The West, 1221–1410*, Abingdon: Routledge, 2005.
- Jacoby, David, *Medieval Trade in the Eastern Mediterranean and Beyond*, Abingdon: Routledge, 2018.
- Johns, Catherine, *The Hoxne Late Roman Treasure: Gold Jewellery and Silver Plate*, London: The British Museum Press, 2010.
- Johnston, David (ed.), *The Cambridge Companion to Roman Law*, New York: Cambridge University Press, 2015.
- Jones, Dan, *Crusaders: An Epic History of the Wars for the Holy Lands*, London: Head of Zeus, 2019.
- Jones, Dan, *The Templars: The Rise and Fall of God's Holy Warriors*, London, Head of Zeus: 2017.
- Jones, Dan, *Summer of Blood: The Peasants' Revolt of 1381*, London: William Collins, 2009.
- Jones, Dan, *The Hollow Crown: The Wars of the Roses and the Rise of the Tudors*, London: Faber & Faber, 2014.
- Jones, Terry L. et al (eds.), *Polynesians in America: Pre-Columbian Contacts with the New World*, Lanham: AltaMira Press, 2011.
- Jordan, William C., *The Great Famine: Northern Europe in the Early Fourteenth Century*, Princeton: Princeton Universtiy Press, 1996.
- Kaeigi, Walter, *Muslim Expansion and Byzantine Collapse in North Africa*, Cambridge: Cambridge University Press, 2010.
- Kaeuper, Richard W., *Medieval Chivalry*, Cambridge: Cambridge University Press, 2016.
- Kedar, Benjamin Z. and Weisner-Hanks, Merry E. (eds.), *The Cambridge World History Vol. 5: Expanding Webs of Exchange and Conflict, 500 C.E.–1500 C. E.*, Cambridge: Cambridge University Press, 2013.
- Keen, Maurice, *Chivalry*, New Haven/London: Yale University Press, 1984.
- Kelly, Christopher, *Attila the Hun: Barbarian Terror and the Fall of the Roman Empire*, London: The Bodley Head, 2008.

- Kemp, Martin, *Leonardo by Leonardo*, New York: Callaway, 2019.
- Kennedy, Hugh, *The Great Arab Conquests*, London: Weidenfeld & Nicolson, 2007.
- Kim, Hyun Jin, *The Huns*, London/New York: Routledge, 2016.
- King, Peter, *Western Monasticism: A History of the Monastic Movement in the Latin Church*, Kalamazoo: Cistercian Publications, 1999.
- King, Ross, *Brunelleschi's Dome: The Story of the Great Cathedral in Florence*, London: Penguin Books, 2000.
- Klibancky, Raymond, *The continuity of the Platonic tradition during the middle ages, outlines of a Corpus platonicum medii aevi*, London: Warburg Institute, 1939.
- Licence, Tom, *Edward the Confessor*, New Haven/London: Yale University Press, 2020.
- Lings, Martin, *Muhammad: His Life Based on the Earliest Sources*, Cambridge: The Islamic Texts Society, 1991.
- Lloyd, T. H., *The English Wool Trade in the Middle Ages*, Cambridge: Cambridge University Press, 1977.
- Loengard, J. S. (ed.), *Magna Carta and the England of King John*, Woodbridge: Boydell & Brewer, 2010.
- Lopez, Robert S., *The Commercial Revolution of the Middle Ages, 950–1350*, Cambridge: Cambridge University Press, 1976.
- Luttwak, Edward N., *The Grand Strategy of the Roman Empire: From the First Century A.D. to the Third*, Baltimore/London: The Johns Hopkins University Press, 1976.
- Maas, Michael (ed.), *The Cambridge Companion to The Age of Attila*, Cambridge: Cambridge University Press, 2015.
- Maas, Michael (ed.), *The Cambridge Companion to the Age of Justinian*, Cambridge: Cambridge University Press, 2005.
- MacCulloch, Diarmaid, *A History of Christianity*, London: Allen Lane, 2009.
- MacCulloch, Diarmaid, *Reformation: Europe's House Divided 1490–1700*, London: Allen Lane, 2003.
- Macek, Josef, *The Hussite Movement in Bohemia*, Prague: Orbis, 1958.
- MacGregor, Neil, *A History of the World In 100 Objects*, London: Allen Lane, 2010.
- Mallia-Milanes (ed.), *The Military Orders, Volume 3: History and Heritage*, London: Routledge, 2008.
- Marani, Pietro C., *Leonardo da Vinci: The Complete Paintings* (new edn.), New York: Abrams, 2019.
- Martens, Maximiliaan et al (eds.), *Van Eyck*, London: Thames & Hudson, 2020.
- Martin, Janet, *Medieval Russia, 980–1584* (2nd edn.), Cambridge: Cambridge University Press, 2007.
- Mattingly, David, *An Imperial Possession: Britain in the Roman Empire*, London: Allen Lane, 2006.
- McCormick, Michael, *Origins of the European Economy: Communications and Commerce, A.D. 300–900*, Cambridge: Cambridge University Press, 2001.
- McKitterick, Rosamond, *Charlemagne: The Formation of a European Identity*, Cambridge: Cambridge University Press, 2008.
- McKitterick, Rosamond, *The Frankish Kingdoms under the Carolingians*, London/New York: Longman, 1983.

- McKitterick, Rosamond (ed.), *The New Cambridge Medieval History II c.700 – c.900*, Cambridge: Cambridge University Press, 1995.
- McLynn, Frank, *Genghis Khan: The Man Who Conquered the World*, London: Bodley Head, 2015.
- Merrills A. H. (ed.), *Vandals, Romans and Berbers: New Perspectives on Late Antique North Africa*, Abingdon: Routledge, 2016.
- Merrills, Andy and Miles, Richard, *The Vandals*, Oxford: Blackwell Publishing, 2010.
- Moore, R. I., *The First European Revolution, c.970–1215*, Oxford: Blackwell Publishing, 2000.
- Morris, Colin, *The Papal Monarchy: The Western Church, 1050–1250*, Oxford: Clarendon Press, 1989.
- Morris, Marc, *A Great and Terrible King: Edward I*, London: Hutchison, 2008.
- Mullins, Edwin, *In Search of Cluny: God's Lost Empire*, Oxford: Signal Books, 2006.
- Nicholson, Helen, *The Knights Hospitaller*, Woodbridge: The Boydell Press, 2001.
- Noble, Thomas F. X. and Smith, Julia M. H., *The Cambridge History of Christianity III: Early Medieval Christianities c.600–c.1100*, Cambridge: Cambridge University Press, 2008.
- Norman, Diana (ed.), *Siena, Florence and Padua: Art, Society and Religion 1280–1400 Volume II: Case Studies*, New Haven: Yale University Press, 1995.
- O'Callaghan, Joseph F., *A History of Medieval Spain*, Ithaca: Cornell University Press, 1975.
- Orme, Nicholas, *Medieval Schools: Roman Britain to Renaissance England*, New Haven: Yale University Press, 2006.
- Ormrod, Mark, *Edward III*, New Haven: Yale University Press, 2011.
- Parker, Deborah, *Commentary and Ideology: Dante in the Renaissance*, Durham/London: Duke University Press, 1993.
- Parker, Geoffrey, *Emperor: A New Life of Charles V*, New Haven: Yale University Press, 2019.
- Parry, J. H., *The Age of Reconnaissance: Discovery, Exploration and Settlement, 1450–1650*, London: Weidenfeld and Nicholson, 1963.
- Phillips, Jonathan, *The Second Crusade: Extending the Frontiers of Christianity*, New Haven: Yale University Press, 2008.
- Phillips, Jonathan, *The Life and Legend of the Sultan Saladin*, London: Bodley Head, 2019.
- Phillips, Jonathan, *The Fourth Crusade and the Sack of Constantinople*, London: Jonathan Cape, 2011.
- Pope-Hennessy, John, *Italian Gothic Sculpture*, London: Phaidon Press, 1955.
- Power, E., *The Wool Trade in Medieval English History*, Oxford, 1941.
- Price, Neil, *The Children of Ash and Elm: A History of the Vikings*, London: Allen Lane, 2020.
- Putnam, B. H., *The Enforcement of the Statutes of Labourers During the First Decade After the Black Death, 1349–59*, New York: Columbia University Press, 1908.
- Reeve, Benjamin, *Timothy Richard, D.D., China Missionary, Statesman and Reformer*, London: S. W. Partridge & Co., 1912.
- Riley-Smith, Jonathan, *The First Crusaders, 1095–1131*, Cambridge: Cambridge

University Press, 1997.

- Robin, Diana, *Filelfo in Milan*, Princeton: Princeton University Press, 2014.
- Rubies, Joan-Pau, *Medieval Ethnographies: European Perceptions of the World Beyond*, Abingdon: Routledge, 2016.
- Russell, P. E., *Henry the Navigator: A Life*, New Haven/London: Yale University Press, 2000.
- Ryrie, Alec, *Protestants: The Faith that Made the Modern World*, New York: Viking, 2017.
- Sainty, Guy Stair and Heydel-Mankoo, Rafal (eds.), *World Orders of Knighthood and Merit* (2 vols.), Wilmington: Burke's Peerage & Gentry, 2006.
- Sarti, Laury, *Perceiving War and the Military in Early Christian Gaul (ca. 400–700 A.D.)*, Leiden: Brill, 2013.
- Schwoebel, Robert, *The Shadow of the Crescent: The Renaissance Image of the Turk, 1453–1517*, New York: St Martin's Press, 1967.
- Scott, Robert A., *The Gothic Enterprise: A Guide to Understanding the Medieval Cathedral*, Berkeley: University of California Press, 2003.
- Shaver-Crandell, Annie and Gerson, Paula, *The Pilgrim's Guide to Santiago de Compostela: A Gazetteer with 580 Illustrations*, London: Harvey Miller, 1995.
- Smith, M. L., *The Early History of the Monastery of Cluny*, Oxford: Oxford University Press, 1920.
- Stahl, Alan M., *Zecca: The Mint of Venice in the Middle Ages*, Baltimore: Johns Hopkins University Press, 2000.
- Stalley, Roger, *Early Medieval Architecture*, Oxford: Oxford University Press, 1999.
- Strathern, Paul, *The Artist, the Philosopher and the Warrior: Leonardo, Machiavelli and Borgia: A Fateful Collusion*, London: Jonathan Cape, 2009.
- Strickland, Matthew, *Henry the Young King*, New Haven/London: Yale University Press, 2016.
- Stump, Eleonore, *Aquinas*, London: Routledge, 2003.
- Sumption, Jonathan, *Cursed Kings: The Hundred Years War* IV, London: Faber & Faber, 2015.
- Swanson, R.N. (ed.), *Promissory Notes on the Treasury of Merits Indulgences in Late Medieval Europe*, Leiden: Brill, 2006.
- Taleb, Nassim Nicholas, *The Black Swan: The Impact of the Highly Improbable*, London: Penguin, 2008.
- Taylor, Arnold, *Studies in Castles and Castle-Building*, London: The Hambledon Press, 1985.
- Tuchman, Barbara, *A Distant Mirror: The Calamitous Fourteenth Century*, New York: Albert A. Knopf, 1978.
- Turner, Denys, *Thomas Aquinas: A Portrait*, New Haven: Yale University Press, 2013.
- Turner, Marion, *Chaucer: A European Life*, Princeton: Princeton University Press, 2019.
- Vallet, Françoise and Kazanski, Michel (eds.), *La noblesse romaine et les chefs barbares du IIIe au VIIe siècle*, Paris: AFAM and Museée des Antiquiteés Nationales, 1995.
- Vaughan, Richard, *Philip the Good: The Apogee of Burgundy* (new edn.), Woodbridge: Boydell Press, 2002.
- Weatherford, Jack, *Genghis Khan and the Quest for God*, New York: Viking, 2016.

- West, Charles, *Reframing the Feudal Revolution: Political and Social Transformation between the Marne and the Moselle, c.800–c.1100*, Cambridge: Cambridge University Press, 2013.
- Wheatley, Abigail, *The Idea of the Castle in Medieval England*, Woodbridge: York Medieval Press, 2004.
- White, Jr., Lynn, *Medieval Technology & Social Change*, Oxford: Oxford University Press, 1962.
- Whitehead, F., Divernes, A. H, and Sutcliffe, F. E. (eds.), *Medieval Miscellany Presented to Eugène Vinaver*, Manchester: Manchester University Press, 1965.
- Wickham, Chris, *The Inheritance of Rome: A History of Europe from 400 to 1000*, London: Penguin Books, 2010.
- Woolf, Greg, *Rome: An Empire's Story*, Oxford: Oxford University Press, 2012.

期刊文章與論文

- Ailes, Marianne, 'Charlemagne "Father of Europe": A European Icon in the Making', *Reading Medieval Studies* 38 (2012).
- Andersen, Thomas Barnebeck, Jensen, Peter Sandholt and Skovsgaard, Christian Stejner, 'The heavy plough and the agricultural revolution in medieval Europe', *Discussion Papers of Business and Economics* (University of Southern Denmark, Department of Business and Economics: 2013).
- Aston T. H., 'Oxford's Medieval Alumni', *Past & Present* 74 (1977).
- Barjamovic, Gojko, Chaney, Thomas, Cosar, Kerem and Hortaçsu, Ali, 'Trade, Merchants and the Lost Cities of the Bronze Age', *The Quarterly Journal of Economics* 134 (2019).
- Barratt, Nick,' The English Revenue of Richard I', *The English Historical Review* 116 (2001).
- Barrett, James A., 'What caused the Viking Age?', *Antiquity* 82 (2008).
- Bartsocas, Christos S., 'Two Fourteenth Century Greek Descriptions of the Black Death', *Journal of the History of Medicine and Allied Sciences* 21 (1966).
- Baug, Irene, Skre, Dagfnn, Heldal, Tom and Janse, Øystein J., ,'The Beginning of the Viking Age in the West', *Journal of Maritime Archaeology* 14 (2019) .
- Besnier, G., 'Quelques notes sur Arras et Jeanne d'Arc', *Revue du Nord* 40 (1958).
- Blegen, Nick, 'The earliest long-distance obsidian transport: Evidence from the ~200 ka Middle Stone Age Sibilo School Road Site, Baringo, Kenya', *Journal of Human Evolution* 103 (2017).
- Blockmans, Wim, 'Transactions at the Fairs of Champagne and Flanders, 1249–1291', *Fiere e mercati nella integrazione delle economie europee secc. XIII–XVIII – Atti delle Settimane di Studi* 32 (2001).
- Blumenthal, H. J., '529 and its sequel: What happened to the Academy?', *Byzantion* 48 (1978).
- Bodel, John, 'Caveat emptor: Towards a Study of Roman Slave Traders', *Journal of Roman Archaeology* 18 (2005).
- Brown, Elizabeth A. R., 'The Tyranny of a Construct: Feudalism and Historians of

Medieval Europe', *The American Historical Review* 79 (1974).

- Buck, Lawrence P., 'Anatomia Antichristi: Form and Content of the Papal Antichrist', *The Sixteenth Century Journal* 42 (2011).
- Bury, J. B, 'The Nika Riot', *The Journal of Hellenic Studies* 17 (1897).
- Campbell, Bruce M. S., 'Nature as historical protagonist: environment and society in pre-industrial England', *The Economic History Review* 63 (2010).
- Cantor, Norman F., 'The Crisis of Western Monasticism, 1050–1130', *The American Historical Review* (1960).
- Carty, Carolyn M., 'The Role of Gunzo's Dream in the Building of Cluny III', *Gesta* 27 (1988).
- Cassidy-Welch, Megan, 'The Stedinger Crusade: War, Remembrance, and Absence in Thirteenth-Century Germany', *Viator* 44 (2013).
- Conant, Kenneth J., 'The After-Life of Vitruvius in the Middle Ages', *Journal of the Society of Architectural Historians* 27 (1968).
- Constantelos, Demetrios J., 'Paganism and the State in the Age of Justinian', *The Catholic Historical Review* 50 (1964).
- Davies, Jonathan, 'Violence and Italian universities during the Renaissance', *Renaissance Studies* 27 (2013).
- Davies, Martin, 'Juan de Carvajal and Early Printing: The 42-line Bible and the Sweynheym and Pannartz Aquinas', *The Library* 17 (1996).
- De Mowbray, Malcolm, '1277 And All That – Students and Disputations', *Traditio* 57, (2002).
- Dull, Robert A. et al, 'Radiocarbon and geologic evidence reveal Ilopango volcano as source of the colossal "mystery" eruption of 539/40 CE', *Quaternary Science Reviews* 222 (2019).
- Eisenstein, Elizabeth L., 'Some Conjectures about the Impact of Printing on Western Society and Thought: A Preliminary Report', *The Journal of Modern History* 40 (1968).
- Epstein, S. R., 'Regional Fairs, Institutional Innovation, and Economic Growth in Late Medieval Europe', *Economic History Review*, 47 (1994).
- Firnhaber-Baker, Justine, 'The Social Constituency of the Jacquerie Revolt of 1358', *Speculum* 95 (2020).
- Frankopan, Peter, 'Why we need to think about the global Middle Ages', *Journal of Medieval Worlds* 1 (2019).
- Fryde, E. B., 'The Deposits of Hugh Despenser the Younger with Italian Bankers', *The Economic History Review* 3 (1953).
- Galili, Ehud, Rosen, Baruch, Arenson, Sarah, Nir El, Yoram, Jacoby, David, 'A cargo of lead ingots from a shipwreck off Ashkelon, Israel 11th–13th centuries AD, *International Journal of Nautical Archaeology* 48 (2019).
- Gatward Cevizli, Antonia, 'Bellini, bronze and bombards: Sultan Mehmed II's requests reconsidered', *Renaissance Studies* 28 (2014).
- Greatrex, Geoffrey, 'The Nika Riot: A Reappraisal', *The Journal of Hellenic Studies* 117 (1997).
- Green, Monica H., 'Putting Africa on the Black Death map: Narratives from genetics and history', *Afriques* 9 (2018).

- Green, William A., 'Periodization in European and World History', *Journal of World History* 3 (1992).
- Grendler, Paul F., 'The University of Florence and Pisa in the High Renaissance', *Renaissance and Reformation* 6 (1982).
- Gruhn, Ruth, 'Evidence grows for early peopling of the Americas', *Nature* 584 (August 2020).
- Hahn, Cynthia, 'Collector and saint: Queen Radegund and devotion to the relic of the True Cross', *Word & Image* 22 (2006).
- Harrison, Stuart, 'The Original Plan of the East End of St Hugh's Choir at Lincoln Cathedral Reconsidered in the Light of New Evidence', *Journal of the British Archaeological Association* 169 (2016).
- Hill, Brian E., 'Charles the Bald's "Edict of Pîtres" (864): A Translation and Commentary', Unpublished MA Thesis, University of Minnesota (2013).
- Hinds, Martin, 'The Murder of the Caliph 'Uthman', *International Journal of Middle East Studies* 3 (1972).
- Holum, Kenneth G. , 'Archaeological Evidence for the Fall of Byzantine Caesarea', *Bulletin of the American Schools of Oriental Research* 286 (1992).
- Hunt, Edwin S., 'A New Look at the Dealings of the Bardi and Peruzzi with Edward III', *The Journal of Economic History* 50 (1990).
- Ing, Janet, 'The Mainz Indulgences of 1454/5: A review of recent scholarship', *The British Library Journal* 9 (1983).
- Innes, Matthew, 'Land, Freedom and the Making of the Medieval West', *Transactions of the Royal Historical Society* 16 (2006).
- Jackson, Peter, 'The Crusade against the Mongols', *Journal of Ecclesiastical History* 42 (1991).
- Jamaluddin, Syed, 'Samarqand as the First City in the World under Timur', *Proceedings of the Indian History Congress* 56 (1995).
- Jones, Dan, 'Meet the Americans Following in the Footsteps of the Knights Templar', *Smithsonian* (July 2018)
- Kershaw, Ian, 'The Great Famine and Agrarian Crisis in England 1315–1322', *Past & Present* 59 (1973).
- Kılınç, Gülşah Merve et al, 'Human population dynamics and Yersinia pestis in ancient northeast Asia', *Science Advances* 7 (2021).
- Kulikowski, Michael, 'Barbarians in Gaul, Usurpers in Britain', *Britannia* 31 (2000).
- Livesey, Edwina, 'Shock Dating Result: A Result of the Norman Invasion?', *Sussex Past & Present* 133 (2014).
- MacCulloch, Diarmaid, 'The World Took Sides', *London Review of Books* 38 (2016).
- Macmaster, Thomas J., 'The Origin of the Origins: Trojans, Turks and the Birth of the Myth of Trojan Origins in the Medieval World', *Atlantide* 2 (2014).
- McPhail, Cameron, 'Pytheas of Massalia's Route of Travel', *Phoenix* 68 (2014).
- Mengel, David C., 'A Plague on Bohemia? Mapping the Black Death', *Past & Present* 211 (2011).
- Moderchai, Lee and Eisenberg, Merle, 'Rejecting Catastrophe: The Case of the Justinianic Plague', *Past & Present* 244 (2019).

- Moore, John C., 'Innocent III's De Miseria Humanae Conditionis: A Speculum Curiae?', *The Catholic Historical Review* 67 (1981).
- Musson, R. M. W., 'A History of British seismology', *Bulletin of Earthquake Engineering* 11 (2013).
- Musson, R. M. W., 'The Seismicity of the British Isles to 1600', *British Geological Survey Open Report* (2008).
- Mustard, Wilfrid P., 'Petrarch's Africa', *The American Journal of Philology* 42 (1921).
- Oppenheimer, Clive, 'Climatic, environmental and human consequences of the largest known historic eruption: Tambora volcano (Indonesia) 1815', *Progress in Physical Geography: Earth and Environment* 27 (2003).
- Pederson, Neil, Hessl, Amy E., Baatarbileg, Nachin, Anchukaitis, Kevin J. and Di Cosmo Nicola, 'Pluvials, droughts, the Mongol Empire, and modern Mongolia', *Proceedings of the National Academy of Sciences* (25 March 2014).
- Pow, Stephen, 'Fortresses that Shatter Empires: A Look at Möngke Khan's Failed Campaign Against the Song Dynasty, 1258–9', *Annual of Medieval Studies at CEU* 23 (2017).
- Pratt, Kenneth J., 'Rome as Eternal', *Journal of the History of Ideas* 26 (1965).
- Puga, Diego and Trefler, Daniel, 'International Trade and Institutional Change: Medieval Venice's Response to Globalization', *The Quarterly Journal of Economics* 129 (2014).
- Regn, Gerhard and Huss, Bernhard, 'Petrarch's Rome: The History of the Africa and the Renaissance Project', *MLN* 124 (2009).
- Rex, Richard, 'The English Campaign against Luther in the 1520s: The Alexander Prize Essay', *Transactions of the Royal Historical Society* 39 (1989).
- Robin, Diana, 'A Reassessment of the Character of Francesco Filelfo (1398–1481)', *Renaissance Quarterly* 36 (1983).
- Roland, Alex, 'Secrecy, Technology, and War: Greek Fire and the Defense of Byzantium, 678–1204', *Technology and Culture* 33 (1992).
- Sea, Thomas F., 'The German Princes' Responses to the Peasants' Revolt of 1525', *Central European History* 40 (2007).
- Sherer, Idan, 'A bloody carnival? Charles V's soldiers and the sack of Rome in 1527', *Renaissance Studies* 34 (2019).
- Slavin, Philip, 'The Great Bovine Pestilence and its economic and environmental consequences in England and Wales, 1318–50', *The Economic History Review* 65 (2012).
- Slavin, Philip, 'Market failure during the Great Famine in England and Wales (1315–1317)', *Past & Present* 222 (2014).
- Smith, Preserved, 'Luther and Henry VIII', *The English Historical Review* 25 (1910).
- Smith, Terence, 'The English Medieval Windmill', *History Today* 28 (1978).
- Sreenivasan, Govind P., 'The Social Origins of the Peasants' War of 1525 in Upper Swabia', *Past & Present* 171 (2001).
- Sussman, George D., 'Was the Black Death in India and China?', *Bulletin of the History of Medicine* 85 (2011).
- Swift, Emerson H., 'Byzantine Gold Mosaic', *American Journal of Archaeology* 38 (1934).
- Taylor, A. J., 'Master James of St. George', *The English Historical Review* 65 (1950).
- Taylor, David, 'The Early West Front of Lincoln Cathedral', *Archaeological Journal* 167

(2010).

- Toker, Franklin, 'Arnolfo's S. Maria del Fiore: A Working Hypothesis', *Journal of the Society of Architectural Historians* 42 (1983).
- Trimble, Jennifer, 'The Zoninus Collar and the Archaeology of Roman Slavery', *American Journal of Archaeology* 120 (2016).
- Ugent, Donald, Dillehay, Tom and Ramirez, Carlos, 'Potato remains from a late Pleistocene settlement in southcentral Chile', *Economic Botany* 41 (1987).
- Underwood, Norman, 'When the Goths Were in Egypt: A Gothic Bible Fragment and Barbarian Settlement in Sixth-Century Egypt', *Viator* 45 (2014).
- Vopřada, David, 'Quodvultdeus' Sermons on the Creed: a Reassessment of his Polemics against the Jews, Pagans, and Arians', *Vox Patrum* 37 (2017).
- Wang, Xiaofeng, Yang, Bao and Ljungqvist, Fredrik Charpentier, 'The Vulnerability of Qilian Juniper to Extreme Drought Events', *Frontiers in Plant Science* 10 (2019).
- Watts, Edward, 'Justinian, Malalas, and the End of Athenian Philosophical Teaching in A.D. 529', *The Journal of Roman Studies* 94 (2004).
- Werkmeister, O. K., 'Cluny III and the Pilgrimage to Santiago de Compostela', *Gesta* 27 (1988).
- Wilkins, Ernest H., 'Petrarch's Coronation Oration', *Transactions and Proceedings of the Modern Language Association of America* 68 (1953).
- Wolfe, Maury I. and Mark, Robert, 'The Collapse of the Vaults of Beauvais Cathedral in 1284', *Speculum* 51 (1976).
- Wood, Jamie, 'Defending Byzantine Spain: frontiers and diplomacy', *Early Medieval Europe* 18 (2010).
- Żemła, Michał and Siwek, Matylda, 'Between authenticity of walls and authenticity of tourists' experiences: The tale of three Polish castles', *Cogent Arts & Humanities* 1 (2020).
- Zhou, TianJun, Li, Bo, Man, WenMin, Zhang, LiXia, and Zhang, Jie, 'A comparison of the Medieval Warm Period, Little Ice Age and 20th century warming simulated by the FGOALS climate system model', *Chinese Science Bulletin* 56 (2011).

註釋

導論

1　《牛津英語辭典》將最早使用中世紀（medieval）一詞的時間訂為一八一七年。
2　See, for example, Olstein, Diego, '"Proto-globalization" and "Proto-glocalizations" in the Middle Millennium', in Kedar, Benjamin Z. and Wiesner-Hanks, Merry E. *The Cambridge World History V: State Formations* (Cambridge: 2015).
3　Wickham, Chris, *The inheritance of Rome: A history of Europe from 400 to 1000* (London: 2010).
4　許多關於歐洲以外的中世紀研究都發表在新的《中世紀世界》（*Journal of Medieval Worlds*）雜誌上。For its mission statement, Frankopan, Peter, 'Why we need to think about the global Middle Ages', *Journal of Medieval Worlds* I (2019), pp. 5–10.

第一章　羅馬人

1　若將木箱和寶物相加，約有四十公斤。Johns, Catherine, *The Hoxne Late Roman Treasure: Gold Jewellery and Silver Plate* (London: 2010), p. 201.
2　de la Bédoyère, Guy, *Roman Britain: A New History* (revd. edn.) (London: 2013), pp. 226–7. Mattingly, David, *An Imperial Possession: Britain in the Roman Empire* (London: 2006), pp. 294–5. Another historian estimates the price of a slave in today's terms as 'about that of a new car'. Woolf, Greg, *Rome: An Empire's Story* (Oxford: 2012), p. 91.
3　Johns, *The Hoxne Late Roman Treasure*, pp. 168–9.
4　On the soil, ibid., p. 9.
5　Hamilton, Walter (trans.) and Wallace-Hadrill (intro.), *Ammianus Marcellinus / The Later Roman Empire (A.D. 354–378)* (London, 1986) pp. 45–6.
6　The continuity of the concept of Rome as everlasting is summarized usefully by Pratt, Kenneth J., 'Rome as Eternal', *Journal of the History of Ideas* 26 (1965), pp. 25–44.
7　West, David (trans. and ed.), *Virgil / The Aeneid* (revd. edn.) (London: 2003), 1.279, p. 11.
8　De Sélincourt, Aubrey (trans.), *Livy / The Early History of Rome*, (revd. edn.), (London: 2002), p. 122.
9　*Ammianus Marcellinus*, p. 46.
10　Gibbon, Edward, *The History of the Decline and Fall of the Roman Empire: Abridged Edition* (London: 2000), p. 9.

11 火山活動造成世界各地的政治與社會危機的最好範例，便是一八一五年四月印尼坦博拉火山爆發的案例。See Oppenheimer, Clive, 'Climatic, environmental and human consequences of the largest known historic eruption: Tambora volcano (Indonesia) 1815', *Progress in Physical Geography: Earth and Environment* 27 (2003), pp. 230–59.

12 Ibid. pp. 44–9.

13 Graves, Robert (trans.) Rives J. B. (rev. and intro), *Suetonius / The Twelve Caesars* (London, 2007), pp. 15, 3.

14 This description follows Suetonius: ibid. pp. 88–9.

15 Church, Alfred John and Brodribb, William Jackson (trans.), Lane Fox, Robin (intro.), *Tacitus / Annals and Histories* (New York: 2009), pp. 9–10.

16 Graves, *Suetonius / Twelve Caesars*, p. 59.

17 *Aeneid*, VI. 851–54. This translation West, *Virgil / The Aeneid*, p. 138.

18 Waterfield, Robin (trans.), *Polybius / The Histories* (Oxford: 2010), pp. 398–399.

19 *Tacitus / Annals and Histories*, p. 648.

20 Ibid. pp. 653–4.

21 Luttwak, Edward N., *The Grand Strategy of the Roman Empire: From the First Century A.D. to the Third* (Baltimore/London: 1976), p. 3.

22 The text of Claudius' speech is preserved on a bronze plaque in the city of Lyon; a detailed account, including senatorial grumbling, is in *Tacitus / Annals and Histories*, pp. 222–4.

23 For a concise discussion of citizenship in the context of identity, Woolf, *Rome: An Empire's Story* pp. 218–229; in the context of social hierarchy, Garnsey, Peter and Saller, Richard, *The Roman Empire: Economy, Society and Culture* 2nd edn. (London/New York: 2014), pp. 131–149.

24 Johnson, Allan Chester, Coleman-Norton, Paul R and Bourne, Frank Card (eds.), *Ancient Roman Statutes: A Translation With Introduction, Commentary, Glossary, and Index* (Austin: 1961), p. 226.

25 Bodel, John, 'Caveat emptor: Towards a Study of Roman Slave Traders', *Journal of Roman Archaeology* 18 (2005), p. 184.

26 On the worldwide context of Roman slavery, Hunt, Peter, 'Slavery' in Benjamin, Craig (ed.), *The Cambridge World History vol. 4: A World with States, Empires and Networks, 1200BCE–900CE* (Cambridge: 2015), pp. 76–100.

27 *Leviticus* 25:44.

28 Hornblower, Simon, Spawforth, Anthony, Eidinow, Esther (eds.), *The Oxford Classical Dictionary* (4th ed) (Oxford: 2012), p. 1375.

29 Trimble, Jennifer, 'The Zoninus Collar and the Archaeology of Roman Slavery', *American Journal of Archaeology* 120 (2016), pp. 447–8.

30 Kenney, E.J. (trans.), *Apuleius / The Golden Ass* (revd. edn.) (London: 2004), p. 153.

31 Jones, Horace Leonard (trans.), *The Geography of Strabo* vol. VI (Cambridge, Mass: 1929), pp. 328–9.

32 This translation Harper, Kyle, *Slavery in the Late Roman World, AD 275–425* (Cambridge: 2011), pp. 35–6.

33 Harper, *Slavery in the Late Roman World*, p. 33.

34 Richardson, John, 'Roman Law in the Provinces' in Johnston, David (ed.), *The*

Cambridge Companion to Roman Law (Cambridge: 2015), pp. 52–3.

35 Rudd, Niall (trans.), *Cicero / The Republic, and The Laws* (Oxford: 1998), p. 69.

36 Radice, Betty (trans.), *The Letters of the Younger Pliny* (London: 1969), 10.96, 293–5.

37 Williamson, G.A. (trans.), *Eusebius / The History of the Church* (revd. edn.) (London: 1989), p. 265.

38 MacCulloch, Diarmaid, *A History of Christianity* (London: 2009), p. 196.

39 Hammond, Martin (trans.) *Marcus Aurelius / Meditations* (London: 2014), p. 48.

第二章　蠻族

1   *Ammianus Marcellinus*, p. 410.

2   Ridley, Ronald T. (trans.), *Zosimus / New History* (Sydney: 2006), p. 79.

3   Bettenson, Henry (trans.), *Saint Augustine / City of God* (London: 2003), pp. 43–4.

4   A*mmianus Marcellinus*, p. 410.

5   For detail on early Hunnic political organization see Kim, Hyun Jin, *The Huns* (London/ New York: 2016), pp. 12–36. For a more skeptical view of links between Xiongnu and the fourth-century Huns than is presented here and elsewhere, see Heather, Peter, *The Fall of the Roman Empire: A New History of Rome and the Barbarians* (Oxford: 2006), pp. 148–9.

6   De la Vaissière, Étienne, 'The Steppe World and the Rise of the Huns' in Maas, Michael (ed.), *The Cambridge Companion to The Age of Attila* (Cambridge: 2014), pp. 179–80.

7   De la Vaissière, Étienne, *Sogdian Traders: A History* (Leiden: 2005), pp. 43–4.

8   *Ammianus Marcellinus*, pp. 411–2.

9   Ibid.

10 Cook, Edward R. 'Megadroughts, ENSO, and the Invasion of Late-Roman Europe by the Huns and Avars' in Harris, William V. (ed.), *The Ancient Mediterranean Environment between Science and History* (Leiden: 2013), pp. 89–102. See also Wang, Xiaofeng, Yang, Bao and Ljungqvist, Fredrik Charpentier, 'The Vulnerability of Qilian Juniper to Extreme Drought Events', *Frontiers in Plant Science* 10 (2019) doi: 10.3389/ fpls.2019.01191.

11 Letter quoted in Reeve, Benjamin, *Timothy Richard, D.D., China Missionary, Statesman and Reformer* (London: 1912), p. 54.

12 *Zosimus*, p. 79.

13 *Ammianus Marcellinus*, p. 416.

14 Ibid. p. 417.

15 For this argument see Halsall, Guy, *Barbarian Migrations and the Roman West 376–568* (Cambridge: 2007), pp. 172–5.

16 *Ammianus Marcellinus*, p. 418.

17 Ibid. p. 423.

18 Ibid. pp. 424–5.

19 Ibid. p. 433.

20 Ibid. p. 434.

21 Ibid. p. 435.

22 A measured estimate of numbers on both sides can be found in Heather, *The Fall of the Roman Empire*, p. 181.

23 *Ammianus Marcellinus*, p. 435.

24 Ibid. pp. 435–6.

25 Ibid. p. 437.

26 這份天氣報告是聖安布羅斯（St Ambrose）發布的，他在狄奧多的喪禮演說中，將伴隨皇帝死亡的雨水與黑暗，視為宇宙悲傷的象徵。See McCauley, Leo. P. et al, *Funeral Orations by Saint Gregory and Saint Ambrose (The Fathers of the Church, Volume 22)* (Washington: 2010), p. 307.

27 Platnauer, Maurice (trans.), *Claudian / Volume II (Book 1)* (New York, 1922), p. 367.

28 Compare, for example the narratives presented in Heather, *The Fall of the Roman Empire*, pp. 203–5 with Kim, The Huns, pp. 76–7.

29 *Zosimus*, p. 113.

30 Ibid.

31 有些學者認為入侵應是發生在四○五年，因為這與拉達蓋蘇斯攻擊義大利半島的時間吻合。See Kulikowski, Michael, 'Barbarians in Gaul, Usurpers in Britain', *Britannia* 31 (2000), pp. 325–345.

32 Fremantle, W.H. (trans.) *Saint Jerome / Select Letters and Works* (New York: 1893), p. 537.

33 For Orientius, see Halsall, *Barbarian Migrations*, p. 215.

34 *Claudian / Volume II (Book 2)*, p. 173.

35 *Non est ista pax sed pactio servitutis* – recorded by *Zosimus*, p. 114.

36 *Zosimus*, p. 117.

37 *Zosimus*, p. 125.

38 *Livy / The Early History of Rome*, p. 419.

39 Kneale, Matthew, *A History of Rome in Seven Sackings* (London: 2017), p. 24.

40 *Saint Jerome / Select Letters and Works*, p. 577; cf. Psalms 79.

41 Winterbottom, Michael (trans.), *Gildas / The Ruin of Britain and other works* (Chichester: 1978), pp. 23–4.

42 *Gildas*, p. 28.

43 *Gildas*, p. 28.

44 *Gildas*, p. 28.

45 *Gildas*, p. 29.

46 Dewing, H.B. (trans.), *Procopius / History of the Wars*, vol. 2 (Cambridge, Mass.: 1916), pp. 30–33.

47 Weiskotten, Herbert T. (trans.), *The Life of Augustine: A Translation of the Sancti Augustini Vita by Possidius, Bishop of Calama* (Merchantville, NJ., 2008), pp. 44–56.

48 For recent scholarship on Vandal north Africa, see the essays collected in Merrills, A. H. (ed.), *Vandals, Romans and Berbers: New Perspectives on Late Antique North Africa* (Abingdon: 2016), esp. pp. 49–58.

49 *Procopius / History of the Wars* vol. 2, pp. 46–9.

50 For a discussion of Quovultdeus' rhetoric and its religious and political context, see Vopřada, David, 'Quodvultdeus' Sermons on the Creed: a Reassessment of his Polemics against the Jews, Pagans, and Arians', *Vox Patrum* 37 (2017), pp. 355–67.

51 See Cameron, Averil et al (eds.), *The Cambridge Ancient History XIV: Late Antiquity, Empire and Successors, A.D. 425–600* (Cambridge: 2000), p. 554.

52 Procopius, *History of the Wars*, vol. 2, pp. 256–57.

53 Mierow, Charles C., *Jordanes / The Origin and deeds of the Goths*. (Princeton University doctoral thesis, 1908), p. 57.

54 Kelly, Christopher, *Attila the Hun: Barbarian Terror and the Fall of the Roman Empire* (London: 2008), p. 189.

55 Kelly, Christopher, 'Neither Conquest nor Settlement: Attila's Empire and its Impact' in Maas, Michael (ed.), *The Age of Attila* (Cambridge: 2015), p. 195.

56 Lenski, Noel, 'Captivity among the Barbarians and its Impact on the Fate of the Roman Empire' in Maas, Michael (ed.), *The Age of Attila* (Cambridge: 2015), p. 234

57 Ibid. p. 237.

58 Cameron, Averil et al (eds.), *The Cambridge Ancient History XIV: Late Antiquity, Empire and Successors, A.D. 425–600* (Cambridge: 2000), p. 15.

59 Brehaut, Earnest (trans.), *Gregory bishop of Tours / History of the Franks*, (New York: 1916), pp. 33–4.

60 Sarti, Laury, *Perceiving War and the Military in Early Christian Gaul (ca. 400–700 A.D.)*, (Leiden: 2013), p. 187.

61 Robinson, James Harvey, *Readings in European History*. Vol 1. (Boston: 1904), p. 51.

62 Given, John (trans.), *The Fragmentary History of Priscus: Attila, the Huns and the Roman Empire, AD 430–476* (Merchantville: 2014), p. 127.

63 Ibid. p. 129.

64 Robinson, George W. (trans.), *Eugippius / The Life of Saint Severinus* (Cambridge, Mass.: 1914), pp. 45–6.

65 Mariev, Sergei (trans.), *Ioannis Antiocheni Fragmenta quae supersunt Omnia* (Berlin: 2008), p. 445.

66 Heather, Peter, *The Goths* (Oxford: 1996), p. 221.

67 Watts, Victor (trans.), *Boethius / The Consolation of Philosophy* (revd. edn.) (London: 1999), pp. 23–24.

第三章　拜占庭人

1 Chabot, J-B (trans.), *Chronique de Michel le Syrien, patriarche jacobite d'Antioche, 1166–1199*, vol. 2 (Paris: 1901), pp. 235–8. Also see Witakowski, Witold (trans.), *Pseudo-Dionysius of Tel-Mahre, Chronicle (known also as the Chronicle of Zuqnin) part III* (Liverpool: 1996), pp. 74–101.

2 *Jeremiah* 9:21.

3 Cf. *Deuteronomy* 8:20.

4 Dewing, H. B. (trans.), *Procopius / History of the Wars, Books I and II* (London: 1914), pp. 455–6.

5 Keller, Marcel, et al., 'Ancient Yersinia pestis genomes from across Western Europe reveal early diversification during the First Pandemic (541–750)', *Proceedings of the National Academy of Sciences* 116 (2019). See also Wiechmann, I and Grupe, G,

'Detection of Yersinia pestis DNA in two early medieval skeletal finds from Aschheim (Upper Bavaria, 6th century A.D.)', *American Journal of Physical Anthropology* 126 (2005), pp. 48–55.

6   Moderchai, Lee and Eisenberg, Merle, 'Rejecting Catastrophe: The Case of the Justinianic Plague', *Past & Present* 244 (2019), pp. 3–50.

7   Procopius, *The Secret History*, p. 36.

8   Cisson, C.H. (trans), *Dante Alighieri, The Divine Comedy* (revd. edn.) (Oxford: 1993), *Paradiso*, 5.130–139.

9   Jeffreys, Elizabeth, Jeffreys, Michael and Scott, Roger, *The Chronicle of John Malalas* (Leiden: 1986), p. 245.

10 Williamson, G. A. and Sarris, Peter (trans.), *Procopius / The Secret History* (revd. edn.) (London: 2007), pp. 33–5.

11 *The Chronicle of John Malalas*, pp. 254–5.

12 *Procopius / The Secret History* pp. 37–9.

13 Moyle, John Baron (trans.), *The Institutes of Justinian* (Oxford: 1906), p. 1.

14 For more on what follows, see Johnston, David (ed.) *The Cambridge Companion to Roman Law* (New York: 2015), pp. 119–48, 356–7 and 374–95.

15 Dewing, H. B. (trans.), *Procopius, On Buildings* (Cambridge, Mass.: 1940), pp. 7–8.

16 Kelley, Donald R., 'What Pleases the Prince: Justinian, Napoleon and the Lawyers', *History of Political Thought* 23 (2002), p. 290.

17 An accessible guide to the context and broad course of this dispute can be found in MacCulloch, *A History of Christianity*, pp. 222–8

18 *The Chronicle of John Malalas*, pp. 253.

19 The chronology of this process is concisely sketched in Constantelos, Demetrios J., 'Paganism and the State in the Age of Justinian', *The Catholic Historical Review* 50 (1964), pp. 372–380.

20 *The Chronicle of John Malalas*, p. 264. For a full discussion of what exactly Malalas meant by this, and the context in which he reported it, see Watts, Edward, 'Justinian, Malalas, and the End of Athenian Philosophical Teaching in A.D. 529', *The Journal of Roman Studies* 94 (2004), pp. 168–182.

21 On the survival of Neoplatonism in Byzantium, see Blumenthal, H. J., '529 and its sequel: What happened to the Academy?', *Byzantion* 48 (1978), pp. 369–385, and Watts, Edward, 'Justinian, Malalas, and the End of Athenian Philosophical Teaching in A.D. 529', *The Journal of Roman Studies* 94 (2004), pp. 168–182.

22 The two most important English-language articles on Justinian, the Hippodrome factions and the Nika riot are Bury, J. B, 'The Nika Riot', *The Journal of Hellenic Studies* 17 (1897), pp. 92–119, and Greatrex, Geoffrey, 'The Nika Riot: A Reappraisal', *The Journal of Hellenic Studies* 117 (1997), pp. 60–86.

23 The dissatisfactions of imperial aristocrats may have played a part in stirring the disorder – some of their alleged complaints are repeated in *Procopius / The Secret History*, pp. 51, 80.

24 *Procopius, History of the Wars, I Books 1–2*, pp. 224–5

25 *The Chronicle of John Malalas*, pp. 277–8.

26 *Procopius, History of the Wars, I Books 1–2*, pp. 230–1.

27 *The Chronicle of John Malalas*, p. 280.

28 *Procopius / On Buildings*, p. 12.

29 Downey, G., 'Byzantine Architects: Their Training and Methods', *Byzantion* 18 (1946–8), p. 114.

30 *Procopius / On Buildings*, p. 13.

31 Swift, Emerson H., 'Byzantine Gold Mosaic', *American Journal of Archaeology* 38 (1934), pp. 81–2.

32 Magdalino, Paul et al, 'Istanbul' in *Grove Art Online* (published online 2003), https://doi.org/10.1093/gao/9781884446054.article.T042556 III.1

33 Cross, Samuel Hazzard and Sherbowitz-Wetzor, Olgerd P. (trans.), *The Russian Primary Chronicle: Laurentian Text* (Cambridge, Mass.: 1953), p. 111.

34 Dewing, H. B. (trans.), *Procopius / History of the Wars, II, Books 3–4* (Cambridge, Mass.: 1916), pp. 88–91.

35 A concise recent narrative is in Merrills, Andy and Miles, Richard, *The Vandals* (Oxford: 2010) pp. 228–33.

36 *Procopius / History of the Wars, II, Books 3–4*, pp. 178–9.

37 *Procopius / History of the Wars, II, Books 3–4*, p. 267.

38 *Procopius / History of the Wars, II, Books 3–4*, pp. 282–3.

39 *Ecclesiastes*, 1:2.

40 *Procopius / History of the Wars, II, Books 3–4*, p. 329.

41 On Ilopango, see Dull, Robert A. et al, 'Radiocarbon and geologic evidence reveal Ilopango volcano as source of the colossal 'mystery' eruption of 539/40 CE', *Quaternary Science Reviews* 222 (2019), accessed online https://doi.org/10.1016/j.quascirev.2019.07.037

42 *Procopius / History of the Wars, II, Books 3–4*, p. 329.

43 This case is made strongly by Harper, *The Fate of Rome*, p. 232.

44 Ibid. pp. 234–5.

45 *Procopius / The Secret History*, pp. 123.

46 Dewing, H.B. (trans.), *Procopius / History of the Wars, V, Books 7.36–8*, (Cambridge, Mass.: 1928), pp. 374–75.

47 *Procopius / On Buildings*, pp. 34–7.

第四章　阿拉伯人

1 Much of the putative chronology followed below draws on Donner, Fred M., *The Early Islamic Conquests* (Princeton: 1981), pp. 111–55, which discusses the numerous possible reconstructions of events.

2 For this physical description, see Blankinship, Khalid Yahya (trans.), *The History of al-Tabari Vol. XI: The Challenge to the Empires* (New York: 1993), pp. 138, 152.

3 Blankinship, *al-Tabari XI*, pp. 113–4; also see Donner, *Early Islamic Conquests*, pp. 121–2.

4 Kennedy, Hugh, *The Great Arab Conquests* (London: 2007), pp. 79–80 reconciles them; see also Donner, *Early Islamic Conquests*, p. 131.

5   Blankinship, *al-Tabari XI*, p. 160.

6   Wallace-Hadrill, J.M. (trans.), *The Fourth Book of the Chronicle of Fredegar, with its continuations* (Westport: 1960), p. 55.

7   *al-Tabari XI*, pp. 87–8.

8   *The Fourth Book of the Chronicle of Fredegar*, p. 55.

9   Hoyland, Robert G., *In God's Path: The Arab Conquests and the Creation of an Islamic Empire* (Oxford: 2015), p. 45.

10 Holum, Kenneth G., 'Archaeological Evidence for the Fall of Byzantine Caesarea', *Bulletin of the American Schools of Oriental Research* 286 (1992), pp. 73–85.

11 Hoyland, *In God's Path*, p. 45.

12 Bowersock, G. W., *The Crucible of Islam* (Cambridge, Mass., 2017), pp. 48–9.

13 Donner, *Early Islamic Conquests*, pp. 51–2.

14 For this tradition, and a more general 'traditional' history of Mecca and Muhammad, see Lings, Martin, *Muhammad: his life based on the earliest sources* (Cambridge: 1991), p. 3.

15 Bowersock, *Crucible of Islam*, pp. 50–1.

16 Lings, *Muhammad*, p. 26.

17 Genesis 16:12. For commentary, see Hilhorst, Anthony, 'Ishmaelites, Hagarenes, Saracens', Goodman, Martin, van Kooten, George H. and van Buiten, JTAGM (eds.), *Abraham, the Nations, and the Hagarites Jewish, Christian, and Islamic Perspectives on Kinship with Abraham* (Leiden: 2010).

18 Hoyland, *In God's Path*, p. 94.

19 Juynboll, Gautier H. A. (trans.), *The History of al-Tabari vol. XIII: The Conquest of Iraq, Southwestern Persia and Egypt* (New York: 1989), p. 7.

20 Ibid. p. 27.

21 Ibid. p. 189.

22 Hoyland, *In God's Path*, pp. 96–7.

23 Fishbein, Michael (trans.), *The History of al-Tabari vol. VIII: The Victory of Islam* (New York: 1997), pp. 35–6.

24 Friedmann, Yohanan (trans.), *The History of al-Tabari vol. XII: The Battle of al-Qadisiyyah and the Conquest of Syria and Palestine* (New York: 1991), pp. 127–8.

25 *The Hadith* (pp. Sahih Bukhari, Vol. 4, Book 52, Hadith 46)

26 *The Hadith* (pp. Sahih Bukhari, Vol. 5, Book 57, Hadith 50)

27 Humphreys, R. Stephen (trans.), *The History of al-Tabari, vol. XV: The Crisis of the Early Caliphate*, (New York: 1990), pp. 252–3.

28 Ibid. pp. 207–11.

29 For a convenient narrative, Hinds, Martin, 'The Murder of the Caliph 'Uthman', *International Journal of Middle East Studies* 3 (1972), pp. 450–469.

30 *al-Tabari XV*, p. 216.

31 Ettinghausen, Richard, Grabar, Oleg, and Jenkins-Madina, Marilyn, *Islamic Art and Architecture 650–1250* (2nd edn.) (New Haven/London: 2001), pp. 15–20.

32 Grabar, Oleg, *The Dome of the Rock* (Cambridge, Mass., 2006), pp. 1–3.

33 Mango, Cyril and Scott, Roger (trans.), *The Chronicle of Theophanes Confessor: Byzantine and Near Eastern History ad 284–813* (Oxford: 1997), pp. 493.

34 Ibid. pp. 493–4. On the names and changing formula of 'Greek Fire', Roland, Alex,

'Secrecy, Technology, and War: Greek Fire and the Defense of Byzantium, 678–1204', *Technology and Culture* 33 (1992), pp. 655–679 and esp. p. 657.

35　Ibid. p. 494.

36　Ibid. p. 548.

37　Ibid. p. 550.

38　*al-Tabari XV*, p. 281–7. See also Kaeigi, Walter, *Muslim Expansion and Byzantine Collapse in North Africa* (Cambridge: 2010), p. 260.

39　Wolf, Kenneth Baxter, *Conquerors and chroniclers of early medieval Spain*, (Liverpool: 1990), p. 132.

40　Ibid., p. 132.

41　Grierson, Philip, 'The Monetary Reforms of 'Abd al-Malik: Their Metrological Basis and Their Financial Repercussions', *Journal of the Economic and Social History of the Orient* 3 (1960), pp. 16–7.

42　On this area see also Bates, Michael L., 'The Coinage of Syria Under the Umayyads, 692–750 A.D.' in Donner, Fred M., *The Articulation of Early Islamic State Structures* (London: 2017).

43　Surah 17:35.

44　Ettinghausen and Jenkings-Madina, *Islamic Art and Architecture, 650–1250*, pp. 24–6.

45　Jones, John Harris (trans.), *Ibn Abd al-Hakam / The History of the Conquest of Spain* (New York: 1969), p. 33.

46　For the legend of St Martin, see Ryan, William Granger (trans.) and Duffy, Eamon (intro), *Jacobus de Voragine, The Golden Legend: Readings on the Saints* (Princeton and Oxford: 2012), pp. 678–686.

47　根據圖爾的格列哥里的紀錄，現在已經消失的墨洛溫的大教堂「長約一六〇英尺、寬六〇英尺，高四十五英尺；祭壇周圍有三十二個窗戶，中殿有二十個；共有四十一根柱子、整個建築有五十二個窗戶、一百二十根箸子；有八個門，祭壇周圍有三個、中殿有五個。」*Gregory bishop of Tours / History of the Franks*, p. 38.

48　*The Fourth Book of the Chronicle of Fredegar*, pp. 90–1.

49　Stearns Davis, William (ed.), *Readings in Ancient History: Illustrative Extracts from the Sources*, II (Boston: 1913) pp. 362–364.

50　Sherley-Price, Leo (trans.), *Bede / A History of the English Church and People* (revd. ed) (Harmondsworth: 1968), p. 330.

51　Womersley, David (ed.), *Edward Gibbon / The History of the Decline and Fall of the Roman Empire*, vol. III (London: 1996), p. 336.

52　*The Occidental Quarterly* can be quickly found online via a Google search, but I have decided not to give a full reference here to this wretched publication.

第五章　法蘭克人

1　Ganz, David (trans.), *Einhard and Notker the Stammerer: Two Lives of Charlemagne* (London: 2008), p. 19.

2　Wallace-Hadrill (ed.), *Chronicle of Fredegar*, p. 102.

3　Ailes, Marianne, 'Charlemagne "Father of Europe": A European Icon in the Making',

Reading Medieval Studies 38 (2012), p. 59.

4   For a summary of Charlemagne's extraordinary and enduring appeal to would-be European titans, see McKitterick, Rosamond, *Charlemagne: The Formation of a European Identity* (Cambridge: 2008), pp. 1–5.

5   A point I first encountered in MacCulloch, *A History of Christianity*, p. 348.

6   A process which also supposedly provided the origins of the Turks and Macedonians. See Macmaster, Thomas J., 'The Origin of the Origins: Trojans, Turks and the Birth of the Myth of Trojan Origins in the Medieval World', *Atlantide* 2 (2014), pp. 1–12.

7   On the grave-goods see Brulet, Raymond, 'La sépulture du roi Childéric à Tournai et le site funéraire', in Vallet, Françoise and Kazanski, Michel (eds.), *La noblesse romaine et les chefs barbares du IIIe au VIIe siècle* (Paris: 1995), pp. 309–326.

8   Available in modern English translation: Fischer Drew, Katherine (trans.), *The Laws of the Salian Franks* (Philadelphia: 1991).

9   *Einhard and Notker the Stammerer*, p. 19.

10   Ibid.

11   Frankish Royal Annals. This translation: Dutton, Paul Edward, *Carolingian Civilization: A Reader* (2nd edn.) (Ontario: 2009), p. 12.

12   Aurell, Jaume, *Medieval Self-Coronations: The History and Symbolism of a Ritual* (Cambridge: 2020), pp. 128–30.

13   *Chronicle of Fredegar*, p. 104.

14   Davis, Raymond (trans.), *The Lives of the Eighth-Century Popes (Liber Pontificalis)* (Liverpool: 1992), p. 63.

15   Fried, Johannes, *Charlemagne* (Cambridge, Mass., 2016), p. 43. See also McKitterick, Rosamond (ed.), *The New Cambridge Medieval History II c. 700–c.900* (Cambridge: 1995), pp. 96–7.

16   *Chronicle of Fredegar*, p. 106.

17   Ibid. p. 120.

18   *Einhard and Notker the Stammerer*, pp. 34–6.

19   Notker's Deeds of Charlemagne in Ganz (trans.), *Einhard and Notker the Stammerer*, p. 109.

20   Costambys, Marios, Innes, Matthew and MacLean, Simon, *The Carolingian World* (Cambridge: 2011), pp. 67–8.

21   Collins, Roger, *Charlemagne* (Basingstoke: 1998), p. 62.

22   Ganz (trans.), *Einhard and Notker the Stammerer: Two Lives of Charlemagne*, p. 25.

23   Burgess, Glyn (trans.), *The Song of Roland* (London, 1990), p. 85.

24   Ibid. pp. 104–5.

25   Ganz (trans.), *Einhard and Notker the Stammerer: Two Lives of Charlemagne*, p. 36.

26   'Aachen' in *Grove Art Online* https://doi.org/10.1093/ gao/9781884446054.article. T000002

27   See Fouracre, Paul, 'Frankish Gaul to 814' in McKitterick (ed.), *The New Cambridge Medieval History*, p. 106.

28   Dutton, *Carolingian Civilization: A Reader* (2nd edn.), pp. 92–5.

29   Ganz (trans.), *Einhard and Notker the Stammerer: Two Lives of Charlemagne*, p. 36.

30   Davis (trans.), *Lives of the Eighth-Century Popes*, pp. 185–6.

31　On this point, Fried, *Charlemagne*, p. 414.

32　Dümmler, Ernst (ed.), *Poetae latini aevi Carolini* I (Berlin: 1881), p. 379.

33　Davis, *Lives of the Eighth-Century Popes*, p. 188.

34　See Dümmler, Ernst, as above. This English translation, Dutton, *Carolingian Civilization: A Reader* (2nd edn.), p. 65.

35　Ganz (trans.), *Einhard and Notker the Stammerer: Two Lives of Charlemagne*, p. 38.

36　Ibid. p. 35 and Fried, *Charlemagne*, p. 425.

37　Ibid.

38　This translation, Dutton, *Carolingian Civilization: A Reader* (2nd edn.), pp. 146–7.

39　These portents were all recorded by Einhard. Ganz (trans.), *Einhard and Notker the Stammerer: Two Lives of Charlemagne*, p. 41.

40　Translation by Dutton, *Carolingian Civilization: A Reader* (2nd edn.), p. 157.

41　不只一位學者認為,《帝國詔令》沒有提及伯納德的恥辱令他十分興奮。See McKitterick, Rosamond, *The Frankish Kingdoms Under the Carolingians* (London/New York: 1983), p. 135.

42　The text of the *Ordinatio Imperii* of 817 is conveniently translated in Dutton, *Carolingian Civilization: A Reader* (2nd edn.), pp. 199–203.

43　Translated in ibid. p. 205

44　On the identification of Ragnar as Ragnar Lodbrok, see for example Price, Neil, *The Children of Ash and Elm: A History of the Vikings* (London: 2020), p. 344.

45　Ermentarius of Noirmoutier in Poupardin, René (ed.), *Monuments de l'histoire des Abbeyes de Saint-Philibert* (Paris: 1905), pp. 61–2.

46　Whitelock, Dorothy (ed.), *English Historical Documents I 500–1042* (2nd edn.) (London: 1979), pp. 775–7.

47　Poupardin (ed.), *Monuments de l'histoire des Abbeyes de Saint-Philibert*, pp. 61–2.

48　For a useful summary of, and bibliographical links to, the voluminous scholarship on the location of 'Thule', see McPhail, Cameron, Pytheas of Massalia's Route of Travel', *Phoenix* 68 (2014), pp. 252–4.

49　For an evocative recent description of this, Price, *The Children of Ash and Elm*, pp. 31–63. See also Ferguson, Robert, *The Hammer and the Cross: A New History of the Vikings* (London: 2009), pp. 20–40.

50　A summary and bibliography of the many proposed theses for Viking migration is Barrett, James H., 'What caused the Viking Age?', *Antiquity* 82 (2008), pp. 671–85.

51　Baug, Irene, Skre, Dagfnn, Heldal, Tom and Janse, Øystein J., 'The Beginning of the Viking Age in the West', *Journal of Maritime Archaeology* 14 (2019), pp. 43–80

52　DeVries, Kelly and Smith, Robert Douglas, *Medieval Military Technology* (2nd edn.) (Ontario: 2012), pp. 291–2.

53　Whitelock (ed.), *English Historical Documents I 500–1042* (2nd edn.), pp. 778–9.

54　Price, Neil, *The Children of Ash and Elm: A History of the Vikings*, pp. 438–9.

55　A modern English translation of the edict is Hill, Brian E., *Charles the Bald's 'Edict of Pîtres' (864): A Translation and Commentary* (Unpublished MA Thesis, University of Minnesota: 2013).

56　*Annals of St Vaast*, this translation from Robinson, James Harvey, *Readings in European History* vol 1. (Boston: 1904), p. 164.

57 Christiansen, Eric (trans.), *Dudo of St. Quentin / History of the Normans* (Woodbridge: 1998), p. 22.

58 Price, *Children of Ash and Elm*, p. 350.

59 *Annals of St Vaast*, p. 163.

60 Dass, Nirmal (trans.), *Viking Attacks on Paris: The Bella parisiacae Urbis of Abbo of Saint-Germain-des-Près* (Paris: 2007), pp. 34–5.

61 *Dudo of St. Quentin / History of the Normans*, pp. 28–9.

62 Ibid., p. 46.

63 Ibid., p. 49.

64 Price, *Children of Ash and Elm*, p. 497.

65 Licence, Tom, *Edward the Confessor* (New Haven/London: 2020), p. 48, and see n. 30.

第六章　修士

1 Smith, M. L., *The Early History of the Monastery of Cluny* (Oxford: 1920), p. 10.

2 Ibid., pp. 11–12.

3 Rosè, Isabella, 'Interactions between Monks and the Lay Nobility (from the Carolingian Era through the Eleventh Century)', in Beach, Alison I. and Cochelin, Isabelle (eds.), *The Cambridge History of Medieval Monasticism in the Latin West* I (Cambridge: 2020), esp. pp. 579–83.

4 Smith, *Early History of the Monastery of Cluny*, p. 14 n. 5.

5 *Matthew* 19:21.

6 Voraigne, Jacobus de, *The Golden Legend*, p. 93.

7 Ibid. p. 96.

8 Clark, James G., *The Benedictines in the Middle Ages* (Woodbridge: 2011), pp 8–9.

9 For a summary of the ascetic 'problem' at Chalcedon, see Helvétius, Anne-Marie and Kaplan, Michael, 'Asceticism and its institutions' in Noble, Thomas F. X. and Smith, Julia M. H., *The Cambridge History of Christianity III: Early Medieval Christianities c. 600–c.1100* (Cambridge: 2008), pp. 275–6.

10 Gardner, Edmund G. (ed.) *The Dialogues of Saint Gregory the Great* (Merchantville: 2010), p. 51.

11 Ibid., p. 99.

12 Fry, Timothy (trans.), *The Rule of St Benedict in English* (Collegeville: 2018), p. 15.

13 *The Dialogues of Saint Gregory the Great*, p. 99.

14 This translation, Coulton, C. G. (ed.), *Life in the Middle Ages* IV (Cambridge: 1930), p. 29.

15 Diem, Albrecht and Rousseau, Philip, 'Monastic Rules (Fourth to Ninth Century)', in Beach, Alison I. and Cochelin, Isabelle (eds.), *The Cambridge History of Medieval Monasticism in the Latin West* I (Cambridge: 2020), pp. 181–2.

16 MacCulloch, *History of Christianity*, p. 354.

17 Cantor, Norman F., 'The Crisis of Western Monasticism, 1050–1130', *The American Historical Review* (1960), p. 48.

18 Sitwell, G. (trans.), *St. Odo of Cluny: being the Life of St. Odo of Cluny / by John of*

Salerno. And, the Life of St. Gerald of Aurillac by St. Odo (London: 1958), p. 16.

19   Sherley-Price (trans.), Bede / A History of the English Church and People, p. 256

20   Ibid. p. 254.

21   See Morghen, Raffaello, 'Monastic Reform and Cluniac Spirituality', Hunt, Noreen (ed.), Cluniac Monasticism in the Central Middle Ages (London: 1971), pp. 18–19.

22   On new conversions, see Raaijmakers, Janneke, 'Missions on the Northern and Eastern Frontiers', Beach, Alison I. and Cochelin, Isabelle (eds.), The Cambridge History of Medieval Monasticism in the Latin West I (Cambridge: 2020), pp. 485–501 and Jamroziak, Emilia, 'East-Central European Monasticism: Between East and West?', ibid. II, pp. 882–900.

23   Clark, The Benedictines in the Middle Ages, pp. 53–4.

24   Zhou, TianJun, Li, Bo, Man, WenMin, Zhang, LiXia, and Zhang, Jie, 'A comparison of the Medieval Warm Period, Little Ice Age and 20th century warming simulated by the FGOALS climate system model', Chinese Science Bulletin 56 (2011), pp. 3028–3041.

25   A thesis fully developed by White, Jr., L., Medieval Technology & Social Change (Oxford: 1962), and recently strongly backed by Andersen, Thomas Barnebeck, Jensen, Peter Sandholt and Skovsgaard, Christian Stejner, 'The heavy plough and the agricultural revolution in medieval Europe', Discussion Papers of Business and Economics (University of Southern Denmark, Department of Business and Economics: 2013).

26   One scholar has called this 'vying in good works'. See Moore, R. I. The First European Revolution, c.970–1215 (Oxford: 2000), p. 75.

27   Smith, Early History of the Monastery of Cluny, pp. 143–6, drawing on the near-contemporary Jotsaldus' Life of Odilo.

28   For a succinct summary of building works at Cluny during this period, the starting point is Bolton, Brenda M. and Morrison, Kathryn 'Cluniac Order', Grove Art Online, https://doi.org/10.1093/gao/9781884446054.article.T018270

29   Fry, Timothy (ed.), The Rule of St Benedict In English (Collegeville: 2018), pp. 52–3.

30   On Benedictine music in general see Clark, The Benedictines in the Middle Ages, pp. 102–5.

31   Biay, Sébastien, 'Building a Church with Music: The Plainchant Capitals at Cluny, c. 1100', Boynton, S. and Reilly D. J. (eds.), Resounding Image: Medieval Intersections of Art, Music, and Sound (Turnhout: 2015), pp. 221–2.

32   Hunt, Noreen, Cluny under Saint Hugh, 1049–1109 (London: 1967), p. 105.

33   King, Peter, Western Monasticism: A History of the Monastic Movement in the Latin Church (Kalamazoo: 1999), p. 128. See also Hunt, Cluny under Saint Hugh, pp. 101–3.

34   Shaver-Crandell, Annie and Gerson, Paula, The Pilgrim's Guide to Santiago de Compostela: A Gazetteer with 580 Illustrations (London: 1995), pp. 72–3.

35   Mullins, Edwin, In Search of Cluny: God's Lost Empire (Oxford: 2006), pp. 72–3.

36   Mabillon, Jean, Annales Ordinis S. Benedicti Occidentalium Monachorum Patriarchæ vol. IV (Paris, 1707), p. 562.

37   On the True Cross at Poitiers, see Hahn, Cynthia, 'Collector and saint: Queen Radegund and devotion to the relic of the True Cross', Word & Image 22 (2006), pp. 268–274.

38   Werkmeister, O. K., 'Cluny III and the Pilgrimage to Santiago de Compostela', Gesta 27

(1988), p. 105.

39   On this dream, Carty, Carolyn M., 'The Role of Gunzo's Dream in the Building of Cluny III', *Gesta* 27 (1988), pp. 113–123.

40   The Vitruvian proportions of Cluny III were first described by Conant, Kenneth J., 'The after-Life of Vitruvius in the Middle Ages', *Journal of the Society of Architectural Historians* 27 (1968), pp. 33–38.

41   Bolton and Morrison, 'Cluniac Order', *Grove Art Online*.

42   Mullins, *In Search of Cluny*, pp. 79–80.

43   Hunt, Noreen, *Cluny under Saint Hugh, 1049–1109* (London: 1967), pp. 145–6.

44   Mullins, *In Search of Cluny*, pp. 197–205.

45   Ibid. p. 221.

46   Canon 12 of the Fourth Lateran Council. The canons are printed and translated in full in Schroeder, H. J., *Disciplinary Decrees of the General Councils: Text, Translation and Commentary* (St. Louis: 1937), pp. 236–296.

47   Greenia, M. Conrad, *Bernard of Clairvaux / In Praise of the New Knighthood* (revd. edn.) (Trappist: 2000), p. 37.

第七章　騎士

1   被稱為「聖勞倫斯之淚」（Tears of St Lawrence）的星塵斑點是由地球穿過彗星尾巴所造成的，這一見解請看萊希菲爾德之戰的英文資料：Bowlus, Charles R., *The Battle of Lechfeld and its Aftermath, August 955* (Aldershot: 2006). Much of what follows on Lechfeld is informed by Bowlus' reconstructed narrative of this complicated and strung-out battle, and on his translations of key contemporary sources, which are collected in his book's appendices.

2   *Widukind's Deeds of the Saxons*, trans. ibid. p. 180.

3   Ibid. pp. 181–2.

4   *Gerhard's Life of Bishop Ulrich of Augsburg*, translated in ibid. p. 176.

5   Ibid.

6   Ibid. p. 181.

7   Archer, Christon I., Ferris, John R., Herwig, Holger H. and Travers, Timothy H. E., *World History of Warfare* (Lincoln: 2002), pp. 136–7.

8   *Xenophon / On Horsemanship* 12.6

9   Hyland, Ann, *The Medieval Warhorse: From Byzantium to the Crusades* (London: 1994), p. 3.

10   Sewter, E. R. A (trans.), Frankopan, Peter (intro.), *Anna Komnene / The Alexiad* (revd. edn.) (London: 2009), p. 378.

11   Keen, Maurice, *Chivalry* (New Haven/London: 1984), p. 23

12   Hyland, *Medieval Warhorse*, p. 11.

13   See, for example, the copy of this wonderful document which is held at the British Library, shelfmark Add MS 11695, f.102 v. It can be viewed online at www.bl.uk/catalogues/illuminatedmanuscripts/record.asp?MSID=8157&CollID=27&NStart=11695

14   馬鐙大爭議本質上是對小林恩・懷特（Lynn White Jr）論文的爭論，他在一九六〇

年代時提出，馬鐙在中世紀歐洲的出現，不僅改變了人們在馬背上作戰的方式，更促使封建主義的崛起。For a brisk and useful historiographical discussion see Kaeuper, Richard W., *Medieval Chivalry* (Cambridge: 2016), pp. 65–8.

15　Keen, *Chivalry*, p. 25.

16　封建主義或封建制度是否曾存在於史學家的腦袋之外，是中世紀歷史上最長久的爭論之一，自一九五〇年代以來便從未間斷。The architect of the idea of a feudal 'revolution' was Georges Duby – see, for example, Duby, Georges, *The Chivalrous Society* (Berkeley: 1977); an important essay for understanding the demolition of the case is Brown, Elizabeth A. R., 'The Tyranny of a Construct: Feudalism and Historians of Medieval Europe', *The American Historical Review* 79 (1974), pp. 1063–88. For a more recent snapshot of the historiography of feudalism across Europe, see also the essays in Bagge, Sverre, Gelting, Michael H., and Lindkvist, Thomas (eds.), *Feudalism: New Landscapes of Debate* (Turnhout: 2011). For a local study focusing on north-west Europe, see West, Charles, *Reframing the Feudal Revolution: Political and Social Transformation between the Marne and the Moselle, c.800–c.1100* (Cambridge: 2013).

17　Christon et al, *World History of Warfare*, p. 146.

18　On Hungary, see Bak, Janos M., 'Feudalism in Hungary?', in Bagge, Gelting and Lindkvist (eds.), *Feudalism: New Landscapes of Debate*, pp. 209–12.

19　*Historia Roderici* translated in Barton, Simon and Fletcher, Richard, *The World of El Cid: Chronicles of the Spanish Reconquest* (Manchester: 2000), p. 99.

20　Ibid. p. 100.

21　Kaeuper, *Medieval Chivalry*, p. 69.

22　Ibid. p. 101.

23　Ibid.

24　Ibid. p. 109.

25　Ibid. pp. 111–2.

26　Ibid. p. 113.

27　Ibid. p. 117.

28　Ibid. p. 133.

29　Ibid. p. 136.

30　Ibid. p. 137.

31　Fletcher, Richard, *The Quest for El Cid* (Oxford: 1989), p. 172.

32　Barton and Fletcher, *World of El Cid*, p. 138.

33　*El Canto de mio Cid* lines 1722–26, translation via https://miocid.wlu.edu/

34　Fletcher, *The Quest for El Cid*, p. 174.

35　The Spanish–Arab poet Ibn Bassam, translated in ibid. p. 185.

36　Livesey, Edwina, 'Shock Dating Result: A Result of the Norman Invasion?', *Sussex Past & Present* 133 (2014), p. 6.

37　*Song of Roland*, p. 154

38　Ibid. ch. 245.

39　At the time of writing the most recent screen treatment of the Arthurian legends are Guy Ritchie's *King Arthur: Legend of the Sword* (2017) and Frank Miller and Tom Wheeler's Netflix series *Cursed* (2020).

40　Kibler, William W., *Chrétien de Troyes / Arthurian Romances* (revd. edn.) (London:

2001), pp. 382–3. This passage also inspires the first pages of Barber, Richard, *The Knight and Chivalry* (revd. edn.) (Woodbridge: 1995), p. 3.

41 E.g. Asbridge, Thomas, *The Greatest Knight: The Remarkable Life of William Marshal, the Power Behind Five English Thrones* (London: 2015), which is the current standard biography.

42 Holden, A. J. (ed.), Gregory, S. (trans.) and Crouch, D., *History of William Marshal* I (London: 2002), pp. 30–1.

43 Ibid. pp. 38–9.

44 Ibid.

45 Ibid. pp. 52–3.

46 Ibid. pp. 60–1.

47 Crouch, David, *Tournament* (London: 2005), p. 8.

48 Translated in Strickland, Matthew, *Henry the Young King* (New Haven/London: 2016), p. 240.

49 *History of William Marshal* I, pp. 186–7.

50 Kibler (trans.), *Chrétien de Troyes / Arthurian Romances*, pp. 264–5.

51 Holden et al (eds.), *History of William Marshal* I, pp. 268–9, 276–277.

52 Ibid. pp. 448–9.

53 Holden et al (eds.), *History of William Marshal* II, pp. 60–3.

54 This translation Gillingham, J., 'The Anonymous of Béthune, King John and Magna Carta' in Loengard, J. S. (ed.), *Magna Carta and the England of King John* (Woodbridge: 2010), pp. 37–8.

55 Holden et al (eds.), *History of William Marshal* II, pp. 406–7.

56 Morris, Marc, *A Great and Terrible King: Edward I* (London: 2008), p. 164.

57 Ibid.

58 A vast subject, introduced well in the English context by Harriss, Gerald, *Shaping the Nation: England 1360–1461* (Oxford: 2005), pp. 136–86.

59 As advertised and surveyed exhaustively in Sainty, Guy Stair, Heydel-Mankoo, Rafal, *World Orders of Knighthood and Merit* (2 vols) (Wilmington: 2006).

60 Jones, Dan, 'Meet the Americans Following in the Footsteps of the Knights Templar', *Smithsonian* (July 2018), archived online at www.smithsonianmag.com/history/meet-americans-following-footsteps-knights-templar–180969344/.

第八章　十字軍

1 For a narrative of the battle of Manzikert, Haldon, John, *The Byzantine Wars* (Stroud: 2008), pp. 168–81.

2 For an outline of this topic, see Jones, Dan, *Crusaders: An Epic History of the Wars for the Holy Lands* (London: 2019), pp. 30–41. For a more detailed treatment, Morris, Colin, *The Papal Monarchy: The Western Church, 1050–1250* (Oxford: 1989).

3 See Cowdrey, H. E. J., 'The Peace and the Truce of God in the Eleventh Century', *Past & Present* 46 (1970), pp. 42–67.

4 The best account of the motivations for the First Crusade as a response to pleas from

Byzantium is Frankopan, Peter, *The First Crusade: The Call From the East* (London: 2012).

5　This translation, Robinson, I. S., *Eleventh Century Germany: The Swabian Chronicles* (Manchester: 2008), p. 324.

6　Cowdrey, H. E. J. (trans.), *The Register of Pope Gregory: 1073–1085: An English Translation* (Oxford: 2002), pp. 50–1.

7　Ryan, Frances Rita and Fink, Harold S. (eds.), *Fulcher of Chartres: A History of the Expedition to Jerusalem, 1095–1127* (Knoxville: 1969), pp. 65–6.

8　Sweetenham, Carole (trans.), *Robert the Monk's History of the First Crusade: Historia Iherosolimitana* (Abingdon: 2016), p. 81.

9　See Chazan, Robert, *In the Year 1096: The First Crusade and The Jews* (Philadelphia: 1996).

10　Edgington, Susan (trans.), *Albert of Aachen / Historia Ierosolimitana: History of the Journey to Jerusalem* (Oxford: 2007), pp. 52–3.

11　*Anna Komnene / The Alexiad*, pp. 274–5.

12　Ibid., pp. 383–4

13　Edgington (trans.), *Albert of Aachen / Historia Ierosolimitana*, p. 145.

14　Hill, Rosalind (ed.), *Gesta Francorum et Aliorum Hierosoliminatorum: The Deeds of the Franks and the Other Pilgrims to Jerusalem*, (Oxford: 1962), pp. 19–20.

15　Edgington (trans.), *Albert of Aachen / Historia Ierosolimitana*, pp. 284–5.

16　Hill, John Hugh and Hill, Laurita L. (trans.), *Raymond d'Aguilers / Historia Francorum Qui Ceperunt Iherusalem* (Philadelphia: 1968), p. 127.

17　Richards, D. S. (trans.), *The Chronicle of Ibn al-Athir for the Crusading Period from al-Kamil fi'l Ta'rikh* I (Farnham: 2006), p. 22.

18　這段旅程在北歐傳奇中描述的十分有趣。See Hollander, Lee M. (trans.), *Snorri Sturluson / Heimskringla: History of the Kings of Norway* (Austin: 1964), pp. 688–701.

19　Wilkinson, John, Hill, Joyce and Ryan, W. F., *Jerusalem Pilgrimage 1099–1185*, (London: 1988), p. 100.

20　Ibid. p. 171.

21　Riley-Smith, Jonathan, *The First Crusaders, 1095–1131* (Cambridge: 1997), pp. 169–188.

22　Jacoby, David, *Medieval Trade in the Eastern Mediterranean and Beyond* (Abingdon: 2018), pp. 109–116.

23　Galili, Ehud, Rosen, Baruch, Arenson, Sarah, Nir El, Yoram, Jacoby, David, 'A cargo of lead ingots from a shipwreck off Ashkelon, Israel 11th–13th centuries AD', *International Journal of Nautical Archaeology* 48 (2019), pp. 453–465.

24　Ryan and Fink (eds.), *Fulcher of Chartres: A History of the Expedition to Jerusalem*, p. 150.

25　Eugene's crusading bull *Quantum Praedecessores* (1145), translated in Riley-Smith, Jonathan and Louise (eds.), *The Crusades: Idea and Reality, 1095–1274* (London: 1981), pp. 57–9.

26　Berry, Virginia Gingerick, *Odo of Deuil / De Profectione Ludovici VII in Orientam* (New York: 1948), pp. 8–9.

27　Bédier, J. and Aubry, P. (eds.), *Les Chansons de Croisade avec Leurs Melodies* (Paris:

1909), pp. 8–10.

28 The best introductory survey to the Second Crusade is Phillips, Jonathan, *The Second Crusade: Extending the Frontiers of Christianity* (New Haven: 2008).

29 Babcock, Emily Atwater and Krey, A. C. (trans.), *A History of Deeds Done Beyond the Sea: By William Archbishop of Tyre* II, (New York: 1943), p. 180

30 The best introduction to this topic is Christiansen, Eric, *The Northern Crusades* (2nd edn.) (London: 1997).

31 The most recent biography is Phillips, Jonathan, *The Life and Legend of the Sultan Saladin* (London: 2019).

32 Broadhurst, Roland (trans.), *The Travels of Ibn Jubayr* (London: 1952), p. 311.

33 Barber, Malcolm and Bate, Keith, *Letters from the East: Crusaders, Pilgrims and Settlers in the 12th–13th Centuries* (Farnham: 2010), p. 76.

34 Lewis, Robert E. (ed.), *De miseria condicionis humane / Lotario dei Segni (Pope Innnocent III)* (Athens, GA: 1978).

35 McGrath, Alister E., *The Christian Theology Reader*, p. 498.

36 Bird, Jessalyn, Peters, Edward and Powell, James M., *Crusade and Christendom: Annotated Documents in Translation from Innocent III to the Fall of Acre, 1187–1291* (Philadelphia: 2013), p. 32

37 The essential texts on the Fourth Crusade are Phillips, Jonathan, *The Fourth Crusade and the Sack of Constantinople* (London: 2011) and Angold, Michael, *The Fourth Crusade: Event and Context* (Abingdon: 2014).

38 Andrea, Alfred J. (trans.), *The Capture of Constantinople: The 'Hystoria Constantinoplitana' of Gunther of Pairis* (Philadelphia: 1997), p. 79.

39 Magoulias, Harry J. (trans.), *O City of Byzantium, Annals of Niketas Choniates* (Detroit: 1984), p. 316

40 Riley-Smith, *The Crusades: Idea and Reality*, p. 156.

41 Ibid. pp. 78–9.

42 Ibid. p. 81.

43 See Barber, Malcolm, *The Trial of the Templars* 2nd edition (Cambridge: 2006); Jones, Dan, *The Templars: The Rise and Fall of God's Holy Warriors* (London: 2017).

第九章 蒙古人

1 Peters, Edward (ed.), *Christian Society and the Crusades 1198–1229. Sources in Translation including The Capture of Damietta by Oliver of Paderborn*, (Philadelphia: 1971), p. 113.

2 The text of Jacques de Vitry's details letter on 'King David' is known as the *Relatio de Davide*, and can be read (in French) in Huygens, R. B. C. (trans.), *Lettres de Jacques de Vitry, Edition Critique* (Leiden: 1960), pp. 141–50.

3 The famous forged letter from Prester John to the Byzantine Emperor Manuel I Komnenos is translated in Barber, Malcolm and Bate, Keith, *Letters from the East: Crusaders, Pilgrims and Settlers in the 12th–13th Centuries* (Farnham: 2013), pp. 62–8.

4 On the relationship between Prester John and 'King David', see Hamilton, Bernard,

'Continental Drift: Prester John's Progress through the Indies' in Rubies, Joan-Pau, *Medieval Ethnographies: European Perceptions of the World Beyond* (Abingdon: 2016).

5　Smith, Richard, 'Trade and commerce across Afro-Eurasia', in Kedar, Benjamin Z. and Weisner-Hanks, Merry E., *The Cambridge World History Vol. 5: Expanding Webs of Exchange and Conflict, 500 C.E–1500 C.E.* (Cambridge: 2013), p. 246.

6　de Rachewiltz, Igor (trans.), *The Secret History of the Mongols: A Mongolian Epic Chronicle of the Thirteenth Century* I (Leiden: 2006), p. 1.

7　Ibid. p. 13.

8　Pederson, Neil, Hessl, Amy E., Baatarbileg, Nachin, Anchukaitis, Kevin J. and Di Cosmo, Nicola, 'Pluvials, droughts, the Mongol Empire, and modern Mongolia', *Proceedings of the National Academy of Sciences* (25 March, 2014).

9　Biran, Michael, 'The Mongol Empire and inter-civilizational exchange', in Kedar, Benjamin Z. and Weisner-Hanks, Merry E., *The Cambridge World History Vol. 5: Expanding Webs of Exchange and Conflict, 500 C.E.–1500 C.E.* (Cambridge: 2013), p. 538.

10　Ibid. p. 546.

11　de Rachewiltz (trans.), *The Secret History of the Mongols*, p. 133.

12　Ibid. p. 116.

13　Ibid. p. 179.

14　Boyle, J.A. (trans.), *Genghis Khan: the history of the world conqueror / by 'Ala-ad-Din 'Ata-Malik Juvaini* (Manchester: 1997), p. 107.

15　McLynn, Frank, *Genghis Khan: The Man Who Conquered the World* (London: 2015), p. 299.

16　Translation: Ibid. p. 327.

17　Michell, Robert and Forbes, Nevill (trans.), *The Chronicle of Novgorod 1016–1471* (London: 1914), p. 64.

18　Ibid. p. 66.

19　Richard, D. S., *The Chronicle of Ibn al-Athir for the Crusading Period from al-Kamil fi'l Ta'rikh* III, (Farnham: 2006), p. 215.

20　For a colourful discussion of the various possible causes of Genghis' death, see McLynn, Frank, *Genghis Khan*, pp. 378–9.

21　Colbert, Benjamin (ed.), *The Travels of Marco Polo* (Ware: 1997), p. 65.

22　Michael, Maurice (trans.), *The Annals of Jan Długosz: Annales Seu Cronicae Incliti Regni Poloniae* (Chichester: 1997), p. 180.

23　A detailed account of the crusade against the Mongols is Jackson, Peter, 'The Crusade against the Mongols', *Journal of Ecclesiastical History* 42 (1991), pp. 1–18.

24　Ibid. p. 15 n. 72

25　Martin, Janet, *Medieval Russia, 980–1584* (2nd edn.) (Cambridge: 2007), p. 155.

26　Zenokovsky, Serge, *Medieval Russia's Epics, Chronicles and Tales* (New York: 1974), p. 202. See also Martin, *Medieval Russia*, p. 151.

27　For the narrative of Giovanni's journey, Hildinger, Erik (trans.), *Giovanni da Pian del Carpine, Archbishop of Antivari, d. 1252 / The story of the Mongos who we call the Tartars* (Boston: 1996), pp. 88–113. This quote, p. 91.

28　Ibid. p. 93.

29   Ibid. p. 95.

30   Ibid., p. 34.

31   Ibid., p. 39.

32   Ibid. p. 48.

33   Ibid. p. 99.

34   Ibid. p. 107.

35   For a full discussion of the missions sent east, many of them by Pope Innocent IV, see De Rachewiltz, Igor, *Papal Envoys to the Great Khans* (London: 1971).

36   Jackson, Peter (ed.), *The Mission of Friar William of Rubruck* (Abingdon: 2016), p. 291.

37   Ibid. p. 303.

38   Ibid. p. 316.

39   For a discussion of the various proposed causes of Möngke's death and their original sources, Pow, Stephen, 'Fortresses That Shatter Empires: A look at Möngke Khan's failed campaign against the Song Dynasty, 1258–9', in Jaritz, Gerhard, Lyublyanovics, Kyra, Rasson, Judith A., and Reed, Zsuzsanna (eds.), *Annual of Medieval Studies at CEU* 23 (2017), pp. 96–107.

40   Barber and Bate, *Letters from the East*, pp. 157–9.

41   Martin, *Medieval Russia*, p. 156.

42   Gibb, H. A. R. (trans.), *Ibn Battuta: Travels in Asia and Africa 1325–1354* (London: 1929), p. 166.

43   Jackson, Peter, *The Mongols and the West, 1221–1410* (Abingdon: 2005), p. 236.

44   Ibid. p. 237.

45   Jamaluddin, Syed, 'Samarqand as the First City in the World under Temür', *Proceedings of the Indian History Congress* 56 (1995), pp. 858–60.

46   Biran, 'The Mongol Empire and inter-civilizational exchange', pp. 553–4.

47   Weatherford, Jack, *Genghis Khan and the Quest for God* (New York: 2016).

第十章　商人

1   Latham, Ronald (trans.), *Marco Polo / The Travels* (London: 1958), p. 33.

2   Ibid. p. 112.

3   Ibid. p. 113.

4   Ibid. p. 41.

5   Ibid. p. 74.

6   Ibid. p. 76.

7   Ibid. p. 79.

8   Ibid. p. 88.

9   Ibid. p. 90.

10   Ibid. p. 194

11   Ibid. p. 256.

12   Ibid. p. 261.

13   Ibid. p. 287.

14   Ibid. pp. 299–303.

15   Ibid. pp. 213–31.

16   Ibid. p. 61.

17   Ibid. p. 149.

18   Ibid. p. 155.

19   Blegen, Nick, 'The earliest long-distance obsidian transport: Evidence from the ~200 ka Middle Stone Age Sibilo School Road Site, Baringo, Kenya', *Journal of Human Evolution* 103 (2017), pp. 1–19.

20   Barjamovic, Gojko, Chaney, Thomas, Cosar, Kerem and Hortaçsu, Ali, 'Trade, Merchants and the Lost Cities of the Bronze Age', *The Quarterly Journal of Economics* 134 (2019), pp. 1455–1503.

21   Holland, Tom (trans.), *Herodotus / The Histories* (London: 2013), p. 318.

22   Lopez, Robert S., *The Commercial Revolution of the Middle Ages, 950–1350* (Cambridge: 1976), p. 8.

23   McCormick, Michael, *Origins of the European Economy: Communications and Commerce, A.D. 300–900* (Cambridge: 2001), pp. 729–34.

24   Hunt, Edwin S. and Murray, James, *A History of Business in Medieval Europe, 1200–1550* (Cambridge: 1999), pp. 20–3.

25   Hunt and Murray *History of Business in Medieval Europe*, p. 26.

26   Lopez, *Commercial Revolution*, pp. 60–1.

27   On other regional fairs, particularly after 1350, see Epstein, S. R., 'Regional Fairs, Institutional Innovation, and Economic Growth in Late Medieval Europe', *The Economic History Review* 47 (1994), pp. 459–82.

28   Blockmans, Wim, 'Transactions at the Fairs of Champagne and Flanders, 1249–1291', *Fiere e mercati nella integrazione delle economie europee secc. XIII-XVIII – Atti delle Settimane di Studi* 32, pp. 993–1000.

29   Boyle, J. A. (trans.), *The History of the World-Conqueror / 'Ala-ad-Din 'Ata Malik Juvaini* (revd. edn.) (Manchester: 1997), p. 272.

30   Lloyd, T. H., *The English Wool Trade in the Middle Ages* (Cambridge: 1977), pp. 1–3.

31   The Bardi banker Francesco Balducci Pegolotti's advice to Florentine merchants doing business with the Chinese formed part of his merchants' handbook *La Practica della Mercatura*. See Evans, Allan (ed.), *Francesco Balducci Pegolotti / La Practica della Mercatura* (Cambridge, Mass.: 1936). See also Lopez, *Commercial Revolution*, pp. 109–11 and Hunt, Edwin S., *The Medieval Super-Companies: A Study of the Peruzzi Company of Florence* (Cambridge: 1994), pp. 128–9.

32   Hunt, Edwin S., 'A New Look at the Dealings of the Bardi and Peruzzi with Edward III', *The Journal of Economic History* 50 (1990), pp. 151–4.

33   The Ordinances of 1311, translated in Rothwell, Harry (ed.), *English Historical Documents III: 1189–1327* (new edn.) (London: 1996), p. 533.

34   Evans, Allen (ed.), *Francesco Balducci Pegolotti / La Practica della Mercatura* (Cambridge, Mass: 1936), pp. 255–69.

35   Hunt, 'A New Look at the Dealings of the Bardi and Peruzzi with Edward III', pp. 149–50.

36   Power, Eileen, *The Wool Trade In Medieval English History* (Oxford: 1941), p. 43.

37   See Fryde, E. B., 'The Deposits of Hugh Despenser the Younger with Italian Bankers',

The Economic History Review 3 (1951), pp. 344–362.

38　Ibid. 當然，史學家有時會在看到大量新紀綠時，便輕易假設革命的發生，但即便考慮到這點，中世紀後期的商業繁榮依然十分明顯。

39　Lloyd, *The English Wool Trade in the Middle Ages*, pp. 144–50.

40　Ormrod, Mark, *Edward III* (New Haven: 2011), p. 230.

41　Hunt, *Medieval Super-Companies*, pp. 212–6.

42　Hunt, 'A New Look at the Dealings of the Bardi and Peruzzi with Edward III', is most sceptical about Villani's estimate of Edward's indebtedness and historians' acceptance of it.

43　Puga, Diego and Trefler, Daniel, 'International Trade and Institutional Change: Medieval Venice's Response to Globalization', *The Quarterly Journal of Economics* 129 (2014), pp. 753–821.

44　Axworthy, Roger L., 'Pulteney [Neale], Sir John (d. 1349)', *Oxford Dictionary of National Biography*.

45　Turner, Marion, *Chaucer: A European Life* (Princeton: 2019), pp. 22–8.

46　Ibid. pp. 145–7.

47　Barron, Caroline M., 'Richard Whittington: The Man Behind the Myth', in Hollaender, A. E. J. and Kellaway, William, *Studies in London History* (London: 1969), p. 198.

48　Saul, Nigel, *Richard II* (New Haven: 1997), pp. 448–9.

49　Barron, 'Richard Whittington: The Man Behind the Myth', p. 200.

50　See Sumption, Jonathan, *Cursed Kings: The Hundred Years War IV* (London: 2015), p. 208

51　Barron, 'Richard Whittington: The Man Behind the Myth', pp. 206, 237.

52　Sutton, Anne F., 'Whittington, Richard [Dick]', *Oxford Dictionary of National Biography* (2004).

53　Sumption, *Cursed Kings*, pp. 419–21.

54　Barron, 'Richard Whittington: The Man Behind the Myth', p. 237.

55　Curry, Anne, *Agincourt* (Oxford: 2015), pp. 189–90.

第十一章　學者

1　Bouquet, Martin (ed.), *Receuil des historiens des Gaules et de la France* 21 (Paris: 1855), p. 649. See also Crawford, Paul F., 'The University of Paris and the Trial of the Templars' in Mallia-Milanes (ed.), *The Military Orders, Volume 3: History and Heritage* (London: 2008), p. 115.

2　Ibid. pp. 244–5.

3　根據克萊孟五世的說法，一三〇五年在里昂舉行的教皇加冕儀式上，法王就曾就聖殿騎士團的問題與他討論。See Barber, Malcolm and Bate, Keith (ed. and trans.), *The Templars* (Manchester: 2002), p. 243.

4　Barber, Malcom, *The Trial of the Templars* (2nd edn.) (Cambridge: 2006), p. 80.

5　In a bull known as *Pastoralis Praeeminentiae*, issued in November 1307. For a more detailed narrative of events in the downfall of the Templars see Barber, *The Trial of the Templars* or Jones, *The Templars*.

6   Cheney, C. R., 'The Downfall of the Templars and a Letter in their Defence' in Whitehead, F., Divernes, A. H, and Sutcliffe, F. E., *Medieval Miscellany Presented to Eugène Vinaver* (Manchester: 1965), pp. 65–79.

7   These translations in Barber and Bate, *The Templars*, pp. 258–60.

8   Barber and Bate, *The Templars*, p. 262.

9   Crawford, 'The University of Paris and the Trial of the Templars', p. 120

10   This translation Barney, Stephen A., Lewis, W. J., Beach, J. A, Berghof, Oliver (eds.), *The Etymologies of Isidore of Seville* (Cambridge: 2006), p. 7

11   On hedgehogs, see Eddy, Nicole and Wellesley, Mary, 'Isidore of Seville's Etymologies: Who's Your Daddy?', *British Library Medieval Manuscripts Blog* (2016), https://blogs.bl.uk/digitisedmanuscripts/2016/04/isidore-of-seville.html

12   Falk, Seb, *The Light Ages: A Medieval Journey of Discovery* (London: 2020), p. 83.

13   Barney et al (eds.), *The Etymologies of Isidore of Seville*, p. 16.

14   Ibid. p. 7.

15   Wright, F.A. (trans.) *Jerome / Select Letters* (Cambridge, Mass.: 1933), pp. 344–47.

16   Haskins, Charles Homer, *The Renaissance of the Twelfth Century* (Cambridge, Mass: 1927), p. 34.

17   On Bec, ibid. p. 38.

18   For an introductory overview to this topic, Spade, Paul Vincent, 'Medieval Philosophy', in Edward N. Zalta (ed.), *The Stanford Encyclopedia of Philosophy* (Summer 2018 Edition), and for more detail, Klibancky, Raymond, *The continuity of the Platonic tradition during the middle ages, outlines of a Corpus platonicum medii aevi* (London: 1939).

19   一個回顧性診斷判斷為腦性麻痺。For the contemporary description of Hermann's ailment see Robinson, I. S., *Eleventh Century Germany: The Swabian Chronicles* (Manchester: 2008), p. 108.

20   Ibid.

21   Ibid. p. 110. See also Falk, *The Light Ages*, pp. 49–50.

22   See Burnett, Charles, 'Morley, Daniel of' in *Oxford Dictionary of National Biography*.

23   After Haskins, *The Renaissance of the Twelfth Century*.

24   Ibid. pp. 129–31.

25   Smith, Terence, 'The English Medieval Windmill', *History Today* 28 (1978).

26   See Nardi, Paolo, 'Relations with Authority', De Ridder-Symoens, H. (ed.), *A History of the University in Europe* I (Cambridge: 1992), pp. 77–9.

27   Turner, Denys, *Thomas Aquinas: A Portrait* (New Haven: 2013), p. 12.

28   The sequence of events portrayed here and below relies on the biographical summary in Stump, Eleonore, *Aquinas* (London: 2003), pp. 3–12.

29   Parts of this enormous work can be consulted in the easily available McDermott, Timothy, *Aquinas / Selected Philosophical Writings* (Oxford: 2008).

30   Aston, T. H., 'Oxford's Medieval Alumni', *Past & Present* 74 (1977), p. 6.

31   This translation by Markowski, M., retrieved via https://sourcebooks.fordham.edu/source/eleanor.asp

32   De Mowbray, Malcolm, '1277 and All That – Students and Disputations', *Traditio* 57 (2002), pp. 217–238.

33 De Ridder-Symoens, *A History of the University in Europe* I (Cambridge: 1992), pp. 100–1.

34 Many of the implications of Arundel's Constitutions are explored in Ghosh, K. and Gillespie, V. (eds.), *After Arundel: Religious Writing in Fifteenth-Century England* (Turnhout: 2011). My thanks to Dr David Starkey – a modern-day condemned heretic – for prompting me to think of Arundel in this context.

第十二章　建築工

1 *Calendar of Various Chancery Rolls: Supplementary Close Rolls, Welsh Rolls, Scutage Rolls, A.D. 1277–1326* (London: 1912), p. 281.

2 The details of the execution were recorded by the Oxfordshire chronicler Thomas Wykes. See Luard, H. R., *Annales Monastici* vol. 4 (London: 1869), p. 294.

3 For a biography of Master James see Taylor, A. J., 'Master James of St. George', *The English Historical Review* 65 (1950), pp. 433–57.

4 For this and an excellent account of Caernarfon's construction, Colvin, H. M. (ed.), *The History of the King's Works I: The Middle Ages* (London: 1963), pp. 369–95.

5 Gantz, Jeffrey (trans.), *The Mabinogion* (London: 1973), pp. 119–20.

6 For a plan of the castle, Colvin (ed.), *History of the King's Works* I, p. 376.

7 Barratt, Nick, 'The English Revenue of Richard I', *The English Historical Review* 116 (2001), p. 637.

8 Colvin, *History of the King's Works* I, p. 333.

9 Ibid. p. 344.

10 Ibid. pp. 371–4.

11 Ibid. pp. 395–408.

12 Bradbury, J. M. *The Capetians: Kings of France 987–1328* (London: 2007), p. 205.

13 For an introduction to this topic, see Stalley, Roger, *Early Medieval Architecture* (Oxford: 1999).

14 Bony, Jean, *French Gothic Architecture of the 12th and 13th Centuries* (Berkeley: 1983), p. 61. Special thanks also to Dr Emma Wells for her guidance on this huge topic, and for sharing with me advance excerpts from her forthcoming book: Wells, Emma, *Heaven on Earth* (London: 2022).

15 See for example Clark, William W., 'Early Gothic', *Oxford Art Online*, https://doi.org/10.1093/gao/9781884446054.article.T024729

16 Panofsky, Erwin and Panofsky-Soergel, Gerda (eds.), *Abbot Suger on the Abbey Church of St.-Denis and its Art Treasures* (2nd. ed.) (Princeton: 1979), p. 6.

17 Ibid. pp. 48–9.

18 Erlande-Brandenburg, Alain, *The Cathedral Builders of the Middle Ages* (London: 1995), pp. 141–2.

19 Panofsky and Panofsky-Soergel, *Abbot Suger on the Abbey Church of St.-Denis*, pp. 72–3.

20 Scott, Robert A., *The Gothic Enterprise: A Guide to Understanding the Medieval Cathedral* (Berkeley: 2003), p. 132.

21   Wilson, Christopher, *The Gothic Cathedral: The Architecture of the Great Church, 1130–1530* (London: 2000), p. 44.

22   Erlande-Brandenburg, *Cathedral Builders of the Middle Ages*, p. 47.

23   For speculation as to the exact cause of Beauvais' vaults' failure, Wolfe, Maury I. and Mark, Robert, 'The Collapse of the Vaults of Beauvais Cathedral in 1284', *Speculum* 51 (1976), pp. 462–76.

24   Wilson, *The Gothic Cathedral*, p. 224.

25   Foyle, Jonathan, *Lincoln Cathedral: The Biography of a Great Building* (London: 2015), p. 19.

26   Erlande-Brandenburg, *Cathedral Builders of the Middle Ages*, p. 105–7.

27   Foyle, *Lincoln Cathedral*, pp. 34–5.

28   Although England does not sit on any major seismic fault-lines, it has a relatively busy history of earthquakes. See Musson, R. M. W., 'A History of British seismology', *Bulletin of Earthquake Engineering* 11 (2013), pp. 715–861, which makes passing mention of the 1185 quake. See also Musson, R. M. W., 'The Seismicity of the British Isles to 1600', *British Geological Survey Open Report* (2008), p. 23.

29   On the old west front, Taylor, David, 'The Early West Front of Lincoln Cathedral', *Archaeological Journal* 167 (2010), pp. 134–64.

30   Garton, Charles (trans.), *The Metrical Life of St Hugh* (Lincoln: 1986) p. 53.

31   Douie. Decima L. and Farmer, David Hugh, *Magna Vita Sancti Hugonis / The Life of St Hugh of Lincoln* II (Oxford: 1985), p. 219.

32   Ibid. p. 231.

33   On which, see Harrison, Stuart, 'The Original Plan of the East End of St Hugh's Choir at Lincoln Cathedral Reconsidered in the Light of New Evidence', *Journal of the British Archaeological Association* 169 (2016), pp. 1–38.

34   Wilson, *The Gothic Cathedral*, p. 184.

35   Ibid. pp. 191–223.

36   Ibid. p. 192.

37   For a summary of these overlapping conflicts, see Hibbert, Christopher, *Florence: The Biography of a City* (London: 1993), pp. 18–34.

38   For arguments as to why Italy rejected the Gothic movement so prevalent elsewhere, see Wilson, *The Gothic Cathedral*, pp. 258–9.

39   The most detailed analysis of Arnolfo's design, along with an argument for him as the definitive architect of Florence's great cathedral, is Toker, Franklin, 'Arnolfo's S. Maria del Fiore: A Working Hypothesis', *Journal of the Society of Architectural Historians* 42 (1983), pp 101–20.

40   King, Ross, *Brunelleschi's Dome: The Story of the Great Cathedral in Florence* (London: 2000), p. 6.

41   See Poeschke, Joachim, 'Arnolfo di Cambio' in *Grove Art Online* https://doi.org/10.1093/gao/9781884446054.article.T004203

42   King, *Brunelleschi's Dome*, p. 10.

第十三章 倖存者

1　Childs, Wendy R. (trans.), *Vita Edwardi Secundi* (Oxford: 2005), pp. 120–1. On price fluctuations, see Slavin, Philip, 'Market failure during the Great Famine in England and Wales (1315–1317), *Past & Present* 222 (2014), pp. 14–8.

2　The standard work on the Great Famine is Jordan, William C., *The Great Famine: Northern Europe in the Early Fourteenth Century* (Princeton: 1996). Also see Kershaw, Ian, 'The Great Famine and Agrarian Crisis in England 1315–1322', *Past & Present* 59 (1973), pp. 3–50 and, more recently, Campbell, Bruce M. S., 'Nature as historical protagonist: environment and society in pre-industrial England', *The Economic History Review* 63 (2010), pp. 281–314.

3　Slavin, Philip, 'The Great Bovine Pestilence and its economic and environmental consequences in England and Wales, 1318–50', *The Economic History Review* 65 (2012), pp. 1240–2.

4　Kershaw, 'The Great Famine', p. 11.

5　Johannes de Trokelowe, in Riley, H. T. (ed.), *Chronica Monasterii S. Albani* III (London, 1865), pp. 92–95. Cannibalism was also reported in Ireland. Kershaw, 'The Great Famine', p. 10 fn. 41.

6　Childs (trans.), *Vita Edwardi Secundi*, p. 120–3.

7　See, for example, Miller, Gifford H. (et al.), 'Abrupt onset of the Little Ice Age triggered by volcanism and sustained by sea ice/ocean feedbacks', *Geophysical Research Letters* 39 (2012), https://doi.org/10.1029/2011GL050168; Zhou, TianJun (et al.), 'A comparison of the Medieval Warm Period, Little Ice Age and 20th century warming simulated by the FGOALS climate system model', *Chinese Science Bulletin* 56 (2011), pp. 3028–41.

8　近期的研究指出中世紀時期，撒哈拉以南地區存在黑死病。See Green, Monica H., 'Putting Africa on the Black Death map: Narratives from genetics and history', *Afriques* 9 (2018), https://doi.org/10.4000/afriques.2125

9　See for example the description of symptoms and transmission via animals and birds in Bartsocas, Christos S., 'Two Fourteenth Century Greek Descriptions of the "Black Death"', *Journal of the History of Medicine and Allied Sciences* 21 (1966), p. 395.

10　Horrox, Rosemary (trans. and ed.), *The Black Death* (Manchester: 1994), p. 9. For India's apparent lack of infection, see Sussman, George D., 'Was the Black Death in India and China?', *Bulletin of the History of Medicine* 85 (2011), pp. 332–41.

11　This translation Horrox, *The Black Death*, p. 17.

12　Ibid.

13　Ibid. p. 19.

14　Ibid.

15　波西米亞奇蹟般地與黑死病擦肩而過的說法流行了很久，但於近期被推翻了。See Mengel, David C., 'A Plague on Bohemia? Mapping the Black Death', *Past & Present* 211 (2011), pp. 3–34.

16　Horrox, *The Black Death*, pp. 111–184, *passim*.

17　Ibid. p. 250.

18　Bartsocas, 'Two Fourteenth Century Greek Descriptions', p. 395.

19 Ibid. pp. 248–9.

20 I refer to a 'Black Swan' event broadly as defined in Taleb, Nassim Nicholas, *The Black Swan: The Impact of the Highly Improbable* (London: 2008).

21 Thompson, Edward Maunde (ed.), *Adae Murimuth Continuatio Chronicarum / Robertus De Avesbury De Gestis Mirabilibus Regis Edwardi Tertii* (London: 1889), pp. 407–8.

22 Cohn, Norman, *The pursuit of the millennium: revolutionary millenarians and mystical anarchists of the Middle Ages* (London: 1970), p. 125.

23 Horrox, *The Black Death*, p. 118.

24 Lumby, J. R. (ed.), *Chronicon Henrici Knighton vel Cnitthon, Monachi Leycestrensis* II (London: 1895), p. 58.

25 Ibid.

26 For an English extract and summary of the Statue of Labourers see Myers, A. R. (ed.), *English Historical Documents IV, 1327–1485* (London: 1969), pp. 993–4.

27 As labelled by Tuchman, Barbara, *A Distant Mirror: The Calamitous Fourteenth Century* (New York: 1978).

28 Wickham, Chris, 'Looking Forward: Peasant revolts in Europe, 600–1200' in Firnhaber-Baker, Justine and Schoenaers, Dirk, *The Routledge History Handbook of Medieval Revolt* (Abingdon: 2017), p. 156.

29 Wickham, Chris, *Framing the Early Middle Ages*, pp. 530–2.

30 Wickham, 'Looking Forward', pp. 158–62.

31 Hollander, Lee M. (trans.), *Snorri Sturluson / Heimskringla: History of the Kings of Norway* (Austin: 1964), p. 515.

32 See Cassidy-Welch, Megan, 'The Stedinger Crusade: War, Remembrance, and Absence in Thirteenth-Century Germany', *Viator* 44 (2013), pp. 159–74.

33 Cohn Jr., Samuel, 'Women in Revolt in Medieval and Early Modern Europe' in Firnhaber-Baker and Schoenaers, *The Routledge History Handbook of Medieval Revolt*, p. 209.

34 Wilson, William Burton (trans.), *John Gower / Mirour de l'Omme (The Mirror of Mankind)* (Woodbridge: 1992), pp. 347–8.

35 A short, classic summary of this rebellion is Cazelles, Raymond, 'The Jacquerie' in Hilton, R. H. and Aston, T. H., *The English Rising of 1381* (Cambridge: 1984), pp. 74–83. The new standard work in English, is Firnhaber-Baker, Justine, *The Jacquerie of 1358: A French Peasants' Revolt* (Oxford: 2021).

36 This translation, Cohn Jr., Samuel K. *Popular Protest in Late Medieval Europe* (Manchester: 2004), pp. 150–1.

37 On the labelling of the Jacques, Firnhaber-Baker, Justine, 'The Eponymous Jacquerie: Making revolt mean some things' in Firnhaber-Baker and Schoenaers, *The Routledge History Handbook of Medieval Revolt*, pp. 55–75.

38 Jean Froissart, translation by Cohn Jr., *Popular Protest in Late Medieval Europe*, pp. 155–8.

39 *Anonimalle Chronicle* translated in ibid. pp. 171–3.

40 Firnhaber-Baker, Justine 'The Social Constituency of the Jacquerie Revolt of 1358', *Speculum* 95 (2020), pp. 697–701.

41 Cohn Jr., *Popular Protest in Late Medieval Europe*, p. 121.

42　　Ibid. p. 99.

43　　Ibid. p. 100.

44　　Ibid. p. 235.

45　　Ibid. p. 217.

46　　Ibid. p. 219.

47　　Ibid. p. 269.

48　　See Putnam, B. H., *The enforcement of the statutes of labourers during the first decade after the Black Death, 1349–59* (New York: 1908).

49　　See Jones, Dan, *Summer of Blood: The Peasants' Revolt of 1381* (London: 2009), pp. 15–16.

50　　Faith, Rosamond, 'The "Great Rumour" of 1377 and Peasant Ideology' in Hilton and Aston, *The English Rising of 1381*, pp. 47–8.

51　　Prescott, Andrew, '"Great and Horrible Rumour": Shaping the English revolt of 1381', in Firnhaber-Baker and Schoenaers, *The Routledge History Handbook of Medieval Revolt*, p. 78.

52　　Ball's letters are conveniently collected in Dobson, R. B., *The Peasants' Revolt of 1381* (2nd edn.) (London: 1983), pp. 380–3.

53　　This translation, ibid. p. 311.

54　　Cohn Jr., *Popular Protest in Late Medieval Europe*, pp. 341–6; Davies, Jonathan, 'Violence and Italian universities during the Renaissance', *Renaissance Studies* 27 (2013), pp. 504–16.

55　　Davies, 'Violence and Italian universities during the Renaissance', p. 504.

56　　Cohn Jr., *Popular Protest in Late Medieval Europe*, p. 345

57　　For a short summary in context of the Wars of the Roses, see Jones, Dan, *The Hollow Crown: The Wars of the Roses and the Rise of the Tudors* (London: 2014), pp. 111–9.

58　　Cade's demands are printed in Dobson, *The Peasants' Revolt*, pp. 338–42

59　　O'Callaghan, Joseph F., *A History of Medieval Spain* (Ithaca: 1975), pp. 614–5.

第十四章　復興者

1　　For a brief history of the Studio, Grendler, Paul F., 'The University of Florence and Pisa in the High Renaissance', *Renaissance and Reformation* 6 (1982), pp. 157–65.

2　　On Filelfo's character, see Robin, Diana, 'A Reassessment of the Character of Francesco Filelfo (1398–1481)', *Renaissance Quarterly* 36 (1983), pp. 202–24.

3　　當時的確有人提議在大教堂裡放一張特殊的椅子，讓菲爾福坐在上頭大聲朗讀但丁的作品。See Parker, Deborah, *Commentary and Ideology: Dante in the Renaissance* (Durham: 1993), p. 53.

4　　Gilson, Simon, *Dante and Renaissance Florence* (Cambridge: 2005), p. 99.

5　　Hollingsworth, Mary, *The Medici* (London: 2017), pp. 80–1.

6　　This translation Robin, Diana, *Filelfo in Milan* (Princeton: 2014), pp. 19–20.

7　　Ibid. p. 45.

8　　George, William and Waters, Emily, *Vespasiano da Bisticci / The Vespasiano Memoirs* (London: 1926), p. 409.

9   Hankins, James (trans.), *Leonardo Bruni / History of the Florentine People Volume I: Books I-IV* (Cambridge, Mass.: 2001), xvii-xviii, pp. 86–9.

10   Sonnet 9 – 'Quando 'l pianeta che distingue l'ore'. Kline, A.S. (trans.), *Petrarch / The Complete Canzoniere*, (Poetry in Translation, 2001), p. 26.

11   當然，莎士比亞的十四行詩在一定程度上反應了佩脫拉克的慣例。感謝奧利佛‧摩根（Oliver Morgan）博士向我介紹佩脫拉克和文藝復興時期的詩歌。

12   Mustard, Wilfrid P., 'Petrarch's Africa', *The American Journal of Philology* 42 (1921), p. 97.

13   Sonnet 10. —'Gloriosa columna in cui s'appoggia'. *Petrarch / The Complete Canzoniere*, p. 27.

14   Regn, Gerhard and Huss, Bernhard, 'Petrarch's Rome: The History of the Africa and the Renaissance Project', *MLN* 124 (2009), pp. 86–7.

15   Translated by Wilkins, Ernest H., 'Petrarch's Coronation Oration', *Transactions and Proceedings of the Modern Language Association of America* 68 (1953), pp. 1243–4.

16   Ibid. p. 1246.

17   Ibid. p. 1241.

18   Bernardo, Aldo (trans.), *Francesco Petrarch / Letters on Familiar Matters (Rerum Familiarium Libri) Volume 1: Books I-VIII* (New York: 1975), p. 168.

19   Middlemore, S. (trans.), *Burckhardt, Jacob / The Civilization of the Renaissance in Italy* (London: 1990), pp. 194–7.

20   Vaughan, Richard, *Philip the Good: The Apogee of Burgundy* (new edn.) (Woodbridge: 2002), p. 67, drawing on Besnier, G., 'Quelques notes sur Arras et Jeanne d'Arc', *Revue du Nord* 40 (1958), pp. 193–4.

21   The best modern biography of Joan is Castor, Helen, *Joan of Arc: A History* (London: 2014). For the Dauphin's coronation, see pp. 126–7.

22   George Chastellain, translated in Vaughan, *Philip the Good*, p. 127.

23   Ibid. p. 128

24   Ibid. p. 138. 揚‧范艾克可能有參與這些房間的製作，因為他肯定參與了埃丹的整修工作。See Martens, Maximiliaan et al (eds.), *Van Eyck*, (London: 2020), p. 74.

25   Martens, Maximiliaan et al (eds.), *Van Eyck* (London: 2020), p. 22.

26   Vaughan, *Philip the Good*, p. 151.

27   De Vere, Gaston (trans.), *Giorgio Vasari / Lives of the Most Excellent Painters, Sculptors and Architects* I (London: 1996), p. 425.

28   Martens et al (eds.), *Van Eyck* (London: 2020), p. 70.

29   Ibid. p. 74.

30   Ibid. p. 141.

31   Vaughan, *Philip the Good*, p. 151.

32   Martens, Maximiliaan et al (eds.), *Van Eyck* (London: 2020), p. 22.

33   Kemp, Martin, *Leonardo by Leonardo* (New York: 2019), p. 10.

34   Richter, Irma A. (ed.), *Leonardo da Vinci / Notebooks* (Oxford: 2008), pp. 275–7.

35   De Vere (trans.) *Giorgio Vasari / Lives of the Most Excellent Painters*, p. 625.

36   Isaacson, Walter, *Leonardo da Vinci: The Biography* (London: 2017), p. 34.

37   *Machiavelli / The History of Florence* Book 8, ch 7.

38   Ibid.

39 Isaacson, *Leonardo*, pp. 160–2.

40 Ibid. p. 169.

41 On the general relationship between Leonardo and Cesare, see Strathern, Paul, *The Artist, the Philosopher and the Warrior: Leonardo, Machiavelli and Borgia: A fateful collusion* (London: 2009).

42 See Richter, *Leonardo da Vinci / Notebooks*, pp. 318–24.

43 Marani, Pietro C., *Leonardo da Vinci: The Complete Paintings* (new edn.) (New York: 2019), p. 179.

44 De Vere (trans.), *Giorgio Vasari / Lives of the Most Excellent Painters*, p. 639.

45 This translation, Hess, Peter, 'Marvellous Encounters: Albrecht Dürer and Early Sixteenth-Century German Perceptions of Aztec Culture', *Daphnis* 33 (2004), p. 163 n. 5.

第十五章　航海家

1   Magoulias, Harry J. (trans.), *Decline and Fall of Byzantium to the Ottoman Turks* (Detroit: 1975), pp. 200, 207.

2   Ibid. p. 201.

3   自十三世紀中期以來，火藥配方一直在地中海世界流傳，可能是在蒙古人西征期間被帶到西方。For this particular description of its recipe, see Riggs, Charles T. (trans.), *Mehmed the Conqueror / by Kritovoulos* (Princeton: 1954), p. 46.

4   Riggs, *Mehmed the Conqueror / by Kritovoulos*, p. 43. Also see Harris, Jonathan, *Constantinople: Capital of Byzantium* (2nd edn.) (London: 2017), p. 192.

5   The classic biography of Medmed in English translation is Babinger, Franz, *Mehmed the Conqueror and his time* (Princeton: 1978).

6   Riggs, *Mehmed the Conqueror / by Kritovoulos*, p. 45.

7   For a vivid narration of the night hours of the siege, Crowley, Roger, *Constantinople: The Last Great Siege, 1453* (London: 2005), pp. 203–16.

8   Riggs, *Mehmed the Conqueror / by Kritovoulos*, p. 69

9   Ibid. pp. 72–3.

10 Crowley, *Constantinople*, p. 230.

11 Riggs, *Mehmed the Conqueror / by Kritovoulos*, p. 69

12 Schwoebel, Robert, *The Shadow of the Crescent: The Renaissance Image of the Turk, 1453–1517* (New York: 1967), p. 11. See also Crowley, *Constantinople*, p. 241.

13 For a discussion of the diplomatic and cultural significance of the Bellini portrait, Gatward Cevizli, Antonia, 'Bellini, bronze and bombards: Sultan Mehmed II's requests reconsidered', *Renaissance Studies* 28 (2014), pp. 748–65.

14 Freely, John, *The Grand Turk: Sultan Mehmet II – Conqueror of Constantinople, Master of an Empire and Lord of Two Seas* (London: 2010), pp. 12–13.

15 Frankopan, *The Silk Roads* (London: 2015), p. 199.

16 Balard, Michel, 'European and Mediterranean trade networks', Kedar and Weisner-Hanks, *Cambridge World History V*, p. 283

17 For a summary of the state of research, Gruhn, Ruth, 'Evidence grows for early peopling of the Americas', *Nature* 584 (August 2020), pp. 47–8.

18 Ugent, Donald, Dillehay, Tom and Ramirez, Carlos, 'Potato remains from a late Pleistocene settlement in southcentral Chile', *Economic Botany* 41 (1987), pp. 17–27.

19 For an entertaining if idiosyncratic study of St Brendan see Ashe, Geoffrey, *Land to the West: St Brendan's Voyage to America* (London: 1962).

20 Webb, J. F. (trans.), *The Age of Bede* (revd. edn.) (London: 1998), pp. 236, 266.

21 Sprenger, Aloys (trans.), *El-Masudi's Historical Encyclopaedia Entitled 'Meadows of Gold and Mines of Gems'* I (London: 1841), pp. 282–3

22 Ibid.

23 For a summary of the current work on Polynesian–American contact in the Middle Ages, see Jones, Terry L. et al (eds.), *Polynesians in America: Pre-Columbian Contacts with the New World* (Lanham: 2011).

24 An excellent recent account of Viking explorations in Iceland, Greenland and North America can be found in Price, *Children of Ash and Elm*, pp. 474–94.

25 Ibid. p. 491.

26 On the idea of a 'globalized' world around AD 1000, see Hansen, Valerie, *The Year 1000: When Explorers Connected the World – and Globalization Began* (London: 2020).

27 The standard English-language biography of Henry the Navigator is Russell, P. E., *Henry the Navigator: A Life* (New Haven/London: 2000).

28 For a brief summary of the circumstances of John I's accession, Disney, A. R., *A History of Portugal and the Portuguese Empire I* (Cambridge: 2009), pp. 122–8.

29 Cervantes, Fernando, *Conquistadores: A New History* (London: 2020), p. 6.

30 Up to thirty tons of gold was brought to the Mediterranean markets each year from African mines. See Kea, Ray A. 'Africa in World History, 1400–1800', Bentley, Jerry H., Subrahmanyam, Sanjay and Weisner-Hanks, Merry E. *The Cambridge World History VI: The Construction of a Global World 1400–1800 C.E. / Part I: Foundations* (Cambridge: 2015), p. 246.

31 Gomes Eanes de Zurara, translated in Newitt, Malyn, *The Portuguese in West Africa, 1415–1670: A Documentary History* (Cambridge: 2010), p. 27.

32 On sail technology in the fifteenth century, Parry, J. H., *The Age of Reconnaissance: Discovery, Exploration and Settlement, 1450–1650* (London: 1963), pp. 53–68, 88.

33 Alvise da Cadamosto, translated in Newitt, *The Portuguese in West Africa*, pp. 55–7.

34 Gomes Eanes de Zurara translated in ibid. p. 150.

35 Ibid. p. 151.

36 This translation, Adiele, Pius Onyemechi, *The Popes, the Catholic Church and the Transatlantic Enslavement of Black Africans 1418–1839* (Hildesheim: 2017), pp. 312–3.

37 From Pereira's *Esmeraldo de Situ Orbis*, translated in Newitt, *The Portuguese in West Africa*, p. 44.

38 For this episode, including reported speech, Drayton, Elizabeth, *The Moor's Last Stand: How Seven Centuries of Muslim Rule in Spain Came to an End*, (London: 2017), pp. 113–27.

39 Cohen, J. M. (trans.), *Christopher Columbus / The Four Voyages* (London: 1969), p. 37.

40 Bale, Anthony (ed.), *John Mandeville / Book of Marvels and Travels* (Oxford: 2012).

41 Ibid. p. 37.

42 Cohen (trans.), *Christopher Columbus / The Four Voyages*, p. 40.

43 Ibid. p 53.

44 Ibid.

45 Ibid. p. 55.

46 Bergreen, Laurence, *Columbus: The Four Voyages 1492–1504* (New York: 2011), p. 14.

47 Cohen (trans.) *Christopher Columbus / The Four Voyages*, p. 56.

48 Ibid. p. 81.

49 Ibid. p. 89.

50 Ibid. p. 96.

51 Ibid. p. 114

52 This translation Parry, *The Age of Reconnaissance*, p. 154.

53 Cohen (trans.), *Christopher Columbus / The Four Voyages*, p. 123.

54 Ibid. pp. 117–9.

55 Cervantes, *Conquistadores* (London: 2020), p. 31.

56 Cohen (trans.), *Christopher Columbus / The Four Voyages*, p. 319.

57 Ravenstein, E. G. (trans.), *A Journal of the First Voyage of Vasco da Gama, 1497–1499* (London: 1898), p. 113.

58 Ibid. p. 5.

59 Ibid. p. 13.

60 Ibid. p. 21.

61 Ibid. pp. 49–50.

62 On Magellan, Bergreen, Laurence, *Over the Edge of the World: Magellan's Terrifying Circumnavigation of the Globe* (New York: 2003).

第十六章　新教徒

1 This translation, Davies, Martin, 'Juan de Carvajal and Early Printing: The 42-line Bible and the Sweynheym and Pannartz Aquinas', *The Library* 17 (1996), p. 196.

2 Readers can inspect digital pages of the paper and vellum editions via the British Library website. See www.bl.uk/treasures/gutenberg/ . It is also available in a handsome two-volume facsimile edition: Füssel, Stephan (ed.), *The Gutenberg Bible of 1454: With a commentary on the life and work of Johannes Gutenberg, the printing of the Bible, the distinctive features of the Göttingen copy, the 'Göttingen Model Book' and the 'Helmasperger Notarial Instrument'* (Köln: 2018).

3 Eisenstein, Elizabeth L., 'Some Conjectures about the Impact of Printing on Western Society and Thought: A Preliminary Report', *The Journal of Modern History* 40 (1968), pp. 1–56.

4 Bacon, Francis, 'Novum Organum', in Montagu, Basil (trans.), *The Works of Francis Bacon, Lord Chancellor of England: A New Edition* vol. 14 (London: 1831), p. 89.

5 Ing, Janet, 'The Mainz Indulgences of 1454/5: A review of recent scholarship', *The British Library Journal* 9 (1983), p. 19.

6 There were, however, interesting regional variations in the popular enthusiasm for purgatory and penitential deeds. See MacCulloch, Diarmaid, *Reformation: Europe's House Divided 1490–1700* (London: 2003), pp. 10–16.

7 Eisermann, Falk, 'The Indulgence as a Media Event: Developments in Communication through Broadsides in the Fifteenth Century' in Swanson, R.N. (ed.), *Promissory Notes on the Treasury of Merits Indulgences in Late Medieval Europe* (Leiden: 2006), pp. 312–3.

8 On Ockham, and for this translation, MacCulloch, *A History of Christianity*, p. 559.

9 Buck, Lawrence P. '"Anatomia Antichristi": Form and Content of the Papal Antichrist', *The Sixteenth Century Journal* 42 (2011), pp. 349–68.

10 For a concise history, Shaffern, Robert W., 'The Medieval Theology of Indulgences' in Swanson (ed.), *Promissory Notes*, pp. 11–36.

11 *Geoffrey Chaucer / The Canterbury Tales* (London: 1996), p. 315.

12 Macek, Josef, *The Hussite Movement in Bohemia* (Prague: 1958), p. 16.

13 Eisenstein, Elizabeth, *The Printing Press as an Agent of Change: Communications and Cultural Transformations in Early-Modern Europe* (Cambridge: 1979), p. 375.

14 Eisermann, 'The Indulgence as a Media Event', p. 327 n. 50.

15 MacCulloch, *Reformation*, p. 15; Duffy, Eamon, *The Stripping of the Altars: Traditional Religion in England 1400–1580* (New Haven: 1992), p. 288.

16 The text is printed in Jenks, Stuart (ed.), *Documents on the Papal Plenary Indulgences 1300–1517 Preached in the Regnum Teutonicum* (Leiden: 2018), pp. 224–66.

17 Croiset Van Uchelen, Ton and Dijstelberge, Paul, 'Propaganda for the Indulgence of Saintes' in Blouw, Paul Valkema et al, *Dutch Typography in the Sixteenth Century: The Collected Works of Paul Valkema Blouw* (Leiden: 2013), p. 25.

18 Collinson, Patrick, *The Reformation* (London: 2003), pp. 34–5.

19 Füssel, Stephan, *Gutenberg and the impact of printing* (Aldershot: 2003), p. 149.

20 Ibid. pp. 151–2.

21 Ibid. pp. 155–6.

22 For an English text of the Ninety-Five Theses, Russell, William R. (trans.), *Martin Luther / The Ninety-Five Theses and Other Writings* (New York: 2017), pp. 3–13.

23 Smith, Preserved, 'Luther and Henry VIII', *The English Historical Review* 25 (1910), p. 656.

24 Translated in Shaffern, 'Medieval Theology of Indulgences', p. 15.

25 Russell (trans.), *Martin Luther / The Ninety-Five Theses* pp. 4–6.

26 Ibid. p. 12.

27 MacCulloch, *Reformation*, p. 121.

28 See Collinson, Patrick, *The Reformation* (London: 2003), p. 27.

29 Wace, Henry and Buccheim (trans.) C.H., *Luther's Primary Works: Together with his Shorter and Larger Catechisms* (London: 1846), p. 175.

30 St. Clare Byrne, Muriel (ed.) *The Letters of King Henry VIII* (New York: 1968), p. 11.

31 On the vexed question of the *Assertio*'s real authorship, see Rex, Richard, 'The English Campaign against Luther in the 1520s: The Alexander Prize Essay', *Transactions of the Royal Historical Society* 39 (1989), pp. 85–106.

32 O'Donovan, Louis (ed.), *Assertio Septem Sacramentorum or Defence of the Seven Sacraments by Henry VIII, king of England* (New York: 1908), pp. 188–9.

33 Brewer, J. S., (ed.) *Letters and Papers, Foreign and Domestic, Henry VIII, Volume 3, 1519–1523* (London: 1867), No. 1510, p. 622.

34 Luis Quijada, translated in Parker, Geoffrey, *Emperor: A New Life of Charles V* (New Haven: 2019), xvii.

35 Forell, George W., Lehmann, Helmut T. (eds.), *Luther's Works* vol. 32, (Philadephia: 1958), pp. 112–3.

36 This translation, Hendrix, Scott H., *Martin Luther: Visionary Reformer* (New Haven: 2015), p. 105.

37 Rupp, E. Gordon and Watson, Philip S. (trans.), *Luther and Erasmus: Free Will and Salvation* (London: 1969), p. 37.

38 Graus, František 'From Resistance to Revolt: The Late Medieval Peasant Wars in the Context of Social Crisis' in Bak, Janos (ed.), *The German Peasant War of 1525* (Abingdon: 2013), p. 7.

39 Cohn, Henry J., 'The Peasants of Swabia, 1525' in ibid., p. 10. See also Sreenivasan, Govind P., 'The Social Origins of the Peasants' War of 1525 in Upper Swabia', *Past & Present* 171 (2001), pp. 30–65.

40 An English translation is provided in ibid. pp. 13–18.

41 Official account of the disorder in Erfurt, this translation, Scott, Tom, and Scribner, Bob (trans.), *The German Peasants' War: A History in Documents* (Amherst: 1991), pp. 185–8.

42 Translated in ibid. pp. 157–8.

43 On aristocratic reaction to the rebellion, Sea, Thomas F., 'The German Princes' Responses to the Peasants' Revolt of 1525', *Central European History* 40 (2007), pp. 219–40.

44 Translated in ibid. p. 291.

45 Ibid. p. 318.

46 Hook, Judith, *The Sack of Rome 1527* (2nd edn.) (Basingstoke: 2004), p. 46.

47 See Parker, *Emperor*, p. 162.

48 Hook, *Sack of Rome*, p. 156.

49 Parker, *Emperor*, p. 168.

50 McGregor, James H. (trans.), *Luigi Guicciardini / The Sack of Rome* (New York: 1993), p. 78.

51 Kneale, *Rome: A History in Seven Sackings*, p. 194.

52 McGregor, *Luigi Guicciardini*, pp. 81–2. See also Hook, *Sack of Rome*, p. 161.

53 McGregor, *Luigi Guicciardini*, p. 97.

54 McGregor, *Luigi Guicciardini*, p. 98

55 Kneale, *Rome: A History in Seven Sackings*, p. 201

56 McGregor, *Luigi Guicciardini*, p. 98

57 Ibid. p. 114

58 Sherer, Idan, 'A bloody carnival? Charles V's soldiers and the sack of Rome in 1527', *Renaissance Studies* 34 (2019), p. 785. See also Hook, *Sack of Rome*, p. 177.

59 Parker, *Emperor*, p. 172.

60 On the broader legacy of Protestantism to political systems and values, Ryrie, Alec, *Protestants: The Faith that Made the Modern World* (New York: 2017), pp. 1–12.

61 Russell (trans.), *Martin Luther / The Ninety-Five Theses*, p. 121.

國家圖書館出版品預行編目（CIP）資料

權力與王座：貿易、征伐與基督信仰，中世紀如何奠定歐洲強盛
的基礎？／丹・瓊斯（Dan Jones）著；羅亞琪譯.
　-- 初版. -- 新北市：臺灣商務印書館股份有限公司, 2022.07
　　面；17×23 公分（歷史・世界史）
　譯自：Powers and thrones : a new history of the middle ages.

　ISBN 978-957-05-3425-2（平裝）

　1.CST: 中古史　2.CST: 文明史　3.CST: 歐洲

740.23　　　　　　　　　　　　　　　　　　111008121

歷史‧世界史

權力與王座
貿易、征伐與基督信仰，中世紀如何奠定歐洲強盛的基礎？
Powers and Thrones: A New History of the Middle Ages

作　　　者—丹‧瓊斯（Dan Jones）
譯　　　者—羅亞琪
發 行 人—王春申
選書顧問—林桶法、陳建守
總 編 輯—張曉蕊
責任編輯—陳怡潔
封面設計—張　巖
內頁排版—黃淑華
營 業 部—蘇魯屏、張家舜、謝宜華、王建棠
出版發行—臺灣商務印書館股份有限公司
23103 新北市新店區民權路108-3號5樓（同門市地址）
電話：（02）8667-3712　　傳真：（02）8667-3709
讀者服務專線：0800056193
郵撥：0000165-1
E-mail：ecptw@cptw.com.tw
網路書店網址：www.cptw.com.tw
Facebook：facebook.com.tw/ecptw

局版北市業字第993號
初　　　版—2022年07月
印 刷 廠—鴻霖印刷傳媒股份有限公司
定　　　價—新臺幣750元